京華風雲錄（卷四）：血色京畿（下）

京夫子　著

中南海游泳池。

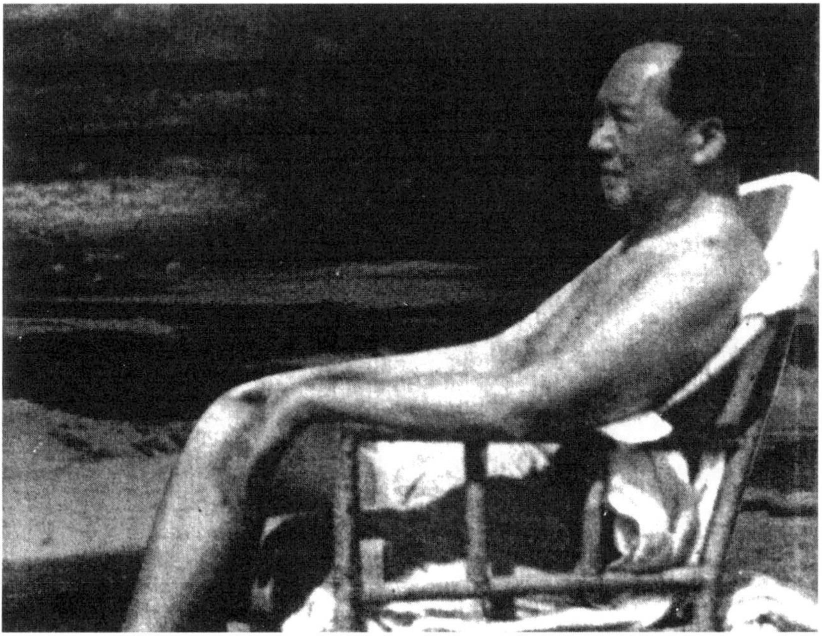

1966年秋，劉少奇同妻子、幼女在中南海的最後一張照片。

中南海造反派批鬥劉少奇。

林彪和他的「四大金剛」，左起：李作鵬、吳法憲、林彪、黃永勝、邱會作。

1971年5月1日晚，天安門城樓上觀焰火晚會，毛澤東與林彪形同陌路，視而不見。此為林彪最後一次公開露面。

文化大革命前的中共領導人，左起：朱德、周恩來、陳雲、劉少奇、毛澤東、鄧小平。

1972年2月21日中午，周恩來在北京機場停機坪，與到訪的美國總統尼克森握手。

目次

第四十三章　將士用命　領袖弄權

黑龍江省虎林縣珍寶島，位於中、蘇邊境界河烏蘇里江主航道中國一側，面積不足兩平方公里，歷來爲中國管轄。即使依據一八六〇年滿清政府與沙俄帝國所簽訂的不平等條約——《中俄北京條約》，珍寶島亦屬中國領土。正是這個條約，把烏蘇里江以東四十萬平方公里的中國領土強行劃歸俄國。在此之前的一八五八年，沙俄帝國武力逼迫喪權辱國的滿清政府簽訂了《中俄璦琿條約》，已經割去黑龍江以北六十萬平方公里的中國領土。

彈丸之地的珍寶島無常住居民，只在夏天有漁民島上搭棚，臨時居住。附近一帶人煙稀少，沼澤密布。每年的十一月至第二年四月，烏蘇里江封凍季節，江兩岸白雪堅冰，聯成一片。中蘇關係友好、相互稱兄道弟年月，雙方漁民江上作業，彼此禮讓，互贈食品；雙方的邊防軍巡邏隊相遇時，也會交換香煙、口香糖之類，打著手勢各說各話，語言不通，但笑容滿面，態度熱情。

邊境居民的生活情狀，爲兩國關係的晴雨表。一九六〇年後，中蘇兩黨交惡，相互口誅筆伐，指對方爲馬列叛徒，帝國主義幫凶；繼而軍事對峙，不時在邊境線上爆發小規模流血衝突。珍寶島成爲軍事敏感區域。據新華社報導：從一九六七年一月二十三日到一九六九年三月二日，在烏蘇里江封凍季節裡，蘇聯邊防軍入侵我珍寶島地區十六次，多次打傷我邊防巡邏戰士，搶劫我槍枝彈藥。同期，蘇邊防軍並先後十八次入侵我珍寶島以北七里沁島地區，破壞我群衆生產；還多次入侵我珍寶島以南卡脖子島地區。均遭我頑強抵抗，蘇軍才退回烏蘇里江東岸。

一九六九年三月上旬，瀋陽軍區司令員陳錫聯上將奉林彪副統帥密令，親赴黑龍江省虎林縣坐鎭，佈署自衛反擊。仍是傳統戰法，以土打洋：利用大風雪之夜作掩護，在蘇軍坦克入侵的地段上深掘陷阱，埋設地雷，佈下反坦克雷區；之後在兩側樹林裡埋伏重兵，張網守候老毛子。

老毛子倚仗坦克裝甲，強盛火力，也太不把解放軍小老弟放眼裡了。三月十五日凌晨四時許，蘇軍出動五十多輛坦克、裝甲車，加上一個營的步兵，從冰上越過烏蘇里江主航道，大舉進犯珍寶島，妄圖在島上建立永久性陣地。我邊防部隊鳴槍警告，令其立即撤離中國領土。蘇軍不予理會，幾十輛坦克分別從島的東面、南面、北面向島心推進，朝我猛烈開火，以把我守島部隊逼出。我部隊英勇還擊後，佯裝撤退，避入樹林。好傢伙！眼看陣前雪崩地陷，一字兒排開正轟嚨嚨衝在前面的十多輛坦克一一陷落雪阱，引爆地雷陣，登時鐵甲橫飛，烈焰奔騰，成爲阻擋蘇軍大部隊前進的鋼鐵路障。正當蘇軍張惶失措之際，埋伏在樹林裡的我部隊殺聲震天，火箭筒、反坦克手雷齊上，天兵天將般撲向蘇軍。蘇軍在裝甲火力的掩護下，丟下十幾輛坦克殘骸，幾十具官兵屍體敗退。當日，蘇軍先後三次猛烈進攻，雙方激戰九小時，均被我軍擊退。蘇軍並沒有作好大規模入侵的準備。

珍寶島保衛戰大獲全勝的捷報傳回北京：此役共計擊毀蘇軍坦克、裝甲車十三輛，擊斃蘇上校邊防軍總隊長（師級）等官兵六十人，擊傷八十餘人。我邊防站站長壯烈犧牲，傷亡百餘人。新華社立時向全世界播發中國政府嚴正聲明：經過無產階級文化大革命鍛鍊的七億中國人民是不好惹的。中國的神聖領土絕對不容侵犯。如果蘇修叛徒集團一意孤行，繼續挑起中蘇邊境武裝衝突，必將遭到用馬列主義、毛澤東思想武裝起來的七億中國人民的堅決回擊！

爲了顯示反擊蘇修社會帝國主義軍事威脅的決心，全國所有大中城市的駐軍和武裝民兵，革命群衆，紛紛舉行集會、遊行，誓死保衛毛主席、黨中央，誓死保衛祖國領土完整。

在北京中南海，林彪主持中央軍委擴大會議，毛澤東出席，聽取珍寶島戰事匯報。匯報人爲瀋陽軍區司令員陳錫聯和虎林邊防站珍寶島分站副站長孫玉國。孫玉國爲一名二十幾歲的副連級幹部，表現英勇，站長犧牲後全責指揮戰鬥，也掛了彩，手臂纏著綳帶，吊在脖子上，更具英雄氣概。

毛澤東聽完匯報，神情激動，發表講話：珍寶島一仗，打出威風，打出水平。革命要靠年輕人，打仗更要靠年輕人。那名站長犧牲，授予一級戰鬥英雄。副站長有勇有謀，可提拔重用。蘇修社會帝國主義是紙老虎，又是眞老虎，和美帝一樣，要稱霸世界。它不會甘心這次的小挫敗，很可能和我大打出手。要準備打仗，打大戰，打熱核戰、第三次世界大戰。怎麼準備？叫做「深挖洞、廣積糧、不稱霸」。明末李自成起義，起義軍打到河南，佔領洛陽、鄭州，有個讀書人叫李喦的，給李自成獻策，九個字：「高築牆、廣積糧、緩稱王」。意思是李闖王你的勝利來得太快了，要沉住氣，不要匆忙打到北京去，先在河南建立根據地，招賢納士，組織好幹部隊伍吧！有了中原這廣闊富饒的土地做依托，進可攻，退可守，李闖王你才可以立於不敗之地。可惜李自成沒有採納李喦的建議，匆忙率大軍攻進北京，住進紫禁城，當了一個月的大順皇帝，手下的將領們就腐敗得一塌糊塗，連鎮守山海關的大將吳三桂的小老婆陳圓圓都被霸佔，惹得吳三桂「衝冠一怒爲紅顏」，打開山海關城門，放滿清八旗兵進關，很快把李自成打敗。兵敗如山囉。這是個歷史教訓。今天我們面臨蘇修入侵威脅，它的原子彈、氫彈、遠程火箭威力大，數量多。我們怎麼辦？記起李喦的建議，把「高築牆、廣積糧、緩稱王」改動一下，叫做「深挖洞、廣積糧、不稱霸」。現在世界上有美帝、蘇修兩霸。我們本錢不夠，核武不多，遠程火箭正在研發中，所以不稱霸。今後本錢大了，核武多了，也不稱霸。蘇修朝我頭上扔原子彈怎麼辦？我們下到地道裡去，把糧食、武器也藏進去。你炸我不着。最後總要以陸軍決勝負。你的大部隊開進來了，我鑽出地道，和你打近戰、夜戰，刺刀見紅。全民皆兵，拖你進泥塘，叫你脫不得身，最後關起門來打狗。這就是我們的戰略戰術，叫做人民戰爭。

毛澤東侃侃而談，林彪、周恩來、江青、黃永勝們認真筆記。第二天，全國所有報紙、電台開始大張旗鼓地宣傳偉大領袖的最新戰略決策：深挖洞、廣積糧，不稱霸。首要任務是深挖洞。全國大中城市都成立「人防工程指揮部」，建構地下工程，把大半個中國的水泥、鋼筋埋到地下去。小城鎮居民則家家挖防空洞。全國搞防空演習。北方城市氣候乾燥少雨，地下水位低，宜於建構地下工程。最深者爲吉林省長春市，據傳深達六十幾米，可抵禦氫彈轟擊。南方城市氣候潮濕多雨，地下水位高，因之武漢、長沙、南昌、南京等城市多挖出一些「水府」，搞一次居民防空演習須提前三天把「水府」裡的水抽乾，方可進入。此係後話。

四月一日至二十四日，期盼已久的中國共產黨第九次全國代表大會在北京舉行。來自全國各地、各行業的一千五百一十二人出席。這些代表不是由基層黨員選舉，而是通過「協商產生」，實爲各級革委會、軍管會領導人所指定，絕大多數爲文革左派。珍寶島邊防分站副站長孫玉國作爲特邀代表出席，不久又被瀋陽軍區報經中央軍委批准，破格提拔爲黑龍江東線邊防師師長。

開幕式上，當毛澤東和手捉紅語錄本的林彪出現在主席台上時，全體起立，「毛主席萬歲、萬萬歲」的歡呼聲如同山呼海嘯，經久不息。毛澤東站在台上正中位置上，緩緩地拍著巴掌，接受代表們的歡呼，也是接受全黨二千二百多萬黨員的歡呼，心裡是十分受用的了。個子瘦小的林彪則站在毛的側後，緩緩地搖捉著手上的紅語錄，象徵着他的接班人地位，牢固而不可替代。距毛、林十來米遠的大幕深處，周恩來率領陳伯達、康生、江青、張春橋、姚文元、朱德、董必武、陳雲、劉伯承、汪東興、溫玉成等一批人，也是每人手中捉動著紅語錄，徐步出台。劉伯承元帥因在病中，是由兩名服務員架上來的。以林彪、周恩來爲首的中央大員們，人人捉着一本小紅書，嘴裡呼著「毛主席萬歲」，魚貫而行，在新聞紀錄片中留下珍貴奇特的歷史寫照。主席台上的座次排列，也十分耐人尋味。在毛澤東的左邊，依次是林彪、陳伯達、康生、江青、張春橋、姚文元、謝富治、黃永勝、吳法憲、葉群、汪東興、溫玉成；毛澤東的右邊，依次是周恩來、朱德、董必武、陳雲、劉伯承、李富春、陳毅、李先念、徐向前、聶榮臻、葉劍英。左邊坐左派新寵，右邊坐右傾老臣，眞乃陣線分明。

整個會場平靜下來後，要例行一道預備程序：以舉手通過方式，選舉大會主席團主席和秘書長。毛澤東忽然對着話筒說：提議由林彪同志任大會主席。林彪一聽慌了，也趕快衝着話筒喊：擁護偉大領袖毛主席當大會主席！毛澤東再次提議：林彪當主席，我當副主席，大家說好不好？不等代表們反應過來，林彪再次起立，搶先喊道：毛主席當主席！大家同意請舉手！於是全體手臂如林，一致擁護。毛澤東只得擺擺手，同意當主席，並提議林彪當副主席，周恩來任大會秘書長。代表們以熱烈的掌聲表示一致通過。林彪已緊張出滿頭汗珠，算虛驚一場。

毛澤東致一篇簡短開幕詞，列數黨的前八次代表大會得失，正確歸於自己，錯誤歸於別人，以溫和語調隱伏殺機。全文於下：

同志們！

中國共產黨第九次全國代表大會現在開幕。

我希望，我們的大會，能夠開得好，能開成一個團結的大會，勝利的大會。

我們黨，從一九二一年成立，到今年已經有四十八年這麼長的時間了。第一次代表大會只有十二個代表。現在在座的還有兩個，一個就是董老，再一個就是我。有好幾位代表犧牲了，山東的王盡美，鄧恩銘，湖北的代表陳潭秋，湖南的代表何叔衡，上海的代表李漢俊，都是犧牲了。叛變了的，當漢奸、反革命的，有陳公博、周佛海、張國燾、劉靜仁四個，後頭這兩個還活着。還有一個叫李達，在早兩年去世了。那個時候，全國只有幾十個黨員，大多數是知識分子。後頭就發展了。第一次、第二次、第三次、第四次代表大會，每次大會的代表都很少，十幾個人，二十幾個人。第五次代表大會在武漢開，人數比較多一些，有幾百個人。第六次代表大會在莫斯科召開，幾十名代表，恩來同志、伯承同志參加了。第七次代表大會在延安召開的，開了一個團結大會。那個時候，也是黨內分歧，因為有瞿秋白、李立三、王明的錯誤。特別是王明路線。那個時候，有人建議不要選舉王明路線的同志到中央。我們不贊成，說服他們選舉。結果呢？就有幾個不好了，王明跑到外國反對我們，李立三也是不好的，張聞天、王稼祥犯了錯誤，就這麼幾個。其他一些，比如劉少奇呀，什麼彭真、薄一波這些人，我們不知道他們不好，他們的政治歷史我們不清楚，也選進來了。經過「八大」到現在，搞得比較清楚了，在政治路線上，組織路線上，思想方面，都搞得比較清楚。因此，我們希望這一次大會，能開成一個團結的大會。在這個團結的基礎上，我們能不能取得勝利？就這次大會來說，能不能開成一個勝利的大會？大會以後，能不能在全國取得更大的勝利？我以為，是可以的，可以開成一個團結的大會，勝利的大會。大會以後，可以在全國取得更大的勝利！

毛澤東這個一千來字、十來分鐘的開幕詞，竟六次被全體代表經久不息的掌聲、歡呼、口號聲所打斷。毛澤東不得不一次又一次地停下來，伸出雙手巴掌朝下壓一壓，示意會場安靜。

開幕當日，代表們還聽取了林彪所作的《政治報告》，康生所作的《關於修改黨章的報告》。由於兩個報告篇幅冗長，盡是些打倒劉少奇、清算劉鄧路線之類的官話套話，需要四個小時才能聽完，毛澤東哪能陪着？於是提前退席，回中南海游泳池休息，等着看會議簡報去了。

四月二日起，代表們開始分組討論毛澤東的開幕詞和兩個主報告。名爲分組討論，實爲對劉、鄧路線的集體圍剿。在這個大前提下，同時分頭對以朱德爲代表的一批未能完全打倒的老幹部們進行「批評、教育、幫助」，把上次擴大的八屆十二中全會的老戲法，在更大範圍搬演一回。

依照毛、周預先訂下的會議方針，代表們分組討論整半月，進而對黨自一九二一年成立以來的歷次路線鬥爭進行總清理，以統一思想，統一認識：黨的歷屆重要領導人，陳獨秀、瞿秋白、向忠發、李立三、王明、博古、項英、張聞天、劉少奇，都推行了錯誤路線，給黨的事業帶來了巨大的損失，都是黨的罪人，歷史的罪人；只有毛澤東主席一向英明、正確，每到革命的緊要關頭，一次又一次地拯救了黨，拯救了革命，並帶領全黨取得新民主主義革命和社會主義革命的偉大勝利。沒有毛主席，就沒有中國共產黨；沒有毛主席，就沒有新中國。毛主席是全黨的大恩人，是全國人民的大救星，是世界革命的偉大領袖，人類解放的希望，是永遠不落的紅太陽。

毛澤東家鄉湖南的代表說：光緒十九年，即公元一八九三年十二月二十六日，偉大領袖出生的那天，韶山沖紅霞滿天，紅光繞屋，太陽不落，韶峰上響起早已失傳的上古韶樂，百鳥應和；

江西井崗山的代表說：一九二七年十月，毛主席率秋收暴動農軍上井崗山，黃洋界上鐵樹開花，百年枯井發大水，雞婆盡生雙黃蛋。風水師說，從西邊來了真龍天子；

貴州遵義的代表說：一九三五年一月中央紅軍到遵義召開會議，確立毛主席在全黨全軍的領袖地位，四山上的老虎、豹子都歡叫了三天四夜，嚇得白狗子（國軍）不敢圍攻遵義城；

陝西延安的代表說：毛主席、黨中央在陝北十二年，陝北年年風調雨順，五穀豐登，六畜興旺，天無災，人無病，信天游從這道山梁唱到那道山梁，那個美氣，那個響亮！

浙江杭州的代表說：毛主席老人家每次住進西湖汪莊、劉莊，西湖上空就出現七彩長虹；

河南鄭州的代表說：一九五六年俺毛主席視察黃河，本來黃泥湯似的河水，一夜之間就變清亮了，碧綠了，滿河上都是鯉魚歡蹦，那銀亮銀亮的魚鱗兒和着水珠兒，把人的眼睛都晃了；

湖北武漢的代表說：毛主席每次南巡，都喜歡住我們武昌東湖。每逢毛主席入住，東湖水面就比平時寬闊一、兩倍。那年毛主席視察三峽，三峽也出過一次平湖，萬頃碧波，像洞庭湖；

廣東代表說：毛主席到廣州，木棉樹十二月開花，滿廣州城的木棉花開得那個紅浪漫哇，丟老貓，艷過天上的彩霞……

依照大會程序，還安排了兩天的大會發言。毛、林、周、陳、康、江、張、謝、黃等領導人坐在主席台上認眞傾聽。最激動人心的發言，是來自黑龍江珍寶島的戰鬥英雄孫玉國介紹三次自衛反擊戰的經過，邊防軍戰士們如何高呼着毛主席語錄衝向蘇修的坦克羣，有的滾到坦克底下去引爆綁在身上的炸藥，與敵人同歸於盡……。

孫玉國結束發言時，忽然來了個出人意表的動作，依次向主席台上的每位中央首長敬禮，握手，再高呼一聲毛主席萬歲！當他向毛澤東敬禮、握手、高呼萬歲時，兩手長時間握住不鬆開，只顧一聲聲不停息地呼喊着萬歲、萬萬歲。警衛人員怕出狀況，連忙從側幕背後衝出，把他「請」下台去。

毛澤東聽了一天大會發言，感到疲累，第二天不再出席。代表們的狂熱發言，毫無節制的歌頌、讚美，都摘登在各組的簡報上。毛澤東躺在游泳池休息室長沙發上，翻看着大會秘書處送上的簡報，心裡著實受用。他娭毑的，各省區黨代表們出於樸素的階級感情，把過去歌頌帝王的一套都用上了，好也是不好？我毛澤東出世，明明是父母性交，精子與卵子相結合的結果，何曾有過紅霞滿天、紅日不落？至於上古傳說的韶樂，更是沒人聽到；一九二七年九月發動湘東北三十幾個縣的農民暴動，稱爲秋收起義，起義失敗，帶了幾百名農軍上井崗山落草，狼狽得很，哪裡見過什麼鐵樹開花、枯井冒水、雞婆生雙黃蛋？一九三五年一月中央紅軍一路敗退到貴州遵義，趕李德、博古下台，哪裡有什麼四山上老虎、豹子歡叫了三天四晚？在延安十二年，效法越王勾踐臥薪嚐膽，勵精圖治，也不是年年風調雨順、五穀豐登。爲了稅賦過重，老鄉們日子不好過，一個貧農婦女還公開呼喊要殺死毛澤東；

一九五六年視察黃河，河水何曾清、鯉魚何曾跳？一九五七年視察長江三峽，也沒有什麼高峽出平湖……還有西湖上空掛七彩長虹，廣州十二月木棉開花紅浪漫，通通無稽之談，天方夜譚。

黨代表們可以狂熱，可以迷信。毛澤東卻不能醉倒。從來偉大的政治家都能保持住超凡的清醒：都是林彪同志帶下頭，全黨全軍瞎起哄，形而上學猖獗，唯心主義盛行。爲了打倒劉鄧陶，的確需要借助革命群眾的領袖崇拜熱潮，現在應適當控制一下個人迷信。不然的話，全黨形成慣性，今天迷信毛澤東，明天就會去迷信林彪。接班人林彪要的，不就是這個？

林彪代表中央所作的大會《政治報告》，在交付正式印刷之前，毛澤東揮筆圈掉了「毛澤東同志天才地、創造性地、全面地繼承和發展了馬克思列寧主義」中的「天才地、創造性地、全面地」三個副詞；報告中所有的「四個偉大」：「偉大領袖、偉大導師、偉大統帥、偉大舵手」，也通通刪除。一種傾向掩蓋著另一種傾向。毛澤東已經嗅出來某種不正常的氣味。

對於毛澤東刪掉「三個副詞」、「四個偉大」，林彪很不理解，周恩來、江青、張春橋等人也很不理解。只好由大會秘書長周恩來出面向毛澤東討教。毛澤東問：是不是林副統帥要你來的？還有江青、張春橋？你回去告訴大家，不是我有什麼偉大的謙虛，而是被人吹捧多年，現在要適可而止。三個副詞，與事實不符。四個偉大，更是討嫌。不是給代表們潑冷水，而是應當降降溫了。總這麼持續高溫下去，要爆炸的！你不相信？反正我信。當然，恩來，這後一句，你不要傳達。

大會以鼓掌方式，一致通過林彪所作的《政治報告》及康生所作《關於修改黨章的報告》。新黨章中列入接班人林彪的名字，象徵著林彪作爲毛澤東的親密戰友和學生，地位堅如磐石。

最後一項，也是最重要的一項大會議程：選舉新一屆中央委員會。上屆中央委員和候補中央委員共二百人整。本屆增加至二百七十九人，其中，中央委員一百七十人，候補中央委員一百零九人。實行等額選舉。這就意味著只要被列作候選人，即會當選無疑。

選舉之前，周恩來秉承毛、林旨意，領著大會祕書處和各省區代表團作了周密佈署。如硬性規定，原八屆的中央委員、候補委員，只能有三十七人進入新一屆中央委員會，——把大部份老幹部排除掉；即便是對被保留下來的三十七人，不管是朱德、陳雲也好，陳毅、徐向前也罷，亦實行控制性投票，讓他們只以過半數的微弱多數當選，以示警喻：你們這些人抵制文革、犯有錯誤，仍能進入新一屆中央委員會，完全是毛主席、黨中央及黨代表們寬宏大量，給予你們政治上的出路。

一切通過如儀。沒有大的差錯，卻有小的紕漏。點票結果，毛澤東差了一票，林彪差了兩票，周恩來差了兩票，康生差了三票，陳伯達、江青差了一百多票……當選人的得票數字不能當場宣佈。周恩來召集陳伯達、康生、江青、張春橋、謝富治、黃永勝、汪東興、溫玉成等人連夜開會，商議怎麼辦？康生主張徹底查票，把毛主席失去的一票、林副主席失去的兩票、周總理失去的兩票、康生失去的三票、江青失去的一百多票等等，通通清查出來，把那些隱藏在代表們中間的別有用心的危險分子揪出來示衆！康生並要求公安部和中央警衛局聯手破案。公安部長謝富治表示爲難，公安部是政府部門，不好來查黨代表們的票；中央辦公廳主任兼警衛局局長汪東興也說，中央警衛局無法接這案子，技術難度大，一千五百多名黨代表和幾百名大會工作人員必須挨個打下指模，再一張一張選票的去照像顯影核對。而且接觸過每張選票的也不止是投票的那名代表，從印刷到包裝、送票、點票等，起碼涉及幾萬人次的指紋……若眞要淸查代表們投下的票，必須請示毛主席，我們不能輕舉妄動。

周恩來彷彿心裡有數，答應由他這個大會秘書長去請示毛主席和林副主席。當晚十二時，周恩來去到中南海游泳池，恰逢林彪也在場，又和毛主席談着反對葉群進政治局的事。林彪見到周總理，便說：總理，你當過我的先生，幫我講兩句，我老婆水平低，資歷淺，不夠格。

毛澤東笑笑說：恩來，我的態度你是知道的。葉群不進，江靑也不進。反正是大男子主義，政治局只有和尙，沒有尼姑。一個老方丈帶領一批新和尙，主持廟務，可不可以啊？

林彪連忙補充：我贊成江靑進政治局，而且當常委。

毛澤東玩世不恭地說：看看我這個接班人，自己的老婆不行，別人的老婆行……文章自己的好，老婆人家的好。也有說老公人家的好，娃兒自己的好。

周恩來忍不住笑了。毛主席雖是說得輕鬆，但涉及兩位主席夫人，高度敏感的話題，不能有半點差池的……江靑、葉群進不進政治局，都不影響她們手中的權力。進了政治局，好歹講點規矩，有不同意見會擺在明處，可以商量着辦事；不進政治局，一切沒規矩，辦事不在明處，就防不勝防了。……想到這些，周恩來心裡打個激淩，說：主席和林副主席若徵詢我的意見，還是維持原先商議出來的那個名單吧。江、葉都是我們黨內少有的優秀女同志，運動中表現傑出，貢獻很大，作爲女同志代表，參加政治局，合乎衆望。

林彪仍不鬆口：擁護江青，反對葉群。溫玉成也不要進。

終於扯出了溫玉成。毛澤東表示意外，看一眼周恩來：溫玉成啊，有什麼問題？

周恩來不知就裡：政治局委員候選人名單都打印好了，有溫玉成，沒聽說他有問題。

林彪說：不是有問題。是黃永勝的意見，溫是他提議調任副總長的，若進政治局，規格高了點，在將軍們之間擺不平，日後工作不好做。

毛澤東心裡鏡子似的，暗暗佩服自己的婆娘放長線，施伎倆，借林、葉之手，把溫玉成除名。遂做了個思考狀，說：總理，溫是他們的老部屬，那我們就尊重黃總長的意見，安排溫玉成做中央委員吧。過去傅崇碧也只做到中央候補委員。

周恩來當即筆錄下兩位主席的這項指示。

毛澤東今晚上心情好，有談興，捉了捉手說：總理，葉群的事，我們兩個是多數，育容你不要謙讓了。還記得《左傳》裡「祁奚荐才不避仇」的典故嗎？祁奚是晉國的中軍尉，相當於現在的總參謀長吧，因年老向晉悼公請求退休。悼公問他接替的人選，他推荐了解狐。解狐卻是他的仇人。他說，解狐有能力，即使和自己有怨仇也要替國家著想啊。晉悼公很贊賞祁奚的品德，就打算重用解狐，誰知解狐突然去世；晉侯又向祁奚徵詢人選。這次祁奚推荐了自己的兒子祁午，認爲祁午僅次於解狐，解狐死了，祁午合適。當時另一位大將羊舌職是祁奚的副手，也在這個時候去世了，晉侯再次詢問他誰來接替羊舌職。他認爲羊舌職的兒子羊舌赤有能力，堪當大任。於是晉悼公正式任命祁午爲中軍主帥，羊舌赤爲中軍副帥。這就是歷史上有名的祁奚荐賢不避仇、舉能不諱親的故事。所以，葉群、江青進政治局的事，我們不要再討論。

林彪不再說話。毛澤東又想起另一件事：恩來，代表們投票選了中央委員，爲什麼沒有宣佈每個當選人的得票數？

周恩來遂匯報了大會領導小組關於公佈選票問題上的意見分歧。

毛澤東問：誰提出查票？荒唐！我少了一票，是我自己沒有劃那一票。育容，你少的那兩票呢？

林彪說：是我和葉群沒有劃，所以我少了兩票。

毛澤東說：這就對了。恩來，你少的兩票，大概也是如此吧？

周恩來說：正是，我和小超少劃了兩票。

毛澤東說：你們啊，也是要保我的面子嘛。康生少了三票，怎麼辦？他和曹軼歐是肯定會劃下自己的兩票的。那麼，康生是眞有三票反對了。一千五百多人投票，少三票、幾十票、兩、三百票，仍是百分之九十幾、八十幾、七十幾的得票率，高得很嘛！西方國家選議員，通常只有百分之三十幾、四十幾的得票率，比我們低多了，我們的同志還不滿足？

周恩來說：好！主席和林副主席批准，我回領導小組傳達，不查票。明天宣佈當選人的得票數。主席和林副主席全票，我以下，按實際得票數宣佈。

毛澤東說：恩來啊，那你還是要陪我和育容一下，我們三個算全票，康生以下，如數宣佈。

第九次黨代表大會於四月二十四日閉幕。四月二十八日，召開九屆一中全會，選舉黨中央主席、副主席、政治局委員及候補委員。仍是等額選舉，候選人即已是當選人。投票只是辦完一道手續。

毛澤東是當然主席，林彪是當然副主席，毛、林、周、陳、康五人組成政治局常委會。二十一名政治局委員中，林彪旗下七人：林彪、陳伯達、葉群、黃永勝、吳法憲、李作鵬、邱會作；江青旗下五人：江青、康生、張春橋、姚文元、謝富治；其餘九人周恩來、朱德、葉劍英、劉伯承、許世友、陳錫聯、李先念、董必武，則是毛澤東用以制衡林彪、江青兩股勢力的中間偏右老臣。

選舉之後，主席台上只坐着毛澤東、林彪。毛澤東環顧左右，見身邊只孤零零地坐了個林彪，忽然感到大不自在，怎麼只剩下我和這個長病號？人物凋零，氣象不佳……於是朝台下喊：總理，你在哪裡啊？上來陪陪吧，我感到孤單哪。周恩來坐在台下第一排位置上，連忙起立，卻不肯上台去，而謙遜地說：主席台是主席和林副主席坐的，我不夠格。這不是客氣。今天的中央全會請林副主席主持。說罷仍坐下。毛澤東有些話裡帶話了：總理啊，請都請不上來？是不是想孤立我和林副主席？周恩來慌忙再次起立：主席，我是在主席和林副主席領導下，辦理具體事務的，所以不宜上去……若一定要上，我要求和陳伯達、康生一起上。這時，主持會議的林彪起立、提議：請同志們鼓掌，歡迎總理、伯達、康老三位上台！

第四十四章　擇婿選妃　黃葉熱戀

「九大」獲全勝，林府喜若狂。林彪成爲黨中央唯一的副主席，手下更有黃、吳、葉、李、邱五員幹將進入政治局，全軍三總部的兩大部：總參謀部和總後勤部，加上空軍、海軍，也都是這五幹將當家，黨權軍權，尤其是軍權，可說是悉數歸於林家班了。一時間，毛家灣二號燈火輝煌，門庭若市，道賀的，拜望的，求見攀附的，一溜溜小烏龜車載着軍委各總部、各軍種兵種首長，各大軍區司令員、政委，各省軍區司令員、政委，各省市自治區革命委員會主任，送走一批，又進來一批。

一向深居簡出、作風低調的林彪，這次竟沒有喝令婆娘葉群注意影響。林府有間可坐幾十人的電影放映廳，如今晚晚放映國外過路片、資料片，分批招待各路將軍及他們的愛人、小孩。能否進林府看電影成爲一項榮耀和行情。幾乎每晚必到的是黃永勝的愛人項輝芳、吳法憲的愛人陳綏圻、李作鵬的愛人董其彩、邱會作的愛人胡敏，江騰蛟的愛人李燕平，以及她們的孩子、孩子的保母等。

葉群和這「五大愛人」儼然結成「妻黨」。他們多數時間並沒有看電影，而是聚在林府深處葉群的專用小客廳裡，悄悄商議着兩件兒女大事：一是替林府千金豆豆選「駙馬」，二是替林家哥兒老虎選「妃子」。「駙馬」、「妃子」這些稱謂太過老舊，只在她們相聚時談笑使用，絕對不許外傳的。

然而喜氣中也有失算。「九大」開過不久，林彪、黃永勝又報請毛主席批准：調溫玉成離京，降級爲成都軍區副司令員。林彪生平最痛恨自己栽培的下級將領見風使舵，投效他人。

當溫玉成紅着眼睛來林府辭行，要求單獨見林總一面，向林總匯報眞實思想，表明自己生是林總的人，死是林總的鬼時，林彪才知道上當了，中了釣魚臺那個娘娘的計了。都是葉群這個自作聰明的東西鬧下的！天天在家裡吹耳邊風，加上黃永勝也打小報告，指溫玉成改換門庭，效忠江青……江青同志也是夠厲害的，分派溫玉成去兼管了大半年的樣板團，就離間了四野的老上下級關係，弄走了一名靠得住的衛戍區司令。溫玉成眼淚含含地提醒老首長：新任衛戍區司令員吳忠，是江青的親信，不簡單啊，女組長不簡單啊。

送走溫玉成，林彪把葉群叫進辦公室，關起門來臭罵一頓，類似毛澤東生氣時痛斥江青：妳作死！壞老子的事！恨不能立時休掉妳這個蠢貨，不是東西……今後林家要敗，就是敗在妳身上！淺薄，張狂，下賤，幾十年改不掉的臭習性。

罵歸罵。二、三十年的共同生活下來，林彪離不開葉群，葉群離不開林彪。也是一對政治夫妻，榮辱與共。林彪不耐俗務，公中家中，日常黨務軍務，全仗了葉群操持打理；和黃永勝、吳法憲、李作鵬、邱會作、江騰蛟、王維國、陳勵耘等一批親信將領的關係，也全靠了葉群周全、維繫。我林彪或許輕看葉群，可毛澤東看得重，黃永勝、吳法憲他們更是看重。對了，葉群還喜歡單獨往毛澤東的住處跑，說是去調解毛、江的家務糾紛。毛封她為「八級泥瓦匠」。毛身邊美女如雲，會看得上年過五十的葉群？老子都早不操她了，毛還會操她？做夢。

以簡體字筆劃為序，葉群在中央常委之後的政治局委員名單中，排名第一，排在葉劍英、朱德、江青的前面了。不管怎麼說，躋身於黨和國家領導人行列，如沐春風，平步青雲。鴻運當頭之際，她決定百忙之中花些時間、精力，來管管一兒一女的婚事。過去也不是不管，也曾多次派信得過的人北方南方的替女兒、兒子物色對象，但一直沒有發現中意的。林府選婿、擇媳，豈是馬虎得的？

女兒林立衡，乳名豆豆，一九四四年延安出生，北京大學畢業，年已二十五歲；兒子林立果，乳名老虎，一九四六年哈爾濱出生，也是北大畢業生，年已二十三歲。應當說，林府這一兒一女都不是嬌生慣養的池中俗物，而是肯讀書、肯鑽研、有才幹、有抱負的青年。特別是林立果，眞正一隻小老虎，不單學業優秀，寒暑期下部隊鍛練，愛擺弄無線電，玩各式武器，會駕駛汽車、直升飛機、水陸兩用坦克、海軍炮艇！林立果的職務為空軍司令部作戰部副部長，吳法憲一手提拔的青年幹部。少年英雄，文武雙全；將門虎子，前程無量。

兩個孩子都性格內向，不擅長談戀愛，交異性朋友。就此點而言，他們像父親而不像母親。葉群覺得自己目標大，不便出面替兒女張羅，只有托付給她的「妻黨」密友去辦。幾名「妻黨」求之不得，正好向林府效力。於是葉群和「妻黨」商議出方案：

林豆豆的未婚夫，由總參謀部出面，以替軍委首長挑選秘書的名義，到山東、河北、遼寧、吉林、黑龍江等省市的文科院校去物色。北方漢子體魄好，高大威猛，忠厚老實，溫順馴良，靠得住。具體條件是：

一、外表英俊，身高一米七〇以上；
二、身體健壯，無狐臭異味，家族無遺傳病史；
三、出身貧苦，政治可靠，思想進步，最好是黨員，至少是團員；
四、大學文科畢業，愛好廣泛，有生活情趣；
五、個性溫和、馴服，會疼人；
六、行止端方，有教養，口齒清楚，談吐大方。

替林立果「選妃」呢？葉群和「妻黨」們更是訂出了嚴格的範圍和條件。以替空軍文工團、海軍文工團挑選女演員的名義，到江南數省的大專院校、劇團、醫院、紗廠等女子集中的單位去篩選。江南女子水靈，俊麗，身條好，性溫柔，衰老慢。具體條件是：

一、年齡，十六——二十歲，最好十七——十九歲；
二、身高，一點六〇——一點六五米，身體要不胖不瘦；
三、眼睛，柳眉大眼，雙眼皮，眼睛要有神；
四、臉部，瓜子型臉，皮膚細白紅潤，沒有抬頭紋；
五、鼻子，位置適中，不大不小，不露孔；
六、嘴部，櫻桃小口，牙齒潔白，整齊；
七、頭髮，烏黑有光澤；
八、身材，身體部位要對稱，腳無毛病，走路要有風度、瀟灑；
九、語言，說話流利，口齒清，音色美，燕語鶯聲；
十、文化程度，初中以上；
十一、政治條件，家庭出身好，如面貌諸條件出色，政治條件可以降低；
十二、預選方法，先在花名册上選出未婚的和合適的年齡、身高和外觀等條件的名單來，再根據名單，通過相片和本人選擇外貌。然後在檔案上查清政治情況，以往的健康和父母的健康情況，這一切查清後，再送審。

上述這份語句不甚通順的「選妃標準」，由林副主席辦公室打印後，作為「絕密文件」，派機要員專送總參謀長黃永勝、空軍司令員吳法憲、海軍司令員兼政委李作鵬、總後勤部部長邱會作，以便四大部門配合執行。

選妃工作由邱會作的妻子胡敏、李作鵬的妻子董其彩、江騰蛟的妻子李燕平率領三個小組分頭執行。小組成員全是女性。其中以胡敏小組最為勤奮，工作時間長，活動範圍大。胡敏陝西人，本職工作醫生，此次榮膺重任，起始也是滿腦子政治掛帥，思想先行。她老家西安駐軍向她推荐了一名古典式美女，陝北米脂人氏。陝北革命老區，咱黨中央就是從陝北一路勝利到北京的。米脂貂蟬故里，自古美女出名。胡敏帶工作組親赴西安，在一間密室內，命那米脂美人兒寸縷不著，量了額頭量下頜，量了脖子量乳房，量了胸圍量腰圍，量臀圍，量大腿、量小腿。檢查處女膜有否破損，等等。除了兩腿短了點，稍粗點，此女天姿國色！胡敏把米脂美人兒帶回北京，荐給葉群。葉群意在江南一帶選美女，根本瞧不上陝北地方的黃土疙瘩，以「個頭矮了點」為由「槍斃」了。葉群一關過不去，胡敏自然不敢提出「是否請林副主席或老虎本人過過目」了。

胡敏並沒有氣餒。老公替全軍辦後勤，老婆替林府選媳婦。她珍惜這次效忠機會，手持中央軍委辦事組的介紹信，領着十人小組花近一年時間，先後跑了江蘇、浙江、湖南、廣東、湖北、雲南、貴州、四川、山東、上海、北京、天津等十二個省市，動員五百四十九個單位，共看一千三百多名由各單位初選出來的美女，經層層淘汰，帶回三十六人的檔案、照片，包括半身照、全身照、側面照、泳裝照，供林副主席和葉群過目。經葉群和「妻黨」在這三十六人的檔案、照片中挑選來、挑選去，最後確定六名國色天香進入決選圈。由軍委辦事組派出女工作人員，分頭把這六人接到北京，入住總後勤部小招待所候命。

胡敏身為軍醫，審看了近一年的江南佳麗，也眼花撩亂了。她和女同事們天天驚訝、天天叫絕：媽喲！向毛主席起誓，千姿百媚，揀了任何一位，放到任何一家，都會蓬壁生輝！便是女人看了也動心。難怪難怪，大清朝那些風流皇上，都愛到江南一帶來獵艷，挑選傾國傾城。

這期間，也發生了一些不無遺憾的事，堪作談資。

在蘇州，胡敏小組選中了一名十九歲的評彈演員，那個水嫩水靈喲，活脫脫就是清代秦淮名妓柳如是的化身！可是做裸體檢查時，才發覺那演員乳房太豐滿，身材太惹火，是那種一女可馭數夫的性感人兒，只好捨棄。

在杭州，胡敏小組看中一名越劇青衣，十七歲，人面桃花，鶯聲燕語，性情溫順，愛讀書學習。可是一體檢，處女膜破損。胡敏作為醫生知道，女演員練功，劈叉跨一字，都會導致處女膜破損。但能帶回北京去？葉群同志會怎麼看？林副主席和老虎什麼態度？

在武漢，胡敏小組千裡挑一的，挑中了一名體操運動員，十六歲。臉模子、身材的那個完美啊，簡直是白璧無瑕的大理石雕塑而成。可是運動員肌肉發硬，性格倔強，業餘只愛聽個音樂，屬於四肢健美、頭腦簡單一類；

在湖南長沙選中的一名女高中生，就更是奇特了。十六歲，工人家庭出身，共青團員，品學兼優，性情溫柔又開朗，愛唱歌，會跳舞，一米六五的個頭，俊眼俊臉，美胸美腿，清純如一枝出水芙蓉，已列入決選推荐名單，估計可能成爲葉群同志的第一人選。什麼手續都辦好了。由專人陪同，坐軟臥包廂先到廣州，再和小組人員會齊，乘專機回北京。可那女孩一到廣州就拉稀，腹瀉不止。水土不服。女孩羞答答交代，她父母、兄姐，全家人都有個習慣，北不能上湖北，南不能下廣東，一出湖南地界就拉肚子，只能在湖南過日子……

在這前後，由吳法憲的妻子陳綏圻率領另一選拔小組，在北方省區來回奔波，審閱了上百所文科大學推荐的青年教師檔案，並和數百名英俊青年見過面。挑來揀去的，相中遼寧大學中文系講師林正義，一位標準的俊男：身高一米七〇，黨員，未婚，貧民家庭出身，政治歷史清白，身體健康，五官端正，相貌堂堂，有學識，好書法字畫，性沉穩，談吐風趣。

陳綏圻親自找林正義面談兩次，很滿意。於是林正義被送到北京，入住空軍司令部第二招待所，接受身體檢查，包括尿液化驗，精液化驗。幾天後，大約體檢過關，有人領他去見了幾位首長。首長有男有女，都穿著軍裝，林正義不知道誰是誰。首長們很客氣，輪番着問了些他的父母情況、學習情況、工作情況、業餘愛好等等。之後就沒事了，晚上安排他看文藝演出。又過了幾天，竟讓他乘坐空軍專機飛杭州，住進西湖畔一座部隊療養院，說是參加空軍大批判寫作小組實習。他和寫作小組的成員們見了面，其中一位就是林府千金林立衡。他們去參觀了幾家工廠，和工人座談，都是集體活動。又被觀察了一段。終於單獨和林立衡見面、交談。

林正義是個聰明人，已察覺自己成了人家的漁獵對象。林立衡個子不高，態度和藹，談着談着就漏了底似地：正義同志，三個星期前，我已經在北京見過你了，而且不止一次。林正義十分驚訝：您見過我？什麼時候？什麼場合？林立衡笑笑說：你傻。第一次是首長接見，我和媽媽坐在首長們中間，你沒有在意。第二次是在京西賓館劇場看樣板戲《紅燈記》，你不是曾被召到首長休息室喝茶、用點心？我媽觀察了你的吃相、坐相，較滿意。林正義心裡好一陣惶恐，嘴上忙說：謝謝軍委首長的關心，我一個窮苦人家的青年……

聊著聊著，林立衡忽然大方地問：正義同志，你和我接觸這些天了，對我有什麼看法沒有？林正義覺得林立衡作爲副統帥的女兒，待人接物還算隨和，並無那種居高臨下的傲氣：您在副統帥身邊長大，政治上很強，又學有專長，熟悉部隊生活，我應該好好向您學習。林立衡說：不講這些好聽的，你有什麼看法可以提出來，給我做參考嘛。林正義猜想林立衡喜歡有獨立見解的人，自己也不能太熊包，遂說：以您現在的生活位置，是得天獨厚的，有很多別人不具備的條件。硬要我說點什麼的話，就是高處不勝寒，比較容易脫離群衆。

就這樣，普通人家的子弟林正義身不由己，憂喜參半、如履薄冰地和副統帥家千金談起了對象。他們時而北京，時而北戴河，時而杭州、蘇州、上海的，相處了大半年。這期間，林正義並不是林家的「專寵準快婿」，林立衡還接觸了另外幾名各地選送來的英俊青年，最後選中一名軍醫大學的教師，做「穩定的男友」。一九六九年九月，林立衡給了林正義八個字的評價：「老實，聰明，幼稚，自負」，而結束了這段奇特情緣。林正義沒有返回遼寧大學任教，留在上海空軍工作。眞乃老天照應，不幸中的大幸了。林正義至今仍然活着，且成爲他老家遼寧省的一位知名作家兼書法家。

再說邱會作之妻胡敏爲林家公子選妃事。畢竟是二十世紀六十年代末葉，又處於紅彤彤的文革歲月，林彪縱是貴爲毛澤東的權力接班人，葉群也進了政治局，但林仍在毛的監察之下，葉仍在江青的監察之下，林家勞師動衆在全國各地選美女，終歸擺不上檯面的。

胡敏忠心耿耿又聰明絕頂。爲方便林副主席和葉群同志親臨現場，她特意在自己所住的將軍院內闢出一間密室，密室的裡牆上方則開一電影放映孔似的小窗口，小窗口下設平台，放置沙發、藤椅，不開燈，這樣敬愛的首長夫婦就可以透過窗口望見室內的美女們。胡敏把六名進入決選圈的美人兒弄進燈火雪亮的密室，編爲一至六號，由女攝影師一一替她們拍照。一會是三點式泳裝照，一會是西式衣裙照，一會是傳統旗袍照，一會是解放軍女裝照，一會是休閑服飾照……

六名美女做夢也沒有想到，全黨全軍敬愛的林副主席及夫人葉群同志，正在密室牆上方的小窗口上，從暗處看着明處，飽賞眼福呢。人間尤物，個個沉魚落雁，閉月羞花。盡情觀賞了近兩個小時，勝過看春宮圖。在回程的大紅旗轎車後座裡，葉拉下前後之間的隔音板，試探林總的意向：中意哪一個？三號還是五號？二號也不錯，眼睛特別亮，就是奶子小了點，屁股也瘦點；一號則正面靚麗，側面較單薄；六號什麼都好，就是神韻欠點火候……你看哪？林彪閉上眼睛說：美不勝收。我們是老了，最好讓老虎自己也看看，任他挑。葉群說：要是老虎都中意，六個都要，咋辦？林彪眼睛一瞪：胡鬧！共產黨實行一夫一妻制。亂搞的不算。妳由着他放肆？

林府方面尙未下決斷，胡敏又接到南京軍區空軍某部密報：軍區歌舞團演員姜琳，十九歲，艷冠群芳，驚爲天人，性情溫柔，愛讀書，愛運動，出身於多子女家庭，好品種。已有戀愛對象，估計還沒有發生過性行爲。胡敏當機立斷，讓軍區政治部黨組織出面做工作，把姜琳的那個男友吹了，並檢查身體，如還是處女，立即送北京。

軍隊辦事，歷來快節奏。姜琳被送到北京，也入住在總後勤部小招待所。果然，胡敏拿姜琳和那六名美女一比，更有一種不同凡響的神韻，特別一雙眼睛會唱歌似的，能撩人，眞是應了那句古人的話，一顧傾人城，再顧傾人國了。但最後還得林副主席和葉群同志說了算。胡敏不辭辛勞，又在自己的密室裡，把姜琳雜在六名美女中間，如上次脫衣、換裝，擺弄各種姿式，輪番拍照留影。

這次林立果隨父母親臨窗口選美，並當場表態：我好羨慕大觀園的怡紅公子！既然只准我七裡挑一，就要那個姜琳吧！是不是瘦了點兒啊？

葉群把老虎的決定通知胡敏。胡敏喜形於色，好像她自己中了彩一樣：姜琳瘦點沒關係，就請她住在我家裡，我負責給配置營養餐，先給催催肥，保證兩三個月之後，她肌膚細嫩，紅紅白白，老虎黏住不放……葉主任，剩下那六個怎麼發落？

葉群說：林總的意思，剩下的六個，先保送到軍內醫護學校學習，畢業後，黃、吳、葉、李、邱、江六家，每家分一名保健護士，獎勵大家的辛勞。

胡敏心裡叫聲苦也！將軍們是樂開花了，可她們這些做妻子的呢？美人兒進門，原配掉價。

葉群看出胡敏的心事，笑笑說：林總的指示，不能不執行。你、我怕什麼？不都是各自家裡的辦公室主任？到時候還管不住個小妖精？

林彪夫婦，爲自己的兒女選妃擇婿，可說是心機用盡、機關算盡了。林府的這對寶貝，又是如何敬重他們的父母的呢？

林立果二十二歲大學畢業時，生理上並未發育成熟。表現在對女性興趣不大，熱中於下部隊擺弄坦克、裝甲車、直升飛機、火箭發射器等各式武器，簡直是個兵器迷。有段時間，小老虎恨不能把些龐然大物弄到毛家灣二號大院裡來。再有，就是喜好閱讀各種戰爭回憶錄，名人大事紀，中外政變、兵變紀實之類的書籍，讀完一部又一部，廢寢忘食；閱讀書籍比較費腦子，放下書本，他就在自己的臥室兼書房裡擺弄他的無線電器材，動手安裝半導體收音機、錄音機、收報、發報機等等。反正有叔叔、伯伯們提供各式各樣的精密零件材料。他也把自己的「作品」送給哥兒們做紀念。送給姐姐林立衡的半導體收音機更是他的得意之作，最小的一台只有肥皂盒那麼大，用兩節小六號電池，能收聽到美國之音、英國ＢＢＣ的短波中文節目。自遵照父母之命投身到空軍司令部服務，特別是升任作戰部副部長，結交上一班鐵桿哥兒們之後，擺弄無線電器材的時間就少了。

老虎的臥室靠近母親的臥室。父親的臥室則在走廊盡頭，房門也開在另一側，保持絕對安靜。林府房間的隔音相當好。可是常在夜深人靜之時，一般是在凌晨三、四點，老虎能感覺到母親房裡有動靜，是和什麼人通電話，時間還很長。林府的電話安裝有特殊的保密裝置，從中直、軍直總機，到家裡的工作人員，都無法竊聽。除非到母親房裡去安裝一個不顯眼的小匣子，再用一根不顯眼的細金屬線延伸到自己臥室裡來……老虎出於好奇心，也是檢驗自己的無線電作品性能，悄悄地在母親臥室裡裝了個自製的袖珍竊聽器。連每天替母親收拾房間的內衛都沒察覺到。他千想不到、萬想不到的，母親大人竟背著父親大人，常在凌晨三、四點時和總參謀長黃永勝叔叔通話，內容那個大膽、放蕩、親密喲……老虎尚是一名處男，未嚐過男女禁果，聽得臉熱、氣喘、心驚、肉跳。媽的！黃叔叔這個王八蛋，背著他的大恩人、老首長，勾引首長夫人！太下流、太肉麻了，老虎初時聽不下去，但又不能不聽。小不忍則亂大謀，這是父親常掛在嘴上的教導。也是父親體弱多病，和母親分房睡覺十幾年，從電話裡聽得出來，母親還相當主動……漸次地，他滋生出一種強烈的窺秘感。下面，即是老虎錄下的一段：

葉：我覺得，哎呀，我太晚了，認識得太晚了，時間流逝得太多了。對你，廣東是有機會認識的，爲什麼失之交臂呀？

黃：嗯，嗯。

葉：到面前的人就錯過了，一過就是一兩年。當時就覺得，我多不幸啊！第一次惋惜自己，也惋惜對方。我回來大哭了一場。我覺得我爲這麼好的一個人，赴湯蹈火都不在乎。你知道我講的目的嗎？

黃：我知道！

葉：我再就是怕你追求生理上的滿足闖出禍來。我跟你說，我這個生命是同你聯繫在一起的，不管政治生命和個人生命。

黃：我覺得，我完全像妳一樣了解，請妳放心。

葉：你知道一點我的疾苦，如果我病了，你問我一聲，你那裡是一聲，在我這裡就是千斤萬斤的黃金，比金剛鑽還寶貴啊！

黃：妳不要這樣講了。

葉：在北戴河都沒有講。而且我又採取了那個措施。萬一要有，如果弄掉的話，我希望你親眼看我一次。（哭聲）

黃：我一定來！一定來。妳不要這樣，這樣我也難受。

葉：再就是你不要因我受拘束。你對周圍的人，可以開開玩笑。我不能老陪着你，我這裡也忙。我心胸不狹窄，你跟別的女人，可以跟她們熱一點，不要顧慮我，我甚至把她們當小妹妹一樣。

黃：那我不贊成。我只忠於妳一個。

葉：你喜歡別人，也可以。但有一條，嘴巴要特別嚴。如果她講出去，把我牽連上，那就會發生悲劇。我家也會發生悲劇。

黃：噢噢噢……

葉：我跟你說，你知道我這個環境，能打開這個堡壘不容易的。你知道這個輕重嗎？另外，我聽了關於你那麼多壞話。我們發生六月二十一日那個事情，是很不容易的。

黃：那我知道，那我知道。

葉：你知道嗎？那次你有多粗壯呀，整個的，把我的漲滿了，都痛了。

黃：對不起，我不夠小心，把妳給弄痛了。

葉：不！他從來沒有漲滿過我，也沒有痛過。我這次才知道，女人需要那漲痛。爲了那漲痛，可以去死——！（哭聲）

黃：不要這樣講，不要這樣講。

葉：你個沒良心的，你有的是小女子玩。可我哪？我哪？下面又濕了……

兒子林立果，聆聽著母親大人和黃叔叔的這段淫聲浪氣的凌晨談心，渾身都燥熱起來，下邊也鼓漲了起來。眞正性教育，性啓迪，白活了二十三歲！黃永勝，你瞞了我父親，操了我母親，是個大把柄。你個總參謀長，軍委辦事組組長，掌握着軍以上將領的提名權。毛七十多歲了，身體肥碩，生活無節制，還能拖幾年？就是自己那半條性命的副統帥父親，也不會久於人世。到那時，有了黃叔叔和母后大人的扶持，自己還登不上接班人位置？太好了，太好了！黃叔叔和母后大人，是天作之合了……也怪自己愛擺弄無線電和各式武器，加上啃那些厚本的名人傳記，耗去了寶貴的青春歲月，至今不解女人滋味。其實，母后大人早就在自己身邊安排了一名女服務員，俊眉秀眼，肌膚白淨，丈夫是個汽車兵，車禍喪命，沒有生育過。母后的用意很明顯，一個試驗品。那女服務員就住在隔壁小房間裡，洗手間那頭有門可通。老虎慾火燒身，再按捺不住，光著身子上洗手間，嘩嘩地弄得水響，便去推了推那扇門，竟是虛掩着的。就着洗手間的燈光，照見那小寡婦在床上睡覺。他一掀被子，那小寡婦竟也是寸縷不著，一把摟住，那滾燙燙的舌頭就舔了過來：小爺，親爺，俺、俺都等了好幾月了……看爺您猴急的，俺還不夠濕……粗壯不粗壯？爺的好粗壯……漲滿沒漲滿？親爺，小爺，滿了，滿得很呀哪。您使勁，俺不怕爺使勁。俺村上的大嫂子都說，是女人就有三百斤的朝天力。

林立衡從小尊敬父親，卻記恨母親。記恨母親眞是沒有由頭。怎麼沒由頭？自己是姐姐，母親卻專寵着弟弟。任什麼新奇珍貴的東西，吃的穿的玩的，總是先儘着老虎。老虎挑剩下的，才輪到自己。一段時間，林立衡多愁善感，心灰意懶，覺得自己是多餘人。十四、五歲，生理上發育變化，心情也忐忑不安。她把一切憤懣、惱恨、失落，都歸咎到母親身上。她有了一種反叛心理，曾懷疑自己是否母親親生的。好像隱隱聽人說，陸定一老婆嚴慰冰寫匿名信告發，她林立衡是母親和陸定一在延安偷情懷上的……母親罵她不孝順，沒良心。她回嘴：討厭、討厭、討厭！母親要在工作人員面前拿林辦主任的架子，她卻在工作人員面前也不給母親好臉子。母親氣極了，動手打她。母親私下抱怨：豆豆這孩子，親生的不親，仇人似的，算白養了。

林立衡看不上母親，自有她的道理。她早就冷眼旁觀發現母親身上有許多陰暗的、不好見人的東西，虛僞，做假，當面一套，背後一套，五十歲了還風騷！一身細皮嫩肉，保養得比女兒還好！對父親不夠忠誠，她有這個感覺；把持林辦「朝政」，借父親的威望，狐假虎威，「挾天子以令諸侯」。身爲副主席、副統帥夫人，稱得上「第二夫人」了吧？爲什麼要對黃、吳、李、邱那些將軍們大行感情賄賂？尤其對黃永勝叔叔的那個熱乎勁，有什麼不可告人的目的？

林豆豆還有個眞正不可告人的特殊身份，二十一歲北大中文系畢業那年，即被吸收爲總參三部（軍情系統）人員，宣誓效忠毛主席黨中央。她嚴守紀律，上不告父母，下不告兄弟。她還敏感地察覺出來，父親的內衛，母親的內衛，都像是總參三部的人。但不能去證實。組織嚴禁人員橫向聯繫。什麼叫內衛？就是首長的貼身服務員，專責首長的飲食起居，包括在臥室裡端茶遞水，幫首長穿衣脫衣，穿襪脫鞋，擦澡通便，鋪床疊被，保持臥室整潔衛生等等。

第四十五章　薛明，妳聽我說

一九六九年六月初。北京西山象鼻子溝。賀龍元帥和夫人薛明被幽囚在山腰的一座古舊平房裡，已經兩年零六個月。

湘西漢子賀龍大半生呼嘯疆場，叱咤風雲，活得有聲有色，多姿多彩。在共和國十大元帥中，數他最富江湖豪客傳奇色彩。有說他戰爭年代嗜殺，殺人不眨眼：媽拉個巴子，斃了！操雞巴蛋，拉出去砍了！從古至今，戰爭就是有組織殺人，大面積殺人，無論正義、非正義。比起先秦的白起、蒙恬，兩漢的霍去病、曹孟德，隋唐的竇建德、黃巢，明清的張獻忠、年羹堯，動輒斬首級數萬數十萬，賀龍遠遜矣，文明許多矣。

好漢已成過去，英雄淪爲囚徒。賀龍生命之火燃到盡頭。他本患有糖尿病，多年來一直靠注射進口胰島素。遭囚禁後，胰島素被取消。一年前他更患上缺血失語症，懷疑專案組醫生在藥物裡添加了某種粉劑，使他失聲。劉少奇、陶鑄死前均已失聲。醫療服從專案，對待開國元勳。那年月處決一般的政治犯、思想犯，先朝犯人的口腔聲帶注射痲醉劑。遼寧省委宣傳部女幹部張志新被槍決之前，專案組醫生在她的後頸上墊兩塊紅磚，以手術刀割斷喉管，以防她臨刑時呼喊「打倒黨內法西斯」、「馬克思主義萬歲」。賀龍性本豪爽，好吃好喝，好嘻笑怒罵，好打球打獵，不用諱言，也好女色，好談南北女子的優劣。參加革命前有過一妻多妾，無名份的不計。自古英雄難過美人關。他曾經很看不起楚霸王項羽只戀虞姬，還有那個專寵楊玉環的唐明皇。煞怪！自一九四二年在延安遇到天津女子薛明，他倒是感情趨於專一。

或許此時刻的賀龍已明白自己來日無多，每天癡望着夫人薛明，在做着無聲的訴說。人的眼睛是會說話的。夫人薛明的身子也日漸虛弱中，也是要醫無醫，要藥無藥。專案組醫生給的什麼藥？給賀龍這名糖尿病重患者注射葡萄糖鹽水。這個國家，這個黨，已無天良，正在催着他們夫婦上西天。薛明身子還能動作，每天能做的，就是兩手顫顫巍巍地替老總餵水、餵藥。還有就是面對面相互癡望。癡望對着癡望。老總，你有心事，儘管和我說，不能出聲了，就用眼睛說。記得在延安剛認識我的時候，你總是誇我的眼睛會說話。你的眼睛更會說話啊，老總。我讀得懂你的眼神，老總。

賀老總的眼睛說話了。不再目光如電，呼風喚雨，吶喊叫嘯，威震山岳。他眼神裡流逝出涓涓山泉，時緩時急，時漲時落，時清時濁：

薛明啊，薛明，我們夫妻一場，兒女都長大了，二十幾年，忙東忙西，忙上忙下，許多話還沒有顧上說。還沒有和妳說說我自己，是不是？紅衛兵、造反派講我賀龍是大土匪、大軍閥，妳心裡有委屈……操雞巴蛋，我賀鬍子是光緒二十二年的，屬猴。賀龍不屬龍，比周總理虛長兩歲。總理屬狗。毛澤東又比總理長五歲，光緒十九年的，屬蛇。蛇又叫小龍。蛇、狗、猴，還是蛇厲害喲。龍蛇龍蛇，龍就是蛇，蛇就是龍，他娘的。

我告訴妳沒有？我祖籍湖北鍾祥縣，不是湖南桑植縣。賀姓是個大家族，祖父一輩才遷到湘西桑植。父親是個裁縫。母親王金姑，生下我們兄妹十幾口，生命力旺盛。湘西地方雨水多，一年四季落個不停。土話叫做天無三天晴，地無三尺平，人無三分銀。說是我母親在雷雨聲中出嫁，在雷雨聲中懷上我，又是在雷雨聲中生下我。我命中多水，父母替我取名賀水龍，後來把「水」字拿掉，叫成賀龍。龍離開水。北京地方少雨水，鬧旱。龍臥淺灘，被犬欺了。操雞巴蛋的，是不是這個理？我們賀家人丁興旺，兄弟姐妹好武不好文。我四歲學拳，五歲習棍，六歲下水田勞動，七歲不聽話，被父親一腳從橋頭踢到河裡，河水不深也不寬，我自己游上岸，問父親還踢不踢？娘的既叫賀龍，游水無師自通。我八歲打「保董」，九歲打堂勇，十二歲打翻縣裡武秀才，少年氣盛，以為拳腳了得。家裡老小二十幾口人，吃口多，做手少，肚子能吃飽？對不起，自十三歲起，老子開始在通往四川、湖北的山道上討生活，劫不義之財。桑植地處三省交界，人說土匪如麻。老子那時劫財不劫命。十四歲參加哥老會，封為小龍頭，手下有了幾十號弟兄。用你們讀書人的話講，叫做小股農民起義吧？打家劫舍，劫富濟貧，自古就是這麼幹的。反動官府、土豪劣紳才稱我們為土匪。官人偷國家，我們搶私家，要論匪，哪個大？紅衛兵、造反派挖出我十幾歲時的這段歷史，封我為大土匪，他娘的懂個鳥。毛澤東率秋收暴動農軍上井崗山落草，不打家劫舍吃啥子？穿啥子？他在井崗山上種過地？至今沒有黨史資料提到。毛澤東殺了人家王佐、袁文才，自己做山大王嘛。也不被南京政府稱為「毛匪」？娘的紅衛兵乳臭未乾，雞巴沒生毛，就打倒這個、打倒那個的瞎鬧！到處打砸搶抄抓，不是土匪？

賀龍兩把菜刀鬧革命，上過小學課本的，薛明我和妳講過沒有？其實我十幾歲時搶過兩次槍。有槍便是草頭王。拳腳再厲害，不如子彈快。頭次搶的是芭茅溪鹽局。晚上起大霧，和十來個弟兄一人一把菜刀，我舞兩把菜刀，搶進鹽局院子一頓砍殺，奪得十多把漢陽造；另一次是接到線報，一股吃了敗仗的川軍沿路搶掠，經過桑植退回四川去。這次我調派三百弟兄打埋伏，奪下洋槍幾十枝，軍服幾十套。川軍一個不殺，打著赤膊放回四川去。他娘的，靠了幾十枝雜牌槍，我拉起一支幾百人的隊伍，派人到常德，密秘加入孫中山的中華革命黨。一九一六年袁世凱在北京稱帝，我任桑植縣討袁護國軍總指揮。那年我二十歲。一九二〇年任湘西靖國軍第三梯團團長。一九二二年率部入川，被孫中山的廣州革命政府任命為四川討賊軍第一混成旅旅長。一九二五年廣州大元帥府任命我做建國川軍第一師師長兼澧州鎮守使。一九二六年參加北伐戰爭，任國民革命軍第八軍第六師師長兼湘西鎮守使，稍後改任國民革命軍第九軍第一師師長，率部北上討伐吳佩孚。一九二七年春改任獨立第十五師師長。在湖北逍遙鎮和臨穎的兩次決戰中，殺得奉軍哭爹喊娘，血流成河。賀龍威名四震。之後獨立十五師擴編為國民革命軍第二十軍，我任軍長，手下兩萬多人，神氣了吧？老子二十歲當團長，二十五歲當旅長，二十八歲當師長，三十一歲當軍長。當時革命軍中流傳一句話：賀龍逢雨打仗，不下雨不打仗，下小雨打小仗，下大雨打大仗！

薛明，妳聽我擺這些陳年老譜，有不有興趣？從沒和妳擺過哪。好，妳點了頭，我接下去講。一九二七年蔣介石發動「四、一二」政變，在國民革命軍中血腥清洗共產黨。那時我還沒有加入共產黨。我的二十軍中有不少旅長、團長、營長是共產黨員，國共合作時期安插進來的。部隊駐紮在江西南昌城外。我這個軍長沒有在二十軍中搞清黨。大約是七月初吧，共產黨的黃埔教官周恩來、劉伯承、聶榮臻、葉劍英多次秘密來見我，動員我的二十軍在南昌搞武裝起義，以革命的武裝反對蔣介石的反革命武裝。起義後仍叫國民革命軍，由我任總指揮。我說我不是共產黨呀！周恩來說你賀軍長窮苦人出身，只要你肯率二十軍起義，你就是共產黨的大功臣加大恩人，我負責介紹你火線入黨。我問除了二十軍，還有沒有別人參加？周恩來說還有朱德的教導團，葉挺手下一個團，起事時這兩個團也併歸你賀老總統一指揮，軍事上大家都聽你的。薛明啊，老子牙一咬，心一橫，幹！共產黨替窮人打天下，娘的，幹！於是就有了南昌起義，打響了工農革命第一槍。我也就由周恩來、朱德做介紹，加入中國共產黨。後來八月一日被訂爲建軍節，周恩來多次講：沒有賀龍的二十軍，就沒有南昌起義，也就沒有八一建軍節，我們黨、我們軍隊任何時候、任何情況下都不要忘記賀老總的這個功勞。

薛明啊，周總理講的是句大實話，良心話哪。一九二七年老蔣對共產黨的政策是「寧可錯殺三千，不可放走一人」，抓到共產黨員就是一粒子彈解決問題。娘的革命落入低潮，大多數人脫黨了，逃跑了，或是向國民黨自首投誠了。而我賀龍卻是在這時刻提了腦袋加入共產黨，率一個軍的人馬搞南昌起義！誰有我這忠誠、仗義？妳一定有興趣問：林禿子那會子在哪裡？林禿子黃埔三期生，屌雞巴毛，只是教導團一名見習連長，和我這個起義軍總指揮隔得太遠。我怎麼會認得一名連長？老子是幾萬人馬的總指揮，像他這樣的排長、副連長幾百上千。他想見我一面都難。可不是嚒，三十年河東，四十年河西，當年的小連長把我這個老軍長變做階下囚，關到這死人不進、活人不出的山溝溝裡，有病胡亂治，無病餓肚皮。我是怎樣患上缺血症的？就是缺營養，餓肚子餓的。林禿子明明知道我帶兵出身，好吃好喝，大碗喝酒，大塊吃肉……薛明，妳知道的，我肚子餓得厲害時，就和妳到院子裡挖點野菜吃。春天、夏天，還可挖到些野菜、草根。這院門是不准我們跨出半步的。到了秋天冬天，連野菜、野草都沒有了。我餓得沒法子，背着妳嚼專案組命我寫反省的稿紙，半本半本的嚼下，還掏被套裡的棉絮吃。後來肚子鐵硬，幾天幾夜拉不出，昏死過去，妳哭天喊地，專案組醫生來搶救，人工通便。我食量大呀，消化能力強呀，大魚大肉幾十年，落到人過七十，一日兩頓，每頓給兩小窩窩頭，塞牙縫都不夠。我賀龍在共產黨最困難的時候入黨，率領一個軍的人馬鬧南昌起義，卻落到這個下場，作的什麼孽？

要害死我賀鬍子的，不單是林禿子。小連長只是借刀殺人，眞凶是他娘的那個山大王。共產黨的這個山大王，男人女像，慈眉善目，長沙里手湘潭騙。湖南俗語妳不懂？先騙國民黨，後騙共產黨，上上下下騙得他娘的團團轉。薛明妳不要瞪眼睛。我是個快要斷氣的人了，兩、三年來看穿了、想透了黨內黨外一本爛帳。

我講到哪裡了?對，八一南昌起義後，周恩來，我，朱德，還有陳毅、聶榮臻，率領起義軍南下廣東，想在潮州汕頭之間佔領出海口，搞根據地。爲什麼選擇潮汕地區，因爲周恩來在那裡當過東江特使，彭湃在他潮洲老家搞農運，有群衆基礎。更主要的是佔領了出海口，好接受蘇聯援助，武器彈藥可以走海路運到。可是啊，我起義軍在潮汕地方還沒有站住腳跟，粵、閩、贛三省軍閥的部隊已等在那裡。我軍遭到合圍，很快被打散了。只有朱德、陳毅帶了千把人突圍出去，北上韶關、湘南，轉往江西井岡山，和山大王會師去了。周恩來解散了手下的殘餘人馬，自己和聶榮臻、劉伯承、彭湃等坐漁船偷渡去香港，轉去上海找地下黨中央。我呢，帶了兩名警衛員，化裝成生意人，潛回我湘西老家，重打鑼鼓另開張，開闢湘、鄂、川邊區根據地。

驚動世界的南昌起義就這麼完蛋了。可是播下了火種，引共產黨走上武裝鬥爭的道路。八月南昌起義打響第一槍，九月有湖南秋收起義，十月有湖北黃安起義，安徽大別山起義，河北冀東起義，陝西靖邊起義……接下來是鄧子恢閩西暴動，彭德懷平瀏暴動，我和周逸群、關向應在湘鄂川邊區建立根據地。全中國都炸開鍋了，正如山大王後來講的，星星之火，可以燎原。南昌起義就是那火種啊，這不是我賀鬍子吹的。

短短一兩年時間，我和周逸群、關向應在湘、鄂、川邊區拉了一支幾萬人的隊伍，成立了紅二軍、紅三軍，佔領了三十多個縣城。最東邊的洪湖根據地離武漢只有一百多里旱路，就是段德昌開闢的。電影《洪湖赤衛隊》，唱「賀龍領導鬧革命」，實際上是人家段德昌領導鬧革命，演的就是那段歷史。可是啊，一九三一年春天，黨中央從上海派來夏曦，擔任湘、鄂、川邊區中央局書記，騎在我和周逸群、關向應頭上，日子就不好過囉。夏曦是山大王的長沙老鄉，第一師範同學，二一年入黨的老資格，就是左得要命。老同學山大王在江西蘇區殺「ＡＢ團」，他在湘、鄂、川邊區殺改組派，都是以黨的名義大開殺戒。殺的那個凶狠，眞比他娘的老蔣搞白色恐怖還厲害。他親自兼任中央局肅反委員會主任，領著一支行刑隊，先殺害了紅七師師長王一鳴、政委朱勉之，不久又殺了紅七師的繼任師長葉光吉、政委威聯軍，殺害紅九師師長段德昌，政委宋盤銘，殺害紅八師師長王炳南、參謀長胡愼己，殺害紅三軍政委萬濤……，夏曦在湘、鄂、川邊區一共搞了四次肅反，把我紅二軍、紅三軍團以上幹部幾乎殺了一遍，營、連幹部則提拔一批又殺一批。單是第一次肅反就殺了一萬多人，殺得洪湖的水都染紅了。湖面上浮滿屍體，漁民不敢下湖捕魚。我出面保段德昌，保王炳南，保萬濤，都沒能保住。夏曦是個魔王，殺人殺紅眼睛，他的四個警衛員被他殺掉三個。按說我賀老總也左得很，但終歸沒有左到夏曦那樣殺自己人，紅三軍一萬五千多人剩下三千來人。

薛明，妳一定會問，我賀龍身爲根據地紅軍總指揮，周逸群是政委，關向應是政治部主任，爲什麼不出面制止夏曦殘殺自己人？同志呀，說起來難以叫人相信，人家以黨中央的名義殺人，以革命的名義殺人，我和周、關都是自身難保、差點掉腦袋呀。我幾次要幹掉夏曦，都被周、關二位以黨的紀律阻止。周逸群因對夏曦的肅反提了意見，被降職到一個縣裡去當蘇維埃主席，不久犧牲。那是革命的非常時期，各個根據地都大搞肅反，山大王在江西蘇區殺AB團，也是殺得不眨眼，富田事變後紅二十軍七千多人殺個光，連建制都取消。張國燾在鄂皖豫邊區殺改組派，鄧子恢、陶鑄在閩西根據地殺改組派，陝北蘇區則把劉志丹、高崗關起來。所以夏曦在湘、鄂、川邊區肅反殺人不是孤立行動，周逸群、關向應多次找黨中央反映情況也沒有用。有幾次夏曦還想對我賀龍下手。他命令衛隊下了我和關向應的警衛員的槍，說賀龍你在國民黨裡有聲望，做過旅長、鎮守使，當過師長、軍長等大官。我說，夏曦你聽着：老子兩把菜刀起家幹革命，你敢不敢動我身上這把傢伙？夏曦怕我拚命，也是懾於我在部隊的威信，怕部隊嘩變，才遲遲沒敢抓我這個總指揮。直到一九三四年十月，任弼時、蕭克、王震率紅六軍團到貴州來和我紅二軍團會師，組成紅二方面軍，情況才有所好轉。夏曦是在長征路上落水淹死的，他落水沒人肯救。他死得太遲了。對這麼個血債累累的傢伙，後來到了延安，山大王還堅持追認他爲革命烈士。

薛明啊，妳是哪年到延安的？記得妳是河北霸州人，在天津讀高中時參加革命，秘密入黨。妳講過，一九三六年認識從北平轉天津讀書的葉群，兩人成了朋友。不久日軍大舉侵犯平津，妳和葉群隨平津流亡學生到南京，進了國民黨的「戰地服務訓練團」。在訓練團裡，妳發現葉群和一名國民黨特務教官談戀愛，參加戴笠舉辦的演講比賽，得了獎，當上電台播音員。南京淪陷前夕，妳們隨訓練團撤退到江西，參加當地的婦女救國會活動。一九三八年，經新四軍駐南昌辦事處陳少敏大姐介紹，妳和葉群一起輾轉到延安，投入黨中央懷抱。

到延安後，妳和葉群進中央黨校學習，後又一起分配到中國女子大學工作。但葉群向組織謊報自己是共產黨員。妳是個認真的女同志，問她在哪裡入的黨，介紹人是誰？葉群回答不出，只和妳大發脾氣。當然，那時我賀鬍子還不認識妳。

說來有趣，妳們女子大學集中了那麼多漂亮女青年，成了我們這些老紅軍幹部找對象的好地方囉。同是一九四二年，賀龍認識了薛明，林彪認識了葉群。林彪那時是八路軍一一五師師長兼抗大校長，很快迷上了年輕活潑的葉群。葉群卻把林彪寫給她的情書向外炫耀。一次被我聽到，狠狠訓她一頓：小知識分子，太輕浮，林彪同志寫給妳的求愛信，怎麼可以說給人聽？

薛明啊，一九四二年，我賀鬍子追妳追得好苦啊。那時妳已是延安縣委組織部部長。我賀鬍子是八路軍一二〇師師長兼陝甘寧晉綏五省聯防軍司令。都有誰撮合我們之間的好事？是任弼時、李富春、彭眞、高崗、林伯渠、王震、陳正人他們。起初，任他們這些人物做工作，妳都不鬆口，說是來延安參加革命的，不是來延安嫁大官的。我賀鬍子也來了脾氣，薛明不嫁人，老子非她不娶。一次，利用西北局開會的時機，彭眞、高崗他們把我倆關進一間窰洞裡談心。妳這個能說會道的陝甘寧邊區模範幹部，以沉默相對抗。我賀鬍子開動腦筋，對妳這種知識女性，只能文攻。我是怎麼開口的？我說薛明，妳不願談對象，但我和妳有「五同」呢！哪「五同」？第一同，妳和我都是共產黨，都講黨性；第二同，妳和我都是帶兵打仗的，妳帶的是民兵？民兵也是兵，五省聯防軍也是兵；第三同，妳姓王，你父親叫王錦發，我母親也姓王，咱們兩家都姓王。記得妳忍不住笑了，天下王姓多得很，一個湖南，一個河北，怎麼扯得到一起？我說天下王姓多，但一筆寫不出兩個王字；第四同，妳母親是縫衣服的，我父親是裁縫，我們倆個也都懂些縫紉……這時，妳的眼睛又清又亮，會說話似的，知道我是對妳是做過一番深入瞭解的了；第五同，妳母親姓薛，妳從母姓，說明妳尊重母親。我們賀家則是「母系社會」，姐妹多，兄弟少，母親和大姐當家，女性最受尊重。

薛明啊，我當時看出來，妳聽了我的「五同」，心裡有所活動。妳個學生娃娃出身的幹部，不再把我看做只武不文的大老粗。我又說，其實我們還有個「第六同」，我家老紅軍多，妳家抗日軍人多，我家種地，妳家做工，工農本是一家，咱們工農結合，革命成功！薛明妳笑了，笑起來樣子真好看，終於同意和我談朋友。那次妳是被「扣留在西北局五天整」，不答應親事就不放人。他們這批大媒人，可說是盡心又盡力了。戰爭年代辦事講速度。一次妳又到西北局開會，在路上碰到李富春、任弼時、林伯渠、高崗、陳正人，還有我。其實也是媒人們設下的圈套，已經吩囑食堂備辦酒席了。高崗見到妳就起哄，把妳和我拉到一起，鬧著喝喜酒，今天就喝喜酒。他們又去請來彭眞同志。妳卻不過首長們的情面。他們鬧的那個歡啊，酒席上輪流向我們敬酒，要把我們灌醉呢。薛明啊，妳眞是個有膽識的女子，很快進入角色，怕我被他們灌醉傷身子，而起身一一代我喝下他們敬的酒，總共有十多杯吧？陝北的棒子酒很烈呢。任弼時、彭眞、高崗他們都看傻了，平日滴酒不沾，一上場卻有海量。記得任弼時講了句很動感情的話：今後賀鬍子有了薛明護着，我們可以放心……薛明啊，我賀龍命硬性子也硬，那天卻感動得掉下淚。我不單是找到了伴侶，更找到了女性的母愛。我記下那天是一九四二年八月一日。所以，我們結婚的日子，和後來確定的「八一」建軍節是同一個日子。

再講妳的那個好朋友葉群，因謊報黨籍問題在整風運動中受到審查。林彪從前線回來，知道我和妳結了婚，他的對象卻正在受到審查，登時大發脾氣，揮起馬鞭把住處的瓶瓶罐罐砸了個稀巴爛，大罵：老子在前方打仗，你們在後方整我婆娘！事情被匯報上去，山大王下令把葉群放了，犯不着爲一名女子激怒一員大將。薛明啊，當時我還埋怨過妳，要妳今後不再管這些雞毛蒜皮的事。可妳說，我是縣委組織部長，要講黨性原則，也是替葉群本人負責，才向組織匯報的。這一來，林彪和葉群這對男女，就恨上我們夫婦。人家報仇，三十年不晚啊。

可是山大王，還有那電影明星，爲什麼也恨上我們？實在想不出道理。可不是嗎？我賀龍作爲陝甘寧晉綏五省聯防軍司令，並沒有反對過毛、江結合。朱德、王明、博古、項英、王稼祥、彭德懷、張聞天都反對，周恩來、康生當媒婆。我非但沒有反對過，還月派人送黃河鯉魚。山大王親自交辦，江青喜歡活魚活蝦，鯉魚還有安胎作用。黃河鯉魚都吃到他娘的狗公狗婆肚子裡去了……我是被關到這山溝裡兩年多，才慢慢想通了，黨中央在陝北十二年，朱、彭，林、聶，賀、關，劉、鄧，項英、陳毅等等在外打仗，山大王坐鎮延安攬權集權，通過一次次審幹、整風，培植起劉少奇、彭眞、高崗、薄一波、陸定一、胡喬木、陳伯達，收編了任弼時、康生、陳雲，壓制住周恩來、王稼祥、張聞天，清除掉張國燾、博古、王明……而使他一步一步登上黨內權力的頂點，樹爲全黨的神明、救星，至高無上的政治皇上。他花了十二年時間做成這篇大文章。延安整風中的那個搶救運動，就比他在江西蘇區大殺「AB團」高明多了，把全黨都搞得服服貼貼了。薛明啊，延安十二年，我們共產黨是自己樹起一尊活菩薩來祭拜，我和妳都積極參加樹菩薩。妳不覺得嗎？這次文化大革命，不就是延安搶救運動的重演嗎？那次是延安三萬黨員幹部抓出了一萬五千多名「特務」；這次規模更大、範圍更廣、手段更陰毒，幹部群衆更瘋狂！

其實呀，我早就有所察覺，山大王是個心思很深很險的人，對我一直不是很信任。抗戰勝利前後那兩年，是我軍大發展、大擴編的時期。山大王讓林彪、聶榮臻的一一五師發展擴編成後來的東北野戰軍和華北野戰軍，讓劉伯承、鄧小平的一二九師發展擴編成中原野戰軍，讓陳毅、饒漱石的新四軍發展擴編成華東野戰軍，只有我這個一二〇師師長（副師長徐向前）手下的部隊被瓜分掉，徐向前、蕭克率一部份併入華北野戰軍，彭德懷率另一部份組成西北野戰軍，讓我賀龍成爲光桿司令，叫做西北五省聯軍留守處主任！你說窩囊不窩囊？我曾把這事遷怒到彭德懷身上，怪彭老總奪了我的兵權。其實彭老總作不了這個主，是山大王機關算盡。直到一九五〇年才派我個西南軍區司令，也是個空殼司令，因爲西南軍政委員會主席是劉伯承，黨委書記是鄧小平。一九五四年更調我進北京當國家體委主任，杯酒釋兵權，一令調進京。也好，管管打球、跑步、體操、游泳，正是我的愛好。

薛明啊，妳聽我說，有個事，今後妳若能活着出去，就替我表個心意，我賀龍五九年在廬山，不該配合山大王，狠鬥彭德懷同志。彭老總對大躍進提意見，是爲國爲民。我參加鬥爭彭老總，是出解放戰爭失兵權的那股怨氣。我是私心私憤，錯整了彭老總。廬山會議後，林禿子當上軍委第一副主席，大部份時間仍躲在蘇州養病。山大王命我主持軍委日常工作。林禿子不管事，卻攬權，權慾大得很。工作有摩擦，勾起他夫婦延安時的舊恨。林禿子要整我，當然要借助山大王。山大王神機妙算，是用我這個當年的老軍長來制衡當年的見習連長；把林禿子擺在我頭上，又是要用當年的小連長來壓住當年的老軍長。道法都被山大王一人耍盡。對了，一九六四年訪問蘇聯那次，山大王就對我起了殺意。那年蘇聯赫魯曉夫被趕下台，黨中央派周總理和我率黨政代表團訪問莫斯科。在一次蘇共政治局的酒會上，蘇國防部長馬利諾夫元帥佯裝喝醉，走到我面前說：賀龍同志，我們已經把赫魯曉夫趕下台，現在輪到你們把毛澤東趕下台了。壞事都是他們幹下的。兩人都下台，中蘇兩黨兩國關係才能恢復到五〇年代初的兄弟情誼。我當場向馬利諾夫提抗議，又向周總理作匯報。當天晚上，周總理讓我自己和北京的山大王通電話，報告情況。山大王在電話裡表揚了我的忠誠，是久經考驗的老同志。可沒想到這以後山大王對我心存疑懼，認定黨內若有人搞兵變趕他下台，我賀鬍子就是掛帥的。果不其然，這次文化大革命一起，山大王就通過康生放話，誣我賀龍勾結彭眞，密謀「二月兵變」，還拉扯上我的老下級許光達大將，北京軍區楊勇司令員。哪裡有什麼「二月兵變」啊，天大的冤案。

薛明，一九六六年八、九月間，我們家就被「二月兵變」的傳言搞得雞犬不寧了。紅衛兵造反，體委機關造反，軍事院校師生造反，天天幾百上千人包圍我們家住的四合院，要抓我們夫婦去批鬥。我只好向當年的入黨介紹人周總理求救。周總理把我們夫婦接進中南海西花廳家中保護。在西花廳住了幾天，周總理說不是長久之法，中南海也天天有人來包圍，安排我們住到西山來。臨離開那晚上，周總理還握住我的手囑咐：暫時到西山去避避，好好休息，等過了運動風頭，至遲秋天去接你們回來……那晚上在路上換了三次汽車，跟他娘做賊似的來到這象鼻子溝。頭半年監護我們的軍人還算客氣，站崗的戰士還唱「洪湖水，浪打浪」。可是半年後換成一批凶神惡煞的專案人員，開始從吃飯、喝水上折磨我們。一天兩頓，每頓兩個小窩窩頭不說，每天只給兩杯水喝！我有糖尿病，平常飲水量大，渴極了，我連自己的小便都喝下了。一次下大雨，我們用洗衣盆在院子裡接水，好留着日後喝。我和妳在抬那盆水時，跌了一跤，傷了腰骨，我就躺在床上了。他們什麼病都不給治，說是醫療服從專案。這不是要把我朝死裡整？我月月都給總理寫信，也給山大王寫過信，向他們討饒，告急。我提醒總理，你講過秋天來接我的啊，我對得起共產黨的啊！賀龍一九二七年在共產黨被趕盡殺絕的時刻投身革命，帶領一個軍的人馬搞南昌起義，我對得起共產黨的啊，我今天革命勝利已經十八、九年，共產黨為什麼要這樣對待我賀龍？你們的黨章、憲法連江湖規矩都不如。我所有的信都石沈大海。我更從專案組的審訊中得知，周總理已經贊同了林彪、康生、江青他們的栽誣，也說「二月兵變」確有其事……

薛明，我剩下的日子不多了。我對不起妳。在延安，妳本不願嫁給我賀鬍子的……我死後，他們或許會放過妳和幾個孩子。有幾件事，我向妳作個交代，等山大王升天後，妳設法公開出去：

第一件，一九二七年春天，蔣介石派他的秘書長李仲公到武漢找我，說只要跟蔣走，立即封為江西省主席。那時國民黨內部鬧寧漢分立。我利用一次打牌的機會，下令逮捕了李仲公，交給武漢國民黨革命委員會處理。狗日的四九年投降了我們，至今養在北京。這次運動對我搞誣陷，國民黨走狗誣陷我這個共產黨元帥；

第二件，一九三三年在湘鄂川邊區根據地，正是夏曦殺改組派殺紅眼睛之時，蔣介石寫了封親筆信，派我的私塾先生熊貢卿找我，勸我歸順國軍。我當著夏曦、關向應的面，把蔣的信燒掉。熊貢卿是我的啓蒙先生，本來兩軍交戰，不斬來使。爲了表明我的立場，也是讓夏曦他們釋疑，我還是下令把熊貢卿槍決了。這件事，這次運動中又被翻出來，誣我曾和蔣介石相勾結；

第三件，一九四七年三月延安大撤退，殺害王實味那一批人是個錯案。我犯有罪過。延安整風，山大王指使康生他們搞鋤奸、搶救運動。先前講過，延安三萬幹部抓出一萬五千名「特務」。後來搶救運動搞不下去了，山大王出面道歉，承認打擊面過寬，同意甄別。但通過整風、搶救，山大王清除、壓制了所有不利他稱王的人。胡宗南攻佔延安前夕，社會情報部和延安保安處還關押着六百多名特務嫌疑人。四百多人被送到東北戰場、華北戰場去戴罪立功，有的人則早死在窰洞黑牢裡。還剩下王實味等一百多人，被押送撤退到黃河岸邊，康生提出把這一百多人處理掉算了，免得拖着個包袱，不利行軍作戰。我同意了，都讓康生殺害了啊。現在細想想，這一百多人都是黨內知識分子，像王實味很早就參加了革命，會是什麼托派、特務分子？他們死得冤枉啊；

第四件，我已說過，五九年在廬山鬥爭彭老總，是幫着山大王幹的又一件大壞事，引發全國大飢荒，餓死人口幾千萬。要是黨內能多有幾個彭德懷，我賀鬍子或許不會落到今天的下場……

第四十六章　疏散人口　殺人滅口

再說中共「九大」之後，各地動亂局勢並未如毛、林、周所預期的平息下來。南方、北方，各省市的派性武鬥仍在繼續，工廠礦山仍在鬧罷工，鐵路航運時通時停，重大事故頻生，單是一九六九年上半年就撞毀了六千多節火車貨卡，死傷人員無數。各級革命委員會內，也是山頭林立，各派代表各派的利益。其間毛澤東佈署全國進行「一打三反」、「清理階級隊伍」，也是造反派清理保守派，保守派清理造反派，你清我、我清你的混戰一場。周恩來仍以大半時間和精力與各省區的各派代表會見、談判，居間調停。唯江青、康生領導的中央文革及其中央專案組成績斐然，在每個省區都揪出一批歷史大案，除運動初期的「薄一波、劉瀾濤、安子文六十一人叛徒集團案」，還有「新內蒙古人民黨反革命案」、「湖南地下黨叛徒集團案」、「冀東地下黨叛徒集團案」、「四川紅旗黨反革命案」、「新疆叛徒集團案」、「東北幫叛黨投敵集團案」、「福建地下黨叛徒集團案」……每省區的

「叛徒集團」都涉及成千上萬名原地下黨幹部，實爲對劉少奇爲代表的原白區地下黨的總清洗。

「一打三反」、「清理階級隊伍」未能達到平息動亂局面之目的，有「共軍小諸葛」之稱的林彪，向毛澤東獻一箭雙鵰治國良策：鑑於中蘇邊境衝突日趨激烈，實施全國動員，全黨全軍一致對外，準備打仗，打世界大戰，熱核戰。既可轉移國內矛盾，壓制派性鬥爭；又可警告蘇修，我已作好戰爭準備，你敢大舉入犯，七億中國人民和你拚命。我拚掉五億，還有兩億。你拚掉兩億，剩個屁。

毛澤東當即批示：林帥計多謀足，此議照准，交總理酌辦。

八月二十八日，在周恩來主持下，中共中央、國務院、中央軍委、中央文革發布命令，要求各省市自治區革命委員會，各民族革命人民和中國人民解放軍駐邊疆部隊全體指戰員：㈠充分做好反侵略戰爭的準備；㈡加強軍民、軍政、各族人民團結，共同對敵；㈢駐邊疆部隊指戰員必須堅持崗位，堅決執行命令；㈣一切革命群衆組織，必須實行按系統、按行業、按部門、按單位的大聯合；㈤堅決貫徹執行黨中央的「七・二三」佈告，立即停止武鬥；㈥絕對不准衝擊人民解放軍，不准搶奪軍隊的武器、裝備和車輛；㈦要保護交通運輸，保證通訊聯絡暢通；㈧狠抓革命，猛促生產，大力支援前線；㈨堅決鎭壓反革命。

中央號令一出，全國各地報紙、電台紛紛發表社論、專論、群衆來信，全力宣傳「要準備打仗」，「一切爲了前線」，「粉碎一切來犯之敵」，「打倒蘇修美帝、保衛偉大祖國」……港、台報紙，路透社、美聯社、合衆國際社，更是聞雞起舞，大造戰爭輿論：「蘇中大仗在即」，「中蘇之戰一觸即發」，「中蘇決一死戰，英美坐收漁利」，「蘇擬先發制人，摧毀中共核武基地」，「蘇紅軍坦克集團，可於四十八小時內攻陷北京」，等等。

十月一日國慶節前夕，為預防蘇修在節日期間對我首都北京地區進行大規模空襲，林彪更提出兩項戰備措施：一是把密雲水庫的水提前放掉，以免水庫大壩被炸，水淹北京城；二是把房山縣的原子能工廠及核反應堆拆遷到大西南去，以免一旦受到轟炸，造成北京地區核污染。

毛澤東再又批示：照准。交總理執行。

副主席、主席決策，總理事前毫不知情。一天深夜，總參謀長黃永勝給周恩來電話，報告兩位主席的決定。周恩來一聽，頭上冒出冷汗，心裡叫聲苦也！放掉密雲水庫的水？那是北京地區工、農業生產用水，也是北京市幾百萬居民的生活用水呀！把水放掉，所有的工廠企業關門？幾百萬居民喝什麼、用什麼？而且密雲水庫常年蓄水量十多億立方米，一下子放到哪裡去？又要重複一九三八年蔣介石下令炸開黃河花園口以阻擋日軍的慘劇？結果日軍還沒來，黃河水淹千里，活活淹死幾十萬人。現在蘇軍未入侵，我們先演一齣水淹北京？還有北京西南遠郊房山縣的原子能廠及核反應堆，怎麼拆遷？突然停止運轉，造成核洩漏怎麼辦？毛主席啊，林副主席，如此重大決策，竟同兒戲！

周恩來火冒三丈，憂心如焚，但在電話裡，語氣卻十分平和、溫順：黃總長，請轉告主席和林副主席，我堅決執行中央兩主席的決策，馬上召開兩個座談會，研究執行步驟和事項。

由於時間緊迫，周恩來首先召集水利部負責人和北京市負責人座談會，並通知「九大」後毛澤東新指定的中央日常工作十三人碰頭會議成員出席。十三人爲：周恩來（召集人）、陳伯達、康生、江青、姚文元、黃永勝、吳法憲、葉群、謝富治、李作鵬、邱會作、李德生、紀登魁。李德生原爲南京軍區屬下第十二軍軍長兼安徽省革委會主任，紀登魁原爲河南省革委會副主任，均是毛澤東南巡時發現的人才，九屆一中全會上選爲政治局候補委員，調中央工作。是毛澤東新佈下的兩枚重要棋子。

水利部軍管會主任是一名正軍級幹部，表示堅決執行黨中央決定，中央什麼時候下令放水，駐守密雲水庫的部隊立即打開閘門。周恩來對水利部軍管會主任的表態予以肯定，軍人以服從命令爲天職嘛；轉而詢問北京市委書記兼市革委主任謝富治：密雲水庫的水放掉後，北京市的工業用水、居民生活用水有不有別的替代水源？謝富治漲紅臉膛、瞪大眼睛說：我在北京市工作這些年，情況還算瞭解一點，目前，密雲水庫的蓄水佔北京市總供水量的十分之八，放掉密雲的水，北京馬上成爲一座旱城。工廠可以停工，但幾百萬市民和駐軍的日常生活用水怎麼辦？周恩來要求與會的負責人都談談自己的看法。結果包括陳伯達、康生、江青、姚文元、李德生、紀登魁等人在內，都不同意在蘇修空襲意向未明之前放掉密雲水庫蓄水。黃、吳、葉、李、邱五員林派大將沒有表態。最後，周恩來責成北京市委和水利部軍管會，共同起草一份給中央的報告，建議中央暫緩放掉密雲水庫蓄水，以保障北京地區的生產、生活用水正常供應。

房山縣原子能工廠及核反應堆的搬遷問題，亦被周恩來以類似的方式，十足溫和地召開了一次原子能專門委員會座談會，中央工作十三人碰頭會成員全部出席，予以擱置。事後，毛澤東說，還是靠總理當家，若眞的放掉密雲水庫的水，大家都沒得水喝，馬桶也會很臭。

九月三日，中國共產黨的老朋友、同志加兄弟的越南人民共和國主席胡志明在河內病逝。胡志明重病期間，中國政府派出的醫療專家小組一直參與搶救。當天晚上，毛澤東派周恩來、葉劍英爲正副團長，以第一時間率中國黨政代表團赴河內弔唁，沉痛哀悼。

九月七日，蘇聯部長會議主席柯西金率領龐大的黨政代表團赴河內出席胡志明的葬禮。柯西金行前獲蘇共中央政治局授權，在河內期間趁便和中國總理商談緩和兩國邊境局勢事宜。在中蘇關係上，柯西金屬於鴿派，反對紅軍將領們的鷹派強硬立場。周恩來卻沒有獲得毛澤東的授權，無法在河內跟柯西金見面。他提前回到北京，將信息報告給毛澤東。毛澤東給了個答覆：跑到第三國見面？不去。柯西金想見你，可以通知他到北京來。

天爺，這不是給人家出難題，亦即變相拒絕？想想看，兩國關係已處於交戰狀態，讓人家的總理到北京來求見？有這可能嗎？明明是先把協商的大門關死了。

柯西金卻是個有膽略、擔當的政府首腦。他不願看到蘇中開戰、生靈塗炭。在河內期間，他不停地找越南領導人捎話，找朝鮮黨政代表團負責人捎話，找羅馬尼亞黨政代表團負責人捎話，也找過中國駐河內大使館捎話。都沒有結果。離開河內前夕，柯西金仍不死心，囑咐中文譯員直接給中國北京的周恩來總理通電話。那時兩國領導人沒有直通熱線，通話要由中國北京長話台接轉。北京長話台早已實行軍管，值班的女接線生一聽對方是河內，找中華人民共和國總理周恩來同志，便警惕地問是哪一位找周總理？對方以洋腔洋調的中文回答：蘇維埃社會主義聯邦共和國部長會議主席柯西金同志。女接線生一副造反派脾氣，一聽氣炸了，衝著話筒叫喊：蘇修叛徒頭子的電話，中國無產階級革命戰士不予接轉！打倒柯西金！打倒蘇修社會帝國主義！喊罷，咔嚓一聲，掛斷了線路。

說是柯西金目瞪口呆了，上帝啊，整個中國都發瘋了，連一名普通的接線生，都敢於掛斷外國總理給她們周總理的電話了。難道中華人民共和國活該遭到蘇聯紅軍戰略核火箭的摧毀嗎？柯西金氣沖沖、也是心灰意懶地登上了返回蘇聯的專機。

再說北京長途電話台的值班長——一位團級軍官聽到接線生的叫喊，忙問出了什麼情況。女接線生理直氣壯地報告首長，氣死人了，柯西金什麼東西？還有臉稱我們周總理爲同志？值班長覺得事關重大，立即把情況匯報給中央辦公廳值班室，中辦值班室立即轉告西花廳總理辦公室。周恩來掐指算算時間，還來得及，柯西金的專機要在離我國新疆不遠的阿拉木圖（哈薩克共和國首府）停留加油，或許可以請他來北京見一面。周恩來立即趕到游泳池，向毛主席當面請示。毛澤東說：可以試試，請他來北京，柯西金敢來嗎？或許他想來探探我們的虛實？不准他進城，只在機場和他見面。機場戒嚴，擺些坦克、裝甲，搞得威武雄壯，顯示我們的決心和力量。

周恩來立即給中國駐阿拉木圖領事館、駐莫斯科大使館發去十萬火急的電報：中華人民共和國總理周恩來同志邀請蘇維埃社會主義聯邦共和國部長會議主席柯西金同志路過北京，作短暫停留。

時間是九月十一日中午。

柯西金在阿拉木圖接到中國總理周恩來的邀請，眞是喜出望外，立即命令專機轉飛北京。在新疆上空，有三架中國空軍戰機遠遠地在前面領航、護航，爲蘇聯總理座機保鏢，讓其享受到外國政府首腦的禮遇。

在北京，短短的兩、三小時之內，首都機場及周邊地區實施軍事戒嚴。一列列全副武裝、威風八面的士兵，塑像一般佇立於停機坪、候機樓各處。以周恩來爲團長、黃永勝爲副團長、喬冠華爲秘書長的中國政府代表團已經組成，在候機樓貴賓室迎接蘇聯總理的光臨。

柯西金的專機徐徐降落。停機坪冷冷清清。沒有紅地毯，沒有歡迎儀式。中方只派出喬冠華等幾名官員接機。在富麗堂皇的貴賓室門口，周恩來表情嚴肅，略帶笑容地與柯西金握手：柯西金同志，歡迎你到北京來，聽說你在河內就想和我見面？我也有此願望，可惜失之交臂。今天我們可以坐下來好好談。柯西金說：周恩來同志，我這趟來得不容易啊，值得慶幸的是，你作爲貴國總理，信息十分靈通。周恩來說：我歡迎你路過北京作臨時停留，來了總比不來好，見面吵架，勝過邊界上開槍開炮。我們坐下談。

長方形談判桌兩側，面對面地坐着兩國政府代表團成員。每位面前清茶一杯，礦泉水一瓶。蘇方成員們顯然很口渴，很快就喝乾了每人面前的礦泉水。旋即有服務員給補上。

會談伊始，周恩來開門見山，單刀直入地對柯西金說：首先，我要問一個問題，莫斯科曾經公開威脅，並爲此試探過美國的反應，你們欲以突然襲擊手段摧毀我國的核武基地。是不是這樣？如果你們這樣做，我們就宣佈，這是戰爭，這是侵略，我們就要堅決抵抗，採用一切方式抵抗，我們有七億人民，五百萬人民解放軍，幾千萬民兵，和侵略者糾纏到底。

柯西金是位老練的政治家，沒有正面回答周的下馬威式的尖銳問題，而是態度誠懇地說：周總理同志，我和我的同事們歷來敬重你的傑出才能和外交風範。我這次河內之行，受我們黨中央政治局委託，千方百計找機會和你見面，坐下來談，以緩和兩國邊境上的緊張局面，爲的就是向你、並通過你向貴國黨、貴國人民表明我們的心迹，蘇聯黨、政府、人民無意與中國兄弟爲敵，更不願和中國兄弟開戰。你知道的，你們北京電話局的工作人員在電話裡喊打倒叛徒柯西金，並掛斷我的電話，我作爲一名和平使者，心裡是什麼滋味？我本已回到蘇聯境內，回到阿拉木圖。可是一接到你的邀請，立即趕來北京。我的這種態度，還不夠眞誠？爲了兩國人民的生命安危，我連起碼的外交尊嚴都顧不上了，周恩來同志，你還要我怎麼樣？

周恩來注意到柯西金的眼睛都紅了，心裡爲之一動。接下來，他語氣緩和許多，舉重若輕地說：柯西金同志，我再次表示歡迎你到北京來。這些年來我們之間的誤會太多、太深。請你諒解，我們北京長途電話台的那名年輕同志言行或有不妥，應向你致歉。但她也代表了我國年輕一代不怕戰爭、抵抗侵略、保衛祖國的氣概和決心。他們是被毛澤東思想武裝起來的一代新人。我這樣說，請柯西金同志不要生氣。我很高興聽到你代表貴國黨和政府無意和我開戰的承諾。如果你們能言行一致，減少在邊境的軍事結集，不在邊境線附近搞大規模軍事演習，不把你們戰略火箭部隊的核彈頭瞄準我方目標，我和我們黨、政府就更放心了。柯西金同志，你知道的，中國歷來願意和所有國家、首先是鄰國睦鄰友好、和平共處。中國政府的一貫立場，即中蘇兩黨之間的理論論戰，不應妨礙兩國國家關係在和平共處五項原則基礎上的正常化。中蘇兩國不應爲邊界問題打仗。邊界問題應通過和平談判來求得公正合理的解決。

柯西金說：我很欣賞周總理的務實精神。蘇聯人民經歷過兩次世界大戰，付出過慘痛的代價，不懼怕戰爭，但熱愛和平。我們在莫斯科獲得的信息，兩國邊境線上的許多事件，都是由貴國的紅衛兵和造反派挑起的。他們是些搗亂分子。而且你們的報紙、廣播充滿仇蘇、好戰宣傳。在這些方面，中國同志可不可以降降溫？以創造出一種有利雙方邊界和談的氣氛？

周恩來說：不！你只講對了三分之一。邊界衝突大多數是由貴國邊防部隊挑起的。我們的紅衛兵和造反派手無寸鐵，只是刷刷標語、呼呼口號，怎麼可能挑起邊界衝突？今年三月份發生的烏蘇里江中國一側的珍寶島戰事，就是典型的例子。柯西金同志，在這裡，我可以很負責任地告訴貴國黨和政府，中國黨、中國政府準備打仗，但不想打仗。你知道，我們國內正在進行偉大的文化大革命運動，我們需要一個穩定的外部環境，以便集中精力首先解決好國內問題。我們現在自己國內的事情都搞不過來，爲什麼還要打仗呢？

中國總理的話已講到這份上，作風務實的柯西金相信了對手的誠意。接下來就順利多了，務實對務實，兩國總理達成諒解，同意簽訂一份兩國總理北京機場會談備忘錄，並同意恢復互派大使（一九六六年起兩國只在對方首都保留外交代辦），擴大雙邊貿易，改善兩國間的通車通航及界河航運，重開邊界談判，雙方邊防部隊後撤、避免接觸等。

兩國總理短短三個半小時的會談，達成如此具體成果，雙方都很滿意。會談結束，周恩來展示他一向的好客作風：柯西金同志，你我是老朋友囉，記得你很贊賞我們的北京烤鴨和茅台酒。下面我請你和你的隨行人員吃烤鴨，喝茅台，既是接風，又是餞行。蘇聯同志都有海量啊。我請你們喝個醉，好上飛機去睡覺、休息。

整個會談和隨後的送別酒宴中，作爲中國代表團成員的黃永勝、吳法憲等林系人馬一直表現得唯唯諾諾，插不上話。他們只是在心裡苦笑：周總理這人，長袖善舞，右，右，右。

柯西金返回莫斯科不久，即致信周恩來，告知蘇聯政府已採取措施，向邊防部隊下達停止軍事衝突的四點指示，並會於十一月二十日派邊界談判代表團到北京，恢復與中國的邊界和談。至此，長達數千公里的中蘇邊境線上，槍聲停息下來。

周恩來務實的外交努力，大大減輕了中國的外部壓力，爲集中精力處理國內亂象創造了有利條件。毛澤東、林彪卻習慣於反向思維，好戰邏輯，堅認「蘇修亡我之心不死」，兩國邊境線上槍聲的停息是假象，是大戰爆發之前的可怕沉寂。蘇方提出十一月二十日派代表團到來恢復邊界談判，時機可疑，那時中蘇邊界的所有河流、湖泊、沼澤都已封凍，便於坦克、裝甲大軍行動。是不是類似第二次世界大戰期間，日本政府一方面派代表團到美國華盛頓談判，以蒙蔽美方，卻突然大舉偷襲了珍珠港？古今中外，歷史總是驚人地相似。蘇修派出的所謂談判代表團，或許就是要來提出一些我方根本無法接受的條件，之後宣布談判破裂，立即對我實施大規模閃電攻擊。寧可信其有，不可信其無。

毛澤東、林彪意趣相投，抓緊戰備佈署，決定疏散北京人口，並趁機大力精簡中央機構，以適應戰時需要。如下令把國務院屬下六十六個部級機構縮編爲二十一個業務組，由周恩來任總組長，李先念、黃永勝、謝富治任副總組長。這一來，單是國務院系統就要裁減掉十萬幹部，連同他們的家屬及未成年子女幾十萬人疏散外地，主要是下放到設於各省區的五七幹校農場去安家落戶。毛、林此舉，醉翁之意在徹底排除政治異己，剷除反文革勢力的社會基礎，把北京辦成一座純淨的「三忠於、四無限」的紅色首都。爲此，毛澤東親自擬訂下一份「在京老同志戰備疏散外地名單」：

朱德、董必武、李富春、張雲逸、張鼎丞去廣東肇慶，可住溫泉療養院休息、養老；

陳雲、王震、鄧子恢去江西贛州；

葉劍英去湖南湘潭；

陳毅去河南開封；

徐向前去河北石家莊；

譚震林去廣西桂林；

聶榮臻去廣東汕頭；

劉伯承去廣州黃埔；

徐海東去湖北宜昌。

……

另，押送外地監護名單：

劉少奇送河南開封；陶鑄送安徽合肥；鄧小平送江西南昌；張聞天送江蘇無錫；黃克誠送江蘇徐州；彭眞送山西侯馬；陸定一送江蘇無錫；楊尙昆送廣東監獄；習仲勳送陝西監獄……

名單擬出，毛澤東左看右看，享用到一種發配滿朝文武的快感，什麼開國元戎，不過是些他可以隨意撥弄的的士卒。之後召集林彪、周恩來、康生、江青、謝富治、汪東興覆議。江青補充了一個包括胡喬木、楊獻珍、蔣南翔、李維漢、周揚、夏衍等人在內的遺送外地監護名單。林彪未表示異議，心裡卻是一陣竊喜：名爲疏散，實爲發配，毛主席這次的政治大掃除，乾淨、完全、徹底！朱德、陳雲、陳毅、葉劍英、徐向前、聶榮臻這批老傢伙，一個不留，發配外地，他們有生之年，怕是回不了北京囉！好，好，好，這樣的結局，最最好。

毛澤東見林彪、周恩來們對名單均表贊同，隨即指示：疏散到外地的老同志，由總理負責安排，先個別找他們談話，告訴他們到外地休息一段，等打完仗再回來，各人在京的房子可以保留。他們應在五天內離京，最遲不超過一星期。要他們服從中央安排，這是命令。可坐專機或專列走，不准開什麼送行會、告別會；另外，押送外地監護的劉少奇、鄧小平、陶鑄等人，由汪東興和保衛局負責執行，三天之內離京，關押地點保密。東興你替我去看望一下鄧小平，中央送他去江西，他有什麼要求？但不要說是我讓你去看他的。還有，恩來啊，我從一份簡報上看到，劉少奇、陶鑄都病得很重，拖不了多少日子了？

周恩來看江青一眼，說：還是先送他們去外地。已在河南開封替劉少奇找好了地方，與外界隔絕，適於單獨監禁。也可以繼續給他治療，實行革命人道主義。

毛澤東不耐煩地揮揮手：具體的，交專案組去辦理。還有誰需要照顧？

周恩來說：陳毅查出癌症，已是晚期，每天要做放射治療……我已分別找陳毅、徐向前、葉劍英談過。劍英希望中央同意他回老家廣東梅縣休息。我說不行，梅縣太偏僻，交通不便，還是去湘潭，主席的家鄉。徐向前同志主動提出，他和陳毅同志換地方，他去河南開封，陳毅留在石家莊，離北京近，醫療條件好，方便治病。我答應向主席匯報，請主席最後決定。

毛澤東說：徐向前發揚風格，照顧陳毅治病。元帥護元帥，英雄惜英雄。成人之美，我不反對。

十月十七日，經毛澤東批准，林彪發出《關於加強戰備、防止敵人突然襲擊的緊急指示》，命令五百萬野戰軍、五千萬武裝民兵進入緊急戰備狀態。次日，該緊急指示由總參謀長兼軍委辦事組組長黃永勝以《林副主席一號命令》名義正式下達。當毛澤東看到《林副主席一號命令》這個中央軍委絕密文件時，心裡如同被刺了一劍，刺穿了一罐五味汁，眞可謂酸、甜、苦、辣、鹹，味味俱全，登時咬緊牙關，差點罵出湘潭粗話來：黃永勝！我屌你媽媽屄！你們這就想架空毛澤東，取代毛澤東？屌你老娭毑！毛澤東還沒有死，冷眼看着呢！燒掉！燒掉！汪東興，把這個命令燒掉！

一直被單獨囚禁在中南海福祿居前院的劉少奇，是在七十歲生日那天，獲准收聽中央人民廣播電台新聞節目。他啞了，說不出話了，但聽力還好。他收聽到中共中央全會的決議：把叛徒、內奸、工賊劉少奇永遠開除出黨……

此爲中央專案組奉江青指示作出的精心安排，讓劉少奇七十歲生日這天得知自己被永遠開除出黨。劉少奇放聲痛哭，足足嚎啕了三個小時，直到喉嚨咳血爲止。從此拒絕進食，只求速死。他的死亡日子卻是由上頭決定的，專案組醫生只好對他強行鼻飼，並把他的四肢在床上固定住。

十月十七日晚，劉少奇被裹上一床棉被，用擔架抬上汽車，離開中南海赴西郊軍用機場，再被抬上空軍專機。臨離開中南海時，汪東興來到福祿居，隔着大窗戶玻璃看了看劉少奇，以驗明正身。

當晚九時，空軍專機降落在河南開封機場。冷冽寒風中，劉少奇仍躺在擔架上，被抬到地面，換乘汽車，送至原國民黨金城銀行一座四壁高牆的金庫小院。院內外皆有重兵把守。劉少奇一到開封就感冒高燒，昏迷不醒。一星期後北京隨來的護士、警衛奉命返回。劉少奇由當地駐軍的「十七號任務小組」管理。兩星期後，「十七號任務小組」奉中央專案組命令，停止對劉少奇的藥物治療。十一月十二日晨六時四十五分，劉少奇心臟停止搏動。死時身上一絲不掛。由於近三年的囚禁時間內未准許理髮、刮臉，散亂的白髮髒得打結，長達兩尺多，鬍鬚長達尺許。死因被中央專案組宣佈爲「烈性傳染病患」。屍體由一輛「六九」型軍用吉普車拉去開封火葬場火化。火葬場戒嚴，挑選兩名政治可靠的老工人值班。由於「六九」型吉普車車廂不夠長度，劉少奇的兩隻光腳丫懸露在車廂尾晃蕩。一切都是預先安排下的。沒有任何親屬到場。劉少奇骨灰寄存證上登記着：

骨灰盒編號：一二三
申請寄存人姓名：劉源
現地址：×××部隊
與死亡人關係：父子
死亡人姓名：劉衛黃
死亡人年齡：七十一歲
姓別：男

十月十八日，一直被囚禁在中南海萬字廊家中、已被查明患上晚期胰腺癌的陶鑄，被勒令乘專機赴安徽合肥「休息」。他和夫人曾志於三天前獲知此事，請求延遲一天動身。不准。汪東興代表黨中央通知曾志，是否陪同陶鑄去，你自己選擇，若陪去，可能長時間與外界隔離。

陶鑄明白自己時日不多，堅決反對曾志陪同：要理智，妳留下來，我們還有個女兒亮亮啊，如果妳看着我冤死，被滅口……平日酷愛詩詞書法的陶鑄忍著劇烈癌痛，以鋼筆寫給愛妻一首離別詩：

贈曾志

重上戰場我亦難，
感君情厚逼雲端。
無情白髮催寒暑，
蒙垢餘生抑苦酸。
病馬也知嘶櫪晚，
枯葵更覺怯霜殘。
如煙往事俱忘卻，
心底無私天地寬。

曾志把丈夫的離別詩摺成小條，以塑料紙包嚴，縫進棉襖裡子得以保存。十八日上午陶鑄被警衛局軍人押走時，曾志懇求去機場，不獲批准，夫妻只好在萬字廊院門口泣別。

陶鑄於十一月三十日在安徽合肥被宣佈病重不治。一切如法炮製。陶鑄骨灰寄存證上寫着：

死者姓名：王河
死亡原因：烈性傳染病
死者年齡：六十一
申請寄存人姓名：斯亮
與死者關係：父女

毋庸置疑，共和國主席劉少奇，解放軍元帥賀龍，國務院常務副總理陶鑄，均死於政治謀殺。他們之間的些微差別，賀龍、陶鑄死前十幾天，好歹還和自己的夫人囚禁在一起；劉少奇則被單獨囚禁三年，死前沒有見到任何親人。他夫人王光美與他同時被捕，被關進秦城監獄，江青、葉群正欲處她以極刑。然則劉少奇與賀、陶的惟一差別，是死後的骨灰盒上，劉僅被改名爲「衛黃」，而保留了「劉」姓；賀、陶則名、姓皆改：賀龍骨灰盒上改名「王玉」，陶鑄骨灰盒上改名「王河」。

第四十七章　喜若狂　怒欲絕

江青、康生指導下的「王光美專案審查小組」，向中央碰頭會議報上一份《關於美蔣戰略情報特務王光美罪行材料及其處理要點》，周恩來不忙表明自己的意向，而先交碰頭會議成員們批閱。

江青亦不忙表態，命機要員先送請林副主席批示。

果如所料，林彪聽秘書唸了一遍，即行批示：王光美罪不容赦，判處死刑，立即執行。

這就好了，林副主席定下主調，大家緊跟、贊同就是了。

江青批示：同意林副主席所批，判處王光美死刑，永絕後患。

黃永勝批示：擁護林副主席和江青同志的批示，處死王光美，立即執行。

康生批示：同意。劉少奇、王光美罪大惡極，死有餘辜。

陳伯達批示：美蔣戰略情報特務打入我中央核心內部，殺無赦。

其餘的碰頭會議成員也都依樣畫葫蘆，作了相類似的批示。

《處理決定》轉了一圈，回到周恩來手裡。劉少奇押送開封後，已經停醫停藥，命在旦夕，再又把王光美處死？能不能改成「死緩」？但林副主席和中央碰頭會議成員們都批了「同意處死，立即執行」，看來，王光美的性命是保不住了。被扣上這麼大的特務帽子，有多少眞憑實據？現在形成風氣，要整死一個人，就指那人是叛徒、特務。周恩來心情複雜，遲疑再三，字斟句酌，來點春秋之筆，也算勉爲其難了：

同意林副主席、黃總長批示，判處王光美死刑，是否立即執行，請毛主席酌定。

毛澤東幾天沒有回音。在等候開封方面的消息。區區一個王光美，處死不處死，沒那麼要緊。

十一月十二日中午，毛澤東睡覺醒來，通房機要女秘書小張送上一份密電譯稿：黨內頭號走資派今晨六時病死開封中央專案組報。

毛澤東光着身子，幾乎從床上一躍而起：少奇死了？是眞的？

小張替偉大領袖裹上一襲長睡袍：看把您喜的，外面天氣降溫了，西伯利亞寒潮，擔心受涼呢。

毛澤東顧不上每天中午醒後靠在床頭吸煙、喝濃茶、看兩報一刊的習慣了，兩條光腿伸到床沿，就要下地：少奇已矣！妳們是悲傷，還是高興？

小張雙膝跪地，替偉大領袖套上褲子、襪子：頭號走資派死了活該，死了乾淨。

毛澤東俯下身子，雙手捧住小張的如花嫩臉蛋：起來，起來，今天不勞妳那個事了……京戲段子怎麼道白？小娘子，免禮……劉少奇死了，妳們眞的很高興？也是廣大人民群衆的願望？很好，很好啊，文化革命完成大半。對了，他婆娘王光美，專案組查出來是美蔣戰略情報特務，該不該死？

正說着，值班衛士在卧室門外報告：主席，周總理的電話，要不要轉進來？

毛澤東今晨身手靈便、快捷，一個箭步拿起茶几上的話筒：恩來嗎？我剛起來，睡好了，睡好了。有重要事情報告？好事還是壞事？少奇去世，我已看到電報。你核實過？晨六時四十五分心臟停止跳動，裹上毯子準備送火化？可以給他換一床新毯子，浪費一點不要緊。要他們拍下遺照，多拍幾張，下午專機送來我這裡。骨灰可以寄存，按專案組原計劃辦理。你已通知吳法憲派一架專機去安徽幹校接他原來的衛士長李泰和，趕到開封協助辦後事？這些具體事務，我就不管了。我等着看照片。恩來，你還有別的事沒有？對，王光美的那個處理決定，還在我這裡。江青、葉群她們在催？欲置王光美於死地，我看不一定囉。劉少奇都是他自己病死的，一個王光美，還要由政治局常委和中央碰頭會議大員們來白紙黑字的批示槍斃？愚蠢！兩個婆娘都好鬥，都愚蠢，不肯想想今後的歷史會作何種評議……我這個話你不要外傳。沒讓你傳達的，你從不外傳，守紀律，是好的。

講過電話，小張來陪偉大領袖上洗手間。洗手間有卧室大小，一字兒排開蹲式、坐式、衝浪式三種馬桶。馬桶前均放着一張木椅，上擺着一冊冊夾有書簽的古籍。毛澤東有坐馬桶閱古籍的習慣。

今晨心情特好，領袖大便通暢，也就沒有用上平日對付便秘的通便器：小張啊，妳來看看！奇跡哩，一條條，有香蕉粗哩！

小張湊近來，從領袖的兩腿間看去，臉蛋兒粉紅粉嫩的：看您比喻的，俺以後都不要吃香蕉了。替您放水衝了吧？

毛澤東撓手：不要忙，得來不易，許多年沒有這樣通暢過了。什麼叫內急？什麼叫痛快？內急就是尿急屎急，找不到方便的地方。一旦找到，盡情排放，才叫痛快啊……還有，妳是工人的女兒，缺一點農民的感情。人糞尿是農家寶，最好的有機肥料。農民說：沒有屎尿臭，哪得飯菜香？這是指物質互爲轉化，香臭也互爲轉化。農民語言樸素，體現辯證法。解放後，我就不主張在城市裡安裝太多的抽水馬桶，把上好的人糞肥白白沖洗浪費掉，而指示多蓋些居民公共廁所，有些氣味不要緊，郊區農民可以免費進城掏糞，拉回去種菜種果樹。還有池塘養魚，用人糞尿餵養，魚肥肉鮮。

毛主席老人家今晨話多，早餐時味口也特別好，喝下一碗麥片粥，吃了一碟豆腐乳，一碟豆鼓辣椒加一籠三鮮蒸餃。邊吃喝邊給小張吟誦、講解一首唐詩：

劍外忽傳收薊北，
初聞涕淚滿衣裳。
卻看妻子愁何在，
漫捲詩書喜欲狂。
白日放歌須縱酒，

青春作伴好還鄉。
即從巴峽穿巫峽，
便下襄陽向洛陽！

吟罷，毛澤東問：小張啊，記得是誰的詩嗎？

小張回答：您要俺讀過唐詩三百首，是不是杜甫同志的？俺半懂不懂……

毛澤東笑了：杜甫同志？好！就杜甫同志。要不要介紹他入黨啊？我喜歡李白的詩狂，不喜歡他的人狂。李白活到今天，不是右派，也是黑幫，不會允許他加入共產黨。杜甫除了酗酒這個毛病，他的《三吏》、《三別》、《茅屋為秋風所破歌》，都具備入黨的條件……好，給妳講講這首《聞官軍收河南河北》。那是唐肅宗寶應元年十一月，也就是公元七六三年一月份吧，禍亂了大唐王朝近二十年的「安史之亂」，到了平息階段，河南、河北黃河中下游的大片失地，相繼收復。杜甫在梓州——也就是今天的四川省三台縣，聽到這個好消息，高興之極，寫下這首詩。杜甫和他的家人飽受戰亂、流落的痛苦，終於盼到了天下太平，他內心的狂喜，表現得非常生動、深刻。漫捲詩書喜欲狂，白日放歌須縱酒，青春作伴好還鄉！杜甫是河南鞏縣人，他和妻子流落陜西、甘肅、四川一帶，已經十幾年了。此時，他的苦難好像一掃而空，詩人似乎插上雙翅，即從巴峽穿巫峽，便下襄陽向洛陽，一下子飛回大唐的東都洛陽去。

小張說：主席，您講解得眞好。您今天的心情也特別好。聽到黨內頭號走資派死了，你和當年杜甫的心情是相似了。

毛澤東笑笑說：相似，又不相似，大的背景不同……去去，把那份處理王光美的文件找來，我批幾句話。

小張把文件找來。毛澤東即在中央工作碰頭會議成員們的批示的上端，選了支紅鉛筆批道：

少奇客死開封，對其妻王光美，諸位可否高抬貴手，刀下留人？留作活證據，讓她繼續交代少奇的一些事情。

批罷，囑咐小張：交値班室，馬上給總理送去。

這時，餐桌上忽然出現一隻蒼蠅，嗡嗡地翻飛亂竄。小張要去找蠅拍，毛澤東忽然來了興致：不用，我來解決牠！說罷起身揮起巴掌連擊幾下，均未擊中，倒把桌上筷子空碟震落到地板上。

中南海內多水草花木，因之也多蚊蠅。這隻蒼蠅尤其可惡，一忽桌上、一忽牆上、一忽地板上的飛竄，精通游擊戰術似地神出鬼沒。毛澤東聊發少年狂，口中唸唸有詞：敵進我退，敵退我進，敵住我擾，敵疲我打……滿屋子追打。他平日就有揮掌擊斃蒼蠅、蚊蟲的癖好，蠅蚊之類粉身碎骨、血迹斑斑能給他帶來快感。今天的這隻傢伙異常狡滑刁鑽，是否少奇陰魂附體？這麼快就從開封返回？但看牠飛着竄着就到了走廊上。毛澤東追到走廊上。蒼蠅一路亂竄，毛澤東窮追不捨。小張和四名值班衛士趕忙緊隨其後，以策安全。誰也不敢勸停，拂了領袖的興致。毛主席活動活動筋骨，好着呢。

蒼蠅直撲游泳池院門。毛澤東追出游泳池院門。院門外是一條寬甬道，兩側是常綠冬青叢。再出去就是中海西岸上的車道了。毛澤東一路追到汽車道上。衛隊已經命令所有的來往車輛、行人原地停下。於是在場的幹部職工驚奇萬分地觀看偉大領袖正勇猛地追逐着什麼。那隻小傢伙也好生了得，嗚嗚地飛到水邊，忽又來個三百六十度的大轉向，朝游泳池院側的花畦飛去。毛澤東也就氣喘呼呼地車轉身子，幾個箭步，一個虎跨，即從圍住花畦的白漆矮欄上躍過去！幾名衛士也相繼騰躍過去。

兩旁的幹部、職工都看傻了：毛主席好身手！他老人家在練什麼功？七十多歲的老人了，還這麼龍精虎猛！難怪葉劍英元帥發配湖南湘潭之前，還在一次大會講話時說：依我們毛主席目前的健康情況，醫學專家分析推斷，起碼可以活到一百五十歲以上。

晚上，周恩來召集中央工作碰頭會議，毛澤東、林彪親臨，會上一片喜色。

毛澤東問：少奇病逝，消息傳來，大家感覺如何？我知道林彪同志是高興的，江青、康生、伯達、文元諸位也是喜形於色。總理你呢？

周恩來忙說：黨和國家除掉一害，我興奮，相信百分之八九十的幹部、群眾都興奮。

毛澤東再看周恩來一眼：少奇是自己病死的，不是誰除掉他，有醫生、護士上交的病歷檔案爲證。對於少奇的死，我的心情較矛盾，不能說是很高興。他畢竟和我一起工作三四十年，也不是一件好事沒有做過。他的主要問題是對黨隱瞞了歷史。三次叛變，把我蒙在鼓裡，而讓他長時間擔任黨的二把手，五九年後更擔任國家主席。我有失察，中央有失察，這個失察之責是推脫不掉的。所以啊，這次文化大革命，決定黨和國家的前途命運，很有必要，非常及時，不是空話。前幾天，你們報給我一份材料，查明少奇的妻子王光美是美蔣戰略情報特務，林副主席、黃總長你們一致主張處以死刑，立即執行。總理同意判處死刑，但加了句是否立即執行？春秋筆墨，可圈可點。你們問我的態度，此事我要比你們右一些，屬於右傾保守。少奇既已病逝，光美可否活着？無非給口飯吃，給間班房住。清朝末代皇帝，後又做過偽滿洲國皇帝的溥儀，我們都養起來，封他做政協文史專員，前年才被紅衛兵嚇破膽子，也是死在醫院嘛。我的政策，仍是延安整風包括那個搶救運動中發明的一套：一個不殺，大部不捉，允許悔過，脫胎換骨，重新做人。這次運動，一個不殺，大部不捉，少數頑固分子交群衆專政，監督勞動。認眞悔改的，今後還可分配適當工作。我堅持這一套，左派罵我右，右派罵我左，反正是背後罵，咬牙切齒，難以察覺。對於那些自殺的、病死的，我們算仁至義盡。這個政策，既適用於劉鄧陶賀，彭羅陸楊，也適用於彭黃張周，還有王關戚，楊傅余，一切犯路線錯誤的人。總理報告多次，這兩三年自殺的老幹部、老將軍較多。總共是多少？可以統計一下。參加革命幾十年，受到一點衝擊，無非是高帽子、噴氣式，挨幾下，選擇自殺，向黨示威，有什麼辦法？當年高崗開風氣之先，是我不願看到的，一直感到惋惜。高崗不自殺，這次運動不正可和少奇分個高下？我是一個不殺，大部不捉，今後面對歷史，問心無愧。今天你們開碰頭會，我就講這麼幾句。下面，可以考慮籌備開四屆人大會議了。人大會議原本一年一開，已經四年沒有開過了。少奇這個國家主席死了，應該換屆了。恩來，怎麼不見春橋與會？

正埋頭筆錄的周恩來仰臉回答：主席，張春橋回上海了。好，通知他回來，參加會議。籌備四屆人大的事，我們馬上列入議事日程，提出領導小組名單，報主席批。

毛澤東又問：你們還要研究什麼問題？

周恩來回答：謝富治同志匯報各省區「一打三反」、「清理階段隊伍」要況，涉及幾件大案。

毛澤東起身：謝政委匯報，我就不聽了。李德生、紀登魁兩個新科大臣，隨我到游泳池游水去。全體起立，人人表情馴服，恭送領袖離場。李德生、紀登魁隨去。

大家剛坐下，林副主席不耐俗務，也起身離去。於是又一次全體起立，人人笑出一臉的燦爛，恭送毛的接班人離去。

周恩來領頭坐下，伸手抹一把臉：好，我們繼續開會。謝富治同志身兼多項要職，現在他以公安部長身份匯報對敵鬥爭情況。富治同志，請盡量具體、簡要些。

謝富治點頭，手執一疊打印材料，唸將起來：毛主席教導我們，階級鬥爭，一抓就靈。也正如林副主席指示的，無產階級文化大革命形勢不是小好，也不是中好，而是大好。今天重點匯報，大好形勢下的社會治安。近三年來，隨着紅衛兵造反、向走資派奪權，社會上相當數量沒有改造好的地富反壞右分子及其親屬子女，反革命黑幫分子，叛徒特務，反動資本家，舊中國遺留下來一切牛鬼蛇神、社會渣滓，公安部統計爲十八種人，紛紛出籠，趁機破壞運動，挑戰我無產階級專政，誣衊攻擊我們偉大領袖毛主席和林副主席，攻擊我們敬愛的江青同志。公安部有一個數字：經各省市自治區縣以上公安機關立案偵查的反黨集團案、反革命組織案、惡性殺人爆破案，一九六六年爲九萬五千三百四十五宗，一九六七年爲十一萬六千二百三十一宗，一九六九年爲十三萬一千八百二十五宗，今年一至九月已達十二萬九千多宗，估計全年突破十四萬宗。全國公檢法機關實施軍管後，已對各類反革命案加大鎮壓力度，但仍呈大幅上升趨勢。說明運動越深入，階級敵人越要作反抗掙扎。

周恩來插問：反動組織多於牛毛，有不有跨行業、跨地縣、跨省區的？小組織好對付，出了張角、黃巢式人物，麻煩就大了。

謝富治匯報：反動組織、團伙，目前大部份發生在公社、生產隊一級，縣級單位、省會居民中也有，幾十人、幾百人的秘密串聯，少數達到上千人。還沒有發現跨省區集團，但今後可能出現。所以中央公檢法軍管領導小組向中央提議，擬在近期搞幾波全國行動，抓幾批，殺幾批，務求把反革命組織消滅在萌芽階段。

周恩來說：江青、康生同志啊，我看可以。但要注意兩點：一，打擊、鎮壓各地的現行反動分子，不要被派性所利用，去打擊某些有過火言行的革命左派。要保護左派，團結中間派，爭取保守派，嚴格區分兩類不同性質的矛盾；二、集中抓獲、嚴懲那些反動頭目及幕後指揮者，這類人往往有文化、有思想、有知識學問，在人民群衆中容易產生欺騙性和號召力。要說可能出現張角、黃巢式人物，就是出在這些人中間，是我們共產黨政權的死敵。

謝富治說：總理講的太正確了。下面，我匯報三個具體案例，都是反動思想犯，反革命政治犯。第一例，北京東城區高中畢業生遇羅克，出身反動資本家家庭，他父親日僞時期任鐵路局職員，精通日語，疑爲漢奸。母親是私營工廠廠主，五七年劃爲右派分子。遇家三兒一女，老小拒絕改造。遇羅克是長子，中學成績優秀，三次報考大學獲高分，均因出身成分未被錄取，懷恨在心。一九六五年被下放到郊區農村勞動，組織秘密讀書小組，書寫大量反動日記和詩詞。如一首寫道：「淮河黃河與海河，風塵萬里泛濁波，人生沸騰應擬是，歌哭痛處有漩渦；惡浪惡浪奔馳速，風雪日夜苦折磨，認定汪洋是歸宿，不懼前程險阻多，多少英雄逐逝波！」他還有一首獄中《贈友人》：

攻讀健泳手足情，
遺業艱難賴衆英。
清明未必牲壯鬼，
乾坤特重我頭輕！

一直埋頭筆記的姚文元插話：此人野心大得很，乾坤特重我頭輕！他竟說要把自己的腦袋放到天秤上，另一頭放着乾坤，可笑之極，狂妄之極。

江青撇嘴冷笑：文元不要咬文嚼字，我看這個反動青年的狗頭一文不值。

康生說：這種青年有多少殺多少，越有才氣的越要殺乾淨。

周恩來提醒：謝政委，不要唸那些詩詞了。集中匯報他的犯罪事實。

謝富治抖抖手中材料，唸道：一九六六年初，遇羅克投書上海《文匯報》，公開反對姚文元同志那篇打響文革第一炮的《評新編歷史劇〈海瑞罷官〉》。遇的文章作爲反派意見在《文匯報》上摘登過，我公安機關開始密切注意他的行蹤。一九六六年秋，遇羅克趁紅衛兵運動中各類小報紛紛印行之機，暗中策劃、編輯一份《中學文革報》，報頭用毛主席的字體拼湊，很容易被誤認作毛主席題寫。遇羅克本人躲在幕後，撰寫反動文章，而指使他的上初中和小學的兩個弟弟、一個妹妹，加上別的幾個落後青年分管報紙的印刷、發行。清華附中和北大附中的一些高幹子弟，那時不是鼓吹「血統論」，叫做「老子英雄兒好漢，老子反動兒混蛋」嗎？遇羅克就組織了一個「北京家庭出身問題研究小組」，並用這個小組的名義，在他的《中學文革報》上刊出《出身論》等一系列反動文章。他也製了一幅對聯：論功績據以封妻蔭子，追血統必定禍及三代！《出身論》一發表，北京和外地一些出身不好的青年人群起響應，印成傳單全國散發。上海、廣州、長沙都有人到北京來和他串聯，醞釀成立全國性組織。《中學文革報》銷量大增，靠他們自己用板車拉到街上分頭叫賣，每期賣掉十多萬份，期期脫銷，形成排隊搶購。上海、廣州、武漢、西安都有人翻印。

康生說：文化大革命，大鳴、大放、大字報、大民主，牛鬼蛇神紛紛出籠，盡情表演。

江青插話：這事我知道，《出身論》也讀過，是戚本禹推荐的。文章盜用馬克思主義理論，全盤否定毛主席的階級、階級鬥爭學說，否定我們黨的階級路線、政策，寫得頗爲老練，有很大欺騙性和煽動力。我覺察到不是一般中學生寫得出來，背後肯定有黑手，而要求謝部長抓緊偵辦。

周恩來問：每期銷售十多萬份，誰替他印刷？誰供應紙張？

謝富治匯報：《中學文革報》共出版七期，都是總後勤部一家印刷廠給印刷的，動用了戰備紙張。他們竟然打入了軍事單位，能量很大。由公安部會同北京市公安局，查封了他們編輯部，抓了遇羅克一家七口，包括他家祖母。順藤摸瓜，從北京到外地，從地方到軍隊，此案共捕一千多人，絕大多數是出身地富資本家的青年。首犯遇羅克，在獄中近兩年，拒不認罪，還要求和中央文革辯論，和毛主席見面，辯論人的出身問題。眞是一名吃了秤砣鐵了心的反動分子。開始把他和其他犯人關在一起，犯人們天天聽他談哲學，談宗教，談孔子老子莊子，談馬克思、恩格斯、列寧，學的全是我地下黨當年在國民黨獄中的一套。後來只好把他單獨監禁。最能代表他的反動觀點的，是被郵檢部門查獲的他寫給廣州市某人的信。爲了說明問題，我還是把其中一封信摘唸一下：

> ……北京郊區大概決不會比廣東農村好，否則出身不好的青年就更沒法活了。因爲我已經到了極限。且不說運動初期，有全村一夜被殺死七八十口的情況，有活埋的情況，即使是現在，精

神壓力（他們公開叫喊爲「紅色恐怖」）也是相當可怕的……無論怎樣講，圍繞著《出身論》的鬥爭，我是失敗的一方（也許是「光榮」的失敗，也許是「暫時」的失敗，但歸根到底還是失敗）。在北京同意《出身論》的觀點，大學生不准畢業，不發工資，外地還有打成反革命的。我寫給你這些，是想講清楚我的處境，我身後已長了甩不掉的「尾巴」，每天二十四小時受到跟踪監控。……我相信這個問題終究會解決的。把一部分人的尊嚴建築在對另一部分人的侮辱之上，是不合理的，這種尊嚴是維持不住的，這種手段也是不能永遠永遠的奏效。……

康生聲音發顫：無產階級的尊嚴就是要永遠建立在地主資產階級的恥辱上。

江青氣憤得一拍桌子：不要唸了！這種傢伙，殺無赦！

姚文元渾身打個哆嗦：好一封反動信件，若洩漏到港台外國去，肯定一片喝彩之聲，奉爲經典，甚至被編進語文教科書。

周恩來雙眉緊擰，臉色凝重：也難怪秦始皇要焚書坑儒。今後若出現資本主義復辟，此人必定被捧爲烈士、英雄。越是有才華，思想越反動。

葉群、黃永勝、吳法憲、李作鵬、邱會作五人幾乎同時說：殺！有多少，殺多少，我人民子弟兵決不少他一粒花生米！

謝富治說：遇羅克內定死刑。他本人也知必死無疑，但毫無畏懼、悔意。全北京市類似的思想犯已捕十九人。擇日公審，宣判極刑。遇的父母未查出涉案證據，以另外的罪行判處。他的兩個弟弟、一個妹妹，以及各省市涉案的一千多名犯人，都將被判處輕重徒刑。這個案子算基本了結，獲全勝。

周恩來忽又問：謝政委，這個遇羅克的死刑，將用什麼罪名？

謝富治回答：妄圖謀害偉大領袖毛主席。辦案人員錄有他睡夢中的叫喊，還有同監犯人的檢舉。

周恩來點頭：好。處理這些人，最好不要叫做思想犯、政治犯。要考慮到今後的國際慣例，避免留下口實。下面你繼續。

謝富治翻動著手中材料，唸道：第二例，遼寧省革命委員會政法組報上來的，嫌犯張志新，女，五七幹校學員，原遼寧省委宣傳部理論處幹部，一九五八年人民大學黨史專業畢業，據說是高材生，長相秀麗。愛人曾某，是陶鑄之妻曾志的胞弟。所以此案又和陶鑄脫不了干係。她的主要罪行，是在五七幹校的學習討論會上，多次公開發言，用她的所謂馬克思主義理論，辯論唯物主義和歷史唯物主義，公然誣衊、挑戰我們敬愛的林副主席，誣指林副主席蒙蔽毛主席，大搞領袖崇拜、個人迷信，掀起宗教式狂熱，是反馬克思主義，反科學社會主義，是歷史大倒退；而毛主席也年紀大了，缺乏清醒意識，樂意接受人家把他當作神來供奉、朝拜，比史達林的晚年走得更遠，導致這次文化大革命運動，把黨和國家引向災難的深淵……遼寧幹校的軍代表和大多數學員對她進行了針鋒相對的鬥爭，把她關進精神病房，她仍天天在那裡宣講毛主席犯了錯誤，背叛了馬克思主義……

康生虎著馬臉，拳頭敲著桌沿：不對！這個張志新精神很正常！剛才的那個遇羅克，代表少數地富資本家出身的青年，人數有限，孤立於佔人口絕對多數的工農革幹出身的青年之外，很難掀起大的風浪。這個張志新，是我們黨自己培養的知識分子，出身也不壞，比遇羅克更危險，更具破壞力。我主張把黨內這股反文革思潮消滅在搖籃裡，發現了就殺掉，以防止他們像瘟疫一樣傳播蔓延。

謝富治說：贊同康老的看法。但公檢法人員在下邊具體辦案，還是要講個程序和量刑。不能像戰爭年代，抓住對手就地正法。

周恩來說：康生同志是出於革命義憤，主張治亂用重典，可以理解。具體工作起來，我們還是要遵從主席的教導，不宜由黨和政府大開殺戒。至於群衆專政中的一些過火行爲，整死人或逼人自殺，我們予以勸告，一般不追究責任。對這個張志新，可以逮捕，也可以先關在幹校，由群衆專政，勞動改造，而不是急於殺掉。相信林副主席也會同意這樣做。葉群同志，妳說是嗎？

葉群個子小，聲音卻高：林總早就習慣有人反對、謾罵了。爲了維護毛主席的威望，維護毛澤東思想的權威，林總粉身碎骨在所不惜。

江青插話：辦那個遇羅克，總理態度鮮明；辦這個張志新，漂亮女同志，又是陶鑄的弟媳，總理憐香惜玉。

周恩來坦然地說：是不教而誅，還是又教又誅？教不過來，再誅不遲。槍桿子在我們手裡嘛。謝政委，你繼續。

謝富治繼續唸手中材料：第三個案例，是黑龍江省革委會政法小組報上來的。案犯劉殿清，男，四十九歲，漢族，貧農成分，學生出身，其父爲革命烈士。劉犯被捕前是牡丹江市郊區革命委員會科技站站長，黨支部書記。自今年一月十日至五月二十五日，共寫下五封匿名信，其中四封直接寫給中央文革轉毛主席親收，一封寫給黑龍江省委負責人。五封信均被當地郵政部門截留。信的主要內容，都是以最惡毒的語言侮罵文化大革命，侮罵毛主席、林副主席，還有江青同志，葉群同志。這裡摘抄有他的第二封信，今年三月十七日寫的。江青同志，還有葉群同志，要不要唸唸這封信？

江青冷笑：唸！你照唸。老娘怕什麼？被階級敵人攻擊謾罵，是一切革命者的光榮。階級敵人不謾罵、不攻擊了，倒是要引起警惕了。

葉群說：地富資本家子女反對我們，我們黨自己培養的青年知識分子反對我們，現在又有烈士後代罵我們，可見階級和階級鬥爭的尖銳、複雜，我們要有長期鬥爭、長期作戰的思想準備。

周恩來說：葉群的話有水平。謝政委，照唸吧，我們與有榮焉。

謝富治唸道：

中央文革轉黨中央主席，親愛的同志們：

這次文化大革命搞的太好了！什麼都沒有了，甭說吃穿用，更嚴重的是百分之九十的人都跟着林禿子學會了溜鬚拍馬，人人都成了兩面派，人人都看穿了，現在的黨是個什麼貨色了，人人清楚認識到現在黨已變成軍人法西斯黨，遠超過歷史老撻子，德國軍國主義、封建主義、迷信唯心主義的黨。一個人能活萬歲嗎？能萬壽無疆嗎？現在叫全國人民天天行禮，祝壽唸驢馬經，眞叫人煩死了，有多少人當面喊萬壽無疆，而背地罵萬臭無香，林禿怎能永遠健康呢？那不成了千年王八萬年龜了嗎？

吹牛的黨，原子彈，長江大橋，萬噸巨輪都是文化大革命以來才搞的嗎？十歲的娃娃也明白，那是原來的基礎，如果沒有這場文革胡鬧，一定比這還快。

你們是中國人民的坑人的黨，農民幾年來辛勤勞動果實都叫你們給敗壞了，現在人們艱苦奮鬥爲你們賣命，叫人們勒緊腰帶，眞是白日作夢。人們說：見你們的鬼去吧，再別坑人了。

倒退的黨，天天叫嚷這也是毛思想的勝利，那也是毛思想的勝利，人們要問：蘇聯的衛星上天，美國的飛船進了月球，這是什麼思想的勝利，一定也是我們毛思想的勝利吧？

俗話說：好驢不吃回頭草，而現在天天躺在過去好上睡大覺，閉關自守，請睜眼看看世界科學已發展到多麼高度了，這幾十年若沒有你們破壞，中國的科學不知比現在要好多少倍。

實用主義的黨，通過這次運動使人都看清了，對人是拉完磨殺驢的大惡棍，以前你們說：幹部是決定因素，運動開始叫喊紅衛兵萬歲，中間又解放軍是柱石，後來生產出了問題，又工人階級領導一切，最後又解放幹部，一句話，用着誰，向誰叫親爹，用不着就打擊。

中國文化科學遭此嚴重破壞，罪責難逃，這帳早晚必算，學生好幾年不上文化課，天天唸那本驢馬經，誤了大好時光，你們這伙制定愚民政策的劊子手，沒有罪嗎？

現在全國說一個人的話，唱一個人的歌，唸一個人的經，照一個人的像，這成什麼樣？真比古今中外一切帝王都殘暴！德國法西斯一喊希特勒就得立正，日本法西斯一喊天皇就遙拜，國民黨一喊蔣該死就默哀，現在，毛澤東比這些魔鬼還勝幾倍，令七億人民天天哀拜，天天祝壽！出中國人的醜，炎黃子孫臉面丟盡，你們還以為香，不以為臭。

謝富治唸罷，中央工作碰頭會議的成員們個個毛髮倒豎，怒火填膺，競相起立，紛紛嚷道：殺！殺這些反革命黑幫，殺他個雞犬不留！氣死老子了！沒有比這更反動，更喪心病狂的了！公安部，軍管會，面對如此嚴重敵情，這樣瘋狂的反革命，還不開殺戒？……

周恩來坐着不動，以冷峻的口吻說：富治同志，看來確有必要，今冬明春，全國上下搞幾次統一行動，公社、地縣、省市各級，開萬人、幾萬人、十萬人公審大會，鎮壓反革命。

第四十八章　榻前佈局　隔代受命

進入一九七〇年，毛澤東去了武昌東湖避寒，林彪去了蘇州林苑休養，不到春末夏初北方天氣轉暖，是不會回北京了。每天有兩架空軍專機分頭送文件、送報紙、送人員，傳命令、傳批示、傳訊息。中央日常工作仍由周恩來打理。十個指頭彈鋼琴，周恩來的節目表上依序排列着的要務有：全國清查「五、一六反革命陰謀集團」，批准逮捕蒯大富、王大賓、譚厚蘭等人；著手籌備第四屆全國人大會議；聽取「兩彈一星專委」會議匯報，批准進行中長程導彈試射；佈署全國「抓革命，促生產」；佈署全面整黨，吸收新鮮血液；指導中、蘇邊界談判；調整對美外交，促成中美關係解凍；柬埔寨發生親美右派政變，支持西哈努克親王在北京成立流亡政府；籌開印度支那三國四方會議，組成越、老、柬抗美統一戰線；應金日成同志邀請，訪問朝鮮人民民主共和國……等等。

也有屬於個人性質的事情不可忽略：龔澎妹子患腦病住院治療，須抽空去看望；最近北京街頭有群衆組織自發貼出一些大標語、横幅：「誓死保衛周總理」、「誰反對周總理，就是與全黨爲敵」，「周總理，中國不能沒有您」之類，應由公安部門出面，以「誓死保衛黨中央」、「毛主席萬壽無疆、林副主席永遠健康」等大標語去覆蓋住。這後一件事不及時處置好，一旦被匯報到武昌、蘇州去，引起多疑，認作是「分裂中央」的預演，他周恩來就難以撇清了。

爲籌備第四屆人大會議和修改憲法，周恩來主持政治局會議，確定三項工作安排：一是成立由周恩來、張春橋、黃永勝、謝富治、汪東興組成工作小組，負責四屆人大代表名額分配和選舉；二是成立由康生、張春橋、吳法憲、李作鵬、紀登魁組成憲法修改小組，先擬出修改要點，報毛主席、林副主席批准，後成立憲法修改委員會，請毛主席當主任，林副主席當副主任；三是由周恩來、姚文元主持起草《政府工作報告》。政治局還提出兩項人事議題：原國家主席劉少奇死了，宋慶齡、董必武還健在，四屆人大會議選不選出新的國家主席、副主席？政治局同志一致意見，請毛主席擔任國家主席，林副主席擔任國家副主席；原人大常委會委員長朱德年事已高，建議由康生同志或陳伯達同志擔任新一屆人大常委會委員長。

政治局會議的以上工作安排，由周恩來分別給主席、副主席寫下匯報信，派專機送去。

林彪很快給周恩來回信，同意政治局會議意見，堅決擁護毛主席當國家主席，國家副主席宜由宋慶齡或董必武出任，他本人則無意兼任。

毛澤東卻不忙回覆，而把紀登魁、李德生、汪東興三人召去武昌東湖談話。說去就去，中午電話通知，下午專機趕到。在東湖梅嶺一號大臥室，毛澤東身著睡袍，很隨意地歪在臥榻上，接受三位親信臣子的問候，並一一拉了拉手：北京春寒料峭，武昌春暖花開，東湖桃紅柳綠。李軍長，你是紅四方面軍出身，許司令的老部下，「九大」後派你參加軍委辦事組，和「四野」的黃、吳、葉、李、邱共事，還愉快吧？

李德生恭敬地點頭：還好，他們對我客客氣氣的，我是個見習生，好好學習。

毛澤東漫不經心似地問：去拜訪過你們的林副統帥沒有？

李德生回答：黃總長帶我去過一次，林副主席對我很陌生，問了我是四方面軍哪個單位的？軍長是誰？我報告是第四軍，軍長許世友，政委王建安。……只坐了一刻鐘，沒有多話講，就出來了。聽講黃總長他們天天晚上都去林家看內部電影……

毛澤東不讓李德生說下去，轉而詢問紀登魁：紀書記，老朋友，你到中央工作，算金榜登魁，官拜副總理，怎麼樣啊？李軍長說他還愉快，你愉不愉快？

紀登魁身子坐得筆挺，兩手放在膝蓋上：謝謝主席關懷，給了我到中央工作、鍛鍊的機會。在總理領導下，很愉快，愉快。

毛澤東思緒跳躍，忽又問：紀書記，你在河南是當權派，挨過批鬥沒有？是哪一派鬥你？

紀登魁不知主席爲何要問這個，紅了紅臉說：挨過批鬥，還比較凶。是「二七公社」一派鬥我。他們自封爲河南眞正的造反派，對幹部搞體罰……當然我要正確對待。

毛澤東笑問：都對你搞了些什麼體罰？

紀登魁回答：在臺上罰站，揪頭髮，彎腰九十度，連續幾個鐘頭。還有種「噴氣式飛機」……

毛澤東笑看李德生、汪東興一眼，一時來了興致，從臥榻上下來，站定身子，摸仿開來：罰站，低頭，彎腰九十度，是不是這個樣子？

三人慌忙起立：主席，您不要閃了腰，彎腰九十度，動作太劇烈……

毛澤東直起腰來，臉卻漲紅了：這有什麼？彎腰九十度，正可活動筋骨。

紀登魁壯了壯膽子，說：主席，我一次被勒令彎腰四、五個鐘頭，好幾天都直不起腰……河南有的老同志落下腰椎勞損，晚上睡覺不能平躺，白天走步要扶拐杖。

毛澤東興趣在「噴氣式飛機」：你剛才講那個「噴氣式」，怎麼動作？你做示範，我來學學。

紀登魁搖手：主席，不要做那動作了吧？難度大，不好看。

毛澤東說：我搞調查研究。是不是要汪東興幫你的忙？不要緊，就我們四個人在場。

汪東興看看大臥室內，衛士、服務員都退避了，便去帶上房門，回到紀登魁身邊說：主席要看，你就示範。要我幫什麼忙？

紀登魁又紅了紅臉說：那就、那就……我站這裡，雙腳半弓，之後你揪住我的頭髮，——手下留情，我曾被揪掉一把頭髮，腦門上有疤，——把我的腦袋朝下俯衝，再把我的雙臂扭向身後，朝後上方斜伸，伸直了，不就成了噴氣式戰鬥機的雙翼？聽說是空軍造反派的發明，普及到地方來的。

果然，由汪東興輕揪住紀登魁的頭髮，做出噴氣式戰鬥機模式，引得毛澤東開懷大笑。李德生、汪東興陪着大笑。

毛澤東忽然止住笑，自己彎下腰去，兩腿半弓，雙臂後伸，整固身子向前下方俯衝，做出噴氣式形狀：東興，東興，你也來揪揪頭髮……

汪東興縱有縛虎擒龍膽，也萬不敢去揪偉大領袖的花白頭髮，只和李德生在一旁湊趣：主席做的是戰略轟炸機，逆火式，B五十二，攜帶原子彈頭的……

紀登魁勸道：主席，請起請起，做久了，小心腰椎受傷，到時候中央處分我們。

毛澤東直起身子，雙手扠腰轉動幾下，又命汪東興在腰背部輕輕敲一陣，仍躺回臥榻上去：紅衛兵和造反派鬥爭當權派，還採用過哪些體罰形式？

紀登魁、李德生、汪東興三人都不知道毛主席今天爲什麼要盯住這個話題不放。三年前，不正是毛主席自己號召全國紅衛兵、造反派揪鬥黨內走資派的嗎？那時，主席對一些過火行爲，都是默認讚許的啊，從未制止過。包括煤炭部部長張霖之等人被打死，都沒有吭過聲的啊。主席要是在兩三年前過問此事，許多老幹部就不會被整死整殘了。

毛澤東又問：你們怎麼不回答？紀書記，你有親身經歷，先回答。

紀登魁暗自咬了咬牙，硬起頭皮說：好，我向主席報告。河南造反派鬥爭黨內走資派和社會上的牛鬼蛇神，通常用的體罰還有跪瓦渣，頂湯盆，曬烈日，吹北風，吊半邊豬，銅頭皮帶抽，牛皮靴踢，狼牙棒擊，捆粽子，站豬籠，牛嚼草，狗吃屎……還有蘇秦揹劍，金雞倒立，四肢拉套……

汪東興連使眼色，紀登魁住了口。

毛澤東已變得神色嚴峻，眼睛瞇縫起來：紀書記，講完了？德生，東興，你們倆個是軍方人士，地方的運動不如登魁瞭解詳細。我們的各級領導幹部，平日養尊處優，甚至作威作福，做官當老爺，讓群衆運動燒一燒，烤一烤，是可以的。文化大革命，教育幹部，鍛鍊群衆，暴露敵人。成績是主要的。沒有這場運動，劉少奇稱帝，修正主義上臺，地主資產階級復辟。叫做衛星上天，紅旗落地。當然也出現另一些狀況，左派隊伍裡混進壞人。王力、關鋒、戚本禹等人就是。也有的人是後來變壞的，如蒯大富、王大賓、譚厚蘭等人，打着中央文革的牌子，有時也打我和江青的牌子，幹了許多壞事。害群之馬，周總理爲什麼還不抓？各地都要抓出一批破壞運動的現行犯，主要是混進各級革委會領導班子裡的陰謀家、野心家。所以中央發了關於徹底清查「五·一六陰謀集團」的文件。一場大運動，社會沉渣泛起，不以我們的意志爲轉移。但要注意保護左派。特別是工人、農民中間湧現出來的運動積極分子，是眞正的無產階級革命派，我們黨的新鮮血液，不僅不能抓，還要大膽提拔。要在近期內有計劃地發現一批新人，三十幾歲，四十幾歲，政治可靠，有辦事能力，破格提拔。你們可以回去告訴周總理，新一屆人大、國務院領導班子中，要多一些新面孔，工人、農民的優秀分子，可以一步到位，當副委員長、副總理。大慶油田的王進喜，大寨大隊的陳永貴，都可以當副總理。工人、農民的代表進入黨和國家領導人行列，更能體現我們社會制度、國家政權的性質。

紀登魁、李德生、汪東興三人埋頭筆記。

毛澤東吸着煙，望着天花板，邊思考邊說下去：新一屆人大會議要推出兩套新班子，還是工農兵、老中青，幹部代表、軍隊代表、群衆代表，三結合。人大常委會，還是要請朱總司令做委員長，朱、毛不分家。年紀大了，少管事，但要掛名。康生可以做第一副委員長，多管些事情。董必武、宋慶齡、郭沫若、沈雁冰、張治中、章士釗、傅作義、程思遠、錢學森、李四光，黨內黨外的一些老人，活着的，仍要掛名。副委員長可以安排他二、三十人。反正是大鍋飯，一人分一碗。全國政協垮臺了，今後還恢復不恢復啊？陳伯達近來怎樣？還在請病假？總理報來的人大會議籌備小組分工名單沒有他。聽說他無意和春橋、文元共事，參加文件起草。他和江青也不團結。中央文革雙組長制，互不買帳。陳伯達、江青都不在人大、國務院掛名。中央文革抓運動，抓意識形態。我對我的老婆要講組織原則，有錯誤照樣批評，不搞封妻蔭子。陳伯達擺架子，也不行。人大副委員長人選中，也要安排工人代表：北京有個倪志福，發明倪志福鑽頭，工人造反派頭頭；上海有個王洪文，工總司令，很不錯；瀋陽有個尉鳳英，菜場職工，女勞模。還有少數民族代表，內蒙烏蘭夫，新疆賽福鼎，西藏阿沛·阿旺晉美。那個班禪活佛反對我，主張西藏完全自治，實際上想鬧半獨立，關在秦城。

紀登魁邊筆錄邊說：主席，您心裡共有一盤大棋啊。

李德生邊筆錄邊說：主席，我比您小出二十多歲，都記不下各行業的這些人名。

汪東興邊筆錄邊說：主席記憶力驚人，還有周總理，也是好記性。

毛澤東嗞嗞地吸着菸，吸得狠，吸得深，不見一絲紫霧從嘴角、鼻孔透出：記人記事，我不如總理。周瑜三步一計，孔明一步三計。四屆人大班子，大致上就是這些了。你們轉告總理，還可以做些補充調整。下面是國務院班子，我也大致上給劃個框框。這是個工作班子，要幹實事的，不能像人大班子那樣大而散，包羅方方面面。總理，還是由恩來繼續做。原先的十來名副總理，林彪高升了，鄧小平下來了，賀龍、陶鑄死了，陳雲、陳毅、李富春病了，譚震林下放了，只剩下李先念、謝富治仍在抓工作。這次的副總理人選，要以新面孔爲主。張春橋、紀登魁、李先念，代表黨。張春橋擺在前面，他才五十三、四歲，正當年，可以多做事，學習鍛鍊。謝富治、黃永勝代表軍隊。陳永貴代表農民，王進喜、吳桂賢代表工人。八個副總理，夠不夠啊？可以湊足十個。吳桂賢這名字你們沒聽過吧！陝西一個紡織廠工人，全國勞模，學習標兵，三十來歲，很出色、很年輕的女同志，既代表工人，又代表青年和女性。

汪東興插話：吳桂賢來北京開勞模會，我陪主席接見，主席還請她進中南海住了些天，匯報紡織工業戰線情況。很秀氣、很能幹的模樣。

毛澤東說：不是秀氣，是明眸皓齒，健康美。女青年的代表，當副總理，可以帶給國務院一股新鮮活力。大寨大隊新支書郭鳳蓮也不錯，可以安排到人大那邊當一名常委。你們轉告周總理，國務院各部委人選，仍由他提名，報我批。國防、外交、公安三大部，林彪、謝富治不變，陳毅不當外長了，周總理提出由姬鵬飛代一段，可以。喬冠華也可以。外長懂英文，不用事事靠翻譯……我就先講這些。你們還有什麼事情要問我的？

紀登魁翻着筆記本，輕咳一聲，說：臨來時，總理囑咐我向主席請示幾件事。第一件，西哈努克親王已在北京成立柬埔寨民族團結政府，賓努親王任首相。西哈努克親王和賓努親王要求拜見毛主席。總理的意見，如主席同意，由他陪兩位親王到武昌來見面。

毛澤東點點頭：柬興，這事你和總理聯繫，具體安排。西哈努克是我的老朋友。柬國局勢，我們兩手抓：一方面支持柬埔寨國內的共產黨游擊隊攻打金邊，奪取政權；一方面支持西哈努克在北京成立臨時政府，爭取國際聲援。

紀登魁繼續請示：第二件，美國尼克森總統通過巴基斯坦總統葉海亞，多次捎話，要求和北京建立一條熱線，美方由季辛吉負責，並保守秘密。他們很急，要求派代表來北京直接談判。周總理建議主席深思熟慮後，作出決斷。

毛澤東點點頭：這事總理已報告多次。我通盤考慮了，機會不要放跑。但他急我不急，先煞一煞美國人的興頭。他越難到手的東西才越珍惜。現在蘇聯願和我繼續邊界談判，美國想打破堅冰，和我改善關係。無非美國想利用中蘇矛盾，打中國牌以制衡蘇聯；蘇聯也盡力緩和與我矛盾，不讓美國的中國牌起到太大效應。告訴周總理，今後我們外交形勢要根本好轉了。中國這張牌，爲什麼我們自己不打？或者說他打中國牌，我打美國牌、蘇聯牌。對美我打蘇聯牌，對蘇我打美國牌。中、美、蘇，三國志，新三國。世界大局，三國鼎立囉。從此擺脫兩面受敵囉。

紀登魁做着筆錄，激動得聲音都顫抖：主席，您這是撥雲見日，撥雲見日啊。

李德生也很激動：每次聽主席談國內國際局勢，都是一種享受，過癮……

汪東興插言：主席是登高望遠，胸懷天下，放眼全球。

毛澤東在卧榻上轉動一下身子，咳一聲，搖搖手：不要講那些好聽的。這幾年讚歌聽膩，討嫌。油水再厚，也是浮在表面。我現在注重裡子，不注重面子。紀書記哪，總理還囑咐過別的？

紀登魁忙又匯報：還有第三件，總理籌劃的三國四方首腦會議已有眉目，越、柬、老都積極響應，越南北方、南方尤爲急迫。會址選在廣州。總理問主席屆時要不要接見一次？

毛澤東搖頭：三國四方到我們廣州開秘密會議，結成反美鬥爭統一陣線，很好，我們手上又多了一張印度支那牌……既是秘密國際會議，我就不接見了，由周總理做我的全權代表。以上三件，都是外交大事。總理就沒有說到國內的大事？

紀登魁望一眼李德生，李德生望一眼汪東興。

毛澤東看在眼裡：你們三個還有分工啊？

李德生播播頭上短髮，說：好，我向主席匯報政治局會議的一項建議，大家一致要求，毛主席在第四次全國人大會議上，擔任國家主席，林副主席擔任國家副主席。這也是全黨、全軍、全國人民的強烈願望，懇請主席考慮。

毛澤東緩緩地從卧榻上坐起，兩條光腿垂到榻沿。汪東興連忙弓身將一方軟墊塞到領袖腳掌下。

毛澤東不緊不慢地重又吸起一支煙卷：此事總理已來過電話，也是你們三位此行的主要目的吧？總理告訴我，林彪已有回話，堅決擁護毛澤東當國家主席，他自己則無意當國家副主席……為什麼要堅決擁護我當這個主席呢？我不當，就會有人想當。這話你們不要記錄，不要傳達。因為不利團結。劉少奇、陶鑄、賀龍他們去世了，現在要強調團結，集中統一。你們知道，我是一九五九年四月辭掉國家主席職務的。那以後是劉少奇，當了十年國家元首，直到他去年十一月客死開封。我十一年前就不願意做的事，現在又重拾舊業？那些文革反對派，還有以後的歷史家，能不指毛澤東發動文化大革命，就是為了從劉少奇手裡奪回國家元首職務？重作馮婦，我是不要了。我的意見，由政治局開會修改憲法，不設國家主席、副主席，可不可以啊？

李德生不懂「重作馮婦」是什麼意思，不知該寫哪兩個字：「逢富」？「逢富」是什麼東西？

紀登魁代其改正：是「馮婦」。

毛澤東笑笑：武人不知「馮婦」，紀書記你給解釋解釋。也不太清楚？你們都只五十出頭，工作再忙，也應擠出時間讀一點書。不然和你們談話，常常對牛彈琴。從這點上看，老一輩同志比你們強些，十個元帥，多數可與談詩，連彭德懷後來都讀了不少書……回到「馮婦」。是個人名，且是個打老虎的男人。《孟子·盡心下》一文中講，春秋戰國時代的晉國，有個叫馮婦的大力士，以捉虎殺虎為業。後來他不殺生了，改行做了文雅士人，受到尊敬。可是某天他坐車郊遊，遇到一群人在追打老虎。那老虎負隅頑抗，衆人不敢近前。他們看到馮婦這位昔日的打虎勇士來了，就紛紛要求勇士出手。於是馮婦下車，重施故技，戰勝了老虎。衆人都興高采烈。只有讀書人見他重操舊業，都以爲恥，當成笑話來講。這則掌故是告訴世人，做事要知時而止，做人不可反覆無常。不然就像妓女，本已從良，又去賣淫，做回老行當。所以，國家主席這個官，我是不要再當了。

話雖這麼講，紀登魁、李德生、汪東興三人卻誰也不敢當了毛澤東的面，贊同他不再當國家主席。黨和國家，只能有一個主席。劉少奇所以倒台，講穿了，就是一九五九年不知死活，去當了那個國家主席，和毛主席平起平坐，分庭抗禮。

毛澤東見三人只是恭敬地微笑着，不吭聲了，於是說：你們現在是一致意見，我難以說服……你們今晚上就返回北京去？也好，我就再講幾句，之後請你們吃頓武昌魚送行。以下，你們不要記錄。李軍長，我現在派給你的工作，叫做監軍，表面上是個虛銜，參加軍委辦事組和北京衛戍黨委，不帶嘴巴，只帶眼睛和耳朵，明白嗎？

李德生起立，立正，敬禮：是！主席，李德生忠實執行任務！

毛澤東笑着搖搖手：李軍長，坐下，莫起立。許司令的老部下，對中央忠誠。我和你們講，一九六七年以來，軍委辦事組代替軍委常委辦公會議，搞成清一色。派李軍長參加進去，是一點雜質。這個比喻，李軍長不要不高興啊？人至清無友，水至清無魚，有點雜質才正常。我總是要求你們學點辯證法，就是這個道理。還有汪東興同志，你個中辦主任，兼中央警衛局長，再兼八三四一部隊黨委書記，相當於我的京師九門提督加大內總管。你的職務，只對中央負責。既是黨紀，又是軍紀。你跟隨我三十幾年，今天重新提醒一下。

汪東興起立，立正，敬禮：是！汪東興的任務就是保衛主席，保衛中央，一切服從主席命令！

就在紀登魁、李德生、汪東興三人返回北京的當晚，中央專機從上海把王洪文接到武昌。王洪文作爲上海工人造反總部司令，跟隨張春橋、姚文元於一九六七年年初掀起「一月風暴」，奪下舊上海市委、市政府領導權力，受到江靑、康生賞識，當上上海市革委會副主任，不久又當上上海市委副書記，上海警備區政委。不久又當上九屆中央委員。正可謂時勢造英雄，短短兩三年時間，一路竄升爲方面大員，是他原先做夢都想不到的。文化大革命給了他一切。他常對造反派弟兄們講，沒有文化大革命，就沒有他王洪文。

這晚上，王洪文卻不知道中央爲什麼突然派專機來接他，去哪裡？見什麼人？辦什麼事？中央警衛局的來人很客氣，但什麼都不肯說，他也不敢多問。這是他生平第一次坐中央專機。不是去接受最重要、光榮的政治任務，中央還用得着派專機？一路上忐忑不安、糊裡糊塗的，直到專機降落在王家墩機場，他才知道是到了武漢。乘車過市區，過長江大橋，進入武昌東湖，夜色中波光粼粼，燈火閃爍，他心裡豁然一亮：媽媽的！不不，天爺，難道是毛主席單獨召見？他的心都快蹦到嗓眼口了。

當衛士把他領進一座三面臨水、燈火通明的花園別墅時，已有一位絕色女服務員等候在客廳門口。進到客廳，笑容可掬的女服務員讓他稍候，旋即進一道廊門通報去了。娘的這客廳高闊、氣派，十幾盞吊燈組成梅花圖案，每盞吊燈都嵌有百十粒小水晶球，熠熠生輝。不一會，女服務員在門廊裡招手，聲音甜淨地說：主席在書房裡，你可以進去了。

王洪文進到書房。但見一位身子臃腫、頭髮蓬鬆的老人仰躺在寬大的長沙發上，正讀一卷古籍。這就是偉大領袖毛主席？和「九大」會議上，特別是和日常報刊照片、新聞紀錄片上見到的那個身著軍裝或是中山裝龍威虎猛的偉人，大不相同啊。眼前的這老人，裹一件直條紋睡袍，臉上皮肉鬆弛，眼袋很大，兩條光腿露在外面。有一刻，王洪文真不敢相信自己的眼睛……女服務員走到老人身邊，輕聲提醒：主席，客人到了。

老人這才放下書本，由女服務員幫扶着，坐直身子，彷彿這才看到來人，伸出一隻手：洪文同志吧？歡迎囉。

王洪文渾身一抖擻，亮了個標準的軍人英姿，立正，敬禮：敬祝偉大領袖萬壽無疆！之後弓下身去，雙手捧住老人的手，既熱烈，又不敢握的太重。

老人詼諧地笑笑：王司令啊，萬壽無疆，不敢當囉，從不相信那個。以後要喊，就喊萬臭無香好了……我們「九大」上見過面，後來在上海也見過，沒有機會單獨談談。坐下，坐下，把椅子移近些，我們不要客氣，隨便扯談。上海人是不是叫做「講講清爽」？

女服務員來上茶，嫣然一笑，退下。又是另一個絕色。娘的國色天香，上海領導人身邊沒有一個這樣的女子。王洪文胸口不再砰砰跳。坐下，呷口茶，漸次平靜了些。

老人問：洪文哪，你老家哪裡？哪年出生？都做過些什麼工作？春橋同志向我介紹過你，各省市那麼多新人，我記不大清。

王洪文五官端正，氣宇軒昂，身材挺拔，一米八〇的個頭，外表英俊帥氣，一副討人喜歡的樣子：報告主席，我是吉林長春人，一九三二年出生在貧農家庭，從小種地，拉車，打獵。十八歲那年參加志願軍，赴朝作戰，打美帝。在部隊幹偵察兵，立過兩次三等功，一次集體一等功。五一年入黨。當過班長、副排長。一九五四年復員分配到上海國棉十七廠幹保全工，一九六〇年提拔爲廠部保衛科幹事，直到這次無產階級文化大革命運動。

老人和靄慈祥，扳著指頭數說：一九三二年的，今年三十八歲，年輕囉，年輕囉。抽不抽煙？我這裡很隨便，你不要拘謹。

王洪文眼明手快，擦亮火柴湊過去，替偉大領袖點煙。他一個後生晚輩，有煙癮也不敢嗓眼癢癢，在毛主席面前呑雲吐霧。

老人嗞嗞地吸着，很響亮地咳嗽，又很準確有力地朝沙發下的白瓷痰盂咔下兩口濃痰，抹抹嘴，之後說：很好嘛，才三十八歲，種過地，當過兵，做過工，工農兵，文武齊全。學過文化嗎？相當於初中還是高中？

王洪文回答：報告主席，在部隊掃了盲，可以讀報寫信。進國棉十七廠後，讀職工夜校，拿到證書，相當於中學生……現在我深感文化水平低，業餘時間要抓緊學習。

老人說：知識、學問，靠自學得來。我也只是個師範生，大半輩子都在自學。你看我的住處，沒有別的，就這些書陪着，無論到哪裡，它們都跟着。你都讀過些什麼書？

王洪文腦子轉得快，知道揀偉大領袖高興的回答：讀紅寶書四卷，乙種本，甲種本，主席詩詞，主席語錄。我能背主席的語錄和詩詞……主席可以考我。

老人說：不用考。如今年青人能背語錄的不少。光讀我的書不夠。馬列著作讀過哪些？

王洪文想起中央曾佈置中、高級幹部讀幾本馬列著作，記得的書名有：《共產黨宣言》，《反杜林論》，《國家與革命》，《馬克思主義和修正主義》，《無產階級革命和叛徒考茨基》。

老人笑笑說：那些著作不大好懂啊，要慢慢讀，反覆讀，先讀些評介文章，弄清一些人名、地名、事件、背景，才讀得進去……《唐詩三百首》讀過嗎？

王洪文捏一把冷汗。好險，五本書只知道個書名，一本沒讀過，也讀不懂。幸虧主席沒考自己，不然一問三不知，主席要認爲自己不誠實，就完蛋了：唐、唐詩三百首讀過，還有宋詞選，是春橋同志佈置我讀的，三百首容易些，也有一半不大懂。宋詞選大部分不懂。

老人說：你講的是實話。我喜歡聽實話。不懂裝懂害死人。你年紀輕，種過地，當過兵，做過工，具備一些實踐知識。今天上了領導崗位，需要補充一些書本知識。叫春橋、文元替你列個書單、計畫，由淺而深，從易到難，工作再忙，每天擠出兩個小時，堅持數年，必有收穫。馬列的，歷史的，哲學的，文學的，都要讀一點，全面武裝一下，武裝頭腦很重要。一部《資治通鑑》近千萬字，我反覆讀了十五、六次，受益不淺。洪文，你有些什麼愛好？抽煙，喝酒，打牌，賭錢？

王洪文連忙否認：報告主席，我不愛喝酒，煙也少抽，不愛玩牌，賭錢犯法。我愛打獵，早起晨練，打拳健身。

老人又把王洪文從頭到腳看上一遍：嗬嗬，還是武人習性。你的槍法怎樣？拳腳了得？和南京的許司令比試過？

王洪文說：報告主席，我能打飛鳥，每發必中，得過神槍手稱號。拳腳功夫是部隊上學的，復員下來沒有間斷過練習。一九六〇年冬有五、六個街道壞人到我們廠職工食堂偷糧食，都是牛高馬大的漢子，那晚上我下夜班撞上了，徒手衝上去奪回糧食，和那群壞人格鬥十幾分鐘，全躺下了，我也掛了彩。就這次表現，我被提拔到廠部幹保衛。南京軍區許司令是少林功夫，我哪敢和他比試？……主席，我有個請求，不知當講不當講？

老人笑瞇瞇地：你在我這裡，什麼話都可以講。你是工人，我是農民，工農聯盟，無話不談。

王洪文面對領袖的幽默，一時無地自容，忽然渾身燥熱，離開坐椅，撲地一聲雙膝跪下，語帶哭腔：主席！我祖輩窮苦，沒有新中國，全家人翻不了身；沒有文化大革命，洪文造不了反。我的一切，包括性命，都屬於黨，屬於文化大革命……我也不想當市革委副主任了，請求主席批准，來替您當一名警衛，保衛主席安全。我什麼級別待遇都不要，只求做主席的貼身警衛！

大出所料，王洪文此舉，眞是大出所料了。老人一時也大爲感動，下了沙發，伸出雙手：洪文，洪文，起來，起來。不然服務員看到……好，好，就和我坐這裡，我們一老一少，有話好講。看到你，就像看到晚輩子侄。我的老大岸英是一九二一年的，在朝鮮犧牲。老二岸青，神經病患，是個廢人。老三岸龍，大革命時期在上海走失……後來在江西，和賀子貞生過幾胎，都送了老鄉撫養，至今找不回來。五九年在廬山會議上，我講過一句話：始作俑者，得無後乎？我的一個兒子被打死了，一個兒子瘋掉了，沒有後代了。很有一點悽涼吧？「九大」上看到你，比老大岸英還小十一歲。岸英也是當過兵，種過地，管過工業，和你相似的經歷。

王洪文眼含淚光：要是毛岸英同志還健在，我帶領上海兩百萬工人階級擁戴他做黨和國家的革命接班人！

老人搖頭：不可以。共產黨的宗旨是為人民服務，權力不能世襲，講的是培養無產階級事業的可靠接班人。第二代接班人已選定林彪同志，在黨章上確認了。可是他身體差，連葉群都擔憂他拖不了很久。從現在起，要開始考慮第三代、第四代接班人問題。美國有個杜勒斯，一九五六年就預言，共產黨政權的和平演變，會發生在第三代、第四代身上。杜勒斯替我們敲了警鐘。為了使他的預言破產，才有了這次的文化大革命，把劉少奇等人拉下來，清算他們的修正主義路線。洪文哪，找你來武昌，不是要在我身邊增加一名貼身保鏢。武功高強的人我不缺。我是想讓你擔更重一些的擔子，接受新的考驗和鍛練。為什麼希望你多讀點書充實知識？是要你成材。能不能成材呢？你自己是內因，我和中央是外因，外因通過內因起作用。這些話，我們先談到這一步，以後還要談多次。你千萬不要傳出去。包括對春橋、文元都不要漏口風。不然，等於我什麼都沒有和你說……明白了？記住了？

第四十九章　說破真情驚煞人

周恩來聽了紀登魁、李德生、汪東興三人轉述的毛主席指示，當即表示堅決擁護，並囑咐三人在當晚的政治局會議上如實傳達，以便會後貫徹執行。

三人離去後，周恩來很快在腦子裡轉動開來：

第一，主席關於新一屆全國人大常委會班子的佈局，仍讓朱總司令掛名委員長，十幾二十名副委員長也照顧到方方面面，有利於安撫黨外人士，形成和諧局面。當然，實權要落到第一副委員長康生手上了。副委員長人選中，工人、農民、黨外人士是照顧到了，共產黨自己的代表是不是少了點啊？陳雲、劉伯承、陳毅、李富春、譚震林不再擔任副總理，可否給掛個副委員長的虛銜？還有葉劍英、徐向前、聶榮臻等人也應掛名……這事，須慢慢來做主席和林副主席的工作，一次也不要提這麼多，爭取分兩次、三次的追加上去；

第二，主席關於國務院新領導班子的提名，真是叫人頭大，難以接受！名義上仍叫周恩來做總理，第一副總理卻擺上了張眼鏡，張春橋。看主席的意圖，新一屆班子算過渡班子，再下一屆，周恩來就要退出歷史舞台，由張春橋擔任總理了。張春橋與李銳同齡，都是一九一七年的，才五十三歲。李銳被關押在秦城，張春橋卻快要當上國務院總理了。也好，總算趁了江青的心願，把張眼鏡扶上黨和國家第三把手的高位。張的長處是懂理論，能寫能說，也有一定的行政能力；毛病在於思想左得很，陰得很，自視很高，不能團結人，不屑於搞平衡，一味地緊跟江青，得罪了不少老帥、老將軍，與軍委辦事組那邊的關係也很冷淡，相互猜忌。此事，不知林副主席心裡是個什麼滋味？張眼鏡也不要興奮得太早。既然林副主席是毛主席的接班人，接班人心裡就沒有自己的國務院總理人選？會讓你張眼鏡順利當上？還有一點，張春橋和江青的關係是否過於密切？比如周末釣魚臺那邊跳交誼舞，兩人貼的太近。是的，早就有內勤密報，他們貼的太近。雖然不能證明什麼，可張春橋在北京是個單身漢呢，和他那有托派歷史問題的妻子早就分居了呢，毛主席還曾經問起過呢。

想到這裡，周恩來心裡豁亮了些。張春橋的手伸向總理坐椅尚有一定距離，還須過五關斬六將。迫在眼前的不是這個，是毛主席提出陝西女勞模吳桂賢當副總理管工業，山西男勞模陳永貴當副總理管農業！真正的喬太守亂點鴛鴦譜。吳桂賢三十出頭，健美、耐看，一名出色的紡紗工，先進標兵，前年被召進中南海住了兩星期，就可以當副總理，主管全國工業生產？煤炭、石油、化工、火電、水電、採礦、冶煉、製造，還有航運、空運、鐵路、公路……天爺，這不是拿國務院副總理的職位當兒戲？山西昔陽縣大寨大隊支書陳永貴，人稱永貴大叔的，一年四季頭上包着塊白毛巾，當上山西省革委會主任還不夠，再又提到中央來做主管全國農林牧副漁的副總理？他讀得了文件、看得懂報表？說得清北方有多少小麥、玉米的優良品種，南方有多少水稻、柑桔的優良品種？黃河防汛、淮河防汛、長江防汛是怎麼回事？開玩笑，眞是開玩笑！叫一名工人來主管工業，一名農民來主管農業，馬列著作中有這種論述？國際共運史上有過此種先例？

國務院可不是人大常委會那樣的橡皮圖章（西方記者用語），更不是全國政協那樣的清談機構，國務院是業務行政部門，是訂計畫、辦實事的！想想上兩屆國務院副總理班子成員，都是些什麼人物？鄧小平兼常務副總理，陳雲、李富春管計畫，陳毅管外交，鄧子恢、譚震林管農業，李先念、薄一波管工交財貿，賀龍、羅瑞卿管軍隊軍備，聶榮臻管國防科工委，陸定一管教科文衛，烏蘭夫管民族事務，謝富治管公安政法，哪個不是獨擋一面？這次可好了，遵照毛主席的提名、指定：老的副總理只剩下李先念、謝富治兩人，其餘的不是被打倒，就是靠邊站了。準備提拔上來的呢？張春橋、黃永勝、紀登魁還算說得過去，吳桂賢、陳永貴怎麼行？肯定不行。寧可讓吳、陳到人大常委會那邊去當副委員長，也不能到國務院當副總理。但這事周恩來不便出面反對，委託誰去向毛主席反映？林副主席？林不會對這麼具體的人事安排插嘴的。眼下眞正能在毛主席面前說上話的，只有江青、康生、張春橋、紀登魁、李德生、汪東興幾個人。江青、康生難以請動，弄不好還會鬧下誤會；紀登魁、李德生呢？又不是很熟悉，不可以深談黨內人事；汪東興則職務特殊，敏感，一向小心保持着某種疏離。那就只剩下個張春橋了。對！張春橋合適，主席指定的第一副總理人選，國務院總理的接班人，能不關心一下別的副總理提名？太好了，就用用這個張眼鏡。

還有第三，毛主席明確提出不設國家主席，他也不當國家主席。這事怎麼因應？毛眞的不想再兼任國家主席嗎？國家總該有個頭，有個元首呀？哪怕是爲着國家禮儀，國際交往，也應設立國家元首和副元首。最常見的事情，新中國已有近百個邦交國家，邦交國的新任駐華使節到任，都要履行一項手續：遞交國書。不設國家元首、副元首，人家的國書向誰遞交？人大委員長相當於外國的國會議長，國務院總理則是行政機關首長，都是不適宜出面接受國書的。

毛主席說他無意再做國家主席，是不是又放出一顆風向球？看看「九大」後形成的中央領導層中，哪些人是眞正忠誠於他？哪些人是半心半意？又有哪些人一聽說他不當國家主席就立即贊成？忠不忠，看行動。到時候那些輕率表態的人就有好果子吃了。此類風向球，屢試不爽。但每次都有人上鈎。教訓歷歷在目。一九五七年春天，毛號召知識分子大鳴大放，幫助黨整風，大批知識分子當眞，向各級領導人提意見，半年後毛發動一場反右派運動，把「右派分子一網打盡」；一九五九年春天，毛提出不再擔任國家主席，讓劉少奇當了國家元首，毛一直如鯁在喉；同年春天，毛在上海會議上提出全黨幹部學習海瑞，爲民請命。吳晗、周信芳等人認眞學了，吳晗編了部歷史劇《海瑞罷官》，由馬連良擔綱演出，周信芳則在上海演出《海瑞罵皇帝》，結果怎樣？吳、馬、周三人都在這次運動中死於非命；彭德懷在廬山會議上因反左反成「右傾反黨集團頭子」的事，也盡人皆知；還有一九六二年春，毛本已同意鄧子恢、田家英、曾希聖等人搞「責任田」、「包產到戶」試驗，過了半年，毛卻在北戴河會議上大反單幹風、黑暗風、翻案風、復辟風，指示階級鬥爭要年年講，月月講，天天講，一直講到共產主義去。

長期的黨內鬥爭經驗告訴周恩來，對毛要小心崇拜，不能事事緊跟。遇事可分爲緊跟、緩跟、不跟三類型。緊跟類，如毛欲除掉某個政治對手時，王明啦，張聞天啦，彭德懷啦，彭眞啦，劉少奇啦，你一定要緊跟，不緊跟你就無法生存；緩跟類，如毛在一九五八年大躍進時，提出取消工資、取消家庭、取消市場，城市全面恢復供給制，農村拆房拼居過集體生活，等等，明知行不通，又不能明確表示反對，就只好緩跟了，等他老人家回頭了；不跟類，如「九大」時毛提出他夫人江青不進政治局，這次他提出不擔任國家主席，你要是死心眼，窮認眞地去擁護，你就鑽進了政治死胡同。

想到這裡，周恩來定下自己的基調：繼續擁護毛主席兼任國家主席，林副主席擔任國家副主席。爲此，在起草中的新憲法裡，仍保留國家主席、副主席作爲國家元首、副元首條款。

下午，周恩來和仍在蘇州休養的林彪通電話，簡要傳達毛主席再次提出不設國家主席的指示。林彪回答得很乾脆：事體重大，不宜說設就設，說廢就廢。請總理召集政治局會議時，再徵求一次大家的意見，作出一個決議性質的文件。家不能無主，國不能無君，要有元首，名正言順。主席表現的是他偉大的謙虛。還是那句話，堅決擁護毛主席兼國家主席，我身體不好，管事少，不宜兼任國家副主席，推荐董必武同志和宋慶齡先生出任，黨內黨外，一正二副，體現統一戰線，革命團結。

林彪的回答有理有節。周恩來卻從中聽出端倪，林彪的意思是國家主席之職不能因人而設，也不能因人而廢，毛澤東無意兼任，這個職位就不要了？自己不幹，可以讓別人幹嘛。一個榮譽性質的位置，都看那麼重，不肯放過？我們這個黨，這個國家，眞成爲一人黨，一人國家了……周恩來心裡冒出這個猜測，先把自己嚇一大跳。

冷靜想想，「九大」之後，確有迹象顯示中央兩位主席之間存在不和諧音調。這是一般中央委員、甚至政治局委員都難於覺察到的。如一次政治局會議討論《政府工作報告》稿時，陳伯達和張春橋就吵了起來。陳伯達主張在報告中保留林副主席評價毛主席的那三個副詞：「毛澤東同志天才地、創造性地、全面地繼承和發展了馬克思主義」，強調自一九六六年以來，全黨全軍全國人民一直這樣使用，成爲習慣用語；張春橋則主張拿掉「天才地、創造性地、全面地」三個副詞，只提「毛澤東同志繼承和發展了馬克思主義」就夠了。陳伯達老夫子也不知哪來的一股邪火，瞪着張眼鏡喝問：這句話是林副主席提出的，有全黨的共識，你有什麼權力刪改？你對林副主席什麼態度？張春橋不示弱，以牙還牙：刪掉三個副詞，是毛主席對起草「九大」《政治報告》時的指示，你對毛主席的指示什麼態度？陳老夫子拍了桌子：九大政治報告是政治報告，四屆人大政府工作報告是政府工作報告！你牙黃口臭，想利用毛主席的謙虛，來貶抑我們的偉大領袖？兩人吵了個不亦樂乎。

再又一次，也是政治局會議，討論新憲法草案稿，陳老夫子和張眼鏡又爲一個句子爭得不可開交。這回是陳老夫子要刪掉四個字，張眼鏡不肯刪掉那四個字。句子是：「人民解放軍是毛主席親手締造、領導的，毛主席和林副主席直接指揮的我國無產階級政權的堅強柱石」。陳伯達主張刪去「毛主席和」四字，變成「解放軍是毛主席親手締造、領導，林副主席直接指揮……」；張春橋則堅持這四個字很重要、很關鍵，決不允許刪掉。吵到後來，黨內這一老一少兩名大秀才，又搬出各自的後台，一個質問你對林副主席什麼態度？一個質問你對毛主席什麼態度？一個說毛主席和林副主席是完整體系，誰想分割誰就是分裂中央；一個說只提解放軍是毛主席親手締造、不提毛主席和林副主席一起直接指揮，才眞正要分割毛主席和林副主席，眞正分裂中央！

一般的政治局委員都把陳、張兩人的爭吵，看作文人相輕，咬文嚼字，秀才意氣，爲幾個字面紅耳赤，瞪眼睛拍桌子，無聊得很。且多數人的同情心在陳老夫子一邊，你張眼鏡小着一輩份呢！陳伯達才是我們黨的老資格理論家呢。你張眼鏡不就靠了抱江青同志的大腿，一路攀爬上來，不然憑什麼當上海市一把手、中央文革副組長、政治局委員？但江青的態度卻耐人尋味，每有陳、張爭論，她就離席迴避，堅持不吐一個字。葉群則陪林副主席在蘇州休息，好幾個月沒有回來出席會議。

周恩來不偏不倚，保持低調。每次陳、張激烈爭辯收不了場時，周恩來總是裁定：暫時擱置，等請示了主席、林副主席不遲嘛。但他遲遲沒有去請示。一個不能點破的事實：陳、張二人各事其主，只在前台表演而已……難道、難道林副主席覺得人馬齊備、腰板夠硬了，不再事事順從毛主席了？瞭解林彪的人，都知道他是位極有主見、又極爲堅持己見的元帥。他的主見從不輕易提出，一旦提出就會堅持到底。有好幾次，毛主席都不得不對他作出讓步，比如一九六五年十二月拿掉羅瑞卿，一九六八年八月拿掉楊成武、傅崇碧。可這一次呢？如果毛眞的無意做國家主席，林又堅決擁護毛做，誰會對誰讓步？就看兩個拗相公，誰拗得過誰。

周恩來謹言愼行，靜觀變化。從來一、二把手之間產生矛盾，他這個三把手就相對輕鬆，需要他充當和事佬，居間緩衝。這麼鬧鬧也好，但不要大翻臉，傷筋動骨。或許，毛爲了制衡業已坐大的權力接班人，會不會借重那些去年爲執行「林副主席第一號戰備命令」而「疏散」到外地去的老同志們？朱德、陳雲、陳毅、劉伯承、李富春、葉劍英、徐向前、譚震林、聶榮臻等等，都陸續召回北京來，以阻止權力的天秤繼續向一邊傾斜？那一來，整個局面就大改觀了。老同志，老戰友，能回來的，都回來吧！大家在一起，相互有個照應。

果如周恩來所料在當晚召開的政治局擴大會議上，大家認眞聽過紀登魁三人傳達的「最高最新指示」，就競先發言，熱烈擁護毛主席關於新一屆人大常委會和新一任國務院領導班子的人事佈局，盛讚毛主席胸懷寬廣，站得高，看得遠，爲革命事業掌舵，指引航向；只是對於毛主席提出的不再擔任國家主席一條，大家無論如何在感情上都不能接受。康生、黃永勝等人態度尤爲堅決，主張政治局擴大會議作出決定，要求毛主席同意兼任國家主席，林副主席同意兼任國家副主席，黨、國一體，天經地義。周恩來笑笑說：還是不要叫做決議吧？那會變成政治局逼毛主席就任。仍叫做政治局同志一致勸進，供主席和林副主席決策參考。周恩來並提出：這次，請張春橋同志辛苦一趟，去武昌向毛主席匯報本次政治局擴大會議的討論情況，以及所形成的一致意見。

散會後，周恩來把張春橋拉進自己的座車，一起回到西花廳後院書房。張春橋到中央工作近五年，還是頭回受邀到總理書房談話。寬大淨潔的辦公桌上，有塊十六開雜誌那麼大的醒目牌子：請勿吸煙。周恩來招呼張春橋坐下，即把牌子移開了：春橋，你常熬夜，煙癮重，帶了沒有？

張春橋忙搖手：總理，不要爲我破例。出席政治局會議，我也從不帶煙的。

周恩來親切地笑著，抽開抽屜，拿出一包未開封的大中華來：你政治原則性強，日常生活是謙謙君子嘍。來，我這裡有後備的，你自己動手。

女服務員進來上茶。周恩來吩咐：把門帶上，告訴值班室，除了主席、林副主席、江青同志的電話，其餘的都回掉，就說我休息了。

張春橋堅持不吸煙。他明白，周總理如此愼重其事，談話內容一定十分機密且敏感了。

周恩來的目光和語氣都十分溫和：春橋，我要恭賀你。你不要搖手，聽我講嘛！這次主席提名你爲國務院第一副總理人選，是個很英明、很重要的決策，也可以說是很具前瞻性的佈局。你不要否認，把你排在副總理人選的頭一名，按黨內歷來的習慣，就是第一副手嘛。今天上午紀登魁他們向我報告這個信息，我就感到由衷的高興。主席的接班人定下之後，我多次向主席建議，總理的接班人也應及早定下來才好。你知道的，原先主席和中央的意圖，是陶鑄。可是陶鑄鬼迷心竅，竟去保劉鄧，和江青同志對着幹，只好端掉了，人也死了。他是咎由自取。現在主席提名你，算了卻中央一樁心事。你不要搖手。我比你虛長二十歲呢，今年七十二，古來稀了，精力和體力都大不如前。我的身體是個虛架子，這幾年忙的啊，毛病都上來了。你呢，才五十三歲，正當壯年，中央的生力軍囉。

張春橋城府頗深，謙遜地說：總理不要謬獎。春橋在主席和總理老一輩面前，是晚輩、學生。今後有機會跟着總理學習，當好一名助手，做些力所能及的工作。

周恩來搖頭：春橋，你不要這樣講。長江後浪推前浪，革命新人替舊人。用紅衛兵小將的話講，過去是三娘教子，現在是子教三娘。我們老同志啊，參加革命早，犯的錯誤多，歷史上那些事，你也了解，我就不多講了。這次運動，主席要求我們老同志向年輕一輩學習，革命到老，學習到老，改造到老。主席是苦口婆心。我這個人，你知道的，是個事務主義者，工作中屢犯錯誤，所以經常作檢討，向主席和中央檢討。不怕你知道，在中央負責同志裡，我是向主席書面檢討最多的一個，日後都可以出本集子囉。當然這話現在還不要對外面說。若說我也還有點長處的話，除了隨時認錯，就是肯向年輕同志學習，包括向中央文革小組學習，向江青同志、向你、向文元同志學習，也向各省市的新生力量學習。我這話不是出自客套，而是出自內心。

張春橋不知道周總理此刻爲什麼要對自己推心置腹，繞了半天還沒有繞上正題：總理，你這樣講，春橋無地自容……總理有任何事情交辦，春橋保證全力以赴，一往無前。

周恩來說：看看，又客氣了吧？自你調中央工作以來，我就一直想抽時間和你好好談談。我或許可以倚老賣老地和你講，主席和中央，都認爲你是棵好苗子，人才難得。你不要搖手，聽我講嘛。第一是懂理論，夠水平；第二是忠於主席，忠於主席的思想、路線；第三是原則性強，鬥爭性強；第四是在上海抓過宣傳，抓過工交財貿，有一定的實踐經驗。你擔任上海市一把手近五年時間了吧？上海的革命、生產兩不誤，成爲全國的重要的穩定力量；第五是年富力強，身體好，腦子快，有革命的本錢。有此五條，完全符合毛主席提出的革命接班人條件。所以主席看得很準，你確是新一任第一副總理、下一任總理的適合人選。你不要搖手。當然我現在和你講這個話，是犯自由主義，有違組織原則。可是，我爲什麼還是要先個別和你說一說呢？你心有靈犀，自然明白的。人事問題很敏感，過去叫做「見光死」，黨內黨外都一樣。

張春橋一時間身上暖乎乎的，鼻頭也有些發酸。但他穩得住自己，仍不乏清醒意識：總理厚意，我心領……總理大忙，我不要佔用太多時間。派我去武昌東湖，向主席匯報些什麼，請指示……

周恩來又笑了：看看，到底年輕些，性子還是有點急。不要緊，我年輕時候比你還急，有時甚至是火爆。這麼多年了，倒是沒見你春橋火爆過，遇事沉得住氣囉。好吧，我們長話短講。明天，委託你代表政治局同志去武昌向主席匯報，主要是三條……

張春橋掏出小記事本，準備筆錄。

周恩來說：先不要筆錄。我是考慮，既然主席和中央，已經打算把你擺在國務院的這個位置上，我作爲一個老同志，也可以說是老總理吧，就不能不替你今後接手工作做考慮。主席這次提出的幾位副總理人選，你、先念、富治、登魁、永勝，都是能辦事的，獨擋一面無問題。國務院班子不同於人大常委會班子，是管行政業務、幹實事的。所以考慮來考慮去，陳永貴、吳桂賢兩位同志，是不是放到人大常委會那邊去掛個副委員長，同屬黨和國家領導人系列，更合適些？春橋，這絕不是看不起工人、農民。國務院幾十個部、委、辦機構，畢竟不是一個工廠，一個公社那麼簡單。考慮到他們做了副總理，工作起來很困難。專業性強，分工很細，文件報表多得很，看不懂、聽不懂怎麼辦？我做了二十年的總理，還經常感到吃力。兩位勞模肯定吃不消。副總理人選選的不準，到時候還不是你我總理、第一副總理的麻煩？我這意思你明白？但這個事情怎麼向主席匯報？不能說輕了，也不能說重了，尤其不要讓主席誤會了我們的意思，不是排斥工農。所以提議陳永貴、吳桂賢二位掛到人大常委會那邊去，更有代表性。主席也講了，副委員長不設名額限制，可以安排他二、三十人。關於副總理人選，我建議另外考慮三位同志，都是主席熟悉的，一個是湖南的華國鋒，一個是廣西的韋國清，一個是瀋陽軍區的陳錫聯。農業是基礎，是大頭，華國鋒上來可以抓農業；韋國清是僮族，可以抓民族事務；陳錫聯嘛，軍隊方面出兩個副總理要比出一個副總理好。春橋，你看我提的這三位行不行啊？你們上海還要不要提一個？主席已經把王洪文掛到人大那邊去了，剩下個馬天水，行不行啊？

張春橋這回總算品味到了問鼎中央核心權力的滋味了，嚥了嚥口水說：華國鋒、韋國清、陳錫聯……主席對他們很熟悉，很信任，這點很重要。馬天水是上海實際上的一把手，我和文元只是掛名，放以後考慮吧。乾脆，提個更年輕的，毛遠新，怎樣？

周恩來愣愣地望住張春橋，差點就問，是不是江青同志的意思？沉思一會兒，說：遠新年少有為，我看着長大的，主席侄兒，才二十八歲吧？哈軍工畢業幾年，已經當了瀋陽軍區第一政委、遼寧省革委會第一副主任，再往上提，主席那裡難以通過囉。大軍區第一政委以往都由上將擔任。全國十個野戰軍區，瀋陽軍區是其中的一級軍區，另一個一級軍區是南京軍區，兵員都在七十萬以上。春橋，主席原則性很強，對自己的親屬要求嚴格，包括對江青同志。這方面的情況我比你了解多一些，所以建議你暫時不提毛遠新。等遠新在瀋陽軍區第一政委任上好好幹個幾年，三十幾歲再提名爲副總理人選不遲。

張春橋手捧筆記本：生薑老的辣，總理生薑老的辣。

周恩來搖頭，旋又搖手：春橋不要這樣講……俗話說智者千慮，必有一失，何況我根本就不是什麼智者。所以工作上的事，今後我們要多碰頭，多商量，細推敲。僧推月下門，還是僧敲月下門？是大有講究。好了，副總理補充人選，你先記下我提的那三個。其餘閒話，一字不記。

張春橋於是寫下：副總理人選，周總理提議增加華國鋒、韋國清、陳錫聯。

周恩來繼續說：注意啊，春橋，我們要注意，如果主席仍把陳永貴、吳桂賢擺到國務院這邊，我們就服從，不再多話，切記。下面，關於人大副委員長人選，除了主席點名的那些，我也提議增加三名，你看合適不合適？一個陳雲，一個劉伯承，一個李富春。原先都是副總理。現在都病得不輕，不能管什麼事了，是否考慮到人大那邊掛名？體現主席的老幹部政策。春橋，你先替我權衡一下，可不可以向主席提出？

張春橋點頭：總理考慮周到。陳、劉、李三位雖然都是文革保守派，也是長病號，給掛個副委員長，象徵團結。主席也仍然提名朱德任委員長。今後人大常委會是康老當家。

周恩來吩咐：那好，你把三個名字記下。今後人大是康生當家，左派掌印。

張春橋寫下三個名字，忽然警覺到什麼似地，問：陳雲、劉伯承、李富春可以任副委員長，會不會扯出陳毅、葉劍英、徐向前、聶榮臻，甚至譚震林、李井泉、粟裕一大串來啊？

周恩來心裡暗暗一驚，這個張眼鏡厲害呀，遂笑着說：這些老同志犯了錯誤，作了檢討，毛主席在「九大」上保他們過了關，仍是中央委員。我看，由主席去定吧。反正你、我不提出。所有的領導人選，還是堅持左派優先，左派主導。這個原則丟不得。

張春橋挪動一下屁股，問：總理還有什麼要向主席報告的？

周恩來說：對囉，還有第三件事，就是一定委婉、誠懇地向主席反映政治局會議的一致意見，請主席擔任國家主席，事關國家體制、國際禮儀。同時，林副主席一再表示，他身體差，不多管事，不宜擔任國家副主席，並推荐董必武、宋慶齡二位，一正兩副。政治局一致意見，也是要求林副主席擔任國家副主席。這樣，黨和國家實現一元化領導。春橋哪，主席曾明確表示他不作馮婦，政治局卻一致要求他重任舊職。你匯報的時候，要留意主席的情緒，不要把問題搞僵了。而且中央兩位主席之間，也態度不一，我們就更要小心了。

張春橋扶扶眼鏡：這事可不可以先放一放，免得陳伯達同志從中攪場？

周恩來搖搖頭：春橋，你是個肯動腦筋的人，這話到我這裡打止。陳伯達同志仍是政治局常委，要尊重他的發言權。這事情也拖不得了，憲法草案稿已經出來，政府工作報告稿正在打印。設不設國家主席，事關憲法重要條文，不先確定下來，怎麼辦哪？主席昨天晚上還給我電話指示，把兩個文稿準備好，八月份上廬山開九屆二中全會，討論定案，今年年底前召開四屆人代大會。時間是很緊迫了。我的意見，你這次硬着頭皮，也要向主席反映，請他老人家當國家主席。當然，匯報的次序，可以先易後難，先簡後繁。不然先卡在難題上，連易題也賠上。

張春橋點頭：總理，我佩服你。還是那句話，生薑老的辣。

周恩來哈哈大笑：春橋，你是一九三八年到延安的吧？也不算嫩薑囉。嫩薑，在我們淮安老家稱子薑，子薑炒鴨血，一道名菜，等你從武昌回來，我請客。

第五十章 帥門虎子 天馬行空

空軍司令員兼政治委員吳法憲，在任命林立果爲空軍司令部辦公室副主任兼作戰部副部長的第二天，把林立果、王飛（空軍副參謀長兼司令部辦公室主任）和司令部辦公室的另外三名副主任周宇馳、劉沛豐、劉世英召集到一起，祝賀林立果「榮升」。吳法憲神情激動地說：感謝林副主席對空軍的關懷，感謝林副主席對我的栽培！林副主席信任空軍，把兒子、女兒都放到空軍來工作，這是我們空軍的光榮和驕傲。今後，我們要像服從林副主席那樣，服從立果同志。空軍的一切都要向立果同志匯報，都可以由立果同志調動、指揮。

吳法憲的這席指示性談話，由王飛、周宇馳在空軍黨委常委會議上作了內部保密傳達。自原政委余立金被捕後，空軍司令部已是淸一色的吳氏人馬。林立果在吳胖子的支持下，成立了一個「調研小組」，自任組長，成員有王飛、周宇馳、于新野、劉沛豐、劉世英、李偉信等，形成特殊的「小核心」。成員們大都三十出頭，受過嚴格的軍事訓練，會開汽車、坦克，有的還會跳傘，會駕駛飛機。兩年時間過去。林立果很少在空軍司令部機關公開露面，也少出席會議，行事低調，行蹤詭秘。

三月初，林立果來到蘇州林家花園看望父母。

林彪看到自己的獨子老虎已經長大成材，言談舉止，頗具風範，欣慰地對葉群說：老虎是幹大事的料子！二十五歲幹到正師級，和平時期不容易。我二十五歲時在江西蘇區，也是師級，二十八歲幹到正軍，三十歲幹到紅一軍團總指揮。

葉群說：吳胖子今年初要把老虎提爲空軍作戰部部長，正軍級。我讓黃總長壓下了，因爲提正軍要報主席批。

林彪點頭：我們老虎不急，他的前程何止是正軍。

葉群說：這孩子膽大心細，脾氣很像你。停幾天他去上海，王維國那邊我交代過了。

林彪問：王維國，是不是空四軍那個軍長兼政委？

葉群說：你的老衛隊隊長呀，很忠誠的，現在兼任了上海市革委副主任、上海警備區司令。人家幾次托江騰蛟帶話，要求來蘇州看望老首長。

林彪說：不見。他的職務敏感。越是信任的同志，越要少見面。這次，你和老虎好好談談。

晚飯後，葉群領著林立果在園子裡散步。園子很大，在花木扶疏的小徑上繞上一周，須花上幾十分鐘。葉群不讓衛士和護士陪護。母子二人來到一座視野開闊的小亭子坐下。看看四下無人，葉群才問兒子：老虎，上海方面，近來有什麼新鮮事沒有？

林立果不知「母后」要問什麼新情況，隨口答道：王維國在上海搞了個「尋人小組」，選了五朵金花，等着我去過目。這事，你莫告訴「父皇」啊！

葉群手指戳了過來：看你！還以爲你已經成材……「父皇」、「母后」的亂叫，傳出去不得了，掉腦袋的！你父親爲什麼叫我領你出來說說話？你以爲父母身邊的人個個靠得住？老虎，情況正在發生變化……你難道一點感覺不出來？有了一個姜琳陪你還不夠，還在上海找什麼人？趕快停止了。丟了江山，縱有後宮三千，只會做李後主，當階下囚。

林立果身子一抖擻，登時來了精神：母親講的是……其實上海王維國叔叔的那個「尋人小組」，只是掩人耳目。上海的新鮮事，有一樁極機密、極重大的，或許父母已經知道？

葉群慈愛的目光罩住自己的愛兒：老虎，你只管講你的。許多鬼里鬼氣的情況，機不可測。

林立果坐得靠近母親些，聲音放低些：上個月，中央一架專機夜航，飛上海接走王洪文。王洪文到了武昌，在「B五十二」那裡住了兩晚。這事很詭秘，我推測很久，根據種種跡象，估計是「B五十二」正在謀劃，搞隔代授命……很有可能，是衝着父親的接班人位置來的，我們不能不防。

葉群點頭，顯然已經知道此事：「B五十二」，你給主席取的代號？主席的信條就是那句名言，與人奮鬥，其樂無窮。玩了一輩子權謀，沒有人玩得過他。自江西蘇區時期起，玩倒了多少同事？瞿秋白，李立三，王明，博古，張國燾，張聞天，王稼祥，高崗，彭德懷，直到這次運動的彭羅陸楊、劉鄧陶賀。只剩下個周恩來不倒翁，碩果僅存。每逢想到這些，我和你父親就心裡發緊。王洪文秘密到武昌的事，你是怎麼知道的？

林立果回答：王維國叔叔是空四軍軍長兼上海警備區司令，專機夜航瞞不過他。王叔叔看不上王洪文那混混，還有那條「眼鏡蛇」，上海灘癟三，只有「B五十二」和「大黃蜂」把他們當寶貝。

葉群問：「大黃蜂」、「眼鏡蛇」是誰？江青、張春橋？

林立果說：代號嘛。「大黃蜂」是美軍武裝直升機的新型號，火力很強，可作超低空追擊，專打坦克、裝甲。稱那女戲子爲「大黃蜂」，是高抬了她。「眼鏡蛇」是美軍一種機載導彈，可自動追踪目標，完成精確攻擊。張眼鏡蛇是最危險的人物，正在成爲「大黃蜂」的軍師。

葉群嘆氣：你一直有興趣研究外軍武器……眞是的，要是在正常情況下，你一個晚輩，怎麼可以稱主席夫人爲「女戲子」？如今形勢，一切顛倒。「大黃蜂」和「眼鏡蛇」，都厲害喲。還有那個王洪文，也不要小瞧了，主席誇他年輕有爲，種過地，當過兵，做過工，資歷完整。你不要瞪眼睛，娘還是習慣稱主席，不習慣你那個「B五十二」。你推測得對，上個月主席把王洪文秘密接去武昌，是在謀劃隔代授命的事……娘也可以告訴你消息來源，好讓你心裡有底，原空十五軍軍長兼武漢軍區空軍政委劉豐，不是在「武漢事件」陳再道倒台之後升任爲武漢軍區政委了？劉豐叔叔是你父親的人，還有南京軍區空軍政委胡萍，廣州軍區空軍政委米家農，也都是你父親的人。這事，你一個人知道就打止。陸、海、空，空軍最可靠，你吳法憲叔叔是掛帥的。

林立果說：還有黃永勝叔叔、李作鵬叔叔、邱會作叔叔，也都是父親的人。陸、海、空都掌握在我們手裡，軍委辦事組清一色「四野」人馬。力量對比，父親佔優勢。所以「B五十二」急欲重新佈局，改變力量對比。尤其有黃叔叔任總參謀長，媽您更放心了……

葉群紅了紅臉，正色道：你黃叔叔不容易，他的總參謀長兼軍委辦事組組長當得不輕鬆，江青一直挑他的刺。「九大」後，已經摻進來「砂子」，就是那個李德生，主席指派他參加軍委辦事組，開會從不說話，明裡暗裡監視我們這些人。你父親和我琢磨，還會有人加入軍委辦事組。比如瀋陽軍區司令員陳錫聯，最近已被提名爲副總理人選。你黃叔叔早被定爲副總理人選，現在又提出個陳錫聯，同是上將銜，明擺着，就是牽制你黃叔叔的。

林立果拳頭在石凳上捶了捶：媽的！這在戰術上叫蠶食！以量變達到質變。父親遠離北京，長時間住這裡養病，每天在客廳裡轉圈圈，轉出什麼門道沒有？

葉群說：老虎啊，你父親教過你《孫子兵法》，運籌帷幄，決勝千里之外。主席也長期住武昌東湖或是杭州西湖。你父親一天到晚都在思考問題，腦子很少休息。主席在武昌，兩次反對新憲法草案上設國家主席的事，你知道了？

林立果目光明亮堅毅：知道。我和王飛、周宇馳、于新野幾位私下議論過，娘的黨中央這回又開始熱鬧了，黨主席不肯兼任國家主席，也不讓別人擔任。政治局成員一致要求他兼任國家主席，林副主席任國家副主席……這是吳法憲叔叔透給我們的。又唱哪齣大戲？「B五十二」太不像話了，坐七望八的老東西了，一身肥肉，多次中風，還死死抓住權力不放，把黨搞成他一人黨，國家搞成他一人國家！媽的一個榮譽職位，他不想幹，就要廢掉。父親已是黨的法定接班人，「B五十二」為什麼不讓父親幹？連劉少奇都幹過的，都不讓父親幹？太蠻橫、太暴君了。依了兒子的想法，對付這類獨夫民賊，只有率先下手，出其不意，卡嚓一下，俐落乾淨！

葉群惶恐地身子朝後一縮，四下看看，還好，沒人：老虎，你是初生牛犢……切記禍從口出。記得你父親講過，世界上有三個民族的性格值得注意：法國人先說後幹，俄國人少說多幹，德國人只幹不說。你父親從小要求你向德國人學習，只幹不說，起碼也要學俄國人多幹少說。有些事，可以未雨綢繆，但絕不能說出去。你父親想了很久，同意你悄悄做些準備，主要是人手上的準備。從來黨內鬥爭，都是血淋淋的。歷史已經把父親推到了現在的位置上，就是騎到老虎背上，輕易下不來了。總結黨內歷次鬥爭的經驗，四九年之前的就不講了，之後的高饒也好，彭黃張周也好，彭羅陸楊也好，劉鄧陶賀也好，都是在他們毫無防範的情況下，被突然搞下來的。毛要除掉哪個人，總是出其不意，突然下手，絕情得很……你知道毛原先的那個秘書田家英，是怎麼死的嗎？

林立果不知道母親為什麼忽然要提到田家英：田家英？中央辦公廳副主任，替「B五十二」編了十幾年的《選集》，不是一九六六年五月突然自殺了？

葉群說：不是自殺。是因為田家英知道的毛的私人事情太多了，又年輕氣盛，筆頭厲害，反對毛打倒彭德懷、羅瑞卿、彭眞、劉少奇這些人……毛命令汪東興帶着內衛朱國華，在田的書房幹掉的。

說是田中彈後並未死，汪和朱把田吊到書架上做成上吊自殺，屍體當即火化。說是周總理曾提出驗屍，毛主席說不要在死人身上做文章，以死人壓活人……這事，是警衛局一位老人偷偷告訴我的。聽說朱國華也「自殺」了。

林立果毛骨悚然了：媽的！「B五十二」利用警衛系統搞暗殺，對付黨內同志。

葉群說：和你講田家英的事，是想讓你知道毛的手段有多辣。他對付黨內同志，有三張王牌，一是北京衛戍區，二是情報，三是中央警衛局。三張王牌，不進棺材不放手。所以母親想好了，迎接挑戰，不吃這個虧。不然，我們一家老小，可能成爲下一次黨內鬥爭的犧牲品。

林立果問：「B五十二」會不會對父親搞暗殺？

葉群說：暫時不會。你父親目標太大，不好交代。當然，老虎你要注意，母親的意思，是要求先有思想準備，也可以有些組織準備。見機行事。你父親打了大半輩子勝仗，沒有吃過大虧……關於他接班的事，依目前形勢發展下去，有哪幾種可能？

林立果少年老成模樣，扳著指頭數道：頭一種可能，大家不翻臉，依自然規律，「B五十二」病死，父親和平接班，全黨萬幸，天下萬幸；第二種可能，通過醫療手段悄悄把父親害死，然後宣佈重病不治。劉少奇、賀龍、陶鑄就是被人以「醫療服從專案」弄死的，但對林副主席會做得更隱蔽。母親你一定要替父親把住關，不要被人暗算；第三種可能，「B五十二」一點一點削去父親的權力，最後以健康爲由廢掉，搞成他的隔代授命，由江青、王洪文、張春橋接班，最後過渡到他侄兒毛遠新手上；第四種可能，就是我們採取主動，快刀斬亂麻，搶班奪權，完成歷史大業。這四種可能都有，但不會跳出這四種。

葉群雖然深知虎兒的膽識韜略，還是瞪大了眼睛：老虎啊，不是娘誇你，你沒有辜負你父親的期待……那個第二種可能，父母早就在提防了，凡是父親的藥物，針劑、粉劑、丸劑、湯劑，娘都親自動手，讓貓咪先試，貓咪無事，藥物可用。

林立果手掌一劈，聲音鏗鏘有力：第一種最理想，不用費什麼力氣，水到渠成；第二種最可怕，防不勝防，不明不白；第三種最可悲，即使父親打出白旗，自動退出權力角逐，人家也會懾於他在軍隊的影響力和人事關係，一定置他於死地；第四種最令人興奮，秘密行動，幹掉，再找替罪羊，舉行全國公祭，父親主祭，登基。一句話，父母要朝最好方向爭取，同時作好最壞方面的準備。孫武云：常備不懈，百戰不殆。

林立果在蘇州陪伴父母數日，悄悄轉往上海，入住市郊空四軍小招待所。

王維國從林立果手上接過林副主席的問候便條，眼睛都潮了：立果同志，見到你，就像見到林總本人。我王維國掖了腦袋緊跟林總，忠於林總。

林立果稱王維國做叔叔，稱自己父母則使用官銜：王叔，我這次來，不露面，是副主席和葉主任的要求。

王維國本已坐下，即又起立，立正：是！堅決執行首長命令！副部長，首長還有哪些指示？

林立果趕快起身，扶王維國坐下，並順手擰開了小櫃上的收音機，以在樂曲聲中交談：王叔，你客氣什麼？不要稱我什麼部長，還是叫立果吧。你在延安給父親當衛隊隊長的時候，我還沒有出世……這次來，想看看你的那個「尋人小組」的情況。

王維國一聽這個，登時一掃臉上嚴肅表情，變得笑瞇瞇的：已在空四軍和警備區範圍內，萬裡挑一，挑出五朵小金花，都是貧下中農出身，沒有城市背景，年齡十八九歲，集中住在隔壁將軍樓，命她們練習舞蹈、禮儀，讀書學習，實施封閉式管理……副部長是一起過目，還是一個一個過目？

林立果說：謝謝王叔。葉主任吩咐，選上來的人，不再返回原單位，都送北戴河五十一號院培訓。我這次來，不是爲這個。是爲江山社稷。

王維國旋又回復一臉的嚴肅，掏出小本本來，準備筆錄：是！請首長指示。

林立果也一臉嚴肅地搖搖手：王叔，不做記錄。這裡談話方便嗎？

王維國身子坐得筆挺：放心，副部長入住之前，我手下的人用偵測儀「清潔」過了。

林立果還是把那正播放着革命歌曲的收音機音量再又擰大了些：葉主任要求你那個「尋人小組」轉變職能，充實力量，用空四軍保衛處或警備區衛隊的名義，先搞它兩到三個班，二、三十條好漢。我們內部稱它做「上海小組」。「上海小組」的任務，是準備在特殊情況下，負責保衛副主席和葉主任，以及必要時，由你和我直接指揮，辦些別的事情。

王維國渾身一震：是！堅決執行命令。恕問一句，情況有所變化？

林立果說：葉主任讓向王叔路線交底，副主席的接班人地位，本是「九大」黨章法定了的。問題出在主席年紀大了，身體大不如前了，他身邊一些小人播弄是非，妄圖動搖副主席的地位。黨內鬥爭，殘酷無情。我們不能不及早準備，避免像劉鄧那樣，束手待擒。無非兩種前途：一是副主席等主席百年之後順利接班，二是及時識破對方計謀，萬不得已時先下手，保衛副主席的接班權利。

王維國臉都漲紅了，神情激動：請首長放心！我王維國生是林副主席的人，死是林副主席的鬼，爲了保衛黨中央，保衛毛主席的接班人林副主席，萬死不辭！我建議，「上海小組」要搞就搞大點，先組建它一個營，怎樣？

林立果把收音機的音量略爲調小些：葉主任要求你，目標小一點，先訓練骨幹，不要多，而要精，逐步擴大，根據形勢需要，以後可以把「上海小組」發展成教導隊，營級編制。組建團級單位要先報告中央軍委。關鍵在選準人。王叔，人員條件方面，你有什麼打算？

王維國沉思地摸兩把絡腮鬍子：這個嘛，我是幹保衛出身，先提幾條，供副部長參考。第一，成員必須是來自農村，而且是像蘇北、淮北那樣的窮困地方，眞正的貧下中農家庭子弟，幹部子弟一個不要，城市兵一個不要；第二，小學文化，至多不超過初中水平，頭腦單純，絕對聽話，喊打就打，喊殺就殺；第三，身體強壯，不愛讀書，而愛習武，吃苦耐勞；第四，經過淘汰訓練，入選者即定爲正排級，幹部待遇，政治上、生活上享有好出路；第五，絕對忠於首長，絕對服從林副部長指揮。這就五條，怎樣？

林立果點頭稱許：王叔，很好，原來你早就胸有成竹。難怪副主席和葉主任那樣看重你……「上海小組」，你有現成人選啊？

王維國回答：報告副部長，有。運動以來，讓我兼任上海警備司令和市革委副主任，鬥爭複雜激烈，幹部朝不保夕，眞像過去戰爭年代，提了腦袋過日子，不能不蓄養一點信得過的特警人員。我有一個特警班，就是按上面那幾條標準挑選出來的。初選六十名，淘汰四十名，留下二十條漢子，對我絕對忠誠。副部長，我這也是上行下效呀。南京許司令，濟南楊司令，福州韓司令，都有自己的特警班，特警排，甚至特警連。誰他娘是吃素的？這年月不能不防着點。

林立果說：好！向王叔學習……不過，在空軍司令部工作，到處有中央政保系統的耳目，行事不如在下面帶兵的將軍方便。對了，王叔，有位叫江騰蛟的，原先華東空軍的老同志，你認識嗎？

王維國點頭：騰蛟兄啊，南京軍區空軍老政委，很能喝幾兩的。六六年不知怎的和許司令翻鬧，聽說被許司令參了一本，參到主席那裡；聽說主席也對他印象不好，江靑更討厭他的名字：江騰蛟，一條蛟龍？主席一通電話，就免了他的職，幾年沒有分配工作。

林立果說：是哪。副主席、葉主任對他挺同情的。「四野」老下屬，什麼錯誤都沒有，就遭到免職。騰蛟叔叔到毛家灣二號找老首長哭鼻子，副主席也不便插手，留他和愛人小孩住了些日子，後幫他在總後勤部找了房子住。本來，前年抓余立金時，副主席覺得是個機會，提名他出任空軍政委。沒想到主席還是批了句話：此人不宜重用。

王維國問：騰蛟無官一身輕，現在都忙些什麼？

林立果放低聲音：葉主任派他當聯絡員，常到各地走走，傳個信息什麼的。

王維國點頭：知道了。他可要小心啊。

林立果忽然問：王叔，我可不可以見見你那個特警班的人馬？

王維國說：原「尋人小組」撤銷，今後這個特警班就叫「上海小組」，歸副部長訓練、指揮。

林立果在空四軍小招待所住了五天，足不出小院。白天忙「上海小組」，晚上忙王維國叔叔替他挑選出來的五朵小金花。他懂得節制，每晚上玩一朵，使上了從毛家灣二號那名小寡婦楊姐身上練就的床笫功夫。還好，王叔叔會辦事，五朵小金花全被破了身，不勞他費事。只有那些滿腦袋瓜封建觀念的蠢傢伙才去幹那些扭扭捏捏的處女。法蘭西皇帝拿破侖，獨寵羅馬一名寡婦，你們知道不？大英帝國的愛德華，不愛江山愛美人，丟掉皇位去愛美國一名離過三次婚的婦人，你們知道不？我大唐皇上李隆基專寵的那個傾國傾城的楊玉環，原是他皇四子的妃子，生過兩名皇孫的，你們知道不？我們偉大的「B五十二」，當年在延安幹上的還不是一名跟上海演藝圈無數男士歡好過的影星藍蘋，人稱「藍蘋戀愛，寬衣解帶」，多痛快，多刺激！你們知道不？藍蘋是誰？就是我們的文革旗手、敬愛的江青同志喲！男人不壞，女人不愛；女人不浪，男人不幹！你們知道不？不知道，算白活。

四月下旬，毛澤東一行，林彪一行，先後從南方返回北京，準備出席五一勞動節首都百萬軍民的盛大慶祝活動。

林彪、葉群回到西城區毛家灣二號，頭一樁例行公事，便是去中南海游泳池拜會毛主席，之後葉群再去釣魚臺拜會毛夫人江青。

時間約定在晚上十一時。毛澤東已經聽過戲，跳過舞，開始辦公。毛澤東和林彪之間的往來，從來公事公辦，互為需要，又相互防範，談不到個人友誼、感情色彩的。

林彪、葉群進門時，毛澤東破例起身相迎：育容、葉群，好幾個月不見了，育容在蘇州休息得怎樣？看上去氣色不錯嘛。

林彪向毛澤東行軍禮，葉群則雙手捧住毛澤東伸出來的溫暖大手，幾乎同時說：主席好！主席好！主席身體健旺，主席身體健旺。

毛澤東招呼坐下後，親切地問：孩子們怎樣？你們一兒一女，都是北大畢業，參加工作了？

葉群回道：女兒立衡是文科生，兒子立果是歷史專業。畢業後，林總要求他下部隊鍛鍊，年輕人不要嬌生慣養，要聽主席教導，經風雨，見世面。

一名穿軍服的女服務員來上茶，朝林副主席、葉主任敬禮，退下。

毛澤東點頭：知道知道，葉群教子有方。聽說那個叫老虎的孩子，在空軍工作？

葉群看看身子坐得筆挺的丈夫，回答：主席，我們的兩個孩子都在空軍工作。他們喜歡讀主席著作，記下好些本讀書心得，也都在他們的支部會上講用過。

毛澤東點頭：好嘛，好嘛，帥門出虎子嘛。聽說你們家老虎已經升了空軍司令部辦公室副主任，還是作戰部副部長，恭喜啊！是個什麼級別？軍級還是師級？

林彪、葉群心裡都打個冷噤。林彪不得不開口說：主席，此事，底下的人瞞了我。我已要求空軍黨委重新考慮對林立果的任命，不准搞特殊化。和平時期，二十多歲，提到師級，離譜。我在江西蘇區，二十六歲幹到正師，三十歲不到幹到正軍，那是主席親自指揮，栽培，一路打拚出來的。

毛澤東點頭：戰爭年代，少年出英雄，多得很。蕭華、蕭克、蕭勁光、黃永勝等人，都是上過井崗山的。你家老虎，已經提了師級，還要空軍黨委去重新考慮？我看算了。年輕人，早點給他機會鍛鍊，是好事。這次文化大革命，算非常時期，許多事情不能按常規辦理。

葉群還是要謙讓一下：立果那孩子，是提拔得快了，應當下連隊當兵。

毛澤東搖頭：林副主席的公子，下連隊當兵，也沒人敢管教。我看呀，望子成龍之心，人皆有之，你們沒有什麼客氣的。而且，由我開了先例，侄兒毛遠新，哈軍工畢業，不就是由你們軍委辦事組提名，逼着我簽字，也是三十歲不到，當了瀋陽軍區的政委嘛？那是上將級呢。你家老虎，才是個師級，小意思呢。

林彪、葉群倒是沒想到毛主席會這樣坦率地談到自己侄兒的破格提拔問題。葉群伶牙俐齒，說：主席呀，毛遠新同志情況不同，是烈士後代，繼承父志。

毛澤東不以爲然地掍掍手：你、我兩家，人稱統帥、副統帥，算搞了點特殊。你們老虎不錯，後繼有人。不像我，一個兒子被打死了，一個兒子瘋掉了，沒有子嗣了。

葉群見毛臉上轉了戚容，便討好地說：李敏、李訥兩姐妹很可愛呀！尤其是蕭力①能幹，在《解放軍報》社造反、奪權，當了報社革委會主任，那可是正軍級呀！還兼了中央文革辦公室主任，是江青同志的好幫手……

林彪如坐針氈，恨得牙癢癢的，差點罵出聲音來：妳作死！自以爲聰明、討歡心，一些不該說的話，偏偏揀來說！

毛澤東再又搖搖手，有些興味索然了，換了個話題：育容，你身上的舊傷，近來怎樣？還靠吸鴉片鎮痛？

林彪正襟危坐：謝謝主席關心，近段好許多，沒發作。鴉片不大吸了，爭取短時間內戒掉。我身體好轉，是托主席的福。主席更要保重，健康、長壽。

毛澤東說：我就討厭那些「萬歲」、「萬萬歲」，形而上學。今年七十七歲，精力大不如前了。你是一九〇六年的，小我十三歲，身體卻要差一些……近來我也在考慮，是不是黨內增設一、二名副主席，與你、我分勞？你是武的，沒有文的。這事你也想想，年輕些的秀才裡，誰適合？好吧，今天見個面，以後開會再談工作。你不熬夜，早睡早起，生活比我有規律。

①蕭力，李納化名

林彪、葉群起身告辭，腦子裡卻在轟轟響：毛欲增加一、兩名的副主席！

毛澤東堅持要送他們到客廳門外。隔着走廊玻璃，可以望見波光閃閃、冒着些許熱氣的泳池碧水。毛澤東忽然拉住葉群的手，對林彪說：育容啊，我好水，你怕水。留下葉群，陪我游游水，談點事情，可不可以啊？

欺人太甚！誰當他的接班人，誰的婆娘就要陪他游泳……林彪不動聲色，連忙答應：留下，留下，主席需要，留下，留下。心裡卻在咬牙：娘的，增設副主席！

葉群先送林彪到游泳池院外，看着老總陰着臉上了車，駛去。雖然五十出頭了，她還保養出一身細皮嫩肉，嬌小玲瓏。是不是又裸泳啊？唐明皇那個老不死的，連他接班人的媳婦楊玉環都不放過……老娘還沒有來得及和黃總長通上電話哪，那才是兩情相悅，幹到死去活來的。

第五十一章　毛家灣二號，妙也

周恩來來到毛家灣二號，向林副主席匯報工作。

林彪、葉群在院子裡迎候，一人拉住周總理一隻手，一路穿過大客廳，進到一間陳設雅緻的小廳，相互揖讓坐下。服務員上茶，上水果。周恩來隱隱聞到什麼氣味，大約是整座屋子閒置太久了。

林彪關切地問：主席那邊，去過了？總理是大忙人，我和葉群可以去西花廳嘛……

周恩來謙遜地說：去過了，匯報了半年來的工作。今天專門來向林總做匯報。許多事情，寫信，電報，電話，粗線條，有疏漏的。

葉群插言：總理日理萬機，還這樣周到、客氣。

林彪說：你是我先生，談不到匯報，彼此通氣，交換些情況。

周恩來說：向兩位主席報告工作，是我職責，也是組織原則。不然犯了錯誤，還不曉得。

林彪看身邊的葉群一眼，堅持說：聊天，總理和我們聊天。

葉群替周總理挑揀出幾隻又紅又紫的大草莓：來來，總理嚐嚐鮮，總理喜歡吃水果。今早上黃總長讓總參後勤處送來的。

周恩來拈起一隻草莓，心想在外國，草莓是象徵愛情的喲。這婆娘和黃總長關係親密，在林總面前也不迴避?或許，林總早就超然男女之情了。一顆草莓吃下，還是打開筆記本，說正事：林總，先報告近半年來，我主持日常工作所做的幾件大事。一是根據兩位主席的指示，開展了全國整黨，清理階級隊伍，清查「五·一六分子」；二是抓革命，促生產，恢復生產秩序，保障鐵路、公路、航運交通的運行；三是成功發射了我國第一顆地球人造衛星「東方紅一號」，標誌着我國長程火箭技術進入世界先進行列；四是召開了印度支那三國四方首腦會議，結成反美統一戰線。應三國四方的要求，我國放緩了與美國和解的步伐；五是我率領黨政代表團，赴北朝鮮訪問，增進了中朝兩黨、兩國間的合作與信任；六是和蘇聯的邊界談判在繼續進行，邊界緊張局勢得到全面緩和。

林彪表示讚許：總理辛苦，總理辛苦。

周恩來說：中央領導集體都辛苦。下面，主要報告三件事。葉群同志，請妳替林總簡要記錄一下，因涉及一些人事安排的未定稿，我們的秘書就都不參加了。

林彪把一疊白紙遞給葉群，說一個字：記。

周恩來說：第一件，關於主席提名的四屆人大常委會委員長、副委員長名單，上次給你的信中說過了。受主席委託，我就名單問題徵求了多方面意見，一致擁護主席提名，照顧到方方面面，倒是我們共產黨自己的代表性人物少了點。因此，我提議補上陳雲、李富春、劉伯承、陳毅四位。他們原先都是副總理，現在不管事，又都分配到外地養病去了，所以考慮在人大常委會裡給掛個名。主席基本上同意，特意囑咐，徵求林總的意見。

林彪點頭：可以。他們算共產黨內的民主人士，不妨再加上譚震林、葉劍英、徐向前、聶榮臻、粟裕幾位，副委員長多多益善，象徵團結。不然，上海的造反司令王洪文都可以當副委員長，我們的老帥爲什麼不可以？還有，我提議江青同志也當副委員長，名字排在康生後面。

周恩來立即在筆記本上寫下譚、葉、徐、聶、粟五人的名字：林總胸襟寬廣，主席會很高興。關於江青同志，主席有指示，讓她集中精力抓文革小組，抓全國運動。

葉群插言：我替江青同志抱不平，以她的能力、聲望，早該進政治局常委會。

周恩來說：主席對她要求嚴格。不管把她擺到哪裡，都可以發揮很大的影響力。下面談第二件，關於主席提名的新一任國務院總理、副總理人選，上封信也報告過了。張春橋同志排名第一副總理，按慣例，我若出國或生病，他就是代總理。對紀登魁、黃永勝、李先念、謝富治，大家沒有意見。對陳永貴、吳桂賢，我曾建議兩人去擔任副委員長。主席批評了我，工人農民爲什麼不可以當副總理？我們號稱工農國家，工農勞模不可以到國務院當家？我已向主席作了檢討，參加革命幾十年，輕視工農的小資產階級惡習沒有改造掉。今後要在工作中，向陳永貴、吳桂賢兩位學習。

林彪點頭，又搖頭：工人、農民當副總理，好。張春橋寫寫文章可以，第一副總理，主持全面工作，行不行啊？當然，主席點將，我不反對，只是一點疑慮，和總理說說，不要報告主席。

周恩來說：知道，知道，春橋同志是主席佈下的一著重要棋子，今年才五十三歲。葉群，是不是和妳同歲？也是接班人囉。

葉群插言：我哪有張眼鏡那能耐？是不是還要安排他當黨中央副主席？

林彪瞪婆娘一眼，示意她住嘴。

周恩來繼續：副總理人選，考慮來考慮去，力量單薄了些。因而提議從下面調幾個，湖南華國鋒，廣西韋國清，瀋陽陳錫聯。主席同意了華國鋒、陳錫聯。韋國清仍留廣西，那裡是抗美援越第一線。關於陳錫聯，須向林總說明一下。原國務院班子中，林帥兼國防部長，陳帥兼外交部長，劉帥管軍事院校，聶帥管國防科工委，還有賀龍，共是五位元帥任副總理。新一屆副總理人選，若只安排黃永勝一位軍隊同志，今後工作是忙不過來的。且情況明擺着，黃總長是國防部長的接班人……陳錫聯上來，主要抓國防科工委和軍事院校工作。這事，主席也特別囑咐我，和林總通氣，徵求意見。

林彪面無表情：主席定了的事，我都贊成。副總理人選中，如軍人不足，還有吳法憲、李作鵬、邱會作都可以提名。

周恩來寫下吳、李、邱三字，輕聲問：這三個人，我可不可以向主席提出？

葉群朝林彪使眼色。林彪笑笑：看我這個接班人當的……犯自由主義。總理不要向主席報告。

周恩來把筆記本上的吳、李、邱三字劃掉：記住了，林總沒有和我講這個話。

林彪忽然問：總理，我們是不是忘記什麼人物了？

周恩來恭敬地請教：誰？

林彪說：陳伯達。黨內頭號理論家，也是實踐家。中央常委，掛個副總理，可以吧？乾脆，伯達、江青都掛副總理，名字可以擺在張春橋後面。文、教、衛、科、體，過去是陸定一那王八蛋抓總，今後也得有人管事嘛。這個總理可以代我報告主席。

周恩來在筆記本上寫下陳、江二字，卻面露難色：林總的意見我一定上達主席。主席有過明確指示，中央文革是雙首長制，主管全國運動、意識形態、上層建築。陳、江人都不在人大和國務院掛職……我的理解，中央文革已和國務院平級，中央四大機構之一，兩位組長不便到其他機構屈尊副職。

林彪手一揮，動作不是很大：過去中央副主席、總書記也當過副總理嘛……不說這些了，說也無用。總理也不要向主席報告了，免得干擾主席的戰略佈署。

周恩來再又把記事本上的陳、江二字劃掉。林這個接班人是當得有些窩囊……自己夾在中央兩位主席之間工作，小媳婦似的，龜兒子似的，半句話摻和不得，哪一頭都冒犯不得。還有個更棘手的話題，既然來了，硬着頭皮也要說：林總，第三件事，關於籌備四屆人大會議、修改憲法方面。主席已提出八月中旬上廬山開中央全會，討論新憲法稿和政府工作報告稿，年底前召開四屆人大會議。目前，康生、張春橋已起草出新憲法稿，空缺一個難題，就是設不設國家主席、副主席。此事，你和主席在南方休息期間，政治局開過兩次會，一致意見是設，請毛主席兼國家主席，林副主席兼國家副主席。林總你也兩次回信，堅決擁護毛主席兼國家主席，你自己不兼任，推荐董必武和宋慶齡。但主席方面，兩次否決了政治局意見。這事怎麼辦？大家都是好心，一片忠心，可問題僵住了。

林彪面無表情：八月份上廬山開中央全會，年底前開四屆人大會議，好。我的立場不變，堅決擁護毛主席任國家元首，董、宋二位任副元首，都是禮儀性質。

周恩來一字不易記錄下林彪的話。

一名面目俊氣的小戰士（稱爲內勤）悄悄托着隻盤子進來，提醒林副主席吃藥。周恩來看看談得差不多了，於是起身告辭。林彪起立相送，周恩來婉謝：林總，你休息，由葉群送送我。我還要和葉群聊幾句。

葉群一路陪着周總理，出到院子裡。

春天了，風和日麗，滿院子的林木鬱鬱葱葱，新綠壓著舊綠。周恩來忽然想起什麼，對葉群說：葉主任，可不可以到東院看看，把妳這裡的工作人員集合一下，我和大家見見？

原來毛家灣二號分爲西院、東院兩部份，西院地闊園深，住林彪一家；東院小些，兩棟三層小樓，作爲工作人員的辦公室、值班室、臨時宿舍。

葉群滿面笑容：好，太好了。這裡的工作人員早就向我提出，要求找機會和總理合影。今天天氣這麼好，總理是給大家面子了。

兩人來到東院，傳下話去，工作人員奔走相告：總理來了！總理來了！很快的，從大秘書、小秘書，到衛士、醫生、護士、內外勤、廚師、管理員、服務員等，集合在一起，竟有六、七十人。還有警衛二中隊兩百來人，住在附近營房裡，不參加本次集合。

東院裡有座現成的合影臺，低、中、高三長排木櫈連成一體。周恩來拉葉群坐在前排正中央位置，先讓合影留念。

拍完照片，周恩來、葉群側轉身子，面朝工作人員們。葉群聲音清亮地說：大家保持隊形，下面請周總理講話，作指示！

一陣熱烈掌聲過後，周恩來笑笑微微地掏出小紅書，朝大家揚了揚。全體工作人員立即跟進，掏出各自隨身攜帶着的小語錄本。周恩來說：請同志們翻到第一百二十九頁，我們一起誦讀毛主席語錄。偉大領袖教導我們：

我們的軍隊一向就有兩條方針：第一對敵人要狠，要壓倒它，要消滅它；第二對自己人、對人民、對同志、對官長、對部下要和，要團結！

我們都是來自五湖四海，為了一個共同的革命目標，走到一起來了。……我們的幹部要關心每一個戰士，一切革命隊伍的人都要互相關心，互相愛護，互相幫助。

集體誦讀完畢，周恩來仍揮動著小紅書，開始講話：同志們，今天我來向林副主席和葉主任匯報工作，順便和大家見見面，照像留念，我很高興。

葉群插言：總理太謙虛了。總理今天是來傳達主席指示和商量工作。

周恩來捤捤小紅書：同志們能在林副主席和葉主任身邊工作，幸不幸福呀？工作人員們齊聲答：幸福！光不光榮呀？光榮！

周恩來說：我和同志們一樣，也很幸福，很光榮。因爲我們的黨中央只有兩位主席，毛主席和林副主席。兩位主席代表着全黨全軍全國人民的最高權力和最高利益。所以我這個當總理的和你們一樣，都是爲兩位主席服務，向兩位主席負責。我們服務好了，就是向全國人民負責任了，也就是爲最廣大的人民服務了。你們講，是不是這樣呀？

工作人員們齊聲喊：是這樣！

周恩來說：好。或許你們會講，你是總理，是首長呀！我還是要說，我的工作和你們的工作是同樣性質。我雖然是總理，你們雖然是普通工作人員，那只是分工不同。把中央兩位主席的生活安排好，健康維護好，使兩位主席集中精力考慮黨的大事、軍隊大事、國家大事，作出英明決策，爲全國人民和世界人民謀取最大的利益和幸福。這就是辯證法。我們每個在中央機關工作的人，都要懂得這個辯證法。所以我們要「三忠於」、「四無限」。是哪「三忠於」，哪「四無限」呀？

工作人員們齊聲喊：忠於偉大領袖毛主席和他的接班人林副主席，忠於毛澤東思想，忠於毛主席的無產階級革命路線！無限崇拜毛主席，無限熱愛毛主席，無限忠誠毛主席，無限敬仰毛主席！

周恩來說：好！忠不忠，看行動。林副主席是光輝榜樣，對毛主席最忠最忠。這裡，我可以很負責地對大家講，在黨中央所有領導人之中，我們毛主席和林副主席的生活是最簡單、最樸素的。拿林副主席來說，戰爭年代那些大功勞就不提了，他身上至今多處槍傷未癒，至今留有敵人的子彈未能取出，在十大元帥中，林總是受傷最多的一位。可他自一九四九年進城後，堅持不吸菸，不喝酒，不吃葷菜，幾十年吃素食，喝白開水。他每天按時服藥，按時睡覺，早睡早起，生活極有規律。同志們啊，這就是我們林副統帥的日常生活啊！你們應當比我有更深的感觸，在林副主席身邊工作，是最輕鬆、最簡便的。我這是講的你們的心理話吧？

工作人員們都激動地鼓掌，表示讚同。

周恩來轉而面色嚴峻地說：對比黨內那些被打倒了的人物，彭黃張周，彭羅陸楊，劉鄧陶賀，林副主席是在天上，這些壞人是在地獄。特別是其中的彭德懷、劉少奇，一向標榜吹噓他們的生活如何艱苦，如何樸素，那都是假象。他們政治上是野心家，生活上是僞君子，假道學。彭、劉等人生活樸素過嗎？沒有，從來沒有。彭德懷自一九五九年廬山會議下台，被停止了黨內外一切職務，但一直領取元帥工資，每月比毛主席還拿得多，他提出過減薪嗎？沒有！他要求過降低待遇嗎？沒有！直到這次運動，一九六六年底紅衛兵小將把他從成都抓回來，才停發他的元帥工資，改發給他生活費。劉少奇這個人更不像話。他長期和毛主席拿一樣的工資，還藉口家裡孩子多，向中央辦公廳要過困難補助費！同志們還記得嗎？一九六〇年，全國人民過苦日子，鄉下餓死不少人。劉少奇和他老婆王光美，卻跑到黑龍江省大興安嶺林區去視察工作，吃熊掌，喝人參湯！像不像話？簡直是對我們共產黨人的羞辱，對我們黨中央的侮辱！所以，彭德懷、劉少奇等人的所謂的艱苦樸素，通通是假的，騙人的！只有我們林副主席的艱苦樸素，才是眞的，禁得起時間考驗的！

工作人員熱烈鼓掌，接着高呼打倒彭德懷，打倒劉少奇，打倒劉鄧陶反革命修正主義路線！敬祝偉大領袖毛主席萬壽無疆，萬壽無疆！敬祝敬愛的林副主席身體健康，永遠健康！

最後，周恩來親切地和每一名工作人員握了手，代表黨中央、國務院感謝大家的出色工作。工作人員個個激動得熱淚盈眶：總理，您眞是我們的好總理啊。

葉群領頭高呼：向周總理學習！向周總理致敬！

周恩來也舉臂高呼：向葉群同志學習！向林副主席致敬！向同志們學習！向同志們致敬！

送周恩來上車時，葉群竟有些依依不捨地說：總理，林總和我衷心感謝，你給我們身邊的工作人員上了最好的一課……她差點就說：原來你也只認中央兩主席，不認第三者。

周恩來謙遜地搖搖葉群的小手：葉主任，妳還和我客氣什麼？我對主席身邊的工作人員，也是這麼講的嘛。

忙忙碌碌，熱熱鬧鬧，車進車出的，過完「五一」勞動節。

毛家灣二號，天天車馬盈門，熙熙攘攘，送走一批，又來一批。

五月二日，葉群在家裡備下酒席，宴請黃永勝夫婦，吳法憲夫婦，李作鵬夫婦，邱會作夫婦，加上江騰蛟夫婦。林彪只是在宴席上象徵地坐了坐，就退回內室靜養、思考問題去了。他非但不沾大魚大肉，而且看着油膩都反胃。宴後放映內部電影，招待戰友們的孩子、保母、秘書、警衛員等。

五月三日晚，是林立果在家裡招待空軍司令部的鐵桿哥兒們：王飛、周宇馳、于新野、劉沛豐、劉世英、李偉信等。葉群趕前趕後的熱情張羅，盡著母親的責任。酒足飯飽之後，葉群問老虎的哥兒們：大家是願意看電影？還是想和林總談談心？大家知道，林總平日思考問題，輕易不多話。

王飛等人受寵若驚。林副主席願和他們這些晚輩談心？正是燒香磕頭求不來的。連那些平日威風凜凜的大將、上將、中將，司令員、政委的，想得到一次和林副主席談話的機會，也不容易呢，何況他們這些空軍司令部的蘿蔔頭？

他們被請到裡間小客廳。正牆上掛着兩幅中堂，鐵畫銀鈎，都是林彪手書，一幅寫著「大海航行靠舵手，幹革命靠的是毛澤東思想」；另一幅寫著「悠悠萬事，唯此爲大，克己復禮」。應當說，林彪的書法猶如他的爲人，外柔內剛，機變多端，深具功力的。客廳中央，七張籐椅擺成半圓形，對面是兩張單人沙發，中間隔著長條型硬木茶几。

林彪由葉群陪同，從內室門廊步出時，林立果、王飛率大家起立，敬禮，呼口令：首長好！

林彪穩步趨前，還禮：同志們好！

葉群在旁一一介紹：這是王飛，這是周宇馳，這是于新野……都是空司少壯派，老虎的好朋友，好兄長。

握手之後，林彪、葉群在沙發上坐下。

服務員進來上茶。林彪面前是一杯白開水。

林立果等七人不坐籐椅，而坐到了地毯上，以靠攏茶几，好聆聽林副主席講話。

林彪問了每人的籍貫、軍齡、職務。得知他們都是從基層選拔上來的，有四個人駕駛過戰鬥機，每個人都會開坦克、汽車，會跳傘，會操縱直昇飛機。林彪很高興，用一口幾十年不改的湖北官話說：好！吳法憲同志替我管空軍，提拔你們一批青年將領，政治可靠，技術過硬，說明空軍工作方向對頭，路線正確，大有前途。

王飛、周宇馳等人做著筆記，激動得手指都顫抖。

林彪說：今天看到你們，我很高興。我也年輕過嚒。你們都是十八、九歲參軍，高中畢業考進航校。我二十歲高中沒讀完，從湖北老家跑到廣州，投奔黃埔，學習半年就北伐了，混了名見習排長。接下來參加南昌起義，隨後下廣東，上湖南，參加湘南暴動，都失敗了。一九二八年上井崗山，我是一名營長。人家是軍長，總司令。煞怪，越是大官越不會打仗。有的人簡直是常敗將軍，可就是佔着茅坑不拉屎。這些人還在，本次運動中也沒倒台，就不說他們的名字了①。是毛主席看中了我，愛用計謀，虛虛實實，出敵不意，連續打勝仗，一路被提升爲團長，縱隊司令員。戰爭年代人員犧牲大，幹部死得多，將領也提拔快，我二十五歲當上紅四師師長。二十九歲當上紅一軍團總指揮，羅瑞卿、楊成武、楊勇、蕭華、劉亞樓、陳士渠、黃永勝、梁興初、吳法憲、李作鵬，邱會作等等，都是我的手下，紅一軍團戰將多嘍。那時，紅一軍團和紅三軍團組成一方面軍，是中央紅軍的主力。

林彪呷一口白開水，說下去：上面提到的這些人，有的倒台了，有的靠邊了。劉亞樓六四年去世了。羅瑞卿、楊成武、蕭華三個，以爲翅膀硬了，攀上了高枝，回過頭來搞我，結果怎樣？只有倒台。我提名羅瑞卿當總參謀長，他講過和我「彈打不飛，炮轟不散」，沒過幾年就投靠劉、鄧，想搶我的國防部長；楊成武的代總參謀長也是我提名，他寫過一篇《林彪教我當師長》，發表在《解放軍報上》。又是沒過幾年，就權迷心竅，竟在主席面前架空我，封鎖我。我別無選擇，只有下決心拿掉。我的老部下中，幾十年忠心耿耿的，就是黃、吳、李、邱。你們知道的，一個總參謀長，一個空軍司令，一個海軍政委，一個總後勤部部長，都是「九大」政治局委員。說明一個事實，他們跟着我，我跟著毛主席。不跟的，或是越過我去跟的，是另一種結果。今天談話，你們不要記錄。已經記

① 指朱德·陳毅

下的，等會不要帶走。用腦子記最靠得住。

王飛等人遵命停止筆錄，仔細聆聽。

林彪說：我年輕時候，爲什麼會帶兵，能打勝仗？就是愛動腦筋，想大事，辦大事，用計謀，《孫子兵法》，活學活用。幾十年的習慣，想大事，辦大事，就是四個字：中國革命。就是槍桿子裡面出政權。這是眞理，赤裸裸，不穿衣褲的。生平最討嫌搖筆桿的秀才，談天說地，花言巧語，坐而論道，百無一用，唯能騙人。陳獨秀、瞿秋白、李立三、王明、博古、張聞天、陸定一，都是秀才，他們能領導中國革命嗎？除了騙人，百無一能。這種秀才，今天在我們黨內還有不有啊？回答是肯定的。他們還有市場，騙人的市場。我不說出名字，你們也不要打聽。

葉群插言：可是他們能量不小，還想當中央副主席。

林立果插言：副統帥的話，我們只可意會。

周宇馳插言：到時候副統帥一聲令下，我帶一個班就解決他狗日的。

林彪點頭，繼續說：要槍桿子，也要筆桿子，革命就靠這兩桿子，問題是掌握在誰手裡。和平時期，尤其如此。你們幾個，主要抓槍桿子。年輕人要想大事，辦大事，可以不要拘泥小節，特別是那些生活小節，雞毛蒜皮。我自一九五九年以來就講，看幹部看主流，看大節，堅決否定什麼「三分鐘快活，一輩子污點」之類的八股。大節就是政治可靠，對黨忠誠，對上級忠誠。不要抓住男女作風問題不放手。當然也不主張把一些女孩子的肚皮搞大了，搞出些私生子，麻煩得很。現在科學昌明，不是有一種套子？外國早就有了。一九四七年在東北戰場，一位蘇軍司令送我一包德國貨，我用不着，羅榮桓也用不著，送給了黃永勝，他需要這個……

林立果發覺母親臉蛋紅了，風韵猶存。黃叔叔寶刀未老，各種年齡的女人都操。

林彪說：你們可以用套子。國內不好弄，或是質量上不去，可以托總參三部到香港去買些回來，英國產品可靠。我記起一事情，兩年前，一九六八年吧，楊成武把京西賓館幾個女服務員的告狀信轉到我這裡，要求處分幾個人。被我壓下了。不久楊成武倒臺，事情不了了之。王飛、周宇駛、于新野，你們幾位有不有這事啊？把女服務員的肚皮搞大了，說明你們火力生猛。

王飛、周宇馳、于新野等人登時面紅耳赤，低下頭去。

葉群也臉蛋紅紅的，插言安撫：都是過去的事了，他們也都改正了。

林彪手一揮：生活小節，不是大事。我是愛護你們，今後要有安全措施。就算被人告到葉主任和我這裡，沒事，替你們擋下。若是告到總理、甚至主席哪裡，我再出面保你們，不就費事了？搞女人事小，但容易被扯成大事。和平時期，尤要注意。過去東北戰場，黃永勝、蕭華、李作鵬一批將領，每打完一個戰役，部隊整休，他們就回到哈爾濱玩白俄女子。高崗最行，一晚幹四名。我和羅榮桓睜眼閉眼。他們精力旺盛，需要發洩。這些事情上，我不保守，不道學，是替你們著想。

王飛、周宇馳、于新野等人點頭如搗蒜，視林副主席爲重生父母了。

葉群在林彪耳邊提醒了一句什麼。

林彪笑了笑：好，不說這個了。王飛，你是空軍副參謀長兼司令部辦公室主任，你們七個人，算一個核心小組嗎？你是不是頭頭呀？空司七傑，你是正軍級，職別最高。

王飛起立：報告副統帥！我們七人核心的頭頭，是林副部長。吳司令員早在一九六八年就有內部指示：今後空軍的一切都要向立果同志匯報，都可以由立果同志調動、指揮。

葉群說：王飛同志，坐下說話。你們站着說話，那麼高大，林總和我都要仰起脖子。

林彪皺了皺眉頭：王飛你帶話給吳胖子，剛才的那句話禁止外傳，我可以不管。

王飛又欲起立，遇上葉主任眼神，只得坐着回答：是！

林彪轉而又問：周宇馳同志，你是老虎的老師，現在師生兩人同是空司辦公室副主任兼作戰部副部長，又是誰領導誰呀？

周宇馳也欲起立，也遇上葉主任的眼神，便改了個姿勢，雙膝跪在毛毯上，說：早就是林副部長領導我了。我們七人核心，林副部長是核心的核心，他指向哪裡，我們打向哪裡。

林彪又笑了：毛主席一九五八年春天在成都會議上講過，馬克思主義是不反對崇拜的。有正確的崇拜，有不正確的崇拜。共產黨員是歷史唯物主義者，無神論者，你去崇拜上帝、耶穌，崇拜釋迦牟尼，崇拜孔子、老子、孟子、關夫子、趙公明元帥，那就肯定是錯誤；但對馬克思、恩格斯、列寧、史大林，能不崇拜？這種崇拜是正確的，革命需要的。沒有這種崇拜，革命就不能成功。崇拜是什麼？就是服從。士兵崇拜班長，班長崇拜排長，排長崇拜連長，層層崇拜上去，號令一致，步調一致，才能形成強大的戰鬥力，凝聚力，去打敗敵人，奪取勝利。你們七個，都是空軍的接班人。你們選擇老虎當班長，我不反對。你們之中，老虎最年輕，因此老虎要虛心向兄長們學習、討教。你們要想大事，辦大事。眼光不要拘泥於空軍，更可放大些遠些。主席和我都老了，身體一年差過一年，自然規律。你們的前程才是無可限量的。

林彪語重心長，諄諄教誨，長達兩個鐘頭。

最後，王飛等人也效法周宇馳跪在地毯上，繞著茶几跪成半圓形。由周宇馳代表「核心小組」向林副統帥和葉主任作了宣誓式發言：

我們永遠堅信林副主席，忠於林副主席。忠於林副主席就是忠於毛主席。

我們知道，林副主席是一個天才，是一個歷史上罕見的偉人，是一個可以和馬、恩、列、史並列的革命導師和領袖。

我們要一輩子和立果同志戰鬥在一起。立果同志也是一個天才，一個全才，我們沒有哪個人能夠和他比得上。他在各方面都手把着手教我們，在政治上工作上直接領導我們。有一個很重要的問題，我們考慮過很久了，覺得到提出來的時候了。就是一個單位，一個集體，總要有一個頭。在我們這個戰鬥集體中，應該以立果同志爲頭，爲核心。我們應該有這樣的認識，這樣的覺悟。實際上，也只有他才能當得起這個頭和核心。這是客觀的需要，鬥爭的需要。這不是「多中心論」，而正是爲了更好地維護以毛主席爲首、林副主席爲副的領導核心。

第五十二章　野花要採　家花要護

江青對醞釀中新一屆國務院和全國人大領導班子名單，感到某種失落：自己雖然貴為中央四大機構之一的中央文革小組組長，躋身黨和國家領導人行列，但畢竟只是一名「小組組長」，有時仍被稱爲「第一副組長」。她眞是恨殺「小組組長」這個職稱了。叫什麼名字不好？省、地、縣、社都稱爲「革命委員會」，堂堂中央文革卻偏偏稱爲「小組」！已私下找老闆抱怨多次，建議改爲「中央文化革命委員會」。但每次都受到老闆的斥責：不准改名字，文化革命小組就是文化革命小組，領導全國運動，還嫌權力不夠大？這類小組，屬臨時機構，運動結束可能撤銷掉，妳要有思想準備。

你說要命不要命？老娘江青爲文化大革命立下那麼大功勞，作出那麼大貢獻，當了名中央文革小組組長，還是臨時性質的，隨時可能被撤掉，到時候她江青就只能當一名空頭政治局委員，沒有任何實質性職務了。老娘就不可以到國務院掛個副總理？甚至到人大常委會去掛個副委員長，也聊勝於無。是誰在老娘的河道上設置暗礁？她已經找葉群試探過。葉群咬着她耳朵告訴：林副主席曾提過請江青同志出任國務院副總理，但有阻力。阻力來自哪裡？人家葉群不便說。其實江青心裡鏡子般清楚，阻力就是周總理，怕領導不了嘛！周是不是從老闆那裡討到什麼指示了？周目前的位置越來越穩固。老闆需用周去制衡接班人……趁人事安排尚未最後定案，老娘何不自己來放個測試汽球？

江青以中央文革小組瞭解軍隊運動情況爲名，召集姚文元、黃永勝、吳法憲、李作鵬、邱會作、謝富治、李德生等人到釣魚臺十一號樓座談。主席夫人通知開會，將軍們不敢不到。謝富治是帶病與會。奇怪的是葉群沒有出席，難道林副主席不知道江青同志召集的這次會議？江青熱情地逐一握手。甫一坐定，江青彷彿看出黃永勝等人心理的疑竇，便笑笑說：本人是軍委文革顧問，主席、林副主席有過任命的，請將軍們來談談情況，可不可以啊？

謝富治、李德生兩人連忙起立：江青同志關心軍隊工作，名正言順。

黃永勝、吳法憲、李作鵬、邱會作四人也不得不跟着起立、表態：歡迎江青同志指導軍隊工作。

江青請將軍們坐下。先不讓將軍們談情況，而是命姚文元做筆錄，自己滔滔不絕地說開來：我和軍隊是有淵源，對子弟兵是有感情的。這方面的經歷，過去很少講，你們也難於瞭解。我一九三三年加入地下黨，三七年到延安，三八年嫁給主席。主席那時的主要工作是軍委主席，我的實際工作是軍委主席秘書。主席發往各個根據地的電報指示、命令，都交我抄寫，有的還要我先起草，主席改定後發出。具體有哪些電文，我就不一一例舉了。周恩來同志知道這些情況，可以作證。在座除了我和文元，你們都是老紅軍出身。黃永勝還上過井崗山。是不是這樣？好，還是談我和軍隊的淵源。一九四七年三月，胡宗南以十倍於我西北解放軍的兵力大舉進犯我陝甘寧邊區。主席在主動撤出延安前夕，把中央機關一分為三，由劉少奇、朱德率中央工委過黃河赴華北組建華北人民政府，由葉劍英、楊尙昆率中央後委過黃河赴山西籌備物資糧草，而由主席自己率周恩來、任弼時、陸定一組成中央前委，又稱中央支隊，堅持不過黃河，在革命的緊要關頭轉戰陝北，指揮全國戰略大反攻。黨中央還在陝北！極大地鼓舞了各根據地軍民的鬥志和信心。當時，我留在主席身邊，是唯一留在中央前委的女同志。整整一年時間，我們在陝北的山溝溝裡戰鬥、轉移。中央支隊只有兩個加強連的人馬，陝北解放軍主力由彭德懷率領與敵軍打運動戰，殲滅敵人。我們白天躲敵機轟炸，晚上急行軍改換駐地。有時剛煮好飯菜或架設好電台，敵軍大部隊就追趕到了；有段時間還天下大雨，山洪爆發，主席領着我們在泥濘裡行軍，天天吃幾把黑豆充飢。我一個女同志，再苦再累再危險，也寸步不離地跟着主席。主席和中央為什麼不過黃河而要留在千難萬險、敵衆我寡的陝北山溝溝裡？主席的雄才大略，是要給全國各根據地軍民作出表率：不打垮胡宗南，不離開陝北。那個艱苦啊，要吃沒吃，要喝沒喝，有時連個睡覺的地方都找不到，還要指揮全國各個戰場的戰鬥。有許多次，周恩來、任弼時他們都表揚我，是位優秀的女戰士，女參謀，主席的賢內助。那時，我除了照顧主席的生活，也參加軍事參謀工作，幫主席起草電文、命令，新華社社論稿，等等。不瞞你們說，主席發往你們東北戰場的上百封電報，包括指示組織遼瀋戰役、集中優勢兵力展開錦州決戰等，我都是參予了的。李作鵬、邱會作你們兩個就是在錦州決戰中立了功、出了名嘛。那時，中央前委已經轉移到了河北西柏坡村，周恩來同志負責參謀總部工作，常誇我是個好參謀，起了重要作用。你們以爲我在吹牛？不信，你們去問周總理，相信他會把眞實情況告訴你們。

謝富治一臉病容，仍帶頭說：我相信。我在中央工作了這麼多年，親自聽總理說過多次，江青同志不但文藝革命是旗手，軍事參謀上也很懂行，有過許多傑出的表現。

黃永勝等人跟着點頭稱是，唯唯諾諾。

江青說：富治同志身體不好，帶病工作。所以啊，你們不要在我面前擺老紅軍資格，不要以爲我在部隊裡沒有軍銜，就不能過問軍隊工作。我可以告訴你們，由於長期在主席身邊工作，我所知道的軍事機密，包括人事機密，要比你們這些上將、中將、少將多得多。不要不服氣呀，周總理比各位的資格更老、功勞更大吧？林副主席都曾是他的學生。但周總理有什麼不周到的地方，我同樣可以提批評意見，有時還很尖銳。周總理對我所提的意見，從來虛心接受，認眞改正，並把改正的結果告訴我。謝富治同志，有幾次我向總理提意見，還發了脾氣，你也在場，是不是這樣？

謝富治強打起精神，沙啞着嗓子：是這樣，總理總是虛心接受意見，並交代我們：要像尊重主席那樣尊重江青同志，要像服從主席那樣服從江青同志。

黃永勝等人恭敬地埋頭筆錄。

江青說：總理這個話，當了我的面也說了幾次。但我不能接受。黨內任何負責人都不能和主席比，包括我在內，都只是主席面前的一名小學生，忠誠的小學生。就拿周總理來說，他確有許多值得我們欽佩、學習的地方，他的處事能力，談判藝術，他的驚人的記憶力，我們不佩服都不行。但總理的工作，是不是也有不足之處呢？答案是肯定的。比如近兩年來，我看他的工作就比較被動，可以說是頭痛醫頭、腳痛醫腳，抓不住重點和主流。我就和他提過，總理呀，你可要抓大事呀，綱舉目張呀，不然一天忙到黑，盡抓些鐵路啦，貨運啦，煤炭啦，電力啦，鋼鐵啦，石化啦。這些也很重要，但應放手讓下邊的部、委、辦去抓嘛。不要在混亂中看不清大方向，作不出清醒的決策。總理總理，就是要抓總的方向、路線大事嘛。爲什麼我江青都看得到的，你卻看不到？主席常常批評你，總是想埋頭抓生產，做忙忙碌碌的事務主義者……還有啊，同志們，我們黨內，長期以來，就有大男子主義傾向。「八大」產生的二十多名政治局委員，十二名副總理中，竟沒有一個女同志！這叫正常嗎？中國八億多人口，四億多女同志，女同志中的優秀人才，是不是被忽略了？難道總理就沒有責任？當然這筆賬要算在劉、鄧反革命修正主義幹部路線上。直到「九大」之後，情況才有所改變。起碼有兩位女同志進了政治局，做了婦女代表。在新一屆的全國人大、國務院班子中，是否也應當有適當數量的女同志的代表人物呢？這個問題，大家考慮過沒有？我看，至少到目前爲止，還沒有引起足夠的重視。黃永勝同志，你是參加中央人事安排領導小組的，你們考慮過這個問題沒有？

黃永勝埋頭在筆記本上寫畫些什麼，彷彿沒有聽到江青的問話。他在構思一首給葉群的小詩。

江青目光如錐：黃永勝同志，我問你話，充耳不聞？

黃永勝漲紅了臉：啊啊，江青同志，還有葉群同志，是政治局的女同志代表……問、問我什麼問題？請江青同志重複一遍？

江青眉頭揚了揚，登時眼睛裡閃出火星子似地，聲音變得又冷又硬：黃永勝同志，你現在是軍委辦事組組長兼總參謀長。提拔你做總參謀長，最初還是我提議的。主席、林副主席讓你抓軍事事務，位高權重，比有的中央常委的權力還大，聽不得不同意見啦？我不能不提醒你，總參謀長是那麼好當的嗎？黃克誠，羅瑞卿，楊成武，功勞不比你小，本事不比你差吧？結果怎樣？猴子屁股尾巴翹起，還不是被敲下來？主席經常教導我們，歷史的經驗值得注意。近兩三年，你黃永勝注意了歷史的經驗和教訓沒有？大約官越做越大，自以爲了不得啦。我還可以說一說高崗的問題，當過中央人民政府副主席，黨內排名到過第五，東北時期和你黃永勝的關係不錯。能說高崗的資格不老，功勞不大？我看在座的沒有一個比得上他，半個都不夠。爲什麼倒台？高崗錯誤的核心，就是他那個「軍黨論」，胡說我們的黨組織主要靠槍桿子發展起來的，軍隊壯大，使得黨組織壯大。他還把黨的組織分爲紅區黨和白區黨，所謂紅區的黨就是軍隊的黨。依據高崗的謬論，就是要由槍來指揮黨，而不是由黨來指揮槍。你們明白這個利害嗎？文化大革命以來，全國搞三支兩軍，實行軍管，軍隊的權力膨脹。但你們千萬不要誤會，以爲主席和中央會容忍槍指揮黨，讓高崗的那個「軍黨論」或是類似的什麼「論」死灰復燃。黃永勝同志，我提醒你，切記不要搞變相的「軍黨論」啊！

黃、吳、李、邱四人埋頭筆錄，黃永勝尤爲緊張，額頭上沁出層汗珠子。

一直沒有出聲的姚文元插言：江青同志的指示語重心長，從理論上給軍隊的同志敲了警鐘。建議《解放軍報》發表社論及評論員文章，重新闡述「黨指揮槍」這一根本原則問題。

謝富治、李德生點頭稱是。

黃永勝一邊掏手帕擦額角上汗珠子，一邊討饒地說：江青同志的指示，對軍委辦事組和總參謀部，非常及時，非常重要。我回去後立即原原本本傳達，對照本部門工作，學習討論，深入檢查。

江青臉色平和了些：我哪，不過隨便聊聊，沒有那麼重要。請你們來，是想聽聽情況，卻自己先講了這麼多。文化大革命已經進入鬥、批、改的階段，各單位都湧現出了許多新鮮事物，新生力量，不是？下面，該聽聽你們的了。文元同志，你筆頭快，繼續做記錄。

於是，黃永勝匯報了總參謀部機關及各軍兵種機關的鬥、批、改情況；吳法憲匯報了空軍司、政、後機關的鬥、批、改情況；李作鵬匯報了海軍司、政、後機關的鬥、批、改情況；邱會作匯報了總後勤部機關的鬥、批、改情況。

謝富治匯報了公安部機關的鬥、批、改情況，並說自己最近做體檢，查出毛病，已向中央請假入院治療。

江青大失所望。陸、海、空、後加上公安系統這幾位實權在握的將軍，都是在向她應付差事，言不及義，根本不提及如何重視女幹部、推荐女幹部！他們是有意還是無意？氣煞老娘也。

從釣魚臺出來，吳法憲、李作鵬、邱會作三人的座車不約而同地相隨着到了黃永勝家門口。這是總參謀部大院後院的一座小四合院。

下車，進門，四人站在小院花園裡。黃永勝問：你們怎麼跟來了？挨了半天訓，還有什麼事？就在這裡說完拉倒。

吳法憲說：江青要幹什麼？她有權力召集我們這些人開會？還一開口就批了我們那麼久。

李作鵬說：抓軍權啊。今天釣魚臺十一號樓主的要害是抓軍權，插手軍隊工作。

邱會作說：應當立即報告葉主任和林副主席。

黃永勝吸着煙，沉吟一會，說：還是要先摸清情況，她今天召集軍人開會，是不是主席授意……事涉敏感，我們不要衝動。娘的，她批我搞「軍黨論」，好大的帽子。我擔心，她遲早要上台接班，張春橋是軍師。

吳法憲說：屁！娘的也太狂了，先批總理，後批總長。我同意立即報告林副主席，看怎麼說。

黃永勝搖搖頭：這事，不要把葉群和林總牽涉進來。不然，人家再扣一頂帽子，說我們拉上林總打壓她，那就把事情搞複雜化了。

李作鵬說：黃總長分析得對，這個女人身份特殊，馬蜂窩，不好捅。主席最終要扶她上台。

吳法憲粗人粗口：屌毛！要不是她身份特殊，老子就捅爛了她！拉雞巴倒。

邱會作說：莫講氣話，她今天召集我們開會，名爲想聽聽情況，實爲想我們這些人出面，推薦她這位「優秀女同志」擔任國務院副總理或是人大副委員長，這是第一步。

黃永勝說：對，邱部長點中她的要穴。我們偏不尿她這壺，佯裝不知，一字不提。想當副總理、副委員長？門都沒有。周總理對她客氣，實際上敬而遠之。娘的，別做夢了，就是個小組長的命。

李作鵬說：想當國家領導人想瘋了。主席在，大家敷衍她。主席百年之後，誰尿她？

吳法憲問：黃總長，下一步，怎麼走？我們幾個，你是頭頭。

邱會作腦子轉得快：乾脆！我們四個一起去求見主席。襟懷坦白，把問題攤開，匯報，怎樣？

黃永勝又沉吟一小會，說：匯報是要匯報的，但不要一起去，那樣容易讓主席生疑……家花沒有野家香，但家花是受保護的。還是化整為零，個別行動吧。也不要都去麻煩主席，那會有反效果。我看這樣吧，我和邱部長，分別請見主席，吳胖子和李瞎子，你們分別請見總理。今天十一號樓會議的要害有三：一、是經中央授權召集的會議，還是她私自召集的？二、她對我們講了許多周總理的壞話，不利中央內部的團結；三、她批評現任總參謀長兼軍委辦事組組長搞「軍黨論」，缺乏事實依據，完全無中生有。我們就講她這三條。

李作鵬補充：她還吹噓自己參加了全國解放戰爭的指揮，是對偉大統帥毛主席的褻瀆和詆毀。

黃永勝說：總之，我們反映情況時，盡量語氣平和，切忌言詞激烈。還有一點，今天的事，一定不讓葉群和林副主席知道。因為主席很可能問林副主席。林副主席不知道，主席才會放心。特別是吳胖子，你天天往毛家灣二號跑，要把住口風，明白嗎？

吳法憲又罵出粗話來：娘的個臭屄！想當國家領導人，中國的男人都死絕了。

第二天晚上，黃永勝掛電話到中南海游泳池值班室，求見主席，匯報工作。毛澤東聽是總參謀長求見，擔心有情況，立即允予。

黃永勝見到裹一襲浴袍的毛主席，立正，敬禮，握手，坐下之後，沒說話，眼睛先紅了，像個受了委屈的晚輩：主席，謝謝你對我的栽培信任，調來軍委工作，已經三年，很感吃力，自己不是當總參謀長的材料……

毛澤東頗爲意外：怎麼？黃永勝同志……是不是又犯了生活作風錯誤？你身體好，慾望很強囉。

黃永勝低下頭，雙手放在雙膝上：報告主席，沒有。是我能力有限，不適宜在軍委工作，要求批准回廣州軍區，或是重新分配力所能及的工作。

毛澤東問：不想當總長了？你和林彪同志談過嗎？

黃永勝回答：還沒有。主席才是我的老上司，革命的領路人。

毛澤東拍拍腦門，記起什麼來了：對了，黃永勝，你是湖北人，最初在葉挺手下當兵，後轉到湖南參加秋收起義，跟我上井崗山的……二七年跟我上山的老部下，現在剩下不多了。三軍總參謀長，很重要的位置，解放初由元帥擔任，後由大將擔任，文革之後才由上將擔任。怎麼了？還嫌官小，不想幹？想當國防部長？

黃永勝一驚，登時臉塊通紅，差點雙膝一軟要跪下去：主席，不是的，主席，是我能力不及……的確難以勝任。我願到哪個省做軍區司令，負責訓練民兵。我至多是塊軍區司令的料子。

毛澤東瞇縫起眼睛：不對。我聽林彪、恩來講，你工作幹的不錯……是不是有什麼難言之隱啊？坦白講出來，我替你排憂解難，可不可以啊？

黃永勝咬咬牙，一副可憐巴巴的樣子：主席，主席讓坦白講，我就坦白出來……昨天下午，江青同志在釣魚臺十一號樓，代表中央召集我們幾名丘八開會，把我比作高崗，搞「軍黨論」。可我是跟着主席和主席的革命路線成長的，只知道個槍桿子裡面出政權，支部建在連上，黨指揮槍，是我軍的最高原則，從不知道什麼「軍黨論」……

毛澤東插斷問：江青召集丘八開會？都有哪些軍隊同志參加？

黃永勝報告：有我，謝富治，吳法憲，李作鵬，邱會作，李德生，加上姚文元同志作記錄。

毛澤東瞪了瞪眼睛：你放心，大膽講，江青是江青，毛澤東是毛澤東，江青不代表毛澤東。

黃永勝報告：主席讓講……其實，江青同志也是一番好意，談話的主要內容是正確的，使我們受到教益。她先談了她和軍隊的淵源，抗戰時期和解放戰爭時期，她替主席起草了許多電文、命令，參過軍事指揮。她指出我們黨歷來有大男子主義傳統，不重視提拔女幹部，從來沒有一名女幹部當過副總理。說著說著，就說了些不尊重周總理的話……最後才批評我搞「軍黨論」，給我敲了警鐘。

毛澤東臉色有些泛青：她講了哪些不尊重恩來的話？

黃永勝堅持點到爲止：具體的，記不太清了，就是感到不夠愛護總理。

毛澤東揮揮手：你不想講，算了。我可以找別的人瞭解。江青召集你們開會的事，你們報告過林副主席嗎？

黃永勝據實回答：沒有，葉群和林副主席都不知道這事。我覺得，應當直接向主席反映。

毛澤東說：你們可以報告林副主席啦。黃永勝同志，你雖然晚我一輩，卻是秋收起義上井崗山的老同志了，做總參謀長夠資格，也有能力，安心工作吧。什麼「軍黨論」，屁話，莫睬它。回去吧，不留你吃消夜了，我還有些別的事情等著處理。

黃永勝一走，毛澤東即命值班室要通了毛家灣二號。林彪親自接電話：育容啊，睡下了？還在看書？很好。只問一件事，江青召集三總部將軍們開會的事，你知道嗎？不知道？噢，葉群也不知道。很好，你們不知道就好。多一事不如少一事囉。有的事情，你也不讓葉群知道？我只是隨便問問。你身體不好，還是早點休息吧。

當天晚上，毛澤東心裡放不下這事，眞想把婆娘傳來臭罵一頓。可黃永勝一面之詞，靠得住？讓總後勤部部長邱會作來匯報吧。毛澤東對邱會作頗有些好感，三年前「武漢事件」時，他化裝成工人，冒著危險赴武漢送過一封密函。

毛澤東任何時間召見人，被召見者必須盡速趕到，在外地的則派專機接送。半小時後，邱會作到了毛澤東面前，照著筆記本，把江青的話唸了一遍。

毛澤東閉著眼睛聽完，說：把你的幾頁記錄扯下來，留給我做參考，可不可以啊？好，好。邱會作，你是個老實人，走走，陪我吃消夜去。

邱會作受寵若驚，陪毛主席吃過消夜，離去。

毛澤東返回書房兼臥室，要通了西花廳電話：恩來，還沒有休息吧？能不能立即來我這裡？

幾分鐘後，周恩來趕到。

毛澤東仍裹著長浴袍，半躺半仰在木板床上，隨隨便便地朝他搖搖手，示意坐下，沒頭沒尾地說：恩來啊，我有些想念小孫呢，她給過我很多快活……要是換了她，就不會給我招惹許多廝煩囉。

周恩來一臉疲憊：主席重感情，念舊……孫維世這孩子，也有很多缺點。她去世快兩年了，主席還想着。都怪我和小超沒有好好教育她，沒有盡到長輩的職責。

毛澤東搖搖頭：不能怪你們。維世是犯在江青和葉群手裡。她得罪了兩個主席夫人……金山還關押着？戲劇學院的造反派還不肯放過他？放了吧，孫維世都不在了，金山還關着？

周恩來說：主席放心，我明天就要國務院文化組去落實金山同志的問題。

毛澤東說：這麼晚了，找你來，是談另一件事。江青在釣魚臺召集軍人開會的事，你知道嗎？

周恩來說：是今天中午聽了空軍吳法憲同志的匯報才知道的。

毛澤東忽然有所警覺地動了動身子：吳胖子向你匯報了？都講了些什麼？

周恩來說：沒什麼大不了的事，主要匯報空軍召開學毛著積極分子大會的情況，向我推荐了一篇很有水平的講用報告。

毛澤東說：這個我知道。現在黨、政、軍各部門，省、地、縣各級，都開這類會議，到底有多少實際的用處？我很懷疑。無非扯了我的旗號，各自大吹大擂一回。又在颳一股風呢。你說的空軍那篇有水平的講用報告，作者是誰？

周恩來說：林立果同志，空軍作戰部副部長。

毛澤東點頭：知道，知道，林家虎子，二十幾歲，北大畢業，人稱林副部長，身份特殊嘛。後生可畏。都有些什麼高見呀？

周恩來回答：吳法憲送了一份材料給我，還沒有看完。大約是講馬克思主義的發展，有四座里程碑，第一座是巴黎公社，第二座是十月革命，第三座是延安整風，第四座是這次文化大革命運動。

毛澤東笑笑：不勝榮幸，四座里程碑，送給我兩座……二十幾歲的人，懂多少馬克思主義？是不是陳伯達他們在捉刀呀？近幾年，陳伯達是座上客，毛家灣二號缺理論，教師爺正可塡補空缺。

因涉及到中央另兩位常委，周恩來吱吱唔唔，不示可否。

毛澤東目光罩定周恩來：吳司令還向你匯報了些什麼？

周恩來稍作停頓，說：主席，說出來你不要生氣。江青同志召集了一次軍隊同志的會議，我認爲是正常的。江青是軍委文革顧問，可以召集三總部的將軍們瞭解些部隊情況。我已經向吳法憲他們表明了這個態度。將軍們的意見是，如果沒有中央通知，江青同志今後再召集他們開會，出不出席？對一些軍事機密，人事機密，他們要不要發言？因爲涉及軍紀問題。

毛澤東忽然問：是不是江青想奪他們的權？

周恩來否認：吳法憲他們並沒有這個意思，只是覺得有些不當的言論，才不得不向中央反映。

毛澤東說：恩來，你痛快些，吳司令都反映了些什麼？

周恩來感到頭皮發緊，卻不得不說下去：可以歸納爲四點：一，江青同志說她參加了轉戰陝北、遼瀋戰役的指揮；二，江青同志認爲黨中央有大男子主義，不重視女幹部，從無女性出任過副總理；三，江青同志批評我工作抓不住重點，是個忙忙碌碌的事務主義者——這個我承認，虛心接受，今後在工作中努力改正；四，江青同志批評黃永勝搞「軍黨論」，黃永勝表示不能接受，感到委屈。

毛澤東閉上眼睛，沉吟一刻，才嘆氣說：藍蘋哪，稀泥扶不上牆哪。當了文革組長還不夠，還想當副總理。恩來，我知道你們的心事，怕她當副總理，不好共事。連張春橋都未必同意。我體諒你們，還是那句話，江青不在國務院、人大常委會兩邊掛職。大男子主義就大男子主義。歷史上皇帝都是男人做，女皇只有武曌一個。有本事，等我死後，她可以學呂雉，慈禧。我活着，她莫做夢。

周恩來說：我一直認爲，江青是黨內少有的優秀女幹部，她的才華是全面的，尤其文化大革命立下奇功。我要虛心向她學習。如果中央和主席安排她做副總理或人大副委員長，我都衷心擁護。

毛澤東說：她的優缺點，我看得比你們清楚……文革組長就是抓運動，抓意識形態，上層建築。恩來這個還不重要？我有個初步的設想，今後把中央文革小組變成常設機構，運動結束也不裁撤。恩來哪，我和你講啊，藍蘋的能力是比較全面，或許可以負擔更大的職務。才五十幾歲，跟張春橋同輩，比你我小出二十幾歲。但她急什麼呢？毛澤東也是五十七歲才進京主事。不過你們可以放心，共產黨不搞夫妻檔，我還有這個自知之明。至於我去見馬克思之後，大家要擁戴她當什麼主席、副主席、委員長，我就看不到、管不着了。她也可以進班房，在黑牢裡度過餘生。要有這個思想準備。適當時候，恩來你替我開導開導她。我年紀大了，和她說這些事，容易上火。這次未經請示召集三總部將軍們開會的事，我可以在下次政治局會議上批評幾句，也是向將軍們作個交代。

周恩來點頭，又請示：如批評，是不是徵求一下林總的意見？

毛澤東說：林彪講他不知道這事，黃、吳、李、邱也沒有向他匯報過。家有虎子，搞出「四個里程碑」，講不定不久就有第五個里程碑，立在哪裡？

周恩來說：我也相信林總不知道這次的事。只是奇怪，今天晚飯後，海軍李作鵬也跑來向我告江青的狀，內容也是吳法憲講的那四點。

毛澤東忽然眼睛一瞪，從床上坐起：他們想幹什麼？恩來，黃永勝也找了我，鬧辭職……江青召集的人裡頭，不是還有謝富治、李德生嘛？爲什麼不出聲？黃、吳、李、邱卻要一起出動？要留心噢，一種傾向掩蓋著另一種傾向。我現在是一種看戲心態，看大家的演出哪。

第五十三章 「美廬」頭上動土

在討論新憲法草案的政治局會議上，吳法憲和張春橋發生了爭吵。張春橋根據毛澤東多次接見外賓時提到「討嫌四個偉大」、「說我天才地、創造性地、全面地發展馬列主義是諷刺，讓人看笑話」，再次提議在憲法的總綱部份刪去「毛澤東思想是全國一切工作的指導方針」，以及「毛澤東同志天才地、創造性地、全面地發展了馬克思列寧主義」一句中「天才地、創造性地、全面地」三個副詞。這次，陳伯達對張春橋不屑一顧，吳法憲卻漲紅了臉膛質問張春橋：全黨全軍三歲娃娃都知道這些話是林副主席講的，你主張刪去？你張眼鏡也忒大膽了，忘記自己的那點斤兩了！張春橋則有恃無恐地反駁：這是毛主席本人的意思呢。吳法憲氣得拍了桌子：現在要提高警惕！有人利用毛主席的偉大謙虛貶低毛澤東思想，老子準備和他小子鬥爭到底！

過去是陳伯達和張春橋吵，這次是吳法憲和張春橋吵，出現軍人和文人對峙的局面了。主持會議的周恩來裁決：有關的提法，統一不了意見，向主席和林副主席匯報吧。

散會後，黃永勝、吳法憲通過總參保密電話，向已在北戴河海濱區九十六號院休息的林彪、葉群作了匯報。當天深夜，葉群分別和陳伯達、黃永勝通電話，轉達林彪的指示：從馬、恩、列、斯、毛經典著作中，摘出一些有關「天才」和「天才人物」的語錄，留到即將召開的九屆二中全會上去用。陳伯達、黃永勝心領神會，精神大振。黃永勝立即把信息傳給吳法憲：吳胖子，準備上廬山，二中全會上見眞章。

其時，毛澤東也不在北京，去了上海檢查眼疾，他的老年性白內障已使左眼失明。他像往常一樣住進顧家花園。周恩來利用一次陪同外賓赴上海拜會毛澤東的機會，匯報了政治局會議的爭論。毛澤東笑了笑，說：現在是武人、文人都對文字修辭很敏感，上次陳伯達和張春橋爭論「解放軍是毛澤東親自締造、林彪直接指揮」，這次是吳司令出面，和張春橋爭吵三個副詞，名爲歌頌我，實際上是捍衛別人。算了，憲法草案，官樣文字，告訴春橋，不要和他們爭了，三個副詞就三個副詞，直接指揮就直接指揮；也告訴吳司令，各退一步，「四個偉大」就不提了。要團結，不要鬧分裂。我是講團結的，希望大家都講團結。

周恩來見毛澤東透出息事寧人的意向，也就放了心：主席，「四個偉大」，還是保留一、兩個吧？通通去掉，黨政軍民，都不習慣哪。

毛澤東忽然按鈴傳來汪東興，問：汪主任，四個偉大，是哪四個呀？

汪東興回答：偉大領袖、偉大導師、偉大統帥、偉大舵手，是一九六六年五月政治局討論通過「五·一六通知」時林副主席提出的。

毛澤東說：我不管哪個提出。本人當過教書先生，就保留一個「導師」吧，其餘三個不要。你去忙你的，我還要和總理談事情。

汪東興退出後，周恩來說：主席，「偉大領袖」也保留吧，偉大領袖和偉大導師，唸起來順口。

毛澤東說：恩來，你是慣於搞調和。人家四個都要，我四個都不要，你堅持要兩個，兩邊都不得罪囉。好，兩個就兩個。八月中旬上廬山開會，要強調一下團結，左派內部要團結。

周恩來一邊筆錄一邊說：主席指示很及時，團結是個大前提。按中央佈署，如一切順利，到廬山開完九屆二中全會，九月下旬就可以召開四屆全國人代大會。各省區的人民代表已經協商產生，幾個主要文件也已起草就緒，只等二中全會審議。

毛澤東忽又問：老帥們身體怎樣？能不能上山開會啊？

周恩來回答：朱老總、劉伯承、陳雲、葉劍英、聶榮臻、陳毅、徐向前，去了外地休息快一年了，身體都不好。還有王樹聲、徐海東、蕭勁光、謝富治幾位也在病中，向中央請假，不能出席。老帥中只有陳毅、葉劍英、徐向前幾位出席。

毛澤東神色有些落寞地感嘆：人家那個「林副主席第一號戰備命令」厲害喲，一聲令下，老帥、老同志們統統打發到外地……當然是經我同意的。蘇修遲遲沒有打過來，老帥們遲遲回不了北京。

周恩來立即抓住契機，試探地問：部份老同志是不是可以安排回京治病、休息？北京的醫療條件，畢竟要比外地好些。

毛澤東說：開完二中全會再說吧。這麼多老同志請病假，不出席中央全會，是不是鬧情緒？如果都回到北京，毛家灣二號和釣魚臺，都不高興呢。譚大炮到哪裡去了？可不可以上山開會？

周恩來說：主席是問譚震林？他在桂林休息，保護很嚴密。他不是九屆中央委員，不會上山……倒是葉劍英下放在湘潭，省革委會和省軍區不大禮貌，形同軟禁，他感到身體不適，精神壓抑；還有聶榮臻在廣東，生了病得不到好的照顧，受了些氣……是不是先安排他們兩位回北京治病？

毛澤東點頭：可以。先批准葉、聶回京，他們兩個歷史上都救過我的命。其餘的，仍留外地休息、待命。謝富治才六十來歲，得的什麼病？聽講還病得不輕？他分管的幾攤子工作，都交給誰了？

周恩來說：肝病，說是肝硬化，還發現腫瘤，尚未查明是良性還是惡性。他在北京市委、市革委的職務，由第二書記吳德接手；北京衛戍區第一政委職務由李德生代管；公安部部長由李震副部長代。還有中央內保系統，由王恩義同志接管。這些，都是主席指定、批准的……

毛澤東說：噢噢，年紀大了，記性大不如前，忘記自己辦過的事了。王恩義，是不是江青推荐的那個長得一表堂堂的山東漢？

周恩來見毛澤東明知故問，卻不得不回答：王恩義是山東人，少將，很年輕，現在是中央辦公廳副主任兼中辦政治部主任，協助謝富治、汪東興工作。江青同志還推荐了王淮湘，也是山東人，少將，現在是總政治部保衛部部長，也很年輕。

毛澤東點頭：江青調了兩個山東少將到要害部門，重用小老鄉，難怪人家指她插手軍隊人事。都說山東出好漢，人忠誠。宋江、武松、康生、春橋都是山東人。山東也出壞人，戚本禹、王力、蒯大富都是。湖南也出好人和壞人。所以不能一概而論。這次廬山開會，派王恩義協助汪東興負責警衛工作。仍是我的第一中隊上山，保衛會議。

汪東興率一小組人馬提前半個月上廬山牯嶺，替毛澤東看房子。房子仍是那兩處：一是河東路一百八十號美廬，毛晚間住宿及召集小型會議用；二是廬林一號，毛午睡及鍛練身體用。

由江西省革委主任、省軍區政委程世清陪同，汪東興先看了廬林一號，游泳池碧波蕩漾，纖塵不染，維修得不錯，寬敞的休息室、卧室、按摩室都新裝修過。只需偵聽專家用儀器掃瞄一次，如無異常，就可以使用了。

一行人來到河東路美廬院子時，卻聽到頭頂上的石山上有人吹哨子，並以廣播喇叭喊：警戒好了！警戒到位……一，二，三，點炮——！

汪東興呆住了。大家不由地屏聲靜息，等待着什麼。足足等了三分鐘之久，終於聽到一聲一聲撕天裂地的爆破，威力之大，連腳下的地皮都在顫動。接著是一陣陣碎石粉塵衝天而起，甚至有小石子落到美廬的鐵皮屋頂上，砸的砰砰響。

爆破聲停息後，汪東興嚴肅地問程世清：老程，你是老同志，美廬頂上搞爆破，算怎麼回事？

程世清笑着回答：噢，汪主任，你還不曉得啊？修飛機場，今後中央首長上山，就方便了啊。

汪東興差點罵出粗話來：在美廬頭上修機場，哪個的主意？誰批准的？

程世清說：中央軍委呀。總參測繪局，空軍司令部，半年前就派人來勘測、設計了的。一條三百五十米的跑道都快修好了。為迎接中央全會，省軍區工程營日夜加班，二十四小時施工。

汪東興這才感到事情並不簡單，遂提出：走！我們上去看看。你們辦這麼大的事，竟不讓中央辦公廳和中央警衛局知道。

程世清大大咧咧的，以汪東興的老上級自居。汪曾於一九六〇年下放江西任副省長兼省軍區副政委，而程世清早就是省軍區政委兼黨委書記。那時，汪見了程，須先敬禮的。不過，程世清還是立即命秘書給山上的工程指揮所掛電話，通知工地暫停施工，馬上有首長前來視察。

一行人沿山間小道上到施工現場。果然，一條飛機跑道已初具規模。工程營的官兵們四散在附近的樹蔭裡乘涼、歇息。程世清欲命官兵們集合、列隊，表示歡迎，被汪東興打着手勢制止。

程世清指着碎石子跑道，以匯報的口吻道：汪主任，你看，只要鋪上鋼筋水泥，就可供中央專機起降……

汪東興陰沉着臉，好一會沒吭聲。他領着一行人在跑道上走了半個來回，見兩側那原先十分秀麗的崖壁，已被炸得滿目瘡痍，才站下來，嚴厲說：你們幹得好！匪夷所思，匪夷所思！

程世清心裡也有些窩火，但仍陪著笑臉：我們是按軍委命令辦事呀。

汪東興老實不客氣地問：廬山地方這麼大，爲什麼不選別的地方，偏偏選在美廬頭上動土？

程世清耐住性子解釋：汪主任，當初測繪人員跑遍了廬山九十九峰，選來選去，只有這塊地方坡勢較爲平緩……如果選別的地方，仍要坐汽車才上得了牯嶺，時間和從九江機場上來差不多，等於脫掉褲子放屁嘛。中央老同志多，經不住汽車顛簸嘛。

汪東興討厭程世清的狡辯：第一，你們在這裡搞爆破，修跑道，把整個牯嶺景觀都破壞了；第二，今後飛機在美廬頭上起降，主席還能休息？你們，整個是瞎胡鬧，還不服氣？

程世清分辯道：汪主任，話不能這樣講。在山上修機場，不是江西省委、省革委的主意。你知道的，我們沒有這個權力。我們在省裡工作，只是奉命行事，執行軍委命令。

汪東興火了：停工，中央辦公廳要求你們立即停工。

程世清說：可軍委命令日夜趕工呀。下星期，黃總長、吳司令員就要來剪彩，舉行竣工典禮。

汪東興壓住心頭怒火，彷彿也體諒到程世清的難處，轉而放緩了語氣：那好，你下令工兵營停工三天，不准再放炮炸石，我立即向中央匯報，你們等候通知。程政委，請記住，我是代表中央辦公廳和中央警衛局發出禁令。

說罷，汪東興不由分說，率領一行人匆匆下山，並於當天晚上從九江機場乘專機返回上海。汪東興先不驚動毛主席，而向北京的周總理匯報，問總理知不知道廬山牯嶺修機場的事。

電話裡，周總理很驚訝，美廬頂上修飛機跑道？胡鬧臺！沒有人向我報告過。我要是知道，決不會允許。汪主任，程世清他們是怎樣說的？誰批准這麼幹？

汪東興說：程世清是遵照軍委命令，半年前空軍司令部、總參測繪局就派出人員去勘察地形，測量設計。三百五十米的跑道已初具規模。省軍區工兵營正在日夜趕工，下星期黃總長、吳司令會去剪彩，出席竣工典禮。我已要求他們停工三天，等候中央通知。

周恩來說：噢，生米快要煮成熟飯了……汪主任，我看這事只好報告主席了，服從主席的指示吧。我在北京，也會問問黃永勝、吳法憲他們，看看都是誰的主意。有情況請隨時和我聯繫。

汪東興剛放下電話，主席那嬌小秀麗的護士長就敲敲房門，進來了：主任，主席知道你回來了，問爲什麼不去見他？讓馬上去呢。

去，去，這就去。既然周總理指示把廬山上的事向主席報告，那就只好報告了。原本也考慮過，吳法憲的背後是黃永勝，黃永勝的背後是葉群和林彪。夾在中央兩主席之間當辦公廳主任，哪頭都惹不起。當然，比較起來，若要有所側重，還是站在主席這頭。至於另一頭，盡量避免得罪就是了。

毛澤東身上裹著一襲長睡袍，半仰在床上，見汪東興進來也沒有動一動，而是隨便問問：以爲你會在廬山停上兩、三天，怎麼當天就回來，有新情況？

汪東興立正，敬禮，之後坐下，竭力以平緩的語氣，把美廬頂上正在修飛機跑道的事報告了。

毛澤東聽後，並沒有動怒，而閉了閉眼睛，苦笑笑：果然，解放軍是我締造，林直接指揮……我這個締造者，不能直接指揮了。締造者也不是我一個人呀，起碼還有朱總司令和周總理。

汪東興說：他們胡鬧，美廬頭上動土，放炮炸石頭。九屆二中全會的會址，是不是改到上海來？

毛澤東眼睛一瞪：誰講的？不准改！就讓他們在我頭頂上起降好了，轟轟隆隆，熱鬧得很。程世清算老幾？奉命行事嘛。太歲頭上動土，在我這個太歲頭上動土。

汪東興說：主席不是太歲。

毛澤東說：東興，你呀，還是要多讀點書。什麼叫太歲？有兩種原始的解釋，第一，它是古天文學裡一顆星的名字，與歲星（現在叫木星）相應，又叫做歲陰或太陰。古代用它圍繞太陽公轉的周期紀年，十二年爲一周；第二，太歲又是古代神話傳說中的神名。那時的人很迷信，認爲太歲之神在地，歲星（木星）之神在天，天上地下相應而行，因此破土動工要避開太歲的方位，否則就會惹出災禍。太歲頭上不動土，本不含有貶意。後來的人把這句話比喻觸犯有權勢的人，成了貶意詞。

汪東興好學，筆錄下毛的這段解釋，並說：主席熟讀經史，我們多數人只知其一，不知其二。

毛澤東說：你要求他們停工三天？很好。美廬頭上破土，他們不把我這個太歲放在眼裡了。總理也不知這件事？樹欲靜而風不止。才打垮了兩個獨立王國，彭羅陸楊，劉鄧陶賀，這麼快就又新起第三個？事情要查清楚，不管最後查到誰。對事不對人，對黃、吳、李、邱還是要講團結，包括陳伯達，左派陣營不鬧分裂。我的意願如此。

汪東興點頭，做着筆錄。

毛澤東說：你是我身邊的人，這事不要再插手。讓總理去處理。山上那條跑道廢掉。有九江機場，可以了。今後誰想坐飛機上山，請改乘直升機，找地方降落容易，降在美廬頭上，廬林一號頭上，我都同意。三天之內，你把總理處理的結果報告我。本月中旬上山開會，日期地點都不准改。

當天清晨，汪東興從毛澤東住處出來，當即掛電話到北京，把毛的指示傳達給周恩來。

兩天後，周恩來把調查、處理結果告知汪東興，並委托他向主席報告：廬山上修機場的事，最初是原江西省委的設想，空軍吳法憲同志得知這個設想後，告訴了黃總長。黃總長指示總參測繪局、空軍司令部組成測量小組，找到了現在的地點，繪出施工圖。黃總長、吳法憲審查了設計圖，最後報林副主席批准的。顯然，黃永勝、吳法憲等同志都犯了官僚主義，而且是嚴重的官僚主義，沒有到廬山去實地勘察，都不知道機場竟是修在美廬上頭。林副主席更不知道這個要害，否則決不會批准的。整個事情，江西程世清同志有着不可推卸的責任，因爲他熟悉地形，親自參加了開工典禮。今天中午，中央以國務院、軍委兩家名義下達停工令，並限江西省革委、省軍區在十天之內，把跑道地基消除掉，改留一條兩米寬的步行道，鋪上石板。兩旁則鋪上草地，種些花卉灌木。平整出來的坡地，今後再重新規劃成花園用地。美廬頂上，百米範圍內不准有任何建築物，全部種回樹木。另外，凡因採石爆破遭損毀的山坡、石壁，立即移栽成年喬木，以林木掩覆。中央的這道命令，已下達江西省委、省革委、省軍區三家。江西的同志表示堅決、立即改正錯誤，保證在十天內突擊完成任務，並歡迎中央派員督察，掌握進度。

汪東興筆錄下周總理的話，並在電話裡核對準確。之後，汪東興向毛主席作了匯報。

毛澤東聽了，吸着煙，呑雲吐霧好一刻，說：還是總理會辦事啊。算了，總理處理過了，不再追究。程世清也免予處分。根子不在他。沒什麼大不了的，無非是勞民傷財，破壞些自然景色。還是和爲貴。東興，明天你仍帶籌備小組去廬山。這次不要匆忙回來，在那裡做會議準備，並監督你的老鄉們把那條跑道搞掉，不准留下痕跡。在那裡等我上山，還住那兩處老地方，美廬和廬林一號。

汪東興領命，仍有點不放心地說：主席，我還是兩頭跑跑，這頭的安全警衛，大意不得。

毛澤東笑了：你放心去，沒有汪屠夫，也不吃活毛豬嘛。王恩義可以接替你的一些工作。他比你年輕好幾歲，總要給他些鍛鍊的機會。

八月初，某晚，上海西郊顧家花園舉辦舞會。市委、市革委主要負責人王洪文、馬天水、徐景賢、王秀珍、王維國等人隨侍在側。負責警衛工作的中辦副主任王恩義也隨侍在側。經層層政審挑選來伴舞的文工團女演員們，一個個花枝招展，彩色蝴蝶般輕盈曼妙地繞著偉大領袖旋轉，衆星擁日，都盼著能和毛主席跳上一段。妙人兒有二、三十位之多，毛主席舞興正濃，一支曲子下來，要輪換上四至五名舞伴。還要輪換得流暢、自如，不顯痕跡。也是往常的規矩，每當毛下了舞池，其他的負責人就自覺退出，坐在一旁去喝茶、吸煙，或是隨着樂隊的演奏，爲毛的舞步拍掌擊節。

毛澤東正摟著一名熟悉的舞伴跳慢三步。那舞伴卻在他耳邊呢喃了幾句什麼……毛澤東忽然停下，朝王恩義招招手。王恩義一路小跑近來，不知出了什麼情況。只聽毛吩咐：通知專列，我要馬上去杭州。王恩義立正，敬禮：是！保證一小時之內出發。

王恩義軍人作風，辦事雷厲風行。一小時之內，顧家花園內所有從北京來的男女工作人員，須把毛澤東的衆多圖書裝箱，衣物用品裝箱，送到專列上。警衛部隊須緊急集合，通知沿線駐軍封路戒備。

毛澤東仍牽著那名女伴的手，站在舞池裡，要王洪文、馬天水兩人過來，交代說：我到杭州去住幾天，等會就走，小楊也隨我去，你們就不要送了，反正月中在廬山上見。

王洪文、馬天水不知道毛主席爲什麼突然間要離開上海，但不敢打聽。王洪文說：主席，我送你去杭州吧？

毛澤東搌搌手：不用。你和天水同志坐鎮上海，我放心。其餘的不要問。其他同志要是問你們，就說北京的同志到了杭州，等着我去談事情。我離開後，你們繼續跳舞，不要提前結束。記住了！

王洪文、馬天水點頭。他們當然知道，眼下顧家花園的所有出口以及附近道路，都由中央警衛局的人馬嚴密把守，就是誰想提前出去，也不會放行。

一小時後，顧家花園人去樓空。毛澤東一行人已經上了停靠在虹橋機場鐵路支線上的專列火車。專列車頭燈光劃開夜幕徐徐離去。

從上海到杭州，專列火車不停站直駛，須時兩個半鐘頭。沿線所有的客貨車停駛讓路。專列分爲前衛車、後衛車，主車廂爲毛澤東的書房兼卧室。

毛澤東按鈴傳來隨行的中央警衛團張團長，把「舞伴」小楊交給他：小楊身分暴露了，不再回上海工作，留在機要處吧，我還要用。其餘的事，你不要問。下面，去把王恩義叫來談話。我們談話時，你派人把車廂兩頭守住，不准放人進來。去吧。

不一會，王恩義進到主車廂，向毛澤東立正，敬禮，之後坐下。

毛澤東已半仰在睡榻上：王主任，坐近點，車輪滾動，影響聽力。對，我們面對面交談。

王恩義猶豫一下，把椅子挪到毛主席睡榻前。

毛澤東說：讓你代替汪東興，是臨時抓差。你的主要工作，仍是接手謝富治的內保系統……江青推荐你來我這裡，有兩年時間了吧？前年去年你負責抓劉少奇專案，賀龍、陶鑄專案，康生、江青是露面的，你是不露面的，工作很有成績囉。今年初以來，改派你抓內保，你已經報告過幾次情況。近兩月有些什麼新動向？空軍方面？軍委辦事組方面？

王恩義從內衣口袋裡掏出個小小的保密本，準備匯報。

毛澤東說：上次和你交代過，你的工作只對我負責。包括總理、康生、汪東興在內，都不要透露。也不要搞你那個小本本，要習慣用腦子記東西。小本本丟了，腦袋也就丟了，知道這個利害嗎？

王恩義紅紅臉，趕快答應：是，今後要盡力用腦子把材料記下……這個小本子，回頭我燒掉。

毛澤東說：不要燒，留在我這裡吧。現在就考考你用腦子記下的東西。不要有顧慮，不管涉及到任何人，都要和我講。

王恩義恭敬地把小本本放在毛主席卧榻床頭櫃上，開始憑記憶匯報；一，六月下旬，我手下的人偶然偵聽到黃總長和毛家灣二號女主人的兩次通話，時間都是在凌晨三、四點，內容很不衛生。但隨後就偵聽不到了。總參內部有反偵聽裝置。

毛澤東笑笑說：黃、葉早有奸情，總長搞老首長婆娘，老首長婆娘搞總長，男女平權。總理也知道。我們裝做不知道。林副主席知道不知道？或許知道，或許不知道，身體不好，戴個綠帽。

王恩義不敢笑：二，毛家灣二號內勤密報，只要副主席夫婦在京，二號西院天天晚上放電影。看電影是個名，實際上是黃、吳、葉、李、邱聚會，老虎有時也參加。副主席一般不參加。小客廳的門關得很嚴，內勤聽到女主人講過一句：不設國家主席，首長往哪兒擺？四屆人大，權力再分配……

毛澤東點頭：很好。你繼續。

王恩義報告：三，空軍上月召開了全系統活學活用主席著作積極分子大會。主講人是司令部作戰部副部長林立果。他的那篇講稿提出馬列主義四個里程碑觀點，在大會上受到熱烈響應，得到很高評價。吳法憲司令員說：林副主席是全黨全軍的超天才，立果同志是我們空軍的超天才，空軍的光榮和驕傲。毛家灣二號內勤密告，林副主席看了兒子的講用稿，高興地說：老虎的這篇講話，風格像我，思想內容像我，語氣也像我。

毛澤東說：帥門虎子，青出於藍而勝於藍，很好嘛。是誰替他起草的？有不有陳伯達？

王恩義說：據空司內線密報，是王飛、周宇馳起草，陳伯達是否參加修改，還沒有查實。

毛澤東說：很好，你繼續。

王恩義報告：四，吳法憲司令員前不久重申，今後空軍的工作，要聽林立果同志的指揮。立果同志的指揮，就是林副主席的直接指揮。

毛澤東點頭：很好嘛，吳司令自願做空頭司令。

王恩義報告：五，據密查，外地空軍負責人和林立果聯繫密切的，有原南京軍區空軍司令江騰蛟，原空十五軍政委，現武漢軍區政委劉豐，廣州軍區空軍政委米家農，駐杭州空五軍政委兼浙江省革委副主任陳勵耘，駐上海空四軍政委兼上海市警備區司令王維國，南京軍區空軍政委胡萍。

毛澤東點頭：好，妻有妻黨，子有子黨。他們替老虎選妃子，選好沒有？還在活動？

王恩義報告：六，選妃活動，最近停了。已選出十多人，集中在北戴河空軍療養院培訓，發了槍，像在搞一支美女衛隊。還有，上海警備區的「尋人小組」，四月間已撤銷，人員回原單位了。

毛澤東點頭：很好。黃總長那方面，有新動向？

王恩義報告：七，黃家內線密報，黃總長把原來的老部下，北京衛戍區司令員溫玉成調去成都軍區，一直在後悔，說是中了什麼人的離間計……現他正設法另安插人進衛戍區。

毛澤東笑笑：那是你老鄉藍蘋的功勞。我已派李德生去盯住衛戍區，別人插足不進了。

王恩義報告：八，仍是黃家內線密報，總長在家裡罵了幾次娘，說中央派李德生、紀登魁參加軍委辦事組，只開會，不講話，充當監軍嘛。他要求回廣州，不想在北京幹了。

毛澤東笑笑：很好嘛。還有什麼？

王恩義報告：九，總理近幾個月，去過毛家灣二號四次，去過北戴河九十六號一次。有次還和林家的工作人員合照留念……

談話持續，直至專列進入杭州棧橋機場的鐵路支線徐徐停下。毛澤東從臥榻上下來，對王恩義說：你的腦子好使，條理清楚。今後，就這樣用腦子記，整理好，再告訴我。杭州到了，要下車了。

王恩義立正，敬禮，轉身，從主車廂的一頭退出。

張團長從另一頭進來，報告主席，南萍、陳勵耘，已在車下邊接你了。還住西湖汪莊吧？

第五十四章　毛澤東也沒有言論自由

八月十八日凌晨，毛澤東一行乘坐專列火車悄悄離開杭州，直駛江西盧山腳下九江市。如果算上一九五九、一九六一年的兩次，毛澤東是第三次上盧山了。

離杭州前夕，毛澤東和周恩來通電話，問北京的大員們的行期。周恩來報告：依中央辦公廳和軍委辦事組的統一安排，林彪、葉群、陳伯達、康生、江青、張春橋、姚文元、吳法憲、李作鵬、邱會作等人將分乘三架空軍專機，二十日早上飛九江，當天中午可抵達盧山；在京的其他政治局委員、中央委員，將於十八日乘專列火車赴九江，十九日可抵達盧山；周恩來本人二十日中午飛九江，亦可於當日傍晚抵達盧山。毛澤東問：誰留在北京值班呀？周恩來報告：黃永勝、謝富治、李先念加上公安部李震。謝富治半天休病、半天工作。毛澤東說：可以通知各路諸侯，上山後先輕鬆三天，遊山玩水，二十三號正式開會。恩來，你我山上見吧。

此次上山之前，毛澤東特意安排謝靜宜先到杭州小住。因爲小謝不是中央委員，只能作爲「主席辦公室特別助理」隨行。專列火車上，毛澤東先睡一覺，醒後傳小謝談話。每當這種時刻，其他隨行人員自覺迴避，並把主車廂的通道關閉，不經傳喚，任何人不得進入。

小謝是越發出落得健美、成熟了。洛陽牡丹，開的正盛。隨着車輪有節奏地滾動，兩人「祖誠相見」之後，毛澤東忽然發了雅興，隨手取過一冊元雜劇，吟誦出《西廂記》中張生和崔鶯鶯幽合的一段淫艷之詞來：

綉鞋兒剛半折，柳腰兒勾一搦，羞答答不肯把頭抬，只將鴛枕捱。雲鬟彷彿墜金釵，偏宜髮髻兒歪。

我將這紐扣兒鬆，把摟帶兒解，蘭麝散幽齋，不良會把人禁害，嗨，怎不肯回過臉兒來？

我這裡軟玉溫香抱滿懷。呀，阮肇到天台。春至人間花弄色，將柳腰款擺，花心輕摘，露滴牡丹開。

但蘸着些兒麻上來，魚水得和諧，嫩蕊嬌香蝶恣採。半推半就，又驚又愛，檀口搵香腮。

春羅元瑩白，早見紅香點嫩色（白：羞人答答的，看什麼？），燈下偷睛覷，胸前着肉揣。暢奇哉！渾身通泰，不知春從何處來……

小謝早已是嬌羞無狀，媚眼癡迷：你呀，就是什麼都懂，我是半懂不懂……

吟誦間，毛澤東亦已是渾身通泰：天下文字，狀男女交合，以此爲最。露滴牡丹開……妳半懂些什麼？

小謝偎在他胸前：還問，還問，羞煞人了……將柳腰款擺，花心輕摘，——人還不懂？春羅元瑩白，早見紅香點嫩色，——這句不懂。

毛澤東說：指女兒紅。古時男子娶親，新婚頭一夜，在新娘子腰下墊一塊白羅巾，破瓜之時，滴下女兒紅，以證新娘子貞節。所以叫做春羅元瑩白，紅香點嫩色。小謝，妳的女兒紅是我三年前點下的，至今記得。

小謝更是羞答答不肯把頭抬了：還講，還講……不在你身邊的日子，人家想你想的不行……見了面，俺就想化在你身上……就是被你日死了，也甘願。

毛澤東竟沒有起興，再摟住小謝做一回歡喜佛。七十七歲了，年紀不饒人，容易早洩了。他燃起一支菸吸著，思緒忽又轉了向：小謝啊，我們談點正事。大謝病了，現在北京市兩吳當家，一個第二書記吳德，一個衛戍區司令吳忠。他們兩個怎樣啊？

謝靜宜深知自己是毛主席放在北京市委領導班子裡的眼線，邊替領袖擦乾淨下體，邊自己套上衣裙說：吳德有德，吳忠有忠。

毛澤東笑笑：嗬，妳對他們評價不低囉。怎麼有德，怎麼有忠？

謝靜宜說：這些日子，俺替主席留意着呢。吳德同志一貫支持左派，遇事站在中央文革一邊，人卻老實忠厚；吳忠同志嘛，俺看他是江青同志信得過的將軍，唯主席和江青同志是從。

毛澤東點頭：這就好，北京由兩吳當家，我可以放心……小謝啊，我生平最討嫌一種人，就是僞君子，古代現代、黨內黨外的僞君子……我這個話，你不要傳出去。

謝靜宜心裡一驚，摸不準主席講的僞君子是指的誰？僞君子，不就是說一套，做一套，陽奉陰違，表裡不一，打著紅旗反紅旗？在黨內，在中央，除去已被打倒的劉鄧陶賀、彭羅陸楊這些黑幫，走資派，還會有誰？

毛澤東吸着菸，呷着濃茶，面對小謝一名聽衆，勃發談興：中國古代有八大僞君子，中國黨內也有一批僞君子。小謝，妳知道都是哪些人物？

謝靜宜搖頭：俺讀書少，文化淺，聽主席的教導啦。

毛澤東說：好，有興趣，我講給妳聽……古代的第一個大僞君子是舜，對，就是上古時代堯的那個接班人舜，名聲好得很，我曾寫過「六億神州盡舜堯」之類的句子。舜出身貧苦，他父親是個盲樂師，知子莫若父，盲樂師幾次想把這個兒子除掉，以免遺禍國家。舜都機智地逃脫了。盲樂師死後，舜以阿諛奉承、歌功頌德等手段取得堯的信任、重用，地位步步高升。等到他掌握大權、控制局面之後，就把堯的兒子丹朱殺死，把堯本人囚禁，強迫堯把帝位「禪讓」給他。他成爲中國歷史上第一個靠「禪讓」取得最高統治權力的人。他還霸佔了堯的兩個漂亮的女兒，就是娥皇、女英。後來舜丟下娥皇、女英到南方巡游，據說死在了湘南的九嶷山地方了。娥皇、女英則一路追尋到湖南，找不到舜，哭的那個傷心啊，淚水滴在竹子上，化作斑點，稱爲「斑竹」。她們死在湘江，化做女神，稱爲湘妃。「斑竹」也稱爲「湘妃竹」……我的一首詩中，有過「九嶷山上白雲飛，帝子乘風下翠薇，斑竹一枝千滴淚，紅霞萬朵百重衣」這樣的句子。舜是中國最早的兩面派，陰謀家，靠所謂「禪讓」奪得帝位。他開了一個很壞的頭，以至東漢末年曹丕（曹操長子）先娶了漢獻帝的兩個女兒，後逼迫漢獻帝「禪讓」。曹丕當上魏文帝後，得意洋洋地說：我現在才知道古代的「禪讓」是怎麼回事了！

謝靜宜大惑不解地說：可我們的歷史教科書上從沒有這樣說過……

毛澤東說：小傻瓜，教科書就是用來騙妳們這樣的頭腦簡單者。古代的第二大僞君子是劉備。對，就是《三國演義》裡桃園三結義個劉玄德。劉備不是罵呂布做「三姓家奴」嗎？妳沒有讀過三國，只看過連環圖？這個呂布啊，武功蓋世，天下無敵。虎牢關三英戰呂布，劉、關、張三個戰他一個，也只爭得個平手。呂布卻是個不義小人。他首先投靠大將軍丁原，拜丁原爲父；不久殺了丁原，投效奸臣董卓，又拜董卓爲父；後來司徒王允施美人計，派貂蟬去勾引他，離間他和董卓的父子關係。他又殺掉董卓，投效王允，又拜王允爲父。所以呂布是個不忠不義、反覆無常又極端凶殘的亂臣賊子。史稱「三姓家奴」。劉備正是用這話來罵呂布的。可劉備自己呢？又是幾姓家奴？他一生都在用他那個所謂的中山靖王之後的皇室出身蒙騙人。什麼匡復漢室，完全是主張歷史倒退。他最初追隨劉焉，接著追隨公孫瓚。陶謙給了他一支小部隊，他就背叛公孫瓚，投向陶謙。沒多久陶謙不明不白的死了，兩個兒子也死於非命，劉備是個值得懷疑的凶嫌。陶謙死後，劉備混了個徐州牧，和關雲長、張飛共守徐州。但他們三兄弟鬥不過呂布一人，徐州被呂布佔領，他就厚着臉皮托庇在呂布門下。呂布雖然不很信任他，但終究沒有殺他兄弟三人。曹操率大軍打到徐州時，劉備立即投降曹操。呂布被曹操抓獲。曹操本欲留下呂布，呂布也願歸降。劉備卻從中挑撥：丞相豈忘丁原、董卓的下場乎？曹操就下令殺了呂布。劉備隨曹操到了京城，又企圖謀害曹操，事不成便公開反曹。反曹失敗後去投靠袁紹，看袁紹不行又去投靠劉表。劉表是他同宗，有兩個兒子。劉表死後，一個兒子降曹，另一個兒子被劉備控制，年紀輕輕的就死了，據說是酒色過度……之後是臥龍崗三請諸葛。赤壁大戰時，劉備手上只有一支從劉表那兒弄來的小部隊，難有作爲。主要靠周瑜率領的東吳水師打敗曹操的八十三萬大軍。不久，人家周瑜又打敗曹仁奪得荆州。劉備花言巧語借荆州，借到後長期不肯歸還，直到爲了荆州，和東吳決裂，導致關公走麥城，被人家東吳大將陸遜火燒連營七百里。劉備是不是個僞君子，騙子手？劉備生前，最後一次背叛的是老上司劉焉的兒子劉璋，從劉璋手裡拿到益州，《三國演義》講他不忍心奪取同宗的地盤，那是胡說八道。劉備終其一生，都是假仁假義，欺世盜名，唯利是圖。

謝靜宜都聽呆了，無限敬佩地說：主席呀，你對一千多年前三國時候的人事，這樣爛熟呀？一些人，一些事，俺都聽不過來呢。

毛澤東把玩着小謝的酥胸，繼續自顧自說：古代的第三個大僞君子是諸葛孔明。孔明在劉備死後，排擠原來的益州大臣李嚴等人（本地幹部），獨攬朝政。他忘了君臣之禮，用老子教訓兒子的口氣對劉禪說話，貶劉禪爲「阿斗」。還開了一堆名單要劉禪信任，說宮中府中，俱爲一體，意思是全得聽他諸葛亮的。結果是「劉禪稱帝，徒負虛名」，蜀國的這個皇帝，實際上是由諸葛亮做了。幸而諸葛亮死得早，他兒子年紀太小，沒有來得及篡位，不然劉氏天下，就可能成爲諸葛氏天下了。南諸葛，北司馬，兩大家族的招數是極爲相似的。

這段高論，大約連初中文化的謝靜宜都覺得太離譜了，而疑惑地問：可是所有的書裡、戲文裡，都講諸葛亮是個忠心耿耿的大忠臣呢？還有「出師表」什麼的……當然，學習主席思想，敢於反潮流，把被封建文人顛倒了的歷史再顛倒過來。

毛澤東：諸葛亮有兩篇「出師表」，《前出師表》和《後出師表》。但我懷疑，都不是諸葛亮所作，而是晉代的陳壽著《三國志》時，爲了美化、神化諸葛亮所杜撰。存疑吧。

謝靜宜見毛澤東又欲吸煙，忙取過一支熊貓牌，點着了，再送至毛的嘴角去。

毛澤東嗞嗞地吸着，繼續說下去：第四個大僞君子，是唐太宗李世民。又是一個所謂的明君，名聲大大的好，極受史家稱道的。李世民做秦王時，很能帶兵打仗，有過屠城紀錄。妳問什麼叫屠城？就是大軍攻佔某座城市後，把城裡人殺光，不分繳械投降的俘虜，還是市井百姓。很血腥無人道的事，李世民都幹過。李世民怎麼當上皇帝的？是發動「玄武門兵變」，殺死他親哥哥李建成，又殺死他親弟弟李元吉，再帶着甲兵去逼他父親李淵退位，在血光之中登基。他還把一名才藝雙絕的弟媳婦收進自己宮裡做妃子，供淫樂。什麼一代明君啊？完全是個殘忍、好殺、好色的傢伙。不過他倒是很會攏絡人心，很能表演什麼納諫啦，下罪己詔啦，禮賢下士啦，等等。史載他殺死哥哥、弟弟後，去見父皇李淵（唐高祖），吮著高祖的乳頭大哭，那一段實在令人噁心。他不僅改寫了歷史，還故意在史書裡留一段故事，表示他自己無權過問史書記錄。唐太宗曾經嘲笑秦始皇、漢武帝迷信不老金丹，最後他自己也是吃金丹，妄圖長生不老而中毒身亡。這麼一個人，難道不是大僞君子？

謝靜宜眼睛黑亮黑亮，差點就問：連諸葛亮、李世民都是壞蛋，歷史上還有好人嗎？難道烽火戲諸侯的周幽王、酒池肉林的商紂王、弒父篡位的隋煬帝（都是她從小人書上看來的），才算是好人？

毛澤東說：講到第幾個僞君子了？啊，第五個啊，就是南宋初年的趙構，宋高宗。當人們世世代代痛罵秦檜賣國求榮、殘害忠良的時候，可曾想到，秦檜只是一名幫凶而已。沒有宋高宗的旨意，哪來的十二道金牌，把那在抗金前線連戰皆捷的大將軍岳飛硬召回來？沒有宋高宗的允許，秦檜怎麼能把一個地位相當於副宰相的岳飛同志，以「莫須有」的罪名殺掉？小謝妳幾次到杭州，陪我住西湖汪莊，去參觀過岳王墳？秦檜等人作爲替罪羊永遠跪在了岳飛墳前，宋高宗卻被置身事外。宋高宗偏安杭州，南宋王朝歌台舞榭，秦樓楚館，醉生夢死。金兵擄走了他的兄長宋欽宗、父親宋徽宗當俘虜人質，他非但不報國仇家恨，後來人家金人派出使者，要送還他的兄長、父親、他都不要！小謝妳眼睛不要瞪那樣大。妳道爲什麼？兄長、父親回來，他就要退位，當不成皇帝。他改了兩次年號，當了三十六年南宗皇帝才去世。是不是個喪盡天良的僞君子？

謝靜宜都聽傻了，原來古代的皇上，還有這種連自己父親、兄長的生死都不管的豬狗畜牲。

毛澤東說：第六個僞君子是南宋被尊爲道德家、正人君子的朱熹。朱熹福建人，在朝廷做過大官，早年主張抗金，中年後主張消極防禦。罷官歸里，熱心教育事業，興辦過著名的廬山白鹿洞書院和長沙岳麓書院。他還致力於儒學研究，集北宋以來理學大成，是爲程朱理學的代表人物，主張「存天理，滅人慾」，在道德上對人非常嚴苛。他曾用程川的「餓死事小、失節事大」的理論勸朋友的妹妹安貧守節，卻逼他自己守寡的弟媳婦改嫁，以侵吞他亡弟的產業。另外，朱熹爲了打擊報復不讚同他學術觀點的唐仲友，而把一名叫嚴蕊的妓女抓來嚴刑拷打，企圖逼迫她承認與唐仲友有男女奸情，結果被嚴蕊拒絕。從這件事看，朱夫子這位道德家的爲人操行還不如一名操皮肉生意的妓女，是個名符其實的大僞君子。

聽了好一會，謝靜宜仍不知朱熹是個什麼樣的學問家，便扳了扳指頭說：主席，你的古代八大僞君子還差兩個……

毛澤東又把小謝摟過來，兩手在人家的腿間、乳間把玩着：第七個是海瑞。宋代和明代兩大清官，一個包文拯，包青天；一個海瑞，海青天。

謝靜宜又被玩捏的媚眼癡迷：是不是運動初期，最高指示「彭德懷也是海瑞」的那個海瑞，死在海南島的？

毛澤東點頭：正是囉。海瑞有個女兒，七歲時，因爲偷吃了人家一個甜餅，海瑞認作爲是奇恥大辱，竟把女兒活活餓死。後來說是自殺。七歲的女兒怎麼知道自殺？其實是被餓死的嘛！春秋時齊國大夫管仲對齊桓公說，國君啊，易牙爲了討取你父親齊桓公的歡心，曾經把自己幼小的兒子烹作美食，奉給桓公吃，這種人太殘忍了，爲了榮華富貴什麼都幹得出來，千萬不能重用啊……相比之下，海瑞爲了維護自己的清官聲譽，把年僅七歲的女兒餓死，和那個爲討齊桓公歡心烹掉兒子的易牙，又有什麼本質的區別呢？海瑞後來爲民請命，得罪嘉靖皇帝，說了「嘉靖嘉靖，家家皆淨」，成爲囚犯，打入天牢。一天，獄卒端了酒肉來給他吃，告訴他嘉靖皇上駕崩了。海瑞竟不吃不喝，大哭三天，表示哀悼，說明他終究是一名忠誠的奴才。妳說，海瑞這個清官，是不是僞君子？

謝靜宜人面桃花，水色鮮嫩：記得主席講過，清官比貪官更壞，更可惡，因爲清官有欺騙性，更能適應封建制度的需要，爲鞏固帝王權力服務。

毛澤東說：對囉！第八個大僞君子是大清朝乾隆皇帝。

史稱康、乾盛世。他祖父康熙在位六十一年，做皇帝做到七十多歲，活了八十好幾。乾隆也做了六十年的風流皇帝，極盡人間富貴。他好詩詞、字畫，好女色、游樂，六次下江南，玩了無數江浙美女，生下五十幾個皇子皇女。他搞文字獄相當厲害，比秦始皇還血淋淋，卻有好名聲。他善用軟刀子殺人，大力提倡經學，讓儒生們去皓首窮經，追逐名利，不再對抗清廷。他頒旨編訂四庫全書，收羅天下珍本、孤本，肆意篡改，再把原著毀掉。許多古籍文章都被改得走了樣。他還有個特別的嗜好，就是把他鑑賞過的古代珍藏下來的字、畫，都蓋上一個八寸見方的大紅印章「乾隆御覽」。有的還添上他寫的打油詩。有的古畫寬長不過一尺，他也要蓋上他的大印鑒。許多唐宋名畫被他弄得大煞風景。所以後來的文物工作者稱他為「文物破壞大王」。

聽偉大領袖談過「古代八大偽君子」，謝靜宜迷迷糊糊地問：照主席這樣講下來，我們中學、大學的歷史教科書都要不得，需要重新編寫啊？

毛澤東說：我已經對春橋、文元他們講過，是要重編歷史教科書，要改變以封建王朝、帝王將相為歷史主軸的傳統習慣，改為以農民起義、人民革命為歷史主軸來編寫。比如秦代主要講陳勝、吳廣起義，漢代主要講張角黃巾起義，隋唐主要講瓦崗寨和黃巢起義，宋代主要講宋江、方臘起義，元代講朱元璋起義，明代講李自成、張獻忠起義等等。中國歷史主要是一部階級鬥爭、農民起義的歷史，是人民的歷史，不是帝王將相的歷史。帝王將相也不是一個不要。五十年代，我替兩個人翻了案，一個秦始皇，一個曹操。史書把秦始皇稱為千古暴君、焚書坑儒，怎麼要得？其實他只坑了四百個儒生，比起他的功績來，算得什麼？為什麼不看到他統一中國、統一文字、統一度量衡、廢除諸侯封地實行縣郡制，車同軌，書同文，道路四通八達，多麼偉大的功績，眞正的千古一帝。連李白都歌頌他：秦王掃六合，虎視何雄哉！諸侯盡西來……還有曹操，也是個傑出的軍事家，政治家，思想家，大詩人，為統一中國北方奮鬥了一生。卻被一部《三國演義》和一些戲文，誣為白臉奸賊，亂世梟雄，典型的顚倒黑白。

說話間，謝靜宜被領袖把玩的挺舒服、刺激。她看一眼車廂壁上的掛鐘，忽地輕叫一聲：喲！主席，都中午了，你還沒有吃中餐哪！來，替你穿上衣褲吧？床舖要整理，俺也要梳洗一下。

正說着，電話鈴聲響起，衛士長請示：主席休息好了嗎？餐車師傅催着替您開飯。

毛澤東沖着免提電話問：我們現在到哪裡了？啊，已經進江西，過上饒，還有三個小時就到南昌……你們稍等，我沒有休息，一直和人談事情。

專列火車似一條綠色長龍，一座流動行宮，奔駛在贛北的平闊沃野。透過車窗望出去，遠處、近處的水田中，都有一小隊一小隊的人民公社社員，在冒着烈日酷暑勞作。

主車廂內有毛澤東專用餐室，謝靜宜、王恩義陪同毛澤東進餐。毛澤東問王恩義：認得小謝嗎？她在北京市委工作。王恩義拘謹地笑笑：謝書記啊，認得，但不熟悉。謝靜宜大方地伸過手去：王主任，我和你算半個老鄉哪。王恩義看毛主席一眼，握了握謝靜宜的纖纖玉手：俺老家膠東，謝書記老家也是山東？謝靜宜對長相英俊高大的王恩義頗有好感，也先看毛主席一眼，說：俺老家河南，俺娘是你們濰坊人。毛澤東說；好好，今後就熟悉了，一個膠東好漢，一個洛陽牡丹，都是我的年輕助手……恩義啊，東興同志有電報嗎？到了山上，都怎麼住？

王恩義停止進食，掏出隨身攜帶的筆記本；報告主席，出發前我和汪主任通過電話，山上住處是這樣安排的；主席仍住美廬和廬林一號，還有脂紅路一百七十五號備用；其他中央領導，林副主席住中八路三百五十九號，周總理住河西路四百二十二號，陳伯達住河東路七十七號，康生住原「戴笠宿舍」，江青同志住柏樹路一百二十四號……

毛澤東搖搖手：好了，我不要知道那麼多了。有人曾在美盧頭上修飛機跑道，到我頭上動土。林彪這次住的，原來是人家汪精衛的公館，朱總司令也住過的；河西路四百二十二號原先是有名的馬歇爾別墅，總理喜歡囉，他和馬歇爾曾是好友；江青這次不肯和我同住，而住柏樹路一百二十四號，劉少奇夫婦住過；陳老夫子這次住河東路七十七號，張聞天住過；康生這次又住「戴笠宿舍」，康、戴的工作性質差不多。

謝靜宜說：主席眞是好記性，山上那麼多別墅，誰誰住過都清楚。

毛澤東很響地喝一口酸辣湯，在嘴裡咕咚幾下再嚥下，算漱了口，表示吃完了：小謝，五九年妳還沒有參軍吧？我和彭老總在山上狠鬥了一場，有林彪和柯慶施他們助陣，彭老總垮台，所以印象深刻。王主任，這次，你和小謝都陪我住美盧。你是不是還有什麼事要告訴我？

王恩義放下碗筷，取塊小毛巾揩揩嘴：主席，您老人家還是叫我小王，不要叫那個官銜……南昌程世清同志來電報，說會在南昌車站迎接您，還有個陳昌奉同志在一起。

毛澤東說：陳昌奉啊，長征時替我和賀子貞當警衛員，很盡職的。恩義，你去回封電報，說我在南昌不下車了，老熟人，還是山上見吧。

說罷，三人起了身。謝靜宜陪毛澤東回到主臥車廂，問是不是睡個午覺，好好休息。

毛澤東捏住小謝的手，沒有睡意，仍有談興：上午我們講到哪裡了？一頓中飯，話把打斷。

謝靜宜又笑出一臉的嫵媚：話把？只有杓把，瓢把，剷把，刀把，還有話把？

毛澤東咕咚咕咚喝下大半杯涼茶：怎麼沒有？我們湖南方言，習慣把手臂叫手巴子，大腿叫腿巴子，男人的陽物叫雞巴子……

謝靜宜登時嫩臉上飛起紅霞：看你，看你，偉大領袖也不正經！

毛澤東啁啁笑：領袖是人不是神，也有七情六慾，雞巴子見小謝也硬……上午講到哪裡了？

謝靜宜佯裝生氣，卻轉過臉去替領袖點燃一支菸，再塞進領袖嘴裡去：上午講了古代八大僞君子，還有黨內的沒有講到。

毛澤東吸菸很猛很深，兩口就吸燃到四分之一支那麼長，菸霧卻全都繞進肺腑裡面去了，不見一絲絲吐出：對，還有我們中國黨內的僞君子。一些話悶在我肚裡太久，又不能公開說出來，毛澤東也沒有百分之百的言論自由嘍。第一個是陳獨秀。對，他是我們黨的第一任總書記，被吹捧爲創始人之一。但他沒有出席黨的第一次黨代表大會，十二名代表，沒有陳獨秀，有董必武、毛澤東。宣佈黨成立時不見陳獨秀，能算創始人？黨成立了，陳獨秀卻當上老大，行一言堂，家長制。他是大學教授啦，黨內其他人都成他的學生。娭毑的，動不動訓人，做革命的敎師爺。其實他既不懂工運，也不懂農運，更不懂兵運。那時李立三、劉少奇搞工運，毛澤東、彭湃搞農運，張國燾、周恩來搞兵運。陳獨秀只會背幾句馬列教條，大搞他的右傾機會主義。一九二七年蔣介石背叛革命，殺共產黨人，他竟下令不抵抗，工人糾察隊繳槍、解散。劉少奇執行，武漢工人糾察隊繳槍。革命的生死存亡關頭，中央在九江召開「八七緊急會議」，解除他的總書記職務，決議武裝暴動。會後周恩來招納賀龍組織南昌起義，我回湖南組織秋收起義，上井崗山割據第一塊地盤。陳獨秀呢，贊同蘇聯的托洛斯基主義，在上海組織托派中央，成為革命的敵人。抗戰爆發，他得到國民黨的庇護，轉到大後方四川教中學，幾次要求回來，願到延安工作。黨中央多數人歡迎他回來。我力排衆議，堅決反對。有的人是想請他回來當總書記，給毛澤東穿小鞋。後來陳獨秀死在四川。所以講他是黨內第一個僞君子。

謝靜宜說：這些，黨史上沒有講清楚。第二個哪？

毛澤東說：瞿秋白。那時由向忠發接任黨總書記。向是個工人，沒文化，沒能力，實權落到二號人物瞿秋白手裡。瞿是個書生，寫文章、搞翻譯可以，領導革命一竅不通。還左得很，號令全國工人罷工，市民罷市，學生罷課，追求轟轟烈烈。工人、學生手無寸鐵，只能任人鎮壓。他領導了幾個月，混不下去，撤了他，換上李立三。瞿秋白後來也到了江西中央蘇區，任蘇區政府教育委員。紅軍長征時，把他留在閩西蘇區打游擊，不久被捕。國民黨處死他之前，寫下一篇《我的自白》，敘述他內心空虛，苦悶彷徨。刊登在反動派的報紙上，醜化黨，醜化革命，實際上是變節行為。可是黨內多數人仍尊他為革命烈士，稱那篇「自白」只是些多餘的話。直到這次文化大革命，紅衛兵小將去福建掘了他的「烈士陵墓」，算出了一口革命的正氣。毛澤東說：第三個是李立三。向忠發仍是傀儡總書記。李立三長沙人，我的老鄉，我們在長沙清水塘住在一起。有人造謠我和他原配通奸。放屁，就算通奸，也是兩廂情願。小謝啊，我年輕時火力很旺。和開慧、子貞都創過紀錄，搞通晚。李立三為人很自大，他去過法國勤工儉學，懂幾句洋文。他看不起我，視為土包子。當年他推行一條比瞿秋白更左的左傾冒險路線，無視我提出的「以農村包圍城市、最後奪取城市」的戰略，而悍然號令全國工人效法蘇聯十月革命，在大城市舉行武裝起義，命令各蘇區根據地紅軍部隊攻打大城市。江西蘇區紅軍就執行他的命令打南昌，打長沙，打武漢，胡吹爭取一省數省的革命勝利……結果，紅軍隊伍蒙受慘重損失，給他的瞎指揮交了昂貴的學費。他搞了三個月的左傾冒險主義，差點斷送革命……我沒有和他記仇，「七大」、「八大」都推薦他做中央委員，全國總工會委員長。六七年初他自殺了，我不難過，對這個僞君子仁至義盡。

毛澤東說：第四個是王明，共產黨隊伍裡的小白臉。他一九三一年跑到莫斯科，混了個共產國際執行局委員，中共代表團團長，就代表共產國際，於萬里之外，通過博古、張聞天等人遙控中國革命，妳講他娭毑的荒唐不荒唐？有十多年時間吧，他是黨內洋派代表，我是黨內土派代表。他在莫斯科喝牛奶、吃洋麵包，我們在江西蘇區吃紅薯、喝南瓜湯，浴血奮戰，卻要服從他的形左實右的機會主義路線！正是執行他的錯誤路線，江西蘇區第五次反圍剿失敗，中央紅軍不得不撤離蘇區根據地，搞二萬五千里長征。實際上是大逃亡。從江西出發時軍隊和幹部家屬一共三十萬，一年後到達陝北，只剩下八千。王明路線的惡果，使我地下黨損失百分之百，紅軍部隊損失百分之九十……王明於一九三七年回國，又和我爭過一段中央領導權。我把他鬥了個半臭不臭。「七大」、「八大」我都做工作，提名他做中央委員，並沒有記他的仇。他一九五六年藉口到莫斯科治病，再不肯回來。這次文化大革命，他逮住機會了，在《眞理報》、《消息報》、《文學報》上寫文章，大罵毛澤東是暴君，獨裁者。他最不要臉，忘恩負義的東西，不折不扣的僞君子。

毛澤東說：第五個是張國燾。長征途中，他沒有爭到黨的第一把交椅，就另立中央，分裂紅軍。後來混不下去，拉部隊到陝北，和中央會合。他被解除兵權。一九三八年，他逃到西安，轉武漢，向蔣介石投降。當年有個警衛員跟着他，本可以處理他的。我說放他一命，讓他當叛徒去吧。再後來他去了香港、加拿大，……黨內的僞君子還有很多，第六是李達，第七是彭德懷，第八是張聞天，第九是彭眞，第十是劉少奇——此人是僞君子中登峰造極者，第十一是陶鑄……小一些就更多了，陸定一，何凱豐，黃敬，周小舟、田家英、鄧拓等等都是。這些僞君子，關的關了，死的死了，不足爲患了。小謝啊，今天和妳講的這些，是我的眞實想法，但不要外傳，免得造成思想混亂。

謝靜宜點頭：主席心裡有一本細帳哪。何凱豐、黃敬是誰？俺沒有聽說過。

毛澤東說：妳哪，太年輕，官賜北京副座，要學一點黨史哪。何凱豐，長征時當過政治局委員，中宣部長。在延安，他笑話我的《論持久戰》是照抄《孫子兵法》，這個王八蛋，一九五四年死了；黃敬又名俞啓威，江青的第一任丈夫，但江青說沒有和他發生過肉體關係。那時都只二十來歲，青春高峰期，沒有性關係？哄鬼呢。我十三歲就搞了鄰居的女孩，黃敬二十出頭不搞新婚妻子？不管他。他當過新中國天津市第一任市長，國務院機械工業部長，國家科技委主任，一九五八年公開反對大躍進，嘲笑超英趕美，被我狠批幾次，嚇得跳樓自殺……小謝啊，和妳講眞話吧，在我們黨內，除了上面這些大小僞君子，活着的呢，有多少？甚至在中央，在我身邊，仍掌握着相當權力的，就有那麼一兩個，兩三個……

晴天霹靂似的，平地驚雷似的，謝靜宜都花容失色了：誰、誰？還有誰？

毛澤東打了個呵欠，睏了：這個，還要留待觀察，妳不要打聽，日後自然明白……毛澤東也沒有言論自由囉，不是想講什麼，就能講什麼……小謝，今天聽到的這些，妳要保密，保、保密……

謝靜宜都出汗了。她奮力扶魁梧肥碩的毛澤東上床休息。

不一會，毛澤東就四腳八叉地睡去，鼾聲大作。偉人偉鼾，領袖的鼾聲是出了名的，能穿牆透壁，小狗才騙你。謝靜宜也歪在沙發上，睡去。

專列抵達南昌時，毛澤東仍未睡醒。謝靜宜醒了，到洗手間整整儀容，悄悄退出。在過道上遇到王恩義少將，小聲說：主席還在睡，到九江再叫醒他。

第五十五章　廬山又開神仙會

周恩來忙忙碌碌，於二十日下午飛抵九江，換乘汽車上到廬山已是傍晚時分。入住河西路四百二十二號原馬歇爾別墅。稍事安頓，即給美廬去電話，向毛澤東報告自己到了，可不可來匯報一下工作？毛澤東說，恩來你是最後一位上山的囉，先休息吧，明天我去白鹿洞書院看看，山上空氣清新，大家再遊兩天，後天晚上常委碰頭，見面。

周恩來的第二通電話，問候林副主席，也是報告自己到了，明天來看望林總和葉群同志。葉群在電話裡說，林總一直記掛著總理沒有上山……黃總長給林總來過電話，說是想到山上來看看。

這個葉群，就是忘不了她的大將軍黃永勝。周恩來忽然想起，一九五九年那次廬山會議，總參謀長黃克誠本來也是留在北京看家的，卻要求上山來趁熱鬧，結果鬧出個「彭黃張周反黨集團」；現在是總參謀長黃永勝留在北京值班，也想往山上湊……難道是歷史的巧合？類似事件的重演？不會的，

不會的，純粹是瞎聯想的。

周恩來的第三通電話，掛給江青同志。竟是汪東興接的：總理到了？本來要去九江機場接你，山上事多，實在走不開……這不，這裡的兩名女服務員惹江青同志生氣，把一隻明窰花瓶都摔了，我來做做工作。江青外出散步了，王恩義陪著她。

眞不像話，讓辦公廳主任、副主任圍著她一人轉。周恩來嘴裡卻說：東興啊，你是大忙人，兩百多位中央委員到了山上，都是你張羅。有不有時間來一下，送份中委們的住址、電話名冊給我？

十來分鐘後，汪東興來到河西路四百二十二號，送上中委們住址、電話一覽表。周恩來高興地說：有了這張聯絡圖，我就方便了。主席上山後，有什麼指示嗎？是指那些讓你轉達的。

汪東興說：老人家這次上山，還沒有約見誰。許多省市的同志想拜見，也一律婉拒，說反正會議上要見面。只是由謝靜宜她們陪着，每天都去了一些景點，說是舊地重遊。……總理，聽說本次全會要增補張春橋爲副主席？山上都在傳這個小道消息。

周恩來說：主席有這意思嗎？不會在本次全會上提出吧。這事你怎麼看？

汪東興說：恐怕難以服衆，……特別是軍隊的中委們很反感。

周恩來言不由衷地說：噢，很好，主席有興致就好……山上的警衛工作，都安排好了？我們都不要聽信小道消息啊。

汪東興說：老規矩，由警衛團第一中隊保衛會議。山下是江西省軍區獨立師和中央警衛團的機動部隊。主席指示，這次的警衛工作由王恩義掛帥。

周恩來說：好，這就好，有王恩義替你分勞。本屆中央委員軍人多，將軍們和他們的警衛員，都帶有槍枝上山吧？登記了沒有？

汪東興說：警衛員的槍枝登記過了，子彈也都卸下，下山時再發還。只是三總部和十大軍區司令員、政委們的槍枝不好登記。像許世友同志、吳法憲同志，連我都不好去和他們提這事。

周恩來點頭：你有你的難處。將軍們是忠於主席的。只有一條，任何人不准帶槍去見主席，這是鐵的紀律。相信不會有什麼事，我們小心些，以防萬一就是了。江青同志剛上山，就生誰的氣了？

汪東興說：兩名女兵，從京西賓館挑選來的，江青一會嫌這個的手冷，一會嫌那個的嘴笨，要求換兩名男服務員，……讓男服務員扶伺她洗澡、睡覺、起床？我說不方便嘛！她卻說有什麼不方便？老娘都生得下他們。我說那就請示主席吧。一聽說請示主席，她才改變主意，同意留下那兩名女兵。她叫人家「呆頭鵝」。

周恩來苦笑笑：汪主任，到了這山上，你比我在北京還忙嘍。不拉你聊天了，有情況隨時通知我。我明天會去看看江青，提醒一下，主席也在山上哪，生活瑣事，大家隨和些。對了，大區司令員、政委們都帶了廚師上山，你通知後勤處，每天都要送整雞、整鴨、整魚，他們戎馬生涯，大碗喝酒、大塊吃肉慣了，最恨小碗小盤的「貓食」。過去由楊尙昆安排這些事，他有經驗。

汪東興苦笑着告辭：如今是中央領導很隨和，大區司令難伺候。像林副主席，從不提生活上的特殊需求。從前天開始，每天十幾輛卡車朝山上運湖鮮海鮮，活雞活鴨、蔬菜水果。江西今年早稻歉收，卻來擾民……

周恩來送至門口握別：你是江西老表，對家鄉有感情。放心，國務院會適當照顧江西財政。

送走汪東興，電話鈴聲一串接一串地響起。一些省市的頭頭們聽說總理上了山，就都要求來拜望，匯報工作。什麼拜望？還不是代表他們各自的省市，趁機向他這個總理要錢要項目，因此吩咐秘書，一個不見，有話到會議上說。不要把周恩來當財神爺。現在又颳起一股風，每個省市自治區都要求興建大型的《毛澤東思想勝利萬歲館》，規模直比北京的人民大會堂，十幾個省市的設計圖稿已報送國務院。其中江西省動作最快，年初從中央爭得一筆款子，聽說已在動工興建。有必要興建這麼多《萬歲館》嗎？可否有選擇地在韶山、井崗山、遵義、延安、西柏坡、北京、上海等地各建一座？也不要叫「萬歲館」，還是叫「紀念館」嘛。此事，先個別向主席匯報、請示，相信主席不會批准搞這類勞民傷財、華而不實的超大型工程的。

一夜無話。第二天，周恩來無暇游覽風景名勝，一早就電話約下，依次去見林彪、陳伯達、康生、江青。倒是江青提議：總理啊，何必勞動你來逐個見我們？還是由我約上葉群、康生，加上春橋、文元，一起來看你？工作上的事，大家見面商量啦。周恩來想了想，盡量客氣地婉謝：江青哪，謝謝妳的好意。主席在山上，沒有委託，我不能召你們來碰頭，這是紀律啊。還是我逐戶串門，走動走動，沿途還可觀觀風景。

上午十時半，周恩來先去拜望林彪、葉群。林彪裹着件軍大衣，早早的坐在客廳候着。葉群親自上茶。周恩來彷彿看到林立果在走廊深處走動。老虎也上山了，葉群不提起，他也不便問。客廳裡有一股異味。是否林副主席又拉在床上了？四處門窗緊閉，因林副主席畏寒，異味沒有及時散出去。看來葉群和工作人員都習慣了，異味也無所謂了。

周恩來本不想動那杯清茶的，見林彪正喝着一杯白開水，爲了表示對主人的敬重，只得捧起來品上一口，讚道：葉群哪，這廬山雲霧茶，苦中帶甘，名不虛傳。

葉群拋一個媚眼：林總從不喝茶，我也品不出各地名茶的高下。總理是行家，誇這雲霧茶，一定差不了。

林彪不慣這類寒喧廢話：全會的議程出來了？我這裡沒有見到。葉群說政治局還沒有議決？

周恩來恭敬地說：有一個草稿，主要是三項，一是審議憲法修改草案，二是討論國民經濟計畫，三是研究戰備。到第三項議程時，黃總長上山做專題發言。回頭我給主席、林副主席寫個文字材料。

林彪說：憲法草案，還是要寫下設國家主席、副主席一條。其餘不管，我就堅持這一條。

周恩來掏出筆記本，記下林彪的話。

林彪說：下面的話，總理不要記錄。近一段，黨內有一股否定主席思想、損害主席威望的暗流。要警惕有人利用主席的偉大謙虛搞名堂。什麼「四個偉大」過時了，不要再提了。還有人要從憲法草案中拿掉「毛澤東思想是全黨工作的指導方針」這樣的句子。我是要堅決捍衛主席的思想、路線的！

我講過，像主席這樣的天才領袖，外國幾百年出一個，中國幾千年出一個。主席的話，句句是眞理，一句頂一萬句，是精神原子彈，等等。這些話，我不會收回，永不收回。

周恩來心裡一陣發毛：好傢伙，二中全會還沒有開幕，林副主席鋒芒所向，要批張春橋？

林彪從來話不多，份量重。周恩來坐了一會，告辭出來。葉群陪他走一段路。周恩來問：林總披大衣，怕冷，山上早晚溫度低，爲什麼不生壁爐？葉群說：前天剛到，就想生壁爐，但找不到劈柴。林總說三伏炎天，生什麼壁爐？不要給管理處添痲煩。周恩來說：特殊情況，照顧一下，回頭我和汪東興他們打聲招呼。還有，到了中午，你們別墅開開窗戶，換換新鮮空氣。上了山，不吸這空氣，可惜。葉群忽有所感地說：總理心細，會體貼人，鄧大姐有福氣。周恩來說：不要講這個。中央把林總交給妳照料，妳的擔子不輕囉。好了，陳老夫子住處快到了，妳請留步吧。

陳伯達的住處，到處都是書。客廳茶几上，左一本、右一本的攤着馬列經典著作。陳老夫子見總理準時來到，趕忙伸出雙手，像要來個擁抱似的，這個書獃子！周恩來笑問：老夫子，你把北京的陳氏圖書館搬來了？陳伯達說：北京家裡的書只帶來三木箱，大部份是從九江圖書館借的，我開了個書單，管理處派人拉來半卡車。

周恩來坐下後，說明來意，就是順路看看幾位老同志，住的吃的還行吧？山上早晚涼，注意添衣，晚上被褥可厚些。你又在引經據典的忙些什麼？

陳伯達感激地笑笑：總理對人，總是無微不至……我在摘編些革命聖人的語錄，備主席和林副主席會議期間不時之需。理論助手嘛，不就忙這些？不然我這名中常委，就更是徒負虛名了。

周恩來只在陳伯達處停留了三、五分鐘，不談任何實質性問題，仍堅持步行，下坡拐彎，上坡拐彎的，去到坡頂拐角處康生的住所。他的座車仍緩緩地跟隨着，只有秘書和一名衛士緊隨其後。康生是主席和江青信得過的人，從康生這兒，往往能揣摸到某些不便言說的「聖意」。

康生每次上廬山，都住這棟原國民黨軍統頭子戴笠的「宿舍」。從不避諱。可說是一種歷史的機緣吧。戴笠、康生都是情報總管，各事其主。按對方的說法又都是殺人不眨眼的魔頭；可兩人卻又都有很高的文化素養，琴棋書畫樣樣來得。尤其是康生的書法、金石，堪稱雙絕，一筆瘦金體出神入化，幾可與宋代那位亡國之君宋徽宗媲美，連毛澤東都十分服氣的。

戴笠留在廬山的這棟「宿舍」，無論外觀結構，內部裝潢，都透著古樸的文化氣息，和四圍山色十分和諧。康生見周總理前來探視，笑出滿臉的褶皺——人說他臉上那木刻刀刻出似地每一道深淺紋路，都隱含有大智慧、大謀略：總理稀客！蓬壁生輝！

周恩來沒有落座，而是繞到窗下一張大書案前，先欣賞書法：康生哪，瀟灑哪，廬山揮毫，更添靈氣哪！啊喲，好一幅中堂，有氣勢，勁道。

康生笑嘻嘻：總理謬獎。中國美術館想要我的幾幅字，催了幾年沒給寫。這次上山前，和他們館長約定，我的字，只收藏，不展出。我也不問他們要筆潤，換幾刀宣紙、幾盒徽墨、幾方端硯就行。

周恩來大笑：好你個康生，還不算筆潤？話說回來，你這筆瘦金體，流傳後世，肯定是無價的。

服務員上茶。康生請總理坐下用茶：我的字不如趙佶，卻要比郭沫若強些。每到一地，都看得到郭老的題字，替他臉紅。

周恩來知道康生看不起郭沫若，曾說過用腳趾頭寫字都比郭老的強些之類的話，也是文人相輕囉：你康老惜墨如金，人家郭老詩人豪情，有求必應。

康生說：乾隆也喜歡到處題字。他題字的癮頭眞大，大到沒有分寸，六次下江南，至今江浙一帶名山秀水，四處可見他的打油詩，刻在巖石上，大煞風景。

康生這人也是，一把年紀了，一談書畫就狷狂。周恩來說：你是古字畫鑒賞專家，內行人講內行話。我不懂這個……康生同志，我剛從林副主席那裡來。看樣子，這次全會討論憲法草案，對要不要設國家主席、副主席這一條，還沒有形成一致意見。我想聽聽你的看法。個別交談，你不要在意。

康生從鐵罐裡抽出一支大中華，想起總理是不吸菸的，就又放下了：我主張設，不設不好辦，對內、對外兩個方面都不好辦。

周恩來拾起菸遞上，擦亮根火柴替其點燃：吸吧，是在你的住處哪……可否談得詳細些？

康生還是把菸掐滅了，表示對總理的敬重：對外，黨主席不能算國家元首，國家主席才是。考慮到國家禮儀，國際交往，應當設國家元首；對內，黨主席和國家主席一元化，有象徵性，利於集中統一。文化革命前，由劉少奇擔任國家主席，變成二元化，鬧出許多荒謬事情。所以我擁護黨主席和國家主席都由毛主席擔任，今後可免許多矛盾。

周恩來點頭。心想康生是最接近江青的，或許從江青那兒揣摸到了主席的眞正意向，等着大家來勸進，甚至是 苦苦勸進……主席也有主席的苦衷啊，是要避免某種嫌疑呢，好像發動文化大革命運動，打倒劉少奇，就是爲的奪回國家元首的名份……

從「戴笠宿舍」出來，周恩來仍堅持步行。忽然，山上起了大霧。這山上的霧，總是說來就來，瞬息間鋪天蓋地，團團滾滾，混混沌沌，濃得似流動的乳汁，厚得像高天雲層，……三步開外，就什麼都看不淸了。跟在他身後的座車亮起雪亮的高燈，兩柄利刃似的，劈進濃霧裡，但很快被消隔。

秘書和警衛員都喊：總理上車吧！能見度差，怕遇到懸崖……周恩來兩手撥劃着：快來快來，好個雲瀑霧海！我們是到了天上，騰雲駕霧啦！秘書和警衛員立即跟上，一左一右地陪護着他，緩緩前行。他心想，難道本次二中全會，也像在這雲霧裡一樣，摸不着頭緒？

三人小心翼翼地走出百十步，忽又霧散了，雲開了，麗日和風，青山綠樹，花草別墅，歷歷在目，彷佛從天上回到人間，或者這廬山牯嶺原本就是人間天堂。周恩來站下，問：我們走到哪裡了？沒有迷路吧？秘書說：這不，江青同志的住處到了。

正說著，江青笑笑吟吟、風姿綽約地步下台階出迎來了：總理呀，時來風送滕王閣，你是一路踏霧而來的吧？請！請！請！恰好春橋、文元也在，閒聊聊。

周恩來熟悉這棟劉少奇夫婦曾經兩次入住過的俄式建築物，客廳高闊，採光不是很好，感覺上是大而不當。張春橋、姚文元見總理進來，連忙起立，快走幾步迎上，一口一聲地總理好！總理好！周恩來與兩位秀才熱烈握手：都好都好，上午休息，我隨便走走，看看江青同志，沒什麼要緊的事，二位請坐，我也坐，我也坐。你們聊什麼哪？

張春橋目光閃爍。姚文元木訥些，似有難言之隱，吱唔說：聊、聊三蘇的廬山詩，就是一門三學士的蘇洵、蘇軾、蘇轍……

江青廳裡廳外的張羅着。不一會，兩名女服務員端來大盤白蘭瓜——每片均切成新月形，四隻青花瓷碟，一人一方淨手毛巾。

周恩來眼睛一亮：好新鮮的白蘭瓜！江青啊，數妳熱愛生活，懂得生活喲。

江青替總理又上兩片白蘭瓜：總理嚐嚐。春橋、文元自己動手……這是甘肅省革委會孝敬老闆的，蘭州軍區空軍飛機送來。老闆不太吃水果，受我影響，夏季就吃個白蘭瓜，指定要甘肅出產的，比青海、新疆的爽口。我這裡還有兩筐，回頭讓司機給總理送些過去。

周恩來吃相斯文，細嚼慢嚥地品味：吃了還帶走？妳這裡來人多，留着待客吧！心裡卻想：不像話，打了主席旗號，讓空軍飛機送瓜果，這白蘭瓜價比金瓜了……嘴裡仍說：妳住這裡還安靜吧？四周花木多，鳥雀多，沒影響睡眠吧？

江青說：總理可不許和我講客氣……這兩晚睡得好，空氣清新、淨潔，比北京強多了。

張春橋說：山上空氣負離子含量大，於心、肺有益。

姚文元沒話找話：王羲之、李白、白居易等人都在山上住過很長時間，歷代文人留連不已。

周恩來問：兩位大秀才，上山後寫詩沒有？廬山管理局給文化部和計委報了個項目，準備在山上建詩詞碑林，把陶潛、李白和主席他們的吟廬山詩刻上去，不能少了二位的佳作囉。

張春橋、姚文元寫詩？瞎扯蛋，總理逢人就講好聽的。江青看一眼牆上掛鐘，忽然說：喲！總理，都中午十二點半了，馬上就開中飯，你就在我這裡用了吧？春橋、文元也不要走，留下來陪總理。鄧大姐上山了嗎？叫司機接她過來。

周恩來想了想，笑說：好！主人情難卻，我等打秋風。小超請病假，北戴河休息去了。我要做一段單身漢囉。

江青吩咐姚文元：去外邊通知一聲總理的司機、秘書、衛士，總理在這裡用飯，他們兩小時之後來接。若有總理的電話，也轉到這邊來。

周恩來知道江青和兩個秀才的關係不一般，他們之中的許多事情也不讓他知道，便決定不和他們談有關會議的話題了，而在生活上和他們打成一片，營造親切氣氛。遂起身說：江青啊，你請飯，我不能不有所表示，你們廚房在哪裡？

張春橋笑問：總理還要下廚房勞動？

江青亦問：想燒道菜，露一手？

周恩來說：走，找塊圍裙給我，來一道淮安名菜，紅燒獅子頭！燒好後，給主席送一份。

……當天晚上，周恩來就九屆二中全會四項議程，寫下一份書面報告，呈毛澤東主席和林彪副主席，並提到：本次全會到會人數爲二百五十三人，除召開全體大會外，擬分爲華北、東北、西北、華東、中南、西南六個組進行工作。妥否，請批示。

林彪、葉群上山後，天天在住處接待「各路諸侯」。

最先來拜望林副主席夫婦的竟是中辦主任、中央保衛局局長汪東興。汪東興負責此次全會的會務及後勤供應，來看看林副主席住得怎樣，吃得怎樣，自是他份內的事。林彪、葉群對這位「大內總管」兼「內衛統領」式人物，也顯得格外熱情。葉群拉住汪東興的手說：汪主任，把你給忙壞了吧？人都清瘦了。林總常說：中辦由東興同志當家，哪方面都比原來那個楊尙昆強！八三四一部隊掌握在東興手裡，萬無一失。

汪東興忙說：我的工作，就是爲中央兩位主席服務。長期以來，我心裡最敬佩林副主席。可以說，沒有林副主席，就沒有文化大革命，也就打不倒彭羅陸楊、劉鄧陶賀這些壞人。

林彪聽這一說，也近前一步，拉住汪東興的另一隻手：是主席的大功勞，我只是從理論上、軍事上做了配合。你肩上的責任很具體、很要害囉。

汪東興的兩隻手，就這麼被林副主席夫婦一左一右的拉住說話，心裡那激動，那美滋滋，眞是難於言表了。直到兩隻手被鬆開，他才忽然來了個軍人的立正，敬禮，宣誓似地對林副主席說：是！八三四一部隊永遠忠於林副主席，我汪東興永遠聽從林副主席的直接指揮！有林副主席掌舵，我們就不怕任何的敵人。林副主席有什麼命令，請隨時吩咐，我堅決執行。

送走了汪東興，林彪、葉群心照不宣地笑了起來。林彪是難得一笑的，這天卻整天都面帶笑容。汪東興是主動向接班人靠攏，示忠。

更令林彪夫婦意想不到的是，葉劍英、徐向前、許世友等人也先後上門拜望。葉、徐二帥還是聯袂而來，見面敬禮，握手，問候，坐下喝茶聊天。看樣子葉、徐二位是有話要講。於是林彪支走了葉群：去外面招呼一聲，不要放人進來。妳也留在外面照應，把門關上。

葉群離開後，林彪說：女人家嘴巴碎……葉帥，徐帥，有話直說，於公於私，我對二位負責。任何話，只會到我這裡打止。

葉劍英看徐向前一眼，點了點頭，彷彿下個大決心地說：上山後聽到一種傳聞，本次全會要增補張眼鏡為黨的副主席？林總，他張眼鏡何德何能？你要有個明確的態度啊。那小子陰毒得很，他要當上副主席，就是直接衝着你林總來的！

林彪不動聲色：這事我一無所知，主席沒和我通氣。張春橋後面是娘娘。徐帥，你怎麼看？

徐向前說：擺明的，張眼鏡當副主席，是替娘娘接管最高權力鋪路。每想到黨和國家可能落到這樣兩個傢伙手裡，就不寒而慄！這是對黨、對軍隊、對國家的侮辱！

林彪說：徐帥見解，一針見血。如果主席執意這樣安排，我和你們都無能為力。

葉劍英拍拍茶几：你的接班人地位，是寫進了黨章的，這次也寫進新憲法，怎麼又要另做安排？天下是大家打下的，怎麼可以私相授受，夫婦相傳？我講這話，是不怕殺頭的。

林彪溫和而敬重地看看葉帥、徐帥：二位是肺腑之言。主席最近講了四句話、十六個字：打掃寺廟，請進眞神，老將退位，小兵回營。就是這個意思。眞神就是張春橋和江青。他們的步伐很快囉。

葉劍英憤恨地說：老將退位！難怪我們都退到南方，被供養起來。

徐向前說：黨和國家的權力，成了個人口袋裡的東西，想送誰就送誰？皇帝老子還講個傳長傳嫡，有個規矩順序！我講這話，也是不怕殺頭的。

林彪倒是冷靜地問：你們找過總理嗎？總理什麼意見？

葉劍英說：總理很為難。他說張、江上來不是不可以，但最好先徵求大家的意見，多團結一些人，不要搞的太過匆忙。

徐向前說：總理遇事溫和，面面俱到。

林彪忽然想起什麼似地：這事，暫時談到這裡，大家心裡有數。二位在下面住了快一年了吧？現在可以告訴你們，去年十月那次全軍戰備動員，幹部疏散，我曾提出留葉、徐、聶三帥在京，繼續主持軍委戰略研究小組。可是娘娘不同意。主席聽了娘娘的，要下一起下，一視同仁。我的意見被否決。二位應瞭解，在一些事情上，我這個接班人並無多大的發言權，不敵娘娘枕邊風。

葉劍英說：恨煞那個三滴水！外國有個電影叫《埃及妖后》，想不到我們新中國也有妖后。

林彪說：今天的牢騷話，到我這裡打止。所以支開了葉群。黨內的許多情況，都爛在我肚子裡吧……你們在下面，身體都不大好吧？我會和總理商量，設法安排二位加上聶帥回京治病。聶帥是我老搭檔，近來我越來越念舊。前兩年同意扳倒羅瑞卿、賀龍幾個，也是他們先反我。其他老同志，能保的，我儘量保下來。不像你們講的那個三滴水，想把軍隊的老人都打下去。

徐向前說：所以我和葉帥都主張設國家主席。毛主席年紀大了不願兼任，就由接班人擔任，名正言順。

葉劍英也說：當了國家主席，才有實權，講話算數，至少可以壓壓張眼鏡和三滴水的妖風。

林彪說：我也不要兼任，但主張設這個職位。不然就趁了他們的意了。什麼東西，敢搞到我頭上來，老子對狗日的不客氣！

……三位元帥談的很投機。一小時後，葉群進來時，葉劍英、徐向前已起立告辭。林彪對葉群說：通知北京黃永勝，以軍委辦事組的名義給主席寫個報告，請示批准葉、徐、聶三帥在開完全會後回京居住、治病。

葉群笑吟吟地望望葉帥和徐帥，轉而對林彪說：這事啊，你還是請總理出面去辦妥當些，避免上頭多心，懷疑我們和老帥搞到一起。

葉劍英、徐向前和葉群握別：林總的賢內助，謝謝囉。

南京軍區司令員許世友前來拜見林副統帥夫婦，卻顯得有些滑稽。原來許世友有個女兒，軍醫大學畢業，和老虎同歲，極欲和林家攀親。可葉群已派人暗中觀察過，許家千金矮胖體型，像貌極似乃父，老虎怎會看得上？老虎一心要找個天姿國色的人兒哪。此事，林彪倒是私下惋惜過：許家閨女要是長相過得去，不失爲一椿將帥聯姻，一南一北，隨時呼應。

果然，許世友開口就說：林總、葉主任，昨天傍晚我到御碑亭散步，碰到你們老虎了，很有禮貌，叔叔、叔叔的叫喚……老虎一表人材，年輕有爲。

葉群說：許司令謬獎了。這次老虎本不應該上山的，可孩子家貪玩，從沒來過廬山，只好帶他到山上玩幾天。田普同志好嚒？沒有上山？我還講哪天去看看大妹子哪。

許世友說：留在南京看家，不然就和我一起來拜望了。

林彪厭煩這些客套，而問：世友同志，你上山後聽到什麼傳聞沒有？我不出門，消息不靈。

許世友說：正是有個事，來找林總談談活思想。聽講本次全會，要增補張春橋做中央副主席？說是一武一文，不能只有武、沒有文。

林彪知道許和尙最看不起的就是張春橋這類搖筆桿、耍嘴皮的幹部，而說：這事只是風聞，主席沒有和我打招呼，總理也沒有提起過，或許還在考慮之中吧……許司令，你是政治局委員兼「兩江總督」，在過去算一品當朝加太子太保，有發言權囉！怎麼看法？

許世友登時瞪起眼睛，紅著臉膛說：娘的張眼鏡沒有帶過一天部隊，沒有一寸軍功，派他當了南京軍區第一政委已很過份！還要當中央副主席，眞是天大的笑話，把我們這些出生入死打天下的人，都看成他娘的廢物阿斗了！

林彪笑笑說：許司令要冷靜。張春橋同志還是有他的一些長處……你曉得，我作爲主席的接班人，又是目前中央唯一的副主席，是不便反對中央另設一名副主席的。設就設吧，有了武的，還要文的，也是一種平衡嚒。

許世友茶几一拍：不行！林總，我老許和軍隊絕大多數同志，只認你這個上了黨章的接班人，決不認他娘的四眼狗！他算老幾，想造反，老子一粒花生米就收拾他狗日的！

林彪和許世友談得十分相投、暢快。葉群特意留下許司令吃中飯，喝陳年茅台酒。林彪以涼開水代酒敬許司令。林立果則沒有回來，不知帶着警衛員游到哪兒去了。

送走許世友，林彪、葉群本想午休一下，不巧又有吳法憲、李作鵬、邱會作三位親信部下到訪。這才是林府嫡系。葉群連忙吩咐服務員上茶、上水果。

服務員退下、廳門關上後，林彪笑瞇瞇地問：上山不到三天，怎麼大家都在風傳張春橋要當中央副主席的事啊？

李作鵬說：我看這次張眼鏡和三滴水是搬起石頭砸自己的腳！陰風是上海那伙人放出的，製造輿論，以求得逞。

吳法憲說：張眼鏡癩蝦蟆想吃天鵝肉？除非日頭從西邊出！

邱會作放低聲音：我聽講，消息最初是從總理的秘書口裡透出……總理也不願看到張眼鏡上臺。

林彪看邱會作一眼，搖搖頭：邱部長，你這消息來源到此爲止，不要再傳。大家都要保總理。你們不要小看了那個張眼鏡，主席確是準備把他提拔成黨的副主席，替三滴水上臺舖路。這個人已是我們最大的隱患，三滴水的許多點子、壞主意，都是來自這個軍師。已查明，離間溫玉成就是他謀劃，讓三滴水幹成的。是個教訓啊。

正說着，陳伯達老夫子進來了。他已經聽到談話的內容，邊坐下邊說：張春橋這個人，不及早把他除掉，不久的將來，肯定壞林總的大事，壞我們黨和軍隊的大事。但他在黨內沒有多大的市場，在軍內更沒有任何的影響力。我們動作得早的話，可以不費多大力量，借助一些反對他的人就可能把他拱倒。把他弄掉了，三滴水就沒有多大的能耐了。三滴水主要靠他呼風喚雨，興風作浪。毛主席的目光已經轉移到他身上，也是把全部的希望寄托到這個人身上，大有取代林副主席之勢。我就這麼個看法，不知諸位以爲如何？

林彪點頭：還是理論家的見地深刻，分析精闢。

李作鵬說：難怪近一段毛主席強調團結，左派內部要團結，就是爲了壓下反對張春橋的聲音。

吳法憲說：上山前，黃總長和我說過，要搞掉張眼鏡，就趁早動手。現在我們還佔絕對優勢。搞遲了，他當上副主席，就難以動他了，我們就被動，只好接受既成事實。

林彪說：作鵬講得對，上面強調團結，就是爲了扶起張春橋……葉主任，妳給北京掛電話，要黃總長提前上山，山上需要他。伯達同志，理論家，打蛇打七寸，要找準張眼鏡的「七寸」。

陳伯達說：張的「七寸」現成。他在憲法草案討論會上，多次反對把「毛澤東思想是全黨全國工作的指導方針」一條寫上去；他還主張刪掉三個副詞、四個偉大。我們可以批他利用毛主席的偉大謙虛，猖狂反對毛主席，反對毛澤東思想。這「七寸」一打，必然在全會上引起公憤。

林彪手掌一劈：行！伯達同志有諸葛孔明的水平。我可以告訴各位，這次，包括汪東興、許世友這些人都站在我們一邊，他們是戰略後備力量。還有個事，葉主任你要注意，妳代表我去拜望一次江青同志，保持你們之間的關係。另外，杭州陳勵耘，上海王維國，武漢劉豐，廣州丁盛，北京鄭維山，等等，都來電話求見，統統替我回掉。越是密切的同志，越要顯得一般化些，避免門庭若市。

第五十六章　牯嶺夜不眠　文武分頭忙

周恩來上山後的第三天晚上，赴毛澤東的住處「美廬」參加常委碰頭會。他本欲提前半小時到達，以向毛主席個別匯報幾件事情。但毛澤東讓值班衛士回話：還是到會上一起談吧。

碰頭會在毛澤東的大臥室裡舉行。像往常一樣，毛澤東裹着件長浴袍，枕着被褥歪在那張原先蔣委員長留下的白木床上。林彪、周恩來、陳伯達、康生四人一人一把藤椅，繞坐在床前。還有張春橋、汪東興列席，坐在床頭一側做記錄。就像一群孝順的兒孫輩繞坐在年邁的老祖宗床前，大家早習慣了。自一九六二年之後，就這樣開會了。過去連比毛澤東年長的朱德、董必武、謝覺哉等革命前輩，鬚眉皆白的，也都和劉少奇、鄧小平等人一起，繞坐在毛澤東床前開會呢。

毛澤東見來人都坐好了，他自己並不坐正，仍保持着半躺半仰姿勢，邊吸菸邊閒聊似地說：昨晚上恩來給我寫了本次全會議程四條，今中午起床後才看到。林彪同志，你也看過了?很好。恩來仍做本次全會的秘書長，張春橋、汪東興做副秘書長。下面，我們先務實，後務虛。恩來，你提出會議人員分六個討論組，中直和軍直的中央委員怎麼安排？都打散了分到下邊各組去？

周恩來翻着一疊打印材料回答：籌備小組是這樣商定的，爲使中央同志和地方同志打成一片，增進交流，中直和軍直兩大系統不單獨設組，都分插下去。主席和林副主席在上面坐鎮，我和伯達、康生機動。其餘張春橋、姚文元、陳毅、陳雲到華東組；汪東興、李德生、紀登魁到華北組，葉群、李先念、李作鵬、董必武到中南組，黃永勝上山後也到中南組；吳法憲到西南組；邱會作到西北組，等等。如主席、林副主席覺得不妥，就重新分組。

毛澤東搖搖手，表示不要聽那麼多名字了：照准。六個組，組長都有誰呀？

周恩來即遞上一紙名單。毛澤東不接：恩來，我最近視力大減，看東西吃力，你唸給大家聽。

周恩來唸道：華北組組長李雪峰，副組長吳德、陳永貴；華東組組長許世友，副組長王洪文、楊得志；中南組組長丁盛，副組長華國鋒、韋國清；東北組組長陳錫聯……西南組組長譚甫仁……

毛澤東點頭，幽默地說：組長、副組長一大堆，都是我的老朋友。山下烈日似火，山上涼風習習。農夫心內如湯煮，公子王孫把扇搖。如今是我們共產黨的公子王孫上廬山，享受清涼，扇子都不用搖囉。大家笑起來。林彪說：我早晚披軍大衣。

周恩來說：計畫開十天會，加上委員們在山上的休息時間，共是半個月。明天二十三號全會開幕，九月三日閉幕，九月四號大家下山。會議四項議程，大家都知道，不重述。關於憲法修改草案，還剩下一個條文，議而未決。主席，是不是先在常委會上統一一下意見？

毛澤東問：什麼事？又是那個設不設國家主席？

林彪、周恩來回答：正是，正是。

毛澤東忽然乾咳兩聲，臉都漲紅了，似是喉嚨裡卡了濃痰。坐在床頭一側的張春橋見狀，忙放下手頭記錄本，弓身從床下端出隻白瓷痰盂，遞到領袖面前去。領袖又很響地大咳兩聲，終於咳出一口濃痰，子彈般直射下痰盂缸，濺起水珠子，飛到張春橋的臉上，鏡片上。

周恩來忙拈起兩塊小毛巾，先遞一塊給毛澤東，後遞一塊給張春橋，都是清潔面部用。

毛澤東咳過肉凍似的濃痰，又燃起一支菸：恩來，還有林副主席，你們堅持設國家主席，強我所難。講過多次，都是託人傳話，沒有和你們面對面的交換過意見。下面願聽諸位高見。哪個先講？

林、陳、康都望望周，意思是總理先講。

都大半年了，周恩來仍未揣摩到毛主席的眞正意向。毛是眞的不想做國家主席了，還是意思意思，須大家苦苦勸進？層層勸進？他老人家的心性，常常莫測高深，反覆不定，說變就變的。周恩來惟有堅持勸進一策，方可無虞：好，我先講幾句，算拋磚引玉。我能體諒，主席確是無意於國家元首這個名份的。最早是在一九五五年，主席就請求不擔任國家主席一職。那時全黨上下，出於對主席的感情和精神依賴，都接受不了主席的這個請求。一直拖到一九五九年春天的二屆人大會議，主席做通了大家的工作，國家主席一職才由劉少奇擔任。劉少奇卻利用這一崇高職位幹下許多壞事，犯下系列罪行，「九大」已有決議，我就不多講了。這是事情的一個方面。另一個方面呢？全黨全軍全國人民，又確有廣大的呼聲，強烈的願望，請主席出來兼任國家主席。也是我們中國人的傳統觀念，家不可一日無主，國不可一日無君。當然不能按舊習慣尊我們主席爲君。但主席又確是我們一國之主。這是無可否認的事實。當然，主席年紀大了，又經常離京到外地視察，擔任國家主席，會有許多繁文縟節，來來往往的，累人耗時。我想出一個變通辦法，國家主席還是請主席兼任，國際交往，對外重大活動，外國領導人來訪，新任駐華大使遞交國書啦，宴請、照像等等，主席可以用委託方式，交副主席、人大委員長、或者我這個總理去應付。這個變通辦法可不可行？僅供主席和各位常委參考。

毛澤東耐着性子聽周恩來講完：恩來善繞，繞了半天未繞出雷池一步，依舊要求我重作馮婦。下面哪個講？有屁當面放，不分臭或香。

康生老謀深算，慣於揣摩「聖意」，這次也認定毛澤東須經大家苦苦相勸，才肯當這個國家主席。誰敢公然同意毛澤東不當國家主席？於是說：設國家主席，是全黨全國的企盼，可說是上上下下，引頸以望。因此我在參加起草憲法修改稿時，既不想違背全國人民的心願，又不敢違反毛主席關於不設國家主席的指示，感到左右爲難，很大的精神壓力，也是感情壓力。我個人的意見，還是請主席來兼任，林副主席也兼任，實現黨和國家領導體制的一元化。伯達同志，你也講幾句。

陳伯達摘下眼鏡來擦着：廣大群衆的願望和要求啊，實現黨主席和國家主席的一元化，我同意康生的這個提法。也讚同總理的變通辦法，即在形式上有一個國家主席，國家元首，具體事務，委托其他同志去應付。如果這次毛主席肯兼任國家主席，將是對全國人民的一個極大的振奮和鼓舞。

只剩下林彪了。毛澤東的目光已經轉向他、罩定他。林彪搔了搔光禿禿的腦門頂：我的想法沒有變，堅決擁護主席擔任國家主席，我本人無意兼任國家副主席，也早就推薦過兩位人選，黨內董必武同志，黨外宋慶齡先生。

毛澤東再又看大家一眼，要笑不笑地說：講完了？很好啊，今天的常委會議，我是絕對的少數。兩名列席者沒有發言權。你們苦苦勸，苦苦逼，是要把我放到火上去烤囉……一九四九年夏天，我們進北平不久，柳亞子先生送我一首詩，頭兩句是：開天闢地君眞健，說項依劉我大難。前一句吹捧，後一句發牢騷，鬧待遇，出無車，食無魚。他把蔣介石比做項羽，把毛澤東比做劉邦，而他自己本是替蔣介石當說客——和談代表，最後和談破裂卻不回南京，而留在北平，投靠了毛澤東，所以他說自己是「大難」。國共內戰，楚漢相爭啊。起初項羽屢戰屢勝，劉邦屢戰屢敗，一場糊塗，但就是不認輸。一次，項羽把劉邦的老父親抓去了，五花大綁的押到陣前，對劉邦大叫：姓劉的，你再不投降，老子把你父親一刀一刀割了，煮成肉羹，分給將士們吃！誰想劉邦在對面陣中回答：楚霸王！你就烹了我老父親吧，請不要忘記分我一杯羹……史稱劉邦雄心了得，爲圖霸業，連自己的老父親都可以任由對手去宰割、烹煮，眞正流氓無賴了。我想史家只是注意到了表象，實際上項羽是把劉邦放到火上去燒烤了。到了東漢末年，魏、蜀、吳三分天下，魏的勢力最強大，很多人勸曹操稱帝，一統天下。曹操很高明，堅持不稱帝，對那批搞勸進的人說：你們是欲放老夫到火上去烤啊……我現在的心情，類似當年劉邦、曹操,你們堅持要我做國家主席,也是要把我放到火上去烤。烤熟了,大家分一杯羹。怎麼辦呢?中央全會,又要講黨內民主,又要少數服從多數。你們不說,我也知道,你們會把這個問題放到全會上去討論,之後做成決議,迫我就範。不過,我還是要告訴你們,設國家主席,只是個形式。我提議修改憲法就是不要設這個主席。如果你們實在願意要這個國家主席,你們要好了,反正我不做這個主席。林彪同志,我勸你也不要做。你身體不好,那樣瘦弱,還想被放到火上去烤?

毛澤東一席話,說的林、周、陳、康四人面面相覷。毛澤東忽又問:明天全會的開幕式,誰講話,我就不講了。林副主席,你講幾句,算開幕詞?

林彪連忙謙遜:如果主席不講話,我也就不發言了。

周恩來說:全會開幕式,主席、副主席還是要講話。

毛澤東手一揮:不講了。恩來是秘書長,可以報告一下全會的籌備情況和議程什麼的。還有康生,你介紹憲法草案的修改情況。就這樣吧!散會。

眾人離去後,毛澤東傳來王恩義,問情況。王恩義隨侍在美廬樓下,隨傳隨到。毛澤東已進到洗手間出恭,對待立在門口的王恩義說:把房門插上,再進來談。

洗手間相當寬大,且開著窗戶,王恩義進來時,並未聞到什麼異味。主席喜歡坐在馬桶上閱讀,面前一把木椅上,總擺着一摞線裝書。山上天氣清涼,也不用那人工通便器了。

毛澤東手握一卷古籍,說:我坐着出恭,你站著匯報?去拿把椅子來,我們促膝聊天。你進步了，不再用什麼小本子了。山上都有些什麼動向？

王恩義恭敬地蹲下身子：就蹲著說吧。主要動向有以下幾點，總理上山後，沒有讓人去拜望他，而分別去看望了林、陳、康、江。在林副主席等處，都只停留二十來分鐘，在江青同志住處則吃了頓中飯，張春橋、姚文元作陪……

毛澤東插斷：我知道，還下廚做了道他家鄉的淮安名菜紅燒獅子頭，送了我一份嘛。伯達、康生在做什麼？

王恩義匯報：陳伯達同志從九江圖書館借來半卡車圖書，大都是馬列經典著作，好象是在查、編一份什麼語錄。康生同志在住處練書法，說是供中國美術館收藏。對了，陳伯達同志去過林副主席住處三次，每次都逗留長時間。

毛澤東不由地起疑：上山兩天，就去三次？還有哪些人去過汪精衛公館？又叫威廉別墅，最初是美國傳教士所有。

王恩義匯報：主席是指林副主席山上的住處吧？葉帥、徐帥去過，兩人是一起去的；許世友同志也去過，林副主席留飯，喝了茅台酒；還有，還有……

毛澤東眼睛一瞪：還有什麼？不要呑呑吐吐。

王恩義硬著頭皮不能不說：汪主任去過兩次。

毛澤東使勁，臉憋紅了，總算拉出來了：噢，汪主任也去……都說些什麼？我們不要蒙在鼓裡。

王恩義匯報：葉群同志的內勤密告，林總每逢和人談話，客廳門都關嚴實，工作人員都支走，有時葉群同志還坐到客廳外來守着。所以聽不到什麼。還有一個情況，林立果同志也在山上。

毛澤東手上的書卷一放：他兒子不是中央委員，上山來做什麼？至少也是搞特權，老子開會，兒子遊山玩水。

王恩義以為毛澤東要起來，連忙遞上衛生紙。毛澤東搖搖手：不忙，本人平生三不忙，吃飯不忙，拉屎不忙，睡覺不忙。你還掌握些別的情況？

王恩義仍蹲回到瓷磚地板上：偵聽組有個電話旁聽記錄，幾乎每個省區的革委會主任，都要求去拜見周總理。周總理一個不見，有話到會議上說。

毛澤東笑笑：這個我知道，總理是怕各省區問他要款子要物資要項目。財神爺不好當囉。還旁聽到些什麼？

王恩義匯報：還有廣州軍區丁盛，北京軍區鄭維山，昆明軍區譚甫仁，成都軍區梁興初，武漢軍區劉豐，杭州空五軍陳勵耘，上海空四軍王維國，空軍副司令曹里懷，副政委王輝球……都不止一次地打電話，要求拜見林副主席和葉主任。都由葉群回了電話：林總講了，大家在會上見吧，越是親密的下級，越不要湊到一起。將星雲集，要注意影響，不要授人以柄。……情況，大致上就是這些。

毛澤東點頭，忽然說：恩義，你去叫張團長來，馬上就來。你和他一起回來，我有話交代。

是！王恩義起身離去。因毛主席仍坐在馬桶上，不便立正、敬禮了。

十來分鐘後，王恩義陪同警衛團張團長返回時，毛澤東已經半躺半仰在床上了。就在床上伸出手去，讓張團長握了握：張團座免禮，請坐，恩義你也坐。這麼晚了，找你們來，交代三件事……

張團長忙掏出個小本本來，要作筆錄。

毛澤東搖手：如今武人也習慣記錄。不要動筆了，要動腦子。第一，本次全會的保衛工作，由你們兩個直接對我負責，其他任何人不得過問，包括汪東興。汪這次負責會務、後勤。他要過問保衛工作的話，要他來問我。第二，山上開會期間，若有人頻繁串門，你們手下的人要如實記錄，包括時間、地點、往來次數等。但不要驚動他們。第三，林副主席的兒子林立果上山遊玩，你們要注意他的安全，不要出狀況。可派兩名高手暗中跟着。總之，要保護好林家的接班人。

張團長起立、立正、敬禮：是！保證完成任務。

毛澤東在床上欠欠身子：好，就這三件事，你們去執行。王主任，時間很晚了，你陪張團長去吃消夜吧，我還要找人談話。對了，要謝靜宜同志上來一下，問她一句話。

王恩義陪張團長下樓去了。軍人的腳步很重。

不一會，謝靜宜悄沒聲息地出現在毛澤東床前，臉蛋兒紅噴噴的，天生麗質，不施脂粉：主席，是不是想俺了？

毛澤東順勢把洛陽牡丹摟過去：先和妳談公事，再辦私事。妳認識林副主席的兒子林立果嗎？

小謝已經跨在領袖身上，滿頭青絲瀑布般懸垂下來：是空軍的林副部長吧？沒見過，只讀過他的那篇「四個里程碑」的講用報告，市委機關的頭們都誇帥門虎子，前程不可限量。

毛澤東目光有些暗淡：林副主席也不能傳位給他兒子吧……妳不認識最好。林立果已經到了山上。不是中央委員，上山來做什麼？中央全會，規定不准帶家屬孩子的。我們中央只有一個副主席，副主席有特權。這樣吧，這兩天，妳也到山上各處遊一遊，爭取結交上這個林副部長。

小謝有些猶豫：我去結交他幹什麼，聽講他原先很靦覥、規矩，近兩年才變得放蕩，成了見漂亮女子就想要的老虎。

毛澤東笑笑：就是交給妳這個任務，摸摸他的情況。

小謝疑懼地問：他要對俺動粗咋辦？若鬧開來，影響不好。

毛澤東說：張團長會派人暗中保護妳。無非兩種情況，一是你顧全大局，彼此相安無事，反正妳是我的人；二是他無禮時，妳可以和他鬧，隨護妳的人可以把他抓起來，交給林副主席去處置。兩種方式，由妳選擇，自處。

小謝一時花容減色：主席呀，你眞叫俺爲難哪。

毛澤東兩手已襲上洛陽牡丹雙乳：喲，都上馬了？還不把衣服除下，妳我袒誠相見？

當晚，張春橋離開美廬，直接去了江青的住處。姚文元、王洪文陪着江青吃消夜。張春橋坐下那張留給他的椅子，邊吃喝邊通報常委碰頭會的重要訊息：四比一，都勸主席兼任國家主席，林彪兼任國家副主席。看樣子他們佔了優勢。

江青吃過了，動作優雅地以餐巾貼貼嘴角，擦擦雙手：總理慣搭順風船，康生這次也沒有猜到主席的眞意。把話說白了，老闆執意不兼國家主席，就是要堵接班人的路。等着瞧吧，再下去，就會有人提出，既然毛主席無意兼任，請接班人出任國家主席。

張春橋陰陰地說：那就又培植出一個劉少奇。

姚文元、王洪文幾乎同時停下杯筷：江姐，那一來我們就被動了。

張春橋連忙補充：主席也講了，他不當，林彪也不當。就是總理、伯達、康生三個苦苦勸進。

江青很滿意上海幾個年輕兄弟喊她做「江姐」：不要緊，我可以繼續看大家的演出，相信主席也是這種心情。廬山上又一次魚龍混雜，泥沙俱下。

王洪文脫口問：主席有沒有提出增選中央副主席的事？

張春橋盯王洪文一眼，彷彿說：你想當？

姚文元點動著胖嘟嘟的腦袋：到時候，主席可能出其不意……像八屆二次大會那樣，突然提名林彪當中央常委、副主席。那次，是爲了堵彭德懷的路。

王洪文聽得雲裡霧裡，黨史知識仍停留在國棉十七廠保衛幹事那水平。

江青、張春橋相視一笑。江青說：今天晚上呀，山上的大員們肯定都沒有閑着，至少有四組人馬在聚頭，運籌帷幄，商量各自的會議大計。

王洪文好問，好顯示他的淺薄似地：江姐，此話怎講？我和春橋，文元願聽端詳。

江青說：你呀，像個兒童團……願意跟著學習是好的，春橋、文元要成熟些。哪四組？頭一組，是老闆那裡，找人一個一個地談，掌握整個山上的動向；第二組，是接班人那裡，陳、吳、葉、李、邱，或許還要加上幾名大軍區司令員、政委什麼的；第三組，是總理那裡，李先念、紀登魁、余秋里、谷牧他們在討論國民經濟；第四組就是我這裡了，眼下只有你們三員大將，下一步把康生、李德生、吳德、陳錫聯請進來，逐漸擴大。他們第二組和我們第四組一樣，都想左右全會局勢。不同的是，他們要設國家主席，當上國家主席；我們反對設國家主席，是不讓林當上國家主席，國家副主席也不給。卻可能出其不意，增補一名黨的副主席。春橋你要準備請客。

張春橋鏡片後眼珠子閃了閃：我、文元、洪文都願替江姐打前站，做馬前卒。

王洪文貞能吃，仍在狼吞虎嚥地搞大掃除似的，再又問出個兒童團式問題：江姐，妳怎麼就算得那麼準，陳、吳、李、邱等人此刻正在林彪那裡聚會？

姚文元覺得王洪文太熊包，老問這類淺薄問題，欲從旁勸阻。江青看在眼裡，說：洪文愛動腦筋，春橋、文元你們是大秀才，看問題自然要透徹些。我倒是喜歡洪文對高層政治總有一種好奇心，不懂的就問。我也是個充滿好奇心的人，只可惜沒有那麼好的味口。下面，可以馬上來做個電話調查，看看陳、吳、李、邱是不是在各自的住處，入睡了沒有？

張春橋看看手錶，疑慮地問：江姐，凌晨一點了，還打電話？有不有其它辦法？

姚文元點頭：春橋所慮甚是。

王洪文說：江姐任何時候給任何人打電話，接電話的人都會受寵若驚。

江青不屑地說：老娘才懶得自己掛哪，我叫王恩義去掛，找個由頭下通知就是。

說罷，江青順手操起餐桌旁小几上的電話，要通了美廬樓下的王恩義：恩義吧？還沒有睡？好，請你替我給陳伯達、吳法憲、李作鵬、邱會作四位的住處掛電話，問他們休息了沒有？休息了就不要叫醒了。你隨便找個理由好了，比如通知明下午的全會開幕式，首長的秘書不列席旁聽之類。對，現在就掛，我想知道他們這麼晚了，歸沒歸營，去了哪裡？恩義，我等着你的回話。

張春橋、姚文元、王洪文都傻了眼。

江青得意地一扭頭：怎麼樣？哈哈……我是跟老闆學的，一到下半夜就來精神。你們都吃好了？走，我們到客廳去，這裡讓服務員來收拾。

三人跟著「江姐」回到小客廳。茶几上已經備下清茶、面巾等。掩上廳門，江青忽又興致勃勃地吩咐春橋、文元準備紙筆：我們來做次文字遊戲。

張、姚、王一時又不知道「江姐」要出啥新招。

江青笑說：傻愣著做什麼？文元你來執筆，我們對出席全會的中委們做做政治摸底，人員排隊。

張春橋平日城府很深，此刻也有些吃驚：江姐，這樣做，傳出去，會授人以柄……

江青說：你們三個不傳，誰會傳？老闆也常和我做中央幹部和各省市負責人的政治摸底……特別是摸清對方陣營，倒底有多少人馬，多大實力。知己知彼，百戰不殆。

姚文元已展紙握筆。江青說：先排接班人那一方面的人馬。我點將，你們做補充。接班人旗下：陳伯達、黃永勝、吳法憲、葉群、李作鵬、邱會作、鄭維山、劉豐、譚甫仁、梁興初、丁盛、劉興元、王維國、陳勵耘、曹里懷、王輝球、……許世友，對，寫上許世友。

姚文元、王洪文又傻眼：許和尚也是？

江青冷笑：許和尚想跟林副主席攀兒女親家哪！只可惜他的千金長相像他，林家老虎看不上。此人上山第一天就去拜望了林、葉，獲留飯，喝茅台。

張春橋扶了扶鏡架：眞是知人知面不知心。許和尚是多次向主席下跪表忠的上將啊。

江青冷笑：還有更令你們想不到的人物哪！文元你寫上：葉劍英、徐向前、聶榮臻。

姚文元舉筆不定：這三帥也是？

江青說：你不是笑洪文不成熟嗎？你個理論家，政治上也欠着火候。在這些老帥、老將軍的問題上，春橋和我的看法相似。如果中央出現兩位接班人，丘八們無論對林彪有多少怨氣，也會選擇林彪，叫做丘八選擇丘八，而不會選擇我和春橋……這是我們所面臨的最大挑戰。我們主要依靠老闆關鍵時刻，老闆一言九鼎，乾綱獨斷。

王洪文又張大嘴巴，半天合不攏：不可思議。

江青又冷笑：還有更令你不可思議的哪！汪東興也已經向副統帥效忠！把汪東興的名字添上。

姚文元筆頭沉重：那、那就太危險了，中央警衛局局長，負責所有中央領導同志的安全保衛。

江青說：老娘早就看出汪常侍存有二心了。你們知道東漢末年的十常侍嗎？挾持天子，大亂朝綱。汪常侍也欲成爲這樣的宦官頭目。

張春橋點頭：主席是一代英主，歷史已經證明並還將繼續證明，誰也甭想玩過他老人家。

正說著，王恩義來了電話，向江青報告：陳、吳、李、邱都還沒有返回住處，他們的值班人員說，首長外出了，找老戰友喝酒聊天去了。

江青和王恩義很知心地在電話裡嗯嗯啊啊了好一刻，放下話筒，看一眼牆上掛鐘，說：都下半夜一點半鐘了，陳、吳、李、邱這些人，肯定還在接班人那裡聚會，商討大計。牯嶺夜不眠哪。

張春橋笑笑說：百密一疏，他們大約忘了告訴自己住處的值班人員，說首長並未外出，而是服了安眠片睡下了。

江青說：甭管他！文元，下面，把我們這方面的人馬，也排個隊，看看能否和他們相匹敵。

姚文元語帶玄機地說：肯定的，我們方面既是相對的劣勢，又具絕對的優勢。勝負只在一念間。

王洪文又乾瞪眼，聽不懂，草包樣，空有付好皮囊。

張春橋說：江姐，還要排個中間人物名單，我們可以爭取、借助的力量。

江青說：行，山上又有一場龍爭虎鬥，老娘就是興奮不已，精神抖擻。

王洪文湊趣地來了句京劇樣板戲唱詞：渾身是膽雄赳赳，鳩山和我交朋友……

第五十七章　山上唱開「三國志」

下午三時，毛澤東、林彪、周恩來、陳伯達、康生五位政治局常委在主席臺上就座，每人面前三支麥克風。中央委員們則散坐臺下，並未安排座次。全體起立，播放軍樂合奏《國際歌》。之後坐下，毛澤東宣布：中國共產黨第九屆中央委員會第二次全體會議開會——！他就講了這麼一句，聲調拖得長長的。全會秘書長周恩來見毛主席再沒有說下去的意思，為不使會議冷場，便起立介紹本次全會的到會人數，請假缺席人數，以及四項主要議程。介紹完了，周恩來俯身請示：主席講講話，臺下都在盼著……毛澤東看其餘三位常委一眼：我不講了，你們四位誰想講就講吧。

全會開幕式，毛澤東無意講話，登時場面有些尷尬。林彪忽然從口袋裡摸出一頁提綱，移了移麥克風，說：主席不講，我講。同志們知道，自一九四九年新中國成立以來，我就抱定一個信念，一個決心，聽毛主席的話，舉毛主席的旗，走毛主席所指引的道路……

毛澤東沒有表情。臺下第一排座位上的江青閉目沉思。江青旁邊的張春橋、姚文元埋頭筆錄。

林彪說：毛主席是二十世紀最偉大的天才，我還是堅持這個觀點。我也多次講過，像毛主席這樣的天才，中國幾千年出一個，外國幾百年出一個。毛澤東思想，是最高最活的馬克思主義。所以，我主張把毛主席的偉大領袖、國家元首、最高統帥的這種地位，提法，用法律的形式鞏固下來非常好，非常必要，是新憲法的靈魂！

臺下熱烈鼓掌。有人高呼毛主席萬壽無疆！林副主席永遠健康！坐在臺下第一排另一側的葉群注意到江青同志沒有鼓掌，像在打盹。她旁邊的張春橋和姚文元也只是撫了撫巴掌。

臺上，毛澤東要笑不笑地盯着林彪手裡的那頁提綱，彷彿在說：昨晚上常委碰頭會上不是聲稱不發言嗎？今天卻是有備而來？眞能吹啊，過去需要你吹，現在討嫌你吹，你不明白？還是裝做不明白？名曰吹噓毛澤東，實爲吹噓你自己……

林彪說：天才就是天才，不承認不行，不服氣更不行。黨的歷史上，陳獨秀、瞿秋白、李立三、王明、博古、張國燾這些人不承認我們毛主席是天才，因此一一先後倒臺。革命勝利後，又有彭、黃、張、周，彭、羅、陸、楊，劉、鄧、陶、賀這些人不承認我們的毛主席是偉大的天才，或者說嘴上承認，心裡不承認，陽奉陰違，所以只好發動人民群衆把他們揪出來，批垮鬥臭。因爲我們的革命事業需要天才領袖，黨、軍隊、國家需要天才領袖！這是客觀存在，誰反對誰垮臺。本次全會，討論憲法修改草案，爲即將召開的四次人大會議做準備。我堅持一條，還是要設國家主席，這是國家統

一、團結的象徵。我懇請毛主席不辭辛勞，兼任國家主席，國家元首。副主席我也推荐兩位，一個黨內的董必武前輩，一個黨外的宋慶齡先生，很有代表性。

全場熱烈鼓掌。有人高呼：請毛主席兼國家主席！林副主席兼國家副主席！

臺上，毛澤東已經很不耐煩，坐不住了。他眞想大聲斥責：林彪同志！你這是當着中央委員們的面，給我下戰表！我說了六次，不當國家主席，你卻公然在全會上，號召中央委員們來逼迫我。你的如意算盤，毛澤東還看不出？毛澤東若執意不當，必然有人要請你這個接班人當嘛！你的本意在此。你不當國家副主席是假，想當國家主席是眞。司馬昭之心，大家還看不清囉……有一刻，毛澤東欲起身退場，拂袖而去。但終歸要顧全大局，顧全黨中央的臉面，不令大家難堪，不令會議破裂。

林彪繼續說：同志們，這裡，我不能不指出來，在我們黨內，現在有一股不健康的風氣，或者說是一種錯誤的傾向，就是利用我們毛主席的偉大謙虛，趁機否定毛主席是天才，否定毛澤東思想是全黨工作的指針。這不能不引起我們的警惕。有人利用反對稱毛主席爲天才的問題來反對我們毛主席，這是不能允許、不能容忍的！我希望那些或多或少、或輕或重犯有這種錯誤思想的同志，能懸崖勒馬，幡然悔悟，而不是越走越遠……

林彪足足講了一個半小時。其間被全場熱烈的掌聲、歡呼聲打斷十餘次。林彪最後以高呼「共產黨萬歲」、「毛主席萬歲、萬萬歲」等口號做爲結束語。台上的周恩來、陳伯達、康生都注意到了毛澤東臉上的焦燥和怒意。原訂還要由周恩來報告國民經濟計畫，康生報告憲法草案修改情況。毛澤東卻已站起身子來了，問：恩來，康生，你們還講不講？周、康見狀，忙說：下次再講。於是毛澤東轉身向台下的中央委員們宣佈了兩個字：散會——！

絕大多數的中央委員們並未注意到台上兩位主席之間的微妙關係，認爲林副主席是代表中央常委作了重要講話，是本次全會的主旨，必須認眞學習，熱烈討論，貫徹執行。

晚上，周恩來召集政治局會議，六大組的組長、副組長列席，研究分組討論等事項。毛澤東未出席，江青亦未出席，葉群代表林彪出席。吳法憲、許世友、李作鵬、葉群、邱會作、李雪峰、鄭維山等人都作了擁護林副主席重要講話的發言。吳法憲並提議，明天上午再集體聽林副主席講話的錄音，深入領會講話精神。由於林彪的講話沒有整理成文字印發，政治局委員們大多同意吳法憲的提議。張春橋、姚文元沒有吭聲。陳伯達、康生也沒有吭聲。周恩來當即說：明天上午的事，現在必須做出決定。大家等等，我去請示主席，看明天上午是不是聽錄音。

說罷，周恩來離席，去到隔壁房間掛電話。不一會，返回，宣佈說，主席同意，明天上午集體聽錄音，下午分組討論，二十五號、二十六號也都是分組討論。

散會後，張春橋、姚文元步行回住處。他們傻了眼：主席怎麼同意全體中委再聽林彪講話的錄音？還要進行兩天半的分組討論？那一來，主張設國家主席一事，不就深入人心了？難道毛主席中途又變卦，還是喜歡林彪的那些漫無邊際的吹捧？還有，反對稱天才的人，不就是張春橋、姚文元？必然成爲對立面。他們不寒而慄了。姚文元沉不住氣：走！我們去見江青，聽她怎麼說？

張春橋到底老辣些，搖搖頭：主席要是變了卦，找江姐也沒有用。我相信主席這次不會變卦，極可能是欲擒故縱……文元呀，一九五九年那次廬山會議，我隨柯慶施同志在山上，開始也是讓大家放言高論，反映下邊的意見。結果揪出個「軍事俱樂部」——彭黃張周反黨集團……這次，我彷彿嗅到了相似的氣味……這次很可能鬧出個更大的「軍事俱樂部」……你不信？反正我信。

姚文元望一眼張春橋，心想張哥這語氣，很像毛主席的，動不動就「你們不信？反正我信。」

二十四日上午，全體中央委員聽了兩遍林彪講話錄音。下午分組討論。華北組、中南組、西南組、西北組、東北組都開始有人發炮，點名批評張春橋、姚文元。唯有華東組的副組長王洪文，帶領上海的十多名中央委員，以陳雲未到會爲由，拖延時間，而沒有開成討論會。

當晚，上山後遊山玩水不問政事的林立果，悄悄打出電話，要吳法憲叔叔、李作鵬叔叔、邱會作叔叔、陳勵耘叔叔、王維國叔叔等，在第二天各組的討論會上，想講什麼，就講什麼。大有養兵千日，用在一朝的意味。吳、李、陳、王等人當然明白，老虎傳達的是林副主席和葉主任的旨意。

二十五日上午，在華東組，組長許世友不再徵求王洪文等人的意見，而當着張春橋、姚文元的面開門見山：林副主席的講話很及時，很重要！林副主席百分之百是我們全黨全軍的光輝榜樣。這次又給我們樹立了捍衛毛澤東思想偉大紅旗的範例。我們就是要向林副主席那樣，和一切反對毛主席的野心家鬥，和一切違背毛澤東思想的言行鬥，鬥它個四腳朝天，鬥它個狗吃屎，鬥它個屁滾尿流！

許世友帶了頭，陳勵耘緊跟上，殺氣騰騰地發言：林副主席的講話是有所指的！現在就有人敢反對林副主席，他們是赫魯曉夫、劉少奇那樣的野心家，陰謀家。反對林副主席稱天才就是反對毛主席。林副主席是毛主席親自選定的接班人。那些反對林副主席的傢伙是些什麼狗東西？有那麼一些人自不量力，還要反我們軍隊的幹部。這些人應該站出來！有種的就站出來，把問題交代清楚！你爲什麼反對林副主席？你爲什麼反對毛主席擔任國家主席？什麼目的、動機？

許世友瞪一眼坐在對面的張春橋、姚文元，大聲說：老陳，你講得對！我堅決支持你。你的意見代表了大多數軍隊幹部的看法！

王維國在旁插話：反對林副主席的人，反對毛澤東思想的人，最好主動站出來檢討、認錯，爭取主動，不要被揪出來，陷於被動！……

在中南組和西南組，西北組和東北組，中央委員和候補中央委員們，在聽了葉群、吳法憲、李作鵬、邱會作等人火藥味十足的發言後，立即行動起來，紛紛給毛主席和林副主席寫聯名信，堅決要求設國家主席，並懇請中央兩位主席兼任國家主席和副主席。葉群的發言更是有其代表性。康生甚至在走廊上對葉表態：如果毛主席年紀大了，無意兼任國家主席，順理成章，就請接班人林副主席擔任。

最爲精采的發言出現在華北組，且是兩位特殊人物：陳伯達和汪東興。陳伯達的發言長達一個小時，列數了林副主席自一九四九年以來，在全黨全軍的各種會議上關於毛主席、毛主席思想的領導地位的論述。因而最具權威性，最具說服力：

一九五一年十一月，林彪同志在全軍宣傳教育工作會議上講話時，說，對於各種政治問題，都應當給予科學的回答。什麼是科學的回答呢？就是馬克思主義、毛澤東思想的回答。因此，必須以馬克思列寧主義、毛澤東思想，來提高我們的政治理論水平。

一九五九年九月，林彪同志在批判彭德懷的全軍高級幹部會議上指出：毛澤東同志全面地、創造性地發展了馬克思列寧主義，綜合了前人的成果，加上了新的內容。

一九六〇年十月，林彪同志在全軍政治工作會議上第一次提出：毛澤東思想是當代馬克思列寧主義的頂峰。

一九六五年九月，林彪同志在他的著名的長篇文章《人民戰爭勝利萬歲》中寫道：毛澤東同志的偉大功績在於，他把馬克思列寧主義的普遍眞理同中國革命的具體實踐結合起來，並且根據中國人民長期革命鬥爭的經驗，加以高度的概括和總結，豐富和發展了馬克思列寧主義。毛澤東思想是中國革命勝利的指針。我們的時代是一個世界資本主義和帝國主義走向滅亡，社會主義和共產主義走向勝利的時代。毛澤東同志關於人民戰爭的理論，不但是中國革命的產物，而且帶有時代的特徵。第二次世界大戰以後各國人民革命鬥爭的新經驗不斷證明，毛澤東思想是世界革命人民的共同財富。這就是毛澤東思想的偉大國際意義。

一九六六年一月，林彪同志在全軍政治工作會議的報告中提出：毛澤東思想是當代馬克思列寧主義的頂峰，是最高最活的馬克思列寧主義。毛主席的書，是我們全軍各項工作的最高指示。

毛主席的話，水平最高，威信最高，威力最大，句句是眞理，一句頂一萬句！

一九六六年三月，林彪同志在寫給工交戰線活學活用毛主席著作積極分子大會的信中說：毛澤東思想，反映了國內國際階級鬥爭的客觀規律，反映了無產階級、勞動人民的根本利益。毛澤東思想並不是勞動人民自發地產生的，而是毛主席在偉大革命實踐的基礎上天才地繼承和發展了馬克思列寧主義的思想，是綜合了國際共產主義運動的新經驗，把馬克思列寧主義提高到一個嶄新的階段。

一九六六年八月十八日，林彪同志陪同毛主席在天安門城樓上，接見和檢閱廣場上的百萬紅衛兵小將時，代表黨中央、國務院、中央軍委發表重要講話：毛主席是當代無產階級最傑出的領袖，是當代最偉大的天才。毛主席最相信群眾，最關心群眾，最支持群眾的革命行動，和革命群眾心連心！毛澤東思想是馬克思列寧主義發展的一個嶄新階段，是當代最高水平的馬克思列寧主義，是當代改造人民靈魂的馬克思列寧主義，是無產階級最強大的思想武器。

一九六六年十月，林彪同志在全軍高級幹部會議上指出：毛澤東思想是革命的科學，是經過長期革命鬥爭考驗的眞理，是最現實的馬克思列寧主義，是全黨全軍全國人民的統一的行動綱領。

……

陳伯達不愧爲黨內久負盛名的大理論家。他在發言的最後問：林彪同志上述頌揚毛主席功績、頌揚毛澤東思想的話，不是講了一兩年，三五次，而是前後講了將近二十年，數十次、上百次！而且大部份講話稿，事前都經毛主席親自修改、審訂，並當着主席他老人家的面，在大庭廣衆中講的，都登了報紙，上了電台廣播、電視新聞，新華社也向全世界發了新聞稿！難道，林副主席的這些重要論述，在某些人的眼裡，已經過時了，可以作廢了嗎？林副主席的耿耿丹心，耿耿忠誠，天日可表！這是任何人抹殺不掉的！誰反對林副主席就是反對我們毛主席，反對我們黨中央和全國人民。

陳伯達的福建口音本不大好懂，煞怪，這次的發言雄辯滔滔，華北組的中央委員們都聽得懂，個個聽得熱血賁張，怒氣塡膺，恨不能立即把反對毛主席和林副主席的壞傢伙揪出來，鬥倒鬥臭，打翻在地，踏上一千隻、一萬隻腳，叫他永世不得翻身。

陳伯達發言之後，汪東興一身正氣，聲色俱厲，作了最具震撼力和威懾性的講話：同志們！此時此刻，我不能不講話了。這裡，我代表中央辦公廳、中央警衛局、代表八三四一部隊全體指戰員，正告那些妄圖反對毛主席和毛主席的接班人林副主席的壞蛋、混蛋、跳樑小丑，小心你們的狗頭！你們不趕快打掉幻想，舉手投降，老實認罪，我中央警衛局和八三四一部隊，隨時可以收拾你們！毛主席萬歲！敬祝毛主席萬壽無疆！敬祝毛主席的親密戰友、革命接班人林副主席身體健康！永遠健康！

緊跟着，還有北京軍區司令員鄭維山、空軍政委王輝球、北京市革委會副主任聶元梓、山西省革委會主任劉格平等人發言，表示堅決贊同陳伯達和汪東興的觀點。

午間休息，汪東興碰到葉群說：葉主任，這一回我可是豁出去了，不怕得罪那幾個秀才了。只要林副主席身體好，順順利利接了班，我汪東興粉身碎骨也心甘……汪東興碰到吳法憲時又說：主席提出不設國家主席，主要是擔心外界議論他打倒劉少奇是爲了奪回國家主席職位。只要全黨同志堅持設國家主席，他老人家還是會同意的。如果不設，林副主席豈不是還當個國防部長，仍受周總理領導，實權仍在周手裡？

……一時間，廬山上又彷彿時光倒流，回到了一九五九年那次中央全會喊打喊殺的詭譎氣氛。那次鬥爭矛頭對準彭、黃、張、周；這次的鬥爭矛頭對準張春橋、姚文元，對準毛夫人江青。

當天晚上，各討論組都及時整理，編印出了會議簡報。其中華北組的第二號簡報被編爲全會的第六號簡報。組長李雪峰在簡報付印前，請副組長吳德簽字。吳德說：今天我和北京市的幾位中委在研究經濟問題，沒有參加討論。李雪峰說：今天的討論發言踴躍，群情激憤，我都沒有輪上講話，陳伯達、汪東興、鄭維山等同志的言論特別精彩，震撼人心，……反正都是些發言摘要，送中央領導參閱的。於是吳德未看簡報內容，跟着李雪峰簽了字。

當天晚上，陳伯達還把他整理出來的《恩格斯、列寧、毛澤東稱天才語錄》，交給負責會務的汪東興，要求打印二十幾份，分發給山上的政治局委員們。

深夜十二時，吳法憲、李作鵬、邱會作、陳勵耘、王維國等人仍聚集在林彪的住處，喝酒，吃消夜。林彪坐在主座上，只喝白開水，笑笑微微，心緒甚佳。葉群臉蛋紅紅的，似不勝酒力。林立果眞是隻小老虎，又笑又鬧，代表父母親一杯接一杯地向五位叔叔同志敬酒，定要喝個痛快，不醉不散。

吳法憲說：請林總放心，這回我們贏定了。我參加西南組討論，昆明軍區司令員兼政委譚甫仁，成都軍區政委張國華、司令員梁興初，西藏軍區司令員張經武，都發言表態，誓死捍衛毛主席，誓死捍衛林副主席，林副主席指向哪裡，他們就帶部隊打向哪裡！他們也都堅決要求設國家主席。

林彪點頭：譚甫仁、張國華、梁興初、張經武都是紅一軍團出身，我的老部下。

李作鵬說：我和葉主任參加中南組討論。葉主任作了很好的發言，證實中央確實有人否定毛主席是偉大的天才，反對毛主席和林副主席。廣州軍區政委劉興元、司令員丁盛，武漢軍區政委劉豐、司令員曾思玉，以及湖南省軍區司令員龍書金等，都拍桌大罵那幾個臭秀才，不知天高地厚，自找死！有我們這些流血流汗打天下的老傢伙在，他們寫了幾篇狗屁文章就想翻天，老子派一個班的戰士就解決他狗日的！毛主席、林副主席不當國家主席，難道叫他張春橋四眼狗當？他做夢，什麼東西！一粒花生米就幹掉他狗娘養的！……葉帥和徐帥也參加中南組討論，都發言支持林總，支持設國家主席。

葉群說：老將軍們罵得痛快，聽了解氣。

林彪點頭：葉帥和徐帥是明白人，他們的對頭不是我，是張眼鏡和三滴水那伙人。丁盛、劉興元、曾思玉、龍書金是我老部下。劉豐沒有在我手下帶過兵，但對我忠。

陳勵耘說：我們華東組最有意思了。張春橋、姚文元、王洪文都在這個組。上午許司令員當着他們的面，不點名地狠批一通。接下來是我發言，警告他們小心狗頭。濟南軍區司令員楊得志也表示，堅決擁護毛主席兼國家主席，林副主席兼國家副主席。誰反對毛主席和林副主席，濟南軍區全體指戰員和他們爭到底！

王維國補充說：這次，連陳老總都表態支持林總！說林總的接班人地位是上了黨章的，誰想取代都不行。國家主席還是應當設，不設不好辦，也不好看。

林彪點頭：陳毅同志或許對我有偏見，但更看不上張眼鏡和三滴水。三滴水這個外號就是幾個老帥給起的，我還是習慣稱娘娘。許世友同志這次表現很好，旗幟鮮明，他的表態很有影響力。

邱會作說：我參加西北組討論，我們已經給主席和林副主席上了聯名信，堅決擁護毛主席當國家主席，林副主席當國家副主席。如果毛主席不當，就請接班人當國家主席。

葉群插問：中央五大常委，周總理和康老抱什麼態度？還有政治局委員裡，李先念、謝富治（缺席）、陳錫聯、紀登魁、李德生等人態度不明。

林彪說：總理和康生態度明確，主張設國家主席，是在常委碰頭會上當着主席和我的面說的。

林立果表示要發表高見，林彪示可。林立果說：我翻看了兩天來的各組簡報，整個會議形勢不錯。最強有力的信息來自華北組，陳伯達同志作了長篇發言，列數了五十年代以來副統帥在黨內外、軍內外的各種會議場合，頌揚毛主席、毛思想是當代最偉大的天才的講話，並刻意說明，副統帥的這些頌毛講話稿子，都是經毛統帥親筆修改、審定的，且多數講話是當著毛的面講的。陳伯達同志的發言是本次全會最有份量和說服力的言論。最具殺傷力的，則是汪東興的發言，代表中辦和八三四一部隊指戰員表態，堅決支持設國家主席，林副主席指向哪裡，八三四一部隊就打向哪裡！還有北京軍區司令員鄭維山，也表示北京軍區誓死捍衛毛主席和林副主席，堅決服從林副主席的直接指揮！華北組已發出第六號簡報。張眼鏡蛇和江三滴水等人，看到華北第六號簡報，要尿褲子了。

吳法憲說：現在局勢一面倒。特別是軍隊幹部，從元帥到將軍、絕大部份站在林副主席一邊。

李作鵬說：眼鏡蛇和三滴水，是權迷心竅，蚍蜉撼樹。

陳勵耘說：我敢講，這次他們胳臂擰不過大腿。

王維國說：文有陳伯達，武有汪東興，不消我們動手，就打他們個狗吃屎，姥姥的！

邱會作說：我們贏定了，他們輸慘了。

林彪忽然收斂起臉上笑容，搖頭說：不要盲目樂觀，勝負尚在伯仲間。你們在我這裡聚頭，湊情況，講不定江青已領着張春橋、姚文元兩條走狗，正在美廬告狀呢。娘娘告狀，一告一個准。我可以告訴你們，劉、鄧、陶、賀，不是敗在別的人手上，而是敗在娘娘手上。別的人，比如我，只是替她背了名份，好像劉、鄧、陶、賀是我要打倒的。

林立果舉杯，神清氣定：那就看看老頭子拿這大批元帥、將軍們怎麼辦了。

吳法憲舉杯：來！都乾了這最後一杯。我就不相信，毛主席只要他的臭婆浪，不要黨的接班人！

乾杯！乾杯！乾杯。

林彪忽又轉向葉群問：黃總長的書面發言稿到了，他人呢？哪天到？

葉群心裡一熱，說：大約也就在這兩天吧。

林立果替母親掩飾地打岔道：現在，周總理是關鍵人物了……我敢肯定，陳帥、葉帥、徐帥、聶帥，加上老臣李先念，現刻都在周總理那裡，分析時局，商議對策。山上又唱開「三國志」囉。

第五十八章　無限風光在洞中

玩德國進口相機，是為林立果一項新的業餘愛好。

黃昏時分，林立果領着警衛員，到仙人洞石壁前拍攝晚霞落照，但見遠近山巒，蒼莽層林，座座島嶼一般隱浮於雲霧之上、霞光之中，直如海市蜃樓，玉虛幻境了。

林立果眼睛忽地一亮，見不遠處有一絕色人兒，正站在懸崖孤松下眺望着什麼，任晚風吹拂着衣裙，把個凹凸有緻的修長身段突顯無遺，好一幅孤松美人圖畫！那美人兒身旁陪有一名小女兵。惜乎那名小女兵身材粗得像水桶，不然拍下一幀「廬山仙子」來，一定慕煞北京的幾個哥兒們。

林家老虎仍處於見到美貌女子就挪不動身子的年歲。雖說近兩年父母替他「選妃子」，天生尤物見過無數，也弄過好些溫香軟玉，但美人兒是各各不同的！有的嬌羞作態、半推半就，有的小鳥依人、柔弱萬狀，有的能歌善舞、身條婀娜，有的熱情似火、一碰就著，有的傾山倒玉，纏的死去活來……最令他刺激的卻還是毛家灣二號那睡他鄰室的小寡婦楊姐，每次都是慾火高張，溫軟如綿，親爺親爺的叫喚，你幹的越歡，她叫的越歡……廬山上召開中央全會，二百多名中央委員、中央候補委員絕大部分是男性，縱有二、三十名女性，也都是革命老媽媽或是勞動模範、先進工作者之類的俗物，若單論她們的長相，簡直不堪入目，甚至慘不忍睹。因之如今整個山上，陽盛陰衰，遍地爺們，陽剛之氣泛濫，眞眞辜負了這雲瀑霧海，清涼世界，飄緲山色。

這仙子般的尤物，山上稀有，豈可放過?看看，尤物離了懸崖孤松，裊裊婷婷，飄飄揚揚似地朝他林立果走來了!天哪，方才見到的只是尤物的側面，如今漸行漸近，到了正面，更是驚爲天人。一米六七的身條，過膝裙下一雙修長美腿，身腰束得緊緊，雙峰聳出成熟，頸項潔白，紅唇皓齒，明眸生輝，正好一束霞光映在她的臉蛋上，那般柔和，那般明艷……林立果從相機鏡頭裡看到中景，近景，特寫!咔嚓、咔嚓、咔嚓，連著按下快門。尤物高聳的雙乳幾乎觸到他的鏡頭，幾成大特寫。

林立果放下相機，才發現尤物鳳眼微睜、秀眉微揚，似嬌似嗔，以帶點河南豫劇的好聽口音問：同志!你是誰?不經人允許，就攝人影像?

啊，此女是誰?哪位領導人的家眷?林立果竟紅了紅臉讓開半步，揮手讓自己的警衛員離得遠些，才向那女子表示歉意：對不起，我是空軍司令部的林立果，好擺弄個相機，不期遇上仙姑般的女同志，忍不住替妳拍下幾幅，背景是仙人洞……

那女子一聽他報出姓名，立即換了個人兒似地，嫣然一笑，笑的燦爛又甜美，並伸出纖纖玉指來⋯⋯哎呀，是老虎啦，俺早聽說林部長小時候叫老虎，幸會幸會⋯⋯

林立果忙伸出手去握着。那女子竟以一根指頭在他掌心上撓了撓，撓的他癢癢：請問大名？

女子又是莞爾一笑，笑出臉蛋上兩隻甜酒窩，並不鬆開被林立果捏住的手，老熟人似地說：老虎，別客氣，俺小姓謝，名靜宜，謝靜宜。

林立果腦子裡轟地一響，謝靜宜？就是王飛、于新野他們私下裡議論過的那謝靜宜？果眞天姿國色，難怪毛老頭子會看上，會寵幸⋯⋯他忽然有了一種進攻意識，盯住那雙媚人、勾人的眼睛：啊，謝副書記啊，久聞大名，久聞大名。

謝靜宜臉蛋上的兩隻甜酒窩一笑就有：老虎，看你客氣的，就叫俺小謝好啦⋯⋯林副主席、葉主任好嗎？我都沒機會去拜見兩位首長。林立果更把那隻玉手捏了捏，心裡卻也存了些戒備：都好，都好。他們成天開會，看文件，一天忙到晚。我是單爲休息、玩玩。回頭我可以介紹妳去認識認識。

謝靜宜抽出那隻被捏了好一會的玉掌，高興地拍了拍，太好了！老虎引路，有機會去拜見林副主席和葉主任，太好了！

看這尤物高興的，又被左一聲「老虎」、右一聲「老虎」地親切叫喚着，林立果不禁動了色膽：小謝，我和妳一見面就覺得親切，好像認識許久了似地⋯⋯想不到我們黨中央、北京市委，還有妳這樣年輕美好、優秀能幹的女同志，眞是相見恨晚！

不知爲什麼，謝靜宜對這個老虎，前途不可限量的林家接班人，也生出某種好感和寄望。她羞赧地低了低粉頸，說：看你說的……晚什麼晚？只要你願意，今後我們可以常見面啦。你是不是一九四六年的？只比俺大三歲喃……

聽這一說，林立果色心大增，忽然提出：小謝，趁天還沒落黑，我們進仙人洞去看看？

謝靜宜有些兒遲疑地深看了林立果一眼，身子有些酥軟，旋又紅了紅臉，才點了點頭。

進洞之前，謝靜宜不忘招呼一聲小女兵，在洞外候著。林立果的警衛員則不用招呼，已門神般佇立在洞口，以防有人闖進去攪了林副部長的好事。

洞內光線已經相當幽暗。好在下十來級石階，只三十幾米深淺，洞底又頗爲平坦，並不十分需要照明的。不過謝靜宜還是身子閃了幾趔趄，林立果立即伸出強健的手臂，把她腰肢托住，摟緊，再沒有鬆開。都是青春勃發的成年男女，風月熟手，兩相傾慕，還能不一觸即發，不可收拾？幽暗中，當林立果的整個身體都挺了進來時，謝靜宜半推半就：老虎別，別，別，頭次見面，就做這個，老虎你忒性急……老虎，老虎，哎呀，俺怕怕，俺怕怕……你欺侮人，你欺侮人……你動粗，妳好粗，衣服就不脫了，拿你沒辦法，俺褪下裙子……老虎，老虎，你輕點，你眞行……俺痛，俺痛呀……俺求求你，不要日太久，門口還有人守着……日後回了北京，你每月還會俺幾次？至少兩次？你一見了俺就著迷？老虎，俺也見了你也著迷……你保證日後要對俺好……你眞行，越幹越勇，俺喜歡，俺喜歡……回北京瞅個機會，俺和你幹通晚，俺很浪，就是浪呀——

毛澤東徹夜未眠。

清晨六時，江青再次領着張春橋、姚文元來見。昨晚十一時，江青已領着二人來告過陳伯達、吳法憲、汪東興等人的狀。

毛澤東半仰在床上：藍蘋，妳和春橋、文元還有情況反映？我服了安眠藥，還是睡不着。

江青說：山上已充滿反叛氣息，簡直像政變前夕。

毛澤東瞪一眼婆娘：一驚一咋，危言聳聽。春橋、文元，你們可以講得客觀、具體些。

張春橋說：若說山上即將發生政變，是把局勢估重了些。但事出詭秘，不同尋常。江姐已讓我把各組情況綜合一下。這次是幾乎所有的軍事將領口徑一致，行動一致，表態支持副統帥。要求設國家主席，已成爲他們的綱領。關於不設國家主席，主席已在不同場合講過六、七次，就是沒有人聽。具體講，南京許世友，杭州陳勵耘，上海王維國，江西程世清，加上陳毅、粟裕，在討論會上公然鼓動「揪反對副統帥的黑手」；中南組，廣州丁盛、劉興元，武漢劉豐、曾思玉，湖南龍書金，廣西韋國清，誓言誰反對林副主席，就和誰鬥爭到底。

毛澤東插問：葉群、李作鵬是不是參加中南組討論？

姚文元說：葉群在中南組兩次發言，以副統帥夫人身分向大家證實，中央確實有人反對林總，反對稱天才，否定主席和主席思想。但她的言論沒有上簡報。李作鵬在中南組也是上竄下跳。還有葉劍英和聶榮臻、徐向前三個老帥，也表示這次要站在副統帥一邊。

毛澤東說：陳帥、葉帥、徐帥、聶帥糊塗囉，糊塗囉……也許他們並不糊塗。他們寧願選擇現有的接班人做領袖，也不願選江青和春橋囉。春橋你繼續。

張春橋說：在西南組，由於吳法憲的煽動，昆明軍區譚甫仁，成都軍區梁興初，西藏軍區張國華等人，已聯名向主席和中央寫信，強烈要求主席擔任國家主席。還有人在會上提出，如果考慮到主席年紀大了，就請林副主席擔任國家主席。

毛澤東點頭：西北組、東北組也都有聯名信寫給我。這次軍區司令、政委，元帥，將軍很齊心，好像要和我的那個接班人同進退。春橋你繼續。

張春橋說：最不正常、破壞性最大情況發生在華北組，陳伯達同志作了長達一小時的發言。這次他的閩南口音不是很重，大家都聽得懂。他列舉了林副統帥自建國以來的「高舉論」，「稱天才論」，幾次被熱烈掌聲所中斷，贏得喝采。更有汪東興同志代表中央辦公廳和八三四一部隊表態，誓言誰反對林副主席，八三四一部隊就對誰不客氣！汪東興的言論最具爆炸性和威懾力。李雪峰、鄭維山等人積極跟進。聶元梓則四出串連。鄭維山這名北京軍區司令員，和毛家灣二號的關係越來越密切。華北組的六號簡報出來後，陳伯達和汪東興的言論迅速傳揚開去，局勢將更加混亂。

江青插言：汪東興、吳法憲、許世友、陳勵耘這些傢伙公開叫嚷要揪人、抓人，老闆，你不能不警惕啊。現在局面一面倒，擁戴副統帥。根子就在這個副統帥，以爲道行已高，可以呼風喚雨。他在開幕式的那番講話，就是呼風喚雨，才有近兩天山上的雷電大作。

毛澤東大口大口地吸著菸，臉色越來越陰沉、凝重：吳法憲、許世友要抓人，汪東興代表八三四一部隊擁林……聶元梓不值一提，下山後宣佈逮捕。汪東興吹牛，不自量力。這次山上的保衛工作，就沒有讓他插手。八三四一部隊就那麼聽命於他汪東興？放屁。一道命令就可以要他下連隊去當伙伕。元帥，將軍，大軍區司令、政委，二十九個省市軍區的司令，都會背叛毛澤東？少數幾個或許會，絕大多數不會。我有這個信心。《西遊記》裡孫大聖法術武功高強吧？一個跟斗打出去十萬八千里，在一棵樹下撒泡尿做記號。結果他回到如來佛的巴掌上，佛祖要他在中指上聞聞，是不是他的尿臊氣？汪東興這些人，算不上孫悟空，小猢猻頭目而已……你們不要著急。他們雷電大作，炸不平廬山，地球照樣轉動。所以不做杞國人。這樣吧！也要有點具體措施，不能讓各討論組胡鬧下去，我會要周總理下通知，各組立即停止討論，改爲各省區中委開小會研究各自的國民經濟。至於中央常委，政治局委員，我出面擺平。

江青試探地問：這次要不要把問題徹底攤開來解決？

毛澤東瞪婆娘一眼：一口吃成個大胖子？不怕噎死？蠢。好吧，就和你們談到這裡，我還要一批一批的接見人。與人奮鬥，其樂無窮啊。鬥，則進，則勝；不鬥，則退，則修，則垮。

江青領着張春橋。姚文元起身告辭。

毛澤東並不下床，只在床上揮揮手：江青妳路過樓下時，叫王恩義上來，張團長一起來。

不一會，王恩義和張團長進到毛澤東臥室，立正，敬禮，問主席早上好，又是一夜沒睡？

毛澤東燃起一支菸吸著：你們是睡不飽，我是睡不著囉！坐下來，現在記錄我的命令，一句話：

即日起，暫停汪東興同志之八三四一部隊黨委書記、第一政委職務，兩項職務由王恩義同志代理。此件口頭傳達至副排長以上幹部。記錄下了？命令就是命令，不要問原因。

王恩義雙手呈上記錄稿，請領袖過目，簽字生效。

毛澤東說：恩義，又升了你的官，不是權力大了，而是責任重了。今後八三四一部隊由你和張團長全責指揮。立即通知一中隊，派一個加強排，在美廬四周加強警戒，我要開會。

王恩義起身，欲去執行命令，毛澤東卻示意他留下，張團長可以離開。

毛澤東說：不忙。近兩天有什麼新情況？

王恩義說：有。本想等中午主席起床後再報告……前晚，昨晚，偵聽小組都偵聽到，林立果分別和吳法憲、陳勵耘、王維國通了電話，要他們在各個討論組上發炮；還有，昨天黃總長讓專機給林副主席送來書面發言稿，葉群已掛電話給黃總長，要黃總長近兩天儘快上山。

毛澤東仰在床上思索片刻，說：很好，總參謀長即將上山助陣，一大生力軍；林家老虎並不是來遊山玩水，而是來現場見習。接班人的兒子也想接班囉。……恩義，你還要特別注意汪主任的行蹤，可以派人跟着他，看他一天到晚忙些什麼……這些事就到我這裡打止。你去執行任務吧。對了，你要小謝上來，問她去會了林家老虎沒有？

不一會，謝靜宜進到樓上大臥室，仍是睡眼惺忪，雲鬢未整。毛澤東說：上來吧，我這裡暖和。

謝靜宜上床，依偎在領袖身上。領袖只是用兩手摟住她，不像平日見面先把玩她的雙乳。她很敏感，覺察到今晨領袖全無性趣。

毛澤東單刀直入地問：見到林立果了？怎麼樣啊？

謝靜宜見問，眼睛登時紅了，淚光閃閃：昨天傍黑，在仙人洞，很流氓……

毛澤東兩手一鬆：他欺侮妳了，爲什麼不叫喊？王恩義早派了人在那附近，隨時可以抓壞人。

謝靜宜委屈地落下淚來：俺、俺也是顧慮到主席和副主席的關係……怕山上鬧得風風雨雨……

毛澤東面色嚴峻：兒子是兒子，老子是老子！爲什麼混爲一談？林副主席家裡就不出不肖之子？

謝靜宜仍猶猶豫豫：可正開着全會，總是影響不好……

毛澤東眼睛一瞪：糊塗！他怎麼妳了？

謝靜宜粉頸低垂，不敢不說：把俺騙進洞裡，他、他就戴了套子，就那麼站著日……

毛澤東巴掌一劈，差點劈中小謝嫩臉：是不是避孕套？他個王八蛋，身上還備著套子保命，隨時準備奸汙女娃子……妳呀，不叫喊抓流氓，而顧全所謂大局！

謝靜宜幽幽地哭起來：俺對不住主席，俺對不住主席……

毛澤東見小謝臉上梨花帶露，可憐楚楚的，忽又轉了念頭，態度緩和下來，仍一把摟住了：好了好了，我不怪妳，妳是我的人……小王八蛋隔着套子弄了妳，不算數……我和妳從不用套子，長驅直入，才是眞的，天生一個仙人洞……他向妳打聽了我的事情沒有？

謝靜宜搖頭：沒有，一個字沒有。

毛澤東冷笑笑：眞的？頭次幽會，不打聽也是可以理解的。可以肯定，他勾引妳，是爲了在我身邊安下釘子……年紀不大野心大，密探伎倆，玩到毛澤東頭上來了。論年紀，男才女貌，妳和他般配。他還約妳再見面嗎？用這塊毛巾，把眼淚揩了吧。

謝靜宜接下那小毛巾擦擦臉上淚珠子。領袖的床頭總放著一疊潔白的小毛巾，平時咳嗽指嘴，交合時事後「擦槍」，稱爲「擦槍布」的。她和領袖曾爲這個名字調笑過許久。還有什麼「槍」只一杆，「靶」有無數之類……謝靜宜見領袖還在等着他回答，便說：約了，還要領俺去見他父母，還說了日後會對俺好……

毛澤東眼裡又閃出火星子。沉吟片刻，才說：他放長線？小謝，妳是我的人，會保護好妳，替妳出這口惡氣……這樣吧，妳今天主動約他出來，到任何僻靜的景點去幽會。我要王恩義佈置人把他捉住，替林副主席教育教育他強奸女性的流氓兒子。

謝靜宜身子痙攣地一縮：那好嗎？俺害怕……

毛澤東摟緊了溫香軟玉：妳不是對我最忠最忠嗎？我就派妳去完成這次的任務。放心，王恩義他們儘量縮小範圍，連總理、江青都不告訴。只會把北京市的吳德找來，說明妳是乾淨、無辜的。抓了小流氓，直接送林副主席夫婦處置，也是對他們夫婦負責囉。

謝靜宜溫順地點了頭。這時刻，她多麼想主席幸她一次啊。可主席卻無性趣，而吩咐她：山上出了許多情況，等着處理。今上午還要先開常委會，後開政治局擴大會。所以要先忙公事、大事。靜宜，妳是我的心肝寶貝，對妳寄望很大啊。黨內快要出安祿山了，你算半個楊玉環，我卻不當唐明皇。妳要理解、體諒，我這個主席不好當呢，稍有不愼，腦袋就可能搬家囉。這不是嚇唬妳。從古至今的統治者，只有隨時想到腦袋可能被搬家，最後才保得住自己的腦袋。前提是，你先把對手的腦袋搬掉。當然這是個比方。上山這些天，妳和王恩義都住在我樓下，妳覺得他這人怎樣？

謝靜宜心裡一驚，主席老人家對最親近的人也要防一手，讓一個看住一個：依俺替你從旁留意，王將軍對主席和江組長是百分之百的忠誠。他常對俺說：咱這號人離了主席和江青同志，死無葬身之地。俺也不知道他爲什麼講這個話。

毛澤東點頭：我相信，他和妳，還有張團長和大多數同志，都是忠於我，忠於黨的。好吧，妳先下去。我還要找總理、康生他們來談話。嗬喲，快八點了，需要起來方便方便了。

謝靜宜扶毛澤東下床，並送進洗手間，才整了整衣裙出來。下樓道時，心口仍在砰砰亂跳。好險，差點就讓老頭子看出貓膩來了。老頭子的眼睛可尖了，眞叫做明察秋毫……要趕快告訴王恩義那傢伙，不要再深更半夜的摸到俺床上來了。恩義才眞正叫年輕力壯，又威又猛，每次都幹的人暈死過去似地……這棟蔣介石夫婦留下來的「美廬」，眼下淫風正熾，穢氣正烈。

九點正，周恩來準時來到美廬。一路上，他發覺路旁樹林、花叢裡，隨處可以見到士兵的身影，知道主席的住處加強了戒備。

毛澤東見面就問：恩來，華北組六號簡報的事你知道嗎？

周恩來不知爲什見面先問這個：昨晚上才看到。近兩天一直和李先念、紀登魁幾位研究國民經濟計畫，準備在全會上報告……華北組六號簡報是李雪峰、鄭維生他們弄的，吳德沒有參加，也沒有和我打招呼。

毛澤東說：看來，我睡在床上，你睡在鼓裡……現在告訴你，今天上午常委碰頭會，採用新方式，我一個一個和你們碰頭，一個一個的談。你是第一個。爲什麼用這種方式開會？如果五位常委一起碰頭，就又是四比一，你們四個對付我一個，苦苦相逼，要我當國家主席！所以我要對你們各個擊破。現在山上形勢一邊倒，跟着人家的指揮棒起舞，越是軍隊幹部鬧的越凶，揚言要揪人、抓人。台上有人號令，台下群起呼應。陳伯達是個壞人，汪東興這次也反水。是不是毛澤東這條船老了，破了，靠不住了，老鼠們紛紛跳離，要跳到別的船上去求生？恩來，是不是這樣？

周恩來腦子裡轟地一響，好端端的到山上來開會、消暑，又鬧出類似一九五九年山上的禍事來？那次是彭老總，這次是陳伯達？只怕不止於陳伯達……嘴裡忙說：主席，我確是毫不知情，又當了忙忙碌碌的事務主義者。不過主席可以放心，無論何時何地，發生任何情況，我都會站在主席這邊！相信大多數的中央委員和政治局委員，都會像我一樣。就算有的人一時站錯了隊，一旦主席出面講話了，他們就都會站過來的。

毛澤東點頭：我相信你和你的估計，大約還沒有到樹倒猢猻散那一步……近來我有些後悔，「九大」時沒有同意你的提議，讓江青、春橋兩人進常委會。

周恩來說：那就在這次全會的後期搞補選，辦個手續。

毛澤東搖頭：本次全會被人家攪了局，要應付的突發情況一大堆，臨時抱佛腳來不及。你是全會秘書長，去通知六個討論組，立即停止討論憲法草案，改爲各省市自治區討論經濟問題。再照少數人的旨意開下去，本次全會就開成一次分裂的會，垮臺的會了。從今天上午起，我要開一系列的小會。下午開政治局擴大會，晚上開各組正、副組長會。還要告訴你，已下令暫停汪東興的八三四一部隊指揮權，以便他集中精力抓好會務。林彪同志已經到樓下了吧？你下去請他上來，我單獨和他談。這個接班人的地位，還是要替他保全。

周恩來下樓不多一會，林彪裹着件軍呢大衣上來了。

毛澤東忙下床，迎至房中央，親熱地拉住林彪的手：育容啊，你穿這麼多，還是體弱。上山這些天，休息得怎樣？我是到了涼快地方，反而睡不着。

林彪鬆開毛澤東的手，堅持立正、敬禮，之後脫帽坐下，說：謝謝主席關心，山上空氣新鮮，我是每天早睡早起。主席要保重身體。

毛澤東說：我是被他們氣的！一個陳伯達，一個汪東興。他們在華北組放言高論。第六號簡報你都看到了？

林彪說：一文一武，都是主席的老部下，一手栽培的。

毛澤東忽然問：育容，你是哪年認識陳伯達的？

林彪回答：大約在一九三七年吧？他到延安不久，在中央黨校講課。人講來了個大學教授。我去聽了聽，一口福建話，聽不懂。直到這次文化大革命運動之前，我和他基本上沒有交往。

毛澤東說：你是近幾年和他交往多了。我使用他三十幾年，最近卻越來越不認識他。幾十年沒有看透一個人，原來是個野心家，陰謀家。

林彪心裡一驚，不能不替陳老夫子講幾句話：我看陳伯達的毛病，還是文人相輕，當了中央常委，翹起尾巴，老子天下第一。他在華北組討論會上，列舉了我那些擁護主席和主席思想的話，事前根本不和我打招呼，我會問他要版權。

毛澤東說：共產黨人著作，沒有版權，人人皆可引用。你還講過，我的話，句句是眞理，一句頂一萬句。此話當眞？

林彪說：我是認眞的。主席的指示，從來不打折扣，百分之百服從。

毛澤東燃上一支菸，嗞嗞地吸着，彷彿思索一會，說：育容哪，你和我是老戰友、老同事，還是不要把話講得太滿。四九年以來，你總是習慣把話講得太滿，沒有留下餘地。絕對化啊，行不通，也不符合辯證法。

林彪說：對主席的指示，我歷來主張理解的要執行，不理解的也要執行，在執行中加深理解。

毛澤東眼睛眯縫起來，語氣轉趨低沉：不見得吧？隨便舉個例子。一九四八年初，我給你和東北局發了六十來封電報，要求集中優勢兵力打錦州，截斷東北敵軍逃進關內，與傅作義部隊會合的後路。爲什麼遲遲不執行？當然，後來你還是在羅榮桓、劉亞樓、高崗等人的勸說下，決戰錦州，打了大勝仗，吳法憲、李作鵬、邱會作都在該役中立功……好了，一些歷史上的麻紗，就不要扯了。單說近半年來，關於不設國家主席，我先後講了六次，你爲什麼不聽？不是一句頂一萬句嗎？六次就是六萬句。一句都不頂，等於零。放屁六次，沒有臭氣，等於零。

林彪正襟危坐，身子筆挺：我是眞心擁戴主席兼任國家主席。

毛澤東口氣轉趨強硬：不見得。我看是你太性急。「九大」已定了你是接班人，寫進黨章，爲什麼還要急？今年我七十七歲了，老了，不行了，你是一九零六年的吧？才六十四歲，急什麼呢？

林彪正襟危坐：主席不急，我也沒急，是另外有人著急。

毛澤東茶几一拍：你不急，我不急，誰在急？舉出名字來！

林彪差點就說：江青，張春橋。但他閉住嘴，保持沈默。不願回答的問題就沉默。

毛澤東目光犀利地罩定接班人，直到估計接班人不會回答他的問話之後，才放緩了語氣說：育容，我知道你現在翅膀硬了。但我原則問題從不讓步的。你在開幕式上公開推我當國家主席，已在各組討論會上形成氣候。可我就是不當，你們拿我怎麼辦？我看啊，大家還是要顧及黨中央的團結，中央全會上不要搞派性，鬧分裂，這是全局。行不行？

林彪點頭：我擁護。黨中央要團結，中央全會不鬧分裂，誰鬧誰就是歷史的罪人。

毛澤東又燃起一支菸，雲裡霧裡，邊吸邊說：好，我們算是有了共識。黨中央的團結，首先是兩個主席之間的團結。對，主席、副主席，我和你之間的團結，然後是中央常委的團結，然後是政治局的團結，然後是中央委員會的團結。是不是這個順序？

林彪恭敬地點頭：是這個順序、道理。

毛澤東說：講穿了，團結、分裂、就在你、我之間。首先我表明，我要保障你的接班人地位不變，「九大」黨章不變。你呢？保障我什麼？就是不要再逼我當那個國家主席，你也不要當，新憲法不設這一條，你同意不同意？

林彪額頭上冒汗了。還是毛澤東厲害呀，三步兩步就把人頂到南牆上：同、同意，我不再提。

毛澤東笑了：這就好，這就好。然而事情鬧到這麼大，總要做個交代，有人出來負責。這個人就是陳伯達。害群之馬，要批評，全會上公開批評。他要作檢查。檢查之後，他的中央常委資格不變。十月一日國慶節，他還是和你、我一起上天安門。此次會上涉入較深的幾員大將，吳法憲，汪東興，李作鵬，李雪峰，邱會作等人，作自我批評，算主動下台階，事情就此了結，一個也不處分，如何？

林彪身上已是大汗淋漓，內衣褲都濕透了。他只能點頭同意：好！事情就此了結。

毛澤東起身。林彪跟着起身。毛澤東親熱地拉起林彪汗濕的手，堅持着送出房門，直送到樓梯口。再又目送着林彪一步一步下樓道。忽見林彪光禿著的腦門頂，原來把隻軍呢帽忘在茶几上了。毛澤東招來一名在樓道上值勤的衛士：快，把林副主席那頂軍帽送下去，不然副主席鬧傷風……順便，請康生同志上來。

康生帶着一臉謙卑的微笑進入毛澤東的大臥室。毛澤東已半躺半仰回木床上，只是隨便地朝他揮揮手，示意坐下談話。

毛澤東眼睛直愣愣地盯住康生，直有一、兩分鐘。康生渾身都起了雞皮疙瘩，牙關都要打戰戰。

毛澤東終於移開目光，冷冷地說：老朋友，怎麼搞的？你個肅反專家，這次也站錯隊了？站到軍事俱樂部一邊去了？五九年這山上鬧過一次軍事俱樂部，本次全會，又鬧出來一個更大更凶的……不過放心，這次避用這個名詞。我原以爲你是江青和張春橋的支持者，後盾之一，沒想到你卻和陳伯達、吳法憲他們攪在一起，打得火熱！

眞是晴天霹靂，雷霆萬鈞。康生渾身都抖索起來，連忙起立，雙膝一軟……毛澤東眼尖，立即制止：康生！不要下跪。貴爲中常委，怎麼向另一位中常委下跪？你一九三七年跟着王明從莫斯科回到延安，爲了和王明劃清界線，你向我下跪過一次，已經夠了！

康生佝僂着身子，低下腦袋，摘下鏡片來擦着淚水：主席，我的主席，康生知錯，康生立馬改……康生堅決站回主席一邊，和江青、春橋一起，狠揭、狠批陳伯達、吳法憲等人的反動言行！

毛澤東笑笑：不遠而復，聞錯即改，很好嘛。坐下，坐下。只要你站過來，我們一如既往。我也知道，你是眞心擁護我當國家主席，不像陳、吳一夥另有所圖……我準備在全會上點名批判陳伯達，然後回北京作組織處理。他歷史上有什麼汙點沒有？我使用他三十幾年，並不十分瞭解這個人，就和我不十分瞭解劉少奇一樣。

康生坐下，內心裡慶幸地叫聲嗎喲！臉上堆回那謙卑的笑容，拍拍腦門，說：主席，容我記記……陳伯達早年在福建參加革命，好像被捕過……一九二七年大革命失敗後，好像參加過托派組織，寫過謾罵共產黨的文章……容我回去後整理一份文字材料來。

毛澤東點頭：行啊，我還是離不開你這位肅反專家囉。對了，他弄了個《恩格斯、列寧、毛澤東稱天才語錄》，你看到沒有？

康生回答：看了一遍，東拼西湊，用來嚇唬人的……我斗膽匯報一句，恐怕是林副主席和葉群同志囑咐他弄的。

毛澤東點頭：這次要保護林副主席，要保他的接班人名份。他們鬧得這樣凶，你看要害是什麼？

康生回答：我看，是一次有預謀的活動。預謀就是設國家主席，綱領就是稱天才。

毛澤東不能不在心裡感嘆，康生這個東西，真是隻會咬人的狗，一名出色的打手。明明他自己剛熱衷參與了的事，搖身一變就可以反咬一口，而且咬中要害。毛澤東嘴上卻說：很好，你終於和我想到一起了。歡迎你關鍵時刻反戈一擊。一九三七年你在關鍵時刻反戈一擊，掏了你老上司王明的老底。今天又反戈一擊，對你的老同事陳伯達同志也要掏掏老底。你儘快去整理出一份陳伯達的歷史材料來。喲，都快中午一點了。你下樓去告訴陳伯達，我不找他單獨談了，下午開政治局會議一起談吧。另外，再告訴王恩義，要他派人留意一下，陳伯達的行踪，看他離開美廬後，去了哪裡。很有意思囉，天生一個仙人洞，無限風光在洞中。

陳伯達在美廬樓下苦等了整個上午，獲知毛澤東不再找他單獨談話，意味着他已被排除在中央常委之外。這是我們黨二、三十年來養成的惡習啊，毛主席的個人態度成了唯一的標準，不管黨的副主席也好，中央常委也罷，他不准誰出席會議，誰就無權出席會議……陳伯達惶恐了，手足無措了。上車後，陳伯達囑咐司機：去林副主席住處。

山上麗日和風，天上白雲悠悠。十來分鐘後，陳伯達的座車緩緩馳近中八路三百五十九號。大中午的，林副主席的住處也是門窗緊閉。門口的值勤衛士告訴陳伯達同志：林副主席和葉主任午睡了，不會客。

第五十九章　要夫人，還是要接班人

林彪並未午睡，而是關上臥室門，在教訓獨生子老虎：你母親告訴我，你和謝靜宜在仙人洞幽會，謝靜宜是個什麼女子？當今皇帝老子的禁臠，碰不得的！

林立果犟嘴：我就碰了，氣氣B五十二……父親放心，謝對我有好感，不會告密。

林彪眼睛一瞪：放肆！不知天高地厚……那是浪貨，人盡可夫。從你讀小學起，我就告訴你一條做人的道理，小不忍，亂大謀。你當耳邊風。千丈之堤，以螻蟻之穴潰。謝靜宜就是那個螻蟻之穴。

林立果敬佩父親，並不懼怕父親，談論問題，可以提出相反的見解：我想把謝拉過來，成爲佈設在B五十二身邊的一枚棋子。他滲透我們，我們也滲透他，玩玩反制。

林彪平日欣賞兒子多計多謀，這次卻搖頭：輕舉妄動，壞事！你玩得過你說的那個B五十二？秦皇漢武、唐宗宋祖都不在他話下……告訴你吧，他手下的中調部，政保系統、總參三部，比明王朝的東廠、西廠、錦衣衛還厲害、嚴密。我們家的工作人員，警衛、秘書、司機、內勤、保母幾十號人，至少一半是三個系統安插下來的，誰都不知道誰，卻在注視着我們全家人的行止。劉少奇爲什麼那麼容易被隔離？就是他身邊早佈滿了三個系統的眼線，使他不敢動作，祇能坐以待斃。

林立果說：爸，我們可要吸取劉少奇的教訓。劉少奇束手待擒，傻瓜一個，光講《修養》有屁用？死了沒人同情。匹夫之怒，肝腦塗地，血濺五步！劉少奇匹夫不如。

林彪閉了閉眼睛，好一會沒有吭聲。之後雙目微啓，換了個話題：是啊，過去皇帝老子還每天五更早朝，穿戴整齊。如今毛是裹著長睡袍，躺在床上，召開中央常委會議，中央政治局會議。從哪年開始的？是六二年吧。對，自六二年起，連朱德、董必武、林伯渠這些老人都要繞他床前而坐。娘的都是劉少奇、鄧小平、彭眞一夥人慣出來的！長時間以來，我爲什麼稱病、懶得出席常委會議及政治局會議？就是羞於繞坐在他床前，像一條狗！你老子帶兵出身，從江西打到陝北，又從陝北到東北，最後從黑龍江打到海南島，把中國從北到南打了個對穿！我總還要保住一點軍人的尊嚴。

林立果忽地起立說：爸！你這話，令兒子醍糊灌頂！對當今的暴君，我不會有一絲一毫感情……只是，爸，容我問一句，你爲什麼要一路吹捧暴君？

林彪愣了愣，彷彿沒想到兒子會問這個話：他不是暗喻我「道士打鬼，借助鍾馗」，他在二十世紀六十年代做了共產黨的鍾馗嗎？

林立果說：父親就是那個「道君」了。古人云，不去慶父，魯難未已。

林彪說：一名眞正的軍事指揮者，第一先學會隱蔽自己，保存實力；第二周密思考，制訂方案，且是多種方案，以備急需。

林立果來了個標準的軍人立正、敬禮：是！孩兒領命。

林彪笑了笑：看你小子逞能。你母親正在指揮你幹些什麼事情？她是個女袁紹，多謀寡斷，拖泥帶水……下面和你交代一下黨內局勢。上午，毛已找我談話，出手反擊。要變天了。他欲啓用張春橋、江青做黨的副主席。你父親的接班人地位受到挑戰，終要被張、江取代。你陳伯達伯伯今明兩天就會被端出來，罪名是分裂中央，破壞團結。還有吳法憲、李作鵬、邱會作受到牽連。也不會放過你母親和黃永勝叔叔……估計毛須花上一年左右的時間，先把我的人馬清除掉，待我孤立無援時，再對我下手……所以，我們尙有不到一年的時間。不然，就會落到彭德懷、賀龍、劉少奇那樣的下場。

林立果聽得驚心動魄，卻又熱血沸騰，目泛橫光：不！沒那麼便宜。想扶誰上台，誰就上台？想搞掉誰，就搞掉誰？也太把其他人當草芥了。魚死還網破！到了這一步，眞正的你死我活。

林彪讚許地盯住兒子眼睛，說：現在，給你兩道命令：第一，下午下山，返北京空司，去辦你應辦之事；第二，立即割斷和謝靜宜的一切聯繫，不要再去打草驚蛇。就這兩條，你去執行。

林立果又亮出軍人的立正、敬禮：是！

林彪見兒子口裡答應，身子卻站着未動，只好問：老虎，你還想講些什麼？

林立果稍作猶豫，說：也是兩點，一，母親讓我準備隱蔽行動，何不命黃、吳、李、邱幾位叔叔暗中參與？陸、海、空、後首長一齊行動，力量大無窮；二，謝靜宜已來過電話，約我再見一面，她有話告訴我。媽也同意了，說爭取把小謝拉過來。我是不是晚上再下山……

林彪嚴厲地手一揮：不允許！黃、吳、李、邱目標大，他們身邊三個系統的人肯定有不少，容易暴露，我要把他們保護下來，以後挑國家和軍隊的大樑……你母親是怎麼和你講的？

林立果說：媽講，一九五三年埃及納賽爾發動政變時，只是一名陸軍中尉；一九五五年利比亞卡扎菲發動政變時，只是一名上校；一九六五年蘇哈托軟禁蘇加諾、接管印尼政權時，也只是印尼後備軍的一名不見經傳的准將。世界上的許多事情，都是由小人物做成功的！

林彪緊抿住嘴皮，彷彿受到某種震動。過了一會才說：孫子兵法云，靜如處子，動如脫兔。你母親的話，不可全聽……謝靜宜的事，我判斷，人家已經設下捉奸計，要把你當做流氓犯抓住，先送毛、後送我處理！那你這個林副部長就聲名狼藉了，只有下五七幹校勞動的份了。禍事臨頭，還不省悟？今後，你的一切行動聽我的，戒浮躁，戒輕舉妄動。

正說着，葉群推門進來，見父子倆的臉色都不大好看，笑問：老虎，惹父親生氣了？是不是爲了那個謝靜宜？

林彪扳起臉孔說：老虎下午下山回北京，你有什麼事交代？

葉群說：山上風聲緊了，老虎早點回去也好……總理剛才來電話，通知下午三時在美盧開政治局會議，問林總出不出席？

林彪說：替我告假，就講有點傷風，剛服了藥……另外，你參加政治局會議後，設法和吳、李、邱三個聚一下，傳我的話，主動撤退吧。主席若要他們檢討，就檢討幾句，先應付過去。山上發生的事，留到下山之後去解決。記住，妳不要在電話裡和人說這些。我們在山上的電話，肯定受到偵聽。

葉群有些不服地問：剛剛揭幕，就撤？向張眼鏡他們示弱，不怕將軍們怪罪？這次，連陳帥、葉帥、徐帥、聶帥、許和尚、汪東興他們都站在我們一邊……依我說，抓住戰機，先把張眼鏡搞臭了、打趴下再說。

林彪目光如錐，竟當着兒子的面喝斥：放屁！跟了我半輩子，仍是個糊塗蟲！任由你們在山上胡鬧？你們有膽量、力量和毛主席翻臉？我告訴妳吧，毛已經佈署反擊！妳以爲今上午是開的什麼常委碰頭會？是他一個一個地分別找我、找總理、找康生談話！上級對待下級，導師對待學生，家長對待晚輩。陳伯達會被端出來做反面教員，吳法憲會被勒令檢討，李作鵬、邱會作也要檢討……他已經向我攤牌，我們還能公開對抗？葉群「刷」地一下臉色寡白，顫着聲音說：眞是柿子撿軟的吃……人家陳伯達也是九大選出來的中央常委，黨內排名第四，他一句話，就可以端出來批鬥，算什麼事？

林彪說：劉少奇兩次代理過黨主席，還不是他要打倒就打倒了，連性命都送掉？我們黨就這麼個傳統。所以我要求暫時撤退，保住實力。二萬五千里長征就是大撤退。四五年底到東北，四六年一年都在大撤退。不是有人笑話過我是撤退大將軍嗎？不要緊，今天再大撤退一回，看誰笑在最後。你們母子兩個，不要討價還價了，照我講的去做。黃總長什麼時候到？要他先來見我。

下午三時，在美廬樓下召開政治局會議。美廬內外警戒森嚴，委員們的座車都被要求停泊在一、兩百米的山道上。每名委員進入院子之前要經過兩道崗哨，證明身上沒有佩戴武器。

毛澤東步出大門，到院子裡和政治局委員們一一握手。他拒絕和陳伯達握手，和吳法憲、葉群、李作鵬、邱會作、汪東興、李雪峰等人握手時神色冷漠，惟在和許世友握手時，說：許司令，我的手冰涼吧？兩天兩晚沒有合過眼了，你這次仍要護我的駕啊！許世友忙說：主席要保重，還是那句話，主席指向哪裡，我老許帶部隊打向哪裡！

葉群代林彪向周總理告假。她見江青出來，忙主動迎上問候、致意。江青要笑不笑，愛答不理，只顧和緊隨身後的張春橋、姚文元談話。葉群只好轉過身去和葉劍英握手。

委員們魚貫進入客廳。客廳四角，都站立着彪形大漢——警衛局高手。周恩來清點人數，山上的政治局委員和候補委員基本到齊，宣佈開會，請主席講話。

毛澤東習慣性地繞了繞話題：不識廬山真面目，只緣身在此山中。所有的廬山詩中，數蘇東坡的這兩句精彩，富於哲理。我這次上山快一星期了，山上忽陰忽晴，時雲時霧，還沒有看清廬山真面目。你們諸位是否看清了？總理，你看清沒有？

周恩來坐直了身子，回答：主席，我沒有看清楚。

毛澤東說：總理目光敏銳，也沒有看清楚，相信是大實話。康生同志，你看清楚沒有？也沒有。劍英同志也沒有，很好。葉群同志向我報告，林彪同志傷風了，發低燒，不能出席會議。林副主席常犯病，常請假，我們要接受這個事實。好在我這把老骨頭還算健旺，可以代為操勞。我也相信，林副主席這次也不識廬山眞面目。張春橋、江青兩位比較清醒，表現出了共產黨人的堅定性，値得我學習，也値得在座各位學習。南京許司令，瀋陽陳司令，空軍吳司令，海軍李政委，總後邱部長，還有個中辦汪主任，你們的情況怎麼樣啊？

許世友、陳錫聯、吳法憲、汪東興等人面面相覷，不知所云。

毛澤東說：你們不知所以？我來破題吧。一九五九年那次，是不識彭德懷、張聞天的眞面目，還有劉少奇等人把自己隱蔽得很深；這次不識廬山眞面目，可以告訴各位，是不識陳伯達同志的眞面目。陳伯達同志，我一言既出，駟馬難追，你不要如錐在股，如芒在背嘍。山上氣候這麼涼爽，不必發寒熱症如楚太子。有的老同志還記得吧，五九年那次我曾經給張聞天寫過一封信，勸他讀讀《昭明文選》裡枚乘的那篇《七發》。枚乘算得上精神科醫生，以一篇辭賦治好了楚太子的寒熱症。今天上午，我和常委碰了頭，和林副主席，和總理，和康老，分別進行交談，取得一致意見。我就是沒有和陳伯達這位大理論家常委交談。因為道不同，不與相謀，不知如何談起。陳伯達，你這個人呀，叫我怎麼說你哪？黨內黨外，中央地方，你一貫地製造是非，一貫地投機取巧，一貫地見風使舵。你可以翻翻自己的歷史，幾十年來你在黨內都幹了些什麼？文無文德，武無武功，人無人格，卻自以為文章了得，不是天下第一，也是天下第二，想當共產黨的孟夫子，亞聖，做你的邯鄲夢。你想假他人之手把張春橋打倒，進而打擊江青，你眼睛究竟盯住什麼人呢？說穿了，你是不是想利用我們林副主席啊？林副主席是我的接班人，上了黨章的，豈是你可以利用？我看你是夜郎自大，想入非非，自作多情。上午，我和林副主席談得很好，很融洽。在所有大的問題上，中央主席、副主席意見一致。我和總理，和康生也談得很好，也是在所有大的問題上看法一致。中央核心是團結的，堅強的。蒼蠅不鑽無縫的蛋。中央這隻巨蛋無縫隙，你陳伯達鑽不了空子。你一再宣稱我毛澤東是什麼天才，還編了個「稱天才語錄」到處散發。我只讀了三年私塾，兩年高小，兩年師範，後當過兩年小學教員，加半年北大圖書館的借閱員，是什麼天才？連地才都不夠格。我看呀，你稱我天才是假，稱你自己天才是眞！還曾經大樹特樹我的什麼絕對權威，明明是大樹特樹你自己。帳卻算到了楊成武頭上。號稱黨內大理論家，一遇重大問題就反馬克思主義。自稱小小老百姓，實則大大野心家。你承不承認？你眼睛裡容不下比你強的同志，容不下春橋、江青，文元他們。春橋的馬列水平比你高，比你懂得唯物辯證法，你不服氣不行。這一回，你再不好好檢討，認眞悔改，我看你就完全墮落了。念在你我共事三十幾年的份上，不願看到你墮落下去。願你洗心革面，不遠而復。甚至也不想建議中央給你處分，願意幫你保住中央常委，文革組長，十月一日仍請你上天安門。毛澤東的這點雅量，還是可以的。

毛澤東忽東忽西，重批輕撫，冷嘲熱諷，把陳伯達足足批了個把小時，批的陳伯達大汗淋漓。隨後毛澤東語鋒一轉，對葉群說：葉主任哪，請妳替我帶個話給林副主席，要他召集吳法憲、葉群、李作鵬、邱會作、汪東興這些同志開開會。黃永勝同志上山後也參加。他的書面發言稿我拜讀了，性質是一樣的。這些同志要爭取主動，和陳伯達同志劃清界線，回到黨的正確路線上來。還有，許世友同志，你的那幾句莽撞話不作數，康生同志、劍英同志的某些言論也不作數，又及時向我報告了，這次不在檢討之列。還有幾位老帥表錯態，也不在檢討之列。總之，團結多數，教育少數，不搞人人過關，錯誤人人有份。包括黃、吳、葉、李、邱、汪，加上華北組的李雪峰，鄭維山，只要檢查了，認識了，都可以一筆勾消，前嫌盡釋，不留尾巴，好不好啊？好，你們鼓掌了，說明大家同意我的了。我看到陳伯達同志也鼓了掌，很好，十月一日可以上天安門。上山之前，我就一路強調團結，反對分裂。現在及時發現，及時糾正。不然的話，我們這次的全會就開不好，中途流產……

當天晚上，緊鑼密鼓的，毛澤東又在美廬召集六個討論組的正、副組長會議。各組匯報，緊張熱烈。毛澤東則把下午在政治局會議上的講話，大同小異地重述一遍，主旨是團結多數，爭取、教育少數，徹底孤立個別野心家，陰謀家，僞君子。

王洪文、陳永貴等人則建議：主席要注意自身的安全，不怕一萬，只怕萬一。

散會時，汪東興要求留下，個別向主席檢討一次。毛澤東揮揮手：不忙，你先在會議上檢討，有了初步認識，我們再單獨談。

下半夜一時，毛澤東正在吃消夜，江青派機要員送來一份密件，內書數語：老虎突然下山，去向不明。此人會駕直升飛機，應防其狗急跳牆，駕機偷襲美廬。

毛澤東看過夫人的密件，苦笑笑，擦根火柴燒掉：婦孺之見。他父母都在山上，會有此舉？

畢竟心裡不踏實。毛澤東隨即召來王恩義和張團長，問有什麼新情況？王恩義報告：林立果同志下午四時下山，返回北京去了。毛澤東點頭：知道了。傳我的命令，中央全會期間，九江和廬山上空，除中央專機每天的例行往返，不准有任何飛機臨近，否則予以擊落。另外，張團長，我們馬上搬家。搬哪裡？不是還有棟脂紅路一百七十五號備用嗎？現在就走。書籍、用品天亮之前搬完就好。

無論白天黑夜，天上地下，毛澤東從來說走就走，說停就停，不准有任何拖延。毛澤東的紅旗牌防彈大座車駛出美廬時，山上正起大霧。夜色加濃霧，白茫茫、黑濛濛，伸手不見五指。座車亮起高燈，仍照不見路面，一切陷落雲瀑霧海之中。只好由兩名衛士各執一盞馬燈，貼在車前引路，騰雲駕霧一般，一步一步往前移動。四處都是陡坡彎道，兼有懸崖峭壁，隨護人員緊張萬分地沉浮於濃霧之中，直如樹妖山鬼了。本來白天十幾分鐘的車程，毛澤東的座車卻足足移行了個多鐘頭。毛澤東在車裡對陪坐在旁的謝靜宜、王恩義說：好啊，天遂人意，降大霧掩護我們轉移……美廬要留人值班，不要說我已經離開。新的住處，先只告訴總理、江青、春橋三個。其餘免告。尤其不准告訴汪東與，還有葉群他們。找人談話、開小會怎麼辦？我白天到廬林一號看文件，見人，晚上回來休息。

中八路三百五十九號。迷濛大霧中，葉群領着黃永勝進門。黃永勝黃昏時分上山，遇上葉群正在吳法憲住處談話，聚在一塊了。

林彪高興地握住黃永勝的手，好一會沒鬆開。待到客廳門關嚴實，黃永勝才適時立正，敬禮，補行下級晉見上級的禮節。

坐下後，林彪問：老虎回去了，你們見了面？

黃永勝回答：給了我電話，說他回到毛家灣二號。因我要乘中央專機，沒來得及見面。

林彪點頭：很好。山上的事，葉主任和你說過了？

黃永勝看葉群一眼：說了個大概……廬山這地方，每次中央全會都出事。想聽聽林總的指示。

葉群插言：我找吳、李、邱談了，都覺得主席不聽黨內多數人的意見，祇聽他老婆的話。

林彪閉了閉眼睛，手臂靠在沙發扶手上，彈動著指頭：叫他們住嘴，再發牢騷，紀律處分。永勝，你回去傳我的話，把牢各人的嘴巴。過去，我們都低估了娘娘的能量。兩個月前，你們四位找主席告娘娘的狀，現在出現反效果了吧？那次，你們事先沒有報告我，不然會勸止的。但你們光明磊落，江青有什麼資格召集三總部將領開會？不成體統。她的問題，要拖到主席百年之後才好解決。

葉群說：現在問題是，主席已打算用張眼鏡來取代你。不等主席百年，人家先把我們給解決了。

黃永勝身子一挺：不行，明天我去找主席匯報活思想。我是二七年秋收起義跟了主席上井崗山的，總不會對我的忠誠有所懷疑吧？

林彪雙眼微睜：你找主席匯報什麼活思想？

黃永勝說：就請示一句話，是黨的接班人重要，還是他的夫人重要？

葉群茶几一拍：問得好！老紅軍的英雄氣概。

林彪瞪婆娘一眼，之後說：永勝啊，你是耿耿丹心。現在中央有股子邪氣，正不壓邪。邪氣就是江青、張春橋。可主席偏偏信任他們，我也很爲難……我看，你不要去主席那裡談了，只會加深猜忌的。一九五九年山上會議，你也參加了的。那次，總參謀長黃克誠中途上山，觸了霉頭，鬧出個「軍事俱樂部」。這次，你這個總參謀長又是中途上山，也是觸霉頭。這次和那次，相似又不相似。那次的「軍事俱樂部」定的相當勉強，只有彭、黃兩員武的，其餘都是文的；這次武人齊集，包括黃、吳、葉、李、邱，加上幾位老帥，十大軍區司令員和政委的大多數，還有一位汪東興，是貨眞價實的「軍事俱樂部」。這些人主張什麼了？設國家主席，擁護毛主席兼任國家主席，稱毛主席爲天才，何錯之有？就算有些同志言詞激烈了些，也算不上什麼大錯。所以，我估摸，主席面對眞正的「軍事俱樂部」，反而不會祭出「軍事俱樂部」這頂帽子。這麼多軍隊將領，只能分期分批地分化、瓦解，打進來，拉出去。柿子先揀軟的吃，先揪出陳伯達這名文官做突破口。依我看，主席會力求穩健，批一通陳伯達，命吳法憲幾位作檢討，找臺階下，之後結束全會，各奔前程。但山上發生的事情不會完，會慢慢算帳。除陳伯達外，暫時不會撤掉誰的職務。以主席的韜略，分批派人進入三總部，空司、海司，以及北京軍區、北京衛戍區、中南海警衛師等要害單位，以量變達到質變。要做到這些，大約花上一年時間。佈署完畢，再開中央全會，補選張春橋、江青爲副主席，總理、朱老總甚至陳雲也恢復副主席職務，以五、六名副主席來對付我這八屆十中全會以來唯一的副主席，不就萬事大吉、大功告成了？

黃永勝敬佩地點頭：林總想事情，看形勢，總是比我們深刻。好比下棋，我們是看一步，動一子。林總是動一子，看三步、四步。可我們也不能束手待擒、聽天由命啊。

葉群笑笑說：有一現成人物可用。汪東興。他這次反對江靑、張春橋，態度堅決。

黃永勝說：這個，我也看出來了。汪、江關係微妙。江、張接班，首先要治的就是汪這名九門提督加大內總管。所以汪欲以攻爲守，圖自保。

林彪嘆氣：你們又把問題看簡單化了，也是過高估計汪的能力。以主席用人之法，一個汪東興的背後，至少有三個以上的什麼人在制衡他。這次，我們就不要拉汪東興了。放棄他。

葉群說：放棄這麼個人物，以後很難找回的。

林彪斜自己的婆娘一眼：短視。如果我們拉住汪東興不放，汪就很快完蛋，發配新疆、西藏，屁用沒有了。而且會加大主席的懷疑，認作在拉他的人入夥，圖謀什麼大動作。我們放棄汪，把汪推回給主席，任他去向主席認錯、討饒，他或會被留下來，繼續原職工作。他和江、張的心結，彼此是解不開的。留下汪東興，爲以後收拾江、張留下伏筆。

黃永勝說：我擁護林總的決策，英明，遠見。

葉群望着黃永勝，紅了紅臉。先前在霧裡並肩回來，要不是有警衛員緊跟着陪護，說不定就靠著塊岩壁或棵大樹，「短促突擊」一番了。

林彪說：除了保住汪東興，更重要的還要保下你們幾位，黃、吳、李、邱，以及鄭維山、劉豐、丁盛、劉興元等等。一年之內，主席不會動我，也就不會動你們。你們的身份是公開的，主席的眼線會時時盯住你們。在我這方面，有你們佔著現有的職位，事情就成功一半。江靑、張眼鏡蛇想和我鬥法，就鬥吧。老子還沒有碰到過眞正的對手。

正說著，一名老警衛秘書敲門，把葉群請了出去。不一會，葉群返回，對林彪說：外面霧還沒散，吳、李、邱三個說他們睡不着覺，摸黑前來，要求和林總、黃總長一起談談。

林彪眼睛一瞪：都這麼晚了，還來談什麼？不避嫌疑……旣來了，就請吧。都在一條船上囉。

黃永勝連忙表白說：不怕，老戰友，老上下級，榮辱與共，生死一起。

受毛澤東委託，周恩來分別找陳伯達、汪東興、江靑談話。

找陳伯達談話，是責成老夫子在中央全會上作出深刻檢查，承認分裂中央、挑撥領袖關係的嚴重錯誤；而不是鬧情緒，發牢騷，固執己見地對抗下去。主席已經在政治局會議上講了，只要你陳伯達肯認錯檢查，可免予組織處分，仍保留中央常委、文革組長職務。據說你拒絕檢討，認爲一旦檢討，就被打開缺口，一敗塗地？還說這是黨內鬥爭的教訓？老夫子你馬列著作讀得熟，但在實際生活中糊塗着哪！你在主席身邊工作三十幾年，難道還不瞭解，我周恩來寫的檢討還少了？都夠出一本選集了。但經過主席一次又一次的批評幫助，教育挽救，還不是都挺過來了？至今仍在總理這個崗位上，爲革命鞠躬盡瘁。列寧說，什麼人沒有錯誤？一種是死了的，一種是還在母親肚子裡沒有出世的。原話我記不清了，你個大理論家比我熟悉嘛。

陳伯達老夫子這次卻表現出一付死豬不怕開水燙的頑劣態度，聲稱自己擁護毛澤東思想，稱毛主席爲天才，擁戴毛主席兼國家主席沒有錯，錯在毛主席聽信了自己老婆的讒言，還有張春橋的挑撥。

還說，江青早就想搞掉我陳伯達，我陳伯達學問再大也不敵娘娘的枕邊風，有什麼辦法。

周恩來聞言，氣得拍了茶几，以少有的嚴厲語氣喝斥：陳伯達！是主席委托我找你談話，苦口婆心，想挽救你於水火！你竟敢把錯誤推到主席頭上，你太狂妄，太放肆！江青、張春橋等同志平日或許有這樣那樣的缺點，但這次卻是站在正確方面，站在主席一邊。你死不認錯，是不是想拉林副主席下水？林副主席是黨的法定接班人，主席的親密戰友和學生，你想把他拉下水，還不是分裂中央，分裂黨，分裂軍隊？毛主席是準備寬恕你的，只要你肯認錯作檢查。你一位黨的老同志，理論家，爲什麼不顧及黨的大局，黨和國家的整體利益？就算這次中央全會失敗了，分裂了，對你陳伯達個人又有什麼好處？主席的脾氣你知道的，他認定的原則問題是從不讓步的。你陳伯達拗得過他？你不檢查，下得了山？就算你和江青、張春橋有什麼解不開的疙瘩，也可以在開完全會、回到北京之後，再找主席詳談你的眞實想法，相信主席會認眞聽取，公平對待嘛。如果你堅持不認錯，不檢查，那就只好對你採取組織措施了，警衛局馬上可以把你押回北京去，後果自負！老夫子呀，事情若眞鬧到那一步，只怕我周恩來想幫你的忙，都幫不上囉。

說罷，周恩來紅了眼睛。

陳伯達受到感動，也紅了眼睛，答應說：好，我認錯，服從大局……總理呀，我們這個黨，也眞虧有了你。一九四四年，你說服王明、博古認錯；一九五四年，你說服饒漱石認錯；一九五九年，你說服彭德懷、張聞天認錯；一九六二年，你說服鄧子恢、習仲勳認錯；一九六五年，你說服羅瑞卿、楊尙昆認錯；一九六六年，你說服鄧小平、劉少奇認錯；一九六七年，你說服三總四帥認錯；一九六八年，你說服楊成武、傅崇碧、余立金認錯；這次是，一九七〇年，你說服我陳伯達認錯，不定還要說服黃、吳、葉、李、邱、汪認錯……這些人的結局，會怎樣？我服從，我認錯……

彷彿被揭了底，周恩來又光火了，很沒有風度地喝斥：你這是什麼話？你個理論家怎麼可以滿嘴胡說八道？我周恩來難道不是爲了黨不分裂，國家不分裂，革命事業少受損失？……算了，算了，我也不生氣了，你去準備書面檢討吧！放心，我不會和你計較許多，不會把你這些言論匯報給主席。你要保重，好自爲之，吃好睡好，凡事想得開些，個人恩怨少計較些。只要改正錯誤，取得主席和中央的諒解，大家還是好同志、老同事嘛。

陳伯達告辭時，周恩來和他緊緊握手，體現出一種對犯錯誤同志的溫暖關懷，親切信賴。

找汪東興談話就容易得多。汪東興一進到總理的客廳，就身子前傾、雙腿下蹲，要向總理下跪似的，被周恩來制止住：東興同志！你這是幹什麼？站直你的身子！你還是有少將軍銜的中辦主任……好了，坐下了，喝茶。這是你老家出產的白桃，甜嫩脆，很不錯。你這個同志啊，我說你什麼好呢？紅小鬼出身，江西蘇區時期就替主席當書童。記得你是替主席挑着兩捆圖書，走完二萬五千里長征的。革命隊伍裡，主席把你拉扯大。一九四七年三月撤離延安時，主席要我把你從野戰部隊調回，擔任中央支隊參謀長，算正旅、副師級吧？自那時候起，你擔負起保衛中央領導的重任。你可是主席親手一步一步提拔上來的，直至當上中辦副主任、主任，中央警衛局局長，八三四一部隊黨委書記。

「九大」又把你安排成政治局候補委員，中央工作碰頭會議成員，成為黨和國家的領導人之一。可你這次，鬼迷心竅，為什麼要跟着陳伯達他們跑？還跑的那麼歡！別的人，對主席生二心，或許可以勉強找得出某些所謂的藉口。惟有你汪東興，不應有任何的理由和藉口！

汪東興熱淚盈眶，再坐不住了，撲地一聲跪下去：總理！我該死！我對不起主席呀……我小汪肝腦塗地，天地良心，也不敢對主席生二心……我一個窮苦人家的孩子，放牛娃出身的紅小鬼……

周恩來站起身子，並不伸手去扶：同志，你起立！不要對我這個樣子嘛。黨內同志，我很不習慣嘛。或許你眞該去向主席磕個頭，請罪。我可以告訴你，是主席委託我找你談話，希望能挽救你，把你拉住，拖也要把你給拖回來。主席說，除非汪東興死不回頭，要跟着陳伯達一夥人跳火坑……好了好了，男子漢大丈夫，堂堂中辦主任，不要像個老娘們似的眼淚八叉了。去吧，去吧，主席白天在廬林一號辦公、休息，你去檢討、認錯。記住，機會不再。早就有人想趕你出中南海，下放到西藏自治區去當軍區副司令。注意，這話我只對你一個人說了，傳出去，後果自負。

汪東興感激涕零地離去。他明白，他的對頭是江青。多年來，江青就想把他弄出中南海，再置他於死地。但主席留住了他。媽媽的，君子報仇，十年不晚。老子對毛主席忠心耿耿，死心塌地；對藍蘋這爛貨，只想用槍托捅進她陰戶。

第六十章　文不行，武行！

周恩來找江青談話，是江青惹老闆生氣，政治夫妻鬧彆扭。周恩來一向充當新中國第一家庭的和事佬。毛澤東說服不了婆娘的事，習慣委託周總理去擺平、理順。

這次江青和老闆吵鬧撤換汪東興，改組中央警衛局。婆娘現在膨脹得厲害，越來越沒有規矩。毛澤東問：妳想把汪東興發配到哪裡？江青建議：汪，少將，調西藏拉薩，任自治區軍區副司令員，屬同一級別。毛澤東又問：妳想派誰來接替汪東興？江青建議：王恩義，現任警衛局副局長，八三四一部隊黨委副書記，給他轉正就是。毛澤東再又問：汪和王，互相制約、監督，去汪升王，今後誰來制約王？江青一時回答不上。毛澤東認真發火：誰給妳出的點子？是不是張春橋？去汪升王，妳一廂情願！前年提出安排王恩義到警衛系統來，我滿足了妳的願望，讓妳多一些安全感。汪東興呢？他跟了我三、四十年，是我的人，妳卻想把他擠走，發配西藏，是不是想把我也控制起來，當作唐高宗，好圓妳那個武曌夢？對不起，夫妻是夫妻，原則是原則，我不當唐高宗那樣的糊塗丈夫。說到底，妳和張春橋、王恩義也需要有人制衡。

夫婦之間，話說到這份上，江青急眼了：你不要把人家張春橋扯進來，人家從沒有過問過警衛系統的事。我只是看到了汪這個人的危險性！讓汪繼續負責中央警衛系統很危險。你不信？過去，一次又一次，我和你說王明危險，潘漢年危險，高崗危險，彭德懷危險，楊尙昆危險，羅瑞卿危險，賀龍、陶鑄危險，劉少奇、鄧小平危險。起初，你都半信不信，後來才被鬥爭實踐所證明。現在，我又要說，你的接班人，加上汪東興，很危險！這次是你的警衛局長主動向你的接班人靠攏、效忠。你還健在，你的保鏢頭子就向別人效忠，還不危險？另外，你就不肯替我想想，汪東興長期記恨我，歧視我，一旦你不在了，他還能不對我下手，把我投進秦城去？你說我疑神疑鬼，缺乏安全感，我擔心的就是中南海的警衛系統！

毛澤東說：妳有危機意識，很好。搞革命就是提著腦袋趕夜路，隨時準備坐牢、殺頭。至於妳和汪東興不和，我看主要責任在妳。妳一直以主席夫人自大，把人家汪東興喝斥來、喝斥去，甚至罵人家是馬屁主任、宦官老二！人家還能尊重妳？我多次批評不聽。我看呀，還是放下架子，找汪東興好好談談，交換意見，各自多作自我批評。汪這個人，我還是要留在身邊觀察一段。妳和張春橋可以從旁監督他。他這次犯了嚴重錯誤，已向我認罪，下跪，賭咒發誓。我現在趕走他，人家會說，連毛澤東的警衛局長都反對毛澤東，毛澤東人心盡失……這個問題就談到這裡。妳還有不有別的事情？

江青眼淚含含，只好退而求其次：那，那增選張春橋的事，這次全會上辦不辦？快刀斬亂麻，中央多一名副主席，可對接班人實施制衡……我還是要說，也可以考慮調上海的王洪文來替換汪東興。汪這人很危險，有野心……。

毛澤東手臂一揮：妳不要講了。王洪文我另有任用。張春橋等下一次全會增選。這次全會議程，被陳伯達一夥搞亂了。參加鬧事的多數是帶兵的將領。我現在一天到晚，分批約人來談話，就是分化、爭取，防止全會出現分裂、中央出現分裂……妳卻扯出一堆麻紗來煩我。這樣吧，反正和妳講不清，我委託總理和妳談。總理比我有耐心。

找江青談話，周恩來確是比毛澤東有耐心，語調溫和，詞句入耳，諄諄勸解：江青啊，妳作為主席夫人，主席最重要的政治助手，在對待汪東興的問題上，要體諒主席的難處。照說，撤換一名中央警衛局局長、八三四一部隊黨委書記，還不是主席一句話、一道命令，但汪東興有妳擔心的那種危險和能量嗎？我看沒有。起碼主席健在的時候沒有。我在，也不會有。以主席用人的高明，像汪東興這種擔任要害、敏感職務者，安排了多少人在盯住他？他能有什麼動作？對了，他這次主動向林副主席靠攏、表忠，很蠢，也說明他政治上並不老道、成熟。但他的言論是公開的，不是秘密活動。主席和我談到汪的問題時也很生氣，失望。不設國家主席的事，主席先後講了六次，最早的一次還是主席派汪東興到政治局會議上傳達的。那時大家頭腦一派昏熱，包括我周恩來在內都頭腦昏熱。直到這次上山，還在擁護主席兼任國家主席，實現黨和國家領導的一元化。都誤會了主席的本意，認做是主席的偉大謙虛嘛。周恩來、康生都跟着犯了錯誤嘛。這次只有妳，春橋、文元等少數同志吃透了主席指示的精神實質，站在了正確方向，抵制了一窩蜂、瞎起哄，立下新功，我要向你們學習。所有犯錯誤的同志，都要向你們幾位學習。長期以來，主席很欣賞妳的政治才幹，看人看事的那個尖銳、敏感。主席不大在公開的場合表揚妳，卻常在各種聊天的場合誇讚妳。妳本人是很少聽到這些的。比如，主席昨晚上還在六大組正、副組長會議之後，留下我、春橋、登魁、吳德幾個談話，說：我一向反對自己的老婆當辦公室主任，搞夫妻檔。江青就從沒當過我的辦公室主任。在林副主席那裡，由葉群任辦公室主任，黃、吳、李、邱四員大將向林副主席請示工作，都要先經過她。還有個小副部長，二十五歲當上空軍司令部作戰部副部長，實際上成爲空軍的靈魂人物。林家這一帶頭哪，下面就跟著效法：黃永勝辦公室主任是黃妻項芳，吳法憲辦公室主任是吳妻陳沂，李作鵬辦公室主任是李妻董其彩，邱會作辦公室主任是邱妻胡敏。夫人專政，形成風氣。在我這裡呢，這麼多年來，你們大約看得出來，我對江青和孩子們的要求是很嚴格的。親者嚴，疏者寬嘛。我對江青的批評也不少，多次在會議上，當著大家的面，她都掉了淚。但是我也要承認，江青有她獨特的優點，她看問題尖銳、準確、認眞、過去對彭德懷、彭眞、劉少奇、陶鑄的錯誤，這次對陳伯達等人的錯誤，都是她先覺察到的，叫做政治嗅覺敏感。這一點，我應該向她學習。你們也應該向她學習呢……江青啊，這可是主席的原話哪，說明主席是多麼肯定、倚重妳。看看，我和妳說到哪兒了？今天未經請示主席，把這段話傳達給妳，希望妳戒驕戒躁。對了，回到關於汪東興同志的問題上來，妳還有什麼疑慮，可以和我說。我能替妳解決的，馬上解決。力所不及的，我替妳報告主席，設法解決。

江青明知周總理處事圓融，面面俱到，可她就吃這一套。這一套的確使人舒服、適意。江青說：我就是鬧不懂，老闆明明已經看到了汪東興這人的危險，卻拖着不處理，硬把個心懷鬼胎的人留在身邊。和總理說句心裡話，我這個政治局委員、中央文革組長確實有些害怕汪東興。我們黨的貝利亞。有人講康老像貝利亞，不對，汪才是中國黨的貝利亞……我看絕大多數中央委員都有三分畏懼。

周恩來苦笑笑：還有人把汪東興同志視爲京師九門提督哪。我看都是把汪的重要性誇大了，說到底，不過一名替主席把門的……他在華北組討論會上公然宣稱代表中央辦公廳、警衛局、八三四一部隊，狂妄自大，忘乎所以，值得中央警惕。主席爲什麼不調離他，而留在身邊進行觀察？是愼重，也是念舊。妳知道的，汪是紅小鬼出身，十五歲替主席當書童，挑著主席的兩捆圖書走完二萬五千里長征。對這樣一個久經考驗的同志，主席是不會輕易放棄的。況且，在這種時刻撤換汪東興，影響一大片。妳知道，中央警衛局，八三四一部隊，連排以上幹部都是他一手提拔。撤換他，整個警衛系統大搬家。當然也可以重新選人塡補。江青啊，妳向主席推荐了替代人選沒有？

江青說：推荐了，王恩義、王洪文。還可以加個華國鋒，都比汪東興年輕，能力強，忠誠。

周恩來點頭：王恩義、王洪文、華國鋒三位確是優秀幹部，我也同意，今後向主席提議，此三人進一步提拔、使用。我看過華國鋒的材料，一九二一年的，和毛岸英同歲。王洪文更年輕，一九三二年的，才三十七、八歲，都是我們的晚輩囉。

江青說：我就不相信，中央警衛系統少了汪屠夫，就吃活毛豬。

周恩來和靄地搖搖頭：我能理解主席目前不宜對警衛系統動大手術，太過敏感了。江青啊，妳不要再拿這件事去和主席爭執了。主席一代英主，我們只有擁戴、服從。有看法可以提出來，供參考。但決定要由主席來做，中央的規矩，大家遵從。我也不相信汪東興是什麼三頭六臂，能颳起大風浪。其實，主席早就有所警覺，一上山，就在警衛部隊排以上幹部中宣佈，爲保證汪東興同志集中精力抓好全會會務，暫停他的八三四一部隊黨委書記職務。主席沒有把這事告訴妳？最初只有王恩義、張團長少數幾個人知道，還是王恩義傳達的軍委主席令。

江青終於舒了一口氣，心裡不禁抱怨老闆，更抱怨王恩義：好你個恩義，這麼重要的事，你都瞞著老娘？老娘白疼了你這名山東小老鄉了。

遵照毛澤東的指示，林彪召集吳法憲、葉群、李作鵬、邱會作、汪東興開會，讓剛上山的黃永勝列席。林彪來了個言不由衷的開場白：怎麼搞的？我們軍隊的同志，政治局委員，中央委員，一上山，就跟風跑，亂放炮，惹主席生氣？主席昨天上午找我談話，勸我不要再擁護他兼任國家主席，也不要稱什麼天才。我當場作了保證。軍人就講個服從。局部服從整體，下級服從上級，全黨服從中央。還有少數服從多數，多數服從眞理。這幾個服從，我幾十年堅定不移。陳伯達同志在華北組的長篇發言，引用了我歷年的一些講話，事先沒有和我打招呼。我和主席講了，陳伯達侵犯我的版權。我是他那個長篇發言的受損者。那個發言是害群之馬，把整個會議都攪亂了，主席講出現了分裂勢頭。

我不如主席看問題尖銳，深刻，起初還以爲沒有那樣嚴重。主席健在，坐鎭二中全會，陳伯達能搞分裂？我看他沒那個能量和膽量。我們的中央，我們的全會，是團結的，堅定的。現在的問題是，在座的除了黃總長，你們都在各組會上發了炮，犯了錯誤。主席講了，錯誤有兩種，一種有心之錯，一種無心之錯。你們屬於無心之錯，跟了風，思想欠穩健，如此而已。主席講，犯無心之錯的同志，只要檢查了，認識了，就可以了，順利過關，不記檔案，照舊工作。即使對犯有心之錯的陳伯達同志，主席也講了，只要深刻檢查，老老實實，和盤托出，也可以放行。山上的問題，山上解決，不帶到山下去。陳伯達同志仍可以當中央常委，文革組長，十月一日照樣上天安門城樓。主席就是有這種偉大的氣度，寬闊的襟懷。所以，吳、葉、李、邱、汪，你們都要好好檢查，寫出文字材料，送主席審閱。怎麼樣啊？你們哪位先表態？

林彪的這個開場白，意在保護陳伯達，以求大事化小，小事化了。

汪東興舉了舉手，說：林總！我要第一個做檢查。我是上了陳伯達那個文化人、理論家的當。陳伯達是個大騙子，野心家，像我這樣放牛娃出身，沒有多少文化的幹部，最容易上當受騙。我痛恨，我憤怒，我要揭發陳伯達這個王八蛋！他這次在全會上發難，是有預謀、有組織、有綱領的。他的綱領就是稱天才。他別有用心地摘編出一個《恩格斯、列寧、斯大林、毛澤東稱天才語錄》，二十三號晚上交給我，要秘書處打印六份，送中常委參閱。當天晚上又打電話給我，要打印二十幾份，政治局委員、候補委員人手一份。後來，他的那個「稱天才語錄」實際上印了兩百多份，廣爲散發，才引起江青同志的警覺，報告了主席。主席講他不是個小小老百姓，而是個大大野心家，陰謀家，分裂者。他甚至妄圖拉我們林副主席和葉群同志下水……

林彪神色嚴峻，目光錐子般盯住汪東興。黃永勝、吳法憲、葉群、李作鵬、邱會作也都是怒形於色，這傢伙狗急跳牆，唯恐天下不亂，先咬住陳伯達不放，再旁及林副主席，以向毛主席效忠？

汪東興的發言一落音，林彪不待其他同志出言駁斥，即尖銳指出：東興同志算是忠於主席、忠於中央的，今天第一個站出來揭發陳伯達。可是我在華北組第六號簡報上看到，你汪東興同志是積極主張設國家主席的，而且是代表中央警衛局、中央辦公廳、八三四一部隊表態！是誰授權你表態？誰布置你的？你在討論會上揚言要揪出反對稱毛主席是天才的人，又是誰暗示了你？照你剛才那樣講法，很容易引起誤會，好像你已經參加了陳伯達的那個有預謀、有組織的活動。實際情況是不是這樣？我看不是。我替你講句公道話吧，並沒有人在背後指使你，暗示你。你完全是個人自發行爲。自己要那麼講、那麼搞嘛，哪裡是有預謀、有組織的呢？東興同志，你紅小鬼出身，也是資格很老、地位很高的老幹部了，講話、辦事，還是要實事求是，不要爲了表白、洗清自己，就反過來嫁禍於人。陳伯達的問題就說陳伯達，你自己的問題就說你自己，不要推給別人。我這樣講，你服氣不服氣？

汪東興被林彪說的啞口無言，張嘴莫辯。黃、吳、葉、李、邱都向林副主席投以敬佩的目光。林副主席從來言簡意賅，句句擊中要害。汪東興這個「宦官老二式」人物，竟想在副統帥面前玩一手，水平實在低劣。

林彪目光溫和了些，仍望住汪東興說：東興同志，我看你呀，還是回中直機關小組去吧，不要再和軍直機關的人攪在一起，免得傷了老戰友的和氣……下面，哪個接着講？吳胖子，主席點了你的名，你就爭取主動吧。作檢查，一定要堅持實事求是，言論要對中央負責，也是對自己負責。一做檢查，先把帽子戴得天大，那不叫深刻，那叫虛張聲勢，瞞天過海。

吳法憲漲紅一張豬八戒式肥臉，摸出一頁提綱來，顯然是有所準備的了。

下午散會後，汪東興趕往廬林一號。他估摸主席還在那裡游水、休息。他這名中央警衛局局長也實在尷尬，自華北組討論會上發言犯錯，主席就搬了家，連住哪兒都不告訴他了。

汪東興被堵在廬林一號值班室。在一名衛士進去通報的同時，另兩名彪形大漢在他身邊繞了兩圈，檢查他身上是否藏有「傢伙」。

還好，毛澤東裸泳後，正由謝靜宜施展玉手，在做全身按摩。這種時刻，男衛士是不能面見偉大領袖的，須經值班女護士傳話，進去報告某人來了，見也不見？偉大領袖在「治療室」袒胸露體，女護士、女服務員是見多不怪，連一張張俊俏的臉蛋兒都不飛紅了的。

毛澤東聽是汪東興求見，知道是從林彪那邊回來，即對小謝說：我起來吧，妳也收拾、規避一下，看看這個警衛局長有什麼新的說詞。

汪東興由兩名彪形大漢陪護到「主席治療室」時，毛澤東已裹上一襲長浴袍，仰躺在沙發上抽菸了。汪東興這門就又撲通一聲跪下了：主席救我！主席救我……

毛澤東坐起身子，微露驚訝之色：怎麼又跪下？林副主席怎麼你了？起來說話！你一名少將軍人，形象不佳。坐坐，菸、茶現成，自己動手。你跟了我三、四十年，有話還不能慢慢說？

汪東興起立，習慣地拍拍雙膝，坐正了身子，語帶哽咽：林副主席不要我參加軍直機關小組了，指我檢舉揭發陳伯達，不夠實事求是……

毛澤東笑笑：他不要，我要。你不要怕。正可說明，你目前還算是我的人嘛。我支持你揭發陳伯達，大膽揭發。你可以爭取第一個在全會上作檢查，第一個檢舉揭發。你今晚上就把檢查寫出來，我替你修改。過了這一關，你就丟掉包袱，輕裝上陣，好不好呀？我沒有講過「山上的事情，山上解決，不帶下山去」這話。陳伯達他們鬧的這樣凶，差點把廬山炸平，開幾天中央全會就可以解決？山上鬧事，山下解決。我這話，你暫不外傳。這次，我要用鈍刀子割肉，照樣學庖丁解牛。東興，我要你變做一把鈍刀子，用以對付陳伯達一類騙子。

果然，第二天，林彪再召集小型會議時，不再通知汪東興參加。面對黃、吳、葉、李、邱五員親信，林彪可以放心講話：各位看清楚沒有？風向已轉，不少人開始找替罪羊，推卸責任。好像問題都是別人的，自己只是文化水平不高、上當受騙。汪東興就是這樣的人。誰也沒有給他佈置過什麼，陳伯達更是不可能。明明是他自己靠上來，表態效忠的嘛。現在把一切過錯推給陳伯達，直至推給我。我早就防範這個人了。這次，主席先把他推出來作檢查，形成一個突破口，迫令你們一一作檢查。黃總長，你不要以爲你遲幾天上山，可以置身事外。主席早就看過你的書面發言稿了。黨內同志的檢查，我看得多了。主席多次批評我是黨內唯一從不寫書面檢查的人。你一開頭，後面就沒完沒了。五九年那次，彭德懷一檢討，後面沒完沒了。這次文化大革命，劉、鄧一檢討，又是沒完沒了。我講這個，不是要你們拒絕檢討，而是告訴你們作檢討的規律，要有思想準備。山上的事，不會在山上了結的。不信？幾天之後見分曉。

果如林彪所料。九月一日，全會秘書處印發了毛澤東的一篇戰鬥檄文：《我的一點意見》，拔高了批判陳伯達的調門。針對陳伯達編摘的那個《恩、列、斯、毛稱天才語錄》，毛澤東寫道：

這個材料是陳伯達同志搞的，欺騙了不少同志。第一，這裡沒有馬克思的話。第二，只找了恩格斯的一句話，而《路易、波拿巴特政變記》這部書不是馬克思的主要著作。第三，找了列寧的有五條。其中第五條說，要有經過考驗、受過專門訓練和長期教育，並且彼此能夠很好配合的領袖，這裡舉了四個條件。別人且不論，就我們中央委員會的同志來說，夠條件的不很多。例如，我跟陳伯達這位天才理論家之間，共事三十多年，在一些重大問題上就從沒有配合過，更不去說很好的配合。僅舉三次廬山會議為例。第一次，他跑去彭德懷那裡去了，參加軍事俱樂部，是為成員。念在他及時檢查、揭發，和田家英一起被放過了。第二次，討論工業七十條，和劉少奇、鄧小平攪到一起，製訂修正主義的框框條條，積極配合，賣力得很。據他自己說，上山幾天就下山了，也不知道他為什麼原因下山，下山之後跑到什麼地方了。這一次，他可配合得很好了，採取突然襲擊，煽風點火，唯恐天下不亂，大有炸平廬山，停止地球轉動之勢。我這些話，無非是形容我們的天才理論家的心（是什麼心我不知道，大概是良心吧，可決不是野心）的廣大而已。至於無產階級的天下是否會亂，廬山能否炸平，地球是否停轉，我看大概不會吧。上過廬山的一位古人說：「杞國無事憂天傾」，我們不要學那位杞國人。最後關於我的話，肯定幫不了他多少忙。我是說主要地不是由於人們的天才，而是由於人們的社會實踐。我同林彪同志交換過意見，我們兩人一致認爲，這個歷史和哲學家爭論不休的問題，即通常所說的，是英雄創造歷史，還是奴隸們創造歷史，人的知識（才能也屬於知識範疇）是先天就有的，還是後天才有的，是唯心論的先驗論，還是唯物論的反映論，我們只能站在馬、列主義的立場上，而決不能跟陳伯達的謠言和詭辯混在一起。同時我們兩人還認爲，這個馬克思主義的認識論問題，我們自己還是繼續研究，並不認爲事情已經研究完成。希望同志們一道採取這種態度，團結起來，爭取更大的勝利，不要上號稱懂得馬克思，而實際上根本不懂得馬克思那樣一些人的當。

毛澤東的批陳檄文一頒發，全會形勢大轉向。原先跟隨陳伯達叫喊設國家主席、誰反對稱毛主席是天才就把誰揪出來的中央委員們，立即轉變態度，成爲深揭狠批陳伯達的幹將。陳伯達被宣佈停職反省。汪東興、吳法憲、李作鵬等人在全體大會上作了初步檢查。與一九五九年那次不同的是，這次毛澤東實施鈍刀子割肉，沒有把陳伯達等人劃成「反黨集團」，而指示全黨開展「批陳整風」，批倒批臭陳伯達一類假馬列主義政治騙子。毛澤東還首次提出「三要、三不要」的口號：要搞馬克思主義，不要搞修正主義；要團結，不要分裂；要光明正大，不要搞陰謀詭計。這一來，毛澤東又一次力挽狂瀾，九屆二中全會也就進入尾聲。原計劃此次中央全會之後，接著召開第四屆全國人民代表大會，推出新一屆人大常委會和國務院兩大領導班子，也被推遲到「適當時候」去了。

全會結束前夕的一個晚上，陳毅、葉劍英、徐向前、聶榮臻四位老帥相約來到周恩來的住處。周恩來從百忙中抽出時間和老戰友、老同事談話。周總理語帶玄機，含蓄地告訴他們：整個局勢出現轉機，各位不久就可能結束在外地的「休息」，回到北京，恢復工作了。你們有什麼感想？

陳毅心直口快：昨天我碰到垂頭喪氣的陳伯達，問他老夫子怎麼搞的，這回拍馬屁拍到馬蹄子上，被踢狠了？你們猜老夫子怎麼回答？他說，張春橋、江青接班，你陳老總的日子會更好過？我不過出於公心，想維護林副主席的接班人地位。

周恩來說：你們不要信他的。陳伯達這次攪局，在山上帶頭鬧事，把中央的工作佈署全打亂了，四屆人大會議也開不成了。陳老總，你說呢？

陳毅望一眼葉劍英、徐向前、聶榮臻，笑笑說：兩害相權取其輕，寧要林禿子，不要三滴水。

周恩來作色道：陳老總！吃了這些年的虧，還管不住自己的嘴巴？都什麼時候了，還在講這種話？當心哪，當心哪。

葉劍英說：不是我發牢騷，如今人人肚子裡窩着火氣。去年爲了扶穩接班人，藉戰備之名，把我們這些老傢伙通通發配外地；今年呢，又爲了扶起夫人和張眼鏡，而欲丟棄接班人。什麼搞法嘛！

徐向前說：劍公見地深刻。陳伯達只是一條狗，打他，是打給狗主看的。

聶榮臻說：剛讀到主席的《我的一點意見》時，感到電光石火，雷霆萬鈞。前面說陳伯達「這一次他可配合得很好了」，點明陳伯達不是主帥，只是個配合者；後面說「我同林彪同志交換過意見，我們兩人一致認爲……」，又擺出仍要拉住接班人的態勢，這中間，學問大得很呢。

周恩來有些急了：你們呀，總是改不了倔脾氣。這些話，在我這裡說說，就打止。傳出去，不得了的。我求求各位了，爲了黨，爲了國家，我們還是忍辱負重吧。

陳毅茶几一拍：有人忍辱負重，有人爲所欲爲。和陳伯達共事幾十年，從沒有很好配合過？我看陳老夫子是配合得太好了！格老子患上絕症，接受放射治療，戒了菸、酒，早就活得不耐煩了。

周恩來也茶几一拍：陳老總！胡鬧台。要我怎麼說你才好？你、我、向前、榮臻，都要保重身體，有病早治，無病早防，更大的考驗還在後頭，還有多少工作等着我們去做？爲逞一時口舌之快，招來災禍，值得？

葉劍英忽然搖頭晃腦，以他的客家口音吟頌起一首古詩來：勉從虎穴暫棲身，說破英雄嚇煞人。巧借聞雷來掩飾，隨知應變信如神。

周恩來苦笑：劍公，你熟讀三國，現在就把我嚇煞了。

徐向前說：在座的，除了陳總，總理、劍公、聶總都是黃埔的先生，只有我是黃埔學生。近一年來，我謫居開封，消息隔絕，總是想唱那支《黃埔軍校之歌》：怒潮澎湃，黨旗飛舞，這是革命的黃埔！革命的黃埔……那時，我們正年輕，血氣方剛，志向遠大……

葉劍英、聶榮臻聽徐向前這麼一唱，眼睛都紅了。連陳毅都跟着他們起立，也不管周總理允許不允許，跟著扯開嗓門，聲音沙啞地齊唱了下去：

主義須貫徹！紀律莫放鬆！預備做革命的先鋒！打條血路，引導被壓迫民衆，攜着手！向前行！路不遠！莫要驚！親愛精誠，發揚本校精神！……

唱到半路，周恩來這位原黃埔軍校政治部主任，也起立，和四位生死與共的元帥戰友，一齊合唱。也是鬼使神差，此時刻他們不唱《國際歌》或《義勇軍進行曲》，偏偏齊唱《黃埔軍校之歌》。他們大約沒有忘記，林彪副統帥，還有那個死去的陶鑄，也曾是黃埔軍校的優等生……。

疑雲悶雨，心驚肉跳的九屆二中全會於九月六日閉幕。下山前夕，江青爲了幫助老闆「穩住」林副統帥，而主動和葉群聯繫，命攝影助手將各式燈光器材運到林彪住處的大客廳裡，來親自拍攝一系列「林副主席認眞閱讀毛主席光輝著作」專題照，以供《人民日報》和《人民畫報》發表。林彪明白三滴水是代表毛澤東巧與周旋，也就積極配合，在滿地燈光照耀下，禿着腦袋瓜，雙手捧一冊毛著，擺下各種姿勢，任其拍攝。政治就是做戲，山上山下都是大舞台，各人都是演員，演出各種角色。平日一臉嚴肅、從不邀人合影的林副主席還一反常態，硬是拉住江青，由葉群拍下一卷合影，以示親密和諧。

臨下山那天，也是爲着穩定「軍心」，林彪打破顧忌，命葉群把黃、吳、李、邱四人找來，先合影留念，後聚餐談心。

林彪說：沒想到中央全會開成這種結局。我是大夢初醒，原來如此。

黃永勝說：就是想不通，主席寧要夫人，還有那個一臉奸笑的張眼鏡，而不要黨章規定了的革命事業接班人。

吳法憲說：屌毛！爺們來文的不行，武的行！

葉群說：已經有人放出風聲，指陳伯達背後還有主帥。

李作鵬說：我們要誓死捍衛林副主席，誓死捍衛林副主席的接班人地位！一再講我們要「炸平廬山」，不就是在美廬頂上修過一條跑道？

邱會作說：哪個王八蛋要是想把我們林總牽連出來，老子第一個和他刺刀見紅！

林彪說：頭腦要冷靜，局勢要認清。下山後，回到北京，無非命你們邊工作，邊檢查，直到時機成熟，把我給端出來，一網打盡爲止。要作這個最壞的打算。但也不能叫人隨心所欲，我林彪不像劉、鄧那麼容易對付。陝北老鄉的話，騎毛驢看唱本，走着瞧吧。有人急於「老將退位，小兵回營，打掃廟堂，請進眞神」。記住，「眞神」就是張春橋、江青。過去傳長傳嫡，現在傳夫人。

第六十一章　迫降周恩來　行刺譚甫仁

周恩來回到北京，驚悉龔澎腦病復發，住協和醫院搶救，下了病危通知。這妹子是怎麼了？剛熬過政治高風險期，恢復外交部長助理兼新聞發言人職務……龔澎啊，妳可要堅強啊，恩來還有許多事想和妳商量，還有許多話想和妳說……

其實，周恩來自己也是半個病人了。山上會議的緊張階段，他白天黑夜的找人談話，開會，批文件，累到胸悶，氣喘缺氧，心跳過緩，跌坐在藤椅裡，站都站不起。保健醫生慌了，護士哭了。在為他輸氧急救的同時，工作人員將總理的狀況報告毛澤東。毛澤東當即指示：總理不能病倒，組織搶救小組，進駐馬歇爾別墅。由於搶救及時，周恩來的病況被控制住。醫生規定他每天工作不能超過六小時。他笑著說：看把你們急的！我的病來得快，去得也快，沒事，去馬克思那裡報到，還早著呢。

晚飯後，周恩來只帶一名警衛秘書，叫一輛工作人員用車，悄悄離開西花廳，出中南海北門，右拐，過北海大橋，景山前街，五四大街，朝內大街，在東四南大街右拐，一路南行，進入首都人民醫院東大門。對了，協和醫院已在一九六六年的紅衛兵運動中被改名爲首都人民醫院。可周恩來還是習慣稱它爲協和醫院。下車後，警衛秘書一路小跑，搶去通知値班醫生、護士。

來到住院部高幹樓的一間病室前，已有醫生、護士迎候。周恩來示意他們莫吱聲，而悄悄進入病室，第一眼就看到龔澎身上插滿各色管子，床邊擺了各種儀器。周恩來閉了閉眼，不忍相看又不能不看。龔澎臉頰塌陷，臉色發紫，雙目緊閉。護士伏在她耳邊輕聲呼喚：龔司長，總理看您來了……

龔澎緩緩睜開眼睛，意識還清醒。她看到了大鵬哥……大鵬哥也憔悴了，滿頭灰白了。她隨即又閉上眼睛，知道自己現在的樣子很醜，不願讓大鵬哥看到。護士挪一把椅子在床邊，請總理坐下。周恩來撫住龔澎的手，輕輕在他耳邊說：妹子，妳聽著，在我心裡，妳永遠是最美的，無人能相比。妳要堅強，和病魔打一仗！明白嗎？黨需要你，我需要妳，外交戰線需要妳，南喬和孩子們需要妳……

龔澎聽明白了，眼角滲出淚滴，只是不肯再睜開眼睛。周恩來從護士手裡接過小毛巾，細心地替龔妹子擦著眼角。可那淚珠子一粒一粒，擦掉又冒出。龔澎已經失語。周恩來擔心她情緒波動，失控，只得低下臉去，父兄一般以嘴唇在她額頭上親了一下，隨即起身。

病室外的走廊上，醫院的革委會主任、副主任，軍代表、黨的核心小組成員都趕來了。周恩來心情沉重地揮揮手：到你們會議室去，開個臨時座談會。

一行人簇擁著周總理來到辦公樓會議室。喬冠華也趕到了，緊握住總理的手：大姐電話告訴的……您那樣忙，還來看望……。周恩來示意喬冠華坐下，參加座談。

周恩來環視一周醫院的頭頭腦腦們，問：你們的腦外科主任來了沒有？一位白髮老大夫起立：總理，是我。周恩來點頭：認得認得，被打成反動醫學權威，掛過黑牌子的。請告訴我，龔澎同志的腦病，情況怎樣，白髮大夫回答：腦瘤已經擴散，原準備做開顱手術，但設備、人手都不足。駐院軍代表起立匯報：報告總理，本院的醫務人員百分之七十以上都落實了政策，這位腦外科專家半年前從五七幹校調回來，目前是院革委會業務副主任。周恩來認眞地看軍代表兩眼，說：都坐下說話。醫務人員落實政策，爲什麼不是百分之百？黨和國家的寶貴財富呀，只要是活着，還能行醫，救死扶傷的，就不能再讓他們去餵豬、種地、掏糞！醫科專家去掏糞，我這個總理心口痛呀，人材浪費厲害。我這個話你們可以傳達。還有，你們醫院恢復原名，仍叫協和醫院，要尊重歷史，把郭沫若同志書寫的那塊牌子掛回來。如果毀壞了，可以請郭老重寫一塊。

軍代表筆錄下周總理的指示，旋又請示：醫院改回名字的事，是不是報告一下中央文革，還有主席那兒……周恩來正色道：我會替你們轉告文革小組。還要報告主席？放心，主席不會管一家醫院改回原名這麼具體的事。你是總後勤部派來的吧？什麼級別？哪年參加革命？懂業務嗎？軍代表沒想到總理會對他這麼嚴厲，忙起立回答：報告總理，我原是總後勤部三〇一醫院政治部副主任，一九三三年在安徽老家參加紅軍，長期從事政工人事，不懂醫務。周恩來平和了些：很好，老紅軍出身。我們軍隊的幹部有一大特點，就是黨組織把他派到哪裡，他就在哪裡發光發熱。但思想上、工作方法上容易粗線條，習慣簡單化、命令式。在醫院工作，救命如救火，要尊重專家，依靠專家。好了，你坐下吧。我今天抽空來看望龔澎同志，你們組織會診嗎？只是本院的幾位大夫會診過？不行，立即把上海瑞金醫院、華山醫院的腦外科專家請來。這事，我來安排。你們啊，大約不知道，龔澎同志在外交戰線是個多麼出色的女同志！你們總該知道，她長期擔任我外交部禮賓司司長，新聞司司長，部長助理兼發言人，是我們的儀表人物。當年在陪都重慶八路軍辦事處，她是我的英文秘書，她的秀外慧中，一表人材，流利英語，被譽爲陪都金孔雀，歐美國家的外交官都爲她著迷，傾倒衆生哪！她是我們黨的忠貞女兒，一身正氣，目不側視。我很爲她驕傲。後來我和鄧大姐把她介紹給喬冠華同志，成就了一對革命的才子佳人……我今天爲什麼和你們說這些？看到她病成這付樣子，我痛惜，痛惜呀！

說着，周恩來紅了眼睛。他平日很少這麼感情外露。大家也都受到感染，喬冠華更是熱淚盈眶。周恩來忽又看住喬冠華問：幾個孩子哪？母親病成這樣，爲什麼一個不見？喬冠華擦擦眼睛：一個到陝西插隊，一個下放雲南。廬山會議期間，我找過陝西和雲南的頭頭，他們推給他們省裡的知青辦。周恩來茶几一拍站起來：胡鬧台！母親病成這樣，還不安排孩子來陪護一段？就不怕人家誣衊我們共產黨人只要革命，不要親情，不講人道和人性？對不起，我又發火了，請你們諒解。我今年七十二了，體力精力都不大如前了，多少事情，都等著我這個做總理的來處理，安排。請你們諒解。是我處事不周。照顧不周啊，欠下的工作債務太多啊。

十月一日國慶節，照例在天安門廣場舉行百萬軍民慶祝大會。陳伯達獲准隨毛、林、周、康、江、張等黨和國家領導人登上天安門城樓，檢閱遊行隊伍。期間林彪特意走到陳伯達身邊寒喧致意，聊表關切，惺惺相惜。此爲陳伯達的最後一次公開亮相，隨後即在家中遭到軟禁，直到翌年春天被捕，關進秦城。在全國報刊的公開批判文章中，陳伯達有了一個代號：「劉少奇一類政治騙子」。此亦毛澤東的鬥爭法術之一，批判某一個，定要掛上前一個，以示黨內鬥爭環環相扣，首尾相接：批判彭德懷，掛上高崗；批判彭眞，掛上彭德懷。批判劉少奇，掛上彭眞；現在批判陳伯達，則掛上劉少奇。儘管二者之間，南轅北轍，風馬牛不相及。

國慶節後，毛澤東指示全黨開展批陳整風運動。陳伯達一介書生，除了他那管禿筆，黨無黨權，兵無兵權，事無事權，有什麼好批的？明眼人卻是明白，醉翁之意不在酒，毛澤東之意不在陳伯達，而在伯達後面的那位更大的人物，以及那人物所代表的軍隊派系。

爲此，周恩來受委託，主持了一系列的政治局擴大會議，中央工作會議，直至兩百多人參加的華北整風會議。周恩來一次又一次傳達毛澤東的「最高最新指示」。毛澤東先後在吳法憲、葉群等人的書面檢討上作出嚴厲批示：

吳、葉及軍委辦事組其他成員在廬山會議上缺乏正大光明的氣概，由幾個人發難，企圖欺騙二百多個中央委員，又找什麼天才問題，不過是一個藉口。思想上政治上的路線正確與否是決定一切的。在廬山發生的問題，是一個傾向掩蓋着另一個傾向。反九大的陳伯達路線在一些同志中佔了上風，陳伯達一吹就上勁了。軍委辦事組好些同志都是如此。黨的政策仍然是懲前毖後，治病救人，除陳伯達待審外，凡上當者都適用。

毛澤東的批示，先由周恩來送交林彪、葉群敬閱，之後再送黃、吳、李、邱拜讀。毛的高明在於：拉住林彪批葉群，批黃、吳、李邱。除陳伯達外，其他人都「邊工作邊檢討錯誤」，給一線希望，以防他們狗急跳牆。

此期間，毛澤東離開北京，南下杭州，住進西湖汪莊休息。隨後，林彪夫婦也離開北京，赴蘇州林園避寒。北京的鬥爭卻在步步升級。華北整風會議後期，根據毛澤東的命令，對拱衛北京地區的第三十八軍、六十三軍、六十九軍的指揮人員進行「充實調整」，宣佈改組北京軍區黨委，撤銷鄭維山的軍區司令員、李雪峰的軍區第一政委職務，兩人同時被捕；任命李德生為北京軍區司令員，謝富治兼第一政委，紀登魁兼第二政委。

毛澤東沒有動黃永勝為組長、吳法憲為副組長的中央軍委辦事組，但給加了一道緊箍咒：今後軍委辦事組凡有重要決策，都應先徵求朱德、董必武、葉劍英三人的意見和指導；軍委辦事組的工作，由周恩來、黃永勝兩人直接向軍委主席和副主席匯報、請示。

十二月中旬，周恩來有一次重要的出訪活動，秘密赴越南河內，與越共北方及南方領導人商談、簽訂中國在援越抗美戰爭中的幾項重要協定。由於美國政府正積極尋求改善中美關係，因之周的此次訪問中越雙方不發公報，對內對外均不發消息。

一樁神鬼莫測的事件正等待著周恩來。

話說林彪的老部下、昆明軍區司令員兼第一政委、雲南省革命委員會主任譚甫仁中將，廣東仁化縣人，一九一〇年生，一九二七年入黨，參加南昌起義。自江西蘇區時期的紅一軍團起，到抗戰時期的八路軍一一五師，到解放戰爭時期的東北野戰軍，到新中國成立後的中南軍區，可以說譚甫仁一天也沒有離開過林彪麾下。一九六六年文革之初，譚甫仁任中共中央學習毛主席著作辦公室主任。同年冬天，原昆明軍區第一政委兼雲南省委第一書記閻紅彥上將自殺身亡，遺缺由譚甫仁接任，集雲南黨政軍大權於一身，成爲新一代的「雲南王」。

一九七〇年十二月十七日早上，譚甫仁剛起床，軍區保衛部部長即神色惶恐地來向譚司令員報告：接中央軍委保衛部部長密令：本日中午一時左右，會有一架國籍不明的飛機飛越昆明上空，由昆明軍區炮兵以防空導彈擊落，不得有誤！

譚甫仁豹眼圓瞪：操雞巴蛋！軍委保衛部命令，有文字依據嗎？保衛部長回答：沒有，是絕密電話。譚甫仁又問：操雞巴蛋的，電話有錄音嗎？保衛部長回答：沒有，從來軍委保衛部的電話命令，嚴禁錄音。譚甫仁再問：留了電話文字記錄嗎？保衛部長回答：沒有，軍委保衛部紀律，絕密命令禁止筆錄！大半生征戰沙場、出生入死的譚甫仁渾身都不自在了：操雞巴蛋！你聽得出是軍委保衛部哪位部長的聲音嗎？保衛部長回答：是╳╳╳，他的聲音我很熟習……譚甫仁又罵了一聲「操——」，腦子裡轟地一響，住了嘴。天爺，××部長啊，娘娘的親信啊，這命令是眞的！

譚甫仁腦門上沁出了汗珠子。他雖說是個粗人，但像所有的解放軍傑出將領一樣，平日嘴巴罵罵咧咧，操這操那，一旦遇有大事要事，卻十足的精明、幹練，絕不含糊：軍委保衛部密令昆明軍區要擊落的是架什麼飛機？坐的什麼人物？如果是劫機外逃，又怎麼提前五、六個小時預先知道？當前中央正展開批陳整風，連林副主席夫人葉群同志都被迫書面檢查，鬥爭形勢異常複雜……他閉上眼睛緊張思考一會，再又問自己的保衛部長：軍委保衛部的命令，除了你之外，還有誰聽到了？保衛部長回答：軍委保衛部的保密電話，不須軍區總機接轉，目前只有我一人知道，還有就是首長您了。譚甫仁以手指彈了彈自己的額頭：如果我們不執行命令哪？保衛部長回答：根據內保條例，拒絕執行命令的，要被人執行命令，首先是我，會被人執行命令。

這事凶險而蹊蹺。譚甫仁再又倒吸一口冷氣，心想老子十七歲入黨，參加革命，從死屍堆裡爬過來的，今天就不信這個邪……於是一咬牙，作出決定：傳我的命令，軍區空軍雷達嚴密監控我昆明地區空域，一旦出現國籍不明的飛行物，我即以三架空軍戰機升空迫降。若對方拒絕迫降，准予擊落！

保衛部長有些猶疑：司令員，我們對軍委保衛部的命令，可是打了折扣……

譚甫仁火了：住嘴！立即執行我的命令。你想過沒有？萬一擊落錯了，你我不就成了殺人犯？到時候誰替你認帳？記住，你的腦袋也在我手裡。中午若有飛機被迫降，我會親自到場看個究竟。

當天中午一時許，果然有一架民航客機出現在昆明軍區空軍的雷達屏幕上。三架戰鬥機升空執行迫降任務。戰鬥機駕駛員看得明白，那民航客機的機身上印有五星紅旗，且是中央首長乘坐的那種英式三叉戟專機！

中央專機徐徐迫降在昆明郊外機場跑道上。軍區保衛部的特警分隊立即將航機團團包圍。跑道的前後兩端則堵上了軍用大卡車，以防航機突然衝出跑道強行起飛。

不知道爲什麼，譚甫仁在衛隊的嚴密護衛下走向航機時，雙腳有些發軟。弦梯靠攏了，機艙門打開了，一位高大、英武的青年軍人出現在艙門口，立正，敬禮：譚甫仁同志吧？中央首長在艙裡，請您上來見面，不許帶其他人。

譚甫仁革命幾十年，血火幾十年，從未這麼毛骨悚然過。軍區保衛部長也是條殺人不眨眼的漢子，此時顫著嗓音說：全仗了司令員大智大勇，不然犯下死罪，跳進滇池洗不清……

登上舷梯，進到主艙，譚甫仁肥碩的身子一撔，差點暈倒：是周總理！總理身邊坐着李先念副總理和外交部姬鵬飛代部長！

周恩來驚魂甫定，面色嚴峻：譚甫仁！算怎麼回事？毛主席派我和先念、姬部長出訪越南，飛越貴地上空，你卻派戰鬥機迫降？還好，你沒下令把我擊落，不然一條轟動內外的新聞囉。也可能被保密，說成一次單純的空難事故。

譚甫仁已經跪在過道上，拖着哭腔要求向總理單獨匯報，請罪。周恩來並沒有動怒，而是讓他起立，並允許他到隔壁休息室單獨談話。

譚甫仁小心地四周看了看，證實沒有第三者在場後，即和周總理面對面地站着，以耳語方式匯報了軍區保衛部長早上接到軍委保衛部絕密命令的事，說出了軍委保衛部那位部長的名字。

周恩來臉色泛白，眼睛瞪老大，彷彿在說：是他？他又是奉了誰的命令？周恩來眼睛瞇縫一會，穩住自己情緒，轉而緊緊握住譚甫仁的手：譚司令員，謝謝你！眞心謝謝你辦事老成，保住我這條老命……我們是在江西蘇區認識的吧？對了，你參加過南昌起義，是我們軍隊資格最老的同志之一，也算我的老下級了囉。我說啊，我們老紅軍、老戰友之間，總有一份誰都卡不斷的血肉聯繫。今天這事，就在你、我之間打住，暫時誰都不要告訴。在你們軍區黨委內部，只說空軍雷達鬧了個誤會，迫降過一架民航客機。記住了嗎？你要用腦袋向黨中央、毛主席保證，絕不洩密！怎麼處理？等我結束對越南的訪問，會返回昆明停留一天，吃你們的過橋米線，再詳細談。之後，由我親自去向主席匯報，並替你和你們軍區保衛部長請功，明白嗎？好，你下去吧，命令你手下的人撤離，把跑道清理出來。我們要立即起飛，越南領導人已在河內機場接機了。

……在飛往河內的航程中，周恩來向專機上的全體人員宣布一條紀律：今天專機迫降昆明機場，完全是個誤會，任何人不准議論、傳播這件事，違者軍法從處！宣布完紀律，周恩來回到主艙，面對李先念、姬鵬飛等人的詢問，緊抿嘴唇，不再吭聲。他率性閉上眼睛休息。思緒卻如滾滾濁浪，翻江倒海般襲來，襲來。軍委保衛部的幾個頭頭，他太熟悉了。如果譚甫仁他們沒有弄錯的話，天爺，是他，是她，要搞掉我周恩來？為什麼要選擇這種時刻，讓林彪的老下級來幹這件事？不可能，絕無可能是「最高」的決定。「最高」和毛家灣二號鬥爭方興未艾，勝負未卜，他實在離不開恩來啊，此時失去恩來，如同自斷手臂……那又會是誰？毛家灣二號？更不可能。毛家灣二號若讓自己的親信將領辦了這件事，不是自我大暴露？怎麼也脫不了干係的。況且幾十年來，周恩來從未和林家鬧過不快。就算鬥爭再激烈，幹掉我周恩來，於他林家何益？

恩來想去，周恩來鎖定一個幕後指使者：娘娘。周恩來打個冷噤，渾身透心涼了：娘娘，只能是娘娘了。爲什麼要下這個毒手？當年，恩來的右臂爲妳所折。是恩來力主撮合妳和主席的緣份。恩來是妳的半個月老啊，另外半個是康生。天下最毒婦人心，這有歧視婦女的成份……對了，譚甫仁所言那名下密令的軍委保衛部部長正是娘娘的小老鄉，娘娘破格提拔上來的。「最高」在政治上是那樣地信任、重用娘娘，這些年來幾乎有求必應，言聽計從。但要幹掉周恩來這事，大約娘娘是瞞住了「最高」，做成既定事實，再把罪責推到林彪的老下級身上。爲什麼要幹掉周恩來？只能有一種解釋：娘娘已樂觀地估計到，不出一、兩年時間，毛家灣二號就會被「最高」鬥個落花流水，達成她和張眼鏡接班的目標。但還有一個大的障礙，就是他周恩來，所以提前動手，製造一次「空難」……

周恩來一行只在河內停留一個下午加一個晚上，和兄弟的越南黨領導人簽定下幾項具體的援助協議。之後於第二天上午直飛杭州。在西湖汪莊，周恩來向毛澤東匯報訪越情況，轉達越南黨領導人的問候；也順便談了談昆明軍區空軍雷達鬧了個誤會，擺了一回烏龍，已由譚甫仁同志當面解釋清楚，等等。毛澤東笑了笑，說平安回來就好，中央警衛局已向他簡報過此事，會給予追查。譚甫仁是林彪的老部下吧？今後各位都要注意安全囉。鬥爭越來越激烈。刺刀見紅，開始動手了。

事情回到昆明，回到軍區大院。

譚甫仁司令員一家所住的二層小樓，位於軍區大院深處。從軍區大門進到譚司令員的住處，縱深一公里，經過四道門崗盤查。鐵打的營盤。任是武林高手，飛簷走壁，也難以潛入。

譚甫仁結婚三次。新婚妻子年輕，美貌，生了個寶貝兒子，夫妻恩愛的緊。所住的二層小樓樓下住着特警班，加上秘書、醫生、護士的值班室等。樓上那麼多大房間，只住了首長一家三口。

十二月十八日凌晨三時許，值班衛士正抱著桿微型衝鋒槍打盹。一到後半夜，年輕人就瞌睡得要命。人說昆明四季如春，其實昆明的冬夜還是相當冷。首長這樓裡暖氣供得足，軍服都不大穿得住。能有什麼事兒呢？這軍區大院深處，崗哨林立，燈火通明，鳥都飛不進來的。睡意矇矓中，值班衛士聽到樓上有響動。樓上是首長的大臥室，沒什麼奇怪的，首長身體壯得如頭水牯，他愛人又一朵花樣鮮靈水嫩，每晚上能不幹上一回？值班衛士只有嚥口水的份。老家那媳婦在身邊就好了，老子不幹她個死去活來才怪哩，女人是任男人怎麼幹都幹不死的，你幹的越凶，她越快活，姥姥的……

值班衛士打了個呵欠，眼睛瞪住被燈光映照得雪白雪白的天花板。連帶牆上的毛主席像，毛主席語錄，都映得發白。人一犯睏，眼睛就會發花。你看，你看，那雪白的天花板上，竟映出紅色光點。喲，奇了，姥姥的，那紅色斑點越來越大，像紅墨水滴在白紙上一樣，越浸越寬……不對，值班衛士揉揉眼睛，本能地握槍起立，睡意全消，是啥子？這不，都滴到地板上來了！用手指拈了拈，聞了聞，腥的！是血滴！他跳將起來，不再遲疑，撳響了警鈴，大叫：起來！起來！樓上有情況！

值班軍官披衣而入，還罵了句：你他媽的瞎嚷嚷什麼？吵了首長休息……但一看天花板上滲下的血滴，立即命令特警班行動，封鎖院子，一邊掛電話向軍區保衛部值班室報告，一邊命令警衛戰士上樓，一定要保護好首長！保證首長的安全！

幾名戰士衝上樓，撞開通往首長臥室那道門，嚇壞了：但見首長一絲不掛，胸口流血，倒在過道上！首長的愛人也一絲不掛，被擊斃在雪白的床單上，連同他們的寶貝兒子也胸口中彈……顯然，首長一家是被人以無聲手槍幹掉的。首長中彈後，還衝到走道上，力圖拉住什麼人……救護車！救護車！首長還有體溫，還有呼吸……

整個昆明軍區大院亂成一鍋粥，哨聲，號聲，汽車喇叭聲，軍人奔跑聲，呼叫聲，亂成一片。救護車來了，醫生、護士來了，就地對譚甫仁司令員施行搶救。但譚司令員心臟中彈，嚥氣時眼睛瞪得銅鈴似的，手指朝上指了指，不知是什麼意思。

軍區的其他負責人都趕來了，一個個臉色寡白，渾身戰慄。延安時期就幹邊區保安局局長的軍區第二政委、黨委副書記周興，當即命令所有人員退出小樓，保護現場。他和醫生查驗了譚司令員和夫人以及小孩身上的槍眼，無聲手槍幹的，很殘忍，近距離連發。周興還以老保衛幹部的目光，在臥室一扇窗口上，發現一隻軍用解放鞋的印蹟。

肯定是軍區內部的人所爲！周興連夜召集軍區黨委緊急會議、副司令、副政委、參謀長、政治部主任很快統一了看法:以刺客對譚甫仁同志住處環境的熟悉,行動的縝密,刺客不可能從外面潛入,毫無疑問,刺客就出在警衛部隊,甚至出在軍區保衛部門!保衛部長哪裡去了?怎麼不見露面?周興下令:立即把軍區保衛部所有人員隔離審查,譚政委衛隊所有人員隔離審查。

可是周興這位老保衛還是遲了一步。當他天亮時分派武林高手逮捕軍區保衛部長時,保衛部長已經在自己的卧室裡「吞槍自殺」。動作好快,好乾淨俐落啊。

譚甫仁全家在昆明軍區大院內遇刺滅門的惡耗,震驚了北京中南海,西湖汪莊,蘇州林園。

當天中午,周恩來在西湖汪莊向毛澤東匯報尚未結束。毛澤東往常一樣斜躺在床上,周恩來坐在床邊椅子上。機要秘書急急敲門,得到允許,方呈送進來一紙電報。毛澤東接過電報掃上一眼,忽地坐直了身子:恩來!出事了,你看看!

周恩來看過電報,雙手顫抖:譚甫仁被刺客殺死,還有他愛人、小孩……軍區保衛部長也「吞槍自盡」……

毛澤東目光罩定周恩來,心起疑竇:恩來!你說你的專機昨天在昆明上空被他們迫降,是一場誤會?你有什麼事瞞着我?爲什麼要瞞着我?

周恩來看到譚甫仁的死訊,想到自己所處的險境,登時哭出聲音來:主席,有件事情,沒敢向你報告……此事,我深受震動,有人要加害於我,譚甫仁沒有執行……沒想到人家手腳更快,殺了譚甫仁,又殺了昆明軍區保衛部長,滅了口……

毛澤東耐着性子聽完，下了床，在周恩來面前來回踱步，口中唸唸有詞：動手了……恩來，你說譚甫仁向你下了跪，告訴你是中央軍委某部長下的密令？既沒有錄音，也沒有文字記錄？

周恩來陪着毛澤東起立。不然毛站着，他坐着，算怎麼回事？他說：主席，根據政治保衛工作紀律，凡這類命令是不允許留下任何依據的。

毛澤東手中煙蒂一扔，目泛蠻横之色：混帳！這種工作紀律黑暗！我毛澤東從來明火執杖，戰場、會場上見高低！連張國燾叛逃，投奔老蔣，我都不准你們殺掉他，而放他跑。人各有志嘛！相反的，你周恩來和你們那個中央特科，什麼紅槍隊，在上海大搞暗殺，殺顧順章一家十六口，結果被人家掘屍登報，搞的聲名狼藉，天怒人怨……四九年進北京，我要政治局作出決議，今後禁止黨內黨外搞暗殺，誰再搞砍誰的頭……現在又開始了，刺殺一位大軍區司令員和軍區保衛部長……從今天起，我是不是睡覺都要穿上防彈衣了？

周恩來低眉歛目，等毛澤東發作過了，才說：主席，我歷史上是犯有各種錯誤，延安整風後一直記取深刻教訓……可這一次，人家是衝着我來的。譚甫仁饒了我一命，他自己卻因此送命，連同太太、小孩都賠上。

毛澤東停止踱步，在沙發上躺下，目光仍然沒有離開周恩來，聲音則有所緩和：恩來，不要見怪，剛才衝你發脾氣……你說譚甫仁親口告訴你，那道密令是軍委某部長下的？那不是把藍蘋也扯進來了？藍蘋爲什麼要讓她小老鄉去幹這種事？我不相信。她沒有這種必要。她尤其不會針對你。我可以告訴你，中央內部，也不是沒有人想動你。前兩年王、關、戚就多次建議動你，都是藍蘋不同意，在我面前保你。

周恩來連連點頭：我知道，藍蘋是保我的……就因爲某部長容易和藍蘋扯上關係，我才愼之又愼，沒敢驚動主席。也可能是昆明軍區那保衛部長聽電話聽差了。我們的長途電話，經常聲音失眞。

毛澤東忽又問：會不會毛家灣二號那邊的人馬所爲？

周恩來心裡一愣，想了想，回答：在眞相大白之前，不應排除任何一種可能……但譚是林的老下級，信得過的將領，要搞掉自己的封疆大吏，又似乎不合情理。

毛澤東想了想，不耐煩地搖搖手：算了，一團麻紗扯不清。你馬上回北京去。還有什麼建議？

周恩來試探着說：軍委保衛部的工作，需要一位威望高的老同志去指導、制約，以防止再出現類似譚甫仁的案子。

毛澤東說：可以考慮。你打算推荐誰？

周恩來說：葉劍英同志辦事老成，爲人忠耿，可以放心。

毛澤東點頭：可以。你回到北京後，傳達我的以下命令：

一、汪東興立即回到我身邊來。恢復他的中南海警衛師黨委書記、第一政委、中央警衛局局長職權。從今天起，中南海警衛師由汪東興指揮，其他人不得過問；

二、中央政治局成立昆明軍區事件專案調查小組，由謝富治兼組長，公安部長李震代組長，昆明軍區第二政委周興任副組長。謝身體不好，留京坐鎮。李震率專案組立即赴昆明，盡速破案；

三、全黨加強政治保衛工作，嚴防黨內外敵對分子的政治暗殺活動。即日起，軍委保衛部受葉劍英同志的指導、制約。

周恩來筆錄下毛澤東的一道命令，交毛過目，簽字認可。

正說着，機要秘書進來請示：蘇州林副主席電話……

毛澤東揮揮手：轉進來。隨即拿起話筒：育容嗎？你身體好了些嗎？譚甫仁的事剛知道，我很悲痛，很憤怒。

林彪在電話裡欲哭無淚：主席，你要主持公道啊！譚甫仁是參加南昌起義的老紅軍，幾十年來戰功卓著，對黨對主席忠心耿耿……黨內搞暗殺，此風不可長，否則人人自危，黨無寧日，國無寧日。

第六十二章　北京、蘇州，詭秘之秋

周恩來回到中南海西花廳家中，得知龔澎去世。他顧不上悲痛，保自己的老命要緊，當即找來葉劍英、謝富治、汪東興、李震四人，傳達毛主席的三項命令。謝富治是坐輪椅由護士推上來的。傳達完主席命令，周恩來再次與四人緊緊握手。

周恩來握住葉劍英的手說：劍公，根據主席指示精神，你立即挑選幾個靠得住的同志，去軍委保衛部協助工作。今後，中央領導人的人身安全，包括我這個總理的人身安全，都交由你負責。絕不能讓昆明軍區譚甫仁被刺之類事件，在北京發生。

周恩來握住謝富治的手說：謝政委，怎麼病成這個樣子啊？你回去安心養病吧，病好了，還有的是工作等着你來做。

周恩來握住公安部長李震的手說：主席親自點將，由你率中央專案組赴昆明，調查譚甫仁遇害案。不管查到誰，一定查個水落石出，把刺客和幕後主使者挖出來。此案，你直接向我負責，我向主席負責。給你一個下午的時間做準備，組班子，晚上飛昆明。

周恩來握住汪東興的手說：汪主任，你可是我看着成長起來的江西蘇區紅小鬼囉。主席講了，他那邊的事，還是小汪靠得住。前一段，你經受住了考驗，很好。今後，中南海警衛師、中央警衛局，仍歸你全責指揮，其他人不得過問。你今下午立即飛到主席身邊去。

葉劍英、李震、汪東興一一向周恩來行軍禮，保證完成任務。汪東興並宣誓地半舉起右拳：總理放心，我今後的職責，就是保衛主席，保衛總理，保衛中央！

周恩來笑了笑說：你們不要忙着走，除謝政委回醫院休息外，都留下來，參加中央工作緊急碰頭會。我已經通知在京政治局委員，中央各部委，軍委各總部，北京軍區、北京衛戍區負責人，中南海警衛師團以上幹部，聽我宣佈主席的三項命令。只開一個小時的會，之後你們各忙各的去。

說罷，周恩來又問：汪主任，那個「小老鄉」人在北京嗎？

汪東興知道「小老鄉」是誰：他請了假，回山東老家看他重病的母親去了。通知他趕回來？

周恩來苦笑：你怕他是孫悟空，一個跟斗翻得回來啊？不用催他了，革命軍人難得盡一回孝道。等他回來，我再約了江青同志，和他談中央給他新的工作安排。葉群在蘇州陪林副主席，也不能出席今天的緊急碰頭會了。

……開過緊急碰頭會議，周恩來才算喘了一口氣。回到西花廳書房歇了歇，想起龔澎已於前天去世，心裡不禁一陣陣絞痛。前天，自己差點在昆明上空被擊落，和龔妹子走一路。鄧穎超見他臉色寡白，嘴唇發烏，忙傳來保健醫生、護士，替他查心跳、量血壓。還好，就是太累了，日復一日，白天黑夜，南方北方的連軸轉，是塊鐵也要被磨掉。保健醫生強迫他躺下休息，那怕躺兩、三個小時。他佯裝着躺下休息，就是沒法入睡。滿肚子的話，滿腹辛酸，無處訴說。他從不對小超訴說自己的險境、難處。說了也無益，徒增小超的驚懼而已。過去，還有個龔澎。多少年了，倒是和龔妹子，什麼心事都能傾訴。那雙美麗的大眼睛就那麼貞靜地看着你，撫着你……可如今龔妹子去世了，美麗的大眼睛永遠地對他周恩來閉上了，再不能貞靜地愛撫着他大鵬哥了。龔妹子，妳知道嗎？妳走了，大鵬哥的心也被掏走了，掏走了啊——！周恩來直想嚎啕大哭。可他哭都不能大聲哭，流淚都要瞞着人，一個人偷偷地流。這國家總理的眼淚沒法公開、暢快地流。

他的老下屬、國務院辦公廳主任進來了。老下屬瞭解總理和龔澎的義兄義妹親密關係。外交部今下午要替龔澎同志開追悼會的事，不能不報告了：龔澎同志的遺體已經火化，辦公廳替您和大姐送了花圈，是最貴重的那種，由白玉蘭花瓣編成……

周恩來忽地從睡榻上起立：這麼快就火化了？不等我看最後一眼，追悼會幾點開？我要出席！

辦公廳主任忙勸道：總理，您累成這個樣子，保健醫生守在門口，不會讓您出去……而且國家總理出席一位司局級幹部的追悼會，不符合中央的規定，新華社也沒法子發新聞稿……

周恩來漲紅臉膛，瞪大眼睛，雙手握拳，登時像頭暴怒的獅子。辦公廳主任跟隨總理幾十年，從未見他如此憤怒過，只聽他吼道：關新華社什麼事？關你們什麼事？你們太放肆！太不把我這個總理放在眼裡！把我當玩偶，當工具？你們欺人太甚！太甚！我周恩來十幾歲投身革命，有哪一次對不住你們？有哪一點對不住你們?!你們還想要我的命——！我活到七十二歲，還想要我的命——！我周恩來的這條命是撿來的！差點就在昆明上空粉身碎骨了！你知不知道？你不知道啊……不說這個了。我要去參加龔妹子的追悼會。派車，快去替我叫車！

辦公廳主任傻了，聽不懂老首長的話了，愣在老首長面前挪不動步子。

周恩來越加氣憤，繼續咆哮：你爲什麼站着不動？現在我告訴你，我隨時可能死掉！在我的汽車裡放包炸藥，在我的睡房窗口瞄上一支無聲手槍，在我喝的茶水裡添上一點粉末……我已經有這個思想準備！我怕什麼？人一個，命一條……昆明軍區司令員譚甫仁是怎麼死的？他們軍區的保衛部長是怎麼「吞槍自殺」的？都和我周恩來這條性命有關……殺我不成，殺他們滅口……

鄧穎超推開書房門，進來了。周恩來一見到小超，立時住口，愣了愣，竟奇蹟般安靜下來。夫人就像他的安定片，鎮靜劑。他悻悻地說：對不起，剛才吵鬧了，失態了。我一時神志迷亂，都不知道自己瞎嚷嚷了些什麼……都是龔妹子去世，給了我太大刺激，那麼美好的生命沒了，我心痛啊。小超，妳是知道的，我把龔澎當親妹子啊……對不起，我剛才急火攻心，不夠理智，毫無根據地亂喊亂叫，你們絕對不可以傳出去。爲了我們這個黨，爲了中央，你們要以人格向我保證，黨性向我保證……小超，我們一起去出席龔澎的追悼會。你們就依了我這一回。就算我老了，任性一回……我要去向龔澎同志三鞠躬，生平第一次向她三鞠躬，也是最後一次……冠華啊，你、我都要堅定、堅強，你失去妻子，我失去妹子。

蘇州林園。

林彪站立在客廳一角的大地球儀前，幾乎整個上午。長時期的療養，使他練就一身靜氣，可以連續幾天不見一個人，不說一句話，就那麼或躺，或坐，或站，或走，沒完沒了地思考問題，剖析局勢。正是心有千溝萬壑，胸藏巍巍丘巒了。

儘管北京方面嚴密封鎖周恩來的專機在昆明上空被迫降的消息，但林彪還是通過自己的管道及時獲悉。林彪立即意識到自己的親信愛將、昆明軍區政委譚甫仁身處險境。他曾經問婆娘葉群：譚甫仁隨時可能被人滅口，我們應當採取措施，要他來蘇州避一避？蠢婆娘葉群卻說：在昆明軍區大院內，誰動得了譚政委？那地方我上半年才去過，大院深處一棟小樓，誰去見譚政委都要經過四道崗哨，樓下就住着他的衛隊，二十四小時警戒，固若金湯呢。人家譚甫仁倒是私下對我講了，林總要是覺得北京、蘇州不方便了，就請住到昆明來。昆明四季如春，適宜長住。就戰略腹地而言，雲南更是得天獨厚，縱深廣闊，又背靠緬甸、老撾、越南北部的大山區……

可是第二天中午，昆明就又傳來譚甫仁一家三口被刺殺、軍區保衛部長「畏罪自殺」的消息。人家的滅口動作好快、好俐落！如不是中央有關部門的精心安排，誰幹得了這事？且幹得這樣出色？

林彪就像被人突然從背後扎了一刀。他閃了個趔趄，險些撲倒。他沒有責怪婆娘葉群。譚甫仁打仗是名悍將，平日處事也十足精明，警惕性高，講他睡覺都把手槍壓在枕頭下，可也沒能防止被人行刺……就算林彪要保護譚甫仁，時間上也來不及。蘇州和昆明，兩地相距兩千多公里。

那麼，究竟是誰策劃了此次謀殺？為什麼要幹掉周恩來，再幹掉譚甫仁？看來，按策劃者的意願，不管周恩來的專機是否在昆明上空被擊毀，執行該項密令的譚甫仁和軍區保衛部長都必死無疑。

思慮再三，林彪還是要通了北京中南海西花廳周總理的電話：總理啊，你近來還好嗎？身體怎麼樣？我還是老樣子，天天吃藥、散步，謝謝總理關心……，昆明譚甫仁的事我是今天中午才知道，很傷痛。多優秀、忠誠的一個老同志，參加過南昌起義的啊！他戰爭年代跟隨我帶兵打仗，從井崗山到延安，到晉察冀，到東北，再打回江南，都沒有死掉。卻在和平年代，被自己人所謀殺。他還不到六十歲。叫全軍將士怎麼想？總理啊，請報告主席，黨內軍內，不能開這個頭。卻有人偏偏開了這個頭，是黨和軍隊的不幸。總理已經報告了主席？主席怎麼講？已下令追查？由李震帶專案組赴昆明徹查，一定抓到眞凶……主席有這個決心就好。我的安全？謝謝總理。我看得開，生死有命。有些事，防不勝防。每天要喝水，吃飯，服藥，出門散步，怎麼防？人的生命很脆弱，講不定哪天就突然翹辮子，之後宣布你因病去世。總理，你更要注意自己的安全囉。樹大招風。有的人卑鄙得很！總理要保重。好好，彼此保重。

林彪平日沉默，一開口卻可以講很多話。他放下電話。因中央常委尚未通報周總理的專機被迫降的事，他也就不便在電話裡提及。百思不解的是，他們為什麼要幹掉周恩來？依當前黨內鬥爭的輕重次序，也是應當先幹掉我林彪呀。周恩來那樣聽話，那樣辛辛苦苦，委屈求全，還容他不下？

蠢婆娘葉群倒提出一個不蠢的見解：製造一次空難事故解決周總理，肯定是最省時省事的辦法，好向全黨全國做出交代。我敢說，這高招出自娘娘和張眼鏡。周總理畢竟是娘娘和張眼鏡接班的最後、也是最大的障礙，所以提前下手。

林彪說：妳還是說服不了我。我才是江、張接班的頭號障礙，直接堵在了他們面前。

葉群說：人家不是不想。人家夫婦現在時刻樂於送我們上西天。爲什麼還沒有送？一是方法上有困難。你像他一樣，自五十年代起就不再坐飛機，平日深居簡出，行動不講規律，所以不像製造一次空難事故那麼簡便；二是考慮到你在軍隊裡的影響，加上廬山會議上他和你的分歧在高層是半公開化了的。要是副統帥、接班人被弄的不明不白，怎麼向全黨全軍、特別是將軍們交代？若多數將領和他離心離德，相互猜忌，他就控制不住局面。軍人講實力，文官耍嘴皮。三年多前武漢軍區鬧出那麼大的事，他都只好冷處理，還抓了王、關、戚三個文人，平息軍隊怒氣。

林彪問：那他們這次爲什麼敢對譚甫仁下手？同是大軍區政委兼黨委書記。

葉群說：就因爲譚甫仁是你老下級，親信將領。陳再道則是徐向前的人。雲南又是戰略大後方……我一直有些懷疑譚甫仁那個年輕漂亮的新婚妻子，是總參三部的一隻「燕子」。譚和我說請林總到昆明長住、雲南戰略腹地縱深廣闊這話時，只有他的妻子在旁……

林彪冷笑：是怕我到雲南去做吳三桂？所以就先幹掉譚同志，連同他們的「燕子」……乾淨囉，斷我一隻手臂。人家已開殺戒，我們怎麼辦？

葉群說：以牙還牙。

林彪閉了閉眼睛，做了個手勢：不……按手續接班。

葉群說：還是老總想的透，樹倒猢猻散。

林彪說：妳明白就好。可找適當機會，和黃總長他們通氣，大家有思想準備……下面，去辦件事，設法要上海王維國來一次。不能讓這裡的工作人員認出來。具體的，妳去張羅。身邊這些人，誰是誰的眼線？娘的不清楚。

……葉群以檢查婦科毛病的名義，跑了一趟上海瑞金醫院。上海市革委會副主任兼上海警備區司令員王維國，聞訊趕到瑞金醫院高幹病室探望。葉群在和王維國握手時，乘醫生護士及隨行人員不注意，把一疊得很小的紙條遞到王國維的掌心裡。瑞金醫院決定替林副主席夫人組織婦科專家會診，須住院觀察一星期。葉群心裡暗自高興，好吧，娘娘和張眼鏡的探子們，把注意力放到老娘身上來吧。

三天後。蘇州林園傳達室，來了一老一少操湖北口音的鄉下人。老的五十多歲，身高個大，膚色黧黑，穿一身青布對襟棉襖；少的約摸二十幾歲，穿卡嘰布中山裝，個子瘦小。老的自稱湖北黃崗縣東風公社林家灣大隊社員，林副主席的堂弟，後生子是他的崽娃。

值日軍人十分警惕，把訪客的證明信左看右看，大隊、公社都蓋有公章，批准他們父子赴蘇州探親，不像是假冒；軍人又要了他們的輪船票和火車票來驗看，確是從湖北黃崗上船，到江蘇鎮江下船，改乘火車到蘇州來的；再又打開他們所帶的兩口鼓鼓囊囊的布袋檢查，裝的盡是些黃崗土特產，什麼黃崗桔餅、柿餅啦，蓮子、藕片等等，左一包、右一包的，並無危險品。

軍人還是覺得事有可疑，進而喝問：你們怎麼知道首長住這裡？從實回答！

黃崗老鄉並不慌亂，鎮靜回答：報告你同志，我硬是林副主席堂弟呀！我們去信北京毛家灣二號，是我堂侄子回信告訴的這地址呀。

軍人口氣和靄下來：你堂侄叫什麼名字？

黃崗老鄉回答：立果，立正的立，果子的果，小名老虎，在空軍司令部當嘛子部長。

值日軍人笑了：二位請坐，請坐，立即替你們請示。

有女服務員來給兩位黃崗老鄉上茶，上糖果點心。所有的人都換了一副面孔。

不一會，值日軍人從裡間打完電話回來，對一老一少說：替你們報告過了。首長指示，面就不要見了，若家裡有什麼困難，可以提出來，酌情幫助解決。現在就送你們去城裡的招待所休息，在蘇州玩幾天，看看風景。黃崗老鄉卻不知足，不感激，竟扯直了脖子嚷嚷：我和崽娃趕了上千里路，專門來拜望我堂哥，不見上一面，對不起，莫想趕我們爺倆走！告訴你同志，一九五六年我就上北京毛家灣二號見過堂哥，那次住滿一個月才走！這次連面都不碰一個？告訴你同志，不見不走！

天上九頭鳥，地下湖北佬，脾氣不得了。值日軍人只得又進到裡間打電話，返回來改了口：已經請示了首長本人，首長請你們見一面。

眞乃侯門深似海。一老一少拎着兩隻布口袋上了吉普車。吉普車向園子深處駛去，在一座園子裡還要坐車，這園子是夠深夠大的了。車子走了一小會，才在一座外觀樸素的平房院子前停下。有穿軍裝的工作人員接住，態度親切地囑咐一老一少直接去後園亭子裡見首長……

當「黃崗老鄉」在後花園見到老首長時，差點就哈哈大笑了。林副主席拉住老鄉的手：維國，你這個老鄉很像嘛，把我這裡的工作人員都蒙住了。

那名年少的「黃崗崽娃」，在附近的樹林裡「觀景玩耍」。王維國緊緊握住老首長的手，激動得嘴皮都打哆嗦：林總！林總好！早就想來拜望老首長，這是頭次獲准來蘇州……

林彪鬆開手，示意老下級在石墩上坐下：見到你，我也很高興。我這裡的情況，又好又不大好……譚甫仁全家被害的事，葉主任告訴你了？

見面就談正事。王維國知道林總不喜客套囉嗦的脾性：葉主任塞了個字條給我，看後燒掉了。長征路上，我在譚政委手下當過機槍班長，抗戰初在他手下當營長，又是他舉薦我回延安替林總幹衛隊隊長。幾十年來，他待我像親老弟……沒想到這次他死得這樣慘！連他一歲多的兒子都不放過。他們動手殺人了，我們不能乾瞪眼！

林彪以目光罩住自己的老下級，沒有立時作答。這次談話很關鍵，連葉群都不在場。在工作人員們看來，林副主席很關心湖北黃崗老家的情況，和他堂弟一見面，就問個沒完，說個沒完。

王維國憋不住心裡怒氣，眼睛發紅：林總！要替譚甫仁伸冤、報仇，以血還血，以命償命！

林彪移開目光，望着遠處，說：不是簡單的報仇問題。我現在擔心的是我四野老部下，繼譚甫仁之後，一個一個消失掉。想不到他們出此下策，和我刺刀見紅。

王維國拳頭在石墩上一擂：我們也不是吃素的！林總你下命令，底下的事我們去幹！他殺我一個，老子幹他娘的一幫。

林彪搖頭：不可莽撞，蠻幹。在底下殺來殺去，不能解決問題。先保住實力，防止再有人被害。你和杭州陳勵耘，南京胡萍，可以戰友聯防……你在上海的處境怎樣？張眼鏡和王小白臉，是否想對你動手腳？他們的後面是娘娘，通天的。

王維國明白林總指的是張春橋和王洪文：二中全會後，張、姚、王、馬，對我是另眼相看了。市委、市革委的有些機密會議，竟不通知我這個軍代表出席。可上海警備區在我手裡，空四軍在我手裡，他們打不進來。料他們還不敢對我做手腳。我的教導隊員個個武藝高強。我現在睡覺都身不離槍。上個月，王洪文要安插他一個小兄弟來警備司令部當辦公室副主任，被我查出那傢伙文革前姦污過女工，有流氓前科，老實不客氣地退了回去。

林彪只是問：你那個教導隊，是不是原先的「上海小組」。

王維國回答：正是。立果同志命令我擴充，改名，現在一個營的建制，六百多條好漢，天天練摸爬滾打，刺殺格鬥，到時候執行特殊任務，派得上用場。

林彪點頭：好，教導隊辦得好。南京、杭州、南昌、廣州，都可以叫他們辦，叫什麼名字，由他們自己定。關鍵是保密，隱蔽。人數不要過大，營建制合宜。搞我們自己的敢死隊。維國，你的教導隊裡，有不有戰鬥轟炸機駕駛員？

王維國湊近老首長耳邊：有。必要時，可動用我空四軍戰機。兩名駕駛員，我沒讓他們參加教導隊活動。還準備搞到單兵火箭筒，火焰噴射器。

林彪點頭：很好。上海方面，今後就靠你掛帥。事成，你就是空軍元帥。還有什麼情況？

王維國仍然聲音壓得很低：市委核心小組透出消息，娘娘上個月秘密到上海，只見了張春橋、姚文元、王洪文、馬天水四人。娘娘透話給他們，說主席打算明年秋天開九屆三中全會，增選中央副主席，上海出兩個副主席：張春橋、王洪文。並調王洪文到北京，參加中央軍委，位置在黃總長之上。張眼鏡也要兼軍委副主席。

林彪瞪了瞪眼睛：他們步伐加快囉。還有江青也當副主席，加上周恩來、朱德恢復副主席職務，到時候就是一正六副，把我這個眼下唯一的副主席，擠到一邊去……刺殺譚甫仁，是個重要信號。我們也要加快步伐。否則坐以待斃，當劉少奇。

王維國渾身著火，兩眼充血：不！必要時，我單槍匹馬都幹。犧牲我一個，解救一大片，林總按章程接班。

北京，中南海西花廳。

江青要來看望周總理。江青說來就來，一刻鐘後，防彈大紅旗就駛入西花廳前院。

周恩來、鄧穎超趕忙出迎。周恩來拉住江青的手說：文革小組那邊工作那麼忙，妳還親自過來……我可以過去看妳嘛。

江青風姿綽約，鬆開總理的手，拉住鄧大姐：大姐呀，我眞羨慕妳啊，少管事，少煩心，一身輕鬆。不像我和總理這些人，一年到頭忙，到處受氣，得罪人，都爲了什麼呀？眞是的！

鄧穎超知道江青有事和周恩來談，陪他們進到後院書房，看着服務員上了茶點水果，就退出了，把房門掩上。

江青一驚一咋地說：總理！聽說你在昆明受驚了？我是昨晚上才知道這件事，氣得一晚上都睡不下覺，爲什麼要對我封鎖消息？所以中午起床後，頭件事就是來看看你，慰問啊。你平安歸來，是黨和國家的福氣啊。

周恩來只覺得脊梁骨一陣生寒，卻笑着伸出一根指頭貼在嘴皮上：輕點，不要讓小超聽到。昆明被迫降的事，小超還不知道，是主席不准我透出去，所以也沒有敢告訴妳。謝謝了，藍蘋，謝謝妳三十多年來的愛護、關心，特別是文化大革命以來的愛護關心。我從來沒有覺得自己的安全那麼重要。我的警衛員和幾名衛士，也是警衛局經常調換的。這條性命，早就交給黨了，隨時準備奉獻出去。主席的健康、長壽，才眞正是黨、軍隊、國家的福氣。

江青沒有計較周恩來是否話裡帶話，而煞有介事地說：最近一段，黨內、軍內，又陰謀密佈，鬼裡鬼氣的事大增。昆明的譚甫仁，是死有餘辜！總理是怎麼分析的？

周恩來心裡直竄火苗，對譚甫仁的死幸災樂禍？嘴裡卻說：不是早已經報告主席，主席下令李震部長帶專案組赴昆明破案去了？我服從主席和中央的決策，等候李震他們的消息。

江青不以爲然地撇撇嘴：李震，鄧小平的老部下，二野出身。靠他能破什麼案子？鄧小平倒台了，他反而當上公安部長，中央政治保衛部第一政委。去年謝富治重病住院，我就反對提拔李震。

周恩來點頭：是啊，記得妳提名王恩義同志。主席考慮到王恩義身兼數項要職，擔子已經很重，才決定提拔李震。其實也不算什麼提拔，紅小鬼出身，中將，很忠誠的一位老同志。主席講，現在是中將當家，吳、李、邱都是中將，還是政治局委員。

江青忽然壓低嗓音：都是誰的人馬？昆明譚甫仁的事，我懷疑是毛家灣二號的人自己幹的！只有他們幹得出來。總理呀，我們現在都要擔心各人的安全啦，說不定身邊就有人家埋設下活炸彈啦。

周恩來不動聲色：江青哪，妳的懷疑很新穎，很重要。發現了什麼有價值的線索？譚甫仁中將是林副主席的老部下。毛家灣二號的人爲什麼要行刺自己的得力將領？

江青胸有成竹地笑笑：只怪譚甫仁沒有忠實執行他們的密令，擊落總理專機，只是搞了迫降，怕陰謀暴露，所以壯士斷臂，殺了滅口。

周恩來點頭應付著，又問：妳這懷疑，分析，報告過主席嗎？主席怎麼看法？

江青神秘地笑笑：還沒來得及，我正在蒐集相關的材料。康老同意我的觀點，願意協助……

周恩來寒心，娘娘是有意在案子裡攪渾水：可不可以講得具體些？大膽懷疑，但要小心求證。

江青說：我懷疑是林立果手下的人幹的。對，就是那個老虎，年紀輕，野心大。昆明的事，他甚至瞞了他母親葉群，還有他父親，林副主席。

周恩來驚詫了：老虎幹的？有這可能嗎？當然，當前黨內鬥爭這樣激烈複雜，什麼情況都可能發生……可是，老虎那孩子，從小叫我周伯伯，看著他長大，爲什麼要爆炸他周伯伯？

江青說：這還不簡單？總理在九屆二中全會以來，特別是這次主持華北整風會議以來，堅定地站在主席一邊，迫令黃、吳、葉、李、邱五員大將一次又一次寫書面檢討，至今無人過關，人家還不咬牙切齒？總理呀，你整天忙於工作，或許還沒有想到，你已經成爲人家搶班奪權的絆腳石、大障礙。

周恩來又是心裡一驚詫，娘娘總是見解不凡，不時有她新鮮、獨特的看法：搶班奪權？誰搶班奪權？我頭次聽到這個提法。

江青嫵媚地笑笑：總理呀，二中全會後，主席下令改組北京軍區，派人加強北京衛戍區和第三十八軍、六十三軍、六十九軍的領導班子，批准逮捕陳伯達、李雪峰、鄭維山，鬥爭已經白熾化……這些，你都裝做沒有看到？我把話給捅穿了吧！林副主席接班，就是他兒子林立果接班！

周恩來的眼睛都睜大了：江青同志，我承認妳的見解深刻、獨到。但我這做總理的，還是要慎之又慎。妳知道，主席是一直保林副主席的。主席多次講了，九大有關接班人的決議案不變。還講了，包括批評葉群同志的某些錯誤，都是爲了保護林彪同志。可是……照妳的說法，豈不是把主席和副主席的關係，對立起來了？還有林副主席的兒子老虎搶班奪權這話，若傳出去，黨內黨外，可就亂套了。所以我主張慎重。

江青仍是一臉嫵媚自得的笑容：你是總理，聽不聽，信不信，由你。反正這話，我已經對老闆講過了。康老、春橋、文元、洪文幾位，也都同意我這個看法。

周恩來一時又頭都大了：主席是什麼態度？有新的指示嗎？

江青說：沒有吭聲。可以肯定是聽進去了，有讓我們繼續觀察的意思。

周恩來仍覺得不可思議：老虎才二十幾歲，一個空軍二級部的副部長，頂多算個師級吧？他想搶班奪權，有什麼基礎？有那個能耐？他想領導我們這麼大個黨和國家，痴人作夢，蛇吞大象。

江青冷笑：漢高祖劉邦最初是一名亭長，蜀主劉玄德是一名樵夫，朱元璋是放豬娃、小和尚，又怎樣？印尼蘇哈托發動政變、接管雅加達之前只是一名戰略後備師師長……總理啊，還要我舉些別的什麼例子？

周恩來說：江青啊，我還是要說，我們是共產黨，社會主義制度，主席還健在，領導七億人口，兩千多萬黨員，五百萬人民解放軍，林彪同志怎麼可能把接班人位置傳給他兒子？在共產黨內搞父子相傳，怎麼也講不通的。

江青仍堅持自己的獨特看法：林副主席那半條性命，熬得過我們老闆？葉群前年和我說過，醫療小組分析，林至多四、五年光景……所以他們急眼了。不然林副主席一翹辮子，一切白搭。

周恩來搖頭：我還是不習慣這樣來談論主席和副主席的關係，我要遵守紀律……對了，我差點忘了問妳，最近見到你小老鄉了嗎？我想找他談談。

一聽小老鄉這名字，江青立即轉移注意力：他不是請了假，回山東老家看他病中的老母親去了嗎？總理，我也正想問問你，中央爲什麼突然解除他八三四一部隊的指揮權？又讓那個汪東興回到老闆身邊去了？

周恩來說：主席的命令，委托我回來宣佈。妳都出席了緊急碰頭會議嘛。妳知道，主席和中央，對妳小老鄉是很器重。主席或許對他有更重要的使用。但主席還沒有對我透露。情況就是這樣。

江青心裡頗爲失望。周恩來這人眞正的老奸巨猾。日常生活中，一些不要緊的事，他和你的那個親切啊，關懷啊；可是一遇到要害問題，他就總是滴水不漏，守口如瓶。

第六十三章　幹了見不得人的事

小老鄉一下火車，即被中央警衛局的車子接去人民大會堂東廳見周總理。小老鄉十分納悶，在濟南時曾和釣魚臺十一號樓通電話，原是要先去見江青同志的啊。

人民大會堂東廳是周恩來的另一處辦公地，亦是他召集中央工作碰頭會議及政治局會議的場所。小老鄉一進門，立正！報告！敬禮。周恩來即從大寫字枱後繞了過來，熱情而有力地與之握手，關切地問：你母親的病康復了吧？有你這麼個兒子，她老人家快慰平生囉！

小老鄉面帶戚容：報告總理，母親去世，所以在老家多呆了幾天，向中辦汪主任續的假……

周恩來握住小老鄉的手搖了搖：對不起，我沒有注意你胸前一朵小白花……後事都妥當了吧？

小老鄉一聽「後事妥當」四字，彷彿雙關語似地，心裡閃過一絲疑懼：謝謝總理關心，母親已於昨天下葬，入土為安。

周恩來招呼坐下。有服務員來上茶，退下。周恩來點點頭，望住小老鄉說：好，你私事已妥，我們來談談工作。昆明軍區譚甫仁和軍區保衛部長遇害，你都聽說了。

小老鄉感到突然似地，吱唔着回答：聽，聽講了，很震驚，意外。

周恩來目光轉而犀利：可不可以告訴，你是從什麼人那裡聽到的？當然，你分管軍委保衛部，可以選擇不回答。

小老鄉定了定神，選擇回答：是幾天前和江青同志通電話，她告訴的……首長分析，很有可能是軍區保衛部長行刺了譚政委，然後畏罪自殺。

周恩來進而問：那麼保衛部長爲什麼要把司令員的愛人、小孩一起殺害？

小老鄉回答：軍委保衛部有過瞭解，譚甫仁同志的年輕、美貌的妻子，原是那保衛部長追求過的戀愛對象，軍區歌舞團的舞蹈演員，頭塊招牌……譚甫仁同志調到昆明後，橫刀奪愛。軍委人事局原擬調走那名保衛部長的，拖了一下，就發生了情殺，太殘忍了。

周恩來伸手抹一把臉，彷彿要抹去滿臉驚訝：噢，原來如此，情殺，案情簡單多了。可也有人告訴我，那舞蹈員還有個身份，是總參三部的一隻「燕子」。請原諒，我用了「燕子」一詞。

小老鄉搖頭：這個沒聽說。在軍委保衛部，我是兼職。要防止有人把原本簡單的案情複雜化。

周恩來心裡罵道：好你個小子，和我兜圈子……嘴上卻說：同志，昆明軍區大院裡的案情可能不像你講的那麼單純。幸而你近一段不在北京，回了山東老家。可不可以告訴一下，你是那天離開北京的？容我全面掌握些情況，如主席問起，好替你解釋。

小老鄉回答：是十五日還是十六日？對了，是十六日深夜坐軟臥赴濟南……有車票爲證。總理爲什麼問這個？

周恩來暗自冷笑：好你個小子，當面和我撒謊，十七日凌晨四時，還有人見你進了軍委保衛部保密室……嘴上卻說：不要多心，不過隨便問問。中央政治保衛部和軍委保衛部的每位負責人，我都問了，你也不例外嚒。主席和中央，對你是很器重、信任的。這個不說，你也知道。

小老鄉頭上開始冒汗。中央對自己有所警惕了？但昆明的事，死無對證，處理得俐落，乾淨。

周恩來默默注視一會，忽然從抽屜裡拿出一份密件，說：就在昨天，昆明軍區保衛部一輛吉普車墮崖，車上三人包括司機一起喪生。據對損毀的吉普車進行檢查，發現剎車皮被人動過手腳，先行鬆脫。可以肯定，又是一次有預謀的行刺。爲什麼在這麼短的時間內，發生連環謀殺？小老鄉倒吸一口冷氣，胸脯一挺說：總理，我現在意識到，昆明軍區內部問題嚴重、複雜。我請求中央批准我率工作小組赴昆明，一定查個水落石出，把刺客挖出。

周恩來搖頭：或許你已經知道，李震同志率中央專案組，在譚甫仁同志出事的當天就趕到昆明去了。奇怪的是，就在專案組的眼皮底下，又鬧出車禍謀殺。李震他們推測，眞正的黑手不在昆明。

小老鄉劍眉一豎，面帶反感地說：李部長的意思，黑手在外地，甚至在北京了？

周恩來手中鉛筆嗒嗒地敲擊着面前的密件：李震同志沒有這樣說，那是你的推測囉。下面，我向你傳達主席的命令！

小老鄉腦子裡轟地一響，卻還能騰地一下起立，立正：是！聽令！他雙腿有些發軟、發顫，生怕門外閃進兩名軍人來，把他手銬一拷帶走。

周恩來彷彿看在眼裡，溫和地笑了：坐下，你可以坐下來聽，還可以筆錄。或許內容你都知道了。第一，恢復汪東興同志的八三四一部隊指揮職責，其他同志不再過問；第二，由葉劍英同志進軍委保衛部坐鎮；第三，李震同志率專案組赴昆明破案。主要就是這三條，涉及你的是第一條和第二條，也是考慮到你兼職過多，擔子太重。

小老鄉雖說有所心理準備，但仍像洩了氣的皮球，哭喪着臉說：我這不是給免職了？我忠於主席，忠於中央，問心無愧。

周恩來以嚴肅的口吻撫慰：主席和中央是信任你的。你仍是中央辦公廳副主任兼中辦政治部主任嘛。而且主席和江青同志，還會有更重要的工作分配給你……

正說着，電話鈴聲響起。周恩來的辦公室，除了主席、林副主席、葉帥等少數領導人的電話，是不能直接打進來的。是江青從釣魚臺打來的：總理啊，我那小老鄉是不是到了你那裡？怎麼一回來就先跑到你那裡去了？我四處找不到他，謝靜宜也找不到他。

周恩來手握話筒，親切回答：是在我這裡談話，向他傳達主席的三項命令，免得他感到意外……妳有急事找他？可以，可以。江青同志和你講話。

小老鄉恭敬地從周總理手中接過話筒，一聽江青的聲音，頓覺心裡一暖，鼻頭發酸，如同遇到救星一般：娘娘，是我，娘娘……我更記掛，記掛……老家的事都辦過了，謝謝娘娘記掛……好，我立馬過來……山東的問題不少呀，那個王效禹混帳得很，跋扈得很……還有濟南軍區楊得志司令員不是省油的燈……好，好，等會過來再詳細匯報。好、好、好。總理，江青同志還要和你講幾句。

周恩來笑微微地接回話筒：藍蘋啊，是的是的，你們山東老家，稱年齡較大的女同志做娘娘，所以小老鄉喊妳娘娘，我淮安老家也有稱娘娘的……不會不會，怎麼誤會呢？這娘娘不是那娘娘，鄉音難改，大家難免……是個好同志，正直、忠誠、能幹，剛上五十歲，在中央的部門負責人中，是青壯派囉。好，好，我這裡的談話馬上結束，讓他去匯報山東情況……啊，他和我說，坐了一夜火車，要先回去洗頭洗澡，換換衣服，免得一身氣味的……哈哈，藍蘋妳是有潔癖，在中央領導同志中，妳是最講清潔衛生的啦。對，我也算比較整潔的，但每次去妳那裡，也是要先洗把臉、換件衣的。

小老鄉走後，周恩來苦笑：這個娘娘也眞能擺譜。當年在延安和主席同居，主席是出了名不講究個人衛生的。延安苦旱，窰洞缺水，主席身上長蝨子，一兩月才洗一次澡，妳還不是要和他睏覺？聽講還弄什麼口技，也不嫌髒囉。如今可好了，成了娘娘了，手下幹部去見，還要先搞個人衛生了。

小老鄉來到釣魚臺十一號樓。這樓裡安靜得令人喘氣都無法大聲。幾名穿軍裝的女服務員在靠近大門口的值班室值勤，個個低眉斂目，手腳輕盈，就像沒有看到他進來似的。娘娘愛好攝影，門廳，過道，樓口，掛著一幅幅署名「李進」、「峻嶺」的放大彩照。拾級而上，樓道寬闊。再進兩重門，就是娘娘的大臥室了。

小老鄉對這臥室頗熟悉，心口撲通撲通直跳，在外間停下來，輕輕喚了聲：報告！

裡面一個柔和的聲音傳出：進來。

小老鄉走進光線柔和且有些兒朦朧的臥室，見江青同志穿一襲薄得像什麼沒穿似的睡袍，斜靠在床頭朝他招手，示意近去。

原來江青同志正在欣賞電視錄影帶，音樂放得不是很大。隨手關掉了，兩條象牙色的腿鑽出睡袍，垂到床沿。

小老鄉忽地有滿腹委屈，眼睛一辣，嗓眼一堵，雙膝頭一軟，幾個箭步就撲在了江青同志面前：娘娘！娘娘！妳要幫我，救我……我都是按娘娘的指示去辦的……

江青伸出兩手，撫住了小老鄉的頭顱：傻小子，怎麼啦？見面就這樣，我的傻小子……站起來，讓我看看，一走半個月，好像瘦了點？

小老鄉腦袋埋進江青同志嫩滑的雙膝間，頭髮有一股剛洗過、吹過的香胰子味兒。國產香胰子，有些兒刺鼻，總也達不到法國香胰子的那股清柔溫馨：好啦好啦，傻小子，是不是總理暗示你什麼了？甭理他！狐假虎威，他虛得很。有老娘護着你，誰動得你一指頭？起來起來，一日不見如三秋兮，讓老娘好好看看你……

小老鄉一米八幾的大高個，順從地從地毯上爬起，像個大男孩。娘娘的兩手一路從他的臉子、脖子、胸膛肚腹撫下來，在某個部位停住：還不把這身黃鼠狼皮脫了？我這裡恆溫二十三度，光身子也不會著涼……看看，它一見老娘就昂揚，跟支海南粗芭蕉似的，芭蕉可沒這堅挺喲，我的小鋼炮，榴彈炮……洗過了？我再擦擦，品幾口，就這嗜好，你也舒服……

小老鄉身腰朝後縮了縮，求告道：不不，娘娘，娘娘……再不能做對不起主席的事……想到主席，我死無葬身之地，無葬身之地……

江青同志並不鬆手，臉上增了春威：大老爺們，總是扭扭捏捏！誰對得住我？他玩了幾十年，玩了多少個？我二十多年，二十多年守活寡，都是怎麼過來的？你知道嗎你？沒心肝的傻小子，你！

小老鄉眼睛泛紅，聲音發顫：娘娘，愣長時間，您都是怎麼過來的？

江青同志邊撫邊說：空閨寂寞，長夜無人，癢呀，撓心呀，火燒火燎的……紅蘿蔔、白蘿蔔，茄瓜，苦瓜，黃瓜。都試過，不解癢，不解饞，好可憐……有段時間，俺老去伙房要這瓜哪瓜，連廚師、衛士都在身後擠眉弄眼……你知道嗎你！我熬了二十幾年，才有你傻小子一個……就算是張宗昌，也只有你一個……

小老鄉一介武夫，當然不知道張宗昌是大唐女皇武則天的頭號面首，只知道毛主席早就不幹娘娘了，把娘娘撂下二十多年，守空房……但還是要求告：娘娘，我不行，真的不行，再不能給主席老人家戴綠帽……該死！罪該萬死！我不行，娘娘疼我、饒我……

江青罵道：渾球！你不行它行！老娘一拿，它就鐵杵似地……老娘饒你不饒它……還不三下五除二，把身上武裝都解除了？

小老鄉仍想拖延，迴避：待會這裡有電話，有人找……

你小子越躲躲閃閃，老娘越要得手！都交代過了，除了西湖汪莊老闆的電話，其餘一律回掉。也不會有人上樓，打擾我研究工作。傻小子，你進了老娘這裡，就是進了保險套，放心了吧。

小老鄉別無選擇，只得褪光衣物，赤膊上陣。忙活中，總也有些個走神。恨不能立馬就把娘娘幹快活了，高潮了，自己才又一次解脫。

娘娘卻不依不饒。一把年紀的人了，比他還長五歲。女大五，賽老母。還身子像條蛇似地，在他上面盤來繞去，顯見功夫。娘娘還不住的說些浪話，怎麼樣？小謝那妮子，沒有生養過，又年輕，下邊比我緊吧？挾得你更舒服吧……別以爲我不知道，你和小謝偷腥一年多了，瞞住我老闆……你倆是棋逢對手，將遇良才，每次都幹到出臭汗……老娘並不吃你倆的醋……世上最刺激人的事，一是搞政變，二是偷情……女人叫偷漢子，男人叫採野花，文化人酸溜，叫竊玉……我比謝妮子如何？老娘不諱言，她的乳房比我好，可我二十幾歲時奶子肯定比她捧，老闆天天把玩，稱舉世無雙……

小老鄉這人也是，一聽娘娘撩撥出謝妮子助興，登時雄性大發，幹：就把娘娘當作謝妮子來幹！朝爛裡幹，朝死裡幹！都幹爛了，幹死了，就舒暢了，滿足了，太平了。

折騰了大半個小時。娘娘忽地死命咬住他肩膀，十指也深深掐進他肩背肉！哇地叫了一聲，死蛇一般軟塌下來，鬆了口和手。

娘娘閉上眼睛，大約五分鐘。小老鄉渾身大汗癱在一旁，像頭剛穿越了大漠的公狼。過了一忽，娘娘把塊毛巾扔給他：傻小子，看累成這付熊樣，自格擦擦吧，床單都浸濕了，老娘這下面也漏了一片……甭起來，再陪幾分鐘。說說事兒。你曉得嗎？傻小子，法國有個女作家叫喬治·桑的，玩過當時歐洲的許多文化名人，包括蕭邦，屠格涅夫。這些名字你都沒有聽過？她寫有一部小說《棄兒》，很有意思。你今後還是要讀一點書，包括中外名著。《棄兒》寫一個年輕的貴族寡婦到鄉下農莊度假，在路邊揀了個又黑又瘦的嬰孩，不知是誰扔掉的。貴婦人出於母愛天性吧，把那嬰孩當作寶貝來撫養，給他餵最好的食品，穿最好的衣物，聽最好的音樂，請最好的家庭教師……於是，小寶貝在她的撫摸下，親吻下，一天天、一年年長大了，長成個英俊青年。因從小和她同床，也就從來沒有離開過她的撫摸、親吻……終於一天晚上，養母和養子交合了，歡好了，高潮了。此一來，就更是每日每時都分不開了。寡婦有一個消渴慾火的小丈夫……小說文字優美，細膩極了。表現出從母愛發展到性愛的全過程，藝術上十分獨特……

小老鄉半懂不懂的，問娘娘：剝削階級撿了個窮人丟下的孩子，養大後用來滿足自己的獸慾，是不是宣揚反動的資產階級人性論啊？

江青哈哈笑了，也就換了個腔調：傻小子，你是革命軍人，無產階級，覺悟很高啊……我也是以分析批判的眼光來看待，可以提供一個揭批反動人性論虛偽、荒謬、亂倫本質的反面教材。回頭通知春橋、文元他們，給報刊組織批判文章……好了，我們起來吧。傻小子你把床單撤下來，收拾整齊。

我去沖個淋浴。私事忙過，下面我們要談公事了。

十來分鐘後，小老鄉穿戴整齊，出到外間書房候着。不一會江青同志也衣著整齊，容光煥發地來到大寫字檯前，佩上眼鏡，移過一疊文件，儼然黨和國家領導人模樣。

江青同志說：小老鄉，下面談談你山東之行所瞭解到的情況。簡略些，抓住要點。

小老鄉從公事包裡取出個本子，開始匯報。心理上卻也好一陣子沒能做到角色轉變：剛才還在床上幹她，幹的她一付浪相，如同母狗一般；頃刻又變成了她的下級，端着小本向她匯報工作。幹了也就幹了，不幹白不幹。就是對不住偉大領袖毛主席，讓他老人家一把年紀還戴綠帽，被後人訕笑。

江青同志彷彿看到了小老鄉心裡的什麼貓膩，問：還在走神兒？休息就是休息，工作就是工作，要正確對待。

小老鄉身子一挺，說：是！這次回山東半個月，順道瞭解到一些情況。一，沒有發現濟南軍區司令員楊得志等人，與北京黃、吳、葉、李、邱等有過私人性質的交往。楊得志看不起黃永勝，暗喻黃總長進京後，成了吃軟飯上將。

江青饒有興味地插問：黃永勝怎麼吃軟飯？

小老鄉說：大約是指黃總長背了林副主席，和葉群同志通奸。大約除了林副主席本人，全國十大軍區司令員和政委，都有所風聞。

江青指示：可以抓住這則風聞向下吹，起碼讓全軍少將以上高幹，各省市軍區司令員和政委都風聞到。也好讓大家心裡有數，看看林副主席身邊，都聚集着一群什麼男女，全他娘的男盜女娼。

小老鄉匯報：二，山東省革委會主任王效禹，和濟南軍司令員楊得志關係緊張，爭鬥激烈。焦點在楊要解放原省委第一書記譚啓龍，認爲譚不是走資派，是毛主席司令部的人；王則認定譚是山東黨內最大的走資派，劉鄧路線在山東的代理人，絕不准許恢復黨籍和工作，就在五七幹校養著，養到死球，拉倒。王效禹更是要求中央軍委調走楊得志，替山東革命左派除一大害，態度相當跋扈。

江青說：王效禹原任青島市委書記，造反有功，靠打倒譚啓龍上台，主席點名他當山東省革委會主任，過去算天子門生啦；楊得志老紅軍出身，上過井崗山的……我看呀，他們誰也甭想擠走誰。一個班子內部，有不同意見是正常的，可以互相監督、制約。如搞成鐵板一塊，太過團結，反而不正常。我的意思你明白？

小老鄉點頭，繼續匯報：三、濟南、青島、煙台，都發現了反動組織，專門整康老、春橋和您的黑材料，挖什麼歷史問題。

江青眉頭一擰，冷笑道：好嘛！在中央，就出了我們三個山東籍領導人，想通通打倒？喪心病狂，做它娘的夢了！反動組織破獲沒有？抓了多少頭頭？殺勿赦。

小老鄉搖搖頭：暫時還沒有抓，但已在省革委公安部門掌握之中。王效禹指山東的這股反中央首長的逆流的黑後台，就是濟南軍區的楊得志。可楊得志司令員的秘書又告訴我，王效禹才是眞正的幕後黑手，想在主席和中央面前建奇功。

江青手一揮：不講了！他們互相推諉、指責，忙於內鬥，放著現成的反革命組織不去鎮壓！氣死老娘了。通知公安部，山東濟南、青島、煙台的反動組織，由公安部直接派重案組下去偵破，該關的關，該殺的殺。一個月後，要直接向我報成果。

小老鄉筆錄下江青同志的指示，繼續匯報：四、我在老家發現一名十六歲的神針手……

江青插斷：什麼神槍手？不得要領。我不要聽這個。

小老鄉這時湊近身子，放低聲音：娘娘，您聽我介紹完……神針手有大用，今後再幹別的事，可代替無聲手槍。

江青一愣，手指戳了過來：傻小子，就你點子多。怎麼個神經法？

小老鄉說：是神針，不是神經。那小青年膀大腰圓，一身功夫，可在十米之外，以手指激射普通的縫衣針，力透汽車擋風玻璃。曾讓他射雞、射狗、射羊，十米開外，一針斃命。

江青眉頭揚了揚：嗬，天生一名刺客了？哪裡學得神技？

小老鄉匯報：是他家祖上單傳。父親是個老實巴交的社員，貧農成分。小青年五歲開始練功，除神針激射，還會飛石擊目、飛鏢取命十幾套絕門功夫。但為人忠厚，心地善良，從不出手。這次因公社、大隊書記都介紹我是在黨中央、毛主席身邊幹保衛的將軍，他才露了幾手。

江青仍半信半疑，但有了興趣：要是和老娘瞎吹，仔細我揭你的皮……可以帶人來見，當面試試他的功夫。人在哪兒？

小老鄉匯報：還在山東老家，替公社書記當通訊員。因沒有請示首長，沒有帶他進京。

江青點頭，表示讚許：我們山東自古出豪傑。這是無產階級司令部用得着的人才。通知警衛局撥一個招兵指標，給他入伍，編在我的衛隊。等面試後，再推荐給老闆，做貼身警衛。傻小子，你還有不有別的什麼計劃？

小老鄉稍作遲疑，說：有個建議……神針手入伍的事要絕密……可不可以由我負責，再回老家去挑選出十幾二十名貧下中農子弟來，年齡不超過十五歲，集體入伍，之後拉到一個保密的地方，實施封閉式訓練，由這名神針手任教頭，不出三、五年，準保是一支小分隊，忠於娘娘忠於主席……

江青笑了：聽你吹的，傻小子。老娘是一天也離不得你了……建議可以考慮，等我面試再說。昆明的事，幹了就了，你是我的人，我是老闆的人，誰能把我們怎樣？看你樣子，似還有顧慮？

小老鄉說：事後知道是總理的專機，嚇懵了。至今還怕。要是總理出了事，我，我……

江青仍是滿臉笑意：說你傻，還眞是個傻瓜蛋！總理怎麼會有事？你以爲譚甫仁頭腦那麼簡單？早就估計到了譚甫仁不會擊落飛機，只會迫降。不管怎樣，那傢伙都是個死罪，斷了毛家灣二號一條後路。不然，雲南再出個吳三桂……淸廷爲了剿滅吳三桂，與之惡戰十六年，吳家軍一度佔有雲貴、兩廣、湖南，直逼武昌……這些都是歷史。也是殺雞儆猴，看他們哪個敢輕舉妄動。

小老鄉額頭冒汗，忽然求告道：娘娘，好娘娘，求求您，今後不要再派我這類活兒，好歹，俺也是老八路出身，不忍心在自己黨內軍內……

江青收斂起笑意：好啦好啦！老娘我也不願這麼幹。你是上了老娘的這條船了，甭想下船！老闆已決意改換現在的這位接班人。明年九、十月份開三中全會，增選幾位新的副主席，有我、春橋、洪文。老闆已經開始內部吹風。我這是向你路線交底。林的身體拖不了幾年。老闆已經七十七歲。我的意思你還不明白？今後，春橋、洪文在中央，還不是靠我、聽我的？你跟定了我，能有錯？到時候，甭說八三四一部隊，北京衛戍區，三總部，國防部，還不是我一句話？只要跟着老娘好好幹，把你娘娘弄舒坦了，你就是國防部長的接班人。這話不能傳出去，老娘不對你封官許願。

小老鄉起立，宣誓似地說：娘娘！俺明白了。俺貧下中農子弟，十六歲參加八路軍，這條性命交給黨和軍隊了。今後，俺緊跟娘娘，死心塌地，海枯石爛！

江青也站了起來：傻小子！說你沒有多少文化，表起決心來，還會四字句……你娘娘看你這麼雄壯，又想了……你探探，底下都潮了。我看過醫書，女人年近花甲，還有旺盛性慾，是二度青春期，富生命力的表現，去，去，裡間去，俺和你來次速戰速決。

小老鄉又渾身顫抖了：娘娘，俺再不能對不起主席……主席是俺的恩人哪，恩人哪……

江青又一把抓住了：看看，下垂着還這粗，傻小子眞是頭健驢……放心，這事兒，俺早不管老闆了，老闆也不管俺，只要不拂他的顏面……你越怕，俺越想要，刺激。

小老鄉被拉進臥室，都要哭出來了：俺對不住恩人，俺給恩人戴綠帽……

江青以一小塊遙控版開了電視機，錄像機：來來，咱們邊看邊幹……你先前進來時，我沒看完……西式艷情片，沒看過吧？看人家，俊男美女，一絲不掛……看人家那腿，那胸，那乳房，那體型，那力量……那陽具特寫！傻瓜，是放大誇張了的，眞實的尺寸，還不如你這具。

江青在華北整風會議上，有個批陳長篇發言，列數了咱共產黨自一九二一年成立至今，所發生的十次重大的路線鬥爭。觀點尖銳，寓意深遠。與會的中央負責人都明白，江青是代表偉大領袖講話，所以更是印象深刻，不同凡響。

華北整風會議結束後，釣魚臺方面幾次催促西花廳，問總理爲什麼還不批准印發江青同志的重要講話，向全黨傳達。周恩來經與李先念、汪東興、紀登魁等人商量，並個別徵求了張春橋和姚文元的意見，認爲江青同志的講話具黨史意義，但時機早了些，暫不宜作爲中央文件下發。因爲講話中，除點名批判陳伯達爲托派、國民黨分子、反共老手外，還多處提到黃、吳、葉、李、邱等人的名字，指這些人都跟隨陳伯達參與了反主席、反中央的所謂第十次路線鬥爭。此一來，不等於把林副主席也牽扯進去了？況且江青同志的講話打印稿，早送杭州西湖汪莊毛主席審批去了，也遲遲沒有回復。

江青只催周總理。周恩來無法推給毛主席。但可以給毛主席掛電話，匯報對江青講話稿中的幾處疑慮。毛澤東問：此事你和哪些人商量過？周恩來回答：和先念、東興、登魁商議過，也徵求了春橋、文元二位的意見。大家請主席做最後的決定。毛澤東又問：葉帥參加意見了嗎？周恩來回答：沒有，葉帥目前只在軍委保衛部那邊坐鎭。

電話裡，毛澤東沉吟片刻，指示說：江青那個講話，暫不發。黨內十次重大路線鬥爭，確實存在，目前的批陳整風，就是第十次。問題在於由江青作闡述，欠點權威性，會有很多人不服氣。點名太多，也不相宜，都還是政治局委員嘛。還有個把林副主席往哪裡擺的問題，好像現在的這個接班人又不行了，容易引起思想混亂……恩來，有關事情，需要時間來過渡，你理解我的意思嗎？

周恩來是半理解半不理解。看來主席是真的要改換接班人了。可三軍總部，十大軍區，各省市軍區，大部份控制在林副主席的人馬手裡，要換掉他，恐怕比搞掉劉少奇還要困難些，冒的風險更大。弄不好，眞槍實彈的幹起來，局面怎麼收拾？也眞是的，親密的時候，兩個的夫人都像親姐妹；一旦生隙，又形同水火。

毛澤東說：恩來，你不想得罪江青，又不想得罪葉群和林副主席，現在處境困難，左右不逢源。

周恩來趕緊表態：主席，我不困難。九屆二中全會以來，已多次在會議上聲明，任何時候，任何情況下，我都堅定站在主席一邊，決不搖擺，腳踏兩條船。

毛澤東嗬嗬笑了：這個話由你自己說出來，我可以放心，總理還是我的人……這樣吧，你替我通知藍蘋，要她帶上那個小老鄉，今晚上到杭州來，我有事情和他們談。

……當日傍晚七時，江青和小老鄉乘中央專機飛抵杭州。有浙江省革委會第一副主任、空五軍政委兼杭州警備區司令員陳勵耘接機。江青對這名林彪的愛將表面上客氣，內心裡很厭惡。他爲什麼來接機？誰通知的？可疑。

夜色中，江青一行車隊進城，抵達西湖汪莊時，已是晚上八點來鐘，值班衛士報告江青同志：主席游泳去了，要您到後先休息，十二點一起吃消夜。江青窩一肚子火，臉上卻笑問：主席還習慣裸泳？都有誰陪泳？衛士竟紅了紅臉回答：不清楚，在裡面服務的，是另一班人。

汪莊有一套替江青預備的主臥室，和老闆的臥室相距百來米，有曲廊相接。小老鄉住到劉莊去了。她眞想一氣之下，也搬去劉莊。老娘已經戴了二十幾年的綠頭巾。但畢竟是在老闆的眼皮底下，不是在北京釣魚臺十一號樓，不能恣意弄那個面首。是張宗昌的本錢大還是小老鄉的本錢大？唐書上沒有留下尺寸，無從比較，反正比老闆的本錢要大些……呸！都瞎想了些啥呀？還是先洗澡更衣吧，吃頓杭州名廚素食，再招人來清唱幾曲。杭州評彈不錯，帶越劇韵味，比蘇州評彈更柔婉清麗。

晚十二時，江青進到小餐室時，老闆已穿着浴袍坐在那兒等她了。老闆臉上皮肉鬆弛，眼袋又大了些，下垂了些，顯得蒼老，疲憊。這可不是每天報紙上、電視上、新聞紀錄片上與全國軍民見面的那個偉大領袖的光輝形象囉。那些公開的圖像都是仔細做了去除皺紋、眼袋、老人斑等面部加工程序的，所以偉大領袖總是那麼面色紅潤雙目炯炯，神采奕奕。

見婆娘進來，毛澤東隨便地擺了擺手，開口就問：不是還有個小老鄉嗎？怎麼不進來？

江青說：住劉莊了。這麼晚了，老闆不傳喚，沒敢來。

毛澤東又搖搖手：不來算了，那個人身上殺氣重，不見也好。

江青忙說：人家對老闆可是死心踢地，隨時準備粉身碎骨，萬死不辭。

毛澤東笑笑：講那麼好聽……我的接班人講的比唱的好聽，又怎麼樣？吃消夜吧。

真是政治夫妻，見面就談人事。倒是江青留意到，老闆仍吃那麼香辣、油膩。長期便秘，高血壓，高血脂，就是不肯飲食清淡些，多說幾句還發脾氣。醫療小組都拿他沒辦法。

江青象徵地各樣菜點嚐了嚐，喝下一小碗麥片粥，以小毛巾貼貼嘴角，表示吃完了。婆娘懂養生，惜命。

毛澤東味口甚佳，旁若無人，大口魚肉，唏哩嘩啦，嘖咂有聲，幾十年不改鄉下人吃喝習性。不一會，也吃完了。不讓收拾餐桌，就看着杯盤碗盞狼藉一片，漱口，剔牙，抽菸，喝茶，談工作。彷彿與剩菜殘羹相伴，有另一種豐盛、滿足。也是湖南鄉下人的習俗？

毛澤東說：妳在華北整風會議上的講話，急着下發？妳催總理，總理催我。我的意見，講的不錯，黨的歷史，提綱挈領，條理清晰。過去從沒有人這麼講過。特別是把陳伯達一夥列爲黨內第十次路線鬥爭，及時，有理論高度。但我決定暫不下發。爲什麼？妳多處點了黃，吳、葉、李、邱的名字。這些人目前還都是政治局委員。妳也只是一名政治局委員。特別是葉群，林副主席夫人，由妳這個主席夫人去批副主席夫人，林彪同志會怎麼想？耳光抽到他臉上？黨內同志會怎麼想？當然，妳可以提出，把這幾個人名字刪掉，統統改稱「劉少奇一類政治騙子」。但刪掉這些名字，妳的講話就少了針對性，殺傷力。所以，幾經考慮，妳的講話不刪改，原樣保留，暫留我這裡。不把林彪同志逼到牆角去。第十次路線鬥爭剛演出第一幕，重頭戲還在後面，會有高潮呢。我和妳說啊，不要急於表現自己啊，等妳和春橋、洪文都增選上了副主席，佔了相對優勢後，再來發表不遲。或者等我死後，妳當家，留着出文集，算理論建樹。這一次，妳、春橋、洪文都要有所思想準備，比上次和劉少奇鬥更困難。劉少奇手裡沒有槍桿子。這次的對手是槍桿子。

江青埋頭筆錄。

毛澤東咝咝地吸著菸，說：今天和妳的談話，可以記錄，不准帶走。現在對妳宣布一條紀律，並由妳去對那個小老鄉傳達：本主席嚴禁在黨內軍內搞暗殺。誰再搞，把誰公布出來，嚴懲不貸。我這是接受了林副主席的意見。不能興這種風氣。暗殺來、暗殺去，最後落到自己頭上。昆明軍區的連串暗殺立即停止。搞革命，搞黨內路線鬥爭，不能靠行刺。列寧就反對他哥哥去行刺沙皇。袁世凱暗殺了宋教仁，戴笠替蔣委員長行刺了李公樸、聞一多，周恩來也在上海地下黨主持過紅科，殺過顧順章一家十六口，結果怎樣？他們成事了嗎？昆明的事，會替你們馬虎過去。下不爲例。爲什麼撤了妳小老鄉的保衛系統指揮權？就怕他嚐到甜頭，在共產黨內鑽出一個戴笠來。對妳也是一個制約。人都應受到制約。我派康生主持了幾十年的黨內肅反，稱他爲黨的恐怖力量，但從未批准他搞行刺。包括對高饒潘楊，彭黃張周，彭羅陸楊，劉鄧陶賀，都是公開批判，公開處分。他們在專案期間自殺、病逝，那是另外回事。總之，共產黨政權，行王道，可以有些霸道，但不行黨內黑道。

毛澤東說：藍蘋妳聽著！爲什麼還要筆錄？想留下做什麼？明天，妳代表我，去分配妳的小老鄉一項新任務：打入毛家灣二號，包括蘇州、北戴河等處，密查動向，隨時匯報。平日向妳匯報，必要時直接向我匯報。重點對象是葉群和那個老虎，加上黃、吳、李、邱。具體怎麼做，你們去佈署。

江青插話：還有他們在各地的人馬，包括上海、南京、杭州、南昌、武漢、廣州。

毛澤東嚴肅地一擺手：還有另外的系統在工作。妳和妳小老鄉的注意力放在京津地點。這項新任務，夠重要了吧？告訴小老鄉，我對他依然信任、器重。望他戒驕躁，立新功。我也不會管他和誰睏覺不睏覺，只要他政治忠誠。

江青臉都白了：他和謝妮子的事，老闆知道了？

毛澤東認眞看婆娘一眼：他搞我也搞，一個小謝，可以搞，不計較。

第六十四章　「五三七一」　武裝起義

葉群回了一趟北京，誰都沒有驚動，包括和黃、吳、李、邱都沒有聯繫。黃、吳、李、邱雖然目前還都留在原崗位上工作，但身邊肯定有中央政保系統的人員臥底，一舉一動受到密切監控。葉群只和兒子老虎，以及老虎的鐵杆哥們王飛、周宇馳碰了頭，商量「大事」。這幾個月老虎他們可沒閒着，已在上海、南京、杭州、南昌、廣州的空軍內部，組織起了極秘密的「小艦隊」，隨時聽從林副統帥和葉主任的召喚。葉群問老虎：原先不是叫「小組」嗎？怎麼改叫「艦隊」了？老虎說：「艦隊」更講團隊精神，也更具攻擊力，統稱「聯合艦隊」。到時候隻隻蛟龍出海，大展神威。葉群笑了：年輕輩辦事，好在名詞上花心思。實用實效，才是最重要的囉。

葉群在毛家灣二號停留兩晚。來去都不使用軍委專機，裝扮成個女高級工程師似地乘坐火車包廂。她替「一號」帶回一份絕密材料。她甚至沒在客廳或書房、臥室那些地方把材料交給「一號」。

誰能擔保，自己身邊就沒有毛、江的人員臥底？或是他們裝下的偵聽器？

蘇州的冬天，戶外氣溫低，陰冷潮濕。林彪明白夫人的意思，便穿上毛絨大衣，一起到園子裡散步。園子有好幾百畝大，總不能到處安裝下偵聽器吧？在園子裡散步、談話，警衛員只能在百米之外緩緩跟着首長，不遇特殊情況，不允許超越這個距離的。他們在一座視野開闊的亭子裡坐下。林彪說：老虎和周宇馳擬了份東西？我沒帶眼鏡，妳可以唸給我聽。

葉群四下裡看看，確定一百米半徑之類沒有工作人員「隨候」，才手伸進軍大衣裡掏出一隻普通信封，從中抽出幾頁手寫稿紙，展平了，輕聲唸道：

《五三七一工程紀要》

一九七一，三月二十二——二十四日

林彪說：慢。「五三七一」，是不是「武裝起義」的諧音？若是，把那個「三」字拿掉，不要太露，叫「五七一工程」就夠。

葉群隨手以鉛筆把「三」圈掉，唸道：

目次：（一）可能性；（二）必要性；（三）基本條件；（四）時機；（五）力量；（六）口

號和綱領；（七）實施要點；（八）政策和策略；（九）保密和紀律。

林彪點頭：可以。老虎這娃子，思路清晰。周宇馳是個人材。妳繼續。

葉群唸道：

可能性

「九・二」後（葉群插補：指廬山九屆二中全會），政局不穩，統治集團內部矛盾尖銳，右派勢力抬頭，軍隊受壓。

十多年來，國民經濟停滯不前。

群衆和基層幹部，部隊中下層幹部實際生活水平下降，不滿情緒日益增長。敢怒不敢言，甚至不敢怒不敢言。

統治集團內部上層很腐敗，昏庸無能。衆叛親離。

(1) 一場政治動亂正在醞釀。

(2) 奪權正在進行。

(3) 對方目標在改變接班人。

(4)中國正在進行一場逐漸地和平演變式的政變。

(5)這種政變形式是他們慣用手法。

(6)他們「故計重演」。

(7)政變正朝著有利於筆桿子，而不利於槍桿子方向發展。

(8)因此，我們要以暴力革命的突變來阻止和平演變式的反革命漸變。反之，如果我們不用「五七一工程」阻止和平演變，一旦他們得逞，不知有多少人頭落地。中國革命不知要推遲多少年。

(9)一場新的奪權鬥爭勢不可免。我們不掌握革命領導權，領導權將落到別人頭上。

我方力量：

經過幾年準備，在思想上、組織上、軍事上的水平都有相當提高，具有一定的思想和物質基礎。

在全國，只有我們這支力量正在崛起，蒸蒸日上，朝氣勃勃。

革命的領導權落在誰的頭上，未來政權就落在誰的頭上。

在中國未來這場政治革命中，我們「艦隊」採取什麼態度？

取得了革命領導權就取得了未來的領導權（葉群插言：此話已講三次，應刪去兩次，且仍在談形勢）。

革命領導權歷史地落在我們艦隊頭上。

和國外「五七一工程」相比，我們的準備和力量比他們充分得多。

和十月革命相比，我們比當時蘇維埃力量也不算小。

地理回旋餘地大。

空軍機動能力強。

比較起來，空軍搞「五七一」比較容易得到全國政權，軍區搞地方割據。

兩種可能性：

奪取全國政權；

割據局面。

林彪聽到這裡，笑了：這第一章，講形勢與任務，有的廢話刪乾淨。像是老虎口授，宇馳筆錄，仿我的口氣，這小子。告訴老虎，時間問題不要糊塗，不可能再有幾年讓我們從容準備。我估計，只剩幾個月。也不完全是和平過渡方式。他們暗殺譚甫仁，已經不擇手段，提前下手。我估計，至遲今年九、十月，毛將召開三中全會，增選張、江、王、周、朱等人爲中央副主席，把我這個接班人架空，排擠掉。

葉群說：一號，我這裡插一句，他們爲什麼選了譚甫仁下手？究竟是誰殺了譚甫仁？至今想不透。我看那個李震的專案組，來回查了幾個月，也沒有查出頭緒。

林彪目光四處環顧：妳不懂，說明妳蠢。廬山會議後妳和譚甫仁通了多少次電話？譚甫仁通過妳向我表忠……這就是他的死因。怕我到雲南去當吳三桂，搞割據。誰殺得了一個大軍區政委？還要問，說明妳蠢。

葉群有些不服似的，仍問：他們先是要幹掉總理，譚甫仁未遵命。

林彪說：我們已經折了一員大將……誰？還有誰？爲了安排娘娘和張眼鏡接班，戲子加婊子。公安部那個李震，他要眞的認死理辦案，只怕性命難保。李是鄧小平的二野老下級……不講這個了，妳繼續唸。老虎他們不抓緊，我們會越來越被動。

葉群繼續唸道：

必要性、必然性

B五十二好景不長，急不可待地要在近幾年內安排後事。

對我們不放心。

與其束手待擒，不如破釜沉舟。

在政治上後發制人。

在軍事上先發制人。

我國社會主義制度正在受到嚴重威脅。

筆桿子托派集團正在任意篡改、歪曲馬列主義，爲他們的私利服務。

他們假革命的詞藻代替馬列主義，用來欺騙和蒙蔽中國人民的思想。

當前他們的繼續革命論實質是托洛茨基的不斷革命論。

他們的革命對象實際是中國人民，而首當其衝的是軍隊和與他們持不同意見的人。

他們的社會主義實質是社會法西斯主義。

他們把中國的國家機器變成一種互相殘殺、互相傾軋的絞肉機式的。

把黨內和國家政治生活變成封建專制獨裁式的家長制統治。

當然，我們不否定他在統一中國的歷史作用。正因爲如此，我們革命者在歷史上曾經給過他應有的地位和支持。

但是現在他濫用中國人民給其信任和地位，歷史地走向反面，實際上他已成了當代的秦始皇。

爲了向中國人民負責，向中國歷史負責，我們的等待和忍耐是有限度的！

他不是一個眞正的馬列主義者，而是一個行孔孟之道，借馬列主義之皮，執秦始皇之法的中國歷史上最大的封建暴君。

林彪手一擺：停。這一段是前一段的理論延伸。幾個提法，頗見水平。老虎曾就讀北大歷史系。

社會法西斯主義，中國歷史上最大的封建暴君，尖銳，掐住七寸。還雜有一些廢話，屁話，不要緊。

葉群說：在時間上，老虎和周宇馳幾個商議，B五十二起碼還要花上兩三年，才能把副統帥的接班人位置排擠掉。他們是不是太樂觀、痲痺了？

林彪臉色陰沉，顯得有些焦燥：妳問沒問過老虎，黃、吳、李、邱現在過的什麼日子？連妳這個做母親的，人家都不肯放過，要一次一次檢查，不是耳光刮到我這個接班人的臉上了？還有，他譚甫仁叔叔爲什麼慘遭暗殺？人家已經急不可待，刀出鞘、子彈上膛了，哪裡還有兩三年那麼從容？頂多只有半年，生死只在這半年。

葉群說：年輕人血性旺，決心大，就怕掉以輕心。

林彪說：所以妳要負責對老虎他們抽鞭子。掉以輕心，必定腦袋搬家……現在是箭在弦上了，不幹也得幹。只許幹好，不許幹壞。妳繼續唸下去。

葉群唸道：

基本條件

有利條件：

國內政治矛盾激化，危機四伏，

——獨裁者越來越不得人心。

——統治集團內部很不穩定，爭權奪利，勾心鬥角，幾乎白熱化。
——軍隊受壓，軍心不穩，高級、中上層幹部不服，不滿，並且手握兵權。
——一小撮秀才，仗勢橫行霸道，四面樹敵，頭腦發脹，對自己估計過高。
——黨內長期鬥爭和文化革命中被排斥、被打擊的高級幹部敢怒不敢言。
——農民生活缺吃少穿。
——青年知識分子上山下鄉，等於變相勞改。
——紅衛兵初期受騙被利用，已經發現充當炮灰，後期被壓制變成了替罪羔羊。
——機關幹部被精減，下放五七幹校等於變相失業。
——工人（特別是青年工人）工資凍結，等於變相受剝削。
國外矛盾激化
中蘇對立。整蘇聯。我們行動會得到蘇聯支持。
最重要的條件：我們有首長威名聲望、權力和聯合艦隊的力量。
從自然條件上講
國土遼闊，回旋餘地大，加之空軍機動性強，有利於突襲、串聯、轉移，甚至撤退。
困難

△目前我們力量準備還不足。

△群眾對B五十二的個人迷信很深。

△由於B五十二分而治之，軍隊內相當複雜，很難形成被我們掌握的統一的力量。

△B五十二深居簡出，行動神秘詭詐，戒備森嚴，給我們的行動帶來一定的困難。

林彪示意暫停，抬手撫了一把光禿的頭頂：行啊，小子，這章分析形勢，比較具體了。農民缺吃少穿，知青上山下鄉變相勞改，幹部下五七幹校變相失業，工人工資長期凍結，紅衛兵上當受騙……都講得透徹，很實在，符合社會民心。到時公開出去，可以爭取到群眾。對困難的估計也比較準，難點也點到了：毛深居簡出，行蹤詭秘，要逮住、幹掉不容易。妳繼續唸，看看我們老虎紙上談兵。

葉群唸道：

時機

敵我雙方騎虎難下。

目前表面上的暫時平衡維持不久，矛盾的平衡是暫時的，不平衡是絕對的。

是一場你死我活鬥爭！只要他們上台，我們就要下台，進監獄、衛戍區。或者我們把他們吃掉，或者他們把我們吃掉。

戰略上兩種時機：

一種我們準備好了，能吃掉他們的時候；

一種是發現敵人張開嘴巴要把我們吃掉的時候，

我們受到嚴重危險的時候；這時不管準備或沒準備好，也要破釜沉舟。

戰術時機和手段

△B五十二在我手中，敵主力艦均在手心之中，屬於自投羅網式。

△利用上層集會一網打盡。

△先斬局部爪牙，先和B五十二造成既成事實，逼B五十二就範。

逼宮形式

△利用特種手段如毒氣、細菌武器、轟炸、五四三四、車禍、綁架、城市游擊小分隊。

林彪聽到此處，忽然搖頭：坐而論道，紙上談兵，儘是娘的紙上談兵。我們老虎不要學戰國時候的那個趙括啊……年輕人好夸夸其談。葉主任你繼續。

葉群唸道：

基本力量和可借用力量

基本力量：

△聯合艦隊和各分艦隊（上海、北京、廣州）

△王、陳、江掌握的四、五軍骨幹力量

△九師、十八師

△二十一坦克團

△民航

△三十四師

借用力量：（國内）

△二十軍

△三十八軍

△黃軍委辦事組

△國防科委。

△廣州、成都、武漢、江西、濟南、福州、新疆、西安。

△社會力量 農民、紅衛兵青年學生、機關幹部、工人。

國外：

蘇聯（秘密談判）。

美國（中美談判）。

借蘇力量箝制國內外其他各種力量。

暫時核保護傘。

林彪手掌一劈，叫聲停：這一章很關鍵。基本力量可以是上海王維國的空四軍，杭州陳勵耘的空五軍。武漢劉豐的空十五軍可不可以協助？先試探。北京軍區的九師、十八師，衛戍區的三十四師、二十一坦克團，有把握嗎？告訴老虎他們，千萬大意不得，要抓緊做好工作。借用力量部分，虛得很。毛已派人加強三十八軍、二十四軍、六十三軍、六十五軍的領導班子，我們借用得了？到時候，這些部隊能保持中立，不介入，就不錯了。國外部分，蘇聯不會輕易相信的，除非我本人能夠親自加入秘密談判……很難。到處都有毛的耳目。葉主任妳繼續。

葉群唸道：

動員群衆口號、綱領

全軍指戰員團結起來

全黨團結起來

全國人民團結起來

打倒當代的秦始皇——B五十二
推翻掛着社會主義招牌的封建王朝
建立一個眞正屬於無產階級和勞動人民的社會主義國家。
對外：
全世界眞正的馬列主義者聯合起來
全世界無產階級和被壓迫民族聯合起來
全世界人民團結起來
我們對外政策是堅持和平共處五項原則
承認現有的與各國的外交關係，保護使領館人員的安全
全國人民團結起來，全軍指戰員團結起來，全黨團結起來，
用民富國強代替他「國富民窮」，
使人民豐衣足食，安居樂業。政治上、經濟上、組織上得到眞正的解放
用眞正的馬列主義作爲我們的指導思想，建設眞正的社會主義代替B五十二的封建專制的社會主義，即社會封建主義
全國工人、農民、機關幹部、各行各業要堅持崗位，努力生產，保護國家財富和檔案，遵守和維護社會秩序

因此，各地區、各單位、各部門之間，不准串聯

全國武裝力量要服從統帥部的集中統一指揮，堅決嚴厲鎮壓反革命叛亂和一切反革命破壞活動

林彪又示意暫停，加以評論：這一章不錯。口號部份可以加進幾個萬歲，國家、民族、黨、軍隊、人民，都應喊萬歲。要鮮明地提出發展生產，繁榮經濟，改善生活。每人加一級工資。B五十二是個代號，到時候要直呼其名。也可以不公開喊打倒，先模糊一下，事成，局面穩定之後，再來公佈他的十大、二十大罪狀之類。三年人爲大飢荒，餓死農民幾千萬，光這個數目字，他就千古第一，遺臭萬年。葉主任妳繼續。

葉群唸道：

實施要點

三個階段

第一階段，準備

(1)計畫

(2)力量

△指揮班子

江、王、陳

△兩套警衛處

公開的，李松亭（葉群加以解釋：李松亭是王國維的上海警備處處長）

秘密的，上海小組負責新華一邨教導隊（葉群加以解釋：王國維應老虎之命組建，營建制，駐上海徐家匯新華一邨。這字是讀「屯」還是讀「村」？啊，還是讀「村」）

△四、五軍部隊訓練（地面部隊）

△南空直屬師工作：（十師），周建平負責。

爭取二十軍（江、王、陳）

——擴大艦隊

——加速根據地建設：京、滬、杭、蜀、穗

(3)物質準備

武器：領，自造

通訊器材，包括零一工程。（葉群加以解釋：零一工程是個代號，我們老虎親手設計的收發報機，有反截收功能）

車輛

掌握他們倉庫地點、主要軍械庫

(4)情報保障

掌握三個環節：搜集，分析，上報

第二階段，實施

奇襲式

一個先聯後斬，上面串聯好，然後奇襲

一個先斬後聯

一個上下同時進行

一定要把張抓到手，然後立即運用一切輿論工具，公布他叛徒罪行

總的兩條：

一是奇襲

二是一旦進行開始，堅持到底

第三階段，鞏固陣地，擴大戰果，奪取全部政權

(1)軍事上首先固守陣地

△盡力堅守上海，佔領電台、電訊局、交通，把上海與外界聯繫卡斷

△力爭南京方面中立，但做好防禦

△固守浙江、江西

△掌握空降、空運

(2)政治上採取進攻

△上面擺牌

△掌握輿論工具，開展政治攻勢

(3)組織上擴大

△迅速擴軍（葉群補充解釋：老虎說，擴軍地點主要在浙江、江西兩省，擴他一百萬）

△四方串聯

林彪聽到這裡，示意暫停：這一章，重中之重。說千道萬，在此一舉……但老虎他們沒有抓住要害。什麼是要害？沒有搞清楚，就成爲紙上夸夸其談。葉主任，還是妳先把它唸完。唸完了，我談談。

葉群唸道：

政策和策略

打著B五十二旗號打擊B五十二力量

團結一切可能團結的人

緩和群眾的輿論

聯合一切可以聯合的力量

解放大多數

集中打擊B五十二及其一小撮獨裁者

打著B五十二旗號來打擊B五十二力量

我們的政策：

解放一大片（大多數）

保護（團結）一大片

打擊一小撮獨裁者及其身邊的

他們所謂打擊一小撮，不過是每次集中火力打擊一派，各個擊破。

他們今天利用這個打擊那個；明天利用那個打擊這個。今天一小撮，明天一小撮，加起來就是一大批。他們這樣做，利用封建帝王的統治權術。

不僅挑動幹部鬥幹部，群衆鬥群衆，而且挑動軍隊鬥軍隊，黨員鬥黨員，是中國武鬥的最大倡導者。

他們製造矛盾，製造分裂，以達到他們分而治之，各個擊破，鞏固維持統治地位的目的。

他知道同時向所有人進攻，那就等於自取滅亡，所以他拉此打彼，每個時期都拉一股力量，打另一股力量。

今天拉那個打這個，明天拉這個打那個。

今天甜言密語那些拉的人，明天就以莫須有的罪名置於死地；今天是他的座上賓，明天就成了他的階下囚；

從幾十年的歷史看，究竟有哪一個開始被他捧起來的人，不被到後來不曾判處政治上的死刑？有哪一股政治力量能與他共事始終。他過去的秘書，自殺的自殺，關押的關押，他爲數不多的親密戰友和身邊的親信也被他送進大牢，甚至連他的親生兒子也被他逼瘋。

他是一個懷疑狂，虐待狂，他整人的哲學是一不做，二不休，他每整人都要把這個人置於死地而方休，一旦得罪就得罪到底，而且把全部壞事嫁禍別人。

戳穿了說，在他手下一個個像走馬燈式垮台的人物，其實都是他的替罪羊。

過去，對B五十二宣傳，有的是出於歷史的需要；有的出於顧全民族統一、團結大局；有的出於抵禦外來侵敵；有的出於他的法西斯的壓力之下；對於廣大群衆來說，主要是有的是不瞭解他的內情。

對於這些同志，我們都給予歷史唯物主義的分析，予以諒解和保護。

對過去B五十二以莫須有罪名加以迫害的人，一律給於政治上的解放。

林彪點頭，評論：快完了吧？這一章可以，懷疑狂，虐待狂，還應加個精神狂。罵得痛快，但不是要害。還有幾句？妳唸完吧。

葉群唸最後數行：

保密、紀律

此工程屬特級絕密，不經批准不准向任何人透露。

堅決做到一切行動聽指揮，發揚「江田島」精神，不成功則成仁。

泄密者，失責者，背叛者嚴厲制裁。

林彪問：完了？好，完了好。

葉群說：有錯別字，漏字，我都照念了。

林彪閉目靜思一會，說：紀要，妳收起來吧。是手寫的？他們抄了幾份？

葉群說：就這一份。老虎警惕性高，沒讓王飛他們抄，防洩漏。老虎的意思，先請一號修改審定，再打印，每個小艦隊發一份，做行動綱領。

林彪睜開眼睛，目光如錐：草稿，藍圖，我不再看。告訴老虎，留下這份，不准打印、擴散。有關內容、綱領應當記在腦子裡，不是印在紙上。就這樣了。急需的，是具體行動方案。抓住要害，不搞紙上談兵。

葉群問：一號你一再講，沒有抓住要害……指出來，叫老虎他們去執行。

林彪忽又笑了：他們是些傻青年，傻孩子。不要學趙括，要學樊噲。不知道樊噲是誰？《鴻門宴》那個樊噲，大勇大智。要害在哪裡？就在千方百計、不計手段、不計代價把B五十二幹掉！幹掉B五十二，五三七一，「武裝起義」成功，我順利接班，老虎他們就是新一代領導人。沒有這一條，一切完蛋，等着掉腦袋。

第六十五章　「小球大球」，「三國四方」

自一九六六年封閉國門搞運動，號稱乒乓球強國的新中國已連續兩屆沒有派團參加世界乒乓球錦標賽。「反革命黑幫頭子」賀龍元帥曾兼任國家體委主任，體委系統被中央文革列爲「修正主義的重災區」，其中的乒乓球協會更是打打鬥鬥嗚呼哀哉。爲新中國爭得第一座乒乓球世界單打冠軍金杯的香港歸僑容國團，被指爲「英國間諜」、「美蔣特務」，遭到酷刑鬥爭，憤而自殺。眞乃體育運動轉行政治運動，別具凶悍風格，也就無暇顧及什麼世界賽不世界賽了。

一九七一年三月二十八日至四月七日，將在日本名古屋舉行第三十一屆世界乒乓球錦標賽。熱情友好的主辦者於半年前即給新中國體委發來邀請。派不派運動員參賽？體委大院內兩派組織爭論激烈。一派主張派團參與，借以恢復停頓多年的運動員日常訓練，並向國外宣傳我文化大革命的大好形勢、輝煌成果；另一派反對派團參與，運動員、教練員已多年「停產鬧革命」，倉促派團，拿不回獎杯、名次，豈不給我新中國丟臉，給文化大革命抹黑？而且國際上階級鬥爭激烈複雜，反共反華勢力破壞搗亂，綁架甚至暗殺我運動員怎麼辦？

進駐國家體委的軍代表是一名正軍級幹部，只懂打仗，不懂體育，只好把矛盾上交，向周恩來總理匯報了兩派意見。周恩來指示：立即把運動員、教練員的業務恢復起來，運動員不訓練，教練員不教練，身體越養越胖，到時怎麼上場？派不派團去名古屋參賽，等請示了毛主席再決定。

軍代表強調了派團出去可能拿不回獎杯，還可能遭到國外反動勢力綁架、暗殺等困難情況。

周恩來苦笑笑：那就友誼第一，比賽第二嘛。可以輸球，但不能輸人，輸國格。先恢復訓練，要抓緊，抓落實。人家會綁架、暗殺我們的運動員？要提高警惕，採取些預防措施。也是哪，自昆明軍區出了譚甫仁事件，大家都變得緊張兮兮了。

恰好當天晚上，派去昆明調查譚甫仁案件的公安部長李震回到北京，要求向周總理個別報告情況。周恩來當即放下手頭工作，約李震來西花廳後院書房談話。周恩來先不問昆明情況，而問：李部長，若派乒乓球代表團去日本參賽，運動員會不會遭到綁架甚至暗殺？

李震是一名體育愛好者，但好一會沒有反應過來，想了想，才說：綁架、暗殺運動員的事，好像很少發生。因為作用不大，名聲卻很臭。而且主辦國會採取嚴密的保安措施。

周恩來點頭：你個公安部長算頭腦清晰。我不過隨便問問。派不派代表團赴日本參賽，由毛主席決定……昆明的情況怎樣？你在我這裡，任何話都可以講。

李震忽又起立，立正，向周總理敬禮。

周恩來蹙了蹙眉頭：你這是怎麼了？坐下來談嘛。

李震壓低了聲音說：總理，我建議，譚甫仁的案子不要查下去了。就按現在昆明軍區黨委書記周興的意見，把譚甫仁和軍區保衛部長兩人的死，定爲個人恩怨、情殺，在黨內軍內做個交代，算了。

周恩來神色轉而嚴峻：爲什麼？我先不問周興，只問你。你是主席點名派下去的專案組組長。

李震再又壓低了嗓門：總理，不是我不想查，只是再查下去，我的腦袋也會被人搬家。我不是怕死，是擔心中央出事。

周恩來瞪了瞪眼睛：這麼嚴重？儘管說，不要有保留。

李震湊近周總理，作耳語：查來查去，專案組的幾個頭頭都害怕了，暗殺譚甫仁同志的幕後指使者，確在軍委保衛部，就是中央文革小組組長的那個山東老鄉……

周恩來心裡的疑竇再次得到證實，反倒不顯得驚懼了：事涉到她？你們查到具體憑據沒有？很好，不留憑據最好。沒法面對主席囉……此案的確需要愼之又愼。你回來後，去醫院看望過謝富治同志嗎？有沒有和他講這個情況？

李震搖頭：還沒有來得及去看謝政委。他病得厲害，見了也不能說，儘管他是我的二野老上級。

周恩來閉了閉眼睛，嘆口氣，說：好，你不用回昆明了。那裡的事，讓專案組的人再留些日子，撤了吧。這事，就到我這裡打止。記住了？中央政保系統，仍由你代理謝富治同志，全面抓起來。你可以放心，軍委保衛部已由葉帥帶了人進駐。中南海警衛師改回汪東興指揮。那名小老鄉，已分配了新的工作。具體的，你不要多問。對了，最近一段，你可以和國家體委的軍代表多些聯繫。我估計主席會同意派運動員赴日參賽。怎麼保障運動員在外面的安全？你們製訂出一個可行的辦法來。

……三月七日，距日本名古屋賽事只剩下二十一天，毛澤東的批示終於下來了：名古屋乒乓世界賽，我們不再缺席。要一不怕苦，二不怕死，無非犧牲幾個人。下定決心，不怕犧牲，排除萬難，去爭取勝利。

翌日，周恩來代表黨中央、國務院，指示立即組建乒乓球代表團，準備赴日參賽。半個月後，代表團出發前夕，周恩來在人民大會堂接見全體運動員、教練員，給運動員訂下此行宗旨：友誼第一，比賽第二，堅定敏捷，嚴守紀律。並說，打出水平，打出風格，應該把打出風格放在前面。風格不高，不是眞本事。風格就是政治，思想，品格，作風。水平是技術。我們要政治掛帥，用毛主席的光輝思想來統帥。不能搞小動作。你們這次出去，即使技術不熟練，稍有失手，但是思想過硬，萬一輸了球，我不會責備你們的。如果是政治上錯誤，我倒要責備了。

幾天後，在日本名古屋世界賽上，中國代表團以六十年代三次蟬聯世界單打冠軍的莊則棟和三次蟬聯世界單打亞軍的李富榮為主力，一路奪關斬將，贏回了男子團體冠軍的寶座。立即發電報回北京向毛主席、黨中央報喜。其實，原是文革以來，莊、李等少數運動員因家庭出身、社會關係欠佳，未熱心造反，未參加派仗，而偷偷堅持練球，數年不懈。亦屬體育界的異數。莊則棟在此次世界賽期間，更有令人意想不到的體育以外的表現。一天，比賽結束時，忽有一名高個子美國運動員上錯了運載中國運動員的大巴士。日本司機也沒要求那名美國運動員下車就啓動了車子。美國青年面對滿車子的中國運動員，熱情地「哈囉、哈囉」打着招呼。但中國運動員警惕性高，態度冷漠，沒人敢搭理他，更沒人給他讓坐。莊則棟在座位上很不是滋味，心想周總理不是講過，美帝國主義是我們的敵人，美國人民是我們的朋友？難道這位美國運動員不是我們的朋友？人家和我們打招呼，我們爲什麼要怕他？中國運動員也顯得太小心眼、太沒有氣量了。於是，莊則棟離開座位，去到車頭的禮物袋中取出一幅杭州刺繡，西湖風景，送給了那位美國運動員。其他人要阻止都來不及。那位美國運動員接過禮物，雖然語言不通，但「三扣、三扣」的唸了一路，直到下車「拜拜」，還興奮不已似的。

回到駐地，代表團領導（軍代表）和運動員們立即召開會議，嚴肅批評莊則棟不經請示批准，資產階級個人主義惡性發作，擅自送給美國人禮物，是嚴重的違紀錯誤，令他寫出書面檢查，待回國後再作組織處理。因莊則棟剛剛爲國爭光，拿下世界團體賽冠軍，又身處國外，該次會議對他的批判，算是相當克制、溫和的了。要是發生在國內，他小子的肋骨就要折失幾根了。

誰想此次「私贈禮品」小事故，卻引發出連串大動作。美國代表團此次也是負有賽事以外的任務而來，收到中國運動員的禮物，被認作是中方向美方傳遞的重要示好信息。於是向中國代表團提出：世界賽結束後，美國乒乓球代表團全體成員訪問北京！

面對美方的要求，中國代表團毫無思想準備。但領隊和運動員們都能敏感意識到，此事涉及中、美兩國關係，不是鬧着玩兒的，立即以保密電報報告了北京的周恩來總理。周恩來接獲電報也很吃驚：美國人說來就要來了？我們一點佈署沒有……但作爲一名傑出的外交家，周恩來明白機會不可放過，不定封凍了二十二年之久的中、美關係的堅冰，可以從此打破，我在國際社會的孤立狀況，也可以藉此改變……問題在於如何說服毛澤東主席，同意邀請美國乒乓球代表團訪問北京。爲了緩衝此事在國際舞台上的反響，我方還可以同時邀請加拿大、英格蘭、哥倫比亞和尼日利亞等國的乒乓球代表團同時訪華。這樣，北美，南美，歐洲、非洲都有運動員訪華了。

周恩來的請示報告送去杭州西湖汪莊，毛澤東遲遲沒有回復。眼看名古屋世界賽事就要結束，周恩來在電話裡向毛主席提了多次，也沒有得到回應……北京、上海的接待準備已經緊張有序地展開。直到四月七日，名古屋世界賽落幕的當日，美國代表團正打點行包準備登機返美之際，在中國北京，周恩來突然接到毛澤東從杭州發回的指示：可以邀請美國等五國乒乓球代表團訪問中國，先安排他們到上海、杭州遊覽，再讓他們到北京做客，由總理接見一次，談話，照像，宴請。周恩來立即發電報至名古屋中國代表團，讓立即代表中國政府向美國等五國運動員發出訪華邀請，不然人家上了飛機，你想請客都來不及。

中國代表團總算在最後一刻請到了客人。世界冠軍莊則棟也鬆一口氣，至少回到北京，不會遭到政治處分。消息一經公佈，卻立即轟動世界輿論，成爲全球新聞焦點。

四月十四日，在人民大會堂東廳，周恩來率江青、張春橋、葉劍英、黃永勝、姬鵬飛等，接見並宴請美國、加拿大、哥倫比亞、英格蘭和尼日利亞五國乒乓球代表團。宴請之後，周恩來留下美國乒乓球代表團全體成員進行長時間談話，其間說到：中美兩國人民在歷史上，有過頻繁的交往，特別是在抗日戰爭期間，美國政府和人民在人力物力上給予中國人民以無私的援助，許多美國飛行員犧牲在中國的土地上，中國人民不會忘記他們。一九四九年新中國成立後，由於我和你們都知道的原因，中美關係中斷了一個很長的時間，達二十二年之久。你們這次來訪，意義重大，重新打開了兩國人民友好往來的大門。我相信，這種友好往來將會得到兩國人民中的大多數的贊成和支持。不久，我們也會派乒乓球代表團到你們國家去。中國有句古話：有朋自遠方來，不亦樂乎！……

通過美國乒乓球代表團的來訪，中美關係有了戲劇性的進展。只過了三天，美國總統尼克森就請巴基斯坦總統葉海亞捎話，願意派他的國家安全顧問季辛吉博士以總統特使身份，秘密訪問北京，商談兩國政府間的往來問題；中國也只隔了三天，即由周恩來總理出面，也是請巴基斯坦總統葉海亞捎話：要從根本上恢復中美兩國關係，只有通過高級領導人的直接商談，才能找到辦法，爲此，中國政府重申，願意公開接待美國總統特使季辛吉博士，或美國國務卿甚至美國總統本人來北京直接商談；美方此次反應更爲迅速，只隔一天，即通過巴基斯坦葉海亞捎來回話：美方接受中方邀請，不久將安排季辛吉博士訪問北京，以雙方保守秘密爲宜。

此即所謂中美乒乓外交、小球運動大球的始末。

話題再回到該年的三月。

三月中旬，住在蘇州的林彪、葉群，忽然通知周恩來，要遷去北戴河休息。周恩來奇怪了：江南正春暖花開，氣候宜人，改去北戴河休息？那裡可是春寒料峭，海風又大又冷啊。但副統帥夫婦要易地休息，他周恩來能不同意？只好命空軍司令員吳法憲派出中央專機，去蘇州接載林副主席夫婦及其醫護人員，轉往北戴河海濱區九十六號樓繼續療養。

周恩來將林彪夫婦轉移休息地點的事，報告了仍在西湖汪莊的毛澤東。毛在電話裡說：候鳥這麼早就北遷？要到七月份才避暑啊，隨他去吧，我也快要回北京了。藍蘋也在我這裡，會先回去。

兩天後，江青從西湖汪莊回到北京，向周恩來傳達老闆的指示：批陳整風要繼續抓，中央應召開一次新的會議，再給黃、吳、葉、李、邱等人一次機會，在一定範圍內作檢查，爭取立地成佛。

又開批陳整風會議？周恩來心裡納悶：主席不是在二月間有過批示，通過華北整風會議，除吳法憲、葉群兩繼續檢查，黃永勝、李作鵬、邱會作三人算基本過關了？現在又要重頭來過……於是周恩來與康生、江青商定，召開新的批陳整風會議，深入批判陳伯達一類政治騙子，並聯繫自我教育。

毛澤東、江青咬住林彪麾下五員大將不放，葉群及其獨生子林立果也加快了對應的步伐。三月下旬，林立果在「上海艦隊」的秘密據點——空四軍營區小招待所，召開了絕密的「三國四方會議」。林彪夫婦在這之前北遷北戴河，相信是為了轉移中央政保系統的視線。「三國四方會議」這個名稱是從周恩來總理那兒借來的：周總理曾多次赴南寧秘密召集越、柬，老「三國」，越南北方、越南南方、老撾、柬埔寨「四方」會議，佈署抗美統一戰線事宜。林立果的「三國」是：上海、杭州、南京；「四方」是指到會的四人：南京軍區空軍原政委江騰蛟，副司令員周建平，空四軍政委兼上海警備區司令員王維國，空五軍政委兼杭州警衛區司令員陳勵耘。

林立果主持會議，周宇馳作紀錄。林立果先傳達了經葉群修改過的《五七一工程紀要》。江騰蛟、王維國、陳勵耘、周建平當即表示：頭可斷，血可流，緊跟林總不回頭！

林立果說：各位將軍叔叔，現在的形勢，我們不幹也得幹，別無選擇了。B五十二已經把林副統帥逼到無路可走。大家知道，九屆二中全會後，B五十二命江妖婆和張眼鏡蛇操控，召開了三個多月的華北整風會議，黃、吳、葉、李、邱等首長一次又一次檢討，一次又一次過不了關。華北會議上，逮捕了李雪峰、鄭維山，改組了北京軍區和北京衛戍區。原來毛、周已宣布整風告一段落，到此為止。但本月上旬，江妖婆到西湖汪莊住了幾天，B五十二又下令重開中央批陳整風會議，繼續咬住黃、吳、葉、李、邱五位首長不放，實際上就是咬住黨的接班人不放，以達到他廢掉接班人的目的。把林葉主任讓我告訴四位將軍叔叔，B五十二整掉黃、吳、葉、李、邱之後，下一步就輪到你們了。把林總的四野老部下通通整垮，軟禁，坐班房，殺頭。劉少奇、賀龍、陶鑄、李立三、許光達、閻紅彥、張霖之等的下場就是例子。B五十二要搞掉誰，是絕不會手軟的！我還可以告訴各位叔叔，原中辦副主任田家英，不是死於自殺，而是B五十二命令汪東興帶著中央警衛局一名姓朱的處長，用手槍打死，再把屍體掛到書架上偽裝成上吊自殺。當時周總理提出驗屍，B五十二發了話：是死人重要還是活人重要？為什麼要用死人壓活人？田家英的屍體當即送火化，滅了跡。那名姓朱的警衛處長，不久也「畏罪自殺」，被滅口……

王維國聽得頸脖上青筋突暴：田家英，我在延安就認識，挺精神、英俊一個人，跟了B五十二二十多年，在中南海家中被槍殺，只有畜牲才幹得出！

江騰蛟茶几一拍：跟着林副部長、葉主任幹，就是跟着林總幹！幹，我們可以掙到一條活路。不幹，就是田家英、譚甫仁那樣的下場。

陳勵耘周建平兩人揮着拳頭：幹！不幹是孬種。

林立果說：昆明軍區譚甫仁叔叔被刺，說明他們急不可待，提前動手了，要把四野出身的人趕盡殺絕。我們不能再被B五十二的花言巧語所迷惑。他的策略從來就是分而治之，一個一個清除。大家可以算算，幾十年來，他在黨內清除了多少人？從井崗山算起，他以「消滅AB團」爲名，槍殺王佐、袁文才，排擠掉瞿秋白、李立三，到延安整風搞掉王明、博古，到一九五五年搞掉高崗、饒漱石、潘漢年，到一九五九年搞掉彭、黃、張、周，到一九六二年搞掉習仲勳、馬明方，到這次文化大革命搞掉彭、羅、陸、楊、劉、鄧、陶、賀……一位位領導人、黨的功臣，數都數不清……在四位叔叔面前，我是晚輩，一九四六年在東北出生。你們卻都是到過延安的。父親告訴我，B五十二在延安有兩大名言，從沒公開發表過：一句是他自稱「和尚打傘，無法（髮）無天」；另一句是，革命就是割豬肉，要一刀一刀割，一片一片割，學庖丁解牛。這次文化大革命，他正是用了一刀一刀割、一片一片割的老路數，割掉了一批又一批黨政軍老幹部。現在他向林總的老部下下手了，刀子割向黃、吳、葉、李、邱，先割死了譚甫仁叔叔……黨內路線鬥爭，比黨外階級鬥爭還殘酷，血淋淋，眞正的你死我活啊。

說着說着，林立果已經淚水盈眶，泣不成聲。

王維國忽然低聲吼道：老虎！眞正的大丈夫，刀擱脖子不眨眼！我們都聽你的，叫咋幹就咋幹，砍下腦袋還剩個碗大的疤。

江騰蛟說：我這條性命，是交給林副主席、林副部長了，一往無前，義無反顧。

陳勵耘說：幹！老子們一不做，二不休，定個具體的方案吧。

周建平說：副部長，照林總和葉主任的意思，咱們是在北方動手，還是在南方動手？

林立果抹掉淚水：正是爲這個，葉主任派我來向四位叔叔討教。我的設想，可以搞兩個行動方案，一個北線方案，一個南線方案。兩個方案，都不搞大部隊，而效仿他們行刺譚甫仁叔叔，用少數人搞暗的。B五十二一完，林副主席照黨章接班，合理合法，全黨全軍熱烈擁戴不成問題。再到監牢裡拖出幾名死囚犯做替罪羊，搞軍事審判，向全國、全世界做出交代。

江騰蛟說：中！中！學習他們搞暗的，涉及面小，各方面容易應付過去。

林立果說：對了，葉主任講，這次，請江騰蛟同志任北方、南方之間的聯絡員。事成之後，各位就是開國元勳。

王維國說：我不在乎什麼元勳不元勳，只要保衛林副主席順利接班就成！

陳勵耘提議：那就先研究一下北線方案吧。

林立果讓周宇馳把一幅隨帶來的全國大地圖鋪在地板上。林立果跪在地圖旁指劃，其他人也都或蹲或跪了，就像戰爭年代在戰場指揮所那樣：葉主任分析，北京城裡難以下手。B五十二很怕死，防範極嚴。他的警衛工作由內向外，分層展開。第一層是他的貼身警衛和衛士，有一個排，在他住處值勤時不配槍枝，全部徒手，拳腳了得，這是最裡面一層。第二層是他的警衛一中隊，一個營的人馬，在中南海執勤時配槍枝不配子彈，基本上也是一支徒手部隊，只有隨他外出時才配備強火力；第三層是中南海警衛師，亦即八三四一部隊，配備有強火力。但所有彈藥，都是逐粒登記的，少了一粒，追查到底。這支部隊駐守在中南海外圍；第四層是北京衛戍區部隊，是一集團軍，下轄八個師。除了保衛北京市，還有一個任務，就是對內制衡中南海警衛師；第五層是駐守在京、津、石、唐地區的北京軍區轄下的五個野戰軍部隊：二十四軍，三十八軍，六十三軍，六十五軍，六十九軍。向外拱衛京津石唐，對內制衡北京衛戍區及中南海警衛師。此爲五層軍事警衛。還有更重要的情報警衛。B五十二精通帝王之術，他的情報網絡比明王朝的東廠、西廠、錦衣衛更爲嚴密，可說是無孔不入。凡中央委員以上領導幹部家中的警衛員、內勤、秘書、司機、廚師、保母、通訊員、醫生、護士，都出自這個情報網。這些人員來自中央的四個系統：汪東興的警衛系統，謝富治（現在是李震代）的政保系統，康生江青的文秘系統，加上總參二部和三部。汪、謝、康、江均單獨對B五十二負責。所以包括林副主席、周總理這樣的領導人在內，一舉一動都在B五十二的四大系統的視線之內。林副主席和葉主任就常常感到身邊的工作人員可疑，但又不知道誰是誰的人。所以有要緊的話不能在室內講，而要到花園裡邊散步邊商量。B五十二本人呢，又向來深居簡出，行踪詭秘，包在一層一層的人員當中，可說是固若金湯。葉主任說，在北京城裡，幾乎不可能有什麼動作。所以北線方案，就剩下一個北戴河了。在北戴河，B五十二的警衛工作也幾乎和北京一樣，對空軍、海軍防範尤嚴。他一進駐，附近幾個軍用機場的飛機停止起降，秦皇島軍港的艦船則嚴禁進入北戴河水域……

王維國拳頭捶捶地板：媽的！他要滅掉誰，輕而易舉。人家碰碰他，比登天還難。

林立果眼睛充血，咬咬牙關說：只要他今年夏天到北戴河避暑，我單槍匹馬都幹！後半夜駕直升機去闖他的行宮，或者開水陸坦克去轟。

在場的四位將軍叔叔都知道老虎會駕直升飛機及會開水陸兩用坦克，但怎麼能讓他親自去幹呢？一齊勸道：林副部長，你是林總的接班人哪，要你親自動手，我們這些帶兵的人吃白飯？

隨後，江騰蛟說：不管到那裡，B五十二都是坐專列火車。他出來，倒是個好動手的時機……

陳勵耘說：對，虎出山，蛇出洞，容易對付。

林立果眼睛放亮：好！高！引蛇出洞，出了洞，好辦。

王維國說：也可以考慮等他到了杭州或是上海，在他的住處下手。陳政委是杭州警備區司令，我是上海警備區司令，就用我們的小艦隊，說有人要謀害毛主席，我們要去保衛，以優勢兵力、火力消滅他的警衛一中隊，混亂中殺他雞犬不留。

南京軍區空軍副司令員周建平忽然提出：我們行動之前，要請林副統帥親自下一道手令。

江騰蛟、王維國、陳勵耘三人同時一愣：對呀，大家是把腦袋掖在褲帶上幹了，林副主席是要給我們一道手令。

林立果胸有成竹地看各位叔叔一眼，點頭道：這個當然，到時候一定送給各位一道副主席的親筆命令。我是林家的獨生子，父母不到萬不得已，也是不肯把我豁出來的。

聽着這話，在場的人心裡都是沉甸甸的。林立果怕冷場，影響了士氣似的，忽然腦門一熱，問陳勵耘：陳叔叔，B五十二現在是不是還住你們西湖汪莊？

陳勵耘點頭：還在。最近可能離開……他歷來行踪詭秘，說來就來，說走就走，從不事先通知我這個杭州警備區司令。每次都是他的專列過錢塘江大橋了，才通知我們去筧橋機場鐵路支線接車。

林立果突發奇想：陳叔叔，可不可以就在這次，發奇兵，出其不意，就地殲滅？孫子兵法云：夫兵形象水，水之形，避高而趨下；兵之形，避實而擊虛。水因地而制流，兵因敵而制勝。故兵無常勢，水無常形；能因敵變化而取勝者，謂之神。故五行無常勝，四時無常位。日有短長，月有死生。

陳勵耘見林立果搬出孫子兵法，要他立馬動手，臉色有些發白，聲音有些結巴：我、我的林副、副部長喂……這事急不得，草率不得。現在動手，時機上確是出其不意，但我得組織人馬、裝備人馬呀。可我那個小艦隊，只有一個排的兵力，組建不到一個月……

林立果不以爲然地說：塌天大事，冒險行動，哪能有百分之百的把握？只要有六、七成的勝算，就值得當機立斷，拚死一搏。

陳勵耘沮喪地望望林立果，再望望江騰蛟、王維國、周建平三位：林、林副部長，你、你聽我匯報眞實情況，現在貿然動手，連一成的勝算都沒有，弄不好把我們大家，包括葉主任甚至林總在內，都暴露出去。不信，你問問王維國政委。

王維國也覺得林立果輕率性急了些，而說：老虎，陳政委講的是實話。林總從來要求我們這些帶兵的，不打無準備之仗，不動無把握之兵……當然，如果林總下命令，派我或陳政委當荊軻，單槍匹馬去幹掉秦王，我們二話不講！

聽這一說，林立果倒是笑了：我不是燕太子丹，不會讓你們去當荊軻的……陳叔叔、陳政委，欲速則不達。剛才算我沒說，你不用發急囉。

江騰蛟也笑著打圓場：我們既是做了叔叔輩，自然是要全力協助林副部長，當好參謀，帶好各自手下的小艦隊，到時候林總一聲令下，要麼不出手，出手就是穩、準、狠，幹它個驚天動地！只有這樣，才能報答林總和葉主任二、三十年來對我們的栽培、提拔，對得起林副部長對我們的信任。

林立果適時地謙遜說：謝謝。軍事上，我是個實習生，要向各位叔叔討教。今後的每項佈署，都會虛心聽取各位叔叔的指導……下面，繼續分析B五十二的行動……

於是六顆腦袋，又朝着舖在地板上的那幅大地圖，俯伏下去。

第六十六章　副統帥被逼到牆角

遵照毛澤東的指示，周恩來率黃永勝、吳法憲、李作鵬，邱會作、李德生、紀登魁六人前往北戴河，向林彪匯報中央即將召開第二次批陳整風會議等事宜，並敦請林彪回北京出席會議。行前，周恩來向仍在杭州的毛澤東報告：我們外出兩天，仍按上次外出的規定，中央宣傳、組織工作由江青、姚文元負責，國務院事務由張春橋、李先念負責，軍委工作由劉賢權、閻仲川商辦。

林彪在北戴河海濱區九十六樓住處聽取了周恩來等人的匯報，對黃永勝、李作鵬、邱會作三人的檢查得到毛主席的肯定，表示高興，並指示吳法憲、葉群二人繼續邊工作邊檢查，爭取早日過關。林彪本人呢，則無意回北京出席中央新召開的批陳整風會議。他自去年九屆二中全會後，就以治病休養爲名，婉拒出席任何會議，實際上是對毛澤東批他的婆娘及四位老部下的不合作，不認同。

周恩來竭力敦促林副主席回北京，竭力調和中央兩位主席之間日趨表面化的矛盾。周恩來和林彪單獨談話兩次。林彪竟無所顧忌地說：就算陳伯達是壞人，叛徒，托派，反共老手，三十多年來是誰重用了他、倚重了他？有多少事實依據？他從沒有在軍隊裡工作過，黃、吳、葉、李、邱怎麼可能是他的同夥？主席揪住我的幾名老下級不放，揪住我的老婆不放，還要我去出席會議，去中央會議上自打耳光？總理，這事啊，你或許行，我不行。不管怎麼說，葉群都是我愛人，或者叫做夫人。革命革了大半輩子，連自己的婆娘都保不住，任人批來批去。總理，你看看我這個副主席、接班人當的？

話到這個份上，周恩來衹有嘆氣了。他向林總表白：到此爲止，林總身體不適，繼續養病；你的一些話，凡是講給我一個人聽的，不會匯報上去。主席近日會返回北京。林總要保重。談話結束時，林彪握住總理的手，也叮囑：總理大半生兢兢業業，能熬下來，不容易囉，更要保重囉。我是半條性命的人，來日無多，能得個善終，就不錯。

周恩來本想做個順水人情，讓黃、吳、李、邱在北戴河多留兩天，陪陪林總和葉群同志，但被林彪婉拒：不可以，他們四人以後更會交代不清，跳進渤海洗不清，還是跟總理來，跟總理回。事後，周恩來也嚇出一身冷汗，險些犯下大錯，被主席和江青同志他們誤會他入了另外一夥，懸哪。中央又出了兩個司令部，對，這回是眞正的兩個司令部。只是這話，必須由毛澤東來挑明。

另說林立果在上海主持過「三國四方會議」，不日潛回北戴河，入住在離父母住處不遠的五十一號樓。那樓院面海，比九十六號樓要小些，成爲林立果的溫柔窩。他的準妃子姜琳陪伴着他，由十幾名絕色女兵組成的特警班日夜警衛着。他是怎麼到北戴河的？天上，地上，水上？連專責監視他行蹤的那組人馬都毫無所悉。原本江青的小老鄉及助手已經跟踪他到了上海，但眼見着他在南京東路和西藏中路交匯處的車流人流中溜掉，不知進了哪座深宅大院去了。就算你明明知道他進了上海警備區或是空四軍的營區，你小老鄉還打得進人家營區去？門縫兒都沒有。就是到了北戴河，林家虎子也是相當隱蔽，來去無定。他面貌淸俊，經常穿了姜琳的軍裝，化妝成女兵服務員，出入九十六號樓。連政保部門佈設在林副主席、葉主任身邊的眼線都一次次被瞞過。

老虎向「母后」匯報上海「三國四方會議」情況時，把「母后」卧室裡的兩台收音機的音量調得大大的，形成強干擾，以防竊聽。「母后」很滿意老虎的匯報，初步同意執行南線方案，在杭州、上海一帶解決問題。老虎向「母后」提出，王維國、陳勵耘、周建平幾位要求得到一份副統帥手令。「母后」說：手令到時候會給，現時不急，事情沒辦，萬一丟失，會塌天的。母子兩人還商議到：B五十二是頭老狼，也是隻老狐狸，不怕一萬，只怕萬一，被他逃脫，回了北京，怎麼辦？老虎大將氣慨，彷彿滿腹經綸，提出三種撤退方略：一，即時軍事佔領上海杭州，以浙江、江西、福建、廣東爲依托，形成對峙局面；二，撤退到廣州，以五嶺山脈爲屛障，背靠海南島，香港、澳門，搞軍事割據；三，最不濟飛往外蒙古，到烏蘭巴托依靠蘇聯、蒙古，組流亡政府。一句話，林家人馬絕不能落進B五十二手裡，死無葬身之地。

葉群最欣慰、最自傲的，就是自己的獨生子了。二十幾歲，文韜武略，處變不驚，應對從容。做母親的甚至很感激，要不是家有老虎，單靠林總那半條性命，惟有等死，下場決不會比高崗、李立

三、劉少奇、陶鑄等人好到哪裡去。當老虎提出向父親也匯報一次時，葉群說：緩一緩吧，現在家裡從秘書到內勤，到衛士，有好幾個可疑的……有的人跟了你父親二、三十年，都可能是人家的耳目。你化妝成女兵和我談話，是女兵對女兵。你這名「女兵」若突然去見林副主席，人家能不懷疑？還有，你姐姐林立衡，也可能對父母不忠，是總參三部的人……

林立果從小和姐姐林立衡感情甚好，頭次聽母親說這話，臉都煞白了，咬了咬牙說：母親沒有弄錯吧？她要出賣父母，忠於別人，老子先手刃了她，大義滅親！

葉群搖頭：人家厲害呀，早就把我的親生女兒挖過去了。豆豆的事，你父親也知道，虎毒不食子。她從小像仇人似地對待我這做娘的。父親說了，由她去吧，我們防着她就是。誰讓你們姐弟是父母身上掉下的肉呢？做娘的替她物色了那麼多對象，她總算挑中了一名軍醫，打算替他們辦個訂婚儀式，熱鬧熱鬧。等她和未婚夫適應一段，結了婚，她就是人家的媳婦，父母算盡了責任。

林立果心情複雜地說：父母偉大，我不能原諒姐姐。

葉群彷彿一下子蒼老了許多：還有，你父親讓轉告你，對B五十二，不到萬不得已，還是不要採行極端措施。

林立果急眼了：這種時刻還猶豫？人家已經把刀架到我們後頸上了。

葉群說：老虎不急。父親會痛下決心的。他跟了B五十二幾十年，起殺機不易……所以你暫時不要去和你父親談什麼，免得爭吵。該幹什麼，還幹什麼去。

林立果頓足：臨陣猶豫，會全軍覆滅的呀！父親當年勇冠三軍，如今眞成個病夫元帥了。

葉群說：不要這樣講你父親。不說這個了。老虎，這大半年，你一門心事忙大事，你個人的事，和小姜處得怎樣了？

林立果愣了半天，彷彿繞過彎子來，才說：還行吧，一兩個月才聚一次……小姜比較木，從不主動什麼。不浪，不刺激。不如小寡婦楊姐。

葉群愛恨交加，語帶訓誡：女子較木，是貞潔。偷人養漢，才叫浪。你還楊姐楊姐……好好，不說了，你是成年人了。現在林家的安危，父母的性命，都交給你了。你父親最怕你是戰國時期的那個趙括。娘替你打了包票，我們老虎是個實幹家，不搞紙上談兵那一套。近來都讀些什麼書？

林立果說：王飛送我一本《魯迅語錄》，說是從紅衛兵手裡繳獲的。

葉群問：魯迅也有語錄？誰編的？是不是和毛語錄唱反調？

林立果說：管它唱不唱反調，反正絕對比毛深刻。我每天都拿來翻翻，讀上幾段。魯老夫子的話句句像刀子。比如他講：「中國公共的東西，實在不容易保存。如果當局是外行，他便把東西糟完，倘是內行，他便把東西偷完。」一句出《談所謂的「大內檔案」》。用這話來對比B五十二，怎樣？

葉群苦笑：一場大躍進，再加上這場文化大革命，咱中國這點家當，不就被他糟完和偷完了？日後，你父親接了班，當了家，是要下大力氣抓革命，促生產，抓經濟，抓發展了。

林立果拍手：媽！原來妳也很深刻啊。好，我再給你背一段魯老夫子的話：「我覺得革命之前，我是做奴隸；革命以後不多久，就受了奴隸的騙，變成了他們的奴隸了。」句出《忽然想到》。

葉群點頭：講死了火。魯迅比所有的人都深刻，無人能及。他的話是針對當時的國民黨而言。但我們共產黨又怎樣？一九四九年革命成功之後，實際上，新中國只有一個主人，其餘人又都成了奴隸。包括你父親和周總理這些人在內，名爲黨和國家領導人，實際上只是那個人的奴僕。所謂政治運動，路線鬥爭，就是用一批奴僕去消滅另一批奴僕。劉、鄧、陶、賀這些奴僕，不就是被包括我們這些奴僕在內的另一批奴僕整掉了？九屆二中全會之後，你父親和我才悟出這個道理。

四月十九日，爲了歡慶五一勞動節，林彪夫婦經周恩來一再敦請，回到北京西城毛家灣二號家中。葉群掛電話，提出向主席匯報工作。三次電話都是中南海游泳池的值班衛士接的，不是說主席休息了，就是說主席在泳池游水。第三次倒是衛士代爲回話：林副主席身體欠佳，不勞個別來見，還是政治局會議上見吧。林副主席已經大半年沒有出席過中央會議了。

林彪相信游泳池衛士傳達的是毛的原話。林彪明白，他成爲一九六六年七月間的那個劉少奇了。那時，毛澤東也是從南方回來，劉少奇也是一次一次打電話到毛的住處，毛也是一次一次讓值班衛士回絕……可是幾天後，在政治局常委碰頭會上一見面，毛就怒斥劉、鄧向大中學院派工作組，是鎭壓學生運動，鎭壓文化大革命。緊接着開八屆一中全會。毛親自貼出一張大字報：《炮打司令部》，就把劉、鄧打趴下。

彷彿時光在倒流，歷史在重複。過去說解放軍的總參謀長一個個都沒有好下場，現在看來黨的二把手也都不會有好下場。這次不同的，林彪手下有兵權，不會像劉少奇那樣傻，束手無策，引頸待戮。毛澤東和林彪都是玩槍桿子出身。槍桿子對槍桿子，就看誰玩得轉，玩得精。

這期間，林彪對葉群說，南唐李後主有兩句詩：「幾曾識干戈，垂淚對宮娥」。李後主是個才子，但他不懂軍事，不懂武裝鬥爭的重要性，所以亡了國。我們不做李後主。老虎他們的計畫搞得怎樣了？我最擔心他學趙括，平日夸夸其談，背幾句孫子兵法，到時候派不上用場。

葉群再次向老總報告了老虎他們的那個北線準備、南線行動的方案，林彪才放了心。

離五一勞動節還有一星期。周恩來主持政治局擴大會議，毛澤東出席坐鎮。林彪則又托言身體不適請假，連葉群都以在家寫檢查爲由不出席。黃、吳、李、邱倒是出席了，但都知趣地一言不發。毛澤東冷眼看着，幾次欲發作，終歸忍下了。

散會後，毛澤東留下周恩來、康生、江青、張春橋四人談話。毛澤東問：恩來，你是總理，林副主席大半年時間不出席會議，我們怎麼辦？

周恩來回答：我電話問過林辦醫療組的專家，林確是舊傷發作，每天靠吸鴉片鎮痛。

康生插言：鴉片能鎮痛，也能毒害靈魂。

江青插言：總理啊，你仍是搞調和。既然病得那麼重，爲什麼還能從蘇州遷去北戴河？三月份跑到北戴河去吹冷風，費思量哪。

毛澤東看了婆娘一眼，之後說：費思量，慢思量囉。恩來，第二次批陳整風會議，你和康、江、張總結出什麼來沒有？

周恩來讓張春橋匯報。張春橋說：就是剛才在會議上報告過的四條：一、深入批陳整風的意義及評價；二、國民黨反共分子、托派、叛徒、特務陳伯達篡黨奪權的滔天罪行；三、軍委辦事組黃、吳、葉、李、邱等人所犯的錯誤，是方向路線的政治錯誤。對他們的處理，交下次中央全會作出決議；四、今後的辦法。

毛澤東說：四條很好，給陳伯達定罪和黃、吳、葉、李、邱的錯誤定性，隔山震虎。他們後面還有不有人啊？江青剛才說費思量。我說慢思量。五一勞動節後，中央還要繼續開新的批陳整風會議，範圍再擴大些，把各省市自治區的主要負責人、各大軍區司令員政委、各省軍區司令員政委，都找來，把問題攤開來，擺清楚，把陳伯達一類騙子，假馬克思主義，多挖些出來，挖乾淨。

周恩來、康生、江青、張春橋等錄着毛澤東的指示。

毛澤東說：要抓緊準備，還有五個來月。「十．一」國慶節前開九屆三中全會，改組政治局，增補幾名副主席。免得像現在這樣，只有一名副主席，又不肯出席會議，讓我當光桿主席。國慶節後，再開四屆人大會議。

周恩來點頭，說：兩會的事，我和康生、江青、春橋正在抓緊準備。本來去年國慶節後就要開四屆人大會議的，被他們在廬山上一鬧，鬧掉一年時間。等九月份開過三中全會，局面就改觀了。

毛澤東忽又問：幾位老帥都回來沒有？總司令和葉帥是回來了，沒有住回中南海，是非之地囉。

陳帥、徐帥、聶帥、劉帥也回來了？他們身體怎麼樣啊？還有幾位大將，一些上將，都要安排他們從外地回來。包括陳雲、譚震林、李井泉、王震，通通安排回來。相信這些老帥、老將軍，老同志，還是會站在我這邊，壯我軍威。

周恩來匯報：總司令年初從廣東從化回來，住到西郊新六所去了。陳毅同志在住豐台靜養，一月間做了腫瘤切除手術，恢復得不錯，幾次提出來見見主席。劉伯承同志失明了，病得厲害。其他葉帥、徐帥、聶帥，以及粟裕、徐東海、王樹聲、蕭勁光、王震、蕭克等，身體也都不錯，都回到北京來了。陳雲、譚震林、李井泉等回京的事，我會要辦公廳盡快作出安排。

毛澤東說：回來了，就是四支野戰軍。不回來，只有一支野戰軍。前兩年我讓步，將就，剩下一支野戰軍，一個副主席，局面才搞到今天這樣被動。

江青說：軍委辦事組幾個毒瘤，應當及早切除。

張春橋說：要防止他們搞陰謀，急眼了，幹出見不得人的勾當來。

毛澤東見康生欲言又止，便問：康老，你有何見教？

康生立即滿臉堆笑：不敢，主席，不敢……容我斗膽說一句，一下子安排這麼多老字號回京，要防止一種傾向掩蓋另一種傾向。

毛澤東手一揚：你那是遠慮，我先顧近憂。恩來，春橋提出防止陰謀活動。你的看法呢？

周恩來想了想，回答：不管是哪支野戰軍，將軍們都是主席戰爭年代一路教導、栽培過來的。主席健在，絕大部分同志都會忠誠，不大可能有二心。當然，中央保衛部門要留心各地動靜，作好最壞的準備，以確保主席和中央的安全，萬無一失。

毛澤東面無表情：恩來面面俱到，講了等於沒講。可以告訴你們，毛澤東是作了最壞的打算的。無非被人謀殺，爆炸，粉身碎骨，陳屍郊野。也可能被人活捉，強迫簽字，傳位給人，之後打入天牢，關到秦城，和彭德懷、彭眞、王光美打鄰居去。這些我都不怕，你們也不要怕。毛澤東今年七十八歲，坐七望八，從小吃辣子長大，信奉與天奮鬥，其樂無窮；與地奮鬥，其樂無窮；與人奮鬥，最是其樂無窮。共產黨人生命不止，奮鬥不息。八旬老翁，鬥志旺盛，我自信還有這個生命力。誰要和我鬥，就來吧，樂於奉陪，無任歡迎。

康生趕忙說：當今之世，誰也不是主席的對手。

張春橋趕忙說：我是晚輩，要學習主席的這種生命不止、鬥爭不息的大無畏精神。

江青說：他們若想對主席動手，眞是喪天良，黑心肝！沒有主席，他們能有今天？我用嘴啃，也要啃他們幾口。

周恩來心裡嘆息，嘴上卻說：主席一身正氣，神鬼莫犯。當然要提高警惕，常備不懈。

毛澤東說：過去我對軍隊很放心，現在最不放心的是軍隊。海、陸、空，各大軍區，各省軍區，到處是他們的人。恩來，要多派些文官到軍隊裡去掛職。紀登魁、張春橋、江青已在軍隊掛職，姚文元、華國鋒、王洪文、馬天水、謝靜宜、陳永貴都要到軍隊去掛職。李先念、王震、余秋里、谷牧恢復軍職，兩邊兼顧。楊成武、楊勇、傅崇碧反省得怎樣了?可以給他們落實政策，仍回部隊工作。

周恩來、康生、江青、張春橋筆錄下毛澤東的指示，各有一番滋味在心頭。周恩來停筆，請示說：建議召開軍委擴大會議，具體落實主席的人事佈局。對軍委辦事組動手術，似不宜操之過急。

毛澤東看婆娘江青一眼：妳那個用嘴啃的戰法不行。也不能割瘤子，逞一時之快。半年來，對黃、吳、葉、李、邱控制的那個軍委辦事組，我採用的是甩石子、摻砂子，已先後派了陳錫聯、李德生、紀登魁、汪東興、劉賢權、閻仲川十幾個人參加進去，以量變達到質變。九屆三中全會後，葉帥也要進去。葉帥葉帥，軍委辦事組掛帥。

這一年的五一勞動節，天安門廣場上沒有舉行閱兵活動。這表明，毛澤東雖然改組了北京軍區黨委，加強了對北京衛戍區和中南海警衛師的掌控，但對人民子弟兵還是疑慮重重。任何時候，都不能低估了林彪一夥人在軍隊中的影響力。

五一勞動節的晚上，天安門廣場上放焰火，並有盛大的歌舞演出。毛澤東邀請柬埔寨流亡政府主席西哈努克親王上天安門城樓觀看焰火。周恩來通知在京的所有政治局委員、中央委員上天安門城樓作陪。城樓上已擺好一席一席的瓜果糕點煙茶。晚九時施放焰火。毛澤東八時半就進入城樓內側休息室，先會見不久前才從各地返回北京的朱總司令以及陳毅、徐向前、聶榮臻、葉劍英、粟裕、王震等老帥、老將軍。

周恩來領着大病初癒的陳毅來見毛澤東時，毛久久地拉住陳的手不放：陳老總啊，聽總理講你年初動了手術，把瘤子割掉了，身體恢復不錯？

陳毅覺得毛主席已經多年沒有這樣對他表示過關心了，也就快人快語地說：身上的瘤子，還是割了的好，早割早好。

毛澤東聽了陳毅無心之語，卻另有所觸動：早割早好。你的瘤子割掉了，我的瘤子卻不容易割囉。割不好，要大出血囉。

陳毅心裡一緊，以爲毛澤東也患上什麼了：主席，你可要保重啊。我陳毅可以隨時去見馬克思，主席你……

周恩來以眼神止住陳毅：主席身體很好，還每天游泳一兩個小時，比我們所有的人都健旺。

陳毅彷彿明白什麼了：那就好，那就好。只要主席身體好，我們就可以躲在大樹底下乘涼了。

毛澤東伸出指頭，指指自己：我也快要不行了。能撐一天是一天，講不定哪天兩腳一伸就報銷掉。陳老總，如果身體可以，你也不要光乘涼，出來做些工作，幫幫我和總理的忙吧。你對目前局勢，有什麼看法？

陳毅看看身邊沒有別的人，就放膽說：主席，恕我直言，關鍵在接班人，扶持好接班人……

毛澤東不以爲然，嘴上卻說：天下大勢，你看得準。這兩年，你陳老總是無官一身輕，身閒心不閒，看得很準。

這時中辦主任汪東興在門口招手，樣子很急，請總理出去一下。周恩來出到房廊上，問：什麼事，這麼急？汪東興報告：林副主席通過葉群來電話，說林總身體不適，不能來看焰火。葉群也要請假，留在家裡陪林副主席。

周恩來一聽頭都大了。毛主席都到了，黨和國家的其他領導人也都陸續上樓了，還有西哈努克親王和莫尼克公主馬上就到……已經安排主席、林副主席和西哈努克親王夫婦坐一席，是主席指示的，他要和林副主席坐一席。現在林副主席臨時不到，怎麼行？新華社、電台、電視台怎麼發消息，報紙怎麼登照片？國際輿論會做什麼猜測？

周恩來立即進到城樓值班室，要通了毛家灣二號的直線電話：葉群嗎？我是周恩來，在天安門城樓上。主席已經到了，妳和林副主席還沒有出動？林副主席正在犯病？現在臨時請假，我這個做總理的很爲難呀！請你們體諒我，還是來露個面吧？不行，葉群同志，時間緊迫，我要和林總通電話……對，好，好，我等着……林副主席嗎？我是恩來呀？今晚上的活動，請你一定要出席……正在發寒熱？怎麼辦？讓我替你在主席面前告假？好好，我可以去試試。如果主席仍要求你來的話，你還是克服困難，來露個面。今晚上有好幾位貴賓，包括西哈努克親王和夫人，還有美國友人斯諾夫婦。

可是周恩來走到毛澤東休息室門外，覺得不妥，又折回到値班室，再次要通了毛家灣二號的電話：葉群嗎？我是恩來。考慮一下，我還是不能替林副主席到主席面前請假。今晚上的活動象徵意味很濃。主席的脾氣你們是知道的。我可以負責任地告訴妳和林副主席，主席對林總九屆二中全會以來，一直不出席中央的會議，已經有看法。何必把關係搞這麼僵呢？要顧全大局呀。葉群呀，妳要理解、體諒我的這份苦心……好好，這些話，我直接和林副主席說……林總，我是恩來。經過愼重考慮，我不能替你到主席那裡去請假。主席的脾氣你是知道的。已經鬧下一些誤會了，不要再增加新的誤會。要以大局爲重，求求你了，以大局爲重啊。如果明天的報紙、電台、電視台，沒有你的影像出現，全中國、乃至全世界，都會流言紛起……我知道你正在犯病。但仍要請你克服困難，帶上醫生護士，到城樓上來，陪主席和西哈努克親王坐一坐，哪怕堅持個十分鐘，一刻鐘，讓記者們拍照、錄像之後，就返回家裡休息……說到後來，周恩來語帶哭腔，哀求之情，溢於言表。

……林彪病蔫蔫趕到天安門城樓時，焰火晚會已經開始。火樹銀花，夜空璀燦。天安門廣場上，載歌載舞，鼓樂喧天。由服務人員引領着，林彪來城樓正中央的主桌邊，面對着毛澤東坐下。他恭敬地看着毛澤東，想問候幾句。但毛澤東側過身子，只顧著和西哈努克親王夫婦談話，正眼也不瞧他一下，就和沒他這個人一樣。倒是西哈努克親王出於禮貌，不時朝他這位新中國的第二號領袖、毛澤東的接班人點點頭，笑一笑。

毛澤東當眾不理睬林彪，在城樓上的所有中央負責人、包括警衛服務人員都看在眼裡了。林彪面無表情，像塊石頭似地僵坐在那裡，任攝影師、錄影師拍攝，好讓明天全國所有的報紙、電台、電視台，都發出頭條新聞：偉大領袖毛主席和他的親密戰友、革命接班人林副主席，與首都百萬軍民共度五一勞動節。

士可殺，不可侮。林彪再不濟，也是曾經率領百萬雄師，從中國最北面的黑龍江一直打到中國最南面的海南島的共和國元帥，當年號稱「東方戰神」。既然毛澤東在天安門城樓上當衆不理睬他，並以此來公然羞辱他，他也顧不得許多了。也就枯坐了十來分鐘，渾身也沒見發寒熱，起立走人，拂袖而去！把個一直隨侍在側想緩和氣氛的周恩來總理，嚇出兩手冷汗：主席和副主席，竟是當了外國貴賓的面，當著政治局委員、中央委員們乃至普通工作人員的面，如此水火不容，勢不兩立，這是自本黨創黨以來、本國建國以來所罕見……今後如何收場？

此爲林彪在公開場合的最後一次露面。周恩來處事周到，晚會結束後，讓汪東興把所有的工作人員召集在一起，頒下一道嚴厲命令：今天晚上，大家無論看到了什麼，聽到了什麼，不准透出一個字去，各位要以自己的黨籍生命做保證。

毛澤東和林彪的最後一次見面，是在五月中旬的政治局會議上。那次會議，林彪又以身體不適請假。毛澤東不准假，先讓周恩來掛電話去請了兩次，林彪托言正在發寒熱不能來。毛澤東光火：好！他不給總理面子，我去毛家灣二號，可以三顧茅廬！周恩來急了：主席，不不，不能勞動你。這樣吧，派你的座車去接一趟，也就等於你出面了。

毛澤東的座車也沒能接來林彪副主席。

政治局會議已經開始。林副主席的位置還空着。毛澤東不依不饒，絕不放過，面對周恩來說：總理，難道沒有辦法了？我的這個接班人，架子比諸葛亮還大！勞動一下衛生部高幹保健局的專家，帶上擔架，仍派我的車去，抬也要把林副主席給我抬到會議上來。

乾綱獨斷，一言九鼎。周恩來仍想打圓場，居間周旋：主席，還是我去走一趟，我一定負責把林彪同志接來。

……周恩來總算接來了林彪副主席。並沒有動用醫學專家和擔架。但林彪的確病得不輕，被扶進政治局會議室時，渾身仍在發抖，出虛汗。由葉群不停地替丈夫抹着頭上的汗粒。

毛澤東不予理睬，只顧繼續講話，談批陳整風，談懲前毖後，治病救人，除陳伯達少數壞人，對其他犯政治路線錯誤的同志，要允許改正……毛澤東足足講了一個半小時，卻沒有看過林彪一眼，任其發抖，出汗。周恩來實在看不過去，請示毛主席說：林總確是病得厲害，還是准他先去休息吧？毛澤東目不側視，說：大半年不出席會議，好不容易請到，又回去休息？可以到會議室外去休息，但要等會議散會才離開，免得作出決議，又請不來。

於是林彪被服務人員攙扶到會議室外的門廳裡，孤零零地坐在牆角沙發裡發抖，出汗，連葉群都沒敢退出來照顧。毛主席沒開口，也就不會有醫務人員敢於上去幫忙。林彪就那麼坐着抖着。他這個寫進了中國共產黨黨章的革命接班人，黨的副主席，軍隊的副統帥，就是這樣接班的……他這紅色王儲，病成這樣都不能回去躺着，吸一口鎮痛的鴉片……他身上有二十多處槍傷，至今時時發作。自十八歲投身革命疆場，在中共領導人中，他是帶兵最多，打仗最多，受傷最多的一個。

第六十七章　與美談判，人人認帳

在頭緒紛繁的外交、內政事務中，特別是在毛、林矛盾日趨昏暗的氛圍裡，周恩來適時捕捉住他政治生涯的一道亮色：中美關係迅速解凍。他不能預測毛、林惡鬥最後怎樣了局；但知道眼下美方如此主動、積極地向我示好，尼克森總統甚至急於訪華，以達成聯中制蘇的全球戰略格局，這無疑給連年內鬥十分虛弱的中共政權注射一劑特效強心藥。

說來也是十足荒誕，中、美長期處於敵對的兩種社會制度，奉行相互勢不兩立的政治哲學：中國奉行毛澤東思想，其核心是階級鬥爭，你死我活，你不死，我不能活，我要活，你必須死；美國奉行尼克森主義，你活我也活，既要自己活，也讓別人活，人人都有活下去的尊嚴和權利。

如此一來，周恩來主持的對美緩和示好的外交政策，承擔着極大的風險。新中國成立以來，一直對人民群衆進行激烈的反美仇美教育，連幼兒園的孩子都會喊「打倒美帝」，會唱「美帝國主義，萬惡滔天」。報紙、電台、文件、教科書，無不充塞着反美內容。以致越是年輕一代越反美，視美國爲天敵，世界萬惡之源。毛澤東年復一年進行黨外階級鬥爭、黨內路線鬥爭，要治某人的罪，更有一條必不可少的惡名：「裡通外國，美國中央情報局特務」。便是在平頭百姓的日常生活中，也最怕被人舉報「崇洋媚外，賣國」。

現在可好了，新中國要來個一百八十度的大轉彎，奉行對美示好的國際鬥爭新戰略了。周恩來面對的，首先是來自黨內的左傾思潮，包括中央委員會，中央政治局，越是年輕幹部，軍隊幹部，思想越狂妄，左傾越厲害。還有毛澤東也隨時可能變卦，甚至矢口否認曾經同意過某項決策。高崗、彭德懷、鄧子恢、劉少奇、林彪都吃過這方面的虧。

毛主席啊毛主席，周恩來今天奉行對美示好的外交政策，你老人家該不會哪天又變卦，改口，把我周恩來打成「投降派」、「賣國主義」吧？

周恩來不得不如臨深淵，慎重行事：對美外交，每走一步，均由政治局集體決策，呈送毛澤東批准。周恩來主持政治局會議，起草出《中央政治局關於中美會談的報告》。《報告》回顧了自第二次世界大戰以來中美關係演變過程，包括抗美援朝戰爭和仍在進行的援越抗美戰爭，估計了與季辛吉的預備性會談和尼克森來訪可能出現的各種情況，擬出相應的對策：關於中美會談的八點方針（供內部使用）。八點方針反覆強調台灣是中國的一個省，中國領土不可分割的一部分，口氣相當強硬。表面上是用於指導中美會談，實際上是爲了平息黨內軍內的反對聲浪。

《報告》呈送毛澤東主席和林彪副主席批准之前，周恩來堅持要求每位中央政治局成員簽字認可：你們都舉了手，簽上各人的名字，以示負責嘛。

這次，毛澤東很痛快，當天晚上接到《報告》，即給予批准，並批示由周總理全責執行。林彪的批示亦於第二天送回。

也是先安內，後攘外。周恩來有了「尙方寶劍」，很快通過巴基斯坦葉海亞總統傳遞口信，與美方達成秘密決定：七月九日至十一日，尼克森總統特使季辛吉訪華。季辛吉一行原欲乘坐美國專機到北京，但中方堅持，中美無民航協定，美方飛機不能飛入中國領空。至於今後尼克森訪華的總統專機空軍一號，中方可以作出特例安排。季辛吉只好同意乘坐中國空軍專機，從巴基斯坦首都飛北京。

爲了接待季辛吉一行的秘密到訪，北京進行了緊急的內部動員、準備。周恩來不敢掉以輕心，每項細節都親自過問。爲了保密及安全警衛，決定季辛吉一行住釣魚臺國賓館。可是釣魚臺國賓館自一九六六年以來即被中央文革小組佔用，能不能騰出哪一棟來？正好陳伯達年初被捕後，原先被他佔據的第十五號樓空了出來，可用來接待美國貴賓。

釣魚臺國賓館佔地廣闊，其面積大過整座北海公園。一九五六年重修這座新式皇家園林時，是爲了迎接以蘇聯爲首的社會主義陣營十三國國家元首同時來訪聚會使用，二十幾座庭院建築相互間保持着相當的距離，各有景區，相對獨立。第十五號樓背靠玉淵潭，環境優美。它雖然不及江青入住的第十一號樓及留給毛澤東的第十二號樓那樣金碧輝煌，古香古色，但也相當氣派。如果尼克森總統明年訪華，就可能要使用十一號或十二號樓了，江青同志就需要挪動挪動。到時候，周恩來這位做總理的，又要費上好一番心機唇舌，才能說服江青同志以國家大局爲重，暫時搬離十一號樓呢。

一天，周恩來邀上張春橋、紀登魁、李德生、汪東興四人，一起視察已經收拾一新的第十五號樓。從主客廳、副客廳、主臥室、大書房、大套房一一看起，樓下樓上，樓道走廊，掛畫燈飾，洗手間大浴缸，馬桶，各房間的壁櫥壁櫃，玻璃推門等等，都仔細看過。周恩來留意到，在每個套間的寫字檯玻璃板下，每隻床頭櫃的印刷品《來賓須知》上，都印有提高革命警惕、嚴防敵人破壞搗亂之類的詞句。他虎着臉沒有吭聲，不時以手指探探窗臺、欄杆扶手，看看有無塵跡。看完樓內看樓外。外面倒是花木欣然，綠蔭滿眼。只是外牆上有兩大塊紅底白字的毛主席語錄，每塊都有整張乒乓球桌那麼大，十分醒目：

> 美國壟斷資本集團堅持推行它的侵略政策和戰爭政策，勢必有一天要被全世界人民處以絞刑。其他美國幫凶也將是這樣。
>
> 一切反動派都是紙老虎。看起來，反動派的樣子是可怕的，但是實際上並沒有什麼了不起的力量。從長遠的觀點看問題，眞正強大的不是屬於反動派，而是屬於人民。

看到這兩段殺氣騰騰的語錄，周恩來心情沉重，暗自嘆息。釣魚臺可是國賓館啊，怎麼可以保留着這類紅衛兵造反派的東西？充滿敵意、刺激，怎麼接待客人？怎麼叫客人入住？這不是待客之道。我們可不是請人家季辛吉來赴鴻門宴。

視察完畢，周恩來和汪東興、張春橋商量一下，決定當即把釣魚臺管理處、警衛處、生活服務處的負責人都找來，開現場辦公會議。

釣魚臺各處、室負責人是清一色軍人。周恩來讓中辦主任汪東興一一點名介紹之後，說：我們幾位，大家都認識，就不介紹了。你們或許已經知道，兩個星期之後，第十五號樓要接待一位重要客人。客人是誰？你們不要打聽，此事嚴格保密。這樓裡樓外，已收拾整潔。我要謝謝你們，並通過你們謝謝釣魚臺的全體工作人員。我和春橋等同志把每個房間都看了一遍，發現了一些不太恰當的東西。我們中華民族自古以來就是禮義之邦，講究待客之道。毛主席最近也有指示：對客人要以禮相待，不要把自己的一套強加於人。主席的這個指示，已在政治局會議上傳達過。在座的四位領導同志都是政治局成員，可以作證。春橋同志，你發現什麼沒有？先給大家講講？

張春橋習慣地以右手中指頂了頂鼻梁上的鏡架，和靄地看大家一眼，說：國賓館的接待工作，要有國際觀，注重國家禮儀，維護國家尊嚴。第十五號樓將要接待一位秘密來訪的重要外賓。但在每個房間，我們都發現了一些壓在玻璃板下面的印刷品，宣傳口號。這些宣傳口號，對內賓是必不可少的，提高革命警惕，嚴防階級敵人破壞搗亂，以及幾個萬歲，很重要嚒。但對於外賓就不合適了。提高警惕沒有錯，要採取另外的形式。汪東興同志，你是中辦主任，這裡的頂頭上司，是不是這樣啊？

汪東興看張春橋一眼，再又看周總理一眼，說：那就通通撤了吧，原先釣魚臺也沒這些東西，都是一九六六年以來才加進去的。

管理處的一名軍代表立即撕下一頁筆錄,請汪東興主任簽字。汪東興苦笑:這還要簽字?你們是怕以後查無實據?好,如今時興凡事都簽字。春橋同志你也簽一個。

張春橋簽字後,轉身問周總理:總理,你要不要簽一個?

周恩來說:簽吧,以示負責。登魁、德生,你們就不用簽了。有我們三個負責,可以了。

紀登魁倒是勇於任事似的,清了清喉嗓說:還有個事,就是這十五號樓的外牆上,刷了兩條很醒目的大語錄,那內容又都是針對美帝國主義及其走狗幫凶的。毛主席教導我們,要內外有別,不把自己的一套強加於人。這就要求我們既堅持原則,又以禮相待。因此,接待外賓的地方,是不是火藥味不要搞得那樣濃,氣氛可以平和一些?

周恩來適時地接過話頭:登魁同志是個原則性很強的人,他的這個意見很重要,我贊同。相信春橋、德生、東興同志都會贊同。釣魚臺的二十幾棟中、西式國賓樓,是不是都刷上了這類對敵鬥爭意味很強的語錄?什麼時候刷上去的?你們幾位軍代表是具體管事的,能不能說說?

幾名軍代表面面相覷,都說他們是一九六七年夏天三支兩軍時,進釣魚臺參加軍管小組的。他們來時,這些語錄就刷在牆上了。之後再沒有刷過新的語錄。

張春橋說:這事我知道。是一九六六年夏季,中央文革成立不久,搬進釣魚臺來辦公,王力、關鋒、戚本禹三個傢伙,為了營造所謂的革命造反氣氛,而要求衛戍區派工兵連弄上去的。

周恩來說:王、關、戚打着革命旗號,幹了不少壞事。他們被關進秦城,罪有應得。汪主任,接待外賓的建築物上，沒有必要保留火藥味太濃的東西。相信毛主席也不高興這樣做。你看怎麼辦？

汪東興說：我不反對。不過，印象裡，這些語錄，當初王、關、戚等人是請示了文革組長陳伯達、第一副組長江青同志的……陳伯達是關進秦城去了，可江青同志，還是應當請示吧？

張春橋冷冷地看一眼汪東興，彷佛說：好你個汪總管，竟把江青同志和陳伯達那個老反黨分子相提並論，是何居心？

汪東興不理會張春橋，繼續說：還有個技術性問題。據我所知，一九六六年夏天弄這些語錄上牆時，使用了一種粘着性很強的戰備水泥，搞成永久性的……現在若要弄掉，恐怕外牆都會破損。

周恩來臉色嚴峻地說：江青同志那裡，由我和春橋同志去通氣，相信她會支持我們。汪主任，你和這裡管理處的同志立即布置一下，先把第十五號樓外牆上的兩塊語錄弄掉吧。還剩下兩星期，客人就來了。就是要拆牆，也要弄掉它。在外賓下榻的地方保留這種東西，很不明智，很無禮貌，甚至產生嚴重的後果。我這個話，你們可以在適當的範圍內傳達，但不准超出釣魚臺圍牆以外。

一直沒有吭聲的北京軍區司令員李德生，這時在周總理耳邊作耳語：這事最好先請示一下主席老人家，免得老人家聽了不同的匯報生氣，子彈卡殼。

周恩來伸手抹一把臉，點點頭：登魁、德生都是厚道人，提醒及時。由我和春橋、東興出面，必要時請上江青同志，一起去向主席匯報。好了，你們先把第十五號樓裡面的那些宣傳口號清理乾淨，不准留下任何痕跡。客人入住之前，我還會來檢查一次。散會吧。

由於時間緊迫，當天晚上，周恩來就請上江青、春橋、汪東興三人，一起去游泳池向毛澤東請示。正要出門，葉群來了電話：總理呀，林老總要我問問，季辛吉來，沒他的事吧？沒事，我們就回北戴河去了。林總要在那邊休息、治療。周恩來心裡一沉，回答：主席好像沒有提過……這樣吧，我立即去見主席，替林副主席問問？葉群連忙在電話裡說：不用不用，總理你千萬不要去問，免得又鬧出誤會來。總理你知道的，林總現在的處境很難哪，還是讓我們明天去北戴河，安心治病吧。

說實話，周恩來內心裡，對林彪目前的處境是有些同情。但很多事都是幾個夫人弄壞的。夫人參政，易張揚、張狂，加上相互猜忌，爭風吃醋，把一些本來單純的事情，攪成一團麻紗，影響到各人的老公。這不是歧視女性。搞政治，一旦摻合進夫妻色彩，家庭色彩，必定後患無窮。幸而周恩來還有這個自知之明，自一九四九年進城，就和鄧穎超訂下一條，不准她過問他總理職務上的事務。處身事外，輕鬆乾淨。現在看來，這是小超之福呀。可就奇怪，一個江青，一個葉群，兩個主席夫人，都把自己陷得那樣深，身處火宅，掉進火坑，卻樂此不疲，奮不顧身。

周恩來趕到游泳池時，江青、張春橋、汪東興、紀登魁、李德生、華國鋒等人已經先到了。看樣子毛澤東也是剛從泳池裡上來，裹着件長袍和大家談話，且一人一支香煙，抽出紫霧一片。

毛澤東招手：恩來，你不要走得太快，當心地上濕滑。

周恩來還眞的滑了一下，閃個趔趄。李德生、華國鋒手腳快捷，一個箭步上去，把總理扶住了。

毛澤東笑了：總理差點做落湯雞……幾把椅子，你們隨便坐吧。登魁、德生、國鋒三位，是我通知來的。我新封了一個官：華國鋒，中南海辦事組組長，公安部那邊先掛第一副部長。今後，具體工作，恩來你又多一名助手。

周恩來再又和外表老實穩重的華國鋒握了握手。看來主席還是喜歡身邊多幾個老實穩重的幹部。

毛澤東問：恩來，你們幾個，今天要和我說釣魚臺的什麼事？

周恩來移了移籐椅，盡量坐得近些：主席，季辛吉以美國總統特使的身分來訪，是我們的外交工作在你領導下，一次歷史性大突破。尼克森急於打開中美關係大門，是爲了他後年的總統選舉，有利競選連任。聯中抗蘇，是他的全球新戰略，大手筆。我們呢，也正可展開與整個西方世界的全方位交往，美國是西方世界的龍頭，人力、財力、物力、軍事，他都是最強大的。

毛澤東點頭：打開中美交往大門，這一步走活，我們就主動了，全局都活了。從此中、美、蘇，新三國志，形成三足鼎立格局。美國要對蘇聯打中國牌，我們也可以向美國打蘇聯牌。蘇聯打不打中國牌？反正它是打不了美國牌。很好，我很高興。你們還有什麼具體的問題？

周恩來說：主席，是這樣的，我下午和春橋、東興幾個去釣魚臺那邊看了看，準備安排季辛吉一行入住第十五號樓。發現了一些要注意的事情。樓內每個房間都有些涉及反美鬥爭的說明書，宣傳品。是春橋同志首先發現的。我們一起在十五號樓開了個現場辦公會議，責成釣魚臺管理處立即清理掉，爲客人入住創造和諧、良好氣氛。

毛澤東點頭：你們做得對。是要警惕某些左的東西，到外交戰線造成不良影響。你繼續講。

周恩來說：還有件事比較麻煩，就是釣魚臺所有建築物的外牆上，都以粘着性很強的水泥材料刷上去一些大的語錄牌，說是一九六六年搞紅海洋時弄的。爲了接待外賓，那些反美鬥爭、階級鬥爭內容的，是否應當去掉，才符合主席歷來的指示：內外有別，以禮相待，不把自己的一套強加於人？

毛澤東吸着菸，環視在座的人一眼：釣魚臺是國賓館，也搞了紅海洋？形式主義猖獗。還有四個偉大，誰封了我四個官呀？至今無人認帳。當年豪氣衝天，今天膽小如鼠。這種人最討嫌，最要提高警惕。有的人口裡喊萬歲，心裡在想什麼，鬼曉得。我是不敬鬼神、不信妖邪的。別人信是別人的事。汪主任，你知不知道釣魚臺的那些紅海洋，都是誰弄上去的？當初誰弄上去的，今天誰負責弄下來，敢作敢當嘛。

汪東興小心地看江青一眼：是一九六六年，中央文革小組成立，搬進釣魚臺辦公，陳伯達、王、關、戚一夥指使幹的。因爲使用了粘着性極強的戰備水泥，現在弄下來，恐怕要弄壞牆壁。

毛澤東目光泛橫：陳、王、關、戚這些人，幹了很多壞事。武漢事件，外交部奪權，包圍中南海，火燒英國代辦處，都和他們有關係。陶鑄是中央常委，被陳伯達這另一個中央常委在紅衛兵大會上一點名，就打倒了。現在陶鑄人死了，帳要算到陳伯達頭上。還有賀龍也死了，是不是一個元帥整死了另一個元帥？這話我忍了多年，現在要開始講了。也可以慢點講，你們聽了不要外傳，要維護中央的團結局面嘛。毛澤東的言論自由也受到限制。

周恩來心裡一陣陣發緊，看看其他人，也都不敢插嘴，事關中央兩主席的矛盾啊。

毛澤東重又拿起一支菸，幾個人都要替主席點火，還是華國鋒動作敏捷，擦亮一根火柴，給點着了。毛澤東問：釣魚臺的紅海洋怎麼處理？我從來沒讓人把我的語錄刷到建築物上去，不負這個責任。江青妳是中央文革組長，搞紅海洋的事，妳有不有責任？

江青見老闆當着這麼多人的面，以斥責的口氣問她，登時有些緊張：主席，這事春橋、文元可以作證，我沒有插手。我當時只是反對乏力。記得提出過疑問的，但態度不夠堅決。

毛澤東爲了表示公允，看住周恩來、汪東興兩人：情況是這樣嗎？江青講的是眞實情況？

周恩來賣個人情給江青：是這樣，紅海洋和江青無關。

汪東興也不得不賣個人情：是無關。但江青同志忘記了，春橋、文元二位那時還在上海。

江青不滿地說：謝謝汪主任替我作證。

毛澤東目光緩和了些：東興沒有記錯，春橋、文元是六七年一月上海奪權之後，才調中央工作的……我還是那句話，你們幾個左派要團結。我的那個三要三不要，你們都還記得嗎？

江青、張春橋、紀登魁幾位都欲回答。毛澤東看在眼裡，遂點將：春橋，你是理論家，你回答。

張春橋說：是主席去年在九屆二中全會閉幕那天，向全黨提出：要團結，不要分裂；要光明正大，不要陰謀詭計；要馬列主義，不要修正主義。我和文元同志商量了，近期配合形勢，中央兩報一刊要組織一批有分量的評論員文章，來闡述「三要三不要」是馬列主義建黨學說的重要發展。

毛澤東笑了：理論家啊，我的幾句話，上升到那樣高啊？不要再搞人家那個頂峰論囉。好了，不談這個了。恩來，我同意，釣魚臺那些紅海洋，通通清除掉。其他地方的，也要清除。還有不少城市，搞了些我的塑像，露天站在那裡，霜打雪凍，日曬雨淋，不好過嚒，也在清除之列。這些都交你們去辦。季辛吉就要到了，我方的談判人員，有什麼變動沒有？

大家忙着筆錄。周恩來停止筆錄，回答：名單是政治局通過的，報告過主席。由我帶頭，葉劍英、姬鵬飛、喬冠華、熊向暉、章文晉、王海容、章含之、唐聞生。

毛澤東點頭：葉帥參加，好。他一九四七年就參加過北平協調處工作，和美國人打過交道。熊向暉離開胡宗南後，曾赴美留學。唐聞生是美國公民。

江青、張春橋、汪東興等人心裡一緊：外交部禮賓司負責人唐聞生三十出頭，漂漂亮亮，經常在主席身邊出進的，怎麼會是美國公民？

毛澤東看在眼裡，笑笑說：這個問題，請總理說明。

周恩來說：小唐啊，在美國出生，四九年才幾歲年紀，隨父母回國。依照美國法律，凡是在美國本土出生的人，就自動具備了美國公民身分。主席學識豐富，指的就是這個。一點也不影響我們對小唐的信任、使用。

大家都輕鬆地笑了。

毛澤東心情甚佳，又問：季辛吉秘密來訪，他坐哪個的飛機來呀？

周恩來回答：雙方已談妥，季辛吉的行程全程保密，包括他離開美國赴巴基斯坦。我方派空軍專機，由王海容、唐聞生、章含之、熊向暉、章文晉去巴基斯坦首都接來。

毛澤東笑道：兩男三女，打美女牌囉。季辛吉是個著名的王老五。此人好色……中美關係打開了，下一步，我們要加入聯合國，把台灣的代表趕走。原則是：台灣不走，我們不入。世界上只有一個中國。這一點，也是蔣委員長所堅持的，要記住他的這個大功勞。

周恩來說：我們爭取儘快恢復我在聯合國的合法席位，包括五個常任理事國之一的席位。前提是反對任何人在國際上搞兩個中國或一中一台。季辛吉離開後，我還要立即去一趟河內和平壤，向越、朝兩黨領導人通報情況，並向他們保證，中美恢復交往，決不會損及他們的利益，也不會改變我們支持他們反美鬥爭的一貫立場。

……游泳池談話結束後，周恩來回到西花廳，連夜草擬出一份急件：《中美預備性會談中幾個關鍵問題》，並註明：以上爲我方預擬的初步方案，在會談中，將堅持原則，相機行事。當否？請政治局同志審議、改定後，報主席批准。

政治局會議於翌日下午舉行。在京的政治局委員、候補委員全部出席，外地的政治局委員許世友、陳錫聯由中央派專機接回。惟林彪、葉群請假。

與美會談的幾個關鍵問題是：

一、堅持一個中國，堅決反對「兩個中國」、「一中一台」，以及任何形式的台灣獨立；

二、美方必須承認世界上只有一個中國，台灣是中國的一部分；

三、美方若謀求和我建交，則必須中斷和台灣的外交關係；

四、美方必須廢除美台安全防務協定；

五、美方必須撤走在台灣及台灣海峽的軍隊，停止對我實施了二十多年的軍事及經濟封鎖；

六、美方必須停止對台灣的軍事援助。

周恩來說：第一、二兩條，是我們的底線，不容突破。否則一切免談，尼克森也不要想到中國來搞他的破冰之旅。至於第三、四、五、六，我們可以靈活些，留出些空間，來和美方周旋。

政治局所有成員都同意周恩來總理提出的這個內部文件。康生、江青、張春橋、姚文元提了些文字上的改動，也都被採納。

周恩來舒一口氣，會議結束前，再又愼重提出：既是大家都同意，就不搞舉手表決了。各位請在文件上簽字吧，以示負責。

說罷，周恩來帶頭簽字。之後是康生、江青、張春橋、姚文元、李先念、葉劍英、黃永勝、吳法憲、李作鵬、邱會作、陳錫聯、許世友、紀登魁、汪東興、李德生一一簽字。

葉劍英簽字時，心中感慨萬端：總理爲國家操勞，打破外交困局，卻又步步設防，總在防備黨內路線鬥爭，風雲突變啊，怕有朝一日，主席老人家一改口，不認帳，被人指爲賣國主義，向美帝國主義屈膝投降……總理是戴著鐐銬跳舞囉。

第六十八章　按自己的本子演戲

七月九日至十一日，美國總統特使季辛吉博士一行秘密訪問北京。中美雙方的保密工作做得天衣無縫。說是在季辛吉悄悄離開華盛頓前往亞洲後，美國國內有位相貌極為相似的人，在各種場合頻頻露面，把幾千家新聞傳媒都蒙蔽了過去。

短短三天時間，以周恩來、葉劍英爲首的中方談判代表，與季辛吉進行了六次密集會談。面對周恩來這位外柔內剛的談判對手，季辛吉博士是有備而來。尼克森總統向他交了底，此行只許成功，不許失敗，他明年春天一定要到中國去，成就新的國際戰略格局，爲後年的競選連任舖路。還有，美國欲從越南戰場的泥沼中撤出，也需要中國合作。季辛吉很友好、痛快，表示：美國願意承認台灣屬於中國，反正你們海峽兩岸的領導人都說世界上只有一個中國。美國的立場是台灣問題必須和平解決，不能訴諸武力；今後美國不再與中華人民共和國爲敵，將解除對其軍事及經濟上的封鎖；美國承諾，隨着中美關係的改善，逐步減少駐台美軍；那個美台共同防禦條約，是二十年前韓戰期間簽訂的，已成歷史性條約，請中方給美方一些時間，以便國會通過新的法案，予以取代。

美方有條件地接受了中方的要求。周恩來、葉劍英立即向毛澤東匯報。毛澤東指示：主要的東西，我們得到了，季辛吉是個好打交道的人。我也同意尼克森的，此次會談只許成功，不許失敗。你們還有什麼談不攏的，可以讓季辛吉來見我，我親自和他談，總要給人面子嘛。

雙方談判確有難點。中方欲趁熱打鐵，強烈要求美國政府盡快中斷和中華民國的外交關係。季辛吉明確告訴周恩來：此事他未獲授權，就是尼克森總統本人亦無法在短時間內做到這一點，美國不是一黨專制，而是三權分立。

周恩來只好安排季辛吉去見毛澤東了。

季辛吉被接到中南海游泳池毛澤東的住處。出乎周恩來、葉劍英意料的是，季辛吉還留了一手，他給毛澤東帶來尼克森總統的禮物：幾張美國軍事衛星拍攝下來的中蘇邊境的大幅照片，把蘇聯戰略火箭瞄準中國境內要害目標的狀況，弄的一清二楚。

毛澤東高興了，再次拉着季辛吉的手說：多謝你們幫我拍了照片，不過我們心裡有數，到目前爲止，蘇聯還是不會朝我打原子彈、氫彈。不是不想，而是不敢。爲什麼？因爲中國幅員大，人口多，不怕拚命。中國這塊肉太硬，他啃不動。他打原子彈不能解決問題。他敢派幾百萬紅軍來和我決戰嗎？他是進得來，出不去。美國那麼大，那麼強，越南那麼小，人口只有三千多萬，你們幾十萬軍隊進去十多年了。陷進去了，想拔出來都難。是個教訓囉。中國有句老話，殷鑒不遠，在夏後之世。什麼意思？是說中國最古老的一個朝代叫夏朝，是被殷人滅掉的，建立了殷朝，殷人的子孫應以夏的滅亡爲鑒戒，吸取教訓，否則自己也會被後人滅掉的。我看蘇聯會以你們美國在越南的教訓爲鑒，不會輕易陷落我們中國這個大泥潭……謝謝你們總統送給我的這份特殊禮物。我年紀比他大吧？願意和他交個朋友，歡迎他到中國來，談得成、談不成都不要緊。總之是歡迎他來做客。天塌不下，地球不會停止轉動。中國和美國，不打不成交，二十二年了，你吃不掉我，我也吃不掉你，握手言和算了。今後做朋友，不做仇人，行不行啊？

毛澤東一席談話，高屋建瓴，把台灣問題放到一邊，只談打開中美關係大門，歡迎尼克森總統訪華，成就中美蘇三足鼎立世界新格局，其他的都是細節，留給時間去解決。

季辛吉的中國之行，達到了美方的預期目的。兩相比較，新中國才是眞正的大贏家。

按照雙方的約定，七月十六日，北京和華盛頓同時宣佈：應中華人民共和國政府的邀請，美利堅合衆國總統尼克森，將於一九七二年春天訪問中國。

世界爲之震撼。各國新聞傳媒炸開了鍋。以蘇聯爲首的社會主義陣營早就四分五裂，這次是以美國爲首的西方資本主義陣營出現鬆動。中國的近鄰日本率先作出反應，要求和中國建立外交關係，承認中華人民共和國政府爲中國的唯一合法政府，從而搶先出賣了台灣的中華民國。

一天下午，周恩來領着葉劍英、熊向暉到游泳池，向毛澤東匯報季辛吉來訪之後的國際局勢：繼日本之後，英國要求將原先的駐華代辦處升級爲大使館，西歐、北歐的二十幾個國家也紛紛要求和我建立邦交，世界各國都跟着動起來了。在主席領導下，我們的外交工作，形勢大好，空前的好。

毛澤東聽過匯報，高興地說：幾家歡樂幾家愁，我們原先的那個老大哥，有什麼反映啊？

周恩來明白是指蘇聯：表面上鎮定，由塔斯社發了消息，實際上吃驚得要命，他們的使館人員到處收集信息。東歐社會主義國家中，以羅馬尼亞和南斯拉夫的反應最正面，中美關係緩和，他們樂觀其成。反應最負面的是阿爾巴尼亞，在電台和報紙上批評我們和美國相勾結，背叛了馬列主義。

毛澤東手裡的煙蒂朝煙灰缸裡一擰：不要理睬。國際鬥爭，我是寧要右派，不要左派。尼克森是反共老手，大右派，但可以和我們辦成許多事情。國際上的左派大多成事不足，敗事有餘，跟着蘇修跑，罵我們是馬列叛徒。自己是叛徒卻罵別人叛徒，由他們去。亞洲方面，有什麼反應？葉帥，還有熊向暉，這次你們兩個也是有功之臣。

葉劍英說：現在最感到驚懼的，恐怕是處在抗美鬥爭最前線的越南和朝鮮了。台灣的某些人更是如喪考妣。

毛澤東問周恩來：總理你不是要去向黎笋、金日成做解釋，什麼時候動身？

周恩來說：已經安排好了，我明天先去越南，後天回來，再去朝鮮，都是停留一晚。我出去的幾天，國內工作，仍按原來的分工：江青、張春橋管組織、宣傳，李先念、紀登魁管國務院，葉帥和黃永勝管軍委辦事組。

毛澤東重又吸起一支煙：放心，我放心。具體的工作，你們去忙。我每天就是看書，游水，過問一點大事情。

周恩來感到這游泳池的氣溫比較高，遂關切地說：主席，已經進了三伏天氣，你是不是到北戴河去住住？那裡涼快，又可以下海游水，對主席的休息和工作都有好處。

毛澤東說：我不去北戴河。人家早就去了。他不願出席會議，我不願去北戴河。倒是想看看他都在忙些什麼呢。

周恩來、葉劍英、熊向暉見毛主席以不屑的口氣說到林彪副主席，一時不好插嘴。

毛澤東忽然盯住熊向暉問：叫你老熊還是小熊？好，小熊就小熊。你現在在那個衙門上班？

熊向暉忙答：上次報告過主席的，在總參情報部工作。

毛澤東問：當什麼官呀？

熊向暉說：總參情報部部長，工作很吃力。

毛澤東說：大官囉。過去由李克農上將擔任，還兼了副總參謀長。我問你，中央批轉了黃永勝、吳法憲幾員大將書面檢討，你們聽了傳達沒有？

熊向暉心裡一沉，如實回答：沒有。總參機關黨委沒有傳達。可能是不傳達到我這一級別。

毛澤東臉上頓生怒意：恩來，劍英，你們看看，熊向暉是總參謀部的二級部長，相當於上將，都聽不到傳達，黃永勝他們的檢討是假的！蒙哄我和中央。黃、吳、葉、李、邱，配合陳伯達，犯下那麼大的錯誤，中央讓他們檢討大半年，爭取立地成佛，他們卻對下面封鎖消息。不行，膿包要戳穿，廬山的事情還沒有完。中央要第三次批陳整風，至少要讓全國縣團級以上幹部知道他們犯了錯誤，是嚴重的政治路線錯誤。

周恩來、葉劍英、熊向暉三人埋頭筆錄。看來這場沒完沒了的批陳整風，要向更深更廣的領域發展了。華北整風會議開了三個多月，中央九十九人整風會議開了一個半月，次次都作了總結。再要窮追下去的話，最後的目標就是林彪副主席……

毛澤東說：現在，你們的目光對外，我的目光對內。外交是內政的延伸，軍事是政治的延伸。腦袋掉了，和世界上所有國家建立起外交關係又有什麼用？我這個人，原則問題是從不讓步的。恩來，你從越南、朝鮮回來，帶上張春橋、黃永勝他們跑一趟北戴河，替我去拜望林副主席，向他匯報工作，並徵求他對今年國慶節之前召開九屆三中全會、國慶節後召開四屆人大會議，有什麼指示沒有？還想不想設那個國家主席？想設，他就擔任，沒什麼了不起。上屆是劉少奇，本屆是他，可以。

周恩來說：九屆三中全會，四屆人大會議，國慶節前後開會應當不成問題。憲法修改草案、政府工作報告等文件都已準備就緒，代表也早就產生出來了。相信林彪同志不會再堅持設國家主席和副主席職務。兩個會議，只等中央正式下通知。

毛澤東說：那就好。九屆三中全會，要準備增補幾名副主席。「七大」後中央有五大書記。「八大」後有五個副主席加一個總書記。「九大」後主席、副主席一對一，搞得很被動。增加幾個副主席，形成新的領導集體。中央三大機構，國務院、軍委、文革小組各出一到兩個。這件事，你們暫時不外傳。我還要到下面去吹吹風，做做工作。現在很多人對江青、張春橋有意見，不服氣。當年在江西蘇區，也有很多人對我不服氣嘛？總理你就是一個。不要緊，總理不要急於聲明，那事早就過去了。你、我幾十年交情，最機密、最緊要的事都是交給你去做。

周恩來連連點頭：到了延安，我就服從主席，一切聽主席的。劍英同志路線覺悟比我高，在江西他就和主席站在一邊了。向暉同志小一輩，也是堅定不移站在主席一邊的。

毛澤東笑笑說：你們都站在我一邊，算我得道多助。好了，今天就談到這裡。下面請你們三位吃飯。華國鋒從長沙請來個大師傅，臭豆腐炸得好，聞着臭，吃着香。

晚十二時，江青來到游泳池書房。

平日，毛澤東對江青或有這樣那樣的不順眼。但每遇黨內最隱秘的事，毛澤東最信任的人，仍是自己的婆娘。唯婆娘可與計謀韜晦。在這方面，江青還從沒有壞過他的事，是個忠心耿耿的助手。

江青風姿綽約地進來，見到老闆就說：中美關係解凍，尼克森要來做客，外電紛紛報導，此舉將改變整個世界……

毛澤東半仰半躺在床上吸煙，示意婆娘坐到床邊：妳就是喜歡聽那些浮華不實的消息。外國人怎麼評論不重要，注意力要放在黨內、軍內。妳聽到什麼反映沒有？

江青嫵媚地嬌笑：老闆，臣妾要先討個言論免責權……

毛澤東最看不得徐娘半老，強裝嫵媚，強作嬌笑，還「臣妾」、「臣妾」的，幾十年不改戲子習性。但此刻毛澤東無意斥責婆娘，而說：恕妳無罪，有話講，有屁放。

江青伸過手去，在老闆的膝頭上撫了撫：我說些事，可不要生氣啊，不然就不敢反映下情了。

毛澤東瞪婆娘一眼：囉嗦什麼？找妳來，就想聽聽周圍情況。中央的警衛制度，形同對我的信息封鎖。不依靠這套警衛制度又不能保障安全……妳講吧。

江青看看室內再無他人，房門也關上了：中美關係取得全新突破，外交打了大勝仗，有人把功勞都算到總理身上。說什麼是總理主導乒乓外交，以小球運動大球，乒乓球運動了地球。

毛澤東面無表情：那好嘛，總理是本世紀最偉大的外交家嘛。都是些什麼人在議論？

江青說：中央辦公廳，國務院辦公廳，軍委辦事組，中央文革辦公室，中下層幹部群衆。

毛澤東似笑非笑：沒人議論是林副主席親自指揮的了？

江青說：倒是沒有。那個病夫從來和外交工作不沾邊兒。

毛澤東點頭：我總是要在左、右兩條戰線同時作戰。反左必出右，反右必出左。總理在黨內、軍內，有他的群衆基礎呢。特別是老幹部，老將軍，都眼睛望住他，視他爲靠山呢。但這個不是當前的主要矛盾。當前的主要矛盾是陳伯達和黃吳葉李邱。他們的後面是誰？我告訴過妳的，我的這個接班人不行了。注意力應放在這上面，不然，腦袋被搬家，還不知道出了什麼事。

江青說：正是老闆的英明之處，別人不能及。

毛澤東說：不要和我講好聽的。黨的第十次路線鬥爭這個提法，最先由妳發明。這次對方握有兵權，總理穩不穩得住啊？到了刺刀出鞘子彈上膛那一刻，他究竟會站在哪一邊？

江青回答：四六開吧。六成，他站在主席一邊。留下四成，給你那位接班人……恕我直言，是隻老狐狸，幾十年在黨內腳踩兩條船，惟一的政治不倒翁。誰贏了，他都照當總理。相信老闆心裡有數，是個隱性危機。

毛澤東沉吟一刻，搖搖頭：妳不要刻薄，起碼人家沒有得罪過妳江青。兩邊搖擺是有的，機會主義嘛。四六開也好，三七開也好，黨內、軍內需要他和稀泥，搞平衡。不要小看了這個稀泥、平衡，兩個司令部之間的緩衝地帶很重要。不是有他做緩衝，我們會一次次那樣有驚無險地清除掉彭黃張周、彭羅陸楊、劉鄧陶賀？這次和林家軍相鬥，更須要他做緩衝。不要低估了這個作用。

江青第一次聽到老闆把黃、吳、葉、李、邱稱為「林家軍」，詭秘地笑了：知總理者，老闆也。

毛澤東說：所以不要理會底下的那些議論。總理辦外交，是他份內事。人家講他幾句小球運動大球，乒乓球運動了地球，沒關係。

江青答應：知道了，我以後也不相信那些飛短流長了。

毛澤東說：很好，把注意力放在林家方面，是關鍵。妳那個小老鄉，兩三個月沒有送我有價值的材料了，他和他的小組都忙什麼了？

江青略顯詫異地說：他前天還找過我……沒有來向主席報告？是不是上次撤了他軍委保衛部那邊

的職務，人家不敢來找你了？

毛澤東不悅地說：妳現在就可以通知他來。他不能光做官，不幹正經事。

江青說：人家剛從南方轉了一大圈回來，很辛苦的……好，我現在就要他來匯報情況。

毛澤東忽地臉一沉，手一搌：慢。有人向我透露，說有好多次，妳和妳的小老鄉在釣魚臺十一號樓後院閉門密談，一談就是兩、三個小時。妳和他沒有做什麼見不得人的事吧？

江青腦子裡一轟，登時臉色寡白，不知是氣憤，還是驚嚇：老、老闆……是誰黑了心，血口噴人？叫我怎麼工作，怎麼工作呀！人家有家有室，堂堂正正一個軍人……老闆，對不起，我抗議！我是你的夫人，你的學生，黨內鬥爭的一條狗，文化大革命以來，你叫我咬誰，我就咬誰，一咬一個準！而和很多人結仇結怨。人家不敢和你記仇，專和我結怨，隨時想置我於死地……而你，我的老闆，我的靠山，卻派人盯梢，任人污陷，這不公平！不公平……

江青抽抽噎噎，蒙受天大冤屈似地，哭泣起來。

毛澤東卻不爲所動：妳心裡沒有事，緊張什麼？清者自清，濁者自濁，我不過隨便問問……我當然須要瞭解身邊的人，平日都在忙些什麼。並沒有派人盯梢妳。也沒有在妳的住處裝儀器。如果眞發現妳有不正常之舉，今天就不是這種談話方式了。

江青邊哭泣邊說：老闆你又不是不知道，自一九五〇年到莫斯科治療卵巢瘤，蘇聯專家爲了防止擴散，連我的子宮一起割掉……打那起我就沒有了性欲望，你還問過婦科專家的……打那起，我連胸部雙乳都萎縮、扁平了，你碰都不要碰了，說是慘不忍睹……打那起，我就一心一意讀書，先做你的一名政治流動哨，後做你的鬥爭助手，一條忠狗……

毛澤東不耐煩了：好了好了，我不過提醒妳一句，不要在生活作風上出醜。就算妳有生理要求，也可以去找滿足，我不在乎。但不能出醜。這是最低要求。去去，把妳那個小老鄉找來，談正事。

……半個小時之後，江青的小老鄉匆匆趕到游泳池。

毛澤東和夫人江青正在吃消夜。小老鄉立正，敬禮！報告！主席，江青同志，我來了。江青隨和地指指餐桌旁的一把空椅子：坐吧，隨便吃點？你年輕，消化能力強。毛澤東挾起一塊紅燒豬蹄：年輕人嘛，過一道門坎吃三碗，我請你吃一碗，如何？

小老鄉本已坐下，忙又起立：謝謝主席，謝謝江青同志，我剛剛吃過消夜，不用不用。

江青說：你不吃，謝什麼？坐下吧。主席有話問你。

小老鄉滿臉堆笑，目光閃躲，四周看看，再又坐下。

毛澤東看在眼裡，此人不老實。不老實之人，只配去做不老實之事。於是目光罩定了他：幾個月前，交給你的任務，進行得怎樣了？很長時間沒有聽到你報告消息。

小老鄉又欲起立但被江青娘娘以眼神制止住。真沒出息，誠惶誠恐，越這樣越令老闆生疑。當年怎麼當八路軍打日本的？還說是孤膽英雄！你不過和老娘睡了覺，彼此取樂子，老闆又沒拿到你我什麼把柄，也嚇成這付熊包樣？只聽小老鄉喉嚨打結似地說：有消息，有消息……我，我都報告了江青同志……我以爲報告了江青同志，就是報告了主席……

毛澤東目光犀利：不一樣。我早說過，江青是江青，毛澤東是毛澤東。江青可以代表中央文革，不可以代表毛澤東。你說吧，你和你的小組，近來都搞到些什麼東西？

小老鄉神情稍定，思維才流暢起來，很快在腦子裡清出好幾條內情來：好，我匯報情況，供主席和中央參考。一、黃永勝同志和吳法憲同志，前腳後腳的向軍委生活服務局提出更換家裡的保母，理由也都一樣，保母喜歡在工作人員中間打聽事情，手腳也不太乾淨，懷疑她們偷看文件。

毛澤東插斷：你們就用一些這種水平的人，讓人家一眼洞穿？

小老鄉說：她們是打馬虎眼的，也沒眞的交她們什麼任務，只是用來掩護那些不動聲色的同志……好，我繼續。二、葉群同志和黃永勝同志通話頻繁。偵聽小組每隔兩三天就能偵聽到他們的通話信號。因他們使用的是總參保密電話，加入了很強的干擾波，小組聽到的只是一串串烏哩哇啦。專家說，需要一種高頻解碼器才能還原聲音。目前這種解碼器只有蘇聯和美英情報部門能製造。

毛澤東插斷：你不要講廢話。你們估計，葉群和黃永勝通話，是些什麼內容？

小老鄉說：通話時間大都在後半夜，常常一通就是兩三個鐘頭，可能涉及男女問題。

毛澤東插斷：無聊。老首長的夫人勾引了老首長的下級，還是老首長的下級搞了老首長的夫人，你們感興趣？你就是要向我匯報這種東西？

小老鄉頭上冒汗了。江青看老闆越來越不耐煩，連忙說：主席，不急，還是聽下去吧……你呀，老鄉，主席很忙，時間寶貴，撿最重要的報告。

小老鄉討好地看著主席和主席夫人：還有個林立果同志的情況，也和生活作風有關……

毛澤東一聽林立果三個字，登時目光一亮，彷彿捕捉到了什麼：林立果的事，你可以詳細點。

小老鄉受到鼓舞，增強些信心似地說：自一九六七年春上以來，葉群同志即開始布置「四大愛人」替兒子老虎選妃子……

四大愛人？江青笑了，毛澤東也笑了。

小老鄉說：就是黃總長愛人項輝芳，吳司令愛人陳綏圻，李政委愛人董其彩，邱部長愛人胡敏。其中以陳綏圻、胡敏兩人最爲賣力。她們打着替中央軍委首長挑選服務人員的旗號，拿着總參黨委和空軍司令部的介紹信，各帶一個尋人小組，耗時兩年，前後跑了十三個省市，看了數萬名各地方單位挑選出來的未婚女青年，實爲一次規模空前的選美活動。

毛澤東插斷：馬後炮。都是些二年前的舊聞，無價值。最後選上南京軍區歌舞團的舞蹈演員姜琳。姜琳現在被金屋藏嬌在北戴河，和姜琳一起的還有另外十多名准貴妃，是不是？

小老鄉頭上又冒汗了：原、原來主席都知道啊。

毛澤東說：我還知道，林立果原來是你老上級許世友的愛人田普替女兒挑中的准女婿，葉群嫌田普的女兒長得像許司令，老虎不會答應，而割捨了這門將帥姻親。你是不是許司令的老下級？

小老鄉更是手足無措、無地自容了：俺是，俺是。一九三八年參加許司令的八路軍山東挺進縱隊，許司令一路栽培……

江青提醒說：你呀，今天是不得要領。還有個上海方面的重要情況，爲什麼不抓緊時間說說？

毛澤東看看牆上的掛鐘，失望之餘，難得息事寧人地說：可以，再給一刻鐘。

小老鄉說：謝謝主席……那是三月下旬，具體日期是三月十九日，林立果、周宇馳忽然赴上海，很神秘。我帶了三名便衣跟去，進到南京東路和西藏中路交匯的地方，車多人多，交通阻塞，被他走脫。他和周宇馳到上海做什麼？我動用了滬、寧、杭一帶駐軍中總參三部的人員，只探聽到，南京軍區空軍副司令員周建平，上海空四軍政委兼上海警備區司令員王維國，杭州空五軍政委兼杭州警備區司令員陳勵耘，恰在這時，都有三天兩晚離開了各自的崗位，去向不明。

毛澤東插問：這麼重要的情況，爲什麼現在才報告？現在是八月初，已經過去了近五個月！

小老鄉又慌了，求救似地看一眼娘娘：我、我報告過……主席指定我和江青同志單線聯繫……

江青替其解釋：老闆，是我要求他在事情沒有查出結果之前，先不要驚動你的。

毛澤東臉帶怒意：三月下旬，林立果他們在上海搞了什麼活動，到現在還沒有查清楚？

小老鄉紅着眼睛說：我無能，對不起主席，對不起中央……空軍系統，封得很死，我們的人打不進去……林立果更是神出鬼沒，每次跟踪都被他甩脫，簡直像個專業的高級特工。據我們小組人員分析，他可能擅長化裝術，變男變女、變老變少的，行踪成謎。

江青擔心老闆隨時可能發作，忙打圓場說：好了好了，主席，這次就讓他匯報到這裡吧。看看，主席還有指示沒有?

毛澤東沒可奈何地揮揮手:行囉。你們不要洩氣,工作還是有成績。特殊戰線,鬥智鬥勇,很辛苦,望繼續。你回去可以傳達我的話,我很信任你和你們小組,中央寄望你們的工作取得更大成績。很晚了,你可以走了。江青留下,還要和妳說話。

小老鄉起立,立正,敬禮,向後轉,注意放輕腳步,離去。

毛澤東盯上一眼,房門被關上,說:廢物一個。記得是妳提名調他來的,許司令手下的青年將領,人才難得?忙過這一陣,讓他回南京軍區去。

江青心裡繞了幾繞,說:中央政保系統,謝富治病得出不了醫院,再調走他,誰來管事?

毛澤東說:原先謝富治工作出色,效率高,他這一病,折我一員上將。現在那個公安部長李震,妳和康生都認爲不行?

江青說:康老認爲李震是鄧小平的人,可以當公安部長,因爲也是謝富治的老部下,謝富治提名的接任人。但若讓李接掌中央政保系統,負責內衛,不踏實啊。何況中南海警衛師和中央辦公廳,也須要人去牽制汪東興。老闆呀,汪的職務太敏感、太要害了。沒有人制衡他,總有一天發展成東漢末年十常侍那樣的人。

毛澤東吸着煙,好一會沒有吭聲。直吸到最後一口,說:那就留他在中辦任那個副主任。虧得我還有華國鋒他們……明天,妳去替我辦一件事,透給林立果一點風聲,就說我最近要到南方去轉一圈，九屆三中全會之前，去做做各路諸侯的工作。妳看，派誰去透這個風的好？

江青想了想：人是現成的……小謝呀！洛陽牡丹，老闆忘記了？

毛澤東說：正是，小謝合適。林家公子好色。九屆二中全會在盧山仙人洞，她和那公子有過一度風光的。林副主席和葉群，是把全部期望放在獨生子身上了。

江青說：老闆，這樣做，要考慮自己的安全啊。

毛澤東手一揮：小謝不會背叛我。此事，妳不要和任何人講，包括對總理和康生，加上妳那個小老鄉。我要按自己的本子演出，不然很被動，懂嗎？

第六十九章　老虎打前站　滬杭勘地形

謝靜宜有時間未蒙毛主席召幸了。她知道是爲去年在廬山仙人洞和老虎苟合的事，老人家說過不生氣，但還是吃醋哪。當江青找她去釣魚臺十一號樓談心時，她立馬意識到，主席老人家仍沒有忘情她。可這次，卻是江青親口授意她去找老虎，而且轉告，主席器重她，喜歡她，不在意她和老虎有什麼親密動作，只要求她完成任務。

從釣魚臺出來，謝靜宜明白這其間的危險性，弄不好小命都要陪上的。可是啊，她十七歲參軍，在部隊受到首長寵愛，從三十八軍一名機要員調進中央辦公廳，一路晉升，當上北京市年紀最輕的副書記，副主任，行走中南海，隨侍游泳池，也就養成好強好勝好冒險的心性。眼下一邊是統帥，一邊是副統帥，能在兩頭走鋼絲，最刺激了。刺激令人興奮。謝靜宜需要的就是這份強刺激，強興奮。兩虎相爭，誰勝誰負尚無定數。自己兩邊都伺奉，都滿足他們的要求，也就是買下雙保險……要死了！

妳謝妮子怎麼有這樣的念頭？妳是主席的人！要不是主席看上妳，妳一名排級機要員能坐直升飛機，當上北京市委副書記？主席不單是需要你的身子，更需要妳的忠誠。牢記主席教導吧：要鬥私批修，要鬥私批修。狠鬥私字一閃念。

去年九月從廬山回到北京，謝靜宜還和老虎幽會過兩回。那時華北整風會議還沒有召開，內部局勢還不像後來這樣緊張。那兩次老虎竟膽大包天，直接打電話到市革委謝靜宜的辦公室來，嚇人不嚇人？好在那電話沒有被人注意。她也向吳德同志請了假，說身體不適，晚上的會議就不參加了。吳德人老實，心裡卻透亮，每當小謝下午請假，多半是游泳池主席那邊找她，特殊人物，特殊任務呢。

林立果和她約定過聯絡辦法。這次，老虎親自駕一輛蘇式吉姆車來接她。車窗上有深色紗簾。老虎駕車一路西去，不知走了多遠，才進到一座軍營，不，是空軍機場。連過三道門崗。那些門崗都熟識這輛吉姆車似的。沒有要求出示證件。車子開進機場深處一座僻靜四合院的車庫裡。老虎這才請謝妹子下車，兩手一抄就把她抄離了地，踢開一扇門，咚咚咚一路拐兩道彎兒，再又踢開一扇房門，進到一間大臥室，把她往席夢思大床上一扔，扔得她身子都彈了兩彈。

老虎這人講衛生，讓都脫了衣物，先去洗淋浴。浴盆裡，兩人共一個蓮蓬頭，嘩嘩沖洗，水花四濺。水花裡，相抱相撫，謝妹子興奮得哇哇大叫。忽又停住。老虎說：妳叫，儘管叫。這院子是我的禁區，沒有傳喚，任何人不得進入。妳叫喚得越響亮，我越刺激，來勁……兩人在蓮蓬頭下折騰了好一會子，才鬆弛下來，平躺在浴缸裡歇息。

謝妹子的手仍撫在老虎的私處：你呀，膽子也忒大了些，把俺弄來這裡……俺都有些怕怕哩。老虎邊吸吮著她的乳頭邊說：你們市革委的人誰也想不到妳會到我這裡，還以爲去了游泳池……對了，妳講講，我比那老漢如何？

謝妹子明白「那老漢」指的是毛主席，且是問的房事能力，隨口答道：當然是你行，像隻下山虎，威猛。人家是七十七歲的老人，怎麼和你相比？但比你粗……

老虎並不吃醋，反而笑嘻嘻地又問：他一次能弄妳幾分鐘？好，好，就問這一次。妳是皇上寵幸的，我每次弄妳，就特來勁……妳放心，我現在是個觀念開放的人。他一次能弄妳多少分鐘？

謝妹子恨得牙癢癢的，卻不得不說：你眞壞！在仙人洞那頭一次就問過。人老了，不行了，只是愛玩，又力不從心，也就一、兩分鐘的事……不講了，不講了。老虎，俺不再講這個。在這方面，俺是喜歡你，願和你在一起……

老虎說：我也喜歡妳，才不避風險去接妳，每次都和妳鏖戰，妳也是越戰越勇……前些日子，周宇馳他們告訴我一支湖北民歌，背給妳聽聽：情妹有坵三角田，白白荒了十八年，有朝來了插田漢，橫插豎插爲妹忙，前頭辛苦後頭甜……謝妹子，我像不像那插田漢？

謝妹子纖纖玉指拍打在林立果肩頭：你壞你壞，俺不依，俺不依……壞鬼……日後，打不打算娶我？不是說現在，是講林副主席接班之後。我不管你三宮六院，只想當個政治夫人。什麼政治夫人？就像江青同志那樣，和毛主席早就睡不到一起了，但政治上忒信任她，最要害的事交她去做。

林立果說：妳想做江青第二啊？現在老漢健在，耳聰目明，四處盯得很緊。等到時機成熟，條件許可，我一定娶妳，政治夫人就政治夫人，妳也有這個能力。

謝妹子的手又撫住了老虎的私處：有你這句話，我算沒白和你相好一場。老虎，風聲越來越緊，爲了日後能長相守，我們暫時還是少見面。你可以安排人和我單線聯繫。最好是個女的，不顯眼。

林立果說：難得妳這麼痴心又細心。爲了日後的事啊，需要妳出些力。我可以派個人和妳聯絡。是我們毛家灣二號一名保母，三十來歲，我叫她楊姐。妳不要吃醋，我和妳說啊，楊姐可有一身好功夫，能把人伺弄的死去活來。那個妖精的本事，說是無師自通。

謝靜宜說：我吃的哪門子醋？她怎麼的就能把男人伺弄的死去活來？看看，你的又起來了不是？敢情是門小鋼炮哪！起去起去，俺替你擦乾身子，上床浪去。

兩人各以一方大浴巾，搶着替對方擦乾身子，出浴室，翻滾到席夢思床上。忙活間早又是兩身大汗。這屋子有從地下人防工程裡抽上來的涼風徐徐吹拂，但不足以降下北京地區三伏炎天的高溫。老虎停止動作，告訴謝妹子：楊姐下體練有玉女功，男人的傢伙插進去，能被緊緊箍住，箍到你疼痛，健壯，舒服。還可防止男人早洩，玩的時間很久。最長的一次，她讓我足足快活了五個小時……妳知道嗎？歷史上那些帝王啊，周幽王專寵褒姒，商紂專寵妲己，漢武帝專寵趙飛燕，唐明皇專寵楊玉環，宋徽宗專寵汴京名妓李師師，還有大英帝國那個不要江山要美人的愛德華，都是被女人的姿色加床笫功夫所迷惑……

謝妹子心裡暗自吃驚，女人若能操習出這等功夫，可謂無往不勝矣！好，今後就設法向這楊姐學上幾手，迷住老的再迷小的。

老虎見謝妹子不說話，走了神兒似地，便問：好哇，正和我弄着哪，又想老漢了？妳不是講他不行了，每次一、兩分鐘就敗下陣去？

謝妹子飛紅了臉蛋，在老虎肩上掐上兩把：你壞，數你壞！儘冤枉人。人家在想你那楊姐，怎麼來和我聯絡呀？

老虎頑皮地說：急着拜師學藝了？這樣吧，你們每星期一的傍晚見一次面，兩人都穿軍裝，不扎眼。地點？在東安市場北門，離妳下班的地方近。見面後一起逛商場，進女廁所交換情況。都是口頭轉達，不留文字痕跡。

謝妹子說：老虎，你是大事拿得起，小事放得下。這次呀，也不用你那個楊姐轉告了，有個情況，現在就和你說了吧。

老虎一聽有情況，一分神，下體就軟不拉嘰了：是不是有關老漢的？謝妹子卻要憋一憋老虎：看看都軟了，都軟了，俺不依，俺不依……

老虎說：妳先說了，今晚上再和妳幹兩回。有人從山西侯馬帶回來幾盒秘製「男寶」，有神效。妳先說了。

謝妹子看他猴急的樣子，覺得好笑，遂附在他身邊作耳語：報告親愛的林副部長，俺前天去中辦資料室查資料，看到主席圖書館門廳裡，放着十多箱書籍……俺猜想，老人家又要出行了。老人家每次出行都要帶上十幾箱書。什麼時刻動身？說不準，連汪東興都不會知道。俺幾次隨行，都是出發前一個小時才突然接到通知，上專列。汪主任大約也只是提前兩個小時才接到命令，說走就走的……這次，要去北方還是南方？他不會去西北。自四九年進京後，他再沒有去過西北。五十年代，他去過幾次東北，還去過一次西南。他去得最多的地方是中南和華東，幾乎年年都去。他是南方人，喜歡南方……對了，今年夏天不會去北戴河了，原因不明。我偶爾聽到過幾句，今年十月一日國慶節前，要開九屆三中全會。國慶節後再開四屆人大會議。所以估摸老人家最近會南巡，用他的話說，去做各路諸侯的工作。路線無非兩條，一是他的專列走京廣線南下，到武漢、長沙等地停留，再從浙贛線轉去南昌、杭州；二是走京滬線南下，在南京、上海停留，到杭州西湖休息一段，再從浙贛線轉京廣線，經南昌、長沙、武漢，最後返京。他具體什麼時候出行，等有了準信，我再讓那個楊姐告訴你。

從謝靜宜處得到核心機密，林立果第二天即趕往北戴河向母親葉群匯報，林立果問要不要報告父親。葉群搖頭，並責備說，你這孩子，怎麼還在和謝靜宜那妖精廝混？擔心中了人家的美人計啊。林立果竟說：我把她操舒服了，她想等副主席接班後，我娶她做政治夫人哪！葉群咬咬牙說：作夢，她個爛貨，休想進林家的門！老虎，你不要再和她往來，她會要你的腦袋。林立果不以為然：媽，不和她往來，能得到B五十二出行的消息？哼！她要我的腦袋，老子先把她兩隻奶子割下來！

局勢緊迫，母子倆當即擬訂下「應變計劃」：一、江騰蛟、王飛、于新野、李偉信、周宇馳五人組成前線指揮所，實施「五七一工程紀要」。江騰蛟任南線總指揮，王飛任北線總指揮；二、林立果、周宇馳即日赴南方，實地觀察地形，落實行動方案。

說走就走。林立果從北戴河出發，周宇馳從北京出發，兩天之後在杭州筧橋空五軍小招待所碰頭。林立果、周宇馳又一次甩掉了江青小老鄉那組人馬的跟踪。進到空五軍營地，空軍弟兄們的天下，就算有人猜中他們的目的地，也徒呼奈何。

在小招待所，林立果向空五軍政委、杭州警備區司令員陳勵耘叔叔說明來意。陳勵耘老謀深算，讓林、周二位扮成自己的秘書隨員，四處蹓躂散步。筧橋機場有條鐵路支線，距杭州火車站二十多分鐘路程。鐵路支線旁有兩座油庫，儲存空軍戰機燃油。毛澤東每次南巡到杭州，他的專列火車均停靠在筧橋機場的鐵路支線上，便於安全警衛和隨時轉移。

林立果對鐵路支線旁的兩座油庫大有興趣。他繪下地形方位草圖。一個行動方案浮現在他腦際，但暫時沒有對陳勵耘叔叔提出。各種行動方案須經仔細推敲、比較之後，才可端出來密商定奪。

陳勵耘還領着林立果、周宇馳察看了毛澤東在杭州西湖的住處——汪莊的地形。汪莊位於西湖南端，旁邊不遠就是花港觀魚，三面環水，半島形狀，爲宮廷式庭院建築。陳勵耘沒有領他們進到汪莊內部。裡面長住著中央警衛局人員，隨時準備接駕的。即便是陳勵耘這樣的當地駐軍首長，若帶了不相干的人員進去參觀，情況也會立即匯報到北京中央辦公廳去。

回到筧橋機場小招待所，林立果設想出三套攻打汪莊的方案：

一、由陳司令員派出屬下的小艦隊人馬，於夜間突襲，解除B五十二衛隊武裝，像西安事變東北軍和西北軍聯手捉蔣那樣。但不搞活捉，乘混亂把目標擊斃。之後宣布軍人叛亂，謀害了偉大領袖；

二、在汪莊內部買通人員縱火，引爆炸藥，小艦隊人馬投入搶救時，趁混亂把目標擊斃；

三、從水上以四〇火箭筒及火焰噴射器密集轟擊汪莊，並堵斷逃生出口，務求將目標擊斃、燒焦。就像一九五〇年十一月朝鮮戰場上，B五十二的長子毛岸英被美軍投下的凝固汽油彈燒焦那樣。

無毒不丈夫。對付B五十二這樣的獨夫民賊、現代秦始皇，只能這樣幹。

離杭州前夕，林立果找陳勵耘深談，討教。他派周宇馳在室外看書，觀察四周動靜。

陳勵耘聆聽了林立果的從肉體上清除B五十二的行動計劃，心裡一陣陣發冷。但面對林立果，就像面對林副主席和葉主任那樣，態度謙恭溫順：什麼討教不討教的？林副部長，吳法憲司令員早就交代過，立果同志可以指揮空軍的一切。我們空五軍是你的下屬哪。服從你的命令，就是服從林副統帥……只要林副統帥下令，我陳勵耘堅決執行！

林立果怕陳叔叔沒有明白他的意思，而問：對付B五十二的兩項行動計劃，我講沒講清楚？

陳勵耘說：第一項，利用B五十二的專列火車停筧橋機場鐵路支線的時機，引爆旁邊的儲油庫，再派部隊上去救火，乘混亂把B五十二擊斃；第二項，利用B五十二入住西湖汪莊的時機，派小艦隊對汪莊實施直接攻擊，務求把他燒焦，殲滅。是不是這樣？

林立果點頭：陳叔叔不愧智勇雙全……兩項計劃，可行不可行？估計會有些什麼困難？

陳勵耘沉思片刻，說：可行，有林副部長親自坐鎮指揮的話，當然可行……困難確實有一些。若實施筧橋支線方案嘛，我首先要報告林副部長，日常負責機場保衛的，是我們空五軍警衛團的一個連級單位，四個排一百八十多官兵。但每次接到命令，B五十二的專列火車要靠機場鐵路支線時，機場的保衛工作就由先期到達的中央警衛團人馬接管，加上南萍的省軍區獨立師，把周圍一帶保衛得鐵桶一般。我們空五軍的那點子人馬則被隔離開去。而且還有個特別的規定，兩座儲油庫完全封閉，嚴禁任何人接近。所以這個方案實施起來會相當困難。林立果並不氣餒，問：可不可以派你的小艦隊對油庫實行突襲，弄他個措手不及？然後派大部隊跟上。比方說調動一個師。

陳勵耘心裡苦笑，真是個趙括，讀了幾本兵書……嘴上卻說：若真的蠻幹起來，也不是不可以。副部長，我比你痴長了二、三十歲，打過些仗，從來不把他娘的這條性命當回事。我常和我家屬講，沒有林副統帥，就沒有我姓陳的今天。我要向林副主席和葉主任效忠，不能不向副部長報告真實情況。我這裡的小艦隊組建不到五個月，只有一個排的兵力，政治教育，武器裝備、技能訓練都還沒有到位。以什麼名義派他們去摧毀油庫？畢竟都是人民子弟兵啊，他們會服從命令？當然也可以派一名壯士駕駛油罐車去撞擊、引爆。但目前我還沒有找到荊軻、專諸式死士。至於後續的一個師，我手頭沒有。就是有，也可能拒絕服從。我們的子弟兵不同於過去軍閥的私人軍隊。和平時期，部隊實行的是黨委集體決策制……我的意思，副部長你明白？

林立果好生失望。但他相信陳勵耘叔叔講的是真話。都是老爸的那套政治掛帥、政治建軍思想鬧的！二十多年來，老爸一直號令全軍學毛著，學毛思想，忠於毛，誓死保衛毛……現在好了，老爸自己把自己的手腳先捆上了，欲調支部隊把毛搞掉，比李白詩中那個蜀道還萬難了。林立果仍是忍不住要問：陳叔叔，那派部隊去攻打西湖汪莊的方案，更是不可能了？

陳勵耘點頭：副部長講的對，更無法說服部隊去執行該項攻打任務。我這名杭州警備區司令員是個空殼殼，警備師是省軍區直接管轄，師長、政委、團長、營長、連長、排長都聽省軍區司令員南萍的。我們空五軍呢，副部長你知道，沒有地面作戰部隊。

越說越喪氣。但陳勵耘說的又都是事實。看來，只好到上海去找王維國叔叔想辦法了。

陳勵耘嘆口氣，說：可惜一九六七年武漢那次，千載難逢，沒有人去因勢利導，把B五十二幹掉。不然，林副統帥早就接了班，文化大革命也早就結束了。當然，這是馬後炮。

提到武漢兵變事件，林立果一時又很神往。那次是人家武漢軍區警備師和湖北軍區獨立師幾萬名官兵上下一心，同仇敵愾，反中央文革！指戰員們都是自發的，滿腔怒火，武裝衝擊東湖賓館，抓走中央文革代表謝富治、王力。可惜沒人在其中引導部隊去衝梅嶺二號，B五十二號正好住在那裡。那次，官兵們確是反叛了，若抓住B五十二，肯定有人下手……陳再道是草包，不是幹大事的人。

陳勵耘說：那時中央的局勢，也和今天大不相同。

林立果說：是啊，那時中央兩主席，統帥副統帥，還很親密。他們還有共同的對立面，劉、鄧、陶、賀還沒有被打倒……陳再道又是徐向前的老部下，不是我們線上的人。可惜了，是可惜了，野戰部隊願意動手的機會，怕是難再了。

陳勵耘爲避免林立果掃興、失望，終於半呑半吐地說：機會總是有的，天無絕人之路……

林立果十分敏銳地問：陳叔叔，你另有高招啊？請不吝賜教。

陳勵耘搖搖頭：賜教不敢當，我只是有個不成熟的想法，提出來供副部長參考。副部長也可以帶回去，給葉主任和副統帥做參考……我的意思是，對付B五十二，最好的辦法是打動不打靜。打靜，須在他的住地進行。層層防守，十分嚴密，很難取勝。打動，就是趁他的專列火車在行進途中，進行轟擊。上次「三國四方會議」上提到過的。

林立果興奮得站立起來，差點大叫：好！太好了。好個打動不打靜！對對對，專列在行進中，是他保衛工作的薄弱環節。他的衛隊也在專列上，施展不開火力。等待野戰部隊的增援也需要時間。高！陳叔叔，生薑老的辣，老虎要向你鞠躬了。可不可以再說得具體些？

陳勵耘說：B五十二的專列火車，一般有兩列，前一列叫前衛車，是開路車兼備用車，由七節車廂組成，除了少數衛隊士兵乘坐，基本上是空著；後一列才是B五十二的眞正專列，也是由七節車廂組成。B五十二乘坐的那節車廂稱爲主車廂，在列車的正中間位置，掛著黑絨布簾，臥室兼書房。從主車廂往前數：第一節是副車廂，汪東興以及隨行的中央負責人乘坐。第二節是機要車廂，秘書、機要人員乘坐，包括收發電報。最前面的一節是警衛車，供衛隊乘坐；主車廂後面也是三節車廂，第一節是餐車和醫務室。第二節是物資存放車，最後一節是後衛車，供衛隊乘坐。由於中間的主車廂上掛著黑絨窗簾，所以很搶眼的。就是把整個專列的七節車廂全部炸毀，都不是什麼難事。

林立果急不可待地問：陳叔叔，那專列的時速是多少？

陳勵耘說：副部長，看把你給激動的。專列時速約六十到七十公里左右，比一般列車要快些，是個大目標物。從杭州到上海，全線封路，不停站行駛，也要兩個半小時。

林立果拳頭一揮：好！就在這兩小時之內定乾坤。可以派空軍轟炸機炸，也可以安排火炮從側面轟擊！定叫他車毀人亡，一個不剩。之後封鎖現場，處理乾淨，再宣佈是火車爆炸事故，告示天下。

陳勵耘看林立果那副志在必得、手到擒來的樣子，心中不禁又暗自憂慮、嘆息：林總、葉主任啊，你們自己不肯出面，甚至都不讓黃、吳、李、邱出面，而派個娃娃來圖謀這件驚天地、泣鬼神的大事，是不是有些輕率啊？

林立果興奮之極，不忘問：陳叔叔，目前，你手下有不有勇於獻身的轟炸機駕駛員？

陳勵耘心裡一沉，嘴上說：轟炸機光有駕駛員不行，至少還應配備有導航員和投彈手……林副統帥有親筆手令的話，或許可以安排……

林立果說：自古重賞之下，必有勇夫。手令會有的，牛奶、麵包會有的……山窮水盡疑無路，柳暗花明又一村。陳叔叔，我晚上去上海找王維國叔叔。你還有什麼指教沒有？

陳勵耘心頭一鬆：指教不敢當。我派小艦隊的人護送你和周副主任去上海，目標儘量小一些……方才的話，我只對你一個人講了。在未拿到副統帥手令並具體完成之前，你不可告訴第二個人，包括對你王維國叔叔。做得到嗎？

林立果立正，敬禮：是！聽從陳叔叔指教。事成之後，叔叔就是開國元勳，至少進中央政治局，當上軍委副主席。

陳勵耘笑了：老虎，不是叔叔說你，你那個封官許願作不得數。叔叔嘛，也年近花甲的人了，只求下半輩子不做階下囚，足矣！除非多年之後，你接了爸爸的班，當上黨主席和軍委主席，哈哈哈。

林立果卻是認了眞，硬是要和陳勵耘擊掌爲憑：陳叔！我林立果，言必信，行必果。

林立果和周宇馳被空五軍小艦隊的兩輛吉普車送到上海郊外的空四軍小招待所。空四軍政委兼上海警備區司令員王維國百忙之中抽出兩天時間，親自駕駛車，領著林、周二位視察了三處地形：一處是虹橋機場鐵路支線，B五十二的專列火車停靠處。此處地勢平闊，附近無高層建築，但有一座油庫；第二處是顧家花園，離機場不遠，B五十二在上海的行宮。每當B五十二入住，四周就形成三道防線，警衛得鐵桶一般，也不是個好動手的地方；第三處是從上海到蘇州之間的一段鐵路路線。其間有個名叫碩放的火車小站，旁邊就是空四軍的機場……林立果對碩放一帶的地形產生出濃厚的興趣。他問王維國叔叔：從上海到蘇州，火車要走多少時間？王維國告訴：快車不停站，只要一個小時。B五十二的專列更快些，大約只須三刻鐘。林立果又問：碩放附近，有多少座鐵路橋梁、涵洞？王維國回答不出，立即找來軍事地圖，向林部長一一指出：涵洞較多，橋梁只有一座。林立果眼睛放亮了：王叔叔，幹掉B五十二，就在碩放這座鐵路橋梁上下功夫。

王維國久經戰陣，也不能不佩服林家老虎的眼力和膽魄：中！那橋梁平日只有一個班的士兵值勤，很容易解決掉。你問是誰派出的？屬南京軍區第六十軍，許世友手下王牌，機械化程度高，十萬人馬，拱衛在上海、杭州外圍。林立果說：我們不管什麼許世友不許世友，王牌不王牌。只要幹掉了B五十二，他許和尚就會乖乖地聽林總的……碩放橋只有一個班的陸軍值勤，王叔叔你的小艦隊不用費大力氣就可以繳它的械。但時間要估算得很準，在橋下埋設炸藥，頂多只有半小時。

王維國沒有料到林立果的這一手。這方面他不如杭州的陳勵耘。但王維國有幹勁，有膽量，少顧忌，說：老虎，你回去報告林總，只要他下命令，等下次B五十二到上海，接見黨、政、軍領導幹部時，老子帶上支小傢伙，當面就把他幹掉，替黨替國家除一大害！犧牲我一個，省去許多事。

林立果激動地說：王叔叔行俠仗義，有這個決心是好的。但儘量避免採用這種方式，而且汪東興那夥人盯的很緊……林總和葉主任的意思，上次也透給你了，計畫把上海、杭州、南昌一帶搞成南方基地，爭取把B五十二在滬、杭一線幹掉。萬一幹不掉，北方待不住了，他們就撤到南邊來，形成南北對峙局面。所以叔叔要保重，父親還有更重的擔子交給你。

……此時，一套完整的行動方案在林立果的腦子裡形成。為了慎重，在呈請副統帥爸爸首肯之前，就是對王維國、周宇馳這樣的親信幹將，也是不能隨意透露的：製造新的「皇姑屯事件」。你們知道「皇姑屯事件」嗎？皇姑屯是京瀋鐵路靠近瀋陽的一個小站。一九二八年六月四日，入侵奉天的日軍派出特工，在皇姑屯車站進站口埋設大量炸藥。當張學良的父親——東北王張作霖率領警衛團，威風八面地從北平乘坐專列火車回瀋陽大本營，途經皇姑屯時發生大爆炸，把張作霖炸成重傷不治死亡……這就是當年震驚中外的皇姑屯事件。林立果的設想，是在從杭州到上海，從上海到蘇州、南京的數百里鐵路線上，利用涵洞、橋梁，多處埋設炸藥，對B五十二的專列火車實施連環追殺，定教他逃得過杭州逃不過上海，逃得過上海逃不過蘇州，炸他個人仰馬翻，血肉横飛。

第七十章　炎暑南巡　武昌吹風

毛澤東決定冒着酷暑南巡。他沒有像往常那樣召開政治局會議，說走就走了，只和周總理及夫人江青打了招呼。

江青知道，老闆是爲了對毛家灣二號那伙人封鎖消息。也是要暗中考察一次，看看身邊的人誰會搶先把他南巡的事透到北戴河林彪夫婦那裡去。這種時刻最能考驗幹部的忠奸了。江青對老闆仍把汪東興帶在身邊表示憂慮：太危險，汪東興很可能身在曹營心在漢。

毛澤東訓斥婆娘：是你瞭解汪東興還是我瞭解汪東興？他十六歲參加紅軍，就替我當書童，會加害於我？妳又提廬山會議他站錯隊、表錯態的事。他已向我下過跪，已作過七次公開檢討，華北整風會議，中央九十九人整風會議，中央辦公廳大會，中南海警衛師七千人大會，都是公開檢討，一次次賭咒發誓，痛哭流涕。我還能不信任他？可以告訴妳，不要再指望我同意派妳那個小老鄉來統領中央警衛團。當然，對汪東興要繼續觀察，不是一點戒心沒有。帶他走，也是爲了妳和春橋的安全。八三四一部隊聽他指揮，妳和他關係搞那麼僵，萬一他有什麼不利妳的舉動，妳和春橋怎麼辦？

江青本來十分白淨的臉蛋此刻越加泛白了，心裡恨的癢癢：老闆這人連對自己最信賴的老婆都要留一手，留下汪東興，在某種意義上就是爲了牽制她江青。

毛澤東囑咐：這段時間，留妳在北京，就是看好家，不要被人端了老窩。這任務還不要害？妳和康生、春橋繼續用好那幾個管道，隨時掌握北戴河那邊的動向，掌握黃、吳、李、邱加上林立果一伙人的動向。有情況隨時報告。仍由總理主持日常工作。我已告訴總理，過幾天他和張春橋、黃永勝、紀登魁去北戴河向林副主席匯報工作。國慶節之前開九屆三中全會，節後開四屆人大，不要再拖了。

江青仍對老闆南巡的安全擔憂：你年近八十的人了，三伏炎天的，去深入虎穴啊？據我所掌握的情況，武漢軍區政委劉豐，廣州軍區司令員丁盛、政委劉興元，江西省軍區政委程世清，杭州警備區司令員陳勵耘，上海警備區司令員王維國，都是林家的親信大將，人說林家軍統轄着中南和華東。

毛澤東手一揮：那就更要去！我不信這些老紅軍出身的將軍會對我下手。就算紅一方面軍出身的人，林的威望會高過毛澤東？妳可以相信，反正我不信。妳是不是看我年紀老了，鬥不過了？昔曹孟德有言：神龜雖壽，猶有竟時，螣蛇乘霧，終爲灰土。老驥伏櫪，志在千里；烈士暮年，壯心不已。盈縮之期，不但在天；養怡之福，可得永年。幸甚至哉，歌以詠志。……就這樣吧！還是那句老話，不入虎穴，焉得虎子。毛澤東就是好革命，好鬥爭，與人奮鬥，其樂無窮。

一九七一年八月十四日深夜，毛澤東的專列火車悄悄離京南行。隨行護駕的仍是中央警衛團一中隊的一百條好漢，配備超強火力，每人一大一小兩件武器。還有個機槍排，配備輕重機槍。

像往常出巡一樣，毛澤東的專列火車為兩列，前一列為前導車，車上設備齊全，除少數警衛人員，基本上空着，是開路車及備用車。毛一行人則乘坐在後一列火車上。此兩列火車出巡方案，還是周總理於文革前夕，找中央警衛局和鐵道部研究多次，為確保毛的安全而安排下的：萬一前導車遇襲或路軌被破壞，毛乘坐的後一列專列可及時後退、改道，避過危險。

由於文革期間中國鐵道部門還沒有內燃機車或電氣化路線，毛澤東的專列也只能以燒煤的蒸汽機車車頭牽引，因之每行駛五小時須更換一次火車頭。為此，毛澤東每次出行都要帶上公安部長和鐵道部長。沿途全線封路、一切客貨列車停駛讓道不說，每到機務段換車頭時，還要命該機務段的段長兼黨委書記全責押車，直到把專列安全送抵下一個大站，換上新的機車車頭及新的段長兼黨委書記為止。火車司機、副司機、司爐更須家庭出身貧苦、政治絕對可靠、技術絕對過硬的黨員工人擔任。但他們和段黨委書記都不知道專列上坐的是哪位中央首長，亦禁止打聽。

往常，毛澤東的專列出巡，天上還有三架一組的空軍戰機護航。此次出巡，毛澤東對空軍存有戒心，取消了戰機護航。

八月十六日凌晨，毛澤東的專列抵達華中重鎮武漢，停靠在武昌區的一條僻靜的鐵路支線上。毛澤東先召武漢軍區司令員曾思玉上車談話。曾思玉江西信豐人，十七歲參加紅軍，不算林彪的部下，而是毛澤東的老相識。第一個召他上車，是把此行在武漢逗留期間的外圍警衛任務交給他：我在武昌期間的安全，由你和中央警衛團張團長負責，其他任何人不准插手，包括你們的政委劉豐，以及我帶來的汪主任。但這話不要傳出去。還有，你發個電報給周總理，安排華國鋒今晚上來武昌見我。

曾思玉立正，敬禮，向偉大領袖保證：主席的安全決不會有問題，警衛部隊是我親自調派的，我這就再去全面檢查一次，回來接主席下車，天氣太熱，還是住到東湖梅嶺二號去，各方面條件好一些……說罷，下車去了。

毛澤東通知汪東興，讓劉豐和隨車而來的河南省委書記劉建勳、河南軍區司令員王新上車談話。毛澤東興致很好，一談就是幾小時。他先親切地問劉豐湖北、河南的情況，笑稱劉豐大軍區政委，類似過去的兩省總督。

劉豐匯報說：在主席路線的光輝照耀下，湖北、河南形勢大好，人心穩定，市場繁榮，農村早稻豐收。今年是文化大革命運動結碩果的年份。

毛澤東心裡不悅。劉豐跟着林副主席學，什麼都能吹的天花亂墜。河南仍在武鬥，湖北兩大派問題還沒有解決，「百萬雄師」一直在鬧翻案，怎麼是形勢大好，人心穩定？遂說：這幾年，我是好話聽了千籮，差點忽略另一方面的問題。比如，是要馬列主義，要團結，要光明正大；還是要宗派，要山頭，要分裂，要陰謀詭計？劉政委，你們不要緊張。我今天是和你們談心，交心。算有的放矢，也算無的放矢。至於聽不聽得進，就是另外一回事了。

劉豐很敏感，立即起立，立正，敬禮：報告主席，我劉豐永遠聽從主席指揮！汪東興、劉建勳、王新也跟著起立，表明態度：忠於主席，忠於主席的革命路線。

毛澤東吸着煙，笑笑：看看，要你們不緊張，還是緊張囉。坐下，坐下，有話慢慢講。我們這個國家啊，也是奇怪，喜歡團結，不喜歡分裂。中國黨沒有分裂，五十年來沒有分裂。蘇聯黨分裂過，分成布爾什維克和孟爾什維克。前者是少數，後者是多數。後來少數戰勝多數。歷史上，也有人想分裂我們黨，但都不成功。

劉建勳問：都有哪些人分裂過我們黨？

毛澤東說：劉書記，老朋友，你是文官，也不學點黨史？陳獨秀、王明、張國燾等人，就曾經多次分裂黨，但沒有得逞。陳獨秀是大右傾機會主義，一九二七年八七會議解除他的總書記職務，他拉了八十一個人組成「列寧主義左翼反對派」。左翼個鬼喲，右得不能再右，沒搞多久，就垮台，以後變爲托派。其中有個叫劉靜仁的，年紀比我小，現在還活在北京，聽說關到秦城去了。他曾經從莫斯科跑到土耳其去見托洛茨基。還有個羅章龍，托派加右派，一九三一年另立中央，分裂黨，也沒有得逞。他還在武漢當教授嗎？劉政委你知道這個人？也關起來了？放了吧，給口飯吃，養起來做反面教員。他是瀏陽人，我的老鄉，同學。他用的名字很多，也叫羅敖階。你們問瞿秋白、李立三算不算搞分裂？不算，是犯了左傾盲動主義錯誤，給革命造成重大損失。

接下來，毛澤東談到井崗山和江西蘇區時期的黨內鬥爭，講到他本人受到的打擊、排擠：一九二九年六月下旬在福建龍岩開紅四軍第七次黨代表大會，十月初又在福建上杭開紅四軍第八次黨代表大會。我是紅四軍黨代表，朱德是軍長。會上他們批我的富農路線，我被迫離開紅四軍。由陳毅當上紅四軍前委書記，奪了權嚒。八月份，他們派陳毅秘密去上海，向黨中央匯報工作。中央政治局舉行臨時會議，專門聽陳毅匯報。周恩來當時是政治局常委兼中央組織部長和軍委書記，聽了匯報後對陳毅講：你們怎麼能這樣對待毛澤東呢？應該擁護他，江西根據地是他搞起來的，他的一套是對的……有意思的是，陳毅這個同志啊，起初那樣起勁的反對我，到上海受到批評，卻根據周恩來幾次談話的精神，代中央起草了一封對江西根據地工作的指示信，經周恩來審改後帶回。信中肯定了毛澤東的一系列政策方針，戰略戰術，明確指示「毛同志應仍為紅四軍前委書記」。

毛澤東說：那次陳毅去上海，原本是去告我狀的，但周恩來做了好事，批評陳毅犯了極端民主化錯誤。還要我「復辟」。中央要我「復辟」，我就「復辟」了。

劉豐、汪東興、劉建勳、王新都笑了起來。汪東興說：我在主席身邊工作了這麼久，也還是頭一回聽主席講這段歷史。

毛澤東說：一些個人遭遇，我本來也不想講。今天是和你們交心，讓你們知道些事，相互做個知心朋友嘛。劉政委，你說是不是？

劉豐趕忙點頭：做主席的小學生，永遠跟主席走。

毛澤東說：好，我繼續。一九二九年十二月，紅四軍又在福建上杭古田舉行第九次黨代表大會，貫徹黨中央的指示信，糾正黨內錯誤思想，通過古田會議決議，在我們黨和軍隊的歷史上意義重大。你們可能不知道，那一年有個年輕的紅軍將領給我寫過一封信，問井崗山的紅旗還能打多久？對革命前途表示懷疑。我寫了《星星之火，可以燎原》一文回答他。這名紅軍將領今天已是位大人物，我不講他的名字，你們心裡有數。

河南軍區司令員王新不知道此人是誰，附耳問劉豐。劉豐搖頭。劉建勳和汪東興咬耳朵，問是不是林副主席？汪東興點頭。

毛澤東說：你們不要作耳語。此人解放後改口，寫詩否認：壯志已成大業，豈疑星火燎原？人家不認帳，想賴帳。陳毅同志就不同，敢承認錯誤，敢把中央的指示信原原本本的帶回根據地，信還是他代中央起草的。陳毅是個襟懷坦白、光明磊落的人，不存私心雜念。要是換了另外的人，在那樣信息閉塞的地方和年代，是很容易封鎖消息和假傳聖旨的。所以陳毅同志有錯誤，但本質是好的，不搞陰謀詭計，是個好同志呢。

毛澤東的用意很顯明，借蘇區舊事，喻幹部忠奸。他接着說：古田會議之後，是糾正李立三的左傾盲動主義路線。王明在上海開六屆四中全會，發表《為中共更加布爾什維克化而鬥爭》，他是公開論戰。不久他去了莫斯科，當了共產國際執行局東方部委員，遙控國內的革命鬥爭。這期間江西蘇區的紅軍壯大了，由林彪的紅一軍團、彭德懷的紅三軍團、蕭克的紅五軍團組成紅一方面軍，朱德是總司令，我是總政委兼前委書記。……六屆五中全會是在瑞金召開的。那時地下黨中央在上海混不下去，搬到了江西蘇區，主要是博古、張聞天、周恩來、任弼時，王稼祥、李富春、李維漢、陸定一、何凱豐等人，加上一個共產國際的軍事顧問李德。我是中央政治局委員，卻不准我出席六屆五中全會。他們還撤了我的紅一方面軍總政委兼前委書記，不讓我在軍隊工作，派去當蘇維埃中央臨時政府主席，做群衆工作。我再次受到排擠打擊。從此由「毛委員」改稱「毛主席」，是個空頭銜。一九三二年十月，中央又開寧都會議，進一步批判我在紅軍部隊中推行的一套戰略戰術。

劉豐插話：原來「毛主席」這個稱呼是這麼來的。

毛澤東說：不久，國民黨軍隊向江西蘇區進行第四次大圍剿。這次反圍剿戰役是周恩來指揮的，他兼任了紅一方面軍總政委和前委書記，戰略戰術仍是我的那一套，所以能打勝仗。這事，葉劍英同志可以做證明。

汪東興插話：這段歷史，我聽葉帥講過。那時，葉帥站在主席一邊，同情主席的遭遇。周總理也私下指示過要照顧好主席的身體。那時主席患瘧疾，養病。

毛澤東說：接下來是第五次反圍剿戰役。博古、李德、周恩來那個三人團瞎指揮，二十萬紅軍部隊被消耗剩八萬，差點全軍覆滅，只好放棄江西中央蘇區，實行大撤退，大轉移，後來稱做「長征」。開始也是一路敗仗。湘江一役，就損失四萬多人馬，輸得很慘。那時我不能參加軍事指揮，只是躺在擔架上跟着敗退。一九三五年一月到貴州遵義，開政治局擴大會議，撤了博古、李德的那個三人團，改由我、周恩來、王稼祥組成新三人團，恢復了我的紅軍指揮權。可是沒過多久，紅一軍團的那個負責人就又向中央發電報，要求撤銷毛澤東，改由彭德懷指揮全軍……不是對我最忠最忠嗎？關鍵時刻就不那麼忠了囉。先是懷疑井崗山的紅旗能打多久，這次是要求撤銷我的紅軍指揮權。當然，遵義會議後，中央擺脫了王明、博古的控制，不會有人聽他的了。我也從沒有和他計較過。

劉豐的臉色泛白。終於聽出來，毛主席指的那個紅一軍團負責人，就是林副主席，林副統帥啊。

毛澤東說：一、四方面軍在川北懋功會師後，張國燾欺紅一方面軍的兵力比他紅四方面軍的兵力小，突然發動政變奪權，成立僞中央。這是黨內鬧分裂最危險的一次。這次又是葉劍英立下大功勞。他被派在紅四方面軍前敵指揮部任參謀長，發現一封張國燾的電報，命令陳昌浩派部隊把黨中央機關截下……葉劍英冒著危險，單人匹馬連夜趕了六十里，把電報送來給我和恩來看。我在紙煙盒上錄下電報內容，要劍英趕快回去，不然被張國燾發現，不得了。當天晚上，黨中央機關就轉移了，一千五百多人組成北上支隊，彭德懷當司令員，我當政委。後來張國燾鬧分裂失敗，還是帶着紅四方面軍主力到了陝北。再後來，他從延安逃跑了。他要是不跑，七大，八大，九大，我還會提名他當個政治局委員。搞革命，要有這個氣量。我們這個黨，軍隊，是到了陝北，通過延安整風，才眞正統一、團結起來的。全國勝利後哪，你們知道的，高饒想奪權，搞反黨聯盟；彭黃張周想奪權，搞軍事俱樂部；劉少奇彭眞想奪權，搞反革命修正主義……都沒有搞成功。

劉建勳說：有主席領導，我們黨就團結，就統一。

汪東興說：黨的團結，穩如泰山，誰也撼不動。

毛澤東搖頭：你們參加革命這麼久了，又都做了大官，仍是四肢發達，頭腦簡單。怎麼穩如泰山？去年廬山九屆二中全會，他們搞地下活動，突然襲擊，大有炸平廬山，停止地球轉動之勢，難道不是事實？

話鋒一轉，雷霆萬鈞。大家一愣，頓覺大事不妙，趕快搶着當面檢討。

汪東興說：主席！我在廬山上那個該死的發言，犯了方向路線錯誤，我要繼續檢查，並在工作中改造自己，死心蹋地跟著主席。

劉建勳說：我是稀里糊塗犯了錯誤，但我任何時候、任何情況下，都會忠於主席和中央。

王新說：我是中央候補委員，廬山會議也表錯態，已向省委、中央軍委寫了書面檢查。但從我內心來講，天塌地陷，海枯石爛，我跟主席走的決心不變。

劉豐說：廬山會議上，我們中南組是受到軍委辦事組某些同志的影響，講錯話，表錯態。我本人更是要深刻檢查，努力改正。

毛澤東盯住劉豐問：都是受了軍委辦事組什麼人物的影響呀！你可以指名道姓，不要仍有顧慮。

劉豐額頭上冒出層細細的汗珠子：主席，向您匯報，我無所顧慮……在中南組，是海軍李政委。我是受了李政委的某些影響。

毛澤東仍盯住不放：不光是李作鵬吧？爲什麼不敢提到葉群？因爲她是林副主席夫人？

劉豐無言以對了。汪東興、劉建勳、王新三人也都心裡打鼓，因爲去年廬山會議上，都或深或淺的和葉群有過接觸，表示支持林副主席。

毛澤東的目光放過劉豐，環視各位一眼，說：你們就是太性急了，急於向我的那個接班人表忠心，是不是？當然問題的根子不在你們。你們屬於沉不住氣，輕舉妄動，上當受騙。根子在北京，就是那些大將，包括黃、吳、葉、李、邱等人。他們氣勢洶洶，揚言要揪人抓人。中央還是允許他們檢討，允許改正錯誤，允許他們繼續工作。他們是在前台表演的。有計畫、有組織、有綱領。有人看到我年老了，快要上天了，急於當國家主席，分裂黨，分裂中央。一句話，急於奪權。所以講廬山會議是兩個司令部的鬥爭。一個司令部以我為首，另一個司令部以誰為首？你們可以去推測。

四人聽着領袖的指示，不敢作筆錄，只感到滿腦袋嗡嗡作響，轟轟嚨嚨。除汪東興外，其他三人仍不敢想像，也無法接受，原來黨中央兩個主席，兩個統帥，又在鬥法了啊。

毛澤東說：什麼是「天才」？陳伯達搞了個稱「天才」語錄，把我奉為「天才」。我不是什麼天才，也討厭人家稱我為天才。本人只讀了三年孔夫子，進了七年洋學堂，一九一八年二十五歲，開始讀馬列主義，也只讀了點皮毛。就這點根底，算什麼天才？地才也算不上。我是從革命中學習革命，從戰爭中學習戰爭。相信黨內的大多數同志都是這樣。理論一定要和實踐相結合，不然你那個理論就是空的，屁錢不值。陳獨秀、瞿秋白、王明、張聞天、劉少奇的理論就屁錢不值。……講回廬山會議上犯錯誤的人，前途有兩個，一個是可能改，一個是可能不改。犯大的原則的錯誤，犯方向路線錯誤，為首的，改也難。歷史上，陳獨秀改了沒有？瞿秋白、李立三、王明、張國燾、彭德懷、劉少奇改了沒有？都沒有改嘛。所以我講，犯路線錯誤，爲首的，改也難。

大家腦子裡又是轟地一響：毛主席已經判定，林副主席是錯到底了，改也難了？

毛澤東說：黨中央怎麼辦？對犯錯誤的人，包括爲首的和骨幹分子在內，還是執行教育的方針，懲前毖後，治病救人。至於他們肯不肯改，願不願意洗心革面，立地成佛，那是他們的事，中央無法包辦。我相信，多數可以救過來，少數可能救不過來。有了錯誤就改，如在座的汪東興同志，已分別在中央辦公廳一千五百人大會上、中央警衛團七千人大會上作了檢討，取得諒解。他接觸最多的就是中央辦公廳、中央警衛局的幹部群衆，這怕什麼呢？他不怕，照樣受到信任和重用，照樣在我身邊工作。他是最好的例子。我要把他樹成高級幹部改正錯誤的一個樣板，大家都來向他學習，由他來組織大家學習、討論。

汪東興連忙說：主席，樣板不敢當，我的錯誤還要繼續檢查，牢記教訓，永不再犯。

毛澤東說：汪東興可以改正，相信多數同志也可以改正。說起來，我也有錯誤。什麼錯誤？勝利以後，軍隊的事管得少了。朝鮮戰爭時，我管了一下。志願軍回國後，軍隊的事主要交給彭德懷去管。我徵求過周總理的意見，說還是彭德懷管，他在長征途中是靠在我們這邊的。抗美援朝，人家打了勝仗，不叫人家管這個事行嗎？管點事有什麼要緊呀。彭德懷之後，就是林彪同志管了，有十一、二年時間了吧？自去年九屆二中全會起，我覺悟了，認識到自己也犯有錯誤，開始管軍隊的事了。怎麼管的？可以告訴各位，是三個法寶，一個是甩石頭，一個是摻沙子，一個是挖牆角。甩石頭，就是逮捕陳伯達、李雪峰、鄭維山，加上命令黃、吳、葉、李、邱五員大將作檢查，把這些石頭甩出去；摻沙子，就是派李先念、陳錫聯、紀登魁、李德生、劉賢權等人參加軍委辦事組，最近又把汪東興、華國鋒也派進去。你黃、吳、葉、李、邱還把持得住軍委辦事組嗎？挖牆角，就是改組北京軍區，加強北京衛戍區，派李德生同志任北京軍區司令員，紀登魁任政委，兩人同時參加北京衛戍區領導。

汪東興、劉豐、劉建勳、王新聽到這裡，齊讚主席英明，主席英明。

毛澤東不悅地說：又英明了不是？不要再吹我英明了。我現在一聽到吹捧就頭痛。你們不要跟着人家學。現在中央兩個主席各管各。我的接班人大半年不肯出席中央會議，讓我做單幹戶，唱獨腳戲。這種局面不能再繼續下去。我七老八十了，需要多幾個助手。下個月開三中全會，增補幾個常委。黨中央也要搞老、中、青三結合。現在光有老，沒有中、青不行。副主席多搞幾個，總理、康生，加上一名搞理論的，中央文革也出一個，方便工作。青呢？應在三十至四十歲的中央委員裡頭挑一個，條件是種過地，當過兵，做過工，作爲第三代接班人來栽培。你們同不同意我這個設想啊？

汪東興、劉豐、劉建勳、王新都聽懵了。特別是汪東興總算聽明白了，江青、張春橋要當中央常委、副主席了。「青」會是誰？是不是上海的那個王洪文？

當天中午，毛澤東對汪東興、劉豐等人的談話告一段落。在專列上用了早餐和中餐。曾思玉和張團長上車來請毛澤東移駕東湖賓館梅嶺二號。

一行人隨護毛澤東至梅嶺二號。毛吩囑汪東興：我累了。近兩天你負責組織他們幾個，把我上午的談話討論討論，談談各人的看法，消化消化。我對你們，是吹了吹風，還是傾盆大雨啊？

汪東興、劉豐等人一齊點頭：既吹風，又傾盆大雨，要認眞學習，努力消化。

晚上，毛澤東一覺醒來，華國鋒已乘坐專機從北京趕到，即被召進去談話。毛澤東仍裹着睡袍半仰半躺在床上，一名長相秀麗的女護士剛替他做過全身按摩，臉蛋兒紅紅的退出。

毛澤東問表情木訥、樣子忠厚的華國鋒：你來了？很好。都在忙些什麼？

華國鋒匯報：報告主席，我剛到國務院工作，著手瞭解工農業生產情況。總理吩咐我向主席匯報農業學大寨的事。

毛澤東取過一支煙，華國鋒連忙從床頭櫃上抓起火柴給領袖點煙。毛澤東吸着煙，說：你是滿腦殼的農業，在湖南抓農業，到中央也是農業農業。我是滿腦殼的路線鬥爭，除了鬥爭還是鬥爭。當然你抓農業也有路線鬥爭。是人民公社好還是分田單幹好？就是路線鬥爭。光有農業不行，還要考慮東西南北中，黨政軍民學，路線是決定一切的。路線正確，一切正確。

接下來，毛澤東對華國鋒也簡述了黨的歷史，從陳獨秀，到劉少奇，黨經歷了九次分裂……說到劉少奇時，毛澤東仍是心有怒意：少奇講三年自然災害是人禍，餓死農民，是我搞的！還說鄉下人相食，要上史書的！罪名很大。我要採取辦法他們又不贊成。直到發動文化大革命，才把他打垮。上次九屆二中全會呢？也是兩個司令部的鬥爭。一伙人在廬山搞突然襲擊，稱天才，設國家主席。他們名爲反對張春橋，實際上是反對我。是我把「天才」二字劃掉，提出不設國家主席。他們和我打對台。

我說大有炸平廬山之勢是有所指的，空軍才能炸平嘛。我這次坐火車出行，就不敢要戰機在天上護航。火車在地上走，飛機在空中扔炸彈怎麼辦？有人吹我的話一句頂一萬句。不設國家主席我講了六次，不就有六萬句？他們卻堅持鬧，一直鬧，半句都不頂，等於零。陳伯達的話才一句頂萬句。

講完黨的歷史，毛澤東忽然問：你還兼湖南省委第一書記和省革委會主任吧？我想回長沙住幾天，你看行不行啊？

華國鋒說：行啊，哪能不行？我陪主席回去。

毛澤東又問：現在省軍區是卜占亞當家？他是哪個的人馬？聽講前兩年葉劍英下放湘潭休息，受到惡劣對待。

華國鋒說：那事我也有責任。但葉帥歸軍委系統安排。卜占亞是四野的老部下。

毛澤東說：此人我不熟悉。如果我繼續南下廣州，你看安全不安全？此事我只問你一個人。

華國鋒似有難言之隱。在毛澤東目光的追迫下，只好硬着膽子回答：依目前情勢，四野出身的某些將領，面目不清……建議主席這次到長沙爲止。

毛澤東面無表情地說：明白你的意思了……廣州軍區是四野的老窩子，大本營。司令員丁盛，政委劉興元，都是黃永勝提拔的……華書記，老夫接受你的建議，不去廣州。離港澳那樣近，壞人幹下壞事，朝港澳一跑，逃之夭夭。再問你，武漢的這個劉豐，你瞭解多少？

華國鋒回答：不多。聽說他大革命時期屬紅五軍團，徐東海的老部下，抗戰時期在一二〇師，解放戰爭時期在第二野戰軍，是劉、鄧部下……歷史上和四野無關。

毛澤東點頭：那好，我們還可以拉他一把。六七年武漢事件那次，他是站在我這一邊的。這樣吧，你明天先回北京去，告訴總理，我在這裡很好，北京方面請他多留心。有情況，可隨時和我聯繫。過兩天，你再回到我這裡來。要派你去長沙打前站。和汪東興一起去。記住，長沙的保衛工作以你爲主，是你領導汪東興，不是汪東興領導你。到時我會和汪打招呼。廣州不去了，通知丁盛、劉興元到長沙，我找他們談話。

第七十一章　北戴河，林禿子有種！

經安排，周恩來、張春橋、黃永勝、紀登魁四人前往北戴河，看望林彪，並向他匯報工作。在燕子窩九十六號別墅，林彪仍是一臉病容，見到周總理一行顯得很高興。葉群親自上茶，上水果點心，還特意用上海話和張春橋打招呼，表示歡迎。

主客就座，周恩來先說明來意：林總，前天電話裡已向葉主任講了，這次我們來，一是代表主席和中央看望你，身體好些了吧？二是向你匯報近期的工作。

林彪肅穆中透出笑容：謝謝主席，謝謝各同志。老病號了，身體不爭氣，拖一天算一天，拖一年算一年。總理能者多勞。你們那樣忙還跑來。我和葉群說，什麼匯報工作，不妥當，不敢當。我服從醫療小組的安排，不管事，少問事，安心養病。

周恩來說：林總是黨和軍隊的二把手，向你匯報工作，是我們的職責。我們坐火車來的，在車上分了分工，由我匯報國際局勢，永勝匯報軍事，春橋匯報宣傳、黨務、登魁匯報工、農業形勢。

林彪點頭：好好，不叫匯報，算通通氣吧。葉主任，妳替我筆錄，不用叫秘書了。

葉群移過記錄本，心想林老總當著周恩來等人的面，稱她爲葉主任，是表示對她的尊重。你們不是把黃、吳、葉、李、邱扯在一起，批判了大半年，仍咬住不放嗎？林副主席卻一如既往地尊重和信賴自己的夫人。

周恩來知道林副主席骨子裡冷硬得很。匯報國際局勢，從中蘇關係到中美關係，在主席外交路線的指引下，算全面緩和下來，可以鬆一口氣了。但不能放鬆警惕。明年春天尼克森要訪華，北邊的蘇修，南邊的老蔣，會否挑起事端，妄圖阻擾？還有，明年我國有望恢復在聯合國的合法席位，包括五大常任理事國之一的席位。但美國仍在拉住國際反動勢力，妄圖保住台灣那個中華民國在聯合國的會員資格，製造「兩個中國」或「一中一台」。主席和中央的態度明確，如果你聯合國硬要拉住那個中華民國不放，我們就堅決不加入，請我們加入都不幹。明年不入後年入，後年不入大後年入，沒有什麼了不得的。主席講了，事關國際階級鬥爭，也是你死我活呢。當然，我們外交部也有個分析，恢復我在聯合國席位的提案，要交付聯合國大會表決。當前聯合國的一百五十多個會員國，只要獲得三分之二的多數贊同，我們就入定了。

林彪說：其實，這事還是美國人幫了我們的忙。自中美宣佈明年春天尼克森訪華，他那個圍堵新中國的陣線就鬆散了，你美國是爲首的，都要和新中國打交道，嘍囉們爲什麼還要跟着你的指揮棒轉？外電有分析，正是美國人自己，出賣了反共小伙計。

周恩來、張春橋、黃永勝、紀登魁齊聲稱是，表示同意林副主席的高見。

接下來是張春橋拿着幾頁打印好的匯報材料，欲向林彪匯報宣傳、黨務方面的情況。林彪看張春橋一眼，說：春橋同志，你現在接手的，是原先鄧小平的那一攤子吧？書記處總書記，中央常委呢，……不勞你匯報了，不是都打印好了嗎？把材料留下，我拜讀就是了。

張春橋樂得免唸一通官樣文章，隨即將幾頁材料呈上。

林彪並不接下，而吩囑葉群：葉主任，替我收下吧，謝謝。

接下來是黃永勝匯報軍事工作。林彪沒有婉拒，一臉嚴肅地認眞聽取。黃永勝說：自主席批了濟南軍區反驕破滿、不吃老本、要立新功的材料，全軍掀起新的學習熱潮和練兵熱潮。野戰部隊展開步行拉練，千里野營，很有起色。接着，主席又批示了三十八軍、四十二軍、六十三軍等單位批陳整風的匯報材料，廣大官兵的精神面貌煥然一新……

林彪插話：總理啊，我已經大半年沒有過問軍隊的事了。現在主席親自抓軍隊工作，太好了。這裡面有個誤會，都是關鋒、王力、戚本禹那批王八蛋搞的，什麼「解放軍是毛主席締造、林副主席指揮」，放屁。毛主席從來就是締造者，又是指揮者嘛。把締造者和指揮部分開來，居心叵測。我歷來反對這個提法。但主席是同意過的。這話，已當面向主席講過多次，消除誤會。黃總長，你繼續。

黃永勝說：關於邊境形勢。北線，隨着中、蘇邊界談判的恢復，雙方都停止了大規模軍事演習，部隊也都朝各自境內後撤，避免接觸。相信在一個時期內，邊境局勢會相對平靜。當然也要提高警覺，隨時準備應付突發事件。比較緊張的是南方，特別是東南沿海一線。近幾個月，國民黨大舉向金門、馬祖增兵，在澎湖列島搞大規模登陸作戰演習。這是他們急眼了，妄圖製造戰亂，以阻止中美關係全面緩和，阻止尼克森明年春天訪華。小伙計要被大伙計出賣，小伙計不肯善罷甘休。爲對付此一局勢，經主席、副主席批准，軍委已於六、七月份從南京、廣州、武漢三大軍區，各調一個軍進駐浙江、福建沿海地區，歸福州軍區統一指揮。空軍則調集了一百五十多架殲擊機和轟炸機到江西、福建的機場候命。一批新製造的坦克裝甲火炮，也從貴州、四川的三線工廠運往浙江、福建前線陣地。根據主席指示，這次軍事大調動，基本上在大白天進行，一律不搞僞裝，好讓大伙計的間諜衛星拍攝下來，送給他們的小伙計去看……

林彪、周恩來都笑了起來。

最後由紀登魁匯報工、農業生產情況。也是照着幾頁打印好的材料宣讀。林彪耐着性子聽了一會，揮手止住：紀登魁同志，工、農業生產情況，秘書每天都從《人民日報》上給我拉條子。請把材料留下，我慢慢讀。葉主任，收下紀同志材料，連同張同志的，放到我書案上去。

葉群起身接下紀登魁的材料。匯報算告結束。

周恩來說：根據主席的指示，政治局會議決定，「十·一」國慶節前開九屆三中全會，國慶節後開四屆人大會議。這些，都在電話裡向林總匯報過。兩個會議的準備工作，大致上已經就緒。政治局同志們的意見，到了九月份，北京天氣涼爽了，請林總回京出席會議……看看，林總還有什麼指示？

林彪說：總理不要客氣。我是個老病號，長期不管事，少問事的，能有什麼指示？兩個會議有你們操勞，很好。九屆三中全會要增補幾名中央委員，增補政治局常委，主席說了算。四屆人大的人事安排，按主席指示辦，我沒有意見。九月份能不能回去開會？我聽醫生的。總理那樣忙，天氣這樣熱，勞幾位跑一趟。今後，如有必要，電話裡通通氣就可以了。

周恩來領着張春橋、黃永勝、紀登魁三位起立，問：林總，主席那邊，要不要我帶什麼話？

林彪和葉群都注意到，周恩來此次已改了稱謂，不再稱林副主席，而稱林總；其他三人也都不再稱他林副主席……北京行情大變囉。林彪和周恩來握手道別：如果方便，請總理轉告主席，我想和他老人家見次面，匯報思想。我以為老人家會來北戴河，一直在這裡等着。

周恩來說：我一定負責轉告。主席今年夏天大概不會來北戴河了，每天堅持在住處的泳池游水，鍛練身體。葉群，妳照顧好林總，自己也要保重啊。

葉群笑容可掬，和周總理等四人一一握手：保重，我們都保重。問候鄧大姐，問候項芳輝，還有張同志、紀同志的愛人。

周恩來一行人到中央辦公廳接待處吃中飯。周恩來囑咐：春橋、永勝、登魁三位先坐專列回去。我下午還要看望在這裡度假的西哈努克親王夫婦，宴請過後，晚上飛回北京。關於這次向林總匯報工作的情況，你們在火車上先議議，春橋筆頭快，整理出個文字材料來，再報主席。

葉群陪林彪回到小客廳，關嚴房門，擰開收音機，飄出革命歌曲。林彪仍坐回單人沙發：什麼匯報工作，是老頭子派他們來探虛實。張春橋的眼睛一直四處張望。

葉群說：我恨煞了那條張眼鏡蛇，一臉陰氣，是個頭頂生瘡、腳底板流膿的東西。

林彪忽然改變談話方式，在一張紙片上寫道：可以隨便談話？有不有人安了暗器？

葉群看過紙片，即擦亮火柴，放進瓷紙簍裡燒了：放心，開了收音機，聲波干擾，偵聽不到什麼的。老虎也用儀器測試過，沒有發現暗器。家裡倒是有幾名活暗器。你的老警衛秘書，還有你、我的內勤，近一段形跡可疑。

林彪長嘆：妳說成普？他從東北戰場上就跟着我，跟了二十幾年，也是人家的人……我們家裡，東廠、西廠、錦衣衛，成了他們的大本營囉！

葉群說：這種狀況一定要改變！不然人家一杯茶水，一塊糖，一劑藥，就可以解決我們，之後宣佈重病不治。

林彪說：暫時不敢，沒法向全黨全軍交代。下個月，開三中全會，增補江青、張春橋進常委、當副主席，還有恩來、康生也升副主席，我這個接班人就更是有名無實，被架空囉。再拖兩年，把我廢掉，萬事大吉。這就是老頭子的步驟。對了，你們叫做B五十二。

葉群紅了眼睛：他休想！想讓誰接班就接班，想廢掉誰就廢掉誰？我們不是劉少奇。

林彪閉上眼睛：他是想叫我當另一個劉少奇。

葉群說：我們這個中央，就像一團泥巴，由他一個人捏圓捏扁。革命幾十年，革成這種局面。

林彪說：重複一次農民起義，又弄出個秦始皇囉。黨可悲，人民可憐。

葉群說：所以不能束手待擒。老總，是痛下決心的時候了。

林彪仍閉住眼睛：先搞清楚老頭子人在哪裡，去了哪裡？

葉群說：總理不是講他天天在住處泳池游水，鍛鍊身體？

林彪說：妳聽他的？在我和老頭子之間，他不會和稀泥，是站在老頭子一邊的，但又給自己留下迴旋餘地。大智慧，總理是大智慧……我推測，老頭子已經離京去了外地。多半去了中南或華東。老虎那邊有什麼消息？

葉群說：報告過你的，已在北京西郊機場成立了「前線指揮所」，任命王飛爲北線司令，江騰蛟爲南線司令。聽說江騰蛟正向河南某基地的老下級借四〇火箭筒和火焰噴射器，可以打火車的。

林彪睜開眼睛，目光如錐：江騰蛟這人行俠仗義。六六年被老頭子一句話撤了南京空軍政委職務，幾年不給分配工作，我們收容了他，幫他把家安在北京，解決生活待遇……古時候，這叫蓄死士。荆軻、專諸、豫讓，都是這樣的人物。

葉群說：多幾個江騰蛟就好了。

林彪說：南線有王維國、陳勵耘、周建平、鄺任農他們；北線有王飛、周宇馳、于新野、李偉信等，很可以了。北線、南線，怎麼分工？

葉群說：北線由王飛指揮，用空軍司令部警衛團，還有個坦克團，包圍釣魚臺和中南海。釣魚臺一伙，包括三滴水、張眼鏡蛇、姚騙子在內，就地正法，不留活口。中南海主要解決警衛局，繳八三四一部隊的械，軟禁總理、朱老總一批元帥、大將、上將，至少爭取他們保持中立。

林彪說：總理還是要留用，靠他出來維持局面。相信局勢明朗之後，他會肯出來的。老帥、老將軍，統統養起來。解決江青、張春橋，老頭子後繼乏人。

葉群說：上海還有王小白臉，以及紀登魁、華國鋒，都可能是接班人。

林彪說：這幾個太嫩，沒有根基。南線呢？關鍵在南線。

葉群說：關鍵在南線。把B五十二解決在南線。南線先打響，北線再動手。叫做先南後北。

林彪重又閉上眼睛：要是南線、北線都不能得手呢？

葉群答：照老虎他們那個「五七一工程計畫」，不得手就在上海、杭州一帶搞根據地，還有江西、福建、廣東做後方依托，形成南北對峙局面。

林彪說：上海、杭州……王維國是上海警備區司令，陳勵耘是杭州警備區司令，可以搞根據地。但有個大弱點，要面對南京軍區的幾十萬兵力。許世友在無錫、蘇州一帶的那個六十軍，十萬人馬，機械化程度高，拱衛著滬、杭。王維國的空四軍，陳勵耘的空五軍，各有兩、三百架戰機，缺少地面兵力。一旦起事，許和尚的態度就很關鍵了。局勢未明朗之前，他可能保持模糊中立。一旦老虎他們在南線未能得手，讓老頭子逃脫，他就會服從老毛命令，派六十軍向滬、杭推進。

葉群有些發慌，問：那怎麼辦？

林彪仍閉目養神：妳可以告訴老虎，決戰之前，戰略迴旋地域應搞得再大些，訂出第二個退卻方案，以廣州做大後方基地。黃總長在廣州經營了十幾年，上上下下都是四野的老人。而且背靠港、澳、台，容易得到外援……一旦滬、杭保不住，還有個廣州基地可去。眞正的南、北對峙，應在廣州、北京之間。

葉群敬佩地望著丈夫：老總，還是要靠老總。老虎他們有闖勁，幹勁，就是嫩……要馬上告訴王飛，先準備些運輸機，到時候把黃、吳、李、邱他們都空運廣州。老總你是不是先轉移到廣州去？

林彪搖頭：目標太大，暫不移動。住北戴河好，免得老頭子生疑。

葉群忽然覺得這小客廳門外有動靜。她輕聲喚起老總，請老總暫避，之後踩着厚厚的地毯，快步走向門口，猛然間拉開房門！但房門外那人比她更敏捷，拖着部吸塵器，已到了走道的拐彎處。葉群只看到那人的背影。

林彪等葉群關嚴房門，回轉來，才問：看清楚了？錄去我們的談話了？

葉群冷笑：是那個新來的女兵，打掃衛生的……她錄不到什麼。我做過隔音測試，只要關嚴房門，聲音透不出去，加上我們開着收音機。

林彪雙手放在沙發扶手上，雙拳緊握：去年廬山會議後，我是老頭子的主攻目標了。他嗜鬥，幾十年不停，要找目標來鬥。這次輪到我了。逮捕陳伯達、李雪峰、鄭維山，批判黃、吳、葉、李、邱，只是清掃外圍。我們一家，已在他的全面監護之下。現在駐守北戴河的是哪個部隊？

葉群答：老總你知道的，中央警衛團二大隊，名義上仍是你的衛隊。大隊長是張宏副團長。

林彪苦笑：中央警衛團是老頭子手中的利器，眞正保衛的只是老頭子一人。對其他人，既保衛，又監護，隨時可以轉變職能。這是我們警衛制度最黑暗的一面。老頭子在抗戰時期定下一條特殊紀律，首長的警衛員，既對首長負責，更對中央負責。戰鬥過程中，若首長受傷或重病，有被敵人俘獲的緊急情況，警衛人員就有責任把首長處理掉，以免一旦落入敵手，洩露大量的軍事機密……幾十年來，留下這個傳統。現在這傳統統到我身上來了。

葉群焦急地說：所以我們一定要改變這種被動挨打、挨監護的局面，寧可魚死網破。

林彪說：你叫老虎和周宇馳回來一趟，我給他們命令。

葉群強調一句：不是口頭命令。老虎要求給個手令。下面的將領都要求見到你的手令。

周恩來讓張春橋、黃永勝、紀登魁三人先回北京，自己留下來拜會西哈努克夫婦，其實更主要的是爲了探望在這裡療養的陳毅夫婦。

當天下午，周恩來陪西哈努克親王到海邊游泳，自己並未下水。在沙灘的遮陽傘下，兩人交談了柬埔寨的國內局勢。西哈努克很坦率，談了他對赤柬游擊隊日益壯大的憂心：柬埔寨是個禮佛國家，僧侶佔到人口的四分之一，不適於社會主義制度。如果中方再以大量的人力、物力、武器裝備支持赤柬游擊隊，就算日後取得勝利，建立起紅色高棉政權，日子也不會安寧。

周恩來對親王的觀點給予了溫和的批評和勸慰：當前柬國的主要矛盾是什麼？先要分清主要矛盾和次要矛盾嘛！主要矛盾是美帝國主義所扶持的那個朗諾僞政權。只有把這個走狗政權消滅了，才談得到其他嘛。就算柬共武裝力量在這場反美戰爭中取得勝利，今後參加政府，甚至組織政府，也仍然會尊重你這位國王，你仍是柬埔寨的國家元首。中國黨和政府說話算數。

西哈努克親王畢竟是位君主式資產階級政客，心裡是不能認同在自己的國家推行共產制度的。但現在身家性命都繫於紅色中國，連名爲柬埔寨民族團結政府實爲流亡政府的辦公處，都設在人家的首都北京，人家要全力支持柬共打天下，坐江山，你能有多大發言權？

就個人感情而言，親王對周總理滿懷感激和敬意，視爲兄長的。如果說，親王對毛澤東是又敬又畏，對周總理則是又敬又親。晚宴時，他忽然對周總理提出：聽說你們林副主席也在這裡休息？一直想去拜望，總理能不能給個安排？

周恩來心裡一愣，嘴上說：嗬喲，親王消息靈通囉。我上午剛向他匯報了工作。他也一定高興見到親王……不過他近一段身體不適，每天照醫療小組的安排，進行各種治療。他戰爭年代負過傷，雖無大礙，但要經常治療。……對了！我可以安排你見見我們的陳毅同志，他也在這裡休養，你們是老朋友啊。我和他幾次訪問柬埔寨王國，那時他兼任外交部長。現在無官一身輕，我很羨慕。

西哈努克一聽陳毅元帥也在北戴河，立即眉開眼笑：元帥外長，我的老大哥！我和莫尼克都喜歡讀他的詩。

……當天黃昏，周恩來告別西哈努克親王及夫人莫尼克公主，來到陳毅所住的臨海別墅時，陳毅已經領着夫人張茜迎候在汽車道上了。

周恩來和陳毅熱烈握手，感到陳毅的手仍然很有力量：老總，早就想來看你，就是脫不開身。我是個勞碌命……怎麼樣？身體康復得不錯？

張茜見到總理，像見到久違的親兄長，眼睛都紅了：總理，老總自昨天接到電話，像個小孩樣，一晚上都在唸，總理要來了，總理要來了，高興得不肯睡覺。直到後半夜，我和醫生才哄着他服下安眠片。中午醒來，第一句話又是：總理到了沒有？

陳毅慈愛地看夫人一眼，笑嗬嗬地說：小茜，妳見到總理就告狀，也不給格老子一個面子？總理，女人家，總是婆婆媽媽，管小娃兒一樣管着我，我也要告狀呢！

見到陳毅張茜這對恩愛夫妻，周恩來心裡熱乎乎的：還是進屋坐下談話吧。小茜，有好茶，替我和老總泡上一壺。

張茜是當年新四軍文工團第一美女，年近五十，風韻猶存：好咧，好咧，有杭州特級龍井。

陳毅衝着張茜的背影喊：小茜，把茅台拿來。你們不准我喝，我請總理喝。總理就好這一口。

周恩來衝着張茜喊：小茜，我只喝龍井，不要讓他鑽空子。

陳毅訴起苦來：總理，我怎麼辦？現在簡直當了生活囚徒。第一，禁止我喝酒，連葡萄酒都不准沾；第二，禁止我吃扣肉、狗肉，成天飲食清淡，味覺都退化；第三，禁止我下海游水，怕我感冒，病毒感染；第四，規定我每天在床上躺十個小時。一天才二十四小時喂，格老子年過七十，哪裡睡得着？諸如此類，醫生一共規定了十條，要我遵守。你不是說張茜賢惠，是賢妻良母型女同志嗎？我看，她比紅衛兵造反派還厲害，簡直像個幫凶……

張茜正端了茶盤上來，聽到「幫凶」二字：總理，他又指我「幫凶」了不是？老總那個任性脾氣，你是曉得的，天天能氣的人哭。

周恩來從張茜手裡接過龍井茶，嚴肅地說：陳老總，我是站在小茜一邊的，你的抱怨我不要聽。你想喝酒，吃扣肉狗肉，想下海游泳，想晚上熬夜？以你目前的身體狀況，我不批准，中央不批准，主席也不會批准。醫療小組所訂十條生活紀律，事先交我看過，我同意的，你必須繼續遵從。

陳毅苦笑：不就一月份動了胃切除手術，割了什麼瘤子？我陳毅要死，戰場上早死過千百回了。一個胃腫瘤，又切除了，還這麼如臨大敵，使我失去自由，失去自由囉。

周恩來批評：看看你，又犯脾氣。主席和中央要求你靜養一段，儘快康復，還有很多工作等著你去做。怎麼叫失去自由？我看你是胡鬧台呢。當年你大氣磅礡，敢在大會上喝斥紅衛兵小將。我看你現在，也和個紅衛兵小將差不多。

陳毅、張茜都笑了。陳毅說：我是老紅衛兵囉。能活到今天，已是萬幸……小茜，妳把房門帶上，到外面去看着，誰也不要放進來，電話不接轉。我要向總理匯報匯報思想。

張茜知道陳老總有一肚子話要向總理傾訴，就起身離去，掩上客廳門。也是中央首長們之間一項不成文的規矩，談論黨內機密，夫人迴避。只有兩位主席家裡是例外，允許夫人參政、干政。

周恩來品着茶，親切地望著陳毅：老總，你奉命全休，腦子裡卻不肯安份。

陳毅哈哈笑：格老子是個活人嘛。黨內鬥爭鬥到這程度，這德性，還當瞎子、聾子不成？

周恩來說：你聲音小點。談談你的活思想？

陳毅壓下自己的聲音：中央兩位主席，就這麼鬥下去？何時有個了局？還要不要顧及國計民生？明明是爭權奪利，你死我活，卻又說成是路線問題，理論分歧。騙鬼去，鬼都不信！

周恩來又愛又恨，批評說：你是個改不了的臭脾性。當然你和我，什麼話都可以講……你啊，「九大」被革職，不幸之中大幸。我是越來越相信莊子的那句話了，塞翁失馬，焉知非福。

陳毅說：國家不幸詩家幸。應出大詩人的時代偏偏沒有詩人。一場文化大革命搞成這個鳥樣！剛把劉少奇整倒整死，又和新接班人勢不兩立……我不是抱怨主席，當初爲什麼選中林禿子做接班人？如今又爲什麼急於搞掉林禿子？與人奮鬥，就那樣其樂無窮？快八十歲的人了，越老越鬥？

周恩來瞪陳毅一眼：老總！你這話很黑。只在我面前打住，傳出去要掉腦袋的。所以我講你今天能身處事外，是不幸之中大幸。不像我，天天夾在兩位主席中間，如臨深淵，如履薄冰。弄不好就陷進深淵，不見天日。

陳毅說：總理是吉人天佑，蹚得過這場水火。無論他們誰得勝，都得用你這位總理來維繫局面。

周恩來苦笑：你成算命先生了？近來我常從夢中驚醒，不是被蛇追，就是被馬踏，醒來一身汗涇……我現在就盼國慶節前能開成九屆三中全會，節後能開成四屆人大，新領導班子確定下來，局勢或能穩定一些。

陳毅說：早就吹風了，江青、張春橋、王洪文都要增選爲中央常委、副主席。好啊，增加幾個副主席，讓副主席去鬥副主席，毛主席不用親自上第一線囉。

周恩來說：王洪文也當副主席？沒有人和我通氣。對了，主席是提過，副主席人選，要從三十幾歲到五十幾歲之間的中央委員中挑選。這個年齡段，正符合你提到的這三個人。

陳毅說：這麼大的事，連你這位總理都不給通通氣？乾綱獨斷。一九六六年我就講文化大革命乾綱獨斷。共產黨被搞成乾綱獨斷囉。

周恩來搖頭：陳老總，你要注意自己的情緒。主席還是我們的主席，除了服從，你我別無選擇。

陳毅說：在主席和林禿子之間，當然是擁戴主席。在林禿子和三滴水之間，大家寧願選擇林禿子……這是黨內多數人的意向，去年的廬山會議上表現得很淸楚。總理，你知道的，我從來看不上林禿子。兩害相權，他比三滴水強……一九二八年上井崗山會師，我陳毅跟着朱總司令，號稱軍長。林禿子呢，是我手下一名連長。前幾年有些王八蛋寫黨史，竟把朱毛井崗山會師，篡改成毛林井崗山會師。眞他娘的不要臉，毛委員繞過朱總司令和陳軍長，去和一名小連長會師呢！格老子爲這事，在家裡大笑三天！眞的大笑三天。這就是我們的黨史軍史。不信，總理可以去問問張茜……不過，林禿子這次的表現，很令我佩服。不管怎樣，林禿子這次算有種。

周恩來隆起眉頭：怎麼算有種？

陳毅又哈哈笑了：總理你裝糊塗。連我陳老總都看出來了，去年盧山會議之後，一年來主席下了多大功夫，想要林禿子出來作個檢討，認個錯，造個台階，好讓主席、副主席都下來，再逐步讓他淡出，改讓江青、張春橋、王洪文接班；可林禿子就是不配合，不買帳。九屆二中全會以來，不管主席怎麼發話，怎麼動員，他就是不吭一聲，一次會議都不出席！百分之百的抗拒，林禿子做得真絕。這回是針尖對麥芒，有得好看了。他小子有種，有骨頭。半條性命，卻是條漢子！不管看不看得上他的一套，這次在起碼的人格上，我有點佩服他。

周恩來說：不要亂放炮啊，老總。在我面前放放，就打住，好不好？……依老總的眼光，兩個主席之間的這場鬥爭，會怎樣收場？我想聽聽你的高見。

陳毅說：動刀槍。槍桿子裡面出政權。他們兩位都信奉這個。林禿子不是劉少奇。劉少奇搞《修養》，林禿子抓槍桿。毛、林的行事方式很相似。說不定很快見分曉。我近來有個感覺，揮之不去：黨和軍隊，要出大事……總理，你身處漩渦，要保重。

周恩來忽然嚇一跳，想起方才說過這些日子自己做惡夢，不是被蛇追，就是被馬踏……毛主席屬蛇，林副主席屬馬。天哪，切忌再講這個話。

第七十二章　講一路　唱一路

汪東興隨華國鋒赴長沙打前站去了。

毛澤東離開武昌時，特許武漢軍區政委劉豐上車送行：劉政委，我要管軍隊了。我是締造者，就不能指揮嗎？我就不相信，你黃永勝能指揮解放軍，鄭維山能指揮解放軍？華北八個軍，就有五個反對他們。天津的六十六軍就不聽他們的嘛！他們要把那幾個壞人塞進天津市，六十六軍就反對。就是剩下的三個軍，還有軍長、政委，師長。政委，團長、政委，會聽他們的嗎？我七老八十了，對路線問題，是抓住不放的。黨的方針是允許改正錯誤。像汪東興同志，犯了錯誤，檢討了，認識了，我照樣信任。這次帶他南行，就是給大家做個榜樣。劉政委啊，我這是給你路線交底囉。

劉豐知道是毛主席對他不大放心，不得不再次表態：聽了主席教導，幾天來心情沉重，願意改錯，堅決站在主席革命路線一邊。

毛澤東表示高興，當即喚來生活秘書小張和護士長小吳，讓她倆來唱《國際歌》，拿着打印好的歌詞唱。毛澤東、劉豐跟唱。唱過《國際歌》，毛澤東又讓合唱《三大紀律八項注意》，還親自打拍子。唱畢，毛澤東對劉豐說：記住囉，劉政委，一切行動聽指揮，步調一致才能得勝利。響鼓不用重錘，願你劉政委做一面響鼓。

黃昏時分，一前一後兩列火車奔馳在平闊綠野上。鐵道兩旁是大片大片的湖泊。武漢、長沙之間多湖泊河港，水網縱橫，良田阡陌。沃野千里，魚米之鄉。早稻已經收割，晚稻秧苗在水波中搖曳。洞庭熟，天下足。這一帶自古以來就是南中國的糧倉。

武昌至長沙，六百華里鐵道線上，已實施軍事管制。只剩下毛澤東的兩列專列火車一往無前地奔馳。所有的鐵路公路交叉道口關閉，小大車站戒嚴。也不知道一下子從哪兒冒出來那麼多全副武裝的軍人。沿鐵路旁的每根電話線桿下都守衛着一名武裝民兵。所有客、貨列車停站、讓道。所有客車車廂一律拉下窗簾，乘客不准向外張望。只有等領袖的火車專列安抵目的地後，全線才可重新開通，恢復正常營運。凡人民領袖出行，就這樣封鎖道路，對付人民。

毛澤東半躺半仰在主車廂的龍榻上，肥碩的身體輕輕搖擺着。車窗上掛著黑絨簾子，一絲光線都透不進來。他這主車廂經過防彈處理，擋得住機槍掃射，但經不住火箭彈攻擊。所以這次出巡不准空軍戰機護航。空軍控制在吳法憲、林立果手裡。要是人家從空中向專列發射火箭彈，毛澤東不就成了當年的東北王張作霖張大帥，被炸個血肉橫飛？或者像西安事變時的蔣委員長被活捉了去，在全中國乃至全世界人民面前丟盡顏面。

禍起蕭牆。你們知道這個成語的出處嗎？漢高祖的宰相蕭何家出了亂子？放屁。蕭牆是指古代宮室內當門的矮牆，意思是禍亂出自宮室內部。《論語·季氏》云：吾恐季孫之憂，不在顓臾，而在蕭牆之內。後漢袁紹《與公孫瓚書》云：內違同盟之誓，外失戎狄之心，兵興州壞，禍發蕭牆，將以定霸，不亦難乎！唐代王翰有首《古長城吟》云：一朝禍起蕭牆內，渭水咸陽不復都……說的多好！一朝禍起蕭牆內，今日北京不復都囉！蕭牆，誰算蕭牆之內的隱患？

毛澤東本欲小睡一會子，此時睡意全無。按鈴傳來生活秘書張毓鳳：通知下面這幾個人，我要一個一個問話。妳是第一個被問的：上次交妳的任務，還記得嗎？

小張是和主席通了房的，平日臥室出入，龍榻上下，交辦的生活瑣事甚多，不知道老人家問的哪一件……啊啊，看看，原來是問汪主任啊？有什麼不正常舉動？咱真沒看出來呢。汪主任照常工作，事事經管，沒有發過脾氣……不信，你問吳護士長。

吳護士長來了，見問汪東興主任，說：不是和華書記去長沙打前站了？他的表現正常吧，和過去沒有什麼兩樣，每天都提醒我們要照顧好主席。照顧好主席是最大的政治，符合全黨全軍全國人民的利益。我們被他迷惑了？他迷惑得了嗎？我們都是主席的人。要是對主席不忠，天打雷劈，連自己的父母都饒不了……對對對，主席只是想瞭解些身邊工作人員的情況，並不是不信任汪主任。這個道理咱懂。難怪這些日子，你總是領着我們唱《國際歌》，唱《三大紀律八項注意》。

毛澤東連着問了五名身邊的工作人員，都是出身貧苦、思想單純、忠心耿耿的女青年。其中三名還因工作失誤被汪東興罵哭過，卻都說：汪主任工作細心，任勞任怨的，每星期兩次的黨小組生活會，還帶頭作檢查，說他去年九屆二中全會犯了錯誤，對不起主席，對不起中央。表示在哪兒跌的跤子，要在哪兒爬起。

毛澤東對汪東興有所釋懷。當然還要繼續觀察，通過身邊的工作人員來集體觀察。他的職務太敏感。江青對他不放心，也不無道理。畢竟是婆娘，自己的婆娘……到達長沙之前，毛澤東睡了一覺。

當晚十一時，專列停靠在長沙北站（貨站）的一條支線上。長沙客站在鬧市區。專列每次停靠北站支線上，離省委大院近，便於安全警衛。

華國鋒、汪東興和一名中年軍人接車。華國鋒向主席介紹：卜占亞，省軍區司令員兼省革委第一副主任，調湖南工作之前，是廣州警備區司令員。

毛澤東同意立即下車。回到老家，不用留在專列上找人談話了。也不住蓉園，而住九所。九所位在省委大院和省軍區大院的交匯處，山坡下一座桔園，翠油油一大片。山坡裡建有地下人防工程，爲省委、省軍區領導人的戰備值班處，十分堅固，設備齊全，據稱經得起炮擊及七級地震。何謂九所？毛澤東曉得，是原湖南省委於一九六〇、六一年大飢荒期間所營建，省委九名常委一人一棟，共是九棟院落，屋頂及圍牆安裝電網，超規格，超豪華。一號院又比其他八號大，更豪華。一九六二年建成。九名常委正要搬進新居，卻被新華社記者寫下一篇專供中央領導人看的《內參》：湖南省委常委在三年困難時期不顧百姓死活營造自己的豪華皇宮！當時劉少奇主持中央日常工作，氣得拍了桌子，批示要給湖南省委常委集體處分，並通報全黨。還是毛澤東替湖南的老下屬們擋了一下，處分改成書面檢討，黨內通報批評。這一來，省委常委們不敢入住了，而改成省委第九招待所，簡稱九所，專門用來接待中央領導人。說是劉少奇幾次回湖南視察，都拒絕入住九所，提起九所就生氣。少奇已矣！他不入住，毛澤東入住。不住蓉園住九所，換個環境，柑子園裡好散步，還有人防工程保平安。

住下後，毛澤東留下華國鋒、汪東興、卜占亞談話。問廣州的丁盛、劉興元，廣西的韋國清通知沒有？華國鋒報告：丁、劉、韋三位明天趕到，聆聽主席指示。毛澤東說：說你一腦袋農業，現在也學會官腔了？談話就談話，什麼聆聽指示？卜占亞同志，頭次見面，過去不認識。你的名字不錯，甘當第二，不搶第一……哪個部隊的？什麼軍銜？

卜占亞誠惶誠恐，簡要報告了自己經歷，一九五五年評定爲大校，屬副軍級。

毛澤東笑問：你是黃永勝的老部下吧？大校不要緊，黃總長調你到湖南軍區當司令員，就是正軍了。解放初，兵團級將領才能當上省軍區司令員。黃克誠是第一任湖南軍區司令員。

華國鋒說：都說黃克誠人老實，可惜跟着彭德懷犯錯。

這時，毛澤東想起一個笑話：湖南省軍區有個副司令員叫吳自立，長工出身，老資格，一九二八年參加平江起義，跟着彭德懷上井崗山的。五五年評軍銜由他老上級彭德懷主持，一看資歷，二看功績，三看發展前途。搞三榜定案，軍內民主。頭榜、二榜，吳自立都被評爲大校，副軍級。這個吳自立可是火了,他養了條大狼狗,每天下班後牽着狼狗散步,竟向北京的老上級放話,要是評個大校,他就把兩塊大校肩章牌子,掛在狼狗尾巴上拖着,每天上街散步!彭德懷拿他這個老下級沒辦法,只好來找我。我說,算了,老紅軍,沒文化,給個少將算了……

說罷,毛澤東哈哈大笑。

華國鋒、汪東興、卜占亞卻不敢笑。華國鋒說:吳自立五九年也捲進彭德懷的案子,給辦了退休,養起來了。文革初期挨過紅衛兵的揍。

毛澤東笑過,問卜占亞:卜司令當年沒有揚言把大校牌牌掛在狗尾巴上示衆吧?

卜占亞說:沒有沒有,我堅決服從。

毛澤東忽然盯住卜占亞問:你和黃永勝關係不一般吧?當了我家鄉的父母官,這次跟哪個跑呀?

華國鋒在旁說:主席在武漢的談話,我和汪主任已經向老卜傳達了。

卜占亞說:我死心塌地跟主席。黃永勝是我老上級,他不聽主席的話,我堅決和他劃清界線。是總理通知我來湖南工作的,替華書記當助手。華書記仍是省裡的第一把手。

毛澤東問:是不是這樣呀?華書記你是老實人。

華國鋒回答:基本上是這樣。昨天我和汪主任向老卜作傳達,他即表示,要和黃永勝一伙人決裂,一切服從主席指揮。

毛澤東笑笑:話也不能這樣講。黃永勝現在還是政治局委員,總參謀長,怎樣徹底決裂呀?主要是思想路線上不含糊，不腳踩兩條船，不然，會落水的。當然囉，到時候中央會有組織措施。

接下來，毛澤東又講了一通黨的歷史，九次路線鬥爭，九次鬧分裂，黨沒有被分裂。九屆二中全會以來，黨又面臨新的分裂，叫做第十次路線鬥爭，綱領是稱天才，有人急於當國家主席。

黨的歷史，重複來，重複去的，直談到第二天凌晨。中間吃了消夜。結束時，毛澤東交代汪東興：明天白天，你組織華、卜兩位討論討論，談談心得。像在武昌那樣，你們三人座談，要有記錄。

汪東興、卜占亞告辭。毛澤東留下華國鋒，還要個別問話：華書記，長沙警備區司令員是哪個？我現在每到一地，就問警備區司令員的情況。華國鋒報告：主席還是叫我小蘇吧……高文禮，省軍區獨立師師長，主席認得的，很可靠一個同志。毛澤東說：小高啊，還兼省公安廳廳長？回到老家，我可以睡個落心覺囉。你還有什麼事要告訴我？

華國鋒搔搔頭皮，一付忠厚穩重模樣：岳陽地委第一書記毛之用，省裡準備提爲省革委副主任，還給報了個候補中委。他剛上四十，年輕有爲。在岳陽縣委、地委工作期間，他領導農業學大寨，圍湖造田，一造就十幾萬畝，畝產超千斤。

毛澤東眼睛放亮：之用還是有用啊……在洞庭湖裡造大寨田，會不會影響長江洩洪蓄洪？

華國鋒報告：洩洪蓄洪功能是減弱了，湖區泥沙淤積，水面銳減，八百里洞庭只剩一兩百里。大片大片荒灘，光長蘆葦，適合造田。四周打上圍子，幾千畝，上萬畝打一個圍子，社員在裡面種糧，種藕，養魚養鴨，農、副、漁三豐收。

毛澤東點頭：賀子貞的這個娃子有出息，我也欣慰。你們可以提到省裡來鍛鍊，做接班人培養。報候補中委的事放後一步。我沒有講錯你吧？就是滿腦殼農業。

華國鋒憨厚地笑着，趁主席高興，便進一步提出：是不是讓毛之用來見主席一面？認一認……

毛澤東眼睛一暗：認什麼？認父子？蠢。我和他的關係，你沒有透給他本人吧？若是透了，你認帳，我不認帳。對誰都沒有好處。全黨全軍都知道毛澤東是兩子兩女。老大犧牲在朝鮮，老二瘋掉了。現在又冒出個新的？你怎麼交代？還有賀子貞怎麼安排？又怎樣去做江青的工作？不要好心辦壞事，給我扯出一團麻紗來。

華國鋒連忙惶恐地解釋：沒有。主席放心，我從沒對他透露什麼。省委內部也只有我和平化兩個知道。我一定遵照主席指示，嚴守機密。不然，也不利對他的提拔、培養。

毛澤東目光柔和下來：你不蠢……還有個女娃子，叫什麼名字？啊程喆……長多大了？

華國鋒又是一臉老實人的憨笑：主席日理萬機，還記得……是叫程喆。我昨天一回來，就和我愛人交代了，去看過。七歲了，大眼睛，大臉蛋，紅紅白白的，上小學一年級，很可愛。由省民政廳作爲烈士子女給撫養費。這次，要不要通知她媽媽小麥來一次？仍在湘西一所區醫院工作。

毛澤東手一揚：不用。這次沒心情。滿腦殼都是路線鬥爭。下個月開三中全會，雙方對陣，刺刀見紅。不是嚇唬你，現在心情不輕鬆。七老八十了，三伏炎天的，跑到南方來說服各路諸侯，唱《國際歌》，《三大紀律八項注意》。

華國鋒試探着提議：那、那就安排清唱、舞會吧？省民間歌舞團那班孩子，要是知道你回來了，要高興得睡不着覺呢。還有小李，可以來先做按摩。

毛澤東說：好吧，你去接小李來……我一身的火氣，須要排解排解。年紀大了，精力大不如前。對了，不要忘記正事，廣州的丁、劉，廣西的韋國清，明天什麼時候到？

華國鋒說：汪主任限他們明天上午十二時前趕到蓉園報到。

毛澤東說：韋國清是老熟人。丁盛、劉興元不熟悉。他們是黃永勝的老部下。我問過總理，丁、劉任廣州軍區司令員、政委，都是黃永勝推荐，林副主席提名，當然我這個軍委主席劃了圈圈。那幾年，凡林副主席報上來的軍內提拔名單，我一律劃圈，犯了官僚主義呢。搞到現在，軍委三總部，陸、海、空，幾大軍區，都是他們的人，我是自食苦果呢。你說說，丁、劉，這次是跟黃永勝，還是跟毛澤東？注意，黃永勝的後面是我那個接班人。

華國鋒心情緊張地說：丁、劉二位我也不熟悉。我只是相信，黨和軍隊的高級幹部，如果不跟主席走，除非吃了豹子膽，黑了良心！應當及早解決他們。

毛澤東說：明天上午，你和汪、卜先學習討論。下午，你和汪向丁、劉、韋三人傳達我在武昌的談話內容，看看他們的反應。晚上，我再找他們談。你和汪也參加。他們啊，當了我的面，當然會表態站在我一邊。可是回去之後呢？究竟會站在哪一邊？黃永勝和林副主席，現在還掌握着相當的兵權囉。叫化子烤火，哪邊火旺烤哪邊。黃林一邊的火，還很旺。

華國鋒樣子忠厚，腦子卻轉的不慢：主席，我有個想法，或能測出他們回去之後，會站在哪一邊……就是授意他們回去後在軍區黨委擴大會議上，傳達主席在長沙的談話。這是個試金石……他們肯傳達，就說明他們斷了另一條路，蹋下心來跟主席；如果他們拖着不傳達，掩着捂着，甚至把你談話的內容透給北京黃永勝，就證明他們心裡有鬼，是奸賊，反臣。

毛澤東很少向人標出姆指，這時向華國鋒標出姆指：小蘇，你和岸英同歲，可惜他犧牲了，不然你們應是同齡兄弟。不蠢，你不蠢。不蠢就是大智若愚。

第二天晚上，毛澤東找廣州軍區司令員丁盛、政委劉興元、廣西革委會主任兼軍區司令員韋國清談話，汪東興、華國鋒參加。毛澤東先問了丁、劉二人的簡歷，得知丁盛江西于都人，一九三〇年參加紅一軍團，抗戰時期轉到一二〇師，隨後又轉戰晉察冀，成爲黃永勝的部下；劉興元山東莒縣人，一九三一年參加紅四方面軍，抗戰時期轉到一一五師，解放戰爭出關作戰，一直在林彪麾下帶兵。劉和丁算老搭檔，丁任四野第四十二軍軍長時，劉任政委。五五年評軍銜，劉爲中將，丁爲少將。

丁、劉二人生平第一次被召至毛澤東面前，參加這麼小範圍的談話。毛澤東則聊家閒似地，很快營造出和諧輕鬆氣氛。他問老熟人韋國清：韋拔群和你都姓韋，是不是一家人？韋國清回答：出了五服的叔伯兄弟。韋拔群烈士生前和我講過，一九二五年他到廣州農民運動講習所學習過，接受毛主席的教育。主席是他的先生。他回廣西時帶回幾本小冊子，辦起廣西的農運講習所。

毛澤東說：不能那樣講。名義上我是先生，他是學生，實際上他是先生，我是學生。要做先生，先當學生。廣西的事，他比我知道得多。可惜犧牲了，我很懷念這個同志……廣東也有位著名的烈士，叫彭湃，汕頭海豐縣人，當過中央農委書記。家裡是個大地主。他革命很堅決，帶領暴動農民抄自己的家，把大地主父母殺死，大義滅親，和反動家庭決裂。他善於鼓動，不善於組織。後來在上海被叛徒告密，犧牲了。這事和周總理有些關係，那時總理是地下黨兵運部部長。

接下來，毛澤東又不厭其詳地談起黨內路線鬥爭歷史，談到陳獨秀、劉靜仁、彭述之、羅章龍等人分裂黨沒有分裂成。他說：井崗山鬥爭初期，是瞿秋白在上海黨中央負總責。瞿秋白他們從湖南人士手裡弄到一個小冊子，裡面有我說的「槍桿子裡面出政權」之類的話。他們大爲光火，說槍桿子裡面怎麼能出政權呢？於是把我的政治局候補委員撤了。以後，又說是中央委員也撤了。不知怎麼的傳到井崗山，說把我的黨籍也開除了。於是有人不服氣，要向中央打報告。我說不要打，開除有嘛子事要緊。被開除黨籍，就不能當黨代表，但他們說可以當師長。那時我們只有兩個團，一個是秋收起義軍編成的三十一團，一個是袁文才、王佐的三十二團。朱德、陳毅上山後，成立紅四軍，朱德當軍長，陳毅當政治部主任，我當黨代表。原來是誤傳，瞿秋白他們並沒有開除我的黨籍。不久在閩西開紅四軍黨代會，叫我下台。四個月後紅四軍又開黨代會，有人又叫我上台，我就上台了。江西蘇區八年，我是三上三下，受打擊排擠。中央在瑞金開五中全會，我是政治局委員，不讓參加會議。有段時間鬼都不上門。可是以博古爲首的黨中央不會打仗，第五次反圍剿丟了中央蘇區，一路敗退到貴州，八萬紅軍剩下不到三萬人。直到一九三五年一月開遵義會議，是我和張聞天、王稼祥三個主持的。張聞天作報告。我好比一個木菩薩，被放在尿缸裡，沉過幾下，臭得很。遵義會議之後，我管事了。他們不行嘛，不得不推我出來管事，叫做拯救紅軍。以上講的是黨的前五次路線鬥爭，我受排擠打擊。毛澤東沒有留過洋，沒有到過莫斯科，是山溝裡的馬列主義嘛。總之是無能爲力，他們不聽我的。

毛澤東說：接下來是張國燾成立僞中央，搞分裂。這次葉劍英同志立下大功勞。紅一方面軍和紅四方面軍在川北會師，本是件大好事。紅一方面軍一萬多人，傷殘得厲害。紅四方面軍有六萬人，兵強馬壯。張國燾認爲自己人多，要改變中央領導，自己上台。他給陳昌浩一封電報：乘勢南下，徹底解決黨內鬥爭。葉劍英看到這封電報，偷偷拿來給我和周恩來、張聞天、王稼祥看了。我們當機立斷，成立北上先遣支隊，把中央主要領導人都編入，一千五百來人，由彭德懷任司令，我任政委，連夜出走。如果不走，我們這些人就都當了張國燾的俘虜了。所以在關鍵時刻，葉劍英是有功勞的，你們應當尊重他……那次決定北上的路線是正確的。如果中央紅軍不到西北，哪裡還有陝北根據地？後來怎麼能搞到華北、東北的根據地呢？後來，張國燾也到了陝北，最後還是從延安跑掉。如果不跑，現在還會給他當個政治局委員，你們信不信？

當然不會有人相信。連汪東興、華國鋒都不會相信。劉少奇、陶鑄、賀龍從未搞過什麼僞中央，還不是被整死了？但這話是不能說出來的。全黨全國，也就只有毛主席一人，什麼話都可以說，說出來就是最高指示，大家遵從。

毛澤東說：以後就是五四年的高饒，五九年的彭黃張周，六六年的劉少奇，都是要奪權，搞分裂，也都沒有成功。還有就是去年廬山九屆二中全會這次，他們突然襲擊，有人急於當國家主席。廬山的事，現在還沒有完，陳伯達、黃永勝後面還有人。林彪同志要負相當的責任。我對林彪講過，你怎麼講我的話一句頂一萬句？一句就是一句。不設國家主席，我講了六次，不等於六萬句？可是沒人聽，一句都不頂。還有，什麼解放軍是我親手締造，你親自指揮。我這個締造者就不能指揮？締造者也不是我一個人，還有朱德、周恩來一批人……

毛澤東講了一個小時，忽然打住，問韋國清、丁盛、劉興元：你們對廬山會議是個嚒子看法？

韋國清說：聽主席的，無條件服從主席指揮。

丁盛承認：在廬山上跟着起哄，一聽有人說毛主席不是天才，反對主席，就火了，說過要鬥爭到底之類的話。後來知道錯了，在中央批陳整風會議上作了檢查。

劉興元說：身為大軍區政委，頭腦裡裝的是軍事。廬山上也講了錯話，表錯態。後來大吃一驚，原來鬥爭這樣複雜。今天聽了主席的談話，心裡算有了底，也有了決心，今後無論遇到任何風浪，都要緊跟主席，經得起考驗。

丁盛說：親耳聽主席講話，最早是延安整風那次。主要是讀主席的兩本書，改造世界觀。還當選為「七大」代表，參加「七大」。

毛澤東面露笑容：你參加過「七大」，了不起呀！戰爭年代，能當上「七大」代表不容易。你們三個參沒參加？

韋國清、劉興元說沒有參加。汪東興說：我參加了，是「七大」候補代表。

毛澤東轉身問丁盛：你都打過些什麼仗呀？

丁盛回答：朝鮮戰爭結束之前，一直在打仗。印象比較深的是打錦州，參加塔山阻擊戰。

毛澤東說：爲了打不打錦州，我給林彪發了六十幾封電報，後來還是羅榮桓、劉亞樓做了大量的說服工作，他才同意打了。其中的兩次阻擊戰，硬是把蔣介石佔優勢兵力的增援部隊擋住了，打得好。李作鵬、邱會作都在阻擊戰中立功、出名。你丁司令員也是啊。

丁盛說：另一次是黑山阻擊戰。現在部隊還保留著「塔山英雄團」、「黑山英雄團」的番號。

這時毛澤東想起一件事：我看過一份戰報，說打錦州的時候，我們的部隊住在老百姓的蘋果園裡，正是果熟季節。部隊就是不摘蘋果吃。我就說啊，我們的隊伍有希望，能夠解放全中國。

丁盛見毛主席高興，就繼續講他打錦州的事。

毛澤東說：你不要擺老資格，不要搞宗派主義。劉政委你也是。韋國清你是紅七軍出身，鄧小平是你老上級。前兩年廣西鄉下殺了那麼多人，報告到中央，我替你按下不表。不就活埋了十多萬五類分子？以後不活埋了，留作農村勞動力就是。三年困難時期農村也死了一些人，劉少奇說是我搞的，想把帳算到我頭上。對不起，還是我把他的帳算掉了。誰也不是什麼天才。群衆運動，難免有些過激行爲。有的人稱我爲天才是假，稱他自己天才是眞。你們還記得《國際歌》嗎？共產黨的黨歌啊。這次把歌詞印了幾百份，帶下來送人。《國際歌》是反對稱天才的：奴隸們起來爲眞理而鬥爭！從來就沒有什麼救世主，也不靠神仙皇帝，全靠自己救自己。是誰創造了人類世界？是我們勞動群衆！看看，把革命的道理說得多好，多透徹。來來來，歌詞在這裡，一人拿一份，我們來合唱。

毛澤東領着汪、華、韋、丁、劉起立，唱《國際歌》，還打着拍子，動作不是很大，像鄉下老農搖挸著手中犂把。唱罷《國際歌》，毛澤東又指揮大家唱《三大紀律八項注意》。一夥老軍人五音不全地唱著，不怎麼整齊，倒也鏗鏘蒼勁。

唱畢，毛澤東領頭坐下，大家相繼坐下。

毛澤東說，很好，大家都沒有忘記《三大紀律八項注意》。三大紀律：一切行動聽指揮，不拿群衆一針一線，一切繳獲要歸公；八項注意：說話和氣，買賣公平，借東西要還，損壞東西要賠，不打人罵人，不損壞莊稼，不調戲婦女，不虐待俘虜。這是我們建軍治軍的法寶。靠了它，我們的隊伍從小到大，從弱到強，打敗敵人，奪得勝利。

韋國清說：黨史、軍史教材上都記載，三大紀律八項注意是主席秋收起義後，帶領農軍上井崗山途中，在三灣改編部隊時頒佈的，開始是三大紀律六項注意，後來發展成三大紀律八項注意。

毛澤東笑了：韋司令啊，你還懂些黨史、軍史，不錯……這次，不瞞各位，我到南方來會見各路諸侯，就是要講一路，唱一路。無非強調團結，反對分裂，一切行動聽指揮，革命才能得勝利。現在中央有人搞分裂，你們聽誰的？跟誰走？下個月，要開會，採取一些組織措施，要增補中央常委和副主席。現在中央一正一副兩主席格局要打破。副主席不合作，不出席會議，我七老八十還做單幹戶，怎麼行？黨中央也要搞老、中、青三結合。老的要請周總理、康生做副主席；中的呢，要一個搞理論的取代陳伯達，還有中央文革的頭頭，方便工作；青的呢，要選拔一個年紀在三十歲到四十歲之間的，條件是種過地、當過兵、做過工。現有中央委員中符合條件的，大家可以推荐。我的這個想法，你們同意不同意啊？

汪、華、韋、丁、劉面面相覷，中央領導人選，太要害、太敏感了，打死都不敢胡亂插嘴的。

毛澤東問：都有顧慮？怕得罪我的那個接班人？

汪東興只得率先表態：擁護主席決定，我們聽主席的。

華、韋、丁、劉也跟着說：主席咋說，咱們咋辦。

毛澤東說：很好，你們都表示聽我的。今晚上先談這些。明天、後天，委託汪主任組織各位座談，交流一下思想。我嘛，好不容易回到老家，也要休息兩天。韋司令，丁司令，劉政委，我這次的談話，你們回去之後傳不傳達？怎麼傳達？自己看着辦吧。要注意呢，這次是向你們路線交底，同志式談心。中央還沒有開會做成決定的事，不能傳達。十次路線鬥爭，你們傳達到第九次爲止。點了一些人物的名字，你們傳達時只講事實不點名。丁司令，劉政委，你們和黃永勝的關係那樣深，這次跳不跳得出他那個圈子？現在不急着表態，想通了，再告訴我，告訴汪主任也可以。

第七十三章　八百里連環追殺

北京西郊空軍機場小院。

謝靜宜通過楊姐向林立果傳遞絕密信息：老頭子已離京數日，南下武昌、長沙、南昌。汪東興、華國鋒隨行。會在南方巡察一個多月，九月二十號後返回北京，召開九屆三中全會。

老虎眞是頭小色魔，獲得如此重要情報，竟也先纏住楊姐脫的光赤條條，床下床上的幹了再說！楊姐一路浪笑浪叫：小爺不要命了，不要命了，俺就叫你日啊日啊……

林立果大汗淋漓幹完事，洗澡更衣，打發走楊姐，渾身疲乏舒坦，本想睡一會養養精神，但決戰在即，沒能入睡，於是召集江騰蛟、王飛、周宇馳、于新野、李偉信等前線指揮所成員開緊急會議。林立果開宗明義：報告各位，B五十二已離京南巡，行前沒有召開政治局會議佈署工作，瞞着大多數中央負責人走的。現在是我們千載難逢的好時刻。

聽這一說，人人神情振奮。江騰蛟作爲南線司令渾身一抖擻問：B五十二現在到了哪裡？林立果說：大概過了武昌、長沙，已到達南昌。北線司令王飛茶几一拍：那下一站就是杭州了。這次他沒讓空軍派戰機護航，對我們已有戒備。林立果問：可不可以在南昌下手？越早幹掉，我們越主動，讓他多活一天都是罪過。周宇馳說：南昌不是合適的地點，那裡的小艦隊至今沒有搞起來。還是打動不打靜，在路上幹，那是他保衛工作的薄弱環節。于新野說：關鍵人物是兩位，一是杭州陳勵耘，二是上海王維國。都是當地警備區司令員，按規定兩人可以帶槍去見B五十二。李偉信說：王維國不是表示過，必要時由他當面去幹掉！

一輪發言下來，不得要領。林立果說：一號和子爵號，並不要求他們兩位將軍親自動手，和各位一樣，事成之後大家都是開國元勳，至少進政治局，成爲新一屆黨和國家領導人。江叔，你看呢？江騰蛟說：我的意見，還是把南線方案拿出來議議，再具體選擇時機、方式。

於是由周宇馳憑腦子記憶，說出南線六條：

一、B五十二的專列停靠在杭州筧橋機場鐵路支線上時，由空五軍小艦隊引爆路邊的兩座油庫，趁混亂衝上專列，把B五十二幹掉；

二、B五十二的專列馳離杭州，前往上海的路上，伏兵半道，截停列車，部隊衝上去殲滅；

三、B五十二的專列抵達上海西郊虹橋機場鐵路支線，接見上海領導幹部時，由王維國攜傢伙上車當面幹掉；

四、B五十二的專列離開上海時，在上海與蘇州之間的碩放橋上埋設炸藥，把專列炸毀，製造第二個皇姑屯事件；

五、若B五十二逃過了以上系列追殺，則由空四軍小艦隊（又稱上海艦隊）在上海至南京的鐵路線上，以四〇火箭筒轟擊奔馳中的專列，或以高射炮平射，務求車毀人亡；

六、最後一招，由空四軍艦隊派戰機從空中攻擊專列，擊停後，地面部隊衝上去解決。

以上六條，即爲南線連環追殺方案。

林立果聽完周宇馳的憶述，巴掌一拍，興奮地站起來說：各位！從杭州經上海到南京，四百公里鐵道線上，實施連環追殺，我不怕B五十二那頭老肥豬能長上翅膀，逃出我們的手掌！宇馳兄去拿酒來！白蘭地、茅台、通化紅葡萄一起上，弟兄們先乾上幾杯。

南線司令江騰蛟仍心存疑慮地提醒：方案，決心，都是好的，當前仍缺一些實施細節。

王飛身爲空軍司令部參謀長，遇事老成些，也說：酒，留着事成之後慶賀吧。江政委，你去河南基地向老戰友借四〇火箭筒的事，到底落實沒有？什麼時候可送到空四軍小艦隊？

江騰蛟說：老戰友答應得痛快，又有空軍司令部首長的批條，說很快把傢伙送過去。

于新野說：還有杭州陳勵耘司令員，已命人在改裝一架攻擊機，可掛多枚重磅炸彈。

李偉信補充：上海王維國司令員也捎過話，他的空四軍已備下戰機，到時候升空炸專列。

林立果少年老成地揮揮手，儼然主帥神氣：好了好了，具體的，你們去抓落實，我只管大方案。

南線大致上就是這些了。下面議一議北線方案。王參謀長，你身為北線司令，先講講？

王飛說：南線打響，北線跟進。主要兩大目標：釣魚臺和中南海。攻打方式，上兩次議而不決，還請各位多出點子。

林立果說：一號和子爵號命令，釣魚臺的三滴水、張眼鏡蛇、姚文痞三人，就地解決，不留活口；中南海，周總理他們，能保住儘量保住。萬一不行，只好玉石俱焚。要奮鬥就要有犧牲了，稱之為隨葬品也可以。

大家心裡明白，一號是林彪代號，子爵號是葉群代號。

林立果見大家沉默下來，似有顧忌：想大事，幹大事，非有大氣魄不可。大丈夫不行婦人之仁。一號早就教導我們，政權就是鎮壓之權，就是殺人權。你不殺他，他必殺你，二者必居其一。我知道，擬訂、實施北線方案，比南線方案要困難些。王參謀長，你手下可以動用的部隊是多少？

王飛看大家一眼，說：只有空司警衛團，四個營，兩千多人。比起北京衛戍區的八個師，其中光中南海警衛師就一萬多人，我們的這點兵力是太單薄了，又缺重武器，淨是些輕傢伙。而且就是這個空司警衛團，也不是完全聽命於我。編個理由派他們攻釣魚臺，或許會幹；但要他們去攻中南海，就離譜了，我一點把握沒有。

大家一時無言以對。林立果腦子轉得快，打破沉寂：不用強攻，只用智取。智取生辰綱，智取威虎山，明白嗎？

于新野立時受到啓發：對，智取！利用某次政治局會議，姥姥的一網打盡。讓他娘的群龍無首，剩下的好收拾。

周宇馳提出疑點：可以肯定，周總理每隔一兩天，就會召集中央工作碰頭會。但我們怎麼知道他開會的時間地點？聽講如今開會，都是臨時通知，說開就開呢。

林立果說：這個倒是不難。目前，黃總長、吳司令、李政委、邱部長都還出席政治局會議，也都還是中央工作碰頭會議成員。從他們那裡，不難獲知開會的時間地點。

王飛說：就算知道他們在哪裡開會，部隊怎麼上去？中央警衛局是吃素的？而且，派空司警衛團官兵去抓政治局委員們，他們肯幹？

林立果問：那怎麼辦？我們在北線難有作爲了？

江騰蛟說：至少設法把三滴水和張眼鏡蛇幹掉。幹掉這對男女，北線的問題解決大半。

王飛說：空司警衛團還有個防空導彈營。要是能用導彈打中南海和釣魚臺……

林立果說：好！那就調防空導彈營上。

于新野有些着急：我的副部長喂！王參謀長是在講笑哪，據我所知，那個導彈營歸空司和二炮雙重領導，動用它須有周總理簽署命令。

李偉信想出新的一招：南苑機場不是有個坦克獨立團嗎？能不能動用？坦克進城，所向披靡。

周宇馳說：你那是開國際玩笑。南苑坦克團配屬北京衛戍區，由吳德、吳忠直接指揮。

林立果忽然靈機一動，計上心來：在座各位，誰會駕駛武裝直升機？我算第一個。除江騰蛟外，王飛、周宇馳、于新野、李偉信四人先隨着舉手。他們都受過駕駛戰機訓練，突擊學習一下，可以操控直升飛機。

林立果說：乾脆，我和你們四位駕駛五架武裝直升機，兩架攻釣魚臺，三架攻中南海，怎樣？

王飛苦笑、搖頭：我的副部長啊，那只能製造一場混亂，引發一場驚慌，不大可能擊斃三滴水和張眼鏡蛇。直升飛機低空飛行，也易被地面火力擊落。

江騰蛟老紅軍出身，久經戰陣，見大家越討論越不像話，荒腔走板如同兒戲，不得不出面指正：我看啊，北線的事，從長計議吧。關鍵在南線。只要南線得手，幹掉B五十二，林總返京坐鎮，依黨章程序接班，再處理釣魚臺那幾個傢伙，還不容易？那時，周總理就會緊跟林主席，出來維持局面。叫做北線兵不血刃，萬事大吉。

王飛點頭：生薑老的辣，江政委指點迷津。對！關鍵在南線。南線得手，江山到手。

周宇馳、于新野、李偉信三人也茅塞頓開，問老虎：副部長，B五十二會在南方待到什麼時候？

林立果終因商討不出個可行的北線方案，心中悵然若失：估計已經到南昌，下一站是杭州。可能在西湖汪莊住些時候。那是他最中意的江山行宮，美女、戲曲、歌舞應有盡有。然後嘛，再到上海西郊顧家花園小住……據我掌握的情報，B五十二可能在九月二十日至二十四日之間返回北京。中央已訂九月二十六日至二十九日開三中全會，改組政治局，補選常委、副主席、內部名單，總理、康生、江青、張春橋、王洪文五人都是副主席。政治局也要增補華國鋒等多人。這次中央全會若開成了，我們林副主席的接班人地位就會完蛋了，就被江青、張春橋、王洪文一夥奪去了。之後是國慶節，新的中央常委、副主席上天安門城樓集體亮相。緊接着開四屆人大。那時，大勢去矣！之後，他們隨便找個藉口，醫療小組採用任何一個小動作，就可以幹掉林副主席，就像他們幹掉劉少奇……

江騰蛟拳頭一揮：操他祖宗！魚死還網破哪！老子們幹了大半輩子革命，槍林彈雨出生入死，就由他們王八蛋擺弄？行動，我們立即行動！

周宇馳、于新野也激憤起來：叫他狗日的三中全會開不成！要開，也是在國慶節後，由我們林主席來主持！我們都出席。

李偉信喊：誓死保衛林總！誓死保衛林總的接班人地位！誓死保衛葉主任和立果同志！

王飛說：好了，口號喊過了。我們幾個，老虎是主帥，江政委是副帥。江副帥啊，我提議，是不是馬上派于新野跑一趟杭州，他和陳勵耘關係不錯。找陳勵耘落實B五十二在南方的具體行程，並檢查王維國的上海艦隊備戰情況。等于新野帶回情況，南線立即動手，實施杭州、上海、南京間八百華里連環追殺，只讓他的骨灰盒回北京，在天安門廣場開百萬軍民追悼會。

最先向北京方面密報毛澤東在武昌、長沙的談話內容的，是廣州軍區空軍政委鄺任農和武漢軍區政委劉豐。

九月四日深夜，鄺任農從廣州打保密電話給北京的周宇馳：我們廣州軍區正軍以上幹部，已經聽了丁司令員和劉政委傳達的B五十二在長沙的兩次談話。周宇馳急了：老鄺，你也給我傳達傳達吧，在北京放個屁都是黨的機密，我們什麼聽不到。於是，鄺任農把他聽到的傳達，B五十二如何批黃永勝，批吳、葉、李、邱；說廬山的事沒有完，帳要繼續算，算到水落石出；說陳伯達後面還有人，急於上台，急於當國家主席；說九月下旬開三中全會，增補副主席，也要實行老、中、青三結合……

周宇馳接過電話，急的當晚睡不着覺，天亮時分趕到西郊機場深處四合院內找林立果。林立果還在睡覺。周宇馳問值班衛士：副部長和誰一起睡？值班衛士不肯回答，被逼急了，才說是楊姐。周宇馳眼冒出火星子：叫醒他！十萬火急！衛士立正：報告周主任，叫不醒的，他們吸了那種煙，不到中午醒不過來的……。周宇馳知道「那種煙」是指鴉片，老虎偷了父親的鎮痛藥來過癮，父子都吸鴉片過癮。完了，完了，塌天大事當前，前線總指揮林副部長卻吸了鴉片睡不醒！他決定去北戴河，當面向一號和子爵號報告。想了想啊，一個人去不妥。還是等到中午，林副部長醒來，一起驅車去吧……

九月五日，軍委辦事組成員、海軍司令員兼政委李作鵬陪外賓訪問武漢。當晚宴會過後，武漢軍區政委劉豐向李作鵬密告了毛主席上月中下旬在武昌的談話內容。事關林副統帥和黃、吳、葉、李、邱等人的政治生命，人身安危，李作鵬立即打電話告訴北京的黃永勝。黃永勝聲音都傻了啞了，不敢耽誤，立即打電話告訴北戴河的葉：葉主任，請轉告林總，要趕快想辦法，不然怎麼辦呀？不能束手待擒呀！葉群卻在電話裡柔聲慢氣：永勝，你是身經百戰的常勝將軍啦，慌什麼？兵來將擋，水來土掩……再說我也捨不下你呀，我天天都空着，盼着，你來弄我……

黃永勝差點就破口大罵：騷貨！死到臨頭，還只想著老子操妳？妳和你兒子是一對活寶！一個趙括，一個褒姒……林總的大事，要壞就壞在你母子手裡！可黃永勝能罵這話嗎？黃永勝近大半年來也有些心灰了，猜到林總夫婦正指點他們的寶貝兒子密謀一件大事。但具體內容，連黃、吳、李、邱都瞞着，大約怕他們家裡的眼線太多，事情敗露出去。

……

車過唐山，天就黑下來了。

林立果駕駛一輛蘇製吉姆，旁邊坐着周宇馳，以每小時七、八十公里的高速，朝北戴河方向馳去。林立果邊開車邊嘲諷，發表親蘇高論：娘的怪也不怪？跟老毛子都兵戎相見了，報紙、電台天天開罵，可地上跑的，天上飛的，水裡走的，卻還都是人家援助的！自己的殲擊機上不了天，自己的潛艇下不了水，自己的紅旗牌轎車裝的是人家的引擎！什麼德性？B五十二也是他媽的一頭百八十斤的野豬，光一張寡嘴！老子總有一天要剮了老東西那身肥肉熬動物油，去點亮天安門城樓上那八盞紅燈籠！對對，也可以點天燈！古代有種刑法，叫做點天燈！哥們敲開老東西的腦袋點天燈，再拉到天安門廣場上去示衆！老大哥那邊準高興！中蘇兩黨關係恢復到五十年代的兄弟情誼……

周宇馳卻整下午都沒給他好臉子，也沒聽他的胡說八道，一路上只管抱怨：都什麼時候了？還吸鴉片，抱着楊姐睡大覺？葉主任替你選了那麼些妃子還不夠受用？偏偏愛操家裡的保母！我足足等了你九個小時！九個小時是什麼概念？戰場上延誤九個小時，戰機盡失，陣地早丟了，全軍覆滅了。

林立果也知道自己有所疏忽，脾氣出奇的好，任由宇馳兄抱怨去：你的批評我接受，行不行啊？B五十二要到二十幾號才回京，還有半個月哩，急什麼急？大敵當前，你以爲我不緊張？我告訴你，每根神經都綳得快要斷裂了，腦殼要炸開來……和楊姐睡覺，是一種鬆弛、緩解啊。要謀大事，先放鬆放鬆，方能舉重若輕，不亂方寸。我和你說啊，老哥，楊姐是個天生尤物，妙不可言，他令我那個舒暢，就好比商紂王得到妲己，唐明皇得到楊玉環。你不相信？那好，哪天晚上我讓老哥幹幹，命她伺奉伺奉你，消魂賽神仙，如何？

周宇馳只比林立果大五、六歲，正值虎狼之年，平日又十分好色最喜歡和老虎談論男女之事，也就忘了正經話題，忍不住問：她怎麼的就讓你舒暢、銷魂了？

林立果扶着方向盤，讓周宇馳給點上支菸，吸着，才說：楊姐是個妖精，娘的練就一身玉女功。玉女功你不懂？白活了三十大幾！就是你的傢伙插進去，她的傢伙能把你吸住，夾的緊緊，像給你上了幾道箍似的，讓你發漲，覺得粗大無比，眞夾的你隱隱作痛。還能控制你的時間，她放鬆，你才能抽出，你攻進，她又把你夾緊，一兩個小時，三四個小時，儘你弄，儘你快活。告訴你啊，宇馳兄，最銷魂，是你放過炮，鳴金收兵之時，她那門戶，竟像一重一重的從裡朝外緩緩關閉，把你奉送……告訴你啊，我呀，也見習過一些女子了，就這個楊姐，見到就要幹她，幹不夠的……我承認，這娘們很犯騷，很浪，惹人去幹。

周宇馳被林立果撩撥的下半身發脹，心裡癢癢：你不是常說，女人不浪，男人不幹，女人越浪，男人越幹嗎？老虎，講話算數，把楊姐讓我兩晚，體驗體驗，嚐個新鮮。

車燈射去，前面是連續彎道，林立果並不減速，只是熟練地打着方向盤：咱們兄弟，沒說的，有福同享，有難同當。在乎一個傻娘們？說好了，下回你老哥碰到中意的，也要通個有無。半夜摸黑上，分不清郎兒面。

……從北京到北戴河，吉姆車夜間高速行駛，也要花上五個來鐘頭。男子漢長途驅車，最解困的話題就是談男女性事。林立果又一次問到周宇馳愛人的性能力。周的愛人明眸大眼，是個美人胎子，林立果早有些眼饞。周宇馳正色道：老虎，朋友妻，不可欺。你老弟不要想歪了，事關本人家室尊嚴。林立果說，還是本人大方喲，肯把楊姐讓予，那是人生至樂，古時候稱通房之誼。周宇馳說，你個北大歷史系高材生，儘讀些雜書。通房之誼就是換老婆？林立果說，雜書裡邊學問大啦，B五十二就不讀馬列，專讀雜書，他的馬列主義都是秘書們給弄上去的。周宇馳卻不願離開原來話題，去談什麼B五十二的眞假馬列主義：葉主任替你選了那麼些妃子，還有十來位養在北戴河第五十一號樓，就沒有一個比得上楊姐的？林立果說，周兄，看來你是白玩了文工團那些女演員了，頂多算初中水平！女子跟女子，大不一樣啦。你坦白，你每次能堅持多少時間？周宇馳說，我沒你行，每次也就十幾二十分鐘，服了你給的山西侯馬秘製男寶，也玩不到半小時，就憋不住放炮、收兵。你和楊姐每次都幹上兩、三個小時，那還不給操爛了？林立果哈哈大笑：我還說你初中水平，現在看你初中沒畢業，算個高小生！對，算個高小生！那東西是你操得爛的？哈哈哈，笑死我也！周宇馳也哈哈大笑：老虎！

小心開車。好好，我就等着楊姐把我栽培成高中生，直至北大高材生，如何？對了，老虎，你向老哥坦白，你竟勾搭上了謝靜宜，那個大美人是老皇上的禁臠，給你操上了，她的床笫功夫如何？林立果說，你也想試試？皇上操得我操得。不行不行，謝妮子肯定不幹的！不過可以告訴你，比起楊姐來，小謝只算二流角色，比一般女子強些而已。周宇馳說，人家卻從B五十二的龍榻上，過渡到北京市委副書記的高位上去了。也可以說，是從B五十二的陽具上，爬到北京市革委會副主任的寶座……釣魚臺那個三滴水，當年在延安，也是從B五十二的陽具爬上去，之後在全黨作威作福……

正說笑着，車燈射見前面不遠處一盞示警紅燈加一根橫欄杆！林立果一腳踩下剎車掣，鬆開，再踩，再鬆開，再踩。吉姆車嘎嘎響着，高速中直剎出二十來米，才在橫欄杆前停下。

這是進入北戴河禁區的第一道崗哨。一名警衛戰士手執小紅旗，來到車窗前，先敬禮，後說話：你沒有看到前面的幾處減速信號？想衝過去啊？請出示證件！

林立果搖下車窗玻璃，訓斥說：你這是和誰說話哪？不認人，還不認這車號？哪個部隊的？

警衛戰士轉到車頭前，看清車號，轉回來敬禮：報告首長！我們是中央警衛團二大隊。

橫欄杆升起，林立果再沒理會，踏油門駛入。進了軍事禁區，他和周宇馳顧不上談女人了，因爲馬上還有第二道、第三道崗哨，且禁區規定，時速不得超過三十公里。

林立果把座車駛入九十六號院車庫停下，之後領着周宇馳走一道長長的樓道，拐彎，上樓。母后葉群的大套房裡仍然燈火輝煌。林立果讓周宇馳在外間稍候，自己推門而入。母后穿着睡衣在打電話，看樣子已經打了老長時間了，見兒子到來，笑着點頭，又在電話裡嗯啊幾聲，才放下了。

葉群拉兒子在沙發上坐下：老虎！王飛來過電話，說你天黑前趕到。我和你父親晚飯後就一直等着。父親先睡了。你先和我談談情況。

林立果卻問：又是和黃叔叔通長話吧？放心，兒子再沒搞過你們的錄音……那邊有什麼新消息？

葉群又愛又恨地瞪兒子一眼：你少和老娘不正經！我和你黃叔叔完全是工作關係。他又來電話談李作鵬從武漢帶回來的那個信息。你都知道了，B五十二在武昌和長沙，分批找人談話，路線交底，不但點了黃、吳、葉、李、邱，還點了你父親，說廬山的事沒有完，是反黨事件，陳伯達後面還有人，急於當國家主席，奪權；說國慶節前開三中全會，改組中央政治局，增選政治局常委、副主席，中央也要實行老、中、青三結合……三滴水和張眼鏡蛇要當上副主席，爬到我們頭上拉屎撒尿。三滴水和張眼鏡蛇早就私通了，老皇上甘當老王八……

林立果打斷母后的咀咒：還有總理、康生，加上上海王小白臉，也當副主席。到時候中央常委會，六對一，父親徹底孤立，再害死。

葉群咬了咬牙：老王八他做夢！你父親講了，不能叫他們的陰謀得逞！要保衛九大路線，保衛九大黨章，白刀子進，紅刀子出，和他們幹到底。

林立果說：父親下了這個決心就好。周宇馳和我一起來的，我們想向父親請示、匯報。

葉群面有難色：叫小周進來，還是先和我談吧。你父親服了藥，藥物正起作用，叫也叫不醒的。

林立果拉下臉來：那娘就換換衣服吧！穿這麼性感的睡衣見周宇馳？我們在外間等妳。

外間是葉群的書房。不一會，葉群著一身軍便服出來，滿面笑容地和周宇馳握手。周宇馳忙不迭地立正，敬禮：首長好！

葉群動作優雅地捉捉手：坐下談，自己人，不要那麼多禮節。B五十二南巡談話，黃總長、李政委、王飛，已在電話裡簡報過了。我想聽聽你們前線指揮所的具體佈署。

周宇馳記性好，把在杭州——上海——南京之間八百華里鐵道線上，以六種方式對B五十二的專列火車實施連環追殺方案，報告一遍。

葉群邊聽邊做着簡要筆錄：很好，總算把實施方案搞出來了。老虎，宇馳，你們知道，林總下這個決心是不容易的。現在大家都是過河卒子，只有幹到底。六種方式，林總都批准。但還不夠具體，不夠細節化。比如，在蘇州附近的碩放橋埋設炸藥，炸藥和爆破班，落實沒有？上次說過，B五十二的專列從上海到達碩放橋的時間只有三十分鐘，先解決橋上守軍，再由爆破班上去埋設炸藥，直至引爆，一分鐘都耽誤不得！還有，B五十二的專列火車是兩列，前面一列是前導車，基本上是空車，開路的！B五十二乘坐第二列，要引爆的是第二列而不是第一列，這個細節一定要事前向爆破組交代清楚；還有，平射火車的高射炮，落實到位沒有？派戰機從空中轟擊專列，駕駛員落實沒有？還有機槍手，投彈手，地面艦隊等等，都落實沒有？如果還沒有，要趕去找杭州的陳勵耘、上海的王維國去落實。一次偉大的戰役，不能大而化之，要落實到每項戰術，每個細節，才能保障最後的勝利。

林立果、周宇馳聽着，都感到心裡發虛：葉主任指示非常及時，要趕快抓南線方案的細節落實。

葉群問：江騰蛟還在北京？他是南線司令，爲什麼不去上海？他留在北京怎麼當南線司令？

因周宇馳在場，林立果不便稱母親爲母后，而稱葉主任：江叔叔本人也很著急。是王飛他們的意見，江不宜過早到上海。江一旦離京，肯定受到跟蹤……我們研究了，先派于新野秘密去杭州，找陳勵耘打聽清楚B五十二的具體行程後，江再化妝赴上海，進王維國的空四軍小招待所全責指揮。

葉群又問：江騰蛟去河南基地借的四〇火箭筒和火焰噴射器，運到上海艦隊手上沒有？

周宇馳說：聽講快了，正在路上……

葉群目光嚴厲，盯住林立果：老虎！你父親可是把全家人的性命，黨和軍隊的接班事業，都交到你手上了！不成功，則成仁。到了這時候，怎麼還在聽說、聽說？

林立果一時煩燥起來：葉主任，我們都是掖了腦袋幹，每根神經都快要繃斷……急什麼急啊？B五十二那老王八，至少還在南方半個月，不都來得及？

葉群不放鬆，忽又提到：我曉得，你仍在靠謝靜宜那爛貨提供信息。我對那爛貨一直有懷疑。這次，她爲什麼在老東西離京十多天之後，才透話給你？有不有圈套？還有那個楊姐，也要警惕。

林立果說：能有什麼圈套？前幾天我也懷疑過，問過楊姐，消息爲什麼這樣遲？楊姐說，人家謝副主任在市革委上班，費了好大周折才打聽到這事。中南海的警衛保密制度，比德國蓋世太保還嚴密……楊姐說，謝副主任爲了探聽主席是否去了南方，轉彎抹角找到國務院辦事組，才從她老鄉紀登魁的秘書那裡打聽到，華國鋒已經好幾天沒有來上班了，可能回了湖南……加上中辦汪東興也去向不明。綜合分析，才得出主席去了南方的結論；至於楊姐，十幾歲進我們家當保母，我都睡了她幾年，還要懷疑？葉主任，人家謝靜宜提供的B五十二要到二十二號左右才回京，這個時間是準確的吧？也就給了我們的南線方案留出了充裕的時間。還有半個月哪。

葉群糾正說：不對！天亮就是八號了。你們只剩下十來天時間。

正說着，林彪副主席悄沒聲息地出現在他們面前。

林立果、周宇馳渾身一震，立即起立，立正，敬禮：首長好？周宇馳還神情激動地加上一句：敬祝林副統帥身體健康！永遠健康！

林彪不苟言笑，先和周宇馳握手，再和老虎拉手：情況，我都知道了……南線方案要認眞執行。撤退去廣州的事，也要作準備。打得贏就打，打不贏就跑。你們不是一直想要我的一紙手令嗎？現在可以給你們了，帶回去傳閱吧。

說罷，林彪從口袋裡掏出一張紙條，上書：

盼照立果、宇馳同志所傳達的命令辦。

林彪　九月八日

第七十四章　南巡受挫　杭州驅離

毛澤東乘專列抵達南昌。南昌爲長江中下游著名火爐城市，比長沙更爲酷熱。他沒有留在專列找人談話，去了江西省委、省軍區爲他備下的行宮。南京軍區司令員許世友，福州軍區司令員韓先楚，已經奉命趕到南昌，等着召見。

江西省革委會主任兼省軍區政委程世清，被毛澤東疑爲林彪線上的人。這次先找程世清談話，政策攻心：程政委，你是河南人吧？紅二十五軍出身，徐東海的老部下。什麼時候投效林副主席的？

程世清渾身襲起一股寒意：報告主席，抗戰初期，紅軍接受改編時，調到一一五師的，當過團政治部主任，政委。四五年冬隨延安十萬幹部出關，開闢東北根據地。全國勝利後，轉到裝甲兵司令部工作，和林總很少往來。

毛澤東說：不對。你們是老上下級。廬山會議期間，某天晚上，吳法憲領着你去拜見葉群，將官拜見校官，談得很投機。有不有這回事？

程世清登時腦殼裡轟轟響，彷彿一下子就被偉大領袖捏住「七寸」，額頭上冒出汗粒：是是，有這回事……都是吳胖子瞎鬧，我和葉群幾年才見一次面，禮節性拜訪。

毛澤東問：那晚上還見了林副主席？

程世清聲音發顫：見了，只握了握手，兩、三分鐘的樣子。林總身體不好，早睡，禮節性問候。

毛澤東抬高湘潭土腔：程世清！你參沒參加什麼不可告人的活動？告訴我，替你保密，也不記你的帳，這個條件如何？

程世清乞憐地望望偉大領袖，咬了咬牙：報告主席，和林家的關係，陳昌奉同志比我密切……

陳昌奉是毛澤東長征時期的警衛員，省軍區司令員：昌奉究竟犯了什麼錯誤？這次不能來見我？

程世清鬆了口氣：生活作風問題，很嚴重，上報軍委了……他老兄利用支左的機會，竟允許各縣市造反派替他搞杜鵑窩，走到哪裡睡到哪裡，黃花閨女搞了百多個，才被告發……

毛澤東對他前警衛員的風流案子無興趣：程政委，不談別人，談談你自己。

程世清又倒吸一口冷氣：是，我談我談……其實葉群的女兒林立衡，去年冬天來南昌，就和我愛人打過招呼，不要和她母親、弟弟搞在一起，惹殺身之禍！這以後，我開始注意，拉開距離。

毛澤東眼睛眯縫起來，饒有興趣：有這麼嚴重？林副主席的千金叫什麼名字？噢，林立衡，我見過，她讀中學時常到我家找李納……副統帥的女兒，比你們某些老紅軍出身的將軍路線覺悟高，自覺站到我一邊呢。你還有什麼可以告訴我的？我替你保密。相信你還是願意跟我走囉。

程世清點頭如搗蒜：天打雷劈，死心踢地！還有件事，很奇怪的。今年七月初吧，空軍司令部于新野同志隨一架運輸機，運了一輛水陸兩用坦克，要南昌飛機工廠仿造……七月底，又來了架空軍運輸機，把那輛坦克弄走了。

毛澤東不動聲色，彷彿漫不經心：空軍司令部造坦克？你們報告過中央沒有？坦克仿造出來了？

程世清已經鎮靜住自己：報告了總理，是我堅持要報告的。大概是總理過問了，他們才把那輛坦克運走了。坦克仿沒仿造，我不知道。因南昌飛機製造廠是空軍司令部的直屬企業，省軍區不能過問。就是仿造，也還沒完工吧？我去調查一下，就說中央命令他們停工。

毛澤東說：情況不明，不要驚動。讓他們仿造，講不定人家是爲了保家衛國。水陸兩用坦克，總不會用來攻打我的專列火車吧……很好，很好。今天你和我講了這些，說明你還算我的人，我歡迎。老將軍啊，不要吃老本，要立新功。也不要學我的那個警衛員，做了省軍區司令，搞女人搞那樣凶，百多個處女，那有什麼意思……今天晚上，我找許世友、韓先楚談話，你和汪東興參加。下午由汪主任先向許、韓、你三人傳達我在武昌、長沙的講話。

當天晚上，毛澤東發低燒，體溫三十八度多，隨行的醫療小組診斷爲輕度中暑、感冒，要求他服藥，臥床休息。這種時刻要他睡大覺？醫生的話，他從來只聽一半，服了藥，仍召集許、韓、汪、程談話。見面就說；許司令，韓司令，我這個解放軍的締造者，要親自指揮軍隊了。你們接到汪主任的通知，就趕到南昌來見我，說明還是服從我的指揮嘛！

韓先楚說：主席是三軍統帥，福州軍區全體指戰員隨時聽從主席指揮。

許世友說：還是那句老話，主席指向哪裡，我老許率部隊打向哪裡。

毛澤東表示欣慰地點點頭：有你們兩位這句話，東南半壁江山歸在我這一邊了。

接下來，毛澤東又像在武昌和長沙那樣，不厭其煩地談起黨的歷史，黨內九次路線鬥爭，都是分裂黨，但都沒有分裂成。去年廬山會議，陳伯達伙同黃、吳、葉、李、邱，搞分裂。他們後面還有不有人啊？毛澤東忽然問程世清：在廬山，吳法憲給華東空軍系統的王維國、陳勵耘、韋祖珍這幾個人打了招呼，有不有你程世清啊？

程世清趕忙加以解釋：主席，我不屬空軍系統……我有錯誤，吳法憲對我有影響。主要的是我思想沒有改造好，一遇風浪，就辨不清方向，站不穩立場。

毛澤東思緒跳躍，轉向許世友說：長征路上，張國燾搞分裂，成立僞中央，你是知道的。

許世友趕緊表白：主席那個僞中央沒有我，有陳昌浩等人。

毛澤東看許世友一眼，彷彿說：你許和尚那時已是紅四方面軍第四軍軍長，騎兵司令，僞中央能沒有你這名戰將？忽又手一揮，表示對這些歷史舊帳沒興趣：紅四方面軍戰將多，五五年評軍銜，元帥一個，大將兩個，上將、中將一百多個……那個陳昌浩啊，三七年西路軍兵敗祁連山，總指揮、政委都逃脫了。總指揮徐向前一路討飯回到延安，政委陳昌浩討飯回到他湖北老家。這就是徐向前和陳昌浩的區別。文革以來人我堅持保護徐帥。徐帥是你們的老上級，紅四方面軍的一面旗幟。還有李先念同志，也是四方面軍的代表人物。今天在座的，許司令、韓司令、程政委，都是紅四方面軍出身，我信得過的將軍……好了，不說這個了。許世友同志，你是不是和上海、浙江方面，關係有些緊張啊？是些什麼問題？我可以替你做做工作嘛？

許世友樣子笨，頭腦反應卻快：運動初期，我和張春橋同志是不大融洽。自去年華北會議之後，關係就調整過來了。主席講過，我是廉頗，他是藺相如。這幾年，春橋同志是一直保護我的。軍區造反派糊我的大字報，他都派人覆蓋住，替我講了不少話。我們現在的關係很好，主席可以放心。

毛澤東笑笑：一文一武，相得益彰。九大後，春橋同志兼了總政治部主任，還掛你們軍區政委嗎？不大管事了吧？人家貼司令大人的大字報，他派人覆蓋，做法不好。大字報有什麼害怕呢？讓人家看嘛。上海還有個王洪文，工人造反派，種過地，當過兵，你和他關係怎樣啊？

許世友回答：我和王洪文很好啊，一起到大別山打過獵，他槍法不錯，可評上特等射手。他算我小老弟啦，每回陪我喝茅台，都敗下陣去，不是對手。

毛澤東笑了：酒肉朋友啊？稱兄道弟，革命義氣。許和尙，對浙江的同志，要刀下留情。

許世友一聽刀下留情四字，又連忙申辯：主席，浙江舟山武鬥的事，涉及浙江省軍區南萍同志，請中央派人調查。

毛澤東說：我知道，舟山要塞，南京軍區支持一派，浙江省軍區支持另一派，武鬥不止，就因爲各有各的後台。你許司令沒有責任？都是南萍的責任嗎？

許世友想繼續申辯，毛澤東笑着打個手勢，思緒再又跳躍開去，轉向韓先楚：韓司令，戰場上你是塊硬骨頭，打不死的程咬金。你是湖北人吧？

韓先楚回答是湖北黃安人。

毛澤東說：湖北人有不少我的老朋友。李求實、項英、黃富生、施洋、董必武、惲代英……都是湖北人，我們黨歷史上的著名人物。你們黃安縣更是了不得，出了一百多個將軍，將軍縣囉。陳錫聯、韓先楚、王建安、周純全、郭天民、王平、王新亭、陳再道、王宏坤……都是上將噻。王樹聲、徐東海兩員大將是湖北人。對了，李先念、黃永勝也是湖北人。更重要的，我們林副主席是湖北人。天上九頭鳥，地上湖北佬。湖北出人才，出戰將，了不得。

大家笑起來。韓先楚說：我老家黃安縣，解放後改名紅安縣了。一九二九年的黃安起義也改成紅安起義，起義軍後來發展爲紅四方面軍主力。縣裡出了一百多個將軍，鄉親們四出找關係，要物資要資金要卡車，依賴性強，生產反而搞不上去。

毛澤東嘆氣：所以不能吃老本，躺在過去的功勞簿上怎麼行？汪主任下午已經向你們傳達了我在武昌、長沙的講話，你們也議了議，很好。這次，我就是要走一路，講一路，強調一個問題，就是締造軍隊的人，不能直接指揮嗎？他們把締造者和指揮者分割開，什麼用心？良苦用心。何況解放軍也不是毛澤東一個人締造的，或由哪幾個人締造的。人多着呢，朱德、周恩來、賀龍、劉伯承、葉挺、聶榮臻、陳毅、葉劍英……這麼多人發動的南昌起義，他們就不能指揮了？現在自封直接指揮的人，那時是一名見習排長嘛。不是要講個論資排輩嗎？老帥們的大多數，都還活着，身骨子還硬朗嘛。現在，我就是要代表老帥們，爭爭這個指揮權。爭不爭得回來啊？我看是有可能爭回來。在武昌，在長沙，我領着大家唱《國際歌》、《三大紀律八項注意》。兩支歌子一唱，將軍們的一切行動聽指揮，步調一致才能得勝利。到了南昌，我也要和你們一起唱。

毛澤東和幾位將軍一直談到翌日凌晨，漸感體力不支，醫生、護士來催了幾次，才躺下休息。

毛澤東在南昌住了三晚，感冒被控制住。他決定去杭州。臨上車前，又命汪東興把許、韓、程等人找來話別，叮囑他們一切行動聽指揮。還特意對許世友說：許司令，我們到上海還要見面的。也可能路過南京停兩天。看情況吧。總之，會在杭州多住幾日……許世友擔心浙江南萍告狀，而提出：主席，我也到杭州去看看你吧？順便和南萍同志碰碰頭，請主席主持公道，解決舟山武鬥問題。毛澤東說：許司令回南京聽通知吧，放心，你和南萍各打五十板子，手背手心都是肉。也可能到了杭州，就不談這件事了。南萍若告你的狀，我不聽就是。誰叫我這輩子總是偏袒着你這個少林子弟呢？

專列火車冒着酷暑，馳行十三小時。其間在浙江衢縣車站停留十分鐘，更換機車頭，於翌日凌晨時分抵達杭州南郊筧橋機場鐵路支線。停靠地點距那兩座油庫兩公里。在專列抵達前，已通知浙江省公安廳廳長兼省軍區獨立師師長王芳負責外線警戒。有浙江省革委會主任兼省軍區政委南萍、省軍區司令員熊應堂、空五軍政委兼杭州警備區司令員陳勵耘三人接車。

毛澤東讓三人上車見面、談話。上車前，中央警衛團張團長要求三位將軍把身上佩槍留下，任何人不准佩武器去見毛主席。。陳勵耘解下手槍時，見四周都是彪形大漢，不禁好生緊張。三人自覺地拍拍身上口袋四處，表示沒有任何傢伙了。上車後，由汪東興領着進入主車廂，車廂進口兩側，也立着幾名彪形大漢。

毛澤東像往常一樣，穿一襲長睡袍，半仰在沙發上，見三人進來立正，敬禮，並不起身，只是伸出手去，讓每位都握了握：都是老熟人，又見面了，莫客氣，坐下談吧。南萍，浙江的情況怎樣啊？

南萍匯報全省總的形勢大爲好轉，除舟山、金華兩地還有些派性武鬥，其他地市都安定下來了。困難也有，今年開春以來少雨，旱象厲害，全省正組織抗旱救災。

毛澤東吸着煙說：天公不作美，不幫忙。浙江魚米之鄉，不缺糧……他對抗旱之類不感興趣。話題很快轉到去年盧山會議，問陳勵耘：那次山上鬧事，有你的份沒有？聽說吳法憲找你們談了，不是一共八個人嗎？

陳勵耘對這突然發問，心裡發毛，一時無言。

毛澤東說：其中有你一個，還有上海的王什麼，福建的那個叫什麼？是不是就是那麼幾個人？你們空軍就八個中央委員啦。八條好漢，圖霸天空，不錯啦。

陳勵耘臉塊泛白，心想老頭子的情報厲害……但也不盡然。若知道自己捲進「五七一工程紀要」的事，還會獲准來見面嗎？於是強作鎮靜，匯報說：在盧山那次，吳法憲是找我談過空中警戒的事，他陰一句，陽一句，講話不算數。

毛澤東若有所思地說：是啊，誰講話作得數呢？陳伯達的話作得數，一句頂一句。

陳勵耘趕忙補充表白：我上山之前，一點不知道他們的那些事。

毛澤東說：你或許不知道。但空軍肯定有人知道，海軍有不有人知道？是不是內部通知的呀？

南萍、熊應堂、陳勵耘三人發愣，不知如何回答。

毛澤東仍抓住廬山會議的話題不放：對九屆二中全會參加了陳伯達他們反黨活動的同志，中央的政策，仍是八字方針：懲前毖後，治病救人。他們有兩個前途，一個是能改，一個是堅持不改。我樹了兩個典型，一個汪東興，能改，大會小會作檢討，痛哭流涕，我繼續重用，帶着他上路，就是讓他言傳身教，給大家做表率；一個陳伯達，堅持不改，只好送他去秦城。林副主席呢？我的接班人，他在二中全會開幕式的那個講話，是起了作用的。事先沒和我商量，稿子也沒給我看。出事之後，聽講他兩次要給我打電話，大概想當面溝通吧，但被葉群、黃永勝他們阻止了。對我的這個接班人呢，還是要保的。不保他，怎麼辦呢？黨內黨外都不好交代。但他自己也應當有個態度。九屆二中全會之後，一直稱病，不出席中央會議，總理出面去請都不行。由我出面去請，也怕他不給面子，彼此更下不得台。中央兩主席，我成單幹戶。七老八十了，還唱獨腳戲。大熱天的，跑到南方來，說服各路諸侯，請求幫忙。浙江鬧旱，老天爺不幫忙。我鬧單幹，各位幫不幫忙？這種情況要改變。這個月下旬開三中全會，擴大政治局，增補常委、副主席。我在武昌、長沙、南昌都講了，中央也要老、中、青三結合。總理，康生代表老：增補一個搞理論的，中央文革也出一個，方便工作，代表中；從現有的中央委員裡，選拔一名年齡在三十歲到四十歲之間的，條件是種過地，當過兵，做過工，代表靑……

江靑、張春橋、王洪文三名備位接班人，呼之欲出。由於毛澤東車旅途勞頓，談話只持續一小時，便結束。南萍、陳勵耘告辭時，請示：天氣太熱，主席是不是下車，住到西湖汪莊去？那裡新換了冷氣機，條件好些。

毛澤東揮揮手，不示可否。

半小時後，張團長領着省公安廳廳長王芳來見。王芳在延安時當過毛澤東的警衛秘書，是信得過的幹部。毛澤東拉住王芳的手：王廳長，我和張團長講了，這次到杭州是深入虎穴，不要落入虎口。

王芳再次立正，敬禮：報告主席！省軍區獨立師擔任外線警戒，您的安全不會有問題。

毛澤東讓汪東興、張團長離開，和王芳單獨談：小王，空五軍軍長白崇善爲什麼不來見我？

王芳壓低聲音：老白私下告訴我，陳政委有許多事情瞞着他，不知搞些什麼名堂……

毛澤東問；林立果七月份秘密到杭州的事，小白知道？

王芳說：老白講他事後才偶然聽到，至今不知道來幹什麼……但老白向我保證，主席在杭州期間，他會命令空五軍的任何一架飛機都不准升空。一切空中訓練改爲地面訓練。

毛澤東笑笑：小白是我老朋友。陳政委沒有干擾他？

王芳說：沒有。陳勵耘這人膽子小，把老婆孩子看得很重……但最近，白軍長到軍機修配廠檢查工作時，發現正在改裝一架飛機，可掛火箭彈。白軍長把書記、廠長找來，問是誰讓幹的？書記、廠長開始不肯講，老白憤怒了，要命令衛兵關他們禁閉，才交代是政委佈置……

毛澤東身子動了動：改裝飛機，連軍長都被瞞住，當然要幹大事。知人知面不知心。空軍，鬼事多囉。那架飛機後來怎樣了？

王芳說：白軍長下令拖走，把輪胎卸掉了。

毛澤東說：我拿這個政委怎麼辦？他剛才還在我面前演戲，想撇清和吳法憲的關係。現在不能驚動他。一動他，狗急跳牆。先應付着吧。牽一髮而動全身啊。

王芳問：主席這意思，可不可以和老白透透？

毛澤東想了想：不要。一切順其自然，對小白也是次全面考驗。好，不說這個了。南萍他們要我住到汪莊去，你看去還是不去？

王芳說：汪莊不久前搞過一次大裝修，是警備區司令部監工；而且汪莊三面環水，怕人在水底下搞名堂。我的意見，主席這次不住汪莊。我另找了個清靜住處，就在這附近，汽車幾分鐘。主席晚上住上去，睡得安穩些。中午仍回車上辦公，找人談事情。給人的印象，主席一直住在專列上。

毛澤東笑了：好，狡兔三窟，就按你說的辦。

於是，毛澤東從九月三日至九月八日，停留在杭州筧橋機場鐵路支線上。他命令汪東興進城，召集南萍、陳勵耘、熊應堂、白崇善等人學習討論他的講話，發表各人的看法。

九月九日中午，筧橋機場鐵路支線出了個情況，一輛軍隊卡車要穿過道口進機場，道口卻被停靠着的專列阻住，禁止通行，並有警衛人員來查驗司機證件及車上物品，發現是輛沒有裝載的空車。那軍車司機帶一名助手，臨退走時竟破口大罵：哪有這樣橫行霸道的？鳥火車死在這裡一星期了！把機場進口都堵死！霸道！霸道！你們就是霸道！

爲避免衝突，警衛人員沒有扣下那兩名便裝軍人問話，只記下那軍車的車號。經過王芳人查實，卡車是空五軍後勤處的，確是要進機場拉東西。但過去每次中央專列都停靠在這裡，也堵住了這道口，從無人指罵霸道……事涉敏感，王芳和張團長商量，報告主席？大意不得。

毛澤東聽了匯報，冷笑：要趕我走嘛！有人不高興我留在杭州。錢塘江畔，莫非王土？去，替我把陳勵耘找來，當面問問，是不是他的空五軍要趕我走？

於是王芳通過南萍、熊應堂去找陳勵耘，電話打遍空五軍司令部，政治部，杭州警備區司令部，陳勵耘家裡，都說不見人。連空五軍軍長白崇善也不知政委去了哪裡。

毛澤東警覺起來，杭州非久留之地。他命令先把那列堵住道口的前導車調走。到哪裡去？去紹興。到了當天下午，仍沒有找到陳勵耘。毛澤東心裡打鼓了，原約好南萍、白崇善來談話的，臨時取消，命令立即啓動，到紹興去，與那列已開去的前導車會合。南萍、熊應堂則應張團長的要求，浙江全省鐵路沿線，即時實施軍事管制，各地市軍分區，各縣鎮人武部分段包幹，武裝戒嚴，所有客貨列車停駛，所有公路、鐵路交叉道口封閉。

毛澤東的專列沿杭（州）寧（波）鐵路東行，至紹興郊外支線停下。烈日當空，炎熱無比。窗外，大旱年頭仍水網縱橫，良田阡陌。河汊水畔，一座座白牆青瓦的農家小院掩映在翠綠的闊葉芭蕉叢中，好一幅幅江南水鄉畫圖。紹興城裡，更有魯迅故居，三味書屋，百草園……毛澤東沒有心情欣賞這些。汪東興請示：要不要報告北京周總理？或是南京許世友？讓許司令到杭州坐鎮？毛澤東擺手：不要搞的雞飛狗跳！有南萍、王芳保駕，誰能吃掉我們？再等一等，萬一不行，我們到寧波坐船離開，你可預先做些安排……張團長請示：主席，給你在車外搭個涼棚吧，下車透透氣。

涼棚搭好，毛澤東正在棚子裡抽煙喝茶，杭州南萍、白崇善來了電話：陳政委找到了！一切正常，請主席回杭州，請主席回杭州。電話裡，陳勵耘顫着聲音向毛主席檢討、認錯：主席，我這幾天太累，身體不適，躲進小招待所睡覺，沒有請假，又犯下大錯……

毛澤東隨專列火車返回杭州。這次，毛澤東並不知道，陳勵耘的失踪，是因林立果派于新野神不知、鬼不覺的到了空五軍小招待所，竟把毛的幾個情報系統都瞞過了。于新野找陳勵耘打聽毛的具體行程，日期。說是陳勵耘望着牆上的毛澤東像發愁：幹，幹，下手……但案子不要發生在杭州，杭州難以動手，浙江境內都難以動手……于新野對他這臨陣懦怯態度很惱怒：當初對林副部長是怎麼表態的？林總把他一家人的事業、性命都交到我們手上了！我們空軍司令部主要幹部的身家性命，也都賭上了！你不是要看林總的手令嗎？給！不幹也要幹！看好了？交回給我。你不幹，我去上海找王政委。但警告你，敢透出一個字，你全家老小斬盡殺絕。

北京。西郊軍用機場內側小四合院，「五七一工程前線指揮所」。林立果和江騰蛟擺弄着一座「碩放橋」模型，商量如何在「橋」的下方捆綁膠性炸藥。江騰蛟說：可以了，可以了，小娃過家家哩！這些都是上海艦隊爆破組的作業。我什麼時候去上海？葉主任一天幾道金牌（電話）的在催哪。

林立果胸有成竹：江叔，你個南線司令急什麼？離B五十二回京，還有十幾天哪！我們這次要做到萬無一失，出手必勝！等于新野回來，落實了B五十二在杭州、上海、南京之間的行程、日期，你立即赴任，和王維國叔叔一起全責指揮。

江騰蛟問：我怎麼走？水上走，天上走，還是地上走？

林立果拍拍腦門，以決斷的口氣說：水上、地上都耽誤時間，又易被跟踪……到時候，你坐空軍運輸機走，三個小時就到碩放機場空四軍小招待所。空軍在我們手裡。這次空軍是決勝因素。

江騰蛟忽然問：你昨天說王維國已安排好一名戰鬥機駕駛員，隨時可對B五十二的專列實施攻擊的，叫什麼名字？

林立果抿住嘴唇。過會兒，還是憋不住：江叔，本不該說的……可你又是南線司令。那駕駛員姓魯，單名珉，魯珉。空軍標兵，多面手，駕駛，射擊，一腳踢。

江騰蛟隆了隆眉頭：魯珉，這名字有些耳熟……

林立果右臂一揮：江叔，不要多疑了。這個魯珉，向王政委寫血書，隨時準備做烈士，爲黨爲林總捐軀。他恨煞了文化大革命，恨殺了江青、張春橋、王洪文、姚文元一夥奸黨、亂黨。這幾個奸賊不是被暴君所重用，能有今天的飛黃騰達？所以他恨不能隨時把暴君幹掉，爲國除害。

江騰蛟心裡踏實了：好，好，我們空軍也出荊軻、專諸式好漢。

林立果也忽然問：江叔你剛才說這名字耳熟，想起什麼了？

江騰蛟說：是我緊張、過敏了。一聽魯珉，我想到魯瑛。對，就是現在《人民日報》那個總編輯魯瑛。人罵他是草包總編輯，盡鬧錯別字。是從上海《文匯報》調來的，張眼鏡蛇和姚文痞的親信。

林立果又問：江叔你是懷疑魯珉和魯瑛有親屬關係？是兄弟？

江騰蛟說：瞎猜、瞎疑。同在上海，都姓魯，一個珉，一個瑛，側玉旁……

林立果說：江叔，你賦閑多年，讀了不少書吧？快成儒將了……我們還是要相信王維國政委，上海艦隊的每個成員，都是他仔細審核、挑選的。

江騰蛟點點頭，說起另一件事：老虎呀，這次行動，你是主帥，我和王飛是你副手。可我覺得，王飛同志近兩天有些打不起精神，像有什麼心事。作爲北線司令，他很不主動，連個北線行動方案都沒有拿出來討論。光是等着南線的好消息？這不大正常吧？

林立果沉默片刻，想了想才說：江叔你連王飛也懷疑？北京的行動方案，是比較麻煩，北京衛戍區、中南海警衛師兵力強大，我們空軍缺地面部隊與之抗衡……不過你提醒得對，我掛電話報告子爵號，請她抽鞭子……

當天，北戴河葉群的保密電話打到王飛的家裡。王飛從床上跳起來接電話：王飛呀！我是子爵號。你睡下了？把你吵醒了。老虎講你近兩天精神欠佳，是不是犯病了呀？沒有？沒有就好。家裡有什麼困難嗎？經濟的，物質的，個人生活的，你盡量提出來，我替你解決。一號講了，王飛家裡的事，就是我們林家的事……不用謝，一家子不說兩家子話。是擔心愛人和孩子遇上麻煩？這麼着吧，你明後天就安排他們到北戴河來，和我們一家住在一起，讓他們在這裡度假，休息。你可以解除後顧之憂了吧？對了，一號的手令，你們都看到了？很好。立即行動起來，一步主動，步步主動。一步被動，全局被動。我這意思你明白？明白就好。關鍵是動作起來，刻不容緩！江騰蛟爲什麼還留在北京？南線司令不去南線？知道，知道，老虎向我匯報過，等于新野從南方回來……好，好。記住，行動，行動，行動！我要對你們抽鞭子！要朝前趕，朝前趕！後路是沒有的！

接過電話，王飛差點哭出聲來！奪命之劍已懸在他頭頂上，千鈞一髮，眞正的千鈞一髮……他是啞巴吃黃連啊。皆因兩天之前有人在他的保密箱裡放進一封信，以紅鉛筆寫著三行仿毛體：

空軍王參謀長：這些年你忘記自己是誰的人了？

立即停止你的一切動作，採行一個「拖」字術即可。

若敢一條黑道走到底，送你一家老小見閻王！

第七十五章　上海是否中國領土

九月十日上午，睡眠中的毛澤東被張團長喚醒，這在以往是很少有的事情。毛澤東瞪大眼睛，躺着不動，聽張團長報告：主席，是江青同志來了急電，請你立馬回北京！毛澤東問：電報呢？張團長雙手呈上。毛澤東不接：你唸給我聽。張團長遵命：老闆，滬杭已是虎狼之地，務由原路速返！總理也是這個意見，餘容面告，蘋。

毛澤東緩緩坐起，吸煙：滬杭虎狼之地，會吃人？我不信。張團長說：情況確實緊急，已經命令衛隊子彈上膛。毛澤東揮揮手，不以爲然：我還有王芳的獨立師呢，你緊張什麼？張團長說：我不緊張，但這裡一切都不正常，還是立馬離開的好。毛澤東裹着長睡袍，兩條光腿垂至床沿：好吧，是有人趕我走了，打算怎麼走法？張團長說：三條路線，一是先到寧波，走水路離開；二是回南昌、長沙；三是去上海。毛澤東不置可否，只問了一句：有現成的鐵路不走，走水路？在這裡住了這些天，總該和他們打個招呼吧？告訴汪主任，通知南萍、熊應堂、陳勵耘、白崇善來見個面，算辭行。張團長極不情願地走到門口，返身問：是不是離開後再發封電報算了？見毛澤東不悅，又問：還通知陳勵耘嗎？毛澤東揮揮手：他是狼是虎，是人是鬼，我不在乎。倒要看看他這個老紅軍出身的政委，怎麼對我下手。

半個小時後，毛澤東已經洗臉更衣，喝過麥片粥。南萍等四人在車下交出身上所佩手槍，公文包也經過檢查，包內鋼筆、鉛筆均被收走（防特工武器鋼筆槍、鉛筆毒針），才由汪東興領着上車，到主車廂見偉大領袖。

四人立正，敬禮，一一與毛澤東握手，致候。毛澤東和白崇善握手時，責怪道：白軍長，到貴地這些天，你就躲著不來見我？是不是明哲保身啊？

白崇善神色憂鬱，只用力地和毛主席握手。陳勵耘在旁解釋：本星期，老白一直在戰備值班。

四人繞着領袖的龍榻坐下。毛澤東說：聽汪主任講，你們的批陳整風搞得不錯。汪主任向你們傳達了我在武昌、長沙、南昌的講話，你們也座談了幾次，對廬山會議的認識深入些了。還重新學習、合唱了《國際歌》、《三大紀律八項注意》，很好嘛。

張團長在車下緊急佈置離開事項，毛澤東在車上不緊不慢的又談開黨內九次路線鬥爭歷史：大革命時期，幾個蘇區，紅軍三十萬，到陝北剩下兩萬五千人。江西中央蘇區八萬紅軍，剩下八千人。長征路上張國燾搞分裂，不肯去陝北。那時候不去陝北沒有出路嘛。後來他還是帶着紅四方面軍到了陝甘寧邊區。我們批判張國燾沒有錯，但對四方面軍回來的同志鬥得凶。包括許世友、陳再道、陳錫聯、王建安這些將軍在內，檢討一次、兩次、三次、四次都通不過。許世友脾氣燥，還被關起來差點殺掉。是我下令放了他。那時候到我面前告狀訴冤的都是四方面軍的人，一方面軍的一個沒有。四方面軍就灰溜溜了，一方面軍就翹尾巴了。有的人尾巴一直翹到現在。

毛澤東看四位將軍一眼，帶着告誡的語氣：不要帶了幾個兵就翹尾巴，老子天下第一，不是第一也是第二。動不動就是什麼從黑龍江打到海南島，好像全中國都是某個人打下來的。還有華東、西南、西北、內蒙、新疆、西藏呢？你們華東海軍，打掉蔣委員長一兩條軍艦也要翹尾巴？我不贊成，有什麼大不了呀？三國關雲長這個將軍，曹操替他討封了個漢壽亭侯，就翹尾巴，既看不起東吳孫權，又看不起自己的軍師諸葛亮。結果怎樣？驕傲輕敵，被人家呂蒙白衣渡江，走麥城，把蜀國的幾十萬大軍斷送掉。當然，那時候不搞思想整風，沒有文化革命，沒有三支兩軍，反驕破滿。在北京，我找黃永勝他們談話，東興也參加了，當面批評黃永勝，井崗山的獨生子，了不起。黃永勝不會不搖鵝毛扇子吧？羽扇綸巾，雄姿英發，半個儒將。他後面還有不有人啊？

接下來毛澤東談到當年的華東戰場，粟裕、譚震林指揮的「七戰七捷」，你們誰參加過「七戰七捷」？陳勵耘說他參加了。毛澤東不信：我看不見得吧？你那時是個什麼官呀？陳勵耘說他當過團政治部主任、政委，後來是師的副政委。毛澤東繼而談起華東戰場一些幹部，說譚震林解放初在浙江兼省委書記，打下舟山群島一江山島、大陳島；說陳毅打仗有個好處，就是聽得進別人的話，採納不同意見。打孟良崮，他南邊聽粟裕的，北邊聽許世友的，結果把蔣委員長的王牌第七十四師殲滅了。

毛澤東思緒跳躍，話題轉到北京軍區：北京軍區隊伍多，有五個軍，還有一炮、二炮、工程兵、防化兵、裝甲兵。他們整了這個軍整那個軍。李雪峰、鄭維山受陳伯達指使幹的。北京衛戍區他們就插不進去，因爲有謝富治、吳德、吳忠。吳德有德、吳忠有忠。一九六八年陳伯達到華北幾十天，周游華北，到處游說，煽風點火，整軍隊。我這次就是學他的辦法，也是到處游說，巡行江南，拜會諸侯。我是黨主席，軍委主席，能不能到處游說？陳伯達游說華北，被抓起來關進秦城去了；我這次游說江南，是不是也有人想把我抓起來？反正我的行動也受到限制了，人說滬杭已成虎狼之地，我不同意。有人趕我走，倒是眞的。

南萍、熊應堂、白崇善三人趕快表白：主席到各地談話，是造革命輿論，對各地幹部路線交底，我們堅決擁護，誓死捍衛。

陳勵耘張着口，額頭上冒出粒粒虛汗。

毛澤東視而不見，最後說：萬歲喊得那樣響，把我的像到處掛，又是三忠於，四無限。目的是想把我供起來，不准我管事。他們矇不了毛澤東。我講過多少次，寧吃鮮梨一口，不要爛梨一筐。「萬歲、萬萬歲」就是爛梨一筐，以爲可以堵住我的嘴。毛澤東不上這個當。「萬歲」，英文是LONG LIVE，長壽的意思。人，總是要老要死的，怎麼可能萬歲呢？永遠健康也不可能。我七老八十了，還不糊塗，不要和我來假的了。假的就是假的，僞裝應當剝去。

……當天下午四時，毛澤東的專列總算匆匆離開杭州南郊。臨開車前，毛澤東讓汪東興通知南京的許世友到上海等他，並告訴上海王洪文，他這次到上海的外線警戒，由王洪文率上海民兵師負責，其餘任何人不准插手。

張團長則要求南萍頒令，重新對浙江境內的浙贛線、滬寧線實施全面軍事管制、戒嚴；還授意熊、白二位將軍把陳勵耘帶到某地去喝酒，休息，以免把主席的行踪透出去；同時，通知鐵道部及江西省革委省軍區，從明晨一時起，對其境內的浙贛、湘贛兩鐵路實施軍事戒嚴。

從空中望下，兩列專列火車如兩條綠色蠶寶寶，在富春江平原上蠕蠕爬行。

過了近一小時，毛澤東忽然覺得前進方向不對。命值班護士找張團長來問：前邊是什麼車站？張團長回答：金華，金華出火腿。毛澤東眼睛一瞪：怎麼走回頭路？傳我命令，去上海會許世友。張團長爭辯：主席，總理和江青同志，都要求你原路返回。上海王洪文來過電話，還沒有和許司令聯繫上，許不在南京……毛澤東手一揮：不走回頭路！我什麼時候走過回頭路？去喊汪東興來！

汪東興很快來到。毛澤東盯住問：走回頭路，是不是你安排的？汪東興回答：主席，不要生氣，是張團長和我商量的，專列先到金華有兩個原因，一是從杭州到上海只要兩個多小時，擔心王洪文的民兵師來不及完成警戒佈署，繞一下金華，多給他兩個小時；二是去上海太危險了，王維國控制着上海的警衛大權，王洪文是不是他的對手？毛澤東目光泛橫：在杭州怕陳勵耘，到上海怕王維國，這就是你們的保衛工作？我倒是看到陳勵耘在發抖，講話打哆嗦，他怕的是我！現在命令你們，在金華停車，改去上海！張團長、汪東興仍想說服偉大領袖：主席，我們要對黨中央負責，對你的安全負責。毛澤東一嗓子吼起：混帳！上海是不是中國領土？張、汪點頭稱是。毛澤東再吼一嗓子：我是中央主席，我就是中央！到金華停車，聽到沒有？

說話間，專列進入金華站，徐徐停下。警衛人員魚貫下車，在專列外面佈下散兵線。車站四周，金華軍分區獨立營一小時前接到省軍區命令，已經站內外清場，警戒得水泄不通了。

主車廂裡，毛澤東仍在生氣。副車廂裡，張、汪已接通北京中南海西花廳紅機子，向總理報告：專列現在臨時停靠在金華車站，主席發脾氣，不肯從原路返回，執意要去上海。周恩來在電話裡說；爲難你們，我和江青同志擔心主席在南方的安全，北京已出現一些不正常情況。這樣吧，把電話轉到主席房裡去，我來向主席匯報、請示。

張團長跑步進入主車廂，請主席和總理通電話。毛澤東冷笑：這麼快就搬到救兵了？電話那頭響起周恩來的聲音：主席，你好嗎？我是恩來呀！毛澤東說；不好，不讓去上海，跑到金華來了。周恩來說：主席，你去上海不安全呀，是我和江青要他們原路返回的。毛澤東問；你們在北京也緊張？有什麼情況？周恩來說：空軍失控，據內線密報，他們正在調動十架運輸機，用途不明。現在他們調動飛機，不報告我這個總理了。但主席放心，北京軍區和衛戍區都在我們手裡，必要時可以把幾座機場控制起來。毛澤東說：先莫去驚動，讓人家儘情暴露。所以我要去上海，看看誰想吃了我，能不能吃得動。恩來，爲什麼不出聲了？周恩來沉吟片刻：主席，我在想啊，去上海的事，通知了王洪文嗎？

還可以通知許世友去上海坐鎮，許和尚鎮邪。毛澤東笑了：總理啊，還是你能和我想到一起，在杭州時，就通知王洪文了，要他聯繫許司令。周恩來說：好，主席執意去上海，由王洪文指揮上海民兵師，把虹橋機場四周警戒起來。毛澤東說：已經佈置過王洪文了。我會在上海停留幾天，再到南京、濟南停一停，還是按原計畫回來。我就是要去現現身，看他們能把我怎樣了。恩來，北京的事，就靠你和江青、春橋操勞了。周恩來問：要不要春橋到上海來？他仍掛着上海市革委會主任、南京軍區政委。毛澤東說：不用。你、江青、春橋坐鎮北京，我才放心。周恩來說：那好。主席還是儘快返回。我這裡會通知南京軍區和濟南軍區，在京滬線加強警衛，必要時全線封路。

和周恩來通過電話，毛澤東氣消了，當即傳來張團長：總理站在我一邊呢！剛才發了你們的脾氣，是被氣的。通知發車，去上海！本人不信惡鬼，不懼邪神。與鬼神鬥，也其樂無窮。

專列的機車頭調轉頭，汽笛長鳴……從空中看下去，兩列專列又如兩條蠶寶寶，在富春江平疇沃野上蠕蠕爬行。

原本從杭州到上海，特快列車不停站行駛，也就兩個半小時。可經金華這麼一繞道，停站折騰，到上海花去五個多小時。毛澤東說他生平從不走回頭路，但從金華到杭州一段，不回頭也得回頭。

專列抵達上海西郊虹橋機場鐵路支線時，已是夜幕四合的晚上十點鐘。只有王洪文一人接車。除南京的許世友外，他不敢違命通知上海市委的任何其他負責人。王洪文身上佩槍也被要求留在車下。他拉住張團長的手問：你們怎麼在路上走了五、六個鐘頭？我都急死了，又不敢亂打電話過問，到底出了什麼事？張團長掩飾說：多留些時間給你調集民兵嘛，不要多問了。許司令員怎麼沒有到？王洪文說：我接到汪主任的通知，立即給南京軍區電話，每隔半小時一次，連許司令夫人田普都不知道她老公人在哪裡，說自十天前去了南昌就沒回來。張團長搖頭：不像話，關鍵時刻不見人。

王洪文進主車廂見偉大領袖。毛澤東見王洪文一身整潔軍服，卻沒見許世友，登時面露不悅。王洪文立正、敬禮之後，即報告了上海民兵師在這附近擔任外線警戒的事。毛澤東顯得疲憊，問：你麾下民兵師多少人馬？召之即來，來之能戰，戰之能勝？還是些烏合之衆？王洪文身子立的筆挺：報告主席，向總理請示了，動用一個師，一萬來人，由各大工廠復員轉業軍人組成，武器配備與野戰部隊相同，只是彈藥少些。主席放心，我們上海工人民兵就是組成人牆，以我們的血肉，也要保衛主席的安全。毛澤東又問：六七年武漢事件那次我來上海，要你們武裝十萬工人民兵，完成得怎樣了？王洪文回答：目前已組建五個民兵師，五萬來人。兵員不成問題，主要是武器裝備不足。我們想自己造些武器，總理沒有批准。毛澤東點點頭，這才問起許司令，他不來保衛我？王洪文據實回答找遍南京不知道他人在那裡？毛澤東沉吟着說，這個許和尚，一九三七年在延安保安處，我救過他一命；這次到上海，卻不肯來幫幫我……洪文哪，現在駐蘇州昆山一帶，是哪個的部隊？王洪文說：南京軍區第六十軍，軍長聶智鳳，長征時當過許的警衛員，十萬人馬，實際上是一個兵團，機械化程度高，拱衛大上海地區。要不要通知聶軍長來見主席？毛澤東說：不用了。洪文呀，看來你倒是有些軍事頭腦。上海民兵師，你是總司令，五萬人馬，相當於一個集團軍建制，大官啦。王洪文見毛主席氣色平和許多，便請示主席是否下車，仍住到顧家花園去，那裡條件好些。毛澤東說：上海比杭州涼快多了，有海風。在杭州沒有下車。這次，我從武昌到長沙，南昌，杭州，講了一路話。今晚上也想講一講，但許司令沒有到，還是等他到後一起講吧。王洪文請示：還要不要通知別的人，一起來聽主席的指示？毛澤東說：不要我一開口，就是什麼指示不指示。等許司令來了，可通知空四軍的王維國也來，我想看看他的三頭六臂。但先不要和他說是來見我，只說軍委負責同志。好了，你去忙吧，我要休息了，幾天沒有睡過安穩覺了。

王洪文下車後，心裡犯嘀咕：王維國怎麼三頭六臂了？這次主席的保衛工作不讓他這個上海警備區司令員插手……他和我們不是一路貨色？看樣子空軍是靠不住了……王洪文剛在中央警衛團警戒線入口處取回佩槍，張團長即追上來和他商量，再調一個民兵師，加大外線警戒圈。王洪文說行，馬上去調集，用我們的血肉，築起新的長城！張團長笑笑：王司令怎麼哼起《義勇軍進行曲》來了？

專列上，毛澤東命衛士把主車廂兩邊的車窗全部打開，冷氣關了，讓夜上海的徐徐海風吹進來。他洗浴後，服下安眠片，四腳八叉的，倒在龍榻上睡去。不一會鼾聲大作。連日奔波如喪家老犬，他是很疲累了。他的鼾聲也是一種示威，你們不是講上海危險，會出事，來不得嗎？毛澤東今天不單是來了，而且大打呼嚕睡大覺，誰能把我這個黨主席、軍委主席，當做唐僧肉生吃了？

毛澤東的鼾聲確實雄壯。車窗都開着，以至夜深人靜之時，距專列百十米外值勤的武裝民兵，都隱隱聽到這起伏著的吹哨子似的鼾聲。起初還以爲一道值勤的某個戰友不盡職守，在附近睡大覺呢。

他們當然不會知道這次被召來擔任外線警戒，要保衛的是哪位重要人物。

北京，釣魚臺第十一號樓燈火通明。晚十一時，中央文革組長江青掛電話去中南海西花廳，提出立即見周總理。周恩來正忙的打八面拳，已經兩天兩晚沒有挨過床鋪了，一聽是江青的電話，便和靄地問：藍蘋哪，不是中午才見過？有急事？江青說：急死人了！我馬上過來。周恩來想了想：這樣吧，還是我跑一趟。好，見面談，見面談。

半小時之後，周恩來的座車進入三里河路甘家口南側的釣魚臺國賓館東大門。貴爲國家總理，周恩來讓司機把座車停在距十一號樓兩百米遠的拐角處。因爲江青同志討厭聽到汽車的噪聲，除了她自己的專車，其他任何車輛都不准駛到她住處附近。下車後，周恩來伸伸腰腿，對警衛秘書說：權當散步吧，好幾天沒有散步了……這裡的空氣比中南海還要清新些，到處都是樹木花草啊。

江青並沒有在門廳裡迎候周總理。只一名清秀的女兵引總理進內客廳，警衛秘書則留在門廳裡。女兵悄悄對總理說：剛發了脾氣，摔碎一隻明瓷花瓶，國寶呢。周恩來心裡嘆着氣，進到內客廳，向江青致候。江青坐在沙發上沒動窩，眼淚哈哈的，等女兵上過茶，退下，才甩過來一句生冷的話：總理！你爲什麼讓老闆去上海？那裡明明有大危險！你還同意他去？

周恩來心裡窩火，臉上卻笑着：就爲這個生氣，掉淚？你是主席夫人，關心主席的安全，這個，我能理解……本來專列已經到了金華，是照妳的意見從原路返回的。主席發現走回頭路，命令停車，問爲什麼不去上海？上海是哪個國家的領土？張團長和汪東興沒有辦法，只好掛電話給我……

江青打斷周恩來的解釋：姓汪的爲什麼不打電話給老娘？他們是朱力士，十常侍！根本不把老娘放在眼裡。那個汪東興，活脫脫就是個內務府總管，十常侍！老娘還沒有和他算廬山的帳！

周恩來逕自坐下來，嗓眼乾澀，喝口茶：罵吧，罵吧，妳消消氣。氣頭子上的話，不作數……朱力士不是奸臣是忠臣，主席不是李隆基是人民領袖。汪東興也不是十常侍。十常侍不是一個人，是漢靈帝身邊的十個禍亂太監頭子。

江青冷笑：你笑話我？以爲我連這也不懂？不要繞開實質問題，你爲什麼同意老闆去上海？他要在上海出了事，你負責？

長舌婦人打亂仗。周恩來仍是耐性十足地繼續解釋：妳聽我講完啊，不是我同意，是主席自己執意要去。主席的脾氣妳又不是不曉得，他要做的事，誰都擋不住的。我同不同意，都沒有用嘛。我們只能在保障主席的安全上下功夫嘛。

江青又抽抽噎噎哭泣開來：你們不心疼老闆，我心疼……老闆若是在上海出了事，丟下我，我怎麼辦呀！天哪！

周恩來這才起身掩上客廳門，免得這哭叫聲傳出去：江青同志，妳要冷靜些，冷靜些嘛……我已經通知王洪文，上海民兵師全力保衛主席……

江青哭得更大聲了：派民兵保衛老闆！虧你們想得出！正規部隊哪裡去了？南京軍區的野戰部隊哪裡去了？都死絕了？剩下民兵來保衛黨中央主席了！

周恩來見江青鬧得實在不像話，不得不加重些語氣告訴她：主席這次到上海的保衛工作，由王洪文負責，是主席本人下的命令。我只是向王洪文強調了這次任務的重大性，不允許有任何險情。

江青眼淚一甩，站起身來：我要去上海！馬上走。你是總理，現在就打電話，調專機。

周恩來相陪着起立：藍蘋啊，妳冷靜些，我的意思是，妳沒有必要深更半夜的趕去上海。

江青厲聲問：我爲什麼不能去？西安事變時，宋美齡還趕到西安去陪蔣介石。

周恩來好氣又好笑：情況完全不同哪！上海有發生一九三五年十二月西安的那種事變的可能嗎？怎麼會呢？上海沒有張學良、楊虎城，也沒有東北軍、西北軍。

江青蠻橫耍潑：我不聽，我不聽！立即去上海，去上海陪老闆！

周恩來實在沒辦法，只好走向電話機：藍蘋，好好，我同意妳去上海。先給主席掛個電話，主席批准了，我立即安排專機，好不好？

江青登時像被喝了一棒，止住哭鬧，挸着手後退。

周恩來和靄地望望她，緩緩伸出手去：我掛電話了？

江青眼前立即出現老闆怒目圓瞪、臉色發青、厲聲喝斥的凶像……忽地像隻洩了氣的皮球，語調軟和下來：不，不，總理，電話不要打了，不要打了……

周恩來收回手：好好，都冷靜下來囉。許多事情，妳越急，越易出亂子。坐下，坐下，我們坐下談。對不起，我反客爲主了。

江青坐下了，從茶几上拈塊小毛巾，動作優雅地在臉蛋上四處貼了貼：總理，你是當家的，老闆在上海的安全，究竟會不會出問題？

周恩來品茶：好茶！是黃山毛尖吧？只有雲霧山上的茶，才會有這種甘苦中透出的清香……妳放心，王洪文在電話裡向我立下軍令狀，上海百萬工人階級，組成人牆，也能保障偉大領袖的安全。

江青說：王洪文這小子，也學得油嘴浮誇……，王維國是壞人，他兼着上海市警備司令。據我那小老鄉的偵查，上海已經有了秘密組織，頭子就是王維國。可我們的人打不進去……所以我着急呀！

周恩來忽然問：妳前幾天告訴我，要給空司的那個參謀長寫一紙警告條，寫了嗎？

江青說：寫了，派我們在空軍的人塞進他保密箱去了。那人姓王，是林立果的師傅。黑心肝的亂臣賊子，本是中調部放在空司的眼線，如今投效了新主子。

周恩來說：很好，相信對那傢伙的歹心起到抑制作用。但他們究竟要幹些什麼，我們至今不摸底……主席這次到上海，把外線警戒交給王洪文，是很英明的決定。來妳這裡之前，我還和張團長通了個電話。張團長告訴我，主席在專列上睡着了，睡得很香，鼾聲都傳到車廂外面了。

江青一時又眼睛紅了紅：老闆也真是可憐，快八十歲了，大熱天的，一路上和人談歷史，談黨內路線鬥爭，領着各地負責人唱《國際歌》，《三大紀律八項注意》……他在上海要停留多久？

周恩來說：連張團長和汪東興都搞不清楚，至少一星期吧。還要停留南京和濟南。原說二十二、三號回來。已定了二十六日開三中全會，改組政治局和常委會。江青啊，九大時主席不同意你進常委。這次，妳和張春橋不但進常委，還要當副主席。還有王洪文，做接班人。

江青破涕爲笑：我才不在乎呢！當不當照管事。……話說回來，自一九三七年到延安，一路上有總理的幫助。

周恩來趁江青心情好轉，將話題引入另一項內容：妳是好事連台，喜事在即哪。我也是靠了妳的幫助囉，當然主要是主席的教導。今晚上哪，我還想和妳商量，關於這十一號樓的使用……

江青轉瞬又急眼、變色：怎麼了？要趕我走？我是中央文革組長，中央文革在釣魚臺辦公！

周恩來說：看看，妳又性急了，沉不住氣了吧？是這樣，根據中美聯合聲明，已定下明年早春尼克森總統訪華。第一站到北京。妳知道的，釣魚臺裡這十二號樓原是元首樓，十一號樓原是首相樓。所以國務院辦公廳和中央辦公廳合計了一下，決定這兩座樓院重新裝修，十二號住尼克森，十一號住季辛吉……所以需要麻煩妳挪動。

江青眼睛裡長出針刺：釣魚臺二十幾座樓院，爲什麼單單挑中這兩座，偏找我過不去？

周恩來說：江青同志妳也是黨和國家領導人……爲什麼挑中這兩座樓院？一是它們相鄰，又都面湖，視野開闊，跟其它建築物保持相當的距離，相對獨立的一組，便於安全警衛，也不影響文革小組在十七、十八號樓辦公。這個接待方案，已報主席批准。是大局。

江青漲紅了臉龐：你們總是拿老闆來壓我！要我顧全大局……就是沒人顧全我這個大局。準備打發我住哪裡去？先聲明，中南海的菊香書屋和靜園兩處，我決不回去，太老舊，地板下有老鼠。

周恩來笑了：放心，委屈了誰，都不會委屈了妳啊……聽我把話講完啦，前兩年，中南海裡不是修了座副統帥府嗎？現在稱為一號院，林彪同志一直不肯入住，今後也不可能入住了。一座仿古宮院建築，全新的，位在南海北岸上，風光宜人囉。我說，妳該高興了吧？中南海裡最好的一座院落。不過這事還沒有報告主席。放心，我會做好工作。

江青做了個莫可奈何的手勢，神態頗為優雅，又透出些嫵媚來了：誰叫我當了這個主席夫人？我不服從大局，誰服從大局？

翌日上午十時，北京西郊空軍機場內側四合院——「五七一工程前線指揮所」。

于新野坐軍機剛從南方趕回，沒洗澡，沒更衣，渾身汗臭，向林立果密報此行的觀感和收穫：陳勵耘那老小子不行，有賊心沒賊膽。B五十二在杭州住了一星期，不敢有動作，講話都聲音發抖，說他身邊一個死黨都沒有，只想讓B五十二快些離開，不走就趕，趕到上海去，讓王維國去處理……他老小子竟說，不能在杭州出事，不能在浙江出事……氣得我恨不能拔槍把他斃了！整個廢物一個！上海王維國政委就不同，是條漢子，敢作敢當，他的小艦隊已結集待命，可以隨時出動……不急，副部長，不急嘛，聽我說……在碩放機場，我看到了炸碩放橋的膠性炸藥、打專列的四〇火箭筒，平射火車的高炮，都已經裝車，僞裝好。萬事俱備，只欠東風！我呢，給王政委看了副統帥的手令。王政委拍了胸口：幹！林總有令，老子豁出命去幹！大不了犧牲，只要林總和老虎能接班……

林立果興奮不已，緊抓住于新野的雙臂問：于哥，我王叔叔還要你帶了什麼話給我？

于新野說：王政委讓轉告副部長，江騰蛟這位南線司令，兵無一個，槍無一桿，不用到任了！去了兩眼一抹黑，只會添亂子。南線的事，由他王維國包幹！一舉定乾坤！

林立果咬了咬牙：成！事成之後，王叔叔就是尉遲恭，開國第一人。陳勵耘解甲歸田，回老家種地，只給他連級待遇，媽媽的，關鍵時刻，不肯出力，算把他狗日的看透了。王叔叔還說了什麼？

于新野說：關鍵是要摸准B五十二離開上海的時間。他已打聽到，B五十二至少在上海停留一星期。請副部長等他的好消息。

林立果心花怒放，勝券在握。于新野回家洗澡更衣。中午，林立果召集前線指揮所成員緊急會議，通報了于新野從南線帶回的好消息。強調北線工作要抓緊，江騰蛟同志不用去南方了，全力協助王飛抓北線工作。同時，撤退廣州方案也要按原部署抓落實，把運輸機、客機調配好，以防萬一。

當天中午開過會，林立果正要小睡一會，楊姐突然來找，說謝妮子有重要事情轉告。誰想進臥室插上門，楊姐就脫的光赤條條，蛇一般扭着惹火的身子纏上來。林立果不敢忘記大事：妳不是有情報？楊姐說：小爺，小爺，是俺想的不行了，想吃爺的肉棍棍……小爺，俺從一個還了俗的老姑子那裡弄到兩粒秘製傢伙，一人一粒，是先時宮裡的寶物……小爺，脫了，快脫呀，俺癢的不行了，爺也急的不行了吧，看小鋼炮樣的……來來，看我先吃了這粒……來來，小爺，親大大，俺餵爺另一粒。不出一刻鐘，爺的肉棍就長粗長長一倍……謝妮子也說想你了，你就當做把俺姐妹倆一起操……

第七十六章　毛澤東動若脫兔

九月十一日，上海西郊虹橋機場鐵路支線。

專列火車上，毛澤東很早醒了，命值班護士傳來張團長，問新動向、新情況。張團長報告：剛接到警衛局電話，說昨天下午警衛局便衣在景山公園中峰的萬春亭上，盤查了三名正在用望遠鏡觀望中南海的軍人。那裡是北京城的制高點。那三名軍人態度蠻橫，拒不交代自己的單位，還要和我們的便衣動手。但他們那幾下三腳貓功夫很快被制伏，才交代出是空軍司令部警衛團的。問他們爲什麼到這裡來觀察中南海的地形？他們不肯承認，只說是好奇，看看而已。警衛局報告了周總理。周總理讓留下三人的姓名、證件號碼，通知空軍司令部把人領回去了。說是不要激化矛盾。

毛澤東說：又是空軍，空軍……人家現在性急得很，想端掉我們的窩子。你看他們端不端得了？張團長說：那是妄想！甭說北京，整個京津、華北，他們都動不了一根毫毛！毛澤東擺手：張團座，你太樂觀，小看我們的對手了。當然，他們的優勢在空中，我們的優勢在地面。杭州南萍那邊有什麼消息？張團長匯報；也是剛來過電話，講他們仍在拉住陳勵耘同志「休息」，陳勵耘情緒低落，望着牆上的主席像愁眉苦眼，不知是什麼意思。他們建議主席，不要在上海停留太久。

毛澤東忽又有些光火：我想在上海停多久，就停多久，倒要看看有哪路英雄來趕我走。在杭州已被趕過一次……下午，我們搬到顧家花園去，至少住夠一星期。南京那邊找到許世友沒有？張團長匯報：王洪文同志報告，許司令昨晚十二點回到南京。已要求他今上午一定到上海。主席已在這裡等了他十幾個小時。王洪文同志這次很盡責，整個晚上堅持戰備值班，巡察民兵師佈防。毛澤東說：啃啃，一覺睡醒，消息不少啊。板蕩識英雄，患難知朋友。王洪文、許和尚都是我的朋友囉。

上午九時，許世友乘專機來到上海。他先見到王洪文，問了問主席的情況。王洪文神色凝重，領着他去見汪東興。在一中隊的崗哨入口處，許、王都被要求把身上的武器留下，隨來的警衛秘書則不准進入。他娘的三步一崗，五步一哨了。汪東興在車廂門口迎着，招呼二人上車。

主車廂裡，毛澤東已洗漱完畢，又半躺半仰地歪在床上，見三人進來，只招了招手，示意坐下說話。許世友先表示歉意，自己來遲了。毛澤東問：許司令跑到哪裡去了？我在杭州一星期，就是聯繫不上你，連南京軍區司令部都不知道自己司令員的行蹤。我在南昌就說了，要在上海和你見面的。

許世友一時紅頭漲臉地說：主席，我是從南昌坐吉普車，去安徽金寨我們軍區那個後勤基地，看了看農場生產情況。毛澤東不大相信地笑笑：你也關心農業？進大別山打獵去了吧？許世友辯白：主席，我沒有去打獵，確是去看了農場，今年早稻豐收，晚稻長勢不錯。還有我們的幾座戰備倉庫、工廠，都看了看，高興了，就和下面的戰友們喝了幾杯，多住了幾晚。毛澤東說：我的許司令很有意思呢，每逢黨內有大事，就跑那個基地。一九六七年武漢事件那次是這樣，現在這次又是這樣。我並不是批評、責怪你。你是大軍區司令，下基層一星期不和南京大本營聯繫，萬一出了什麼事，南京軍區誰來指揮？許世友有些狼狽地望望汪東興和王洪文，檢討說：主席，我知道錯了，原以爲主席會在杭州住個十天半月的，來得及到上海來見……毛澤東說：你這個許和尚，怎麼講你好呢？記得一九六四年，我到南京去問過你，中央出了修正主義，你怎麼辦？承你爽快回答：中央出了修正主義，你帶兵從南京打到北京！你的這個承諾，現在還生不生效啊？許世友渾身一抖擻，起立，立正，敬禮，聲音洪亮、中氣十足地回答：報告主席！俺老許還是那句話，毛主席指向哪裡，我帶部隊打向那裡！

毛澤東笑了笑：許司令坐下，坐下。你我老朋友，講話不用起立。大丈夫一諾千金，我很高興。因通宵值勤紅了眼睛的王洪文，這時還是忍不住說：許司令哪，從昨天主席讓我找你那時間算起，可是找了你十八個小時，要出什麼事的話，早就無可挽回了！毛澤東見許世友又漲紅了臉膛，忙寬和地說：不要說這個事了，許司令已經解釋過了嘛。我不是好好的嘛。算了，許司令是我老朋友，還是談正事。要問問你們，對去年的廬山會議，現在怎麼認識？問題怎麼解決？可以告訴你們，有的人一直在那裡頂着，就是不認帳，不找台階下。我已經等了他們一年時間。怎麼辦呢？我說只要你承認，不管多少，就寫出來，不是很好嘛？可就是和我頂着，要搞另一套。另一套是什麼？中央已經有所警覺。這話不是針對你們在下面的同志。對你們，只要求放下錯誤包袱，輕裝上陣，不就輕鬆舒服了嘛？這次到南方來，爲什麼帶着汪主任？就是他已經放下包袱，輕裝上陣，一路上以身說法，做個榜樣。

汪東興邊記錄邊說：我在廬山上犯的錯誤，還要繼續檢查，永記教訓。許世友表白：廬山會議的事，我按照主席的指示辦。毛澤東問：我的什麼指示呀？許世友答：主席的指示就是那個《我的一點意見》。毛澤東搖搖頭：時間上不對呀，《我的一點意見》在後，你們犯錯誤在前。你們是八月二十四、二十五、二十六三天紛紛發炮，我想了五天，九月一號才講了那篇話嘛。許世友堅持說：反正我就是擁護主席的指示，按主席的指示辦。毛澤東卻不容許打馬虎眼：是嗎？我的《意見》你學習了沒有？那上面說，什麼是唯心論？什麼是唯物論？你講講，我聽聽，行不行？

許世友回答不出，尷尬地哈哈傻笑：主席，我老許是個丘八，放牛娃出身，沒文化，哈哈哈。毛澤東忽然問汪東興：汪主任，現在考考你，什麼是馬克思主義的三個來源？它由哪三個組成部份？汪東興摸了摸腦門說：三個來源是德國的古典哲學、英國的古典經濟學和法國的空想社會主義；三個組成部份是哲學、政治經濟學和科學社會主義。毛澤東點頭：許司令，看到了吧，汪主任跟着我，就是肯學習呢。他和你一樣，也是放牛娃出身呢。不像有的同志，說要執行我的指示，又靜不下心來學習。人家搞那個「論天才」，找了幾條稱天才的語錄，你們就信以爲眞，上當受騙還不能覺悟。

毛澤東見許世友臉上紅一陣白一陣，不再批評下去，而轉向王洪文：洪文哪，廬山會議時，你們上海幾位同志，當時的眞實想法是什麼？王洪文回答：我們一共五名中央委員、四名候補委員，在山上單獨座談一次，議論了林彪同志的講話。當時心裡就嘀咕，有疑問，但沒有公開提出。毛澤東說：嘀咕些什麼呀？人家是副主席講話，發指示，很多人堅決擁護。你們爲什麼不公開提出問題？王洪文說：他是副主席，上了黨章的接班人，所以我們很少發言，態度比較消極。毛澤東說：那你們不是也都聽了？第二天還補聽了那個錄音嘛！你們華東組就一個擁護的聲音都沒有？

王洪文腦子轉得快，知道毛主席是在考察他，他必需說出當時眞實的思想動向，便看一眼許世友，說：有，比如空四軍的王維國同志，空五軍的陳勵耘同志，就態度堅決。我本人呢，那個時候，不擁護也不好，以爲副主席代表中央講話呀，所以也表了態，應付差事。許司令在場的，他可以作證。許世友又紅了臉膛，感激地看了王洪文一眼，小王夠義氣，沒當着主席的面戳他的痛處，他老許當時可是堅決站在林彪一邊、對張春橋很不客氣的啊。許世友說：洪文同志的覺悟比較高，也覺悟得比較早，値得我學習。王洪文見許世友這樣抬舉自己，怕引起毛主席懷疑，認他們在相互包庇，忙說：覺悟談不上，心裡犯了些嘀咕而已。後又聽說林彪的講話是中央常委同意的，特別是「論天才語錄」也以爲是中央搞的，心裡就不踏實，怕自己犯錯誤。

毛澤東說：他的講話是中央常委授意的？那個語錄也是中央讓搞的？有人故意散佈的嘛，中央沒有發語錄，所以文件上都沒有提到這個事，沒有用過那幾條語錄！洪文，你究竟是什麼時候才開始覺悟的？王洪文想了想，回答：六號簡報，就是華北組那個簡報，我們一看就嚇一跳，感到氣味不對了。毛澤東問：爲什麼嚇一跳？氣味有什麼不對？王洪文看汪東興一眼，說：六號簡報主要摘登了兩個人的發言，頭一個是陳伯達，打著紅旗反紅旗，典型的政治騙子手法；另一個是汪主任的那個表態……當然，我們知道汪主任已經改正錯誤，是主席的人。汪東興停住筆錄，仰起臉塊，坦言說：洪文同志批評得對，那時我犯了嚴重錯誤，今後還要繼續檢查，永遠站在主席一邊。毛澤東問王洪文：你覺得六號簡報是什麼性質；王洪文回答：說來說去，他們就是堅持設國家主席。主席明明指示不設，他們不肯聽，還要堅持，用心就明顯了，主席不當，有人想當。所以這個簡報是錯誤的，嚴重得很。

毛澤東笑了笑，表示肯定王洪文的看法：基本正確。這個簡報的性質現在還沒有做結論，要等到三中全會去做。我認爲是個反革命的簡報。有人搗鬼，搞陰謀詭計，急於上台，搶那個國家主席。陳伯達一伙人會上會下的串連鼓吹，就是有人要當那個國家主席嘛！司馬昭之心，路人皆知。

正說着，張團長進來請示毛主席：王維國來了，在車下。警衛員沒有得到指示，不讓他上車。

原來王維國半個小時前就到了，身上所佩的武器也在入口處被截留了，鬧的很不愉快，走到車廂下，又被幾名彪形大漢堵住，形同包圍，不准他上車。他和警衛人員吵起來。這些御前侍衛根本不把他個上海警備區司令員放在眼裡。

毛澤東聽過張團長的報告，看了看手錶，噢了一聲，坐直身子說：看看，都十一點了。許司令，王司令，我們先談到這裡吧。我還沒有吃早飯哪。去去去，一起去見見那個王維國。人家來了，不見也不好。證實一下我確是在這趟專列上啦！給他證實一下，證實一下。

於是張團長、汪東興在前，許世友、王洪文殿後，護衛着毛澤東走出主車廂，走過副車廂，來到車廂門口，果然見王維國在車廂下臉紅脖子粗的，剛生了氣呢。毛澤東朝車下那幾名彪形大漢揚了揚手，讓王維國上了車，隔着張團長和汪東興，面無表情地伸過手去，握了握。隨後，毛澤東退到許世友身後，發話道：許司令、王司令，你們陪王政委去錦江飯店喝酒吧！我呢，還要住幾天，中午就搬到顧家花園去。晚上，我請你們幾位吃飯，繼續談話，王政委也參加。

許世友、王洪文推着王維國下車，到淮海中路的錦江飯店喝酒去了。王洪文還得到張團長的示意：儘量挽留住王政委，能留多久就留多久。

毛澤東返回主車廂，忽然對張團長說：通知發車！走！我不給你多解釋，儘快離開！張團長請示：從哪條路線走？好命令鐵道部和沿途駐軍封路戒嚴。毛澤東說：經南京、濟南、天津，回北京。你們須要多少時間做準備？張團長說：爭取最快吧，一小時之內出發。路上還停不停？毛澤東說：不停，直接回北京。

立時，兩列火車，車上車下的忙碌開來。

中午十二時一刻，停靠在虹橋機場鐵路上的兩列火車悠然啓動，離開上海，朝蘇州、南京方向駛去。出發前沒有通知上海市委的任何人，包括王洪文。

十二時三十分，正在錦江飯店貴賓室陪許世友、王維國喝酒聊天的王洪文，突然被服務員請去接電話。幾分鐘後，王洪文返回，對許司令、王政委說：虹橋機場支線值班室報告，主席的專列開走了……煞怪，主席剛才還說要去顧家花園住幾天，晚上請我們吃飯的嘛！許世友舉杯：來來！小王大王，乾了這杯茅台，我還要趕回南京去，萬一主席在南京停留，又找不到我，就不好交代了。乾過杯，許世友起身就走。王洪文問許司令怎麼走？許世友邊走邊答：老子坐專機來，坐專機回。主席的專列到南京至少四個鐘頭，我會比他先到。王維國一時也心急火燎地要走，王洪文挽留道；王政委，阿拉都在上海上班，急啥子事哩？許司令走了，小弟我陪你大哥喝個痛快！王維國執意要走：再喝下去，沒有興頭了，咱們另約個時間吧。王洪文想強留，又怕王維國急眼，彼此都不好看，只好作罷。反正主席已經離開上海，他可以鬆口氣了。還要回去通知民兵師撤防，再回宿舍去好好補上一覺。

再說王維國趕回空四軍小艦隊秘密據點，已是下午一時十五分左右。他估摸毛澤東的專列已過了蘇州，炸毀碩放橋製造「第二個皇姑屯事件」的行動方案已經落空；但仍可在無錫、常州、鎮江一線作最後一搏！他命令「空中殺手魯珉」立即駕機升空，攻擊京滬線上的專列火車，記住是後面一列，不是前面一列！「小艦隊」人馬會立即出發，沿鐵路線上追擊，配合「空中殺手」的火箭彈攻擊。

百密一疏。王維國沒想到的是，魯珉竟沒有接他的電話，而是魯珉的助手回話：魯珉中隊長半個小時前突然患上眼疾，兩隻眼睛紅腫得厲害，由他愛人陪着，到醫院看急診去了！王維國火冒三丈，氣急敗壞，衝着電話大叫：聽着！你帶幾個人，把魯珉找回來！活的死的，老子都要！……不一會，那助手回了電話：報告政委，魯珉和他愛人根本沒有去醫院，失蹤了……

事情鬧到這份上，王維國頭腦仍是冷靜的，立即派人騎機動摩托車，通知小艦隊的人馬中止行動。肯定是內部出了奸細，不要再去作無謂的傷亡了。隨後，他一個鐵骨錚錚的漢子，獨自關在密室裡落淚：林總！葉主任，俺對不住你們，誤了老虎的前程……B五十二這隻老狼太奸詐，就這麼金蟬脫殼，從俺眼皮底下溜走了。俺現在唯一能做的，是自己滅口……與其活着受辱，不如自己了結。

王維國艱難地拔出手槍，對準自己的太陽穴。可他又疏忽了，手槍裡的子彈已被人退掉。

十一日下午五時，毛澤東的專列火車抵達南京站。車站早已戒嚴清場。從上海趕回來的許世友，孤零零地一人在月台上接車。汪東興下車和許司令握手，說明原因：我們在上海走得匆忙，須在這裡停一刻鐘更換機車頭。主席說他很累，反正要講的話在南昌和上海都講過了，南京不下車了，馬上就開三中全會，很快又見面的。

當天晚上十一時，專列在安徽淮北市站停留一刻鐘，更換機車頭。

十二日早上六時，專列抵達山東省會濟南，更換機車頭。毛澤東欲找濟南軍區司令員楊得志談話。因事先沒有通知，楊得志下鄉了，找不到人。毛澤東忽然問汪東興：我們什麼時候可以到北京？汪東興估算一下，如果在天津不停留，大約中午一時左右可以到北京。毛澤東問：北京的情況怎樣？和總理聯絡過了？沒有告訴他我提前回來吧？汪東興回答：沒有，總理以爲你還在上海。總理說，北京衛戍區和中南海警衛師控制着局面，請主席放心。毛澤東說：好！你現在去通知北京的李德生、紀登魁、吳德、吳忠四人，中午十二點到豐台火車站等我，要保密。到了豐台，你再和總理聯絡。

十二日上午十時半，毛澤東的專列抵達天津，不停。毛澤東囑咐張團長再次落實李德生、紀登魁、吳德、吳忠四人到豐台站接車的事。汪東興和張團長都不敢打聽，為什麼都回到北京門口了，不進了城再開會、談話？其實，毛澤東當時並不知曉林立果一伙的那個「南線八百里連環追殺方案」，只是出於他天生的多疑、警覺，突然改變自己的行程，打亂對手的佈署，使得那方案落空。

中午一時，毛澤東的專列抵達北京城南豐台站。警衛部隊魚貫下車，在專列四周佈下散兵線。北京軍區司令員李德生、政委紀登魁，北京市委第二書記吳德、衛戍區司令員吳忠，已經等候在那裡。

四人被要求留下身上所佩武器，由汪東興領着上車，進入主車廂。毛澤東仍穿着一襲長浴衣，和他們一一握手，第一句話就問兩吳：你們來接我，衛戍區留下誰戰備值班呀？吳德讓吳忠回話：是陳先瑞同志。毛澤東說：噢，藍蘋的熟人，紅四方面軍出身，三十八軍老軍長，現在也兼北京軍區的政治委員？李德生回答：是的，第一政委謝富治，第二政委紀登魁，第三政委陳先瑞。毛澤東說：由你們負責京津防衛，我可以放心。李司令、吳司令，你們都是紅四方面軍的人啊。李德生說：我們都是主席軍事思想教育下成長的，算主席的小學生。

毛澤東高興地笑了：那你們都是天子門生囉！好，我就收你們幾個關門弟子。紀登魁、吳德，你們兩個願不願意？紀、吳二人連忙起立：能做主席的學生，太幸運、幸福了。毛澤東揮手：坐下說話，不要起立。李司令哪，你是不是剛帶軍事代表團，訪問了阿爾巴尼亞？那裡的情況怎樣啊？李德生不知道毛主席不過隨便問問，便認眞匯報起來，說阿國同志私下向我們流露，他們的霍查認為我國和美帝國主義關係解凍，邀請尼克森訪華，是右傾機會主義。毛澤東插斷：我是右派，霍查是左派。

國際鬥爭中，我寧要右派，不要左派。李德生欲繼續匯報，見主席不耐煩聽了，才收住。

毛澤東燃起一支煙，說：找你們四位來，不是要談國外的事。我現在注意力放在國內，具體講是放在京津地區，黨中央和中央軍委內部。我們的方針是路線決定一切。人多、槍多，代替不了路線正確。路線不正確，有了人和槍，有了江山，也會丟掉。路線是個綱，綱舉目張。什麼是綱呢？你們看過打魚撒網嗎？綱，就是漁夫手裡總領漁網的那根繩子；目，就是漁網上的一個個網眼。把漁網的那根總的繩子撒出去，整張漁網才會張開來……這就叫綱舉目張。

四人埋頭筆錄。毛澤東說：這次，到南方轉了二十九天，就是去講路線，講綱舉目張。武昌、長沙、南昌、杭州、上海，走一路，講一路，唱一路。走一路，是從京廣線下去，轉到湘贛、浙贛線，再從京滬線回來，走了個大三角形；講一路，是同各地黨政軍負責同志講黨的九次路線鬥爭歷史，九次鬧分裂，都沒有分裂成。可見中國黨是要團結，不要分裂，要光明正大，不要陰謀詭計。當前，黨內正在進行的鬥爭是第十次路線鬥爭。廬山會議的事沒有完，陳伯達、黃永勝後面還有人。他們是有預謀、有計劃、有綱領、有組織的，急於奪權上台。我和中央呢，也採取了一些措施，就是摻沙子、甩石子，批准逮捕陳伯達、李雪峰、鄭維山等人，責令黃、吳、葉、李、邱檢查，改組北京軍區，加強北京衛戍區。你們四位就是替中央接管北京軍區和北京衛戍區的。本月底，還要開三中全會，改組中央政治局，增選中央常委、副主席。「九大」以來，不，實際上是一九六六年八月份八屆十一中全會以來，中央就是一正一副兩個主席。那時爲了運動，集中權力，統一指揮。幾年下來，發現弊病也很大，成了東北二人轉。廬山會議之後，副主席不合作，不出席會議，主席一人轉，唱獨腳戲。我今年七十八歲，眼看上八十，精力、體力都大不如前，這樣下去怎麼行？所以三中全會要增加幾名副主席。這一路上，我都講了，中央也要搞老、中、青。老的是我，林彪，加上總理、康生；中的要一名搞理論的，文革小組方面也出一個，方便工作；青的呢？想從現在的中央委員中，提拔一名年齡在三十至四十之間，種過地，當過兵、做過工的同志，做第三代接班人來培養。美國那個杜勒斯，不是把和平演變的希望寄託在我們共產黨的第三代、第四代身上嗎？我們一定要使反共分子的預言破產⋯⋯還有唱一路，就是每到一個地方，就領着當地黨政軍負責同志唱《國際歌》，唱《三大紀律八項注意》。這幾年，大家忙於唱語錄歌，唱文化大革命，這兩支歌唱得少了，歌詞都忘記了。《國際歌》的歌詞，就是批「天才論」的！從來就沒有什麼救世主，也不靠神仙皇帝，全靠我們自己救自己！說得多好，是徹底的唯物主義的眞理。《三大紀律八項注意》呢，強調一切行動聽指揮，步調一致才能得勝利。這是主旨，靈魂。李司令、吳司令，你們還記不記得唱？

李德生、吳忠回答：《國際歌》歌詞記不全，《三大紀律八項注意》記得全，能唱。

紀登魁和吳德也說：《國際歌》歌詞記得全，《三大紀律八項注意》歌詞記不全。

毛澤東說：你們是各有側重，文武不雙全。我這裡有印好的歌詞，一人拿一份，回去可以翻印，發給幹部、戰士。從明天起，機關、部隊、工人、學生，要重唱這兩支歌，電台教唱，人人都唱。

李德生、紀登魁、吳德、吳忠、汪東興筆錄着毛澤東的指示。毛澤東忽然收住話題，轉而問：陳老總，陳毅同志，是不是住在這附近？

汪東興見四人不出聲，便回答：陳毅同志是住在豐台區一座四合院養病。他前一段住北戴河，現在應該回來了。

毛澤東說：陳毅是個正派的同志，光明磊落，不搞陰謀詭計……你們的老首長徐向前、王樹聲、徐東海，也都是老實人，紅四方面軍的優秀代表。北京軍區原先那司令員楊勇，你們還關着他？

李德生回答：主席，楊勇同志的情況我不太瞭解……只知道他是一九六七年上半年被隔離的，一直軟禁在三十八軍營區一座小院裡，那時，我還沒調來中央工作。主席有指示，我們馬上回去執行。

毛澤東說：還是由周總理去處理，放出來，說明沒有大的問題，就應該分配工作，原則上不回原單位。免得仇人見面，分外眼紅……我軍三楊，抓了兩楊。還有楊成武，我看也沒有什麼大問題。那個「大樹特樹」，是陳伯達秉承什麼人的旨意幹的，栽贓到他頭上。一些事情，當時他們堅持要那樣辦，我也犟不過。軟禁一段，反而是種保護。

紀登魁說：這個我們能理解。許多高級幹部，當初不是把他們軍管軟禁起來，放手讓群衆去批鬥的話，早被整殘，甚至被整死了。

毛澤東思緒跳躍，忽又打開茶几上一張地圖，問起北京城裡、城外的部隊部署來。由李德生、吳忠兩人介紹了北京軍區和北京衛戍區的兵力佈署情況。毛澤東又問駐張家口的╳╳軍，現任軍長是不是黃永勝的老下級？在得到肯定回答後，毛澤東說：李司令、吳司令啊，首都的北面是不是敞著一個口子啊？一旦城裡有事，那個軍揮戈而下，你們怎麼抵擋？

李德生、吳忠得知毛主席對那名軍長不放心，即提出：那就調走他，這事要當機立斷。

毛澤東指着地圖：這種時候調走他，太敏感。也不是認定他就會反我。我看呀，這是張家口，這是昌平縣的南口，都是戰略要地。爲什麼不在南口擺上一支部隊？

李德生回答：南口已有一個坦克團。

毛澤東說：那還不夠吧。

李德生和吳忠商量兩句，說：行！主席，我們立即調三十八軍的一個師到南口去。三十八軍一個師三萬多人，實際上是一個軍的兵員。

毛澤東說：我們有幾個大編制軍，二十四軍，三十八軍，六十軍，都是十萬人馬。

正說著，張團長進來，拿一頁電話記錄稿呈毛主席過目。記錄稿上潦草地寫着：中央警衛局及衛戍區報告，已完成對黃、吳、葉、李、邱等家住處及空軍大院、海軍大院、總參大院的監控佈署，主席可以放心進城。

毛澤東看畢，將記錄稿揉成一團，吩咐張團長去燒掉。再又看了看手錶，說：好啊，和你們一談就談了兩個多小時。可以了，先說上這些，算向你們路線交底了吧。在外面轉了近一個月，累了。原先想去看看陳毅同志，也不去了，打道回府。

下午四時，毛澤東經由北京火車站出站，大搖大擺回到中南海游泳池。

第七十七章　去烏蘭巴托搞武裝割據

北京西部機場內側四合院，「五七一工程」前線指揮所。林立果一覺睡了十一個鐘頭！醒來時發覺楊姐已經不知去向。在他呼呼大睡期間，急得發跳的是周宇馳和于新野。他們曾和王飛、江騰蛟商量，要不要請醫護人員來把林副部長弄醒？這種時刻長時間昏睡，肯定是被人灌了蒙汗藥……醫生來了，診斷出是服了強力安眠片，藥性一過就會醒來，沒有什麼醫療措施可以催醒，準備一碗薑湯吧。

時間已是十二日午後。林立果醒來後喝下大碗薑湯，上了一次洗手間，渾身仍是軟塌塌的。正由周宇馳、于新野、劉沛豐三人陪着說話，議論上海方面王維國的空四軍小艦隊已否有所動作，江騰蛟忽然氣喘呼呼地進來嚷道：我的林副部長喂！豐台車站密報，已經停了兩列中央專列，守候在車站的李德生、紀登魁、吳德、吳忠四人已經被召上專列……

林立果登時臉色寡白，想蹦跳未能蹦得動：什麼什麼？消息可靠？B五十二回來了？周宇馳、于新野、劉沛豐都嚇傻了。江騰蛟垂頭喪氣：看樣子是回來了，南線方案是失敗了。林立果「哇——」地一聲哭出來：我混蛋！我混蛋呀！對不起副主席，對不起葉主任呀……他們把這麼要害的任務交給我，我卻是要了他們的老命呀！周宇馳，你快派人把那個騷貨抓回來，任由你們幾個去操死她！操死她！于新野說：不要哭了！你是指楊姐吧？她早走了，一輛小伏爾加接走的。周宇馳沒好氣地說：那騷狐狸操是操不死的，只能用手榴彈捅進去！

江騰蛟火了：到了這份上，你們還在胡說八道！副部長，你要清醒，振作起來！趕快給北戴河電話，請示下一步行動！林立果停止哭泣，淚水一抹，咬了咬牙，很快恢復了理智似地，說：你們聽着，現在立即轉爲執行第二方案，撤退去廣州，成立新的黨中央，武裝割據，南北對峙。周宇馳筆錄下林立果的指示。江騰蛟堅持說：還是要報告副統帥和葉主任，決心由他們來下。林立果說：不能打電話了，肯定已被監聽。這樣吧，通知王飛，替我準備一架專機，我和劉沛豐立即飛北戴河，接上副統帥和葉主任，直飛廣州。

不一會，王飛一臉哭喪着進來。林立果朝他搖搖手，示意不要多廢話，只落實派專機的事。王飛說：按專機調用條例，須由吳司令員報周總理批准。林立果說：現在是胡萍負責戰備值班吧？就對胡萍說，某架專機經檢修需要試飛，飛山海關機場。江騰蛟滿意地說：副部長你總算緩過神來了，腦子又好使了。王飛說：行！我和胡萍去安排專機，執行第二方案，大家都去廣州。

下午五時，空軍司令部參謀長王飛和作戰部值班部長胡萍，調動一架英製三叉戟專機試航山海關機場。林立果登機之前，佈置江騰蛟，王飛、周宇馳、于新野四人：今晚上各位做好準備，不要忘記通知李偉信、胡萍等人，每人只准帶家屬和小孩，每家三箱衣物，明晨八時共一架運輸機飛廣州。其他中央負責人的去留，由副統帥和葉主任決定。

再說北戴河海濱區九十六號樓。葉群已接獲上海方面線報：B五十二逃脫，返京，王政委自殺。當葉群把這場天大事報告給林彪時，林彪閉上眼睛，停止了思維似的，好半天沒有吭聲。葉群心急火爆，眼珠子都快要掉下來了：一號！你倒是說話呀！事已至此，何去何從，你要快拿主意……我不要當王光美，你不要當劉少奇！

林彪啓開眼睛，目光十足陰冷、鎮靜：一直擔心老虎會是個趙括，他還是做了新中國的趙括……我們不要責怪他。打了一輩子仗，數這次失之輕率，是我的責任。王維國以身殉職，可惜了。我們要記住他。陶潛有首《詠荊軻》，不大被人注意……

葉群見一號在這種時刻，還有心情談什麼陶淵明的詩，真是心要跳出嗓眼了。但又不敢勸止。越是緊急時刻越要鎮靜，刀架在後頸脖上，也只好聽他的湖北口音吟誦下去。一號每逢大事有靜氣，全黨全軍享有盛名的：

燕丹善養士，志在報強嬴。招集百丈良，歲暮得荊卿。君子死知己，提劍出燕京。素驥鳴廣阪，慨慷送我行。雄髮指危冠，猛氣衝長纓。飲餞易水上，四座列群英。漸離擊悲筑，宋意唱高聲。蕭蕭哀風逝，淡淡寒波生。商音更流涕，羽奏壯士驚。心知去不歸，且有後世名。登車何時顧，飛蓋入秦庭。凌厲越萬里，逶迤過千城。圖窮事自至，豪主正征營。惜哉劍術疏，奇功遂不成。其人雖已沒，千載有餘情！

葉群好不容易等到一號吟誦完：現在是十萬火急了！下一步，怎麼行動？林彪仍在重複着最後四句：惜哉劍術疏，奇功遂不成，其人雖已沒，千載有餘情……王維國也是劍術疏囉。我們老虎，志大才疏，難爲孩子了。老虎有不有電話？葉群說：周宇馳來了電話，說老虎已下令轉入第二撤退方案，大家明天一早飛廣州。老虎本人弄了架專機，飛向山海關來了。林彪點頭：好，我們老虎還能做到臨陣不怯，臨危不亂。這樣吧，妳去通知內勤，把我們要緊的東西收拾一下，隨時準備轉移。葉群說：這事不勞你操心，我早已準備停當，喊走就可以走的。林彪說：好，這就好。妳估計一下，老傢伙現在是不是回到中南海游泳池了？葉群說：他的專列中午抵達豐台，招了李德生四人上去談話。現在是下午六點，他應當回到中南海有兩三個小時了。林彪說：還沒有下令我們倆個回北京開會……可以推斷，到目前爲止，老東西還不知道老虎他們那個「五七一工程紀要」，只是有所懷疑，尤其是對空軍不放心。這樣，我們還可以有一個晚上的時間作出佈署。下面擬個名單，確定去廣州的人員：黃永勝全家，吳法憲全家，李作鵬全家，邱會作全家，加上江騰蛟、王飛、周宇馳、于新野、李偉信、劉沛豐、胡萍等人和他們的家屬。空軍不是已經準備了八架運輸機嗎？明天早晨八時，大家一起飛廣州，給老東西一個措手不及……到了廣州，立即通電全黨全軍全國人民，宣佈成立中央特別委員會，號召各省市的中央委員們率部起義，來歸，形成南方割據局面。

葉群筆錄下一號的指示。她頭腦冷靜、清晰了。大事，由一號定，具體的，她負責執行。眼下最要緊的，是如何安撫、糊弄家裡的幾十號工作人員，不能讓毛、江的眼線們看出破綻，包括自己那寶貝女兒林立衡在內……葉群說：一號，我們還是先安內，後攘外吧！今晚上，我們這九十六號樓裡，替豆豆和她未婚夫辦一個訂婚儀式，擺些瓜果糕點，飲料鮮花什麼的，熱鬧一番，之後再辦個電影晚會，讓工作人員都去看兩場電影。你看怎樣？林彪難得地笑了笑：妳這次算個女諸葛啊。很好，可以轉移大家的注意力。

正說着，他們的心肝寶貝老虎一陣風似地進來了，關上房門，就噗地一聲跪下了：副主席，葉主任，兒子不孝，沒有辦成大事，兒子該死！兒子該死！林彪一見老虎這個樣子，厲聲喝道：老虎起立！男兒本自重橫行，自古兵來將擋，水來土掩！情況，我和你母親都知道了，父母並不怪你，你是男子漢，要經得起鬥爭的磨難、考驗！葉群連忙扶起兒子：沒什麼大不了的，不就是叫B五十二逃脫了，回了中南海嘛？父親已經指示，明天一早大家飛廣州，搞第二方案。

林立果坐下，報告：我回來之前，已給周宇馳他們佈置了，用今晚上的時間做準備，執行第二退卻方案。葉群捏住兒子的手，鼓勵說：很好嘛，我們老虎在緊要關頭，能從容對應啦。周宇馳來過電話，講你弄了架專機來，供我們一家使用。說明一切都在有條不紊的進行。林立果說：山海關機場還有一架伊爾十四，也供緊急備用，劉沛豐留在機場監控。林彪說：很好。等會老虎負責和廣州空軍的鄺任農、米家農聯繫上，通知他們，我明天一早飛廣州，但不准透露消息。還有，葉主任，明天一早離開這裡時，告訴這裡的工作人員，我去大連休息幾天。老虎，還有什麼情況要報告？

林立果說：空軍那邊，已預備下八架運輸機。我要求江騰蛟、王飛他們，每家只帶上家人、小孩，三隻旅行箱，一共八家，共用兩架運輸機。其餘六架供黃、吳、李、邱四家調用。起飛時間，明晨八時。林彪滿意地說：好，就這麼定了。葉主任，妳通知黃、吳、李、邱，明晨八時起飛，不准延誤。到了廣州，再發新聞公報。

葉群見兒子還有話說似地，便嘮了嘮嘴。林立果說：爸媽！要防止家裡出叛徒。林彪蹙了蹙眉頭：家裡除了有奸細，還有叛徒？林立果說：就是豆豆。我剛才進院門時，被她看到了，硬問我是怎麼回來的，我沒好氣，告訴她是從天上飛回來的！我注意到她和警衛秘書李文甫鬼鬼祟祟。我的意見，先關她禁閉，不要再讓她亂跑，去給人家通風報信了。

林彪想了想，說：豆豆是鬼迷心竅了。你母親早提防着。禁閉就不關了。今晚上替她和未婚夫辦個訂婚儀式，熱熱鬧鬧，再放兩場電影，可以分散大家的注意力。你姐姐也是父母的親生骨肉。她可以對不起父母，父母卻要對得起她。明天就不帶她走了。今後她自己去應付一切吧。老虎，現在你就去幫你母親收拾、張羅，有疑難再找我。

……自發現林立果突然回來，關起小客廳門和父母談話，林立衡就領着母親的一名內勤，耳朵貼在門縫裡偵聽。她們只聽到「專機」、「廣州」、「大連」幾個詞。聽了一會，林立衡交代那名內勤：妳繼續聽，但不要被他們發現了。我出去一下。

說罷，林立衡出到院子裡，騎上自行車，逕自到隔壁院落，找中央警衛團二大隊張隊長報告：林立果已經弄了架專機到山海關機場，他和葉群準備劫持林副主席逃跑！快報告中央！張隊長老警衛出身，一時覺得林副主席這寶貝閨女的言論不可思議：妳媽媽和妳弟弟打算劫持父親？把你父親當肉票？邪門不邪門？林立衡見張大隊長不相信她的密報似的，臉蛋兒都氣歪、氣醜了：張同志！你要對黨中央負責！你不保衛林副主席，不向中央報告，我會直接報告！到時候看你長了幾顆腦袋！張大隊長也有些火了：我長了一顆腦袋，小姑奶奶，礙着妳什麼事了？妳說妳母親弟弟要劫持林副主席去哪裡？林立衡嚷嚷：我只聽到兩個地名，一個廣州，一個大連！張大隊長吸一口涼氣，鎮靜下來：好好，我馬上給中南海警衛局值班室掛電話，妳自己去講清楚吧。

電話通了，是警衛局楊副局長值班，張大隊長只說了句林立衡同志有緊急情況報告，現在由她本人講話。林立衡接過話筒：楊叔叔嗎？我是豆豆呀！我要報告兩點重要情況：一是林立果弄了架專機到山海關機場來，請問問周總理，他知不知道這架專機是誰派來的？二是葉群和林立果正在劫持林副主席，準備逃跑，他們可能跑大連，也可能跑廣州！現在要加強對林副主席的保衛！林副主席已經身處險境，是無辜的！他身體很弱，一點反抗能力都沒有，很可憐……電話裡，楊副局長沒有聽清「劫持」二字，聽成「接觸」了，「接觸」一下，怎麼就危險了？林立衡急眼了，衝着話筒大嚷：是「劫持」，不是「接觸」：一九五九年西藏叛亂分子劫持達賴喇嘛逃亡印度那個「劫持」，聽明白了嗎？好，明白了。你馬上報告汪主任，好。我還要回去繼續觀察，有新情況再來報告。

母親葉群和弟弟林立果並不知道林立衡跑出去幹了什麼。大客廳裡，已放起了節奏明快、氣氛歡樂的音樂。兩張長條桌上舖著潔白的桌布，擺滿了鮮花、糕點、糖果。工作人員都來了，說說笑笑，站的站，坐的坐。葉群拉住女兒的手，說：豆豆妳跑到哪裡去了？到處找不到妳。今天是妳的好日子呀，父親同意了，替妳和張醫生辦個訂婚儀式……快去換套新衣服吧！林立衡卻冷冷地抽出手，說：還要拉住我演戲呀？我不換衣，就這樣！林立果看不過去，勸道：姐姐，妳不要負了父母的一片愛心，妳是林家的女兒！都準備好了，替妳辦喜事啊！

說話間，林副主席出來了。全體起立。林副主席朝大家招招手，神情隨和地在一張單人沙發上坐下。隨即，準新郎在幾名工作人員的簇擁下，來到林立衡面前。林立果臨時擔任起司儀角色，拉着準新娘、準新郎向父母鞠躬行禮。全場響起熱烈的掌聲，叫好聲。林副主席神色肅穆，慈祥，站起身來和兩位準新人握了握手，祝福他們做革命伴侶，互相尊重，愛護，白頭到老，幸福久長。全場又響起一派熱烈的掌聲。隨後林副主席朝大家招招手，便轉身進內廳休息去了。大家知道林副主席清靜慣了，不喜歡在喧鬧的場合待得太久。葉群笑容滿面地也講了幾句祝福的話，就招呼工作人員們吃糖果，喝汽水，盡興樂一樂。並宣佈今晚上放兩部片子，一部蘇聯片，一部美國片，算個電影晚會吧。

儀式辦得熱鬧，簡樸，前後也只有半個小時左右。

趁着工作人員都看電影去了，林立果在母親的大卧室裡幫著清點機密文件、必備物品及幾扎美金、盧布等。電話鈴聲響起，是北京周宇馳來的；廣州空軍鄺任農報告，廣州軍區師以上幹部兩千餘人，已經聽了政委劉興元傳達的B五十二在武昌和長沙的講話，一致表態堅決站在B五十二一邊！

葉群、林立果都傻了。這就意味着，南撤廣州的方案告吹。怎麼辦？林立果立即去把父親扶進母親的卧室來，關上房門緊急商談。林彪說，還是明天早晨起飛，去大連，到了那裡再看情況。葉群再掩飾不住內心的恐慌：去了大連，再要飛別的地方，就難了！林立果當機立斷：乾脆，飛烏蘭巴托或者依爾庫茨克！都只有不到一小時航程。林彪的臉色更爲蒼白了：去外國？可我至少還是個民族主義者啊，老虎，我們要是不走，情況又會怎樣？林立果嚇得聲音顫抖：父親！如果不走，我們全家人可能立即被捕，遭到殺害！林彪瞪起眼睛：老虎，你先不要作結論，只說爲什麼？林立果說：父親，B五十二會下令對空軍進行搜捕！江騰蛟、王飛、周宇馳、于新野、李偉信、胡萍、劉沛豐等人中的任何一位，經受不住江青、康生的專案小組的拷打、刑訊逼供，就會供出「五七一工程紀要」，供出「南線方案」和「北線方案」，那我們全家就完了。葉群說：老總啊，老虎的思路清晰，只有逃出去，才有我們的活路。林彪額頭冒汗，目光冷峻：好，那就去烏蘭巴托，聯合蘇蒙，搞武裝割據。

北京。人民大會堂東廳燈火通明。

周恩來主持中央政治局會議，討論、修改替四屆人大會議準備的《政府工作報告》稿。毛澤東回到中南海游泳池後，還沒有通知周恩來去碰面，只囑咐他照常工作。

晚十時，機要秘書悄悄進來，在周總理耳邊說了句什麼。周恩來當即起身，交代會議暫由春橋同志主持，繼續審讀修改《報告》稿本；隨後進到內廳書房，接聽汪東興打來的絕密電話：總理，北戴河二大隊報告緊急情況，是林彪女兒林立衡密報，一是黃昏時分林立果弄了架專機到山海關機場，二是林立果和葉群準備劫持林彪南逃廣州！周恩來腦子裡轟地一響，有這種事？鎮定一下，說；汪主任，若眞是這樣，情況就嚴重了。但單憑林立衡一人的密報還不夠，通知北戴河二大隊全面戒備，保衛林副主席。林立果私調空軍專機的事，我這裡立即追查。汪東興在電話裡問；要不要報告主席？周恩來說，情況未落實之前、最好不要去驚動主席，老人家在南方奔波近一個月，讓他先睡一覺吧。

周恩來坐在電話旁沒有動窩，也沒有傳人進來問話。林副主席方面，要有大動作了？林副主席是個心思很深、藏而不露之人，要麼不動，動必驚天徹地……自己怎麼辦？被夾在中間，如履薄冰，如臨深淵，哪邊都開罪不起……林立果私調專機的事，既已報告到自己這裡，當然要查問落實。好在黃、吳、李、邱，今晚上都來開會了。

吳法憲被傳了進來。周恩來劈面就問：吳胖子，今天黃昏，有架專機去了山海關機場，你知道這事嗎？吳法憲說：總理，我一直在這裡開會，晚飯都沒有回去吃，怎麼會知道？周恩來問：現在你們空軍司令部是誰在戰備值班？吳法憲拍拍腦門：應當是副參謀長胡萍，他是上個月從南空調來的。周恩來說：好，現在就找這個胡萍。電話很快接通：胡萍參謀長嗎？我是周恩來。聽說一架專機去了山海關機場，是誰批准的？

周恩來聽出來對方有些遲疑地回答：報告總理，有這回事，一架專機搞檢修試航，去了山海關機場。周恩來問：那架飛機的編號是多少？胡萍回答：我查查……是二五六號專機。周恩來說：好，現在你們吳司令也在我這裡，二五六號飛機，立即飛回來。胡萍在那頭說：總理，我一定執行命令。但我要先瞭解一下，總理你等等……或者我再打給總理？周恩來說：我這個電話你打不進來。我等着吧，快點呀。大約過了兩分來鐘，胡萍回話：報告總理，我問過機組了，那架專機確有機械毛病，現窩在山海關機場不能動了。放下電話，這回輪到周恩來來拍腦門、傷腦筋了。他不相信那架飛機眞有什麼機械毛病，明明是替林副主席預備的嘛。想了一刻，想出一條可進可退、兩邊都不得罪之策。不管怎麼說，扣壓林副統帥專機，必須拉上副統帥的三名大將黃、吳、李共同承擔責任。

因山海關機場屬海軍航空兵管轄，李作鵬被召了進來。周恩來口授中央命令：「停在山海關機場的二五六號專機不要動，要動，須有周恩來、黃永勝、吳法憲、李作鵬四人一起下令才能放飛。」此命令由李作鵬到另一房間口頭下達，說是有意無意間把「四人一起下令才能放飛」，傳達成「四人中一人下令才能放飛」。周恩來也罷，李作鵬也罷，都是口授命令，皆無文字依據。

另說胡萍在接過周恩來總理的電話後，立即給周宇馳透去消息，讓轉告北戴河的林立果，周總理已經在追查二五六號專機的去向了。

北戴河九十六號院。林立衡由一名警衛員陪着，第二次去到二大隊的值班院落，密報林立果和葉群即將挾持林副主席出逃的新動向。張大隊長要通了中央警衛局值班室電話。這回接電話的是中辦主任兼警衛局局長汪東興，說明林立衡提供的密報已引起中央的高度重視。林立衡向汪叔叔報告了她和內勤在她母親葉群臥室門口聽到的兩句話：林副主席說，我至少是個民族主義者呀；林立果說，去依爾庫茨克，或是烏蘭巴托，武裝割據……汪東興在電話裡問：豆豆啊，妳沒有聽錯吧？很好，很好，我立即向總理報告。妳等着，說不定總理要和你通話。果然，過了一小會，話筒裡傳來周總理的聲音：豆豆嗎？我是妳周伯伯啊！妳報告的情況都是眞的？不可思議囉。好，好，謝謝妳，妳是黨的好女兒。知道知道，妳是忠於中央，忠於毛主席，忠於林副主席的，妳只是要和母親、弟弟徹底決裂。知道知道，中央一定會採取一切措施，保障林副主席的安全，阻止妳所擔心的事情發生。好好，妳回去繼續觀察，隨時報告。豆豆啊，妳也要注意自己的安全啊。

再說林立果接到周宇馳的又一通電話後，更是慌了手腳。一邊報告父母，一邊出去找軍事秘書要軍事地圖，並問烏蘭巴托和依爾庫茨克機場的信號。葉群畢竟是經過戰火洗禮的，她和林彪商量後，決定給周恩來掛一個電話，試探、敷衍一下：是總理嗎？我是葉群呀！這麼晚了打電話給你，沒有影響你休息吧？周恩來在電話那頭說：啊啊，葉群同志，妳好嗎？問林總好。晚上十一點半不到，還不晚嘛，有什麼事要我替你們辦嗎？葉群說：有件事想告訴總理，林總在這裡住了幾個月了，他想動一動，換個環境休息。周恩來說：那好啊，空中動還是地上動？去哪裡？葉群說：林總想空中動，去大連休息。周恩來說：去大連也可以坐專列啊，我通知鐵道部安排專列。葉群說；總理啊，你知道的，林總一向怕打擾地方，沿途封路戒嚴什麼的，還是空中動較簡單、省事。周恩來問：妳那裡現在有飛機嗎？葉群答：不知道啊，還沒有問他們，派飛機不是要經過總理嗎？林總想夜航，看看星空什麼的。周恩來說：現在太晚了，夜航不安全，等天亮後我再和吳法憲他們商量。請問候林總，要他保重身體。馬上要開三中全會了，妳和林總都要回來開會啊。

葉群和周恩來通電話時，林立果已拿著一卷地圖回來，說：走！我們馬上離開，刻不容緩了。周宇馳他們，我已通知了。等這裡的工作人員接到命令，我們就走不成了。葉群問：你父親同意立即離開？林立果說：父親已由內衛扶着，去車庫了。走！我拎上這隻包，其它不要了！

晚十一點四十分，九十六號院值班衛士用電話向二大隊首長報告：有情況！林副主席出了後房門，向旁邊的防空洞去了……防空洞外，是他的紅旗牌座車。林副主席、葉主任、林立果，還有李文甫，已經上了車……車子發動，頭燈亮起……車子開出去了！車子開出去了！

二大隊張隊長已把電話連通到北京中央警衛局。汪東興下令：把車子攔下，不要讓他們上路！

林副主席一家的紅旗牌防彈座車在二大隊路口被幾名軍人擋了一下。汽車一加油門，轟地一聲衝了出去。張大隊長向汪東興報告：衝出去了，朝山海關機場方向去了。汪東興命令：你們去追！不能讓他們上機場！

二大隊的兩輛吉普車立即出動。三卡車滿載士兵的大卡車相繼出動。情急之下，警衛人員朝天開槍。前面的轎車仍不停駛。警衛人員朝轎車的後輪開槍，以圖擊破車胎。子彈打在車後玻璃上噹噹響。因是防彈座車，子彈不能射入。……北京方面，周恩來在電話裡也聽到了槍聲，指示不准放槍！

林彪還是黨的副主席，怎麼可以朝他放槍？可以截停車子，可以勸阻他登機，但不能放槍！

林彪的紅旗牌座車配備超強馬力，在海濱公路上疾馳，一下子把尾追的吉普車、大卡車拋下老遠。座車突然停了一下，車門打開，一條黑影躍下，車內有人朝黑影開了兩槍。事後知道跳車的是林彪的老警衛秘書李文甫，手臂中彈。座車以一百多公里的時速前行，又被路上的哨卡擋了一下。座車不減速衝過哨卡，雪白的車燈，兩束光柱劃破夜色，一往無前。尾追着的軍用吉普和軍用卡車哪能和林副主席的座車比速度？就是海濱大橋的守橋部隊接到命令，也來不及設置路障。

十三日零時，林彪的座車只花了二十分鐘，即進了山海關機場，直接馳到二五六號專機下方。因機師在劉沛豐的督促下，正在給飛機加油。林立果、葉群、林彪等人下車後，劉沛豐立即命令機組人員登機，並拔掉油嘴，停止加油。因機場入口方向，已遠遠的有車輛呼嘯着喇叭而來……林彪等未及移來舷梯，就順着駕駛艙的小梯子爬上去。林彪的帽子掉到地上。葉群更是披頭散髮的爬上梯子。劉沛豐最後一個上來，邊揮着手槍叫喊：飛機啓動！啓動！快！快！快！

二五六號專機開始滑行。副駕駛、領航員和報務員都未及登機。機組人員應爲七人，只上去了四人。飛機在滑行中，好不容易才關上艙門。由於飛機是在慌忙中強行滑出，右機翼上的玻璃燈罩被停在一旁的油罐車撞壞。

這時，機場已奉警衛部隊命令關閉了所有的燈光。因周總理有命令，警衛部隊倒也沒有朝滑行中的飛機射擊。專機駕駛員潘景寅憑著豐富經驗和優秀駕駛技術，在一片漆黑中起飛升空。時間是零點三十二分。

零點二十分專機還在跑道強行滑出時，山海關機場值班司令員曾三次向北京的頂頭上司——海軍司令員兼政委李作鵬請示報告：飛機要強行起飛，怎麼辦？李作鵬當時仍在人民大會堂東廳會議室開會，相信他也立即報告了周恩來總理：怎麼辦？但誰都不知道該怎麼辦！派卡車堵塞跑道也來不及。

警衛部隊負責人向周總理報告：二五六號專機已經起飛！周恩來再次中止政治局會議，要求大家原地待命，不要離開。隨後他讓吳法憲跟他走到內廳書房，要通了空軍司令部調度室：命令打開全國所有海陸空雷達，監視天空！請報告二五六號飛機的飛行方向！空司調度室回答：我已發現目標，雷達鎖定，它朝北面飛去！周恩來說：好！請你們隨時向我報告它的方位和飛行角度。說罷，周恩來轉向吳法憲。吳法憲倒是腦子轉了幾轉，問：要不要命令內蒙機場的戰機升空迫降？周恩來瞪吳法憲一眼：你說得輕巧，那要請示毛主席。這樣吧，空司調度室！我能不能和二五六號的駕駛員通話？用無線電話呼號，他們能不能聽到？調度員回答：能聽到，飛機上的通話器開着。周恩來喊話：我是周總理！我要和二五六號專機駕駛員潘景寅同志通話！潘景寅同志，我是周總理啊，你聽到我的聲音嗎？爲什麼不回答……調度室回答：他開着機器，但不回話。周恩來說：那你們對他呼號，就說我周恩來希望他們回來，不論他們在北京東郊機場或是西郊機場降落，我都會去機場接他們！我以我的性命和人格向他們擔保，保證他們和家人的安全，一切事情都可以解釋清楚，一切誤會都可以消除……

周恩來通過空軍司令部調度室，就這麼向二五六號專機呼號了二十來分鐘。調度室不時向他報告專機的航向：總理，它改向西飛！改向西飛……到了內蒙古西部……深入內蒙古腹地……看！又改向北飛……天！它飛出國境，進入外蒙古……它從雷達屏幕上消失，消失。

時間是九月十三日凌晨一時五十分。汪東興已經來到周恩來身邊。周恩來渾身都汗濕了。他出到會議廳，對仍等候着的政治局委員們說：同志們，大家不要離開，想吃消夜就吃消夜，想打個盹就打個盹吧。但不准離開，也不准和外面打電話。我和汪主任馬上去見毛主席，大家等我回來！

第七十八章 「你們都等著我死！」

周恩來的座車走人民大會堂至中南海的地下特別通道，幾分鐘後來到毛澤東的住所游泳池。江青、張春橋、華國鋒已經先到了。江青劈面就問：總理，林彪帶着老婆、兒子逃跑，爲什麼不命令防空導彈把他打下來？周恩來只顧向毛澤東報告：主席，那架飛機已出國境，我一直向它呼號，機上沒有回應。……江青仍是急促地說：現在還來得及！用地對空導彈！放跑他，今後麻煩大了！周恩來說：那就請主席下令吧，看看我們的雷達還能不能找到目標。還有個和蒙古人民共和國的關係問題。

毛澤東臉色泛白，不吃驚，不氣憤，只是一下子憔悴了許多似地搖搖手：沒想到他和我相鬥，會是這個結局。爲什麼不留在國內黨內相鬥呢？還沒有分出勝負嘛。他啊，還是老一套，打得贏就打，打不贏就跑……江青妳不要瞎吵，不能朝鄰國領土發導彈，人家那裡駐有蘇聯紅軍。天要下雨，娘要改嫁，由他去吧。走了就不准回來。

周恩來鬆一口氣。張春橋、汪東興、華國鋒在一旁點頭稱是。惟江青仍不服氣：我有意見！讓姓林的跑到外蒙古、蘇聯去成立流亡政府，今後潛回國內搞武裝割據，後患無窮。

毛澤東看一眼咄咄逼人的婆娘，嘆口氣，說：好好，就江青提出的問題，你們簡要談談各人的看法。春橋，你先講。張春橋端着小本子，說：江青同志所慮有理，不能低估林彪一伙人的破壞力。我們未能在發覺他外逃時迫降他、敲掉他，已差一著。現在應趁他在外立足未穩，把他消滅。當年斯大林同志派內務部人員追殺托洛茨基，最後追到北美洲墨西哥城，還是把托氏幹掉。東興同志，你說呢？汪東興說：這事，我服從主席的命令！華國鋒也說：對，主席叫咋辦就咋辦。

毛澤東把目光轉向周恩來。周恩來感到背上涼颼颼的：現在發導彈是來不及了。至於林彪一家坐飛機朝北飛，後又轉向西飛，他還是中央副主席，我怎麼命令戰機迫降、甚至下令擊落？又來不及請示主席。如果那樣幹了，怎麼向全黨、全軍交代？所以，要請主席和各位同志理解我當時困難而複雜的處境。如果是我工作的疏忽，接受主席和中央的處分。

毛澤東搖手：恩來，我不怪你，不要解釋那樣多，一大堆事情等着你去處理。我說哪，林彪帶着老婆、兒子跑了，是好事，不是壞事。他這一跑，我和中央倒是主動了，也簡單多了。接班人叛國投敵，還有什麼不好交代的？他不跑，留在國內，又掌握了兵權，才麻煩、危險呢。江青妳不知道這段時間我在南方是怎麼過來的……跑了就跑了，我們不學斯大林，派人到外國去殺掉他。當年張國燾從延安跑掉，先到西安去見胡宗南，後到武漢去見蔣介石，記得恩來你是提過把他幹掉的。我說張國燾沒有拉走一兵一卒，幹掉他做什麼？讓他去吧。結果怎樣？蔣委員長並不信任他，給了他一筆錢，到香港做生意去了，後來到加拿大去了。王明也是個大人物，一九五六年去莫斯科治病不再回來，天天寫文章罵毛澤東，罵中國黨，又怎麼樣？他狂犬吠日，我聾子不聽狗叫。他靠拾蘇修牙穢度日。這說明搞政治，不能脫離你自己的土壤、舞台。一旦脫離，就屁用沒有了。沒有人跑到外國去搞革命搞成功了的。林彪也會是這樣。他到烏蘭巴托，依爾庫茨克，能搞武裝割據？笑話。中美關係緩和，中蘇關係也隨之緩和，誰會支持他回來割據？我看是要關閉機場，封鎖天空，不准回來。

正說着，機要秘書兼生活秘書小張進來，呈交毛澤東一紙北京衛戍區的電話記錄。毛澤東讓周恩來唸：北郊沙河機場一架直升機起飛，向北飛去。機上有周宇馳、于新野、李偉信和兩名駕駛員。

周恩來唸畢，說：主席，派李德生、楊德中去空軍司令部監督吳法憲，下令迫降那架直升機，不肯迫降就擊落。毛澤東點頭，對汪東興說：汪主任，你去傳我的話，要李德生、楊德中去接管空軍司令部。隨後又說：恩來，江青，我們沒有時間磨嘴皮了。下一步該做些什麼？周恩來說：以主席名義，向全國發佈禁空令，向全國各大軍區通報情況。現在最危險的是空軍系統，應採取果斷措施。

毛澤東點頭：恩來，就在我這裡，你擬出幾條來。

周恩來拍拍腦門：春橋，國鋒，你們幫我筆錄一下。我說，你們記，之後請主席審定，簽字。一、發佈全國禁空令，禁止一切軍用、民用飛機升空和降落，同時打開全國所有雷達，嚴密監視天空；二、全黨、全軍進入一級戰備狀態，軍人、幹部停止休假、出差。全國黨、政、軍機關實行每天二十四小時戰備值班；三、向各大軍區司令員、政委通報林彪一家叛國投敵事件，並由他們緊急通報各省市自治區正軍級以上幹部；四、各大軍區、省軍區立即派出野戰部隊，接管全國所有軍用、民用機場，機場跑道可用載重卡車堵塞。所有飛行器上的航空燃料卸掉。空軍系統所有官兵，交出武器彈藥，按級別集中辦學習班，措施要果敢，態度要和氣；五、葉劍英、粟裕帶工作組進駐總參謀部及國防部，李德生、張廷發帶工作組進駐空軍司令部，蕭勁光、蘇振華帶工作組進駐海軍司令部，王震帶工作組進駐總後勤部，張春橋同志仍主管總政治部；六、林彪叛逃事件，現階段屬黨中央、中央軍委特級絕密，任何人向外洩露，按軍法嚴懲。主席，先草擬上這六條，怎樣？

張春橋筆頭快，字跡也清楚，呈毛澤東過目。毛澤東說：還是總理腦子好使，我簽字。恩來仍回人民大會堂坐鎮，發號令。你們幾個，還有什麼補充的？

江青乾咳一下，說：黃、吳、李、邱這幾名林彪爪牙怎麼辦？

毛澤東目光轉向周恩來。周恩來說：江青提醒很及時。黃、吳、李、邱，暫時不宜叫爪牙，一些工作還要他們去做，可以讓他們爭取立功嘛。警衛局方面早有命令，他們的警衛人員轉變職能，已對他們四家實施監護居住。另外，主席，請派葉劍英、張春橋、華國鋒替我做幫手。我回到人民大會堂，就要打八面拳了。一些大軍區司令員、政委，都信服葉帥。毛澤東當即表示同意。

周恩來起身欲走，忽又提出：主席，爲了安全，你也改換一下住處吧？搬哪裡？大會堂一一八室，也就是北京廳，你住過的，安靜又安全。以防空軍出亡命之徒……毛澤東揮揮手：你去忙吧！可以，我就搬過去，你們找我也方便些。我很累，累了，要休息……

幾分鐘後，周恩來返回人民大會堂東廳。政治局委員們見他進來，一一起立，眼巴巴地望着他，還不知道出了什麼事。很顯然，吳法憲和李作鵬爲了保住自己的腦袋，沒敢亂開口。周恩來招招手，示意大家坐下：同志們，出了誰也料不到的情況，林彪帶着葉群、林立果坐飛機跑到外蒙古去了。我剛從主席那裡回來。現在要給各大軍區打招呼，全軍進入一級戰備，防止敵人突然襲擊。你們不要離開，繼續等我的消息。葉劍英同志，你現在隨我走，協助我工作。

人民大會堂內，原有一套戰備值班用的全軍通訊指揮系統，此時已經啓動。東廳內側，周恩來的寬大辦公室，即成爲黨中央緊急應變神經中樞。十幾部紅色電話機閃爍出一排嫩綠色螢光。葉劍英元帥只花了十來分鐘，呼通了全國十二大軍區司令部作戰值班室，命令各大軍區司令員、政委到位，接收周總理代表毛主席黨中央發佈的緊急通知。

出於保密需要，周恩來放棄了電話會議方式，採行與各大軍區司令員、政委個別通話。周恩來讓接通的第一個電話是南京軍區：許世友同志嗎？我是周恩來。現在告訴你，去年廬山會議開幕式上第一個講話的人，帶着老婆、兒子叛逃到外蒙古去了。還不明白？就是副統帥呀！對，正是他。現在，我代表毛主席、中央軍委，命令南京軍區野戰部隊，立即接管江蘇、上海、安徽、浙江四省市所有軍用、民用機場，不准任何飛機起降，解除空軍人員武裝，把他們集中起來辦學習班。許司令，天亮之前，你派兩名副職，分頭帶人去杭州逮捕空五軍政委陳勵耘，去上海逮捕空四軍政委王維國。其他林系親信，暫不逮捕，爭取有立功表現。下面，請你記錄軍委六條命令……好！許司令你堅決執行毛主席和軍委命令，好！以上任務，都要在今天天亮前完成。對，要雷厲風行。

再下來的電話，依次是北京軍區、瀋陽軍區、濟南軍區、蘭州軍區、成都軍區、昆明軍區、武漢軍區、廣州軍區、福州軍區，以及升格爲一級軍區的內蒙古軍區和新疆軍區。共是十二大軍區，均要求在天亮前，就近派出野戰部隊接管機場，解除空軍人員武裝。

周恩來在葉劍英協助下，發佈完全國禁空、進入一級戰備命令，回到政治局會議室，再次招呼大家坐下後，說：林彪叛國投敵，使黨和國家面臨巨大威脅，我們要做好防止敵人對我實施大規模突然襲擊的準備。現在，我宣佈，由我和葉劍英、張春橋、李德生、紀登魁、華國鋒接管中央軍委及其辦事組的一切工作。黃永勝、吳法憲、李作鵬、邱會作四同志轉爲協助工作。你們四位過去和林彪關係那樣密切，希望邊工作邊交代問題，不要放過最後的將功贖過機會。另外，所有在場的同志，今晚發生的事，嚴禁外傳，包括對你們的家屬和秘書。如何傳達，等候中央統一佈署。

政治局委員們離開後，北京市委書記吳德、衛戍區司令員吳忠、政委陳先瑞趕到人民大會堂，聽候周恩來總理命令。周恩來對三人簡述了林彪叛逃經過，並作出幾點指示：

一、監視和搜索那架被迫降的直升飛機，發動當地民兵配合部隊搜山，要人、機並獲；

二、天亮前，派衛戍區部隊封閉北京郊區的五個機場，即西郊機場（包括空軍學院）、東郊機場、南苑機場、沙河機場、良鄉機場。沒有中央命令，不准任何飛機起降。強行起飛的，將其擊落；

三、衛戍區要加強對新華社、廣播電台、電視台、電話電報大樓、人民日報社的保衛，對中南海、人民大會堂、釣魚臺、總參謀部、總政治部、總後勤部、京西賓館、空軍大院、海軍大院等單位及附近地區增派部隊，加強警戒，實施軍事戒嚴；

四、衛戍區各部隊進入緊急戰備狀態，防備蘇軍大規模空降，對我實施突然襲擊。

吳德、吳忠、陳先瑞三人接受周總理命令後，即返回衛戍區司令部調兵遣將，坐鎮指揮。所轄八個野戰師，數個裝甲團、坦克團、重炮團、火箭炮團，均於天亮前進入作戰位置。

十三日早上，那架外逃的直升飛機被迫降在河北省懷柔縣沙峪山區。當地軍民撒下天羅地網。附近的衛戍區第三師接到民兵報告，包圍了沙峪山區，並在公社民兵的配合下逐漸縮小包圍圈。上午十時，部隊找到了那架直升飛機，一名駕駛員已被打死，其餘人員在逃。

原來直升飛機被迫降後，周宇馳、于新野、李偉信三人迅即跳下，飛速跑向山坡下邊一大片玉米地。周宇馳一邊跑一邊撕碎林彪的那紙政變手令，林彪給黃永勝的一封信以及安排黃、吳、李、邱等人去廣州的飛機編號、人員表。三人跑了一陣，四周山坡上已傳來「繳槍不殺」、「負隅頑抗死路一條」的吆喝聲，包圍圈已經很小，跑是跑不掉了。在玉米地裡，三人坐下來。周宇馳說：不成功，則成仁，到這一步，活路是沒有了。于新野說：我們自盡吧。李偉信表示同意。周宇馳說：那這樣吧，我先開槍打死你們兩個，後開槍結束自己。李偉信說：我們還是一起動手，各自解決。於是三人同時舉起手槍，對準各自的太陽穴。結果，周宇馳、于新野扣動扳機，當場倒斃。李偉信不想死，猶豫中朝天開槍，被衝上來的士兵活捉。

警衛三師保護好現場，對直升飛機內外、周宇馳和于新野的自殺地點以及周圍地區進行仔細搜索，包括被周宇馳撕碎撒落草地林間的紙片都沒有放過。計搜獲一批中央絕密文件，其中國防科工委關於導彈、原子彈研製及部署地點的密件；一些信件；一個錄音帶；三萬美元現金；還有一些文字材料，上有「B五十二」、「眼鏡蛇」、「子爵號」、「大黃蜂」等字樣。

當天晚上，衛戍區司令員吳忠審訊李偉信。李偉信有問必答，主動交代出有個《五七一工程紀要》。吳忠聽不懂，只想聽李偉信等人爲什麼坐直升機外逃，而沒想到他們一伙還有更大的陰謀。吳忠拍着桌子罵：你他媽的死不老實！胡扯什麼工程不工程？老子不聽你們空軍的雞巴工程！

在周恩來的安排下，由公安部長李震派出刑偵行家，對警衛三師官兵現場撿來的一大包碎紙片進行拼接，共拼對出五件重要材料：林彪策動政變的手令；林彪寫給黃永勝的信；各地「小艦隊」成員名單：南下廣州另立中央的飛機編號、人員安排表；廣州軍區空軍參謀長顧同舟寫給林立果的一封告密信。又在西郊機場空軍學院的林立果秘密據點中，發現了那份政變綱領《五七一工程紀要》。

中共中央成立「林彪反革命政變集團專案審查小組」，組長周恩來，副組長康生、張春橋，成員有李德生、紀登魁、汪東興、華國鋒等。周恩來命令各大軍區照名單逮捕各地「小艦隊」成員。整個空軍系統，被逮捕、隔離審查的團以上幹部達數千人，實爲一次林系人馬大清洗。最滑稽的逮捕事件發生在北戴河海濱區五十一號院，十幾名林立果的准妃子，手持武器拒捕，儼然一支美女敢死隊。警衛部隊包圍數小時後，從院牆突入，絕色佳麗們才被繳械。連同九十六號院的林辦工作人員一起，被押送到北京北郊沙河勞改農場，去接受長時間的甄別審查。說是林立果的一號准妃姜琳看到臂纏紗布的林彪警衛秘書李文甫時，心裡很不是滋味。

在上海搜捕「小艦隊」成員時，中央警衛局特別關照，不用逮捕空四軍的魯珉。魯珉果然是張春橋親信——《人民日報》總編輯魯瑛的弟弟，一名政治保衛系統特工。九月二十四日，經毛澤東批准，中央辦公廳通知黃永勝、吳法憲、李作鵬、邱會作四人到人民大會堂開會，到後即被分別看管，再由周恩來一一向他們宣佈中央決定：隔離審查，交代罪行。之後四輛警車，在兩卡車軍人的護送下，把他們關進昌平秦城監獄。秦城監獄爲黨中央高級政治犯監獄，饒漱石、彭德懷、彭眞、羅瑞卿、陸定一、楊尙昆、楊獻珍、王力、關鋒、戚本禹、聶元梓等等右傾左傾，右派左派，文臣武將，忠臣奸臣，加上黃永勝一批林系大將，統統關押在這裡，眞正的政治大雜燴了。此是後話。

再說周恩來忙的幾天幾晚沒有合過眼。他囑咐葉劍英給幾位老帥打電話，通通氣，聽聽反映。葉劍英首先打電話給住在西郊新六所賦閒的朱德總司令。朱老總一聽就嗬嗬笑了：跑了？狗雜種！接班人不接班，親密戰友不親密，早就看出他不是當二把手的料囉；徐向前的反映是：還是當了逃跑將軍！他不跑也活不成，跑了省事。三滴水、張眼鏡他們怎麼辦？今後找誰鬥去？請轉告總理，他今後就是鬥爭的目標囉；聶榮臻的反映是：沒想到林彪這種下場，跑到外國去當流亡人士，毛主席可以鬆一口氣，三滴水和張眼鏡可以順利接班囉；陳毅的反映最爲亢奮、激烈，還沒有放下電話就大叫拿酒來！格老子要開戒，痛飲幾杯！哈哈！格老子以爲林禿子有種，終歸是個熊包！拿酒來！恭喜毛主席取得勝利！文化大革命萬歲！他娘的萬萬歲！劉伯承元帥病得厲害，視覺、聽覺都喪失，葉劍英也就不用打電話了。葉劍英倒是自作主張，給那已回北京休息的原中央副主席陳雲通了通氣。陳雲的反映出奇的冷靜且具前瞻性：林彪不敗，天理不容，壞事做絕，得到報應。請轉告總理，鬥爭還沒有完，老將軍、老幹部應當盡量多拿下一些要害部門，老帥們要重新回到中央軍委，控制好軍隊。

全國禁空。新中國境內星星點點的數百座大小機場，跑道上塞滿了軍用卡車。一排排殲擊機、轟炸機、直升機、民用客機，如同一隻隻耷拉下羽翼的病鳥，奄奄一息似地躺在停機坪上，寂靜得一絲呻吟都發不出。新中國淨空了。九月的艷陽高照，碧空如洗，瓦藍瓦亮，一絲風、一絲雲彩都沒有。美帝、蘇修的無數間諜衛星，以及那些懸浮於十萬米高空的無人偵察機，拍攝下地球上新中國境內的奇特景觀沒有？克格博和中情局的專家們一定目瞪口呆了吧？毛澤東的新中國怎麼了？是否又發明了新的絕門功夫、超級武器？

中國實際上處在了最危險、最脆弱的時刻，任何一次大規模的空襲都可以把她癱瘓掉。幸而事出突然，沒有人這樣做。十四日下午二時，時間的死寂終於被打破：蒙古人民共和國駐華大使館代表該國政府，向中華人民共和國外交部發出嚴正照會，強烈抗議中國飛機侵犯蒙古領空、領土，燒毀了溫都爾汗一塊草地！中國政府應對該次入侵事件負責，並作出解釋。

外交部立即把蒙方照會呈報周恩來總理。恰在這時，中國駐蒙古使館的絕密加急電報也到了：一架民航客機於十三日凌晨二時三十分在蒙古溫都爾汗草原墜毀，據蒙方稱機上人員全部死亡。我使館已應蒙方要求，派員前去事發現場查看。

林彪、葉群、林立果死了？又是個天大的意外！周恩來立即把消息告訴汪東興。汪東興說主席情緒很不穩定，時哭時笑，醫護人員束手無策，又不敢使用強力鎮靜劑，等老人家稍安靜些，再把這個消息透給他，或許能使他高興些。

當天深夜，駐蒙使館又拍回絕密電報，報告實地查看結果：該架飛機在草地上斷成三截，機尾翼上有五星紅旗，編號為二五六號，估計是夜間緊急降落時機翼猛烈擦地油箱起火爆炸、焚燒，草地上散落著九具燒焦的屍體，其中一具是女的。經蒙方同意，已將九具屍體請當地牧民草事掩埋。機上所有物品文件，蒙方已全部收走，無意交還。

周恩來、葉劍英面對絕密電報譯稿，唯有嘆息、苦笑：沒想到林彪一家是這種結局！沒想到黨內的這次鬥爭是這種結局！真他娘的一齣荒謬絕倫、情節拙劣、漏洞百出的大鬧劇。如果是歷史劇作家所編撰，誰肯相信，誰肯排演？該打板子！

算了算了，周恩來沒有時間發這類感嘆了，撐住共和國這片天要緊。弄不好天塌下來，大家都活不成。老天爺才不管你什麼主義不主義，思想不思想，文化大革命不文化大革命。西方一位哲人說得好，上帝欲使某人滅亡，必先讓其瘋狂……新中國，新中國啊，上上下下，不也早就陷入了一片瘋狂？周恩來自身，一天到夜在忙些啥子啊？不也是新中國黨政軍瘋狂大軍的一員？

三天三晚，周恩來坐鎮人民大會堂東廳，不停地發出命令，不停批示急件，不停地接電話，發電報，找人談話，調兵遣將，獨撐危局，穩定形勢。老帥、老將們紛紛出動，去找各自的老部隊、老部屬，去重新掌控軍隊，慎防叛亂。再不能出事了，共和國已經很虛弱了，稍有不慎，大廈就傾覆……謝天謝地，最危險的三天時間過去，大局總算是初步穩定住。周恩來、葉劍英終於可以拖着疲憊的身子，通知召開政治局擴大會議。怎麼就沒有累病、倒下呢？也是奇蹟。

對了，周恩來只顧忙，三天三晚沒顧得上去看望同住在人民大會堂內的毛主席。聽說得知林彪一家墜機死亡後，老人家就一直掉淚，哭泣：我怎麼向全黨做交代啊，怎麼向軍隊做交代啊！全國人民怎麼可以相信，我的「親密戰友」、「革命接班人」，最後要叛國投敵，還摔死了！摔死了啊！老天，爲什麼要這樣作弄毛澤東，爲難毛澤東？文化大革命，毛澤東前無古人的大試驗，是失敗了！敗得很慘……叫毛澤東怎麼自圓其說？育容哪，毛澤東想不通你爲什麼要跑，要逃……毛澤東和你共事幾十年，自一九二八年你隨朱總司令上井崗山，整整四十四年過去。毛澤東一路提拔、重用你，什麼時候都沒有虧待過你……十個元帥，你是僅有的一位中央副主席，副統帥……就算是這一次，你我反目，毛澤東也並沒有要置你於死地，不過要用江青、張春橋取代你而已。你卻連劉少奇、賀龍都不如！少奇、賀龍不管怎麼說，都算病死的，毛澤東向歷史交代得過去。你卻死得這樣凶，這樣難看，丟人現眼……毛澤東對得起你！你卻叫毛澤東難堪，下不得台階。你半條性命，要死，爲什麼不死在國內？偏偏死到國外去，死給外國人看？

說是整整三天，除了汪東興、華國鋒、江青，再無一個中央負責人去看望毛澤東，安慰毛澤東。第四天，毛澤東拖着病體，由兩名女護士一左一右的攙扶着，步履艱難地來到東廳，出席政治局擴大會議。周恩來得知毛澤東要出席會議，已事先安排尚在帶罪工作的黃永勝、吳法憲、李作鵬、邱會作到隔壁警衛室迴避，免得毛主席看到他們氣結。政治局成員們繞著長方型會議桌坐定，彷彿同時發覺，毛主席一下子就老得不成樣子了，臉上皮肉鬆弛，兩隻大眼袋耷拉下去，像吊著兩塊皺皮；目光昏暗，嘴唇發烏，臉色灰白，雙手抖索。毛澤東望住政治局委員們不說話。政治局委員們望住毛澤東不說話。僵了一小會，毛澤東忽然開了口，一口湘潭土腔仍然高亢冷硬：你們都想我死！都在等着我死，不要以爲我不知道你們的心事！

誰也沒有想到毛澤東一開口就講這個話。見大家面面相覷，都不作聲，毛澤東又問：你們是不是都在等着我死？周恩來不能不表態了。他看看江青、張春橋幾位，說：主席啊，我們沒有！眞的沒有。這幾天，我一直忙，實在脫不開身，沒有去看你。我也快要扛不住了……大家也都跟着我忙，團團轉，要穩定大局啊。我們都是在主席領導下，爲黨和國家的安定，在努力工作。

毛澤東無力地搖搖手：恩來你是總理，不要和稀泥。八級泥瓦匠和稀泥。我告訴你們，毛澤東可以死，也一定會死，是自然規律。但目前還不能死。我現在就死了，對你們誰都沒有好處。你們不信啊？反正我信呢。不安排好後事就死去，誰會高興？北邊的老大哥高興，東邊的帝國主義高興，南邊的蔣委員長高興。我現在就死，國內可能亂做一團，十大軍區割據，各省市軍區也可能割據。軍區都有自己的後勤基地，可以自力更生，自足自給。之後是軍閥混戰，回到民國初年局面。蘇聯美國老蔣大舉攻入，重演西方列強瓜分中國。所以毛澤東還要賴活幾年，暫時不能翹辮子。毛澤東在，新中國在，共產黨在，解放軍在，你們各位也在。大家有口飯吃，有個官做。你們不信？反正我信。至於我那個接班人，跑了死了，死得凶，慘，我很難過，同情。共事四十四年，最後和我相鬥，爲什麼要鬧到這種結局，走到這一步呢？我到南方轉了一大圈，歷時二十九天，會見各省諸侯，唱《國際歌》，《三大紀律八項注意》。我一路上都說，林副主席還是要保的，三中全會增加幾個副主席，林彪還是打頭的。不信你們可以去問武漢劉豐，長沙卜占亞，廣州丁盛，南昌程世淸，杭州南萍，上海王洪文，南京許世友。這些人可以作證。不是我對不住接班人，是接班人這個東西對不住我。別的人死，和毛澤東扯不上關係。少奇、賀龍、陶鑄都是病故。就是林彪這個東西，死到外國去，死給全世界看。我重用、信任他一輩子，他卻用死來報復毛澤東，讓毛澤東在世人面前丟人，沒有面子……嗚嗚嗚，我想不通，就是想不通，育容他爲什麼要這樣對待我……嗚嗚嗚……

毛澤東當場失聲，痛哭不止。

周恩來忙命汪東興派醫護人員推輪椅來，送老人家回一一八室休息。並指示，醫療組一定要想出辦法，使毛主席平靜下來，休息。毛主席這棵大樹不能倒。毛主席是咱們新中國的擎天柱。

毛澤東離開後，周恩來通知警衛人員帶黃、吳、李、邱四人進來開會。一時間，會議室內同仇敵愾。周恩來說：同志們，主席有過指示，要給黃、吳、李、邱十天時間，交代和林彪一家的關係。所以現在仍可以稱四人爲同志。你們四位，也要爭取立功，將功抵罪。你們，有不有話先說說？

黃、吳、李、邱四人遭了霜打似的，都蔫了。都不肯出聲，一付死豬不怕開水燙的樣子。周恩來說：好，既然都不吭聲，先給你們看幾樣東西。說著，周恩來把那封拼接好的林彪寫給黃永勝的信，推到黃永勝面前。黃永勝怕燙似地朝後縮了縮身子，看了一眼，低下腦袋，予以否認：這封信，我本人從來沒有看到過。如果我看到了，就不可能落到別人手裡了。

周恩來狠瞪了黃永勝一眼，把信收回。隨即又拿出一份名單給吳法憲看。吳法憲看到那份「南飛廣州飛機編號及人員安排名單」，倒是態度較老實，承認名單上大部份是空軍將領：江騰蛟、王飛、周宇馳、于新野、李偉信、劉沛豐、胡萍……

這時，政治局委員們忍無可忍了，由江青、張春橋帶頭呼起口號來：打倒大叛徒、賣國賊林彪！打倒國民黨特務葉群！打倒蘇修間諜林立果！黃、吳、李、邱不投降，就叫他們滅亡！

周恩來體力不支地跌坐在藤圍椅裡：怎麼呼口號？怎麼呼口號……說罷腦袋一歪，昏迷了過去。在一旁的葉劍英發覺周總理犯病，忙大叫：醫生！醫生趕快！總理！總理！總理這棵大樹不能倒呀！

……經醫療小組專家們輸氧氣搶救，周恩來像睡了一覺似的醒了轉來。被診斷爲長時間勞累，缺氧，心臟供血不足。和去年九月廬山會議後期那次症狀一樣。看着女護士在掉淚，周恩來費力笑了笑，輕聲說：小鬼，我這盞燈，還會亮一陣子的。

第七十九章　陳毅去世　毛澤東休克

由於中方遲遲不給蒙方提供墜毀在溫都爾汗草原的八男一女死者的姓氏、籍貫、職務名單，蒙古調查人員和蘇聯克格搏專家經現場拍照分析，初步推斷九名死者中年齡最大的那位，很可能是毛澤東的親密戰友林彪元帥。於是該具男屍的腦袋被割下，冷凍防腐，乘專機遠送莫斯科克里姆林宮醫院檢驗。林彪曾於一九三九年至一九四一年赴蘇治療槍傷期間，在該院鑲過牙齒。根據醫院保存的林彪牙齒檔案，證實該顆腦袋是林彪同志的。隨後該顆腦袋被空運回蒙古溫都爾汗原掩沒場所，並草草縫合回原屍身上，算盡了一點無產階級人道主義，及共產黨人的國際主義義務吧。

在新中國黨、政、軍系統，「林彪反革命政變集團刺殺偉大領袖毛主席（未果）的滔天罪行」，正按計畫、分步驟、有組織、有領導地逐級向下傳達。傳達之初，毛澤東一度擔心無有力證據說服黨、政、軍、民。周恩來則擔心一旦把所搜獲的那份「五七一工程紀要」作為主要罪證在黨內軍內傳達，其中那些惡毒攻擊毛主席的詞句，如「千古暴君、現代秦始皇」，「封建法西斯主義」，「迫害狂、懷疑狂」，「政治絞肉機」，「國窮民困，十幾年不加工資」，「幹部下放是變相勞改」，「知青下鄉是變相失業」等等，必然傳播開去，有損毛主席的光輝形象和領袖威望。毛澤東幾經考慮、權衡，說：罪證就是罪證，那份政變綱領正可說明，林彪和他的老婆、兒子，是怎樣密謀殺害毛澤東，搶班奪權的！要相信幹部、戰士、群衆，他們會站在我這一邊。一字不易，如實傳達。林彪是萬歲不離口，語錄不離手，當面三忠於，背後下毒手。

自戰爭年代起，中共中央向下傳達重大事件及其文件，形成一套極爲嚴密、嚴格的程序、方式方法。第一級爲中央政治局；第二級爲中央各部、辦、委，各大軍區黨委，各省市自治區黨委，省軍區黨委（亦稱爲省軍級）；第三級爲地委、行政公署、軍分區黨委（亦稱爲地師級）；第四級爲縣委、縣武裝部黨委（亦稱爲縣團級）；第五級爲公社黨委、公社革委會；第六級爲生產大隊黨支部；第七級爲生產隊黨小組，普通黨員。以上爲自上而下七級權力金字塔架構。文化大革命之初，紅衛兵小將曾寫過《炮打七級司令部》的大字報，得到毛澤東及夫人江青的讚揚。

每一級傳達絕密文件之時，均如臨大敵，將人員集中到一處保密地點，由士兵或武裝民兵守衛，規定參與人員不准回家，不准寫信，不准筆錄，不准打電話，不准會客，不准和外界有任何聯繫。傳達完畢，如法泡製，再傳向下一級。人人身負使命，人人守口如瓶。其神秘、嚴密程度，相信超過世界上的任何秘密幫會組織。也正是靠了這種自上而下又自下而上的層層嚴密、層層神秘，建構了共黨組織的強大內聚力和排它性。叫做先黨內，後黨外，先幹部，後戰士，先高層，後基層，再視情況決定是否最後口頭傳達到「廣大人民群衆」。

在毛澤東時代，共產黨推行一套最徹底的政治等級制度，亦即社會等級制度。每有政治運動、階級鬥爭的時日，同一單位，乃至同一間辦公室內，忽然之間，同事中的幾名黨員骨幹分子又被召去閉門開會了！普通幹部職工就會徬徨四顧，驚懼不安。特別是那些家庭出身「不好」、「社會關係複雜」者，更會如喪考妣，不可終日。因爲一旦那些黨員骨幹開會回來，就可能鐵青着臉宣布：把某某反革命分子揪出來！某某不投降，就叫他滅亡！隨即門外就可能閃進來幾名公安人員或解放軍戰士，把某人拷上手銬，帶走。至於利用召開職工群衆大會、公社社員大會當衆捕人，讓人人發抖，牙巴骨打戰戰，則可造成更大的震撼、威懾。使每個人生活於恐怖之中，是爲一切獨裁權力最有效的統治方式，毛澤東稱之爲「百代都行秦政法」，古今中外，概莫能外。

幸而事物還有另外一面。世上沒有不透風的牆，連地球都有裂縫。隨著「林彪反革命政變集團罪行」的逐級傳達，毛澤東們始料不及的，是各式各樣的耳語，悄悄話，私房話，若隱若現，霧氣似地在全國軍民之中不脛而走，遍地流傳：

林彪敢殺毛主席哩，毛主席都是殺得死的？他不是毛主席的親密戰友嗎？當初這個接班人是怎麼挑中的？文化大革命好，文化大革命好，好到這個德性啊！路線鬥爭，鬥來鬥去，原來都爲一個權字啊！林彪也太不像話了，當了第二，還搶第一，毛主席不傳位，你就要殺了毛主席？聽講呀，是毛主席先下手，把他傢伙宰掉了，咱毛主席厲害哩！不對不對，人家林彪是帶著老婆崽娃坐飛機逃跑，被毛主席用導彈打下來的！我可是聽地委幹部講，林彪根本沒有跑，是在中南海大門口被機關槍掃死的……林禿子呀，林禿子！你也太狗屎了，叛國投敵就叛國投敵，做嘛子還要偷走三甲（隻）雞？——毛澤東家鄉湖南的貧下的農，把「三叉戟」（飛機）聽成「三甲雞」了。

防民之口勝於防川。再嚴密的統治也無法杜絕普通百姓的耳語、悄悄話。無形之中，毛澤東思想的冰山開始消融，毛澤東神聖不可冒犯的神話開始破產。民間開始出現反向思維：一位連他的親密戰友、接班人都要暗殺的領袖，就眞的那麼光榮正確、英明偉大？是不是也幹下了許多見不得人的事啊？文化大革命全面內仗，大搞武鬥，打死那麼多人，搞什麼搞？還有三年大飢荒餓死那麼多人，都是誰的責任？我們的黨和軍隊，總參謀長不好當，國防部長不好當，第二把手更不好當！你看看總參謀長黃克誠、羅瑞卿、楊成武，這次又是黃永勝，哪個有好下場？國防部長哪，彭德懷沒有好下場，林禿子又沒有好下場！黨的二把手哪，劉少奇沒有好下場，林彪也沒有好下場！周總理啊，周總理，現在輪到你是黨和國家的第二把手了，你要當心哪，當心哪！

日子一天天熬下來。九月底，周恩來做成一件至關重要的事，經毛澤東同意，成立了以葉劍英爲召集人的中央軍委辦公會議，主管軍事。並決定，解放軍三總部——總參謀部、總政治部、總後勤部，分別由李德生、張才千、余秋里主持工作。加上蘇振華接掌海軍司令部，張廷發接掌空軍司令部，老將軍們終於基本上控制了軍事要害部門。

十月一日國慶節，北京天安門廣場沒有像往年那樣舉行盛大的慶祝集會、遊行。由於林彪事件還只傳達到地、師級領導幹部，消息還嚴密封鎖着，為蒙蔽天下視聽，中央兩報一刊的國慶社論仍出現了「林副主席」字樣。慶祝活動改為在北海公園、天壇公園、頤和園等處，舉辦黨和國家領導人與首都革命群衆共度國慶佳節的遊園聯歡了。

節後，周恩來仍拖着疲憊的身子，和葉劍英等人一起抓緊解放大批老幹部、老將軍，以填補、充實林彪集團倒台後出現的大量空缺。自一九五九年整肅彭德懷的那次廬山會議以來，林彪在毛澤東的支持下，提拔了多少親信幹部，安插到黨、政、軍機構的要害部門。整個的空軍、海軍、總參、總後、軍委辦事組領導層幾乎爛掉了。周恩來要派老幹部、老將軍去接管這些部門，當然不能繞過江青、張春橋所把持的中央文革。周恩來天天晚上召集中央工作碰頭會，一批一批地提出要解放的老幹部、老將軍名單，江青、張春橋、姚文元則力圖一個一個地予以阻撓，以防止「文革反對派復辟，東山再起」。周恩來巧與周旋，自己並不直接和江青、張春橋發生爭論，而通過葉劍英、李先念、汪東興、李德生、王震等人去與之力爭，形成多數意見迫其讓步。更主要的是周恩來的舉措得到毛澤東的默許。經過林彪事件的打擊，毛澤東已有所顧忌，自己這些年來得罪的老幹部、老將軍太多了，趁現在大家還沒有撕破面皮，能安撫的，還是盡量安撫吧，允許他們返回原來的崗位，或者安排他們到新的部門工作。不這樣，不行囉。靠中央文革那幾個秀才，耍耍筆桿、磨磨嘴皮可以，治黨治軍，卻靠不上他們。軍隊幹部靠軍功、資歷吃飯，從來看不上學堂出來的秀才文官。現在就安排江青、張春橋接班的話，不定招至天下大亂，幾大軍區可能起兵造反。還是先啓用老的，再慢慢安排新的吧。現在要把那四句話十六個字改回來，叫做：老帥升帳，小兵回營，打掃廟堂，請回眞神。

正是在這大背景下，一九七一年底至一九七二年初，一批批老幹部、老將軍恢復工作。其中，原北京軍區司令員楊勇上將，關押多年後派往新疆自治區任軍區司令員兼黨委書記，原總參謀長羅瑞卿大將解除關押被安排去福州軍區當顧問，療傷養病。楊成武、傅崇碧、余立金解除關押，允予回京，等待分配工作。其餘，趙紫陽被任命爲內蒙古自治區革委會主任，譚啓龍被任命爲浙江省革委會主任，江渭清恢復江蘇省委書記職務，葉飛恢復福建省委書記職務，等等。

一九七二年一月六日晚，陳毅元帥因林彪倒台後興奮過度，堅持喝酒慶賀，導致癌細胞迅速擴散，經總後勤部三〇一醫院搶救無效去世。這位堂堂的共和國元帥、副總理兼外交部長，生前的最後一個願望，是托外交部的出國人員替他從國外帶個電子打火機回來，國產打火機老是打不着火嘜！但直至臨終，並無人滿足他這個老部長的小小請托。

周恩來、葉劍英將陳毅同志去逝的消息報告給毛澤東。十日下午將在八寶山革命公墓舉行追悼會。其時毛澤東已返回中南海游泳池居住。毛澤東亦在病中，囑咐周恩來去看望一下張茜，順便告訴，陳老總他們那個「二月逆流」，是三總四帥對運動不滿意，鬧了些意見，不算什麼錯誤，今後一筆勾消，誰也不要再提了。當葉劍英請示陳毅同志的追悼會以什麼規格舉行，可不可以仍稱爲軍委副主席、國務院副總理時，毛澤東說：他不是元帥嗎？人都死了，你們看要不要還給他那幾個職務囉。

依據對毛澤東指示的理解，周恩來和葉劍英商量，陳毅的追悼會，不按黨和國家領導人的規格，但可以按中央軍委領導人之一的職別來辦理。這一來，就不用通知全體政治局成員、黨政機關負責人都出席了。不然，江青、張春橋可能鬧事的，又是什麼用死人壓活人之類。朱總司令年紀大了，也不勞他出席了。只通知軍委系統的老帥、老將軍們，加上陳毅同志的生前好友，至少好幾百人，可以了。周恩來、葉劍英的以上意見，在政治局碰頭會上獲得通過，並決定追悼會由周恩來主持，葉劍英致悼詞。江青表示她要參加追悼會，政治局委員們也都表示參加，替陳老總送行。

陳毅追悼會之前，周恩來和葉劍英還分批接見了以黑格為首的「美國總統訪華先遣組」成員及「總統專機組」成員。雙方已定下尼克森訪華日期為二月二十一日至二十八日。周恩來對美方人員流露出來的傲慢言論，兩次找黑格准將個別交談，綿裡藏針、軟中帶硬地指出：尼克森總統訪華，是雙方的大事，不是一廂情願，而是兩廂情願。在越南問題上，中方願意幫助美方從長達十六年的越戰泥沼中解脫；在反對蘇聯的霸權擴張主義的國際事務上，中美雙方的立場也基本上一致。令人驚訝的是，美方竟有人對中國的「生存能力」表示懷疑，並聲稱要「維護中國的獨立」。這種論調是對中國人民的極不尊重，是我們不能接受的。中國認為，任何國家都不能靠外力來維護其獨立和生存，否則只能成為別人的保護或殖民地。社會主義的新中國是在不斷抗擊外來侵略和壓迫的鬥爭中誕生和成長起來的，我們已經獨立自主、艱苦奮鬥二十二年了，你們為什麼不看到這個起碼的事實呢？黑格承諾把周總理的這些話帶回去，承諾美方會尊重中國政府和人民的自尊心，雙方一定把尼克森總統訪華辦成一件大好事，一件改變亞洲也改變世界的大事。

再說一月十日中午，毛澤東一覺醒來，穿著一襲長睡袍，腳上沒有穿襪子、拖着一雙布鞋就朝門口走去。機要秘書兼生活秘書張毓鳳忙一把拉住勸阻：主席回來！回來，外面數九天氣，凍死人哪！毛澤東卻不肯回來：派車，叫他們派車，我要出去。張毓鳳慌了，老人家從來要走就走的，趕快拿來件軍棉大衣給披上：主席，你坐下好不好？外面冷得很，你還在犯病哪，要去哪裡啊？毛澤東對張毓鳳瞪起眼睛：今下午是陳毅的追悼會，陳毅走了，我去送送他，懂嗎？張毓鳳知道勸不住，只求毛主席坐下等等，她去通知汪東興派車。

汪東興接到小張電話嚇一跳，冰天雪地的，原先沒有這個安排呀！汪東興不敢耽擱，一面安排車輛、衛隊，一面電話報告周總理。周恩來已經到了八寶山公墓靈堂，接到電話也吃一驚，但馬上感到是件大好事，把葉劍英、紀登魁找來，指示：追悼會推遲一小時舉行，毛主席要親自出席，規格要提高，緊急通知在京的所有中央領導人，黨政軍機關首長、中央委員以上高幹，限半小時內趕到八寶山，出席陳毅同志的追悼會！

消息來得突然，莊嚴肅穆的八寶山一片竊喜。周恩來一掃渾身的疲憊，去休息室通知了陳毅遺孀張茜及其幾名子女。隨後，周恩來又去逐一檢查了每間首長休息室的溫度。不錯不錯，整座靈堂建築的暖氣都燒得很足，保持在攝氏二十二度。忙碌中的葉劍英碰到周恩來，忍不住說了一句：主公駕臨，八寶山生輝，對進一步解放大批老幹部、老將軍有利囉。

半小時後，一輛接一輛的各色轎車，紛紛從北京城裡的那些高牆深院裡駛出，匯聚西長安大街，復興門大街，一路向西，向西，形成平日難得一見的小轎車的密集車流。全線封路戒嚴，禁止其他車輛通行。一時間八寶山上下，大小轎車千餘輛。工作人員紛紛議論，八寶山公墓有史以來，從沒像今天這樣熱鬧、風光過。

朱德、宋慶齡、董必武、徐向前、聶榮臻、譚震林、郭沫若等元老、元帥們來了，粟裕、徐東海、王樹聲、蕭勁光、張雲逸、王震、陳錫聯、蘇振華、王首道、陳再道、呂正操、彭紹輝，董其武、郭化若、李天佑、李志民等等大將上將們來了，中央工作會議成員康生、江青、李先念、張春橋、姚文元、李德生、華國鋒、陳士渠、張才千等等來了……冠蓋雲集，盛況空前。中將、少將們已經進不了休息室，自覺地停留在露天裡，跺着腳，哈着氣。大部份老同事、老戰友多年不見面了。這些年大都天各一方，生死未卜，今天竟在陳毅元帥的追悼會上來相見，不免握手的握手，擁抱的擁抱，老淚縱橫，感慨萬千。也有的見了面就相互打鬧、叫喊：老伙計！你還沒有死啊？傢伙！你也活着嘜！沒死沒死，老子都裝假腿了！你看看我頭上這塊傷疤，不是戰場上留下的！叫他媽的造反派打的！老子嚥不下這口氣……你聲音小一點，看那邊，就站着中央文革那班王八蛋！林禿子死球啦，剩他們一小撮，等着看怎麼收拾吧……。

周恩來趕到休息室來和元老、元帥、大將、上將們一一握手，致候，嘴裡不停地說着：不容易啊，身子骨還健旺？不容易啊。打過招呼，周恩來轉到第三休息室檢查溫度。這間休息室是專替毛主席留着的，待會請元帥、元老們進來見主席。周恩來忽然問身邊的機要秘書：通知了西哈努克親王嗎？他是陳老總的生前好友。機要秘書回答：通知了，親王和莫尼克公主的車子已在路上，有警車隨護。周恩來說：那好，我去迎接親王。

周恩來一路跟人握手，招呼，來到公墓禮堂西門時，見西哈努克親王和莫尼克公主已經出了車子，忙上去迎着：親王啊，你和我都失去了一位好朋友！一句話，說得西哈努克夫婦熱淚漣漣。周恩來陪着親王夫婦進到第三休息室，朱德、宋慶齡、董必武、徐向前、聶榮臻、郭沫若等元老已在裡面了。一一握手之後，周恩來說：親王，您先坐，等會毛主席來了，也先到這裡休息，和您見面。

再說毛澤東在中南海游泳池門口上車前，不肯依汪東興、張毓鳳的請求換衣服，只在浴袍外面裹了件軍棉大衣。腳上也沒穿襪子。虧了細心的張毓鳳已帶了雙那種特製的棉毛襪，就在汽車後座上，邊隨著車子的行馳，邊彎下腰去，好不容易替偉大領袖穿上了。老人家眼看上八十歲了，又在病中，要是受了風寒，病上加病，怎麼得了？

偉大領袖出行，前面是三輛警衛車開道，中間是三輛紅旗牌防彈轎車，後面又是三輛警衛車，形成特殊車隊，氣派就是不同。寬闊的東、西長安大街和復興門大街已經全線封路。大街兩旁，每三十米屹立一名中央警衛局的彪形大漢，形成兩列散兵線，一直伸延至十多公里外的八寶山公墓。古稱天子六軍，諸侯三軍。如今共產黨稱領袖、救星，金吾軍稱爲警衛局幹部隊，每名身手了得的成員均享受連級以上幹部待遇。

周恩來和葉劍英在公墓禮堂西門外迎候偉大領袖。毛澤東在兩名護士攙扶下進到第三休息室，見到朱老總、宋慶齡等人舉手打了個招呼，就和西哈努克夫婦握握手，坐下了。他需要喘喘氣。天寒地凍，氣壓低，他患有支氣管炎，總止不住咳嗽。朝腳下痰盂卡出一口濃痰，好過了些，才對西哈努克說：親王，我老了，快要不行了。這兩年，你在中國還過得好吧？有什麼事，你只管和我的總理說，他替我管事。西哈努克雙手捧住毛主席的一隻手，滿臉堆笑，笑得像尊他柬埔寨吳哥窟的彌勒佛，連聲盛讚兄長的中國政府和人民，對他的柬埔寨民族團結政府的關懷、支持、幫助。

等毛主席和西哈努克交談了一小會，周恩來試探着提醒毛主席：主席，陳毅同志的愛人張茜和孩子們在隔壁休息室，其他領導人都去看望過了，親王夫婦也去安慰過了，主席是不是也去關懷一下？還是等一會在靈堂裡一起見見？

毛澤東今天興致好，在兩名護士的攙扶下起了身，移步去隔壁休息室。周恩來已搶先一步進去：張茜啊，主席來看妳和孩子們！張茜和六名子女連忙起立迎領袖。張茜上前捧住偉大領袖的大手，喚了聲「主席呀」，就泣不成聲了。孩子們也都泣不成聲。毛澤東親切地拍拍張茜的手：陳毅走了，我特意來送行，不要太難過。陳毅是個忠臣，好人囉。周恩來在旁一一介紹幾個孩子。毛澤東也一一賜握：這麼多娃子，都長這麼大了，陳毅有福氣啊。張茜哪，我和妳講，不要難過了，陳毅是個好同志。紅衛兵小將不相信這句話，今天我當着妳和孩子的面，再講一次，陳毅是個好同志。當年他去上海黨中央告我的狀，卻帶回來中央支持我的批示信。從那次起，我就認定陳毅正直、忠誠、光明磊落、沒有私心……老幹部中，還有個鄧小平，也是個正派人。他雖然犯了錯誤，但屬於人民內部矛盾。一些犯了錯誤的老同志，老將軍，都屬於人民內部矛盾。只要改正了，可以安排適當的工作。

周恩來囑機要秘書一字不漏地記下這段最高指示，並傳出去，傳到仍在江西南昌郊區勞動改造的鄧小平本人那兒去。周恩來看看時間差不多了，遂請示說：主席，會場都佈置好了，你看什麼時候開會？毛澤東說：你是總理，我聽你的。

隨即，毛澤東步入靈堂。張茜和孩子們緊隨其後，其他黨和國家領導人、軍隊領導人又緊隨其後。陳毅遺像下，大小花圈數百個，大都千篇一律地寫着「陳毅同志千古」、「陳毅同志永垂不朽」。毛澤東看中一幅長輓聯，停下來，唸道：

> 仗劍如雲，作干城，忠心不易，軍聲在淮海，遺愛在江南，萬盡庶銜哀，回望大好河山，永離赤縣；
>
> 揮戈挽日，接樽俎，豪氣猶存，無愧於平生，有功於天下，九泉應含笑，停看重新世界，遍樹紅旗！

毛澤東唸畢，看到落款是張伯駒，轉身對張茜和周恩來說：好！張先生這個輓聯寫得好，有文采氣勢，概括了陳老總一生的爲人和功績。張茜啊，陳毅和張伯駒熟嗎？張茜說：很熟，是詩詞朋友，陳老總愛他博學多才……可是張先生現在的情況很不好，當了反革命分子，連戶口都被註銷，工資也沒有了。毛澤東問爲什麼？張茜說：張老先生前幾年不滿林彪一伙的所作所爲，在家裡塡了首詞抨擊，被人告發，遭到關押審查，剛從牢房裡放出來，一家人生活都沒有著落。毛澤東蹙了蹙眉頭：是嗎？恩來啊，這些事你也要管一下，像張伯駒先生這樣的人還是要用，要給出路，起碼要給人家一口飯吃嘛！周恩來正想着張茜夠義氣，大悲之時不忘替朋友告御狀，忙大聲回道：是！主席，我一定照辦！周恩來爲什麼在靈堂上發出這麼大的聲音？他是有意要讓江青、康生、張春橋、姚文元聽到，讓多數中央負責人聽到，到時候落實老知識分子們的政策，你們不要阻撓。

隨即，領袖、元老、元帥、將軍們各就各位。奏哀樂。由葉劍英主持，向陳毅遺像默哀。周恩來代表中共中央、國務院、中央軍委、中央文革致悼詞，高度讚揚、肯定了陳毅一生功績，是黨和國家的傑出領導人，無產階級的優秀戰士，人民解放軍功標史冊的元帥。陳毅同志的逝世，是黨和國家、軍隊無可挽回的沈痛損失……云云。

周恩來幾度哽咽，全場一片唏噓哭泣。毛澤東則一直在和張茜說著一些安慰的話。這次是毛澤東生平第一次、也是最後一次到八寶山來給老戰友、老同事送行，也就是要用自己的實際行動告訴全黨全軍，他是和老幹部、老將軍們站在一起的。前幾年，黨內大批老幹部、老將軍受到迫害、打擊，都是林彪爲首的反革命陰謀集團犯下的滔天罪行，連毛澤東本人都差點被他們暗殺掉，最能說明問題的本質和眞相。同志們啊，帳，要算到林彪頭上，清除了林彪集團，我們黨和國家割掉了大毒瘤，文化大革命運動，社會主義事業，才能順利、健康地向前發展……

由於出席陳毅追悼會，毛澤東受了風寒，患上感冒，病況更加嚴重了。周恩來指示醫療小組每天二十四小時在游泳池輪流值班，並準備下各種儀器設備，以隨時會診，隨時搶救。

江青每天下午前來探望一次。一月十五日午後，毛澤東斜靠在被褥上，精神好了些，願意聽她匯報黨內外動向。江青讓護理人員退出，溫存地捏住老闆的手，紅着眼睛說：老闆哪，你在病中，許多事情，我都不敢和你講，怕惹你生氣哪。毛澤東閉上眼睛：現在妳有話講，有屁放。江青替毛澤東掖了毛毯：好，我就講講，也是春橋、文元的共同看法。近幾個月，黨內軍內是一種傾向掩蓋著另一種傾向。表現最突出的，就是以葉劍英爲召集人的那個軍委辦公會議……毛澤東睜了睜眼睛問：都有哪些人？名單報我看過，簽字同意，但記不清了。江青扳著指頭數道：葉劍英、謝富治、張春橋、李先念、李德生、紀登魁，汪東興、陳士渠、張才千、劉賢權。毛澤東問：妳又看不上哪個了？不是還有謝富治、張春橋嗎？江青說：謝富治癌症晚期，不管事了。春橋在裡面很孤立，講話沒人聽。其餘清一色總理的人。特別是李先念、陳士渠、張才千幾個，天天往葉帥、徐帥、聶帥家裡跑，也常去看望朱老總，唯老帥的話是從。毛澤東說：李德生、紀登魁、汪東興呢？他們也都聽總理的？江青說：老闆你說的太正確了。這幾個人，骨子裡也都是反對中央文革的。特別是葉劍英和李先念，「二月逆流」的黑幹將，貌似老實，心裡對文化大革命恨之入骨。毛澤東閉上眼睛，長長地嘆口氣，言不由衷地說：我已經講了，不要再提什麼「二月逆流」了，事情都過去了。江青說：可人家不願意和我們過去呀。春橋、文元都認爲，現在有一股暗流，無形中引導着整個形勢向右轉，打着清算林彪陰謀集團的旗號，批判所謂的極左思潮，實際上是要清算文化大革命運動。

原來平仰着的毛澤東，向婆娘側過身子，再又睜開眼睛：我和妳說話，不准傳出去……林彪完蛋，左派大分裂，元氣大傷，把我搞得很慘，幾要一蹶不振。你那天在陳毅追悼會上都看到了，人家是多少人？你們是多少人？你們玩筆桿，人家握重兵。妳說我不依據周恩來、葉劍英他們穩定局勢，渡過關口，還能依靠誰？妳和春橋、文元，加上個王洪文，還有妳那個小老鄉，能頂事？撐得起局面？只怕不出三個月，就垮台。妳不信？反正我信。江青爭辯：我不信！只要高舉老闆的旗幟，有老闆的號令，張春橋就可以挑大樑，我全力扶助，他主持全面工作。毛澤東苦笑笑，搖頭：藍蘋啊，妳的優點，是看問題尖銳，發現苗頭及時，鮮矛鈍甲，立場堅定。妳的缺點，是不能團結人，不能容下人，急功近利，總想一口吃成個大胖子。妳和老帥、老將們關係鬧那麼僵，不行呢！妳要爭取他們的支持……思想上也要有所準備，三中全會是暫時開不成了，妳和春橋、洪文進常委、掛副主席的事，也要推遲了。或許要等我死後，靠你們自己去奮鬥了。

江青急眼了，渾身都顫戰，聲音都發抖：老闆！你都朝下邊吹風了，南方各省市負責人都知道中央會安排我和春橋、洪文進常委，是個新的接班格局，現在又改變主意，叫我們怎麼做人？毛澤東說：到了這一步，許多事情緩一緩。林彪倒台，你們中央文革受到牽連，整個左派陣營元氣大傷，我毛澤東也元氣大傷……江青仍不依不饒：你是主席，是統帥，是導師、舵手，你力挽狂瀾，安排誰接班，誰都不敢放一個屁！儘管劉鄧餘黨、林彪餘黨會咬牙切齒，甚至興風作浪！

毛澤東重又閉上眼睛，忽然臉色發青，呼吸急迫：我、我不要再聽妳這些了，不要再聽……妳還有什麼事沒有？沒有，妳可以走了！江青一看談崩了，老闆下逐客令，只好改口說：好好，我答應，不說這個事，不惹您煩心、招急了。我只再講一句，現在總理安排的那個以葉劍英做召集人的軍委辦公會議，應當摻沙子，補充新鮮血液，增加王洪文、華國鋒幾名新生力量。毛澤東艱難地捉捉手：王洪文、華國鋒可以……妳走，妳走，叫醫生，醫生……

江青見毛澤東一臉痛苦表情，手腳都在痙攣、抽縮，也嚇住了，趕快開門出去，邊走邊叫：醫生！醫生！快去，快去！主席發病了，主席發病了……

醫生、護士們搶進毛澤東臥室時，見偉大領袖躺在床上一動不動。醫生摸了摸脈搏，已經感覺不到跳動！心臟停止跳動了？掐人中！注射強心針！快，要快！還有心臟啓搏器，心臟啓搏器！

專家們一邊搶救，一邊聲聲呼喚：主席！你醒醒！主席，你醒醒！主席，主席，主席……

有年輕護士忍禁不住，掩住嘴跑到室外才哭出聲音來：主席休克了，主席沒有脈息了……

汪東興聞訊趕來，喝住護士的哭叫，到臥室看了一眼搶救，即跑到值班室給西花廳周總理掛電話：總理！快過來，主席怕是不行了，醫療小組正在搶救！

幾分鐘後，周恩來總理的座車來到游泳池門口。周恩來卻呆在汽車後座裡，渾身都發軟，雙腳挪不動，遲遲下不了車。好不容易被服務人員扶出來，發現褲子濕了一大片，總理緊張到小便失禁。

第八十章　給周恩來套上緊箍咒

一九七二年二月二十一日，美國總統尼克森和夫人一行抵達北京。毛澤東興奮不已。尼克森剛下榻釣魚臺國賓館，周恩來便奉命請尼克森去中南海見毛主席。原說會見半小時，毛澤東卻與談兩個鐘頭，「討論哲學問題」。尼克森主張人與人之間、國與國之間，「既要自己活，也讓人家活，我活你也活」，被稱爲尼克森主義。毛澤東則主張「事物總是一分爲二的，階級鬥爭，你死我活，不可調和。當然在國際關係上，我們搞和平共處」。毛澤東舉出中國古代思想家老子「道生一、一生二，二生三，三生萬物」，莊子的「一尺之棰，日取其半，萬世不歇」來說明自己的觀點。尼克森自然是聽得雲山霧罩，不知東西南北。但尼克森還是抓住機會，問了毛澤東一個現實問題：你們的林副主席哪裡去了？現在全世界都在猜謎。毛澤東倒是十分坦率：林彪與我相鬥，鬥我不贏，跑了，摔死了。

此爲中國領導人第一次向外透露林彪事件。

尼克森夫婦遊覽了故宮、頤和園、八達嶺長城。中美雙方的談判小組則日夜加班，以就《中美聯合聲明》文本達成一致意見。難點在於如何對待台灣的中華民國。周恩來對尼克森和季辛吉說：你們不願丟掉老朋友，堅持要求我們只能以和平方式解決台灣問題，不得訴諸武力；我們只能答應，儘量爭取以和平手段解決。因為這是我們同蔣介石先生之間的事，是國共內戰的持續。關於「一個中國」的提法，周恩來相當通融，願意設法使用雙方都能接受的最佳措詞。最後由季辛吉想出妙句：鑒於台灣海峽兩岸都說自己是中國，美方對此一提法不表示異議。

二月二十六日，周恩來陪同尼克森夫婦一行訪問上海和杭州。此時，《中美聯合公報》文稿基本談定。實際上是周恩來代表中方作了相當大的靈活讓步，對雙方最為敏感的台灣問題，採行了在公報中各自表述觀點的方式。

二月二十八日，尼克森夫婦一行結束訪華行程，離上海返美，完成了他的「改變國際格局的破冰之旅」。同日，《中美聯合公報》以中、英文同時發表，其要點有三：一、雙方同意，各國不論社會制度如何，都應根據尊重各國主權和領土完整、不侵犯別國、不干涉別國內政、平等互利、和平共處的原則來處理國與國之間的關係。國際爭端應在此基礎上予以解決，而不是訴諸武力和威脅。美國和中華人民共和國準備在他們的相互關係中實行這些原則；二、中國方面重申自己的立場：台灣問題是阻礙中美兩國關係正常化的關鍵問題……解決台灣問題是中國的內政。美國武裝力量和軍事設施必須從台灣撤走。中國政府堅決反對任何旨在製造「一中一台」、「兩國中國」、「台灣獨立」和鼓吹

「台灣地位未定」的活動；三、美國政府聲明：美方認識到，台灣海峽兩邊的中國人都認為只有一個中國，台灣是中國的一部份，美國對這一立場不提出異議。它重申對於由中國人自己以和平方式解決問題的決心。考慮到這一前景，它確認逐步從台灣撤出武裝力量和軍事設施的最終目標。

應當說，鑒於當時中美各自國內的政治氣候，此公報為雙方相互妥協的結果。當然中共是最大的贏家，亦是周恩來生平最大的一次外交成就。第二天，周恩來率代表團從上海返回北京時，葉劍英、江青、張春橋、李先念、紀登魁、李德生、汪東興等政治局成員們和數千名中小學生，在首都機場舉行盛大的歡迎儀式，打出的橫幅是「熱烈歡迎周總理一行勝利歸來」！「周總理，謝謝您」！隨後，全國所有報刊發表了讚揚周恩來的文章。言下之意，自林彪事件之後，十分虛弱的新中國這片天，是靠了周恩來總理全力支撐着的了。

三月二十四日，政治局委員、公安部長、北京市委第一書記、北京軍區及北京衛戍區第一政委謝富治因癌症不治去世，享年六十三歲。毛澤東、江青折損一員至關重要的親信大將。江青更是痛失了自己在軍中的支柱。公安部第一副部長李震升任部長。北京市委第二書記吳德升任第一書記，北京軍區第二政委紀登魁升任軍區第一政委。權力的天平稍稍中間偏右傾斜。

周恩來因勞累過度，出現便血現象。經醫療小組化驗，便血中有癌細胞存在。周恩來不肯病休，只同意邊工作邊配合治療。某日，住在中南海一〇一號院的江青，因服用過量安眠藥，昏睡了十幾個小時才醒來，懷疑自己遭到醫護人員的「暗害」，便把在京的政治局委員張春橋、姚文元、汪東興、李德生、紀登魁等人找來，大哭大鬧，指保健護士想毒死她，當衆打了那女兵的耳光，並扯下那女兵軍服上的紅領章。一時間大家勸阻不住。醫護人員都躲了出去，人人自危，感到沒法在江青這裡工作下去。汪東興見收不了場，只好把周總理請來處理。周恩來瞭解情況後，對江青的作爲很惱火，批評說：藍蘋啊，我也是個病人了，妳怎麼就不肯寬容一點呢？妳的身份是中央政治局委員，中央文革組長，黨和國家的領導人之一啊，這樣對待一天二十四小時替妳服務的醫生護士、服務員，還動手打人，撕人家的領章，我都替妳難過！眞的，替妳難爲情。她們都不想在妳這裡工作了，我還得替妳去做工作，說服她們留下來。換人？新來的人一切生疏，更難令妳滿意。妳啊，再不要動手打人了，再動手，只好請示主席，讓主席來處理。主席身體狀況妳是知道的，不要去惹他生氣啊……隨後，周恩來出到前院客廳，把醫生、護士、服務人員都找來，和大家一一握手，感謝大家一年四季、每天二十四時輪流值班，辛辛苦苦照料江青同志。你們是替中央工作，替毛主席工作。不要受了點委屈，就甩手不幹了啊。我和你們，都是黨的工作者，勤務員，都要向雷鋒同志學習，把有限的生命投入到無限的爲人民服務之中去。今後，江青同志服用的安眠片，要經醫生處方，幾片就是幾片，沒有服用完的，要按時收回，不要留下，以免過量服用的情況再發生。打人的事，我已經批評過了，母親也有時失手打孩子，不要再提了。我是總理，也老了，病了，你們要答應我，留下來好好工作。我那麼忙，多少大事還管不過來，再不要爲了這種事，一趟趟跑來這院裡啊。

這一次，算是周恩來第一次批評江青，語氣很重。周恩來當上黨的二把手了，身邊已聚集起一批老軍頭、老傢伙，從此不再順從江青、不再顧忌老娘了？江青越想越氣，覺得情況嚴重。她在黨內的殺手鐧是向老闆告狀，往往一告一個准。誰和她作對都沒有好下場。正好毛澤東也對周恩來近來的表現有些看法。比方說：尼克森訪華，中美簽署《聯合公報》，怎麼你周恩來的功勞最大？你周恩來也是救星、舵手了？在首都機場接受盛大歡迎，各大報刊文章讚揚，當之無愧，不再謙恭了？老機會主義的尾巴，再次翹起來？不管誰翹尾巴，都應當敲下去。你們不是說，我們黨的二把手不好當嗎？說對了，一把手就是需要時時提防、敲打着二把手，不然像劉少奇、林彪那樣，爲搶班奪權，不惜把一把手謀害掉的！歷史上楊廣弑父、李世民弑兄之類的教訓，數不勝數呢。

四月底，毛澤東指示，調上海王洪文到中央工作，並和華國鋒一起列席政治局會議。

五月中旬，周恩來被確診患上膀胱癌。毛澤東批准他邊工作邊治療，並提出：林彪集團的罪行材料，已傳達到全體黨員和人民群衆了，中央應舉行一次新的批林整風匯報會議，清理思想，端正路線，放下包袱，繼續革命。會期暫定一個月。會議範圍，包括中央黨政軍各部門主要負責人，各省市自治區黨委一把手，各大軍區司令員、政委，各省級軍區司令員、政委，共計正部（軍）級以上高幹三百人左右。實爲一次林彪事件後全黨高幹重新向毛澤東表忠、效忠的思想整頓。

毛澤東委託周恩來主持會議。開會前夕，毛澤東找周恩來談話，有葉劍英、張春橋、王洪文參加。毛澤東說：過去講朱毛不分家，現在加一句，毛周不分家。主要工作，仍靠恩來操勞。但一些話，不能不講清楚。黨內十次路線鬥爭，十次鬧分裂，第一次陳獨秀，第二次瞿秋白，第三次羅章龍，第四次李立三，第五次王明、博古，第六次張國燾，第七次是高饒，第八次彭德懷，第九次劉少奇，第十次林彪。前五次，恩來你是緊跟了的，還認不認這個帳啊？周恩來見問，登時脊梁骨生寒，忙說：認帳，我認帳。延安整風時我作了近一年的檢查，中央有結論的。所犯錯誤，終生不忘。毛澤東說：那就好，我也無意翻這些舊帳。後五次呢？張國燾、高饒兩次，你算旗幟鮮明，立場堅定。彭德懷、劉少奇、林彪這三次，你內心有過痛苦，徬徨，有過機會主義的苗頭，但最後總算站在我一邊，站在正確路線一邊。恩來，你承不承認這個事實？周恩來腦子裡轟轟響，不知道毛主席爲什麼要揪住自己不放：主席，我覺得，最後這三次，我還是堅決站在主席一邊的。毛澤東笑笑說：不要緊張嘛，我說過毛周不分家啦。五九年彭德懷那次，初期你想和稀泥，大事化小。後來化不小了，你才跟上來的；六六年劉少奇那次，你曾派人到北京大學去調查全國第一張馬列主義的大字報。向大中學校派工作組，你很積極。你也曾經圖保劉少奇、王光美。後來委任你做劉少奇專案審查小組組長，知道保不住了，才又跟上來；這次林彪事件，恩來，我不能不指出，你既有功，也有不足。功是力撐危局，渡過難關。不足之處呢，是你又一次犯下機會主義……。周恩來掏出手絹，擦着額頭上的汗珠子，看葉劍英、張春橋、王洪文三人一眼，辯解說：主席，我承認，機會主義是我的老毛病，但林彪這次，我是堅決的。如主席發現問題，請指出來，我虛心接受，努力改正。

毛澤東見葉、張、王三人均在埋頭筆錄：忽然說：今天的談話，你們不要記錄，更不能外傳。我的意思，是想總理在批林整風匯報會議上爭取主動，帶個好頭。對總理，是同志、戰友方式，批評與自我批評呢。恩來，林彪這次，你沒有一點機會主義？近幾個月，我看了一堆林彪集團的材料，有個事情令我吃驚。就是去年九月十二日傍晚，林立果不是私調了一架專機到山海關機場嗎？那架專機的編號是多少？恩來還記得嗎？周恩來趕忙想了想說：是二五六號，英製三叉戟。毛澤東說：當天晚上，林彪的女兒林立衡三次向中央警衛局密報，說她弟弟弄了架專機，要劫持她父親逃跑。當時你在人民大會堂東廳主持政治局會議，汪東興請你追查這架專機的下落。你拉上吳法憲追查了，確有其事，命令那架飛機返回北京。林彪的親信們耍了花招，謊稱那架專機出了機械故障，飛不動了。你明明知道他們在撒謊，卻沒有採取斷然措施去扣留那架飛機，而是下了一道妙不可言的命令：二五六號飛機若要起飛，須有周恩來、黃永勝、吳法憲、李作鵬四人一起下命令。恩來，是不是這樣的？周恩來頭上又冒汗了：是，情況緊急，是口頭命令。毛澤東問：爲什麼要拉上黃、吳、李三人一起下命令？而不是你這個總理單獨下命令呢？黃、吳、李等人早在一年前就暴露了，被中央勒令檢查了。

周恩來內衣都汗濕了，渾身涼颼颼：主席，我承認，我當時很緊張……那時林彪還是黨的副主席，上了黨章的接班人，我沒有膽量扣壓他的專機。拉上黃、吳、李，因黃仍是總參謀長兼軍委辦事組組長，吳仍是空軍司令兼政委，李仍是海軍司令兼政委，而山海關機場隸屬海軍航空兵管轄。我承認，我是要拉上他們三人一起承擔責任。毛澤東目光罩住周恩來，說：不盡然吧？是不是要替自己留一條後路啊？萬一林彪搞掉了毛澤東怎麼辦？周恩來被針刺了一下似地身子一掟：不，主席，決沒有那個意思。主席委託我主持華北整風會議，主持九十九人整風會議，都是針對林彪集團的。我是旗幟鮮明的。毛澤東問：那你怎麽解釋，你不是親自打電話，而是要李作鵬去打電話給山海關機場，說那架專機須有周、黃、吳、李四人中的一人批准才能放飛？周恩來差點要哭了：那是李作鵬不老實，在重大問題上玩花樣，篡改了命令……主席，我承認，在緊急關頭，忙中出錯，不該拉上黃、吳、李三人下那道口頭命令。我對軍隊事務，過份小心。當時中央並沒有委託我分管軍事，基本上是主席要我管的事才管，所以不敢越權，而被李作鵬這傢伙從背後捅刀子，使我跳進黃河洗不清……

毛澤東燃上一支煙，咳着，吐下一口痰，說：恩來，你我老同事，老朋友，今天不過把一些話挑明了，供你參考嘛，並無追查你的意思。中央出了這麼大的事，我的接班人想殺死我，實現提前接班。還好，我既沒有當齊桓公，也沒有做隋文帝，八十歲了，仍活着，馬克思在天之靈保佑我嘛。你們三位，葉帥，春橋，洪文，都聽清楚了，今天當你們的面談的這些，不爲別的，就爲了請我們總理在這次中央批林整風匯報會上，帶個頭，做個榜樣，以身說法，聯繫黨內十次路線鬥爭，談各人的親身經歷、經驗，也包括教訓。恩來，這可是我對你的重託啊，怎麼樣？周恩來這才緩過氣來，說：我一定遵照主席指示，不負主席重託，到會上去帶個好頭。毛澤東對葉、張、王三人笑笑：你們看到了，我和總理，總是一談就通呢。下面還有件事，也是和總理有關的。前天晚上，許世友來看我。我問許和尙，三十年代初，上海出了個「伍豪脫黨啓事」事件，知道不知道呀？許和尙說不知道，伍豪是誰？我說，你到匯報會上去聽總理解釋吧。恩來，像許世友這樣的高級將領，政治局委員，都不瞭解黨史重大事件呢。所以這件事，也由你到會上去講一講，讓大家清楚你在上海地下黨中央的那段經歷。可以搞錄音，之後製成二十九份錄音帶，分存到各省市自治區黨委的檔案館去，作爲黨史教材。恩來，你同意不同意啊？

毛澤東一招勝過一招。周恩來又像吃上一記悶棍，暈頭暈腦了，嘴上不能不答應：主席，同意，我盡力，盡力去做……。毛澤東又問葉劍英、張春橋、王洪文三位：你們哪？注意啊，今天的談話是不外傳的。總之，是爲了讓總理爭取主動。你們有無高見？每人都講兩句，算表個態？葉劍英替周總理抱屈，感到寒心，嘴裡卻不能不說：主席英明，我相信總理會全力配合的。張春橋說：主席明察秋毫，洞見肺腑，意義深遠。王洪文說：我新到中央工作，是個政治學徒，遵照主席指示，虛心學習，成長進步。談話結束，毛澤東留下張春橋、王洪文吃晚飯，瞭解上海情況。周恩來、葉劍英從游泳池出來，已是向晚時分。但見陰雲四合，天空昏黃。看樣子老天爺又要刮黃沙了。每年的春夏之交，四月底、五月初，北京地區總要颳上幾天幾晚的沙塵暴，直颳的黃塵漫天，飛沙走石，日月無光，男人穿風衣，女人戴頭巾，男女皆戴口罩眼鏡，三、五米外不見人影、樹影。

上車前，葉劍英握住周恩來的手說：又要颳黃沙了，自然界颳，黨內也颳。張眼鏡、三滴水他們可要高興了。想不到林禿子死了不到半年，就又要拿總理開刀！總理，你要頂住。你若倒下，就遂了那些傢伙的願了。老人家還是在抓緊佈署，要把位置傳給三滴水、張眼鏡，再後是王洪文。周恩來神色憔悴：劍公，二把手不好當囉。我已經檢查出膀胱癌，拖不了兩三年了。還是那句話，活著幹，死了算，主席要我檢討就檢討。以後我的檢討書出專集，肯定精彩、暢銷。放心，我暫時不會倒下。還有那麼多老同志、老將軍沒有解放，沒有回到他們的崗位上去，我不會放手的。別的可以不管，軍隊一定要掌握在老帥、老將軍們手裡。對了，鄧小平在江西，有消息沒有？要設法早點讓他回來。他能回來，我肩上擔子能輕一半。葉劍英說：王震已經捎話去了，要鄧給主席寫信，檢討錯誤，要求安排適當的工作。周恩來點頭：那就好。王鬍子出面周旋，合適。主席近來很信任王鬍子。但不要告訴王鬍子他們是我在過問此事。傳出去，阻力就大了，小平同志就可能回不了北京了。

面對來自毛澤東的壓力，迫令檢查，周恩來逆來順受。他早就練就金剛不敗之身。只要毛澤東一息尚存，任何與之對抗都只能招致失敗。劉少奇就是個前車之鑑。周恩來覺得自己眼下的處境，和當年的劉少奇有相似之處。當年劉少奇率領中央一線工作集體千辛萬苦，拯救全國大飢荒，幫助毛澤東渡過難關，可謂功高震主。但毛澤東幾年之後發動文化大革命，把劉少奇打倒整死；現在是周恩來千辛萬苦，處理了林彪集團，幫助毛澤東渡過難關，難道也要落到劉少奇樣的下場？又像又不像；林彪呢，則是武人武法，妄圖以極端手段對待極端之人，也失敗了，全家人折戟沉沙。毛澤東早就把自己塑造成新中國一尊不可冒犯之神，順之則昌，逆之則亡。哪怕被認作小逆，都必敗無疑。當然，今天的周恩來，也不是毛澤東想打倒就能打倒的了。老幹部、老將軍們已把周恩來當做精神支柱，毛澤東不能不有所顧忌。周恩來也有自己的底線，他可以繼續對毛澤東言聽計從，恭敬溫順，同時也要不動聲色地利用各種因素，阻止江青進常委會、當副主席。絕不能讓這個女人接她老公的班。此事他是鐵了心的。江青接班，中國就又出一個武則天。王洪文頂多算唐高宗，兼面首。江青不會甘做慈禧太后垂簾聽政，她要的是武曌式臨朝稱制，全黨臣服，全軍臣服。

依照毛澤東的意願，周恩來先寫出一份檢查提綱——《對我們黨在新民主主義革命階段六次路線鬥爭的個人認識》，呈交毛澤東審閱。毛澤東閱後批示：可以。接下來，周恩來寫出檢查提綱的二稿，分送政治局成員徵求意見。多數政治局成員都不能理解，周總理爲黨爲國日夜辛勞，好端端的怎麼又要翻出些歷史舊帳來清算？不用說，只有偉大領袖能迫令他這樣做。

六月十日至十二日，周恩來用三個晚上的時間，在中央批林整風匯報會上，向近四百名省軍級以上高幹依次講述了大革命時期的陳獨秀右傾投降主義，土地革命時期的瞿秋白盲動主義、李立三冒險主義、羅章龍右傾分裂主義、王明左傾教條主義和張國燾叛黨分裂主義，以及抗戰時期的王明右傾投降主義的歷史過程。周恩來承認，在這六次事關黨和軍隊的生死存亡的路線鬥爭中，除了張國燾那次，他都犯了嚴重的機會主義，跟着跑了的。有人罵他是老牌機會主義分子，沒有罵錯，因爲是歷史事實。特別在談到王明的「左」、右傾錯誤時，他更是聲淚俱下：一九三二年底我從上海地下黨中央轉到江西蘇區不久，就以中央常委兼軍委書記的身份，參加了對毛澤東同志的打擊、排擠，把毛澤東同志比作水泊梁山上的王倫，撤了毛澤東同志的紅一方面軍總政委、前委書記職務，迫使毛主席離開紅軍，而由我擔任紅一方面軍的總政委兼前委書記。是我奪了毛主席的兵權。這次的奪權，雖是遵照當時的黨中央的決定所爲，但個人有着不可推卸的責任。這也是我周恩來所犯下的歷史罪行。同志們哪，這是我的歷史罪行哪！每想及此，我就痛不欲生。同志們，我對不起黨，對不起毛主席……我要再次地、永遠永遠地向黨認錯，向毛主席認罪……

坐在台下第一排的江青遞給張春橋一張紙條：此人表演出色，演技一流，老闆很吃他這一套。我們要痛打落水狗……張春橋看後會心一笑，小心地將字條疊起，放進制服口袋裡去。

台上，周恩來泣不成聲。參加會議的陳雲實在聽不下去了，大多數人都聽不下去了。周總理怎麼可以把自己檢討得一無是處，像個罪犯？陳雲忽然站起來，對大家說：這裡我要插兩句話。一九四二年至一九四四年延安整風時，我是中央組織部長。周恩來同志在江西蘇區的事，整風運動中交代得很清楚，是乾淨徹底的，毛主席當時很滿意，中央也作了正式結論。結論的大意是，周恩來同志是在執行中央的指示時犯下這樣那樣的錯誤，有特定的歷史環境。總的說來，周恩來同志在長期的革命鬥爭中，是忠於黨，忠於革命事業的，是位久經考驗的領導者。

陳雲的插話一落音，全場響起掌聲。老幹部、老將軍們特別激動。台上，周恩來止住哭泣，兩眼仍是紅紅的：謝謝陳雲同志，謝謝同志們。當然，在這個莊嚴的場合，我也要說，恩來入黨五十年，從沒有離開過黨的隊伍，離開過毛主席路線的教育。經過長期複雜的黨內外、國內外階級鬥爭和革命戰爭的考驗，恩來還在爲黨工作，繼續革命。我今年七十四歲，已經老了，但在毛主席思想的光輝照耀下，也還有些革命的朝氣。這幾年，我常說要做到老，學到老，改造到老。實行起來卻不容易。魯迅說「橫眉冷對千夫指，俯首甘爲孺子牛」，毛主席教導「宜將剩勇追窮寇，不可沽名學霸王」，都是千眞萬確的眞理。所以，今天我在檢查了自己的問題之後，也要求那些凡是在林彪反黨集團的陰謀活動中沾了邊，甚至陷得深的同志，不應該再有任何的疑慮，趕快洗手洗澡，把自己的問題交待清楚，越徹底、越迅速、越好。我周恩來今天的檢討，算給大家帶個頭，表個態，我們全黨全軍，特別是高級幹部，要重新站隊，重新宣誓，堅決站到毛主席一邊來，站到主席的思想、路線一邊來，忠於黨中央，忠於毛主席，忠於無產階級文化大革命。

周恩來的檢查，十分動情，感人至深，贏得全場熱烈的掌聲。

當天晚上，毛澤東聽了江青、張春橋、王洪文、姚文元的匯報，說：恩來這人的長處，是每敲他一下，就趕快做檢查，次次聲淚俱下，給全黨高幹做出表率。他還有個《伍豪脫黨啓事》，沒有在會上檢查到吧？這件案子不要漏掉了。他應當有個詳細的說明，做好錄音，複製好，存放到各個省區的黨委檔案館去，作爲歷史材料。春橋，政治局會議上，你傳達我的意見，此事由政治局做個決定。

第二天，張春橋在政治局會議上傳達了毛主席最新指示。政治局遵照毛的指示作出決議：周恩來同志一九三〇年至一九三二年在上海黨中央工作期間，所發生的《伍豪脫黨啓事》一事的解釋說明之錄音，包括文字整理材料，製成二十九份，分存到全國二十九個省市自治區黨委檔案館去，作爲黨史資料永久保存。

會後，江青掩飾不住內心的竊喜，對張春橋、王洪文、姚文元說：還是我老闆厲害吧？老闆是如來佛，給姓周的箍上個政治緊箍咒，再脫不掉了。張春橋說：那個《伍豪脫黨啓事》，只怕從此越抹越黑，越說不清楚了。姚文元說：這回周總理要黔驢技窮，無以招架。王洪文則輕輕呼叫：毛主席萬歲，毛主席萬萬歲！四人齊聲哈哈大笑，感到神來之筆，妙不可言。

六月二十三日，在中央批林整風匯報會最後一天的全體會議上，周恩來作了《關於國民黨造謠汙衊地登載所謂〈伍豪啓事〉的眞相》的長篇發言，對發生在四十年前的那段歷史作了詳細的回顧。其中特別提到，「伍豪」是他在地下黨工作時的化名。上海的幾家敵僞報紙登出這則所謂的《脫黨啓事》時，他已經到了江西中央蘇區。他當時就把此事報告了中央蘇區局，包括當時的紅一方面軍總政委毛澤東同志。毛主席那時就說了，這是敵人的汙衊，你人都到了蘇區，怎麼可能脫黨呢？有人要問，毛主席這話有文字記錄嗎？我說沒有，是憑我的記憶，口頭說的。到了一九六七年五月十九日，我的母校天津南開中學紅衛兵小將在舊敵僞報紙上翻到這則《啓事》時，以爲發現了「大叛徒集團」，報告給中央文革小組。我第二天獲知此事，立即給毛主席寫了信予以澄清。毛主席批示由中央文革存檔。一九六八年一月十八日，毛主席再次批示：此事已經查明是國民黨特務造謠誣陷。本次會議上，陳雲同志也在分組討論會上作了旁證發言，登了會議《簡報》。這裡我唸一下，陳雲同志是這樣說的：我當時在上海臨時中央工作，知道這件事情的是康生同志和我。對這樣歷史上的重要問題，共產黨員要負責任，需要向全黨、全世界共產主義運動採取負責任的態度，講清楚。這件事完全是國民黨的陰謀……。同日，陳雲同志又寫了書面材料，說：我再次以證人身分書面說明，這件事我完全記得，這是國民黨的陰謀。……同志們，這就是整個事件的經過。下面，我宣布：根據毛主席的指示和中央政治局的決定，把我今天的這次講話錄音，錄音文字記錄稿以及有關的文獻資料存入中央檔案，以備今後查詢，同時復製出二十九份，分發給各省市自治區黨委存檔備查。

批林整風匯報會結束後，老帥、老將軍們私下裡紛紛替周恩來總理抱不平：喪心病狂整總理，不要天良，糾纏陳年舊帳！虧他們想得到，做得絕！康生為什麼一聲不吭，不肯出來作證？你不要提那個康生了！正是這個狗日的說事情有疑點，說總理在一九三二年夏秋間有兩個多月去向不明，毛主席他們才抓住這件事不放……

一天，葉劍英來向周恩來匯報工作，忽然在自己手心上寫下一個「拖」字。周恩來一看就明白，就苦笑：也只好這樣了，我不簽字，他們就做不成複製，存不了檔案。

第八十一章　「紅都女皇」事件

黨的第十次全國代表大會的籌備工作緊鑼密鼓地進行。在毛澤東口授的新一屆中央常委、副主席名單中，果眞實行老中青三結合：老的是毛澤東、周恩來、康生、葉劍英，中的是張春橋、江青、李德生，青的則是王洪文。如無突發變故，張、江、王三人接班即成定局。三人佔盡年齡優勢：江青五十六歲，張春橋五十四歲，王洪文四十歲。

就在這微妙時刻，外交部的從屬單位中國人民對外友好協會，迎來一位不速之客：美國紐約州賓翰頓大學歷史系副教授、女作家維特克訪問北京，提出拜會毛夫人江青。爲了表示美中友好，周恩來同意由江青出面接見一次，並宴請。於是，穿了多年軍裝的江青，罕見地著一身薄毛料西式連衣裙，風韻十足、姿態優雅地在人民大會堂山東廳接見美國朋友。維特克小姐對紅色中國的第一夫人傾慕已久。江青則見對方年輕漂亮，又是個女作家，也就大生好感。兩個女人一見如故。雖然交談要通過翻譯,但兩人談得親切、熱烈,相見恨晚似的。維特克抓住機會,坦率提出:欲用英文替江青同志寫本傳記,在美國出版,以宣傳新中國第一夫人及新中國的婦女解放運動。

江青興奮了。她深知作爲一個領導人在國際上打開知名度的重要性。當年在延安,老闆不就是在窰洞裡接受了美國記者斯諾的採訪,後來出版英文的《毛澤東自述》加一本《西行漫記》,使得國際社會知道中國有位了不起的革命英雄毛澤東?斯諾從此成爲老闆的老朋友,在中美關係凍結的二十二年裡,年年都來中國做客呢。有老闆的這個先例,江青同意了維特克小姐的請求。雙方可說是一拍即合。鑒於北京人多眼雜嘴也雜,江青說她要去廣州休養,維特克小姐可以到廣州去對她做採訪。

江青同志大熱天的要去廣州休息,知會中央辦公廳安排專列火車。汪東興報告給周總理。周恩來說,那就給安排吧,是不是仍住小島賓館啊?那裡樹多鳥多,怕不怕吵了她睡覺?汪東興說,那有什麼法子?只好替她人工趕鳥了。問題是她還要繼續和那位美國女作家談話,接受採訪,聽講要寫書呢。周恩來淡淡地說:我們要尊重江青同志,儘量替她安排就是了。不過可以提醒一句,我們的政治局委員,四九年以來還沒有人單獨接受外國作家採訪的先例。汪東興問:要不要報告主席,由主席出面阻止?周恩來深看汪東興一眼:主席是個有病的老人,最好不要用這些事去惹他煩心了。汪東興會意。江青這個女人,平日專橫跋扈慣了,除了主席,她誰都不放在眼裡。她要幹什麼事,也除了主席,誰都勸不住的。你要好心勸阻她,她會恨死你,變著法子報復你。有次聽到周總理嘆氣:更年期,你要遇上更年期的女同志,能怎麼辦?又不能規定,更年期的女同志不適宜當領導人。

江青於八月中旬入住廣州市東山湖省委第一招待所——小島賓館。此賓館爲陶鑄主政廣東省和中南局期間所營建，四面環水，由兩座石拱橋與岸上相接。島上遍植玉蘭、木棉，花開四季，綠樹濃蔭。幾十座西式別墅錯落其間。文化大革命之前，毛澤東、劉少奇曾多次在這裡召開中央工作會議。年年春節，則有許多元老從北京來這裡避寒。江青每次到廣州，都入住小島一號院。一號院面湖，四圍鳥語花香。爲了安全警衛，每逢江青入住，小島北半部的十幾座小樓就儘行關閉，只住江青同志及其陪同人員了。那時的賓館花木工、清潔女工，都習慣穿塑料拖鞋或木拖鞋上班修剪花木，清掃落花落葉。江青睡眠不好，討厭鳥叫，更不能容忍工人的拖鞋沓雜聲和竹枝掃帚的掃地聲。因之除了每天安排專人替她趕鳥（不得發出大的吆喝聲），還規定花木工人哪怕是深秋時節也打赤腳上班，也不准使用竹枝掃帚，而命清潔女工打了赤腳爬在地上用手撿拾落花落葉。工人階級學雷鋒，全心全意爲黨及領導人服務，一直任勞任怨。誰有怨言，誰就會被調走，直至丟掉飯碗。誰叫江青同志是偉大領袖毛主席夫人呀，工人階級不伺候她伺候誰呀。

在小島賓館一號院，江青先後五次接受維特克小姐的長時間錄音採訪。由外交部派出的兩名女譯員擔任口譯。江青遠離北京，在廣州小島享受到充分的「思想解放，言論自由」。她從自己出生在山東諸城一個窮木匠家庭講起，自己從小如何喜歡讀書、演戲，如何追求個性解放；十五歲時如何考上青島戲劇專科學校，開始演話劇並參加共產黨的地下活動；十七歲時第一次結婚，是和一個名叫黃敬的人做名義上的夫妻，浪漫得很；十八歲如何隻身赴上海闖天下，結交當時上海文藝界名人史東山、田漢、夏衍、周揚、廖沫沙、趙丹、鄭君里、唐納、章泯等等。她一個山東姑娘，如何成爲上海演藝界的明星、紅人；如何先後與四個男人同居。那時她是一名女權主義者。她藐視男權主義，追求性解放。男人有什麼了不起？不就多了一根肉棍，幾條精蟲？沒有女人的卵子，你男人的精蟲有什麼用？（維特克大呼精彩，精彩，太好了，太妙了）世界上哪一個男人，不是女人的子宮所孕育，又從女人的陰戶蹭出到這個大千世界上來的？對不起，我的兩個女翻譯臉紅了，她們還沒有結過婚呢。在這個世界上，卻老是叫男人們說了算，叫男人們統治着，很不公平！所以遠古時代，中國外國，都經歷過一個時期的母系社會，由女人當家作主。話說回來，在上海除了演話劇，拍電影，還參加地下黨，到紗廠去教夜校，教女工們學文化，反對資本家剝削。一九三三年曾被捕入獄。在獄中，我堅強不屈，沒有出賣過組織，出賣過同志。半年後經地下黨組織營救出獄。一九三七年抗戰爆發，我實在忍受不了國民黨統治下的上海的黑暗腐敗，更容忍不了革命陣營內部的宗派主義、享樂主義，而遠走西北，投奔延安。延安當時的那個窮啊，苦啊，土啊，眞是沒法形容。人都不講衛生，不洗澡，身上長蝨子，床上生臭蟲。但爲了革命，爲了共產主義理想，我都忍受下了。加上不久又認識了我們毛主席。毛主席對我一見鍾情，第一次到毛主席窰洞裡去討教革命問題，就被留宿，睡覺了。毛主席那時是個單身漢，他愛人到莫斯科治病去了，不回來了。毛主席那時才四十幾歲，正當盛年。我那時才二十二歲，花朵一般年紀。兩人的性慾都很強烈。你們西方人的著作裡，不是對性很感興趣嗎？描寫也很大膽嗎？可以告訴你，我們東方人在性方面比較含蓄，矛盾，不讓講，只讓幹。你問毛的性能力？可以告訴你，他是偉人偉物，在我所經歷的男人中，他是最強壯的。什麼叫陽具？就是陰莖呀。對對，英文叫做「屁榧特」。我完全被他所征服……對不起，我的兩名翻譯同志不好意思了，她們沒有男女性事的經驗……你問中國人搞不搞口交？我們叫吹簫，文謅謅的名字，就是口淫呀，女人伺候男人。我們中國古代有個女皇帝，名叫武則天，她就叫一百多個男人輪流伺候她。那種男人你們叫「午夜牛郎」，我們叫做「面首」。武則天是中國女性第一人，女性的英雄，我很爲她自豪。對不起，我不能再講這個問題了。維特克小姐，還是應當和你談中國革命，中國婦女問題，特別是通過我和毛的關係來談……你不知道啊，當時在延安，多少人反對毛和我結合啊，都是些大人物呀，包括彭德懷，賀龍，朱德、項英、王稼祥，張聞天等等，等等。差點就被他們棒打鴦鴛了。當時擁護毛和我結合的，只有兩個人，一個是康生，一個是周恩來。毛是偉人超人，他要幹的事，誰都擋不住。不管多少人反對，他都會堅持住，最後證明他是正確的。那以後，我就留在毛身邊工作，當秘書，做他的助手。毛的許多重要文章，我都參加起草。毛發往各個根據地的電報命令，許多也是由我執筆寫出。我在中國革命中起的作用，一直沒有對人講過。毛也不讓我對外講。要講我對革命的貢獻，最重要的有三個方面。第一，一九四六年至一九四八年，我隨毛和中央前委，轉戰西北、華北。當時我是留在中央前委的唯一的女同志。那時蔣介石有八百萬大軍，我們只有一百來萬解放軍，加上一些民兵、游擊隊。我隨毛轉戰西北、華北的那個艱苦、危險啊，隨時都可能犧牲的！我的正式職務是做毛的軍事參謀。我掌握着所有解放軍部隊的番號，東北、華北、西北、中原、華東、華南等地部隊的番號，很要害的！

毛對我最放心。所以，我是協助毛指揮了解放全中國的大反攻、大進軍的。那時，周恩來也在毛身邊工作，他承認我的這個資歷和功績。一九五五年，我們解放軍頒發軍銜，頒了十名元帥，十名大將，五十七名上將，一百多名中將，一千多名少將。我丈夫毛很謙虛，沒有接受大元帥軍銜，我也沒有接受軍銜。眞正的領袖，是不需要軍銜的。你們美國的總統，除了那個艾森豪威爾，不也都沒有軍銜嗎？我對中國革命的第二個貢獻，就是領導了中國文藝革命，特別是京劇革命。在我親自指導下，已經創作出了八個樣板戲，還有革命芭蕾舞劇，革命音樂交響詩，也在排練之中。這是有劃時代意義的事業。我因此被稱爲「文藝革命旗手」；我對中國革命的第三個重要貢獻，是參加發動、領導了這次偉大的無產階級文化大革命，我丈夫是統帥，我是旗手。我擔任中央文革組長，實際上領導着這場運動。當然，我是毛的助手，周恩來、張春橋也都是毛的助手。在毛的領導下，我們共同努力，發動廣大人民群衆，調動我們的解放軍，剷除了暗藏在黨內的兩條反動路線，一條是劉少奇的反革命修正主義路線，另一條是林彪政變集團的反革命復辟路線……

江青口若懸河，分五次，替維特克做下幾十個小時的錄音。在這過程中，工作人員曾把情況密報給中央辦公廳主任汪東興，相信汪東興也報告了周恩來。但誰也不敢出面制止毛夫人。美國女作家維特克離開廣州返美時帶走了幾十盒江青談話的錄音帶，其中涉及黨內軍內大量機密。江青只熱切盼望維特克對她的採訪，像當年斯諾在延安訪問毛澤東後寫成《西行漫記》一書那樣，給她帶來廣泛的國際聲譽和影響。

在這期間，中央政治保衛系統則在悄悄進行着另一件事，仍由公安部部長李震任專案組長，重新調查一九七〇年十二月昆明軍區司令員兼政委譚甫仁遇刺身亡案件，以確定譚甫仁是否林彪集團死黨。江青回到北京，即從她小老鄉那兒得知此一重要信息。她明白重新調查譚甫仁遇刺案是衝着誰來的，妄圖打亂主席的人事佈局，阻止她進中央常委，當副主席嘛！對不起，她只能先發制人，讓公安部長李震永遠閉嘴。而且也是給攔路者一個嚴厲警告，想堵老娘的路？先摸摸自己的腦袋是否還長在頸項上吧。此事，只能由小老鄉去完成。小老鄉爲了保自己的狗命，不幹也得幹了。江青把小老鄉召到一〇一號戶外水榭裡談話。小老鄉聽娘娘又讓自己去幹這種勾當，嚇傻了。娘娘曉以厲害：李震的背後是周總理和葉帥，這次若被他查出眞凶，老娘不會有事，你就沒命了，明白嗎？告訴你，老闆對李震這個公安部長也大不放心。幹掉了，我可以在老闆面前保你無事，或着你就是新的公安部長。具體的，你自己去設計吧。小老鄉別無選擇，也提了個要求：辦完事，允許他離開北京，仍回南京軍區或到山東省軍區工作。娘娘依依地說：想離開啊？也好，等老闆百年之後，你再回來陪我。

不久，堂堂中華人民共和國公安部部長李震中將，被人掐死在公安部大院通往人民大會堂的地下通道上。作案者顯然是一名武林高手，沒有留下任何可供破案的蛛絲馬跡。案子震動中央領導層。中南海內人心惶惶，人人自危。汪東興、李德生、華國鋒三人奉命加強對中央領導人的安全警衛。毛澤東任命華國鋒爲公安部部長，並負責李震遇害專案。周恩來、葉劍英心理有數，誰能在中央保衛系統內部幹下這類事？葉劍英私下問過周恩來：要不要報請主席，把那個小老鄉看管起來？周恩來沉吟再三，說：不用主席下令了，大約也不用我們操心，那個小老鄉就有結果了。既是滅口，人家會滅個乾淨徹底。公安部長已經換成華國鋒，主席可以放心了。以後倒是要注意你、我自身的安全。聽總理這麼一說，葉劍英頓時明白過來，說：那就等等吧。以這種方式更換公安部長，叫人寒心。果然不出周恩來所料，幾個月後，江青的那名小老鄉出差途中死於急病不治，算因公殉職了。對早些時候李震的死，新任公安部長華國鋒負責查了幾個月沒能查出結果，經中央批准，以「自殺身亡」做了結論。至於那個更早的譚甫仁遇刺案，再無人去追查了。死了死了，死了就好。

轉眼到了一九七三年春夏之交。黨的「十大」籌備工作進展順利。毛澤東指定由周恩來作大會《政治報告》，王洪文作《關於修改黨章的報告》。四十歲的王洪文即將成爲黨的第三代接班人。第二代接班人則有江青、張春橋、李德生、華國鋒等人。一天，香港地下工委秘密信使給周恩來總理送上一封打着火漆的印刷品。周恩來親手打開一看，原來是香港某右派出版社最近根據美國女作家維特克新著譯出的《紅都女皇》一書。周恩來翻了翻，裡邊有江青同志的十幾幀玉照，眉頭一揚，笑了。立即放下手邊的工作，驅車前往西郊新六所，去拜會住在那裡的朱德總司令。朱老總草草流覽《紅都女皇》的內容，臉都漲紅了：他媽的！太不像話，丟人丟到外國去了！三滴水想出大名，這下子真的臭名遠揚，名滿天下！恩來，你想我幫個什麼忙？周恩來說：爲了黨和國家，爲了老幹部、老將軍們，我想請總司令出面，把這本書交給主席，一切聽憑主席處理。朱德說：好！我樂意去辦這件事。當了幾年黑司令，發配到廣東肇慶，連廣州都不准去，早就想出他娘的一口惡氣了。主席若問這書是從哪裡來的呢?周恩來說：千萬不要透出是我交給你的。香港地下工委的老下屬送給你做黨史參考資料的嘛!朱德說：好好好，我賦閒多年，沒有管過閒事，這個「黨史資料」，倒要管管它娘的了。

隨後，朱德問起公安部長李震的死和三滴水那個小老鄉的死。周恩來說：很黑，很複雜。李震同志死的不明不白。鄧小平快要回來了，有人不願看到鄧的二野老下級當公安部長?也許只是原因之一。直接的原因是我不該要他去重新調查譚甫仁遇刺案。此事不敢猜測下去了。至於那個小老鄉，自然是與他關係最親密的人幹的，早就該死了。朱德問：主席知道這些嗎?是什麼態度?周恩來說：要求中央負責人注意各自的安全。總司令，你也要注意自己的安全啊。朱德說：我的安全由康克清負責，活了八、九十歲，是個無用之人，也不會有人對我這條老命有興趣了。恩來，現在你是黨的二把手，我們黨的第二把交椅不好坐囉。至少在三滴水、張眼鏡他們眼裡，你是攔路虎，障礙物。周恩來說：一塊橫在路上的大石頭囉，總司令，彼此保重，彼此保重。

當天下午，朱德老人來到中南海游泳池，拄杖拜望毛澤東。毛澤東見到老搭檔，也很高興，親自到門口迎着，拉着手進書房坐下。毛澤東抱怨：玉階兄哪，聽講你不肯搬回來，住那樣遠，見面不方便哪。朱德笑嗬嗬，越發老的像尊彌勒佛；潤芝兄，我痴長你七歲，不管事了，也清閒慣了，住在西郊，空氣清新哪。毛澤東說：玉階兄，我一直堅持朱毛不分家，總司令是紅司令，不是黑司令。新一屆黨中央，你還是要進常委會，全國人大也還是請你當委員長，哪怕是掛個名。朱德說：多謝囉，八十六、七了，老朽了，晚上九點就上床，不要掛名了，讓年輕人上，再不讓他們接班，就青黃不接了。毛澤東說：我也老了，身體比你還要差些。是叫林彪那個東西把我整慘了。一輩子的事業，壞在他手裡。尤其是文化大革命，敗在他手上。玉階兄哪，從五十年代起，我就考慮接班人的問題，也安排過兩屆接班人，一個劉，一個林。到頭來都反我，害我，最後都失敗，死掉了。我也失敗了。這個話，我只和玉階兄說。接班人的事，我還要試一次。政治局正在醞釀，準備到「十大」上定下來。名單你也知道了，老中青三結合。

兩位老戰友，談的頗投機。毛澤東留總司令吃晚飯。朱德發現餐桌上已經沒有紅燒肉、紅辣椒、臭豆腐之類，以魚鮮蔬菜爲主。毛的飲食也淸淡了，飯量也小了。老人差點忘記此行的正事。臨走時，笑嗬嗬拿出那本《紅都女皇》，供潤芝兄做個參考。毛澤東一看書名和封面上的江青玉照，登時眼裡長了刺似的：哪來的？寫江青的？朱德說：我也是剛收到，一個在香港地下工委工作的老下級秘密帶給我的。我只是隨便翻了翻，連康克淸都沒讓知道。我的意思，潤芝兄讀一讀，如有必要，設法到香港去買斷中文版權，對藍蘋也是個保護。

朱總司令走後，毛澤東翻閱了《紅都女皇》，勃然大怒，把書摔到地下，大罵：狗屎！狗婆！豬狗不如！老子怎麼有這麼個老婆？在國內給我丟人丟不夠，還要丟到外國去！丟到滿世界去！……偉大領袖發怒咆哮，把値班的醫護人員都嚇壞了，連忙進來勸主席息怒，保重身體。主席身體剛好了些，不能生氣、動怒啊。毛澤東被好說歹說，扶到床上靠下。毛澤東見有護士要撿起地下那本書，喝斥道：不准撿！踩幾腳！對，你們每個人都替我去踩幾腳！爲什麼不動？去！每個人都踩幾腳！

毛主席的話是最高指示，醫護人員豈敢不從？於是輪番着上去，在那《紅都女皇》上面踩幾腳，以幫助偉大領袖洩憤、解恨。有的醫護人員眼尖，見那封面上印著江青同志的照片……天啊，日後要叫江青同志知道了，用腳踩她的頭像，終歸要被算帳，絕無好下場……毛澤東於盛怒中，彷彿看到了醫生護士們的惶恐表情，便說：你們怕什麼？我叫你們踩的，踩得好！紅衛兵小將不是講，打翻在地，踏上一萬隻腳，叫他永世不得翻身？你們要敢於造她的反，不管她是不是我老婆！去，通知汪東興和周總理，馬上到我這裡來。

不一會，周恩來、汪東興趕到。毛澤東已經平靜些了。汪東興見一本書丟在地下，已經踩得很髒了，欲躬下身子撿起，被毛澤東喝住：不准撿。汪主任，你和醫生、護士去開個會，今天的事不准外傳。我和總理說話。

汪東興等人退出後，周恩來仍摸不清情況似地望望地下那本書。毛澤東問：恩來，你知道這本書嗎？周恩來認真地朝地下望一眼：《紅都女皇》？寫江青的？毛澤東說：朱總司令下午來看我，留下的……這個女人，我算把她看透了，她爛透了。背著我，接受那個什麼女作家採訪，洩露大量黨和軍隊的機密不說，連我在延安怎麼操她，我的陽具有多長多大，都對人家講了，寫到書裡去了！恩來，你是總理，管外事的，她接受美國作家的採訪，你不知道嗎？爲什麼不報告我？周恩來顯得誠惶誠恐：主席，讓我想想……是有這回事。去年七月，美國紐約一所大學歷史系的女教授來京訪問，提出見江青同志。外交部請示我。我說美國朋友想見，可以見一次，表示中美友好嘛。她們見面談了些什麼，我不知道。實在太忙了，許多事都管不過來。後來，江青又說要到廣州休息，還要和那美國朋友見面。我說那就再見她一次，禮節性的，不要超過半小時。至於江青同志到了廣州，是否接受了人家的採訪，有多少次，我就不知道了。主席，江青同志是政治局委員，中央文革組長，身份特殊，她的許多事情，我是不便過問，工作人員也不敢匯報的。毛澤東勃然作色，茶几一拍：胡說八道！江青是不是共產黨員？她有什麼特殊身份？掛名我老婆，名義上的！我二十多年沒有操過她了，早就同她分房而居！你，你們連她犯錯、犯罪，都不敢管？也不敢報告我？因爲她是我老婆，要顧及我的顏面，而姑息、放縱？恩來，是你們的失職，特別是你這個總理的失職！周恩來掏出手絹擦擦額頭上的細汗珠子，檢討說：主席，我認錯，承認有失職，對江青同志有所姑息，但她還是有她的長處啊，文化大革命立下大功，還有領導文藝革命，是旗手。毛澤東惱怒地手一揮：我不要聽你講這個：你明明是既討嫌她，又懼怕她！爲什麼要怕我的老婆？周恩來說：主席不要生氣，身體剛好了點，生不得氣的。我們有錯，我帶頭檢查，包括書面檢查。毛澤東說：不要廢話！恩來，你去召開政治局會議，傳達我下面的話：把江青趕出政治局，分道揚鑣，今後再不要看到這個女人！一刀兩斷，永不見面！

周恩來心裡一愣，面有難色，請示說：主席，你氣頭上的話，我不能在政治局會議上去傳達……江青同志肩上的擔子很重，中央文革組長，分管中央四大家之一哪。還是請主席不生氣了，再作指示，我一定負責到政治局會議上去傳達。毛澤東不認周恩來的激將法，而說：恩來，不是我說你，你這個人就是替自己考慮太多，事事留後路，難怪人家講你是個不倒翁……對不起，我毛澤東幾十年離不開你這個不倒翁。還是那句話，朱毛不分家，毛周也不分家囉。你怕口說無憑？來，拿張紙來，我寫下，算立下字據，你好到會上去傳達。怎麼不動？拿過紙筆來！周恩來見毛主席態度決絕，只得遞上紙筆。毛澤東的手有些哆嗦，以紅鉛筆寫下：江青趕出政治局，分道揚鑣，永不見面！

周恩來接過毛澤東的手諭，小心地問：主席，地下那本書都寫了些什麼？我可不可以帶回去看看？毛澤東揮揮手：不要看了，誰都不要看了，一堆臭狗屎，不堪入目。恩來，總司令倒是提醒我一件事，是否通過港澳地下工委設法讓一名工商界愛國人士出面，找到那家右派出版社，把中文版權買斷，以免它再流毒市面。周恩來點頭：這個可以儘快去辦，花一筆錢，包括已印好尚未賣出的，通通買下，銷毀。但那個英文原著版權怎麼辦？毛澤東不耐煩地說：算了，那些資產階級分子，你能出多大的價錢？講不定人家還有中央情報局的背景。到洋人世界去出醜，就出去吧！這個女人，還想當武曌，做夢了。一個劉少奇，一個林彪，一個江青，這三個人對我的傷害最大。周恩來說：主席，你今天是氣壞了，說氣話呢。劉林和江青，性質不同的。再怎麼講，江青的錯誤屬人民內部矛盾，還是要堅持主席的兩全一貫方針，看她的全部歷史，全部工作，加上她的一貫表現。

毛澤東嘆口氣，說：恩來啊，你這個人好和稀泥，也是幾十年不改囉。這次，我是不會原諒藍蘋這個女人了……好，我們不講這個了。你的身體怎樣啊？聽講尿血，驗出了癌細胞？那你的病比我的更麻煩囉。周恩來說：謝謝主席關心，專家小組已確診爲膀胱癌，算是早期，可以手術割除。毛澤東說：你相信西醫動刀子，我相信中醫保守療法。周恩來說：我正要向中央告假，去玉泉山兩星期，接受治療，請主席批准。毛澤東問：工作怎樣安排？周恩來說：提議由葉帥代替我主持政治局會議，張春橋、江青仍負責組織、宣傳，葉帥、李德生負責軍事，李先念、紀登魁、華國鋒負責國務院事務。毛澤東說：可以，只是把江青拿掉，換成王洪文。王洪文也可以協助葉帥工作。對了，聽說鄧小平從江西回來了，你們打算怎樣安排他？

周恩來掂了掂份量，說：我徵求過紀登魁、汪東興的意見，紀、汪希望主席先給個指示。毛澤東說：鄧小平這個人是有水平的，作風正派，不搞陰謀詭計。這是他和劉少奇、林彪的根本區別。他至少有四點功績：在江西蘇區他是「毛派」頭子，因爲跟我走，受影響挨過整的；他歷史沒有問題；他協助劉伯承指揮部隊打仗，立有戰功；五、六〇年代派他和蘇修打交道，沒有屈服於蘇聯的壓力。有此四點，他基本上是個好人。他給我寫過兩次信，表示牢記文化大革命的教育、挽救，保證「永不翻案」。我相信他這個「永不翻案」。對文化大革命有這個態度的人，恐怕不是很多。中央可以發個文件，附上他的「永不翻案」的信，替他恢復工作做準備。紀、汪提議給他安排個什麼工作？周恩來筆錄著毛澤東的話，說：初步設想是副總理，分管工業和交通運輸，是不是高了點？毛澤東說：不高不高，鄧小平是帥才，全才，考驗一段，表現好，還可安排他更重要的職務。「十大」的人事安排，鄧進不進政治局？周恩來小心地說：我個人的意見，還是先安排他和陳雲、王震、譚震林、李井泉等人做中央委員。經過一段考驗，主席認爲必要時，再補他進政治局，甚至更高些。分幾步走，看着辦，這樣在黨內的阻力會小些。毛澤東點頭，說：這些具體事情，你當總理的比我考慮得周到囉。

從游泳池回到西花廳，已是深夜十一時。周恩來把毛澤東寫下的那紙手諭拿出來看了又看，心裡如釋重負。他撥通葉劍英家裡的電話，請葉帥馬上來一趟，有事情商談。半小時之後，葉劍英來到。周恩來關上書房門，把朱總司令送一本《紅都女皇》給毛主席，以及毛要把江青趕出政治局的事說了說。葉劍英高興得拍了桌子：好！好！三滴水這回撞到主席的鋒刃上了。總理，我主張明天就開政治局會議，傳達主席的最新指示，把臭女人趕出政治局，黨中央從此清靜許多，有利大家抓工作。周恩來搖頭：劍公，軍事上你運籌帷幄，這黨內鬥爭可不能逞一時之快啊。我在考慮，主席的這道指示能不能傳達哪。葉劍英問：主席親筆寫的，爲什麼不能傳達？不在會上傳達，可以讓政治局委員們圈閱嘛。對不起，那本《紅都女皇》，我會托人去香港弄本回來，娘的好好拜讀。周恩來嚴肅地看葉劍英一眼：我想告訴你的是，主席對江青，感情很深，很複雜。三十多年來，既愛又恨，既信任又限制。這其中的微妙，旁人難以理解呢。主席年紀大了，生理上早不需要她了。但每遇黨內鬥爭、最信任、依靠的，還是自己的夫人。這就是江青在主席面前告誰的狀，總是一告一個准的原因。主席在政治上對江青是百分之百的信任，總是派她參予一些最要害最機密的事情。所以我分析來分析去，覺得主席寫下「趕江青出政治局」這句話，還是一時氣憤，恨鐵不成鋼呢。葉劍英不同意：總理多慮了，白紙紅字的寫著，要你到會上傳達，怎麼是一時氣憤？周恩來說：劍公，我告訴你，千萬莫外傳啊，主席寫下這句話之前，我曾提醒主席，江青還是文革組長，中央四大機構負責人之一。但主席只是瞪了我一眼，並沒有要撤掉江青的文革組長職務呀，你說這又是爲什麼？葉劍英這才「噢」了一聲：原來如此，那就白白放過三滴水了？周恩來說：怎麼會呢？主席的這個指示，那本叫《紅都女皇》的書，總會在內部傳開來的。至少，她進不了「十大」中央常委，當不上副主席了。主席肯定會把她的名字劃掉。能做到這一步，已是很大的收穫。葉劍英咬咬牙說：娘的，還是便宜了這個妖婦。周恩來卻笑笑說：我先把話放在這裡，幾個月後，主席氣消了，又會恢復對江青的信任和使用，你不信？

幾天後，汪東興來向周總理報告：主席已命他派人在游泳池大門，安裝了一道鐵門，專門用來攔住江青的，不准進去見呢。周恩來忍不住笑了：老小老小，主席是和小孩子一樣了。鐵門眞的裝了？會不好看的。汪東興說，裝好了，鏤花不銹鋼的，主席親自檢查了，說很好，江青進不來了，他可以放心睡覺了。周恩來說：主席是眞的老了，怕煩心的事了。汪東興說：總理，我正想問你呢，主席要你開政治局會議傳達他的話，你爲什麼壓着？還想留下三滴水興風作浪，沒完沒了的製造麻煩？周恩來苦笑：東興，你也跟着老帥們稱她三滴水了？是不是擔心她在主席百年之後再鬧事啊？汪東興說：主席在，她掀不起大浪。一旦主席走了，她就可能當武則天了，那我汪東興就是第一個被她拿來祭刀的。她恨殺了我，一直想除掉我，主席保着，她才沒有得逞。周恩來說：你有這個警覺就好。警衛部隊在你手裡，你要保證中央內部再不要出李震和那名小老鄉之類的事情。汪東興說：我會盡力……總理，你爲什麼不開會宣佈主席的那個決定？主席也親口對我講了，趕出政治局呢。那本踩髒的書也交我封存。我偷看了幾頁，眞她娘的噁心，臭不要臉。

第八十二章　俏嬌娃得寵　鄧小平返京

毛澤東患老年性白內障雙目失明，已經一年時間了。即便是中央政治局內部，也只有周恩來、江青、汪東興等少數人知道偉大領袖成了瞎子。毛澤東在游泳池裡深居簡出，很少出席政治局會議。偶爾由一大班醫護人員陪着出來露個面，也只是聽聽匯報就退席。多數政治局成員即便是看出來毛主席是個睜眼瞎，也都不敢說出眞相。周恩來、汪東興力主毛主席動手術除白內障，以恢復視力，並由北京工農兵眼科醫院（原名同仁醫院）的專家小組在游泳池內佈設了一間手術室。但毛澤東不答應，誰勸都不聽。日常，一批經嚴格挑選來的三軍文工團的女演員們，鶯鶯燕燕的輪流陪伴毛澤東說笑，吟誦詩詞，愉悅身心。他已無力行周公之禮，只能摟摟抱抱，滿足口舌手足之娛了。用他自嘲自解的話說，年上八十，才當了賈寶玉，游泳池成了怡紅院。

女演員們都曾經是偉大領袖的舞伴，有的還陪過裸泳。毛澤東雖然看不清她們姣好的面容，窈窕的身條，但分辨得出她們柔嫩的聲音，叫得出她們的名字：小宋啊，小李呢，小林哪，小陳呀，小沈喲……還有青青、瑩瑩、艾艾、喬喬，等等，一個都不會弄錯搞混的。日常，每天下午兩點，警衛森森然的中南海北門傳達室，總有那麼六、七名年輕漂亮的女兵填寫會客單，要求看望游泳池的張毓鳳姐姐。張毓鳳接到傳達室的電話，偶爾還會笑上一句：哪裡是來看我的呀？放她們進來吧。於是這些女兵便把各人的自行車存放在來客存車處，再結伴南行，向着林木掩映的殿閣深處走去。進出中南海，尤其是進出游泳池，成爲她們無與倫比的幸福和榮耀。

某天，一名外地女兵單獨來到北門傳達室，求見張毓鳳姐姐。好一個絕色人兒！值日軍官查驗了女兵的工作證件：武漢軍區總醫院護士。值日軍官不讓塡寫會客單。女兵急的淚珠子都出來了：毛主席知道我！我不是要見張姐姐，是見毛主席！值日軍官見這美人兒說話口氣這麼大，也就不敢怠慢，接通了游泳池的電話，讓美人兒自格去和張毓鳳通話：張姐姐！我是空政文工團的小孟呀！哪個小孟？就是小孟夫子呀，對，就是就是，主席給起的名字……。張毓鳳大約想了一會才記起是有這麼個人兒，但五、六年沒有見面了，怎麼到了武漢軍區工作？於是在電話裡說：小孟呀，妳要見老人家的事，我作不了主。妳來一趟也不容易，這麼着吧，我去替妳請示一下，等着呀。女兵等了一會，張毓鳳回了話：小孟夫子，妳先接受檢查吧。接下來，張毓鳳又在電話裡和值日軍官交代了些什麼。女兵高興得掉下眼淚。她被帶入一間門窗緊閉的小房裡，接受女軍官的全身檢查，連乳罩都被除下，確定身上沒有任何危險品，也無任何皮膚毛病。女軍官眼睛直勾勾的，大約檢視着這麼個罕見的人間尤物，也心癢癢，眼饞饞。之後命她穿回軍裝，整齊了，才由一輛吉普車送她到花木深處的游泳池去。

上有九天，下有九地。女兵進中南海，猶如古時民女進九重宮闕。小孟到了游泳池，由張毓鳳領著去見毛主席。毛澤東顯得很高興，拉住小孟的手，撫著小孟的臉蛋、身子，說：記得記得，妳長高了，長大了。妳是那一年開始陪我跳舞的？小孟說：一九六四年，那年我才十五歲，您講我像隻小蝴蝶呢。毛澤東說：記得，記得，妳是湖北妹子，王昭君的老鄉，我叫妳小孟夫子。吾愛孟夫子，風流天下聞……這幾年妳到哪裡去了？為什麼不來看我？嫌我老了？小孟再忍俊不住，雙膝一軟就跪了下去：爺爺！親爺爺……不是我不來看您，是被打成反革命，吃了冤枉呀……毛澤東身子搖了搖，摸索着拉起小孟：好女娃，起來起來，不要喊我爺爺，喊老夫子，我們坐下來，有話好好講。張毓鳳扶毛主席坐下，以眼神警告小孟：老人家身體不好，妳少拿自己的問題刺激他。毛澤東叫小孟挨住自己坐着，撫著小孟的小手問：妳這麼年輕，也當了反革命？不是叛徒特務吧？小孟不顧張姐姐制止的眼神，而回道：爺爺，我原來不是在空政文工團當舞蹈演員嗎？六六年爆發文化大革命時，還來春藕齋陪您跳過舞、游過泳的。但每次從中南海回去，空軍政治委員吳法憲的秘書都要我寫材料，匯報陪主席跳舞的情況。我不肯寫，因為犯紀律。六六年秋天，空軍司令部有人造吳法憲的反，我也跟着貼了大字報，揭發他妄圖打聽主席身邊的事。後來林彪、葉群保了他，他控制了空軍，就把我打成現行反革命。專案組對我動刑，用皮帶抽，板子夾……爺爺，您摸摸，我頭髮裡還有傷疤……嗚嗚嗚，我被打得暈死過去，又被一桶冷水潑醒，嗚嗚嗚……

毛澤東摸着小孟頭上的疤痕，還不止一處，腿上也有疤痕，神情激動起來：對一個女兵動刑，打這樣狠，是法西斯，法西斯……我強調要文鬥，不要武鬥，他們不聽……吳法憲被關起來了。孟夫子你莫哭，妳只管和我講。小孟說：爺爺，您莫要生氣啊。這幾年，部隊和地方，都鬥死、打死了不知道多少人……由於我不認罪，專案組判我三年徒刑，押到蘭州軍區黃河岸邊的勞改農場去服刑，種水稻，挑大糞。四月份就下水田，那水冷得冰骨頭……後被減刑，後又被允許保留軍籍，分配回武漢軍區總醫院當護士。但至今不給我平反，團籍也沒有恢復。武漢軍區推給空軍司令部，空軍司令部推給武漢軍區，把我當皮球踢……。毛澤東靜靜地聽着，彷彿在思考着什麼。直到聽小孟哭訴完，才深深嘆口氣，再又想了想，忽然對張毓鳳說：張秘書，妳去告訴汪主任，我這裡添個人手，小孟留下了。小孟一聽，高興得差點暈過去：爺爺，主席，可我還沒有平反呀，檔案裡還塞着專案組的材料！毛澤東搖搖手：妳留在我這裡工作，還不算平反？妳這個小湖北佬，是不是也脾氣很硬啊！

此後，毛澤東身邊多了一名長期女護理。他實在喜歡聰明伶俐的小孟夫子。一時間一老一小有講不完的話似的。他從小孟夫子口裡，瞭解到軍隊和地方文化大革命的許多眞實情況，都是過去沒人敢告訴他的。一些事情，都是被下邊辦壞了，或是被壞人利用了。抓人打人，刑訊逼供，太過份，不像話。中央應調整政策，可以讓周恩來他們在不傷及整個運動的前提下，去落實黨的各項政策。一天，小孟以輪椅推着毛澤東，到院子裡曬太陽。紅太陽也要曬太陽。小孟替毛澤東唸詩詞。見老人家心情愉快，便又趁機提出：爺爺呀，我的問題還沒有做組織結論呀。毛澤東撫着美人兒：都留妳在我身邊上班了，還要做什麼組織結論？小孟說：要呀要呀，爺爺年紀大了，我的反革命材料還留在檔案裡，日後總是個事呀！毛澤東苦笑：妳這個鬼女娃，湖北佬，小九頭鳥，對我沒有信心呢。妳要一個什麼結論呢？小孟嬌聲說：要一個空軍黨委的文字結論，寫明是受到吳法憲一伙的迫害，給予徹底平反。毛澤東說：好好，叫汪東興去辦，蓋上空軍黨委的大印，好叫妳放心。小孟說：最好是一式兩份，一份交我本人，一份放到我的檔案袋裡去。毛澤東說：湖北佬，妳比王昭君心細，厲害呢。王昭君要有妳這份聰明，就叫漢元帝迷上了，而不用出塞，遠嫁匈奴了。杜甫那首《詠懷古蹟》是怎麼講的？

群山萬壑赴荊門，生長明妃尚有村。
一去紫臺連朔漠，獨留青塚向黃昏。
畫圖省識春風面，環珮空歸月夜魂。
千載琵琶作胡語，分明怨恨曲中論。

周恩來、汪東興、張毓鳳等人適時抓住毛主席寵愛小孟夫子這一有利時機，來勸說老人家同意做白內障摘除手術。某日，小孟夫子穿上一身新做的紅色連衣裙，顯得百媚千嬌，艷若天人。張毓鳳在旁連聲讚道：主席呀！你沒見小孟夫子今天有多好看呀！我都心跳了，敢說她要賽過王昭君！毛澤東讓小孟夫子站到面前來，眼前只是紅糊糊一片，苦惱地搖搖頭：賽過王昭君？王昭君當年鮮容靚飾，光明漢宮的呀！我可是什麼都看不清呢。小孟撒嬌地偎依到老人身上來：主席呀，您就動了手術吧，摘除白內障，就可以看見我了呀！毛澤東沉默一會，思緒豁然開朗，說：好，聽孟夫子的，告訴汪主任，叫專家來做手術。

眼科專家小組早就作好了萬全的準備。結果不出周恩來、汪東興所料，手術非常成功。二十天後，毛澤東的左眼先恢復了視力。毛澤東很感激小孟夫子，每天都要摟着親幾回：小昭君，妳沒有出塞，帶給我光明囉。一天，小孟夫子忽又告訴毛主席：爺爺呀，我在武漢軍區訂了個對象啦，催着結婚哪，你准我一個月假吧。毛澤東瞪了瞪眼，嘆口氣，問：妳要棄我而去？小孟忙說：不是不是，結了婚就回來，只去一個月呀。毛澤東搖頭：結了婚，妳就是人家的人了，回不來了。小孟忙說：回得來，回得來，我也放不下爺爺呀。毛澤東拉住小孟夫子的手，端詳良久，認眞地說：我身邊這些人，就數妳和我處得來，算忘年之交。告訴妳啊，能不能等我兩年？醫療組的專家們不說，我心裡也有數，我和總理，都只剩下兩三年日子了，不會再多了，妳陪我，要陪到底啊。小孟聽偉大領袖這一說，心都碎了，含淚答應了。

毛澤東恢復了視力，又可以讀書了。中央辦公廳不計工本，把一些毛喜好的文學名著，唐詩宋詞，印製成大字本，供他閱讀。他身體好了許多，一條一條「最新指示」，從游泳池內傳出：

文化大革命已經八年，現在以安定團結爲好。

審查幹部，要重事實，重證據。要廢止法西斯式刑訊逼供。落實黨的幹部政策。

知識份子，既改造，又使用。老九不要走①，給工作，給出路。

漢字不能走拼音化道路。此路不通。

八億人口，八個樣板戲，一個作家。

現在沒有小說，沒有詩歌，沒有電影、散文，也沒有地方戲曲，民歌民謠。只有語錄，不夠。

人之將死，其言也善？毛澤東自知來日無多，對自己多年來逆天背理的一系列作爲，有了某種良心發現？再者，杜絕了夫人江青的挑唆，也就暫時避開些許的惡？不對了！毛澤東一代偉人，曠世梟雄，如果不是他自身執意要幹某番「事業」，又豈是區區婦人江青挑唆得動的？從來都是毛澤東利用江青，江青利用不了毛澤東。一切清醒的歷史學者不應忘記此一基本事實。

不管怎麼說，自一九七二年起，中國政治及社會生活，均悄悄從毛澤東思想的冷酷冰川中裂變、解凍。緩慢，但不間斷。冰層下面，春水日夜湧動。大地在復甦。人們在自覺不自覺地嘗試着掙脫思想牢籠……當然，這一切與中共中央的政策鬆動，與毛澤東本人一系列較爲溫和、理性的「最新指

① 當時知識分子被稱爲「臭老九」，排列在地、富、反、壞、右、叛徒、特務、憲警之後。

示」密不可分。一黨專制、一人獨裁國家，任何鬆動只能出自統治者，而不可能出自人民群衆。隨着批林整風運動在全國上下推行，林彪（還應加上江青、康生、張春橋）一伙所倡導的對毛澤東的宗教式領袖崇拜、個人迷信被停止。從中央到地方，所有機關學校、城市農村，居民們不再每天面對毛澤東掛像舉行宗教儀式般「早請示」、「晚匯報」，不再每天在規定的時間裡讀毛語錄、毛著作，也不再做語錄操，跳忠字舞。由黨中央機關報《人民日報》帶頭，全國所有報紙不再在報頭的右上角，每天一條地刊出毛主席語錄。各級黨委、革委會，老幹部們陸續回到領導崗位，立即不動聲色地在自己身邊聚集起強大的文革反對派勢力，著手整肅各自單位的造反派。造反派在各級領導機構的骨幹分子，不管是否已混上了副主任、副書記、常委，一律退回原單位去「抓革命、促生產」，原來是工人的仍回去做工，原來是農民的仍回去種地。黨、政幹部們經歷了多年的血火洗禮，毫不遲疑地以黨組織的名義拉幫結派，鞏固重新奪回的權力。軍隊的情況亦是如此。短短一年多時間，以周恩來、葉劍英為代表的「右的勢力」迅速在全國擴張，形成廣泛堅實的權力基礎。各地文革左派勢力土崩瓦解，造反健將們紛紛中箭落馬，開除的開除，關押的關押，幾被收拾乾淨。文革造反派的代表人物只存在於中央，集中在中央文革小組，江青、張春橋、王洪文、姚文元等，屈指可數，被架空在釣魚臺國賓館，高高在上了。這或許是毛澤東、江青們始料不及的。

社會生活中，科學技術界開始活躍起來。各省、地、縣都成立了「科學技術委員會」，開各行業座談會，專題討論會，鼓勵新課題研究，推廣新成果、新技術。全國大專院校復課，工農兵大學生入學須經文化考核，稱爲教育革命。接下來是各省市都成立「工農兵文藝工作室」，編刊物，辦「工農兵作者」座談會、讀書班，鼓勵文學創作。報紙副刊恢復刊出小說、詩歌、散文。畫家們開始舉辦畫展。各省市開始舉辦文藝會演、地方戲曲調演。中、小學校恢復學生作文比賽、書法比賽。全國七大電影製片廠恢復拍攝新的故事片，藝術片。《閃閃的紅星》、《海霞》、《春苗》、《創業》等新影片在全國各地上演，形成觀衆熱潮。久違了！新中國電影。人民需要新影片，新劇目。江青一伙鼓搗起來的那八個樣板戲，強迫老百姓看了許多年，厭透了。縱有好劇目，也讓人倒了味口。

毛澤東說：八億人口，八個樣板戲，一個作家。實際上是對「文藝革命旗手」江青的批評。過去熱烈支持，現在譏諷批評。八個樣板戲是：現代革命京劇《紅燈記》、《沙家濱》、《智取威虎山》、《海港》、《龍江頌》、《杜鵑山》，現代芭蕾舞劇《白毛女》，《紅色娘子軍》。一個作家，大名浩然。浩然文化大革命前出版過長篇小說《艷陽天》，完全遵照毛澤東的階級、階級鬥爭理論反映農村生活，已是左的令人恐怖。文化大革命後，他遵從江青的「三結合創作方法」和「三突出創作原則」，依葫蘆畫瓢，演繹出表現農村合作化的長篇小說《金光大道》，成爲文化大革命前期全中國出版的唯一小說。江青倡導的「三結合創作方法」爲：領導出思想，群衆出生活，作家出技巧；「三突出創作原則」爲：在所有人物中突出正面人物，在正面人物中突出英雄人物，在英雄人物中突出主要英雄人物。《金光大道》即是此類樣板小說，它的主要英雄人物就叫「高大泉」，喻意高超，偉大，完全。該書出版後受到黨的所有宣傳喉舌的狂熱吹捧，廣大讀者卻不買帳，拒不閱讀，實在內容枯燥、乏味，充滿政治說教。作者浩然因此受到江青娘娘垂愛，成爲文革紅色文字獄中唯一跑紅吃香的作家。那些當年把他從一名只有小學文化的鄉政府通訊員培養成青年作者的老一輩作家：孫犁、老舍、趙樹理、馬烽、康濯、侯金鏡、邵荃麟、張光年等等，則通通遭到他的揭發、批判，死的死，傷的傷，以怨報德了。

另說鄧小平夫婦及養母三人於一九六九年十月二十二日，從北京被押送到江西南昌新建縣望城崗「閉門思過」。當時周恩來總理爲安排鄧小平夫婦的去處，頗費過一番心思。江西省軍區原本打算把鄧小平夫婦發配到更遙遠的贛南農村去勞動改造。周恩來在電話裡先和省軍區負責人談陳雲、王震下江西「休息」的事：和陳雲同志一起下來的有一個秘書、一個警衛員，王震同志是夫婦兩人。他們都六十多歲了，身體都不大好，不參加生產勞動了，你們安排些參觀活動，讓他們到工廠、農村、五七幹校看看，瞭解些情況，就可以了。還有，他們住的地方冬天一定要有暖氣……另外呢，鄧小平夫婦也到你們江西來，勞動鍛鍊，改造思想。毛主席不是在「九大」會上講過嗎？鄧的問題和劉少奇不同，可以保留黨籍，以觀後效。我聽說你們打算把鄧小平夫婦安排到贛州鄉下去？太遠了，還是在南昌郊區替他們找個住處，最好是棟單獨的小樓，樓上住他們夫婦，樓下住警衛人員，便於保密、管理。他們也年紀大了，每天安排半天勞動就可以了。

根據周總理的指示，江西省軍區、省革委把鄧小平夫婦安排在南昌市郊新建縣望城崗原南昌步兵學校的「將軍樓」居住。南昌步校已經撤銷，留下大片廢置的兵營宿舍。「將軍樓」原爲步校校長住所，位在一座小山包上，四周一圈一人多高的冬青牆，裡面加一圈木柵欄。正是四外無人，孤樓在上。小樓上下兩層，樓上三個房間，樓下是廚房、客廳、餐室及工作人員宿舍。院子有幾畝地大小。由江西省軍區派出兩個班的士兵實施每天二十四小時監護，規定鄧小平夫婦晚上九時半熄燈，每天晨七時必須起床，八時由軍人押送，步行三十分鐘去附近一家拖拉機修配廠勞動半天。初來乍到，鄧小平喜歡散步，先在院子裡轉轉，又想出院子去看看四周環境，即被守衛的士兵喝住：站住！回去！不准外出！鄧小平愣了愣，彷彿省悟到自己是黨內第二號走資派，送來接受監視居住的，像當年的張學良、楊虎城將軍那樣。楊虎城全家四九年被殺害於貴州息烽監獄，張學良則至今在台灣被軟禁着。

鄧小平夫婦每天早上去那機修廠勞動。鄧小平幹車工，卓琳學電工。軍人則坐在門口，防止工人接近。只准他老老實實，不准他亂說亂動。人民公社對付五類分子階級敵人的一套，如今用到了昔日的黨總書記身上。好在鄧小平早年赴法國勤工儉學，曾在雷諾汽車廠幹過車工。事隔四十年，重拾故技，往車床前一站，操起工具幹起來，還眞像那麼回事。不遠處的工人師傅冷眼旁觀，這個大走資派竟是幹過車床的？起碼有四、五級車工水平！工廠廠長姓羅，是位復員軍人，在太行山上打過小日本的。眞是想不到啊，解放戰爭時自己是一名連級幹部，哪裡夠得着劉、鄧大軍的鄧政委？可如今，鄧政委竟到自己的小廠來幹車工，勞動改造，算他娘的哪門子事喲……一天，羅廠長趁看管的軍人走開了，輕聲對鄧小平說：鄧政委，你放心，我這個百人小廠沒有造反派、紅衛兵，都是些老實巴交的工人師傅……我在太行山上聽過你的報告，參加過上黨戰役。今後你有什麼事，儘管找我，我是廠長兼黨支部書記……鄧小平眼睛瞪大了，落難中，竟遇上自己的老部下了，天不滅鄧也。

鄧小平性格沉穩，日常很少言語，認眞幹活，態度老實。漸漸的，看管的軍人有所放鬆，每天只派一名軍人送他們夫婦去上班了。去工廠，走沙石公路要半小時，若走田間小路，只要二十分鐘。鄧小平提出走小路，軍人也答應了。後來鄧小平夫婦在這條小路上來回走了三年零四個月，被工人師傅們稱爲「鄧小平小道」。卓琳身體不好，每天勞動回來，就很累，要躺下休息。養母已經七十多歲，也做不了什麼家務。三人的年齡相加正好兩百歲。鄧小平成了家裡的主要勞動力。每天除了上半天班，還擔負起大部份家務操勞：拖地板、做清潔、洗衣物、劈柴禾、做飯菜。春天的時候，還在院子裡開了塊小菜地，種些時鮮蔬菜，節省日常開支。又養了幾隻母雞下蛋。中央辦公廳把他們夫婦的高工資扣下了，每月改發生活費。還要接濟被下放到農村去的五個子女。隨着軍人的監管進一步放寬，機修廠的工友們對每天埋頭幹活、沉默寡言的鄧小平夫婦開始表現出敬意與同情，不時從各自的家裡帶些土產食品給他們，經過軍人查驗，確定無毒無暗號之後再轉交。

春天、夏天、秋天，白天的日子很長。鄧小平每天晚飯後都要繞着院子散步。星期天更是一走就是兩三個小時。誰都不知道他邊走邊思索些什麼。院子裡被他踩出來一圈白印子，一條路。其實他是思念流落在北方農村的五個孩子。最令他心痛不已的是長子鄧樸方。樸方六四年考入北大物理系，是高材生。六六年文革開始時，當過物理系文革組長。不久聶元梓一夥奪了北大黨委的權。父禍及子，鄧樸方遭到聶元梓旗下紅衛兵同學的批鬥、群毆。北大校園掀起紅色恐怖狂潮。鄧樸方不堪身心凌辱，從批鬥會場的三樓陽台上跳下自殺（也有說是被紅衛兵同學推下），卻沒有死掉，只是摔斷脊椎骨，血肉模糊地躺在地上抽縮。沒人來憐憫、救助這名黨內第二號走資派鄧小平的狗崽子。直到天黑時分，一位燒鍋爐的老工人實在看不過去，把鄧樸方揹到自己簡陋的住處，草事包紮。第二天一早，老工人把鄧樸方抱上一輛板車拉着，連去了七、八家醫院，家家醫院都是毛主席的「紅醫兵」掌權，都拒收黨內大走資派的狗崽子！老工人拉着板車，板車上躺着呻吟的鄧樸方，從一家醫院走向另一家醫院，渾身汗濕了，淚濕了，走了好長的路啊……這是個什麼世道啊？整個北京、整個中國都是「紅彤彤的毛澤東思想的大學校」了，到處武鬥，打死人用蔴袋裝，朝湖裡扔，河裡丟。到處在流血，果眞是紅彤彤，毛主席是最紅最紅的紅太陽了……老工人不敢吱聲，把鄧樸方拉回來，但不敢長時間收養在自己的住處。紅衛兵小將隨時可能闖進來再拖去批鬥的！老工人想來想去，只好把鄧樸方送到遠郊區的沙河勞改農場少年犯管教所去……少管所沒有醫療條件，鄧樸方每天在草舖上痛得渾身抽縮。他明白，父母已被軟禁，只能叫妹妹來一趟，去向周總理求救。妹妹來來回回，兩個多月過去，周恩來總理終於請示毛主席批准（有文字記錄），同意送鄧樸方到解放軍後勤部總醫院三〇一醫院治療。三〇一醫院屬林彪愛將邱會作管轄，連賀龍、彭德懷這樣的開國元勳、共和國元帥後來都被「醫療服從專案」死在了這裡，怎麼可能好好醫治鄧小平的兒子呢？不過給幾粒鎮痛片，苟延其性命罷了。鄧樸方高肢位癱瘓了。

鄧小平夫婦想起長子樸方，就渾身發抖，鑽心地疼痛。卓琳的眼睛都快哭瞎了。鄧小平不哭，每天堅持在院子裡轉圈子。幾十年的革命經歷，血火生涯，他養成天塌地陷不眨眼的脾性。人是能夠堅強如鐵的。他想到歷史。中國歷史很慘烈，朝朝代代，一人獲罪，株連九族。我們共產黨這一朝代，也大搞株連，且越演越烈。單是在首都北京，就有數百名高幹子女在父母被捕後，遭掃地出門，流落街頭，包括劉少奇的孩子，賀龍的孩子，彭眞的孩子，薄一波的孩子，羅瑞卿的孩子，王稼祥的孩子……中國歷史，似乎總是在週而復始，轉一大圈，又回到原地。共產革命也沒能跳脫出這個規律。鄧小平的五名子女文革前都好學上進，是三好學生。文革後跟着父母受罪，除長子癱瘓，長女鄧林中央美術學院畢業，不獲分配工作，被下放到山西農村勞動；次子鄧質方中學未畢業，被下放到河南農村勞動；次女鄧楠被下放到內蒙古勞動；最小的女兒鄧榕（乳名毛毛），被下放到陝西農村勞動。鄧小平一家，子女離散，天各一方了。

時間過去近一年，遭軟禁的鄧小平並不知道北京中央高層發生了些什麼事情。他日常只能讀到《人民日報》和《紅旗》雜誌。那上面總是形勢大好，好得不能再好。但江西省軍區對他們夫婦的監管在一步步放鬆。一天，鄧小平向看管他的軍人提出，請組織上批准把那癱瘓了長子鄧樸方送到他這裡來，由他本人照料。經層層請示、匯報上去，兩個月後，鄧樸方終於來到父母身邊。樸方已是個大小伙子了，日常生活不能自理。南昌的夏季天氣異常炎熱。鄧小平每天下班後，多了一項家務，伺候長子，替長子洗澡，擦身，上廁所，抱上抱下。他幹得仔細，認眞，很少講話。只是偶爾在洗澡時，撫着長子沒有知覺的脊椎，說上一聲「要不得」，「要不得喲」！

又過了些日子，經他們夫婦多次請求，組織上給予照顧，批准其他四名子女也來到他們身邊，就近安排下鄉勞動。長女鄧林重感情，次子鄧質方愛好數學，次女鄧楠愛好科學，小女毛毛最嬌氣令人疼愛，經過下放陝西農村勞動，也長大了，懂事了。一家人團聚在江西南昌郊外，雖然前程未卜，也算天倫之樂了。比起劉少奇一家，賀龍一家，陶鑄一家，等等，算是幸運的了。鄧小平喜歡聽幾個孩子講鄉下的事。他認眞聽着，很少評論。孩子們輪番着告訴他，他們下放農村，開始也被當作階級敵人的子女對待，和農村那些地、富子弟一樣，不准上學，不准招工，不准參軍，連民兵都不准當。生產隊裡的年輕人都不敢和地富子弟交朋友，談對象。許多地富子女成年後，男的無人嫁，女的無人娶，除非他們相互通婚，生下子女又做剝削階級的接班人。他們每天只能像牲口一樣勞動，任憑貧下中農幹部打罵，處罰，簡直就像美國南北戰爭之前的黑奴，是些會講話的工具！這一套再發展下去，就搞到我們這些走資派子女、所謂的黑幫子女身上來了！孩子們通過自己的切身之痛，問他們的老革命父母：共產黨，新中國，爲什麼要搞這一套？封建血統論呀！過去的封建時代，都沒有搞到今天新中國這步田地。那時考舉人，考進士，都不問出身呢！鄧小平聽着，面無表情。偶爾也只是說上一聲「要不得」。有時，一家人晚飯後談着談着，忘了時間。院子裡值日的軍人就會朝他們樓上喊：九點半了！熄燈！爲什麼還要在談話？你們不熄燈，樓下拉閘！

一九七二年春天某日，卓琳病休在家。鄧小平到機修廠和工人師傅們一起聽了中共中央文件傳達。中午回到家裡，鄧小平把卓琳拉到廚房裡，小聲說：陰天轉多雲，林彪死了！娘的死球了，黨內氣候要變了。不久，鄧楠回北京辦事，王震叔叔托鄧楠帶信回江西，要小平同志趕快給毛主席寫信，一封不行兩封，兩封不行三封、四封，談勞動心得，改造體會，對文化大革命的認識。於是，鄧小平連寫兩封情詞懇切的信，保證對文化大革命「永不翻案」。兩封信均由王震親自呈交毛澤東。八月十四日，毛澤東在鄧小平的「永不翻案」的信上寫下批語：

請總理閱後，交汪主任印發中央各同志。鄧小平同志所犯錯誤是嚴重的。但應與劉少奇加以區別。㈠他在中央蘇區是挨整的，即鄧、毛、謝、古四個罪人之一，是所謂的毛派的頭子。整他的材料見兩條路線，六大以來兩書，出面整他的人是張聞天、李維漢。㈡他沒有歷史問題，即沒有投降過敵人。㈢他協助劉伯承同志打仗是得力的，有戰功。除此之外，進城以後，也不是一件好事沒有作的。例如率代表團到莫斯科談判，他沒有屈服於蘇修。這些事我講過多次，現在再說一遍。

雖然有了毛澤東的批示，鄧小平的工作安排，仍被分管組織和宣傳的江青、張春橋等人拖了些日子。直到一九七三年二月十二日，鄧小平一家才獲准返京。離開南昌郊區軟禁地前夕，卓琳帶着兒女挨家挨戶去機修廠工人們家裡辭行，一家一包糖果，以感謝三年零四個月來全廠老少師傅們的關心、愛護。三年前來時，鄧小平夫婦加養母，三個老人孤苦伶仃；三年之後離開，全家八口一齊行動，加上秘書、警衛，坐了一輛轎車、一輛中巴。工友們夾道送行。鄧小平搖下車窗，伸出一隻手搖了很久，遠去。他要去改變中國。

第八十三章　許世友砸杯　毛澤東拜將

一九七三年八月下旬，中共召開了第十次全國代表大會。毛澤東主持開幕式，張春橋任大會秘書長，周恩來作《政治報告》，王洪文作《修改黨章的報告》。會議選舉毛澤東爲主席，王洪文、周恩來、康生、葉劍英、李德生爲副主席，政治局常委則有：毛澤東、王洪文、葉劍英、朱德、李德生、張春橋、周恩來、康生、董必武。包括上述人物在內，還有江青、韋國青、華國鋒、劉伯承、許世友、紀登魁、汪東興、吳德、陳永貴、陳錫聯、李先念、姚文元進入中央政治局。前些年在運動中遭到整肅的鄧小平、陳雲、李富春、徐向前、聶榮臻、王稼祥、烏蘭夫、李井泉、譚震林、廖承志等一大批老幹部則進入了中央委員會。

此爲毛澤東生前最後一次主控的黨代表大會。可以看出，在經歷了林彪集團事件的重創之後，毛澤東已不能繼續倚仗文革極左派勢力排擠、打壓老幹部、老將軍們了。他只能在兩派勢力之間維繫住一種虛弱的平衡,他也相信,只要他活着,這種虛弱的平衡就不至被打破。他多次和人說:我知道,對於文化大革命,眞正擁護的人很少,不滿意的人佔多數。爲此,他不得不作出一些讓步。愛將張春橋只進入政治局常委會,沒有被提名爲副主席。江青則沒有晉升政治局常委,但保住了政治局委員和中央文革小組組長。周恩來揣摸得很準,毛澤東雖然寫下字據,卻無意眞的把江青趕出政治局。毛澤東達成了他的主要目標:扶起年僅四十歲的王洪文當上革命接班人。「十大」結束後,他指定王洪文代替患病的周恩來主持政治局會議。原先的軍委辦公會議召集人葉劍英,名義上叫做對王洪文傳、幫、帶,實際上是被取代。毛澤東深信自己的「槍桿子裡面出政權」哲學,接班人能否眞正接班,關鍵在於能否控制槍桿子。不久,毛澤東又指定王洪文爲四屆人大籌備領導小組組長。

毛澤東一貫在黨內爲所欲爲,專斷獨行。他事先未經黨內充份醞釀,悍然提拔王洪文接管中央工作,老帥、老將軍們嘴上不反對,心裡十足厭惡:上海造反司令,吃喝玩樂小癟三,能統帥全軍?除非把我們這些帶兵出身的老傢伙都殺光了!接班人,接班人!鬧了個尖嘴猴腮的林禿子還不夠,又捧出個油頭粉面的小白臉!把黨和軍隊當兒戲了?老了,毛主席是眞的老了,越老越不肯服輸了。

但毛澤東一意孤行,仍自我迷信他的領袖威望可以戰勝一切,達成一切,咬定牙根支持左派到底,拚了老命要安排左派接班。他深知周恩來早就成了文革保守派的一面旗幟,老帥、老將軍們的總後台;不在生前把這面旗幟搞臭、拔除,自己的文化大革命也好,無產階級專政條件下繼續革命的學說也好,終歸成爲一堆泡沫。毛澤東最放心不下的是軍隊,是那些統領野戰軍的大軍區司令員、政委。這些將軍們長期經營一方，日久坐大，很容易搞獨立王國。他只得又回過頭來找周恩來、葉劍英商量，討主意。周恩來言行謹愼，談不出個所以然。葉劍英卻一語破題：主席對大軍區司令員不放心，是個現實的大問題呢。要解決，也不難，召開一次中央軍委會議，宣佈八大軍區司令員對調，每人只准帶一名警衛員到新的軍區上任，一舉切斷其原先經營多年的那些老下級人事關係，可保軍中五年無亂子。但這事一定要保密，洩露出去就亂套了。毛澤東欣慰地笑了：葉帥，你還是我的吳用，諸葛孔明，智多星囉。

不久，毛澤東下令召開中央軍委會議。會議由穿着一身筆挺新軍服的王洪文主持。毛澤東親自出席。成員則有軍委三總部主要將領、各大軍區司令員、政委。中央政治局委員全體列席。會議第一天，由王洪文照著名單點名。被點名者必須起立，回答一聲「有」或是「到」！王洪文神氣活現地坐在毛澤東身邊，儼然以全軍統帥接班人的高姿態點老帥、大將、上將、中將們的名。多數老將軍看在毛澤東的面上，勉強應承，沒有爲難王小白臉。唯獨在叫到南京軍區司令員許世友的名字時，許世友黑虎著臉膛，就是不吭聲，不起立。王洪文連叫三次許世友，許世友同志到了沒有？許世友明明坐在他對面，眼望天花板，面露凶光，充耳不聞。王洪文看住許世友，再喊一次：許世友同志，到了沒有？許世友忍無可忍，抓起面前的茶杯，朝桌上一頓，把茶杯頓得粉碎，碎瓷片都嵌進硬木桌面去！之後仍是一言不發，賭氣，示威。

全場都驚呆了。王洪文更是臉色寡白。大家都明白，許和尙內力深厚，這隻茶杯是頓給毛主席看的。也只有許和尚敢對毛主席來這一手……毛澤東彷彿又一次印證了內心的憂懼：自己手下這批最重要的將領們，已經不再像過去那樣對他馴服恭順，都開始腦後生出反骨。許世友只是他們中的怒形於色者。現在老帥、老將軍們眼睛裡都有陌生、異樣的光亮，很可怕的！毛澤東明面上不動聲色，嗽了兩聲，清了清喉嗓，對坐在自己右手邊周恩來說：總理啊，卡殼了？王洪文是兒童團，有的老同志看不起兒童團呢，你是八一南昌起義的領導人，在解放軍裡資格最老，你來點名吧。周恩來從王洪文手裡接過名單，謙遜地說：主席才是我們軍隊的眞正締造者和指揮者，洪文同志是主席選定的接班人，我們老同志有責任對他傳、幫、帶，給予支持、關心、愛護。好，下面，我來重新點名。各位也不用起立了，只在座位上答聲「有」，或是點點頭表示一下，就可以了。

周恩來點名，老帥、老將軍們人人遵從，連許世友這次都恭恭敬敬起立，中氣十足的回答一聲「到」！毛澤東一一打量着他們，心裡陣陣發冷。是啊，文官耍嘴皮，武將講實力。新中國，共產黨的天下，實際上是控制在這些粗人的手裡。黨務系統的幹部好對付，軍隊幹部多是些硬骨頭。軍人從來論資歷，講功績，重上下級關係，老戰友情誼。只要對方當過你的班長、排長，哪怕你後來貴爲上將、大將乃至元帥，見了面，也是要先喊上一聲老班長，老排長，並搶先立正，敬禮的！這就是軍隊的倫理，恁誰都打不破。點名完畢，周恩來請毛主席講話。

毛澤東以渾濁的目光環視大家一眼，說：同志們，今天許司令發威，這個話怎麼說呢？我在這裡，先給大家做個自我批評。對，是自我批評。我是黨主席，爲什麼不能做自我批評呢？應該的。這次運動中，傷害到一些老帥、老將軍……去年一月，我去八寶山參加陳毅同志的追悼會，就是這個意思。十個元帥，除了彭德懷還在接受審查，就剩下總司令、劉帥、徐帥、聶帥、葉帥五位了。我知道，許司令很敬重賀龍同志。賀鬍子在一二〇師對你有提拔重用之恩。賀鬍子卻在四年前被林彪一伙整死了。我承認，我有失察、偏聽偏信的責任。我聽了林彪的一面之詞，什麼「二月兵變」啊，說得有鼻子有眼睛，同意了對賀龍同志進行專案審查。這一審查，使賀龍同志生病得不到正常的治療，最後死在了三〇一醫院。據說是那個總後勤部長邱會作不批准安排專家們會診，搞什麼「醫療服從專案」。這個要不得，今後不准再搞。我這樣講，不是要把全部責任推給別人。我是主席，要負責任的。國家這麼大，又是黨，又是軍隊，許多事情，我管不過來呢。不信你們問總理，有幾年時間，抓什麼人，放什麼人，給什麼人治病、治傷這樣的事，都要報給我批准呢，下面的同志就是不肯分擔一點責任，我有什麼法子呢？對賀龍同志，以及他的家屬，戰友，要表歉意。周總理，當年你也擔任過賀龍專案組的組長，參予其事。政治局和軍委作個決定，給賀龍平反。一九二七年八月一日，我們靠了賀龍手下一個軍的人馬，舉行南昌起義。恩來你介紹賀龍火線入黨。這次運動中又當了賀龍專案組組長。想起秦朝末年天下紛爭，群雄並起，蕭何月下追韓信，後來韓信封淮陰侯，又是蕭何把韓信請到未央宮，被呂雉殺掉……史稱成也蕭何，敗也蕭何。歷史總是驚人的相似呢。

周恩來已是熱淚漣漣，說：我承認，在賀龍同志的事情上，我起了蕭何的作用。六六年底，賀老總被三軍造反派抄家、揪鬥，回不了家，他和薛明躲到西花廳兩星期。過了元旦，紅衛兵和造反派圍攻中南海，他們夫婦在西花廳也住不安生，我派楊德中送他們到西山象鼻子溝去隱居，答應秋天接他們回來。但不久賀鬍子的藏身地被林彪手下的人發覺（實際上是被江青的中央文革發覺），接管了過去……我沒有能保護住賀鬍子，反而當了他的專案組組長，被迫同意，誣稱賀鬍子密謀「二月兵變」……我對不起賀龍同志！歷史上，我多次說，沒有賀龍，就沒有南昌起義，沒有「八一」建軍節。現在，毛主席決定替賀龍同志平反昭雪，很正確，很英明。帳要記到林彪一伙身上。趁我們這些人還活着，及時平反錯案，不留歷史帳，算我周恩來的一點心願……。

毛澤東搖搖手：恩來不要難過了。這次運動反修防修，史無前例，我也不那麼高明，也犯了錯呢。三七開，四六開，還是對半開？留給後人去做結論。除了賀龍，還整錯了誰？可以提出來，一併考慮。一直沒有吭聲的徐向前說：還有許光達、張霖之他們。毛澤東看徐向前一眼。聶榮臻跟着補充：還有閻紅彥、陶勇他們。毛澤東沒有直接回答兩位元帥的提醒，而照着自己的思路反省下去：除了賀龍，羅長子也整錯了。羅長子就是羅瑞卿，羅總長。還關着？噢，放出來了，安排到福州軍區做顧問去了。這個安排你們事先報告過。我年過八十了，身體和記性都大不如前。還有楊成武、傅崇碧、余立金也整錯了，林彪要整他們，當時我也很困難，保不了，只好依從。總理可以作證，我說不准對楊、傅、余三人動刑，只是隔離反省，讓他們讀書、休息。總理啊，我當時是不是這樣說的？周恩來擦了擦眼睛，回答：主席確是這樣指示的，後來楊、傅、余也就沒有吃皮肉之苦，只是受到精神折磨。「十大」後已批准他們回京居住，等待分配適當工作。毛澤東點頭：可以考慮仍安排他們回軍隊工作。楊成武代總長，我曾經那樣器重，陳伯達他們弄了篇《大樹特樹》，用楊成武的名字發表，楊成武就代陳伯達受過。陳伯達利用職務做了很多壞事，他還整過田家英。田家英是個秀才，當過我的秘書，中辦副主任，現在看來，也是整錯了。他和羅瑞卿兩人最早反對林彪的那個「頂峰論」，「最高最活」，是堅持眞理。田家英死了，很可惜呢，是自殺的。他不自殺，現在也可以恢復工作……汪主任，你不要緊張呢，田家英的死，不應由你負責任。

汪東興登時渾身都不自在，有些坐不住，嘴上說：主席，我不緊張。田家英同志是上吊的，當時好幾位同志看了現場。毛澤東搖手：所以你不要緊張囉。田家英可惜了。蘇學士曾說，少游已矣，雖萬人何贖。以上，我的自我批評，承認有錯誤，有責任。你們肯不肯諒解我啊？

老帥、老將軍們都被毛澤東今天的誠懇態度打動了，這畢竟是毛澤東幾十年來少有的檢討、認錯啊。大家熱烈鼓掌，表示對領袖的諒解和敬重。周恩來心裡卻並不樂觀，一九六一年毛澤東也流淚作檢討，承認大躍進失敗，造成全國大飢荒，餓死許多老百姓；但到了一九六二年渡過難關，就大談階級鬥爭、路線鬥爭，要整劉少奇、彭眞……。毛澤東笑笑，說：好，大家鼓了掌，我心情輕鬆些。水滸英雄聚義梁山忠義堂，共產黨英雄聚義中南海懷仁堂。忠義忠義，又忠又義。不講忠義，革命不能成功，打下江山也會丟失。下面，我還要談些事情，包括談談許司令。許司令是我老朋友、老弟兄呢。我講過，三十六年前在延安，我和你是不打不相識。那時紅四方面軍的主要將領集中在紅軍大學整風學習，和張國燾劃清界線。你許司令講義氣，不肯揭發張國燾，還公開辱罵我這個軍委主席，並和陳再道策動一批人離開延安，回四川打游擊。軍委保衛部門把你們隔離審查，你許司令在牢裡操我毛澤東祖宗三代，並揚言要火拼毛澤東，槍斃毛澤東，因而判了你極刑。可就在執行前一刻，我想到你許世友窮苦出身，少林和尚投奔紅軍，對革命對黨是忠義的啊，國難黨難當頭，正是用人之際，豈可因爲講了句「槍斃毛澤東」的氣話就折損一員戰將？我下令刀下留人，同時下令把被捕的紅四方面軍將領通通放了，都請到鳳凰山中央禮堂來喝酒吃肉，大家仍是好同志，好弟兄，應當回到前線去帶兵打仗，爲革命建功立業。許世友同志，是不是這樣的啊？

毛澤東翻出這段歷史，把桀驁不馴的許世友給鎮住了。許世友站起來說：是！我老許不忘主席救命之恩。羅長子那時是軍委保衛部長，是主張殺掉我的。毛澤東笑了笑，說：許司令請坐，有話坐着講，莫起立。我還要講下去。不講你的赫赫戰功，黨史軍史有記載。要講講你的不足。我承認你對我、對中央是忠誠的，多次表態，中央出了修正主義，你帶兵從南京打到北京。但你也有你許司令的小算盤，對不對？文化大革命至今，每逢黨內有大事，你就跑去視察你的那個大別山金寨基地，對不對？一九六七年武漢事件時，你帶領獨立師到金寨基地，張春橋、楊成武花了很大的力氣才把你請到上海去見我，對不對？去年「九·一三」事件之前，我周遊南方，差點在杭州上海一帶被人謀殺掉，危急時刻，你個南京軍區司令跑到哪裡去了？又到大別山的金寨基地去了！王洪文可以作證，我在上海虹橋支線上等了你整整十六個小時。是不是這樣的啊？

許世友紅頭漲臉，被領袖揭了短，一時間羞愧無地，幾次想站起來解釋點什麼，都被毛澤東以手勢止住：許司令，事情都過去了，你我都不要往心裡去。人非聖賢，哪能沒有些不足之處呢？況且你的功績遠大於你的某些不足。我從來認為，人無完人，金無足赤。我自己就是個缺點很多的人。尤其是出了林彪事件，毛澤東的威信大降，可說是破產了。威風掃地，風光不再。黨內不少人盼着我早死，早下台，早完蛋。是不是這樣？你們不用回答。我相信這個。廉頗老矣，尚能飯否？八十歲了尚不糊塗。可我也要提醒黨內同志，包括在座的老帥、老將軍們，毛澤東現在還不能死。沒有安排好後事，死不瞑目。不是為了個人，而是為全黨全軍。如果毛澤東現在就死，或是被林彪一伙謀殺成功，肯定要天下大亂，誰都不服誰，黨分裂，軍隊分裂，國家分裂，南北對峙，各大軍區割據。豪傑輩出，群雄並起，回到民國初期。那時，老大哥從北邊來，美帝國主義從東邊來，蔣委員長從南邊來，八國聯軍、十國聯軍一起來，重新瓜分中國。到了那個田地，我黨我軍的大小幹部，不管擁護過毛澤東的，反對過毛澤東的，都要被西方帝國主義、國內外大資產階級當作共匪赤匪消滅乾淨！你們不信？反正我信。所以我說啊，黨內軍內的同志們哪，大家不要性急，耐心等個兩年、三年，毛澤東把後事安排妥當。這是大局。就算毛澤東是一尊泥菩薩，木偶，也還有它的象徵性，凝聚力不是？毛澤東在，大家好歹有個官做，有碗飯吃。若有人效法林彪，想把毛澤東幹掉，其結果是大家沒有官做，沒有飯吃，最後被人家當作共匪、赤匪的各個擊破，消滅掉。

毛澤東心裡這麼想，嘴上這麼說。不能指他口吐焰火，舌燦蓮花。他確是擊中要害，說中大家的心病。黨離不開毛澤東，軍隊離不開毛澤東。家不可一日無主，國不可一日無君。臣民離不開老皇上。百代都行秦政制，傳統的古老的制度，注定了國之安危，繫之一人。白天的會議上，毛澤東算把大家鎮住了。但到了晚上，毛澤東仍心緒煩亂，腦子裡仍浮現出許世友當他的面砸杯、目露凶光的模樣，以及老帥、老將軍們陌生異樣的眼神……怎麼辦？看來，這次選定王洪文做接班人，資歷淺，水平低，壓不住陣腳囉。找誰來輔佐王洪文，搞一段傳、幫、帶？周恩來、葉劍英是靠不住了，徐向前、聶榮臻也不會眞心誠意。他們都恨煞了造反派。還有誰可以做過渡式人物？毛澤東想到了鄧小平。鄧小平在江西蘇區時期就緊跟毛路線，可說是自己一手提拔起來的，直到六〇年代才和自己有所疏離。但鄧小平從來算不上劉少奇的盟友，也從不搞陰謀詭計。去年准許他從江西返回北京之前，鄧兩次寫信，發誓永遠接受文化大革命運動教育、改造，保證永不翻案。毛澤東相信鄧小平的這個「永不翻案」。黨內肯作這個保證的人不是很多。鄧小平是個全才，帥才，過去擔任總書記兼國務院常務副總理，日理萬機，桌上從無隔夜公文，晚上還可以找吳晗、萬里他們打橋牌，能力精力都過人。

毛澤東無法入睡。凌晨一點了，忽然命令汪東興，通知王洪文、鄧小平兩人立即來見。二十分鐘後，王洪文、鄧小平趕到游泳池。毛澤東握手、賜坐，開門見山說：下半夜，還找你們來，只問二位一個問題：我去見馬克思之後，中國黨、政、軍各方面局勢會怎樣發展？會不會大分化，大動蕩？王洪文聽偉大領袖這一問，登時有些發急，說：毛主席萬壽無疆，永遠領導我們幹革命，向前進！毛澤東搖搖手，看鄧小平一眼：洪文呢，他是個兒童團呢。林彪沒有永遠健康，我也不會萬壽無疆。什麼萬歲萬萬歲，都是屁話。人，總是要遵守自然規律，或上天堂，或下地獄。我八十歲了，用老家鄉下話講，是離天遠，離地近了。洪文，考你一個問題：我死後，中國的前途凶吉如何？你怎麼想的就怎麼回答，但要和我講眞話。

王洪文腦子轉得快，想都不用想，站起來說：主席，就算眞的到了那一天，黨中央、國務院、中央軍委、中央文革四大機構的負責人，一定會團結一致，同心合力，帶領全黨全軍全國人民，高舉主席旗幟，遵從主席思想，捍衛主席路線，把無產階級文化大革命進行到底！把中國革命和世界革命進行到底！毛澤東苦笑笑：洪文，坐下吧，三個人談話，不要起立。官腔官調，社論言語，新黨八股。鄧政委啊，江西三年半，你倒是紅光滿面，身體健康。勞動，是個好東西，於心於身都有益呢。剛才聽了兒童團的回答，有何高見？你是個爽快人，我想聽你的爽快話。

鄧小平身子坐得筆挺，雙手放在膝蓋上，說話聲音不高，但句句如石子，擲地有聲：洪文同志講的，是那麼一種可能性。我相信，只要主席在，黨、軍隊、國家，會穩得住，不可能出大亂子。如果主席不在了……就可能出現另一種局面，群龍無首，派系林立，左派右派，各自爲政，誰也不服氣誰。進而中央約束不住地方，地方不服從中央，不向中央上繳稅賦，各大軍區擁兵自重，南方北方鬧聯省自治，最後釀成南北對峙，東西對立，軍閥混戰的分裂局面。

王洪文眼睛都瞪大了，鄧矮子發配江西改造三年半，還不吸取教訓，還有膽當了主席的面，講這種反動透頂的話？只怕又會被打翻在地，踏上一隻腳呢！王洪文沒有想到的是，毛主席聽了鄧小平的言論，竟頻頻點頭：鄧政委直言不諱，有水平，我有同感，英雄所見略同……怎麼辦呢？鄧政委，你有什麼預謀之策？貢獻一、二，如何？看看，兒童團吃驚了吧？盛世危言，振聾發聵。洪文你要好好學習呢。鄧政委你繼續。

鄧小平輕咳一聲，清清喉嚨：關鍵還在主席安排、培養好革命事業的接班人，新一代領導集體。主席自五十年代起就在做這方面的事……黨的「十大」上，又定下王洪文同志爲第三代接班人，種過地，當過兵，做過工，很英明的決定，我衷心擁護。

毛澤東憐愛地看王洪文一眼。王洪文感激地看鄧小平一下。毛澤東說：鄧政委看得很準，要害在安排好接班人。我安排過劉少奇、林彪，都失敗了。現在是第三次。事不過三呢。你剛才講，王洪文是第三代接班人，也很中肯呢。「十大」後我委托洪文主持中央軍委會議，協助總理處理中央日常工作，多數老幹部、老將軍都不服氣，看他是個兒童團呢。文化大革命搞了這麼久，論資排輩、論功行賞的習慣勢力還很頑固。這就出現一個問題，第三代接班人需要第二代革命家傳、幫、帶，扶上馬，送一程。本來，總理可以擔此重任，作爲過渡。可是總理已經患上癌症，需要不時請假治療，他本身的工作，都需要人幫忙……鄧政委，你看看，該怎麼辦呢？

鄧小平知道時機已到，也就不再客氣、遲疑，站起身來，恭敬地望着毛澤東說：主席，如果可能的話，我願意多做些工作，包括協助王洪文同志工作。談不上傳、幫、帶。我今年也六十六歲了，作爲黨的第二代老同志，有責任協助第三代同志順利接班，以保障我們的事業平穩過渡，長治久安。

毛澤東高興了，說：好！鄧政委，我就等着你的這句話。經過文化大革命的考驗，你的進步是全面的。洪文啊，你不要吃驚呢，今天晚上，我就是替你請到一個師傅，你要拜小平同志為師，由他對你傳、幫、帶。

王洪文一臉驚訝，但馬上就堆起笑容，懂禮地起立，朝鄧小平一鞠躬。鄧小平和王洪文熱烈握手，毛澤東也艱難地站起身子，移步過來，加入握手，六隻手緊緊相握：好好，很好，我們算三代人呢，齊心協力，同舟共濟，把革命進行下去，我死後，不要讓人掘了我的墳墓。鄧小平、王洪文見毛主席說的凄惶，便都賭了咒，發了誓。

談話結束，毛澤東留下二人吃消夜。毛澤東吃得很少，但心情愉悅：辦了這件事，我可以睡個好覺了。洪文哪，你要注意呢，暫時不要傳出去呢。明天下午，我要到政治局和軍委聯席會上去宣布，給政治局請回一個軍師，也是給你王洪文請了個師傅，鄧小平同志參加政治局和軍委工作。

翌日下午三時，依據毛澤東的指示，在游泳池會議室，召開政治局和軍委聯席會議。毛澤東親自出席，並宣布：增加鄧小平同志為政治局委員和軍委委員，協助王洪文同志主持中央日常工作，當師傅，搞傳、幫、帶。周總理治病期間，也由小平同志主持國務院日常事務。有關手續，中央可先發文件，以後再到二中全會上去追認。接着，毛澤東又對老帥、老將軍們說：我給你們也請回來一個參謀長，你們的老上司鄧政委，他可是鋼鐵公司，鐵面無私，軍令如山的。

消息是如此重大，如此突如其來，與會成員們個個目瞪口獃。包括周恩來、朱德、葉劍英、徐向前、聶榮臻、李先念等元老都目瞪口獃。但他們馬上就緩過勁、回過味來，心中無不竊喜：主席胡整了許多年，這回總算用對人了！鄧小平回中央協助工作，十個三滴水、張眼鏡都不在話下。那個王小白臉，更是小菜一碟。

康生、紀登魁、陳錫聯、華國鋒、韋國清、吳德、陳永貴等人則徬徨四顧，不知所以。江青、張春橋、姚文元三人更是遭了霜打似地蔫了，痛恨王洪文不爭氣，稀泥巴糊不上牆。這小子肯定事前就知道了，卻一風不透，現在老頭子一宣布，既成事實，鄧矮子重新參與中央權力，要反對、阻撓都來不及，今後有好果子吃了。不過老傢伙們也不要高興得太早，鄧矮子還有個「永不翻案」捏在中央文革手裡，誰敢翻案，決無好下場。

對於鄧小平的這項這任命，王震、許世友、楊得志、韓先楚、李德生、汪東興、皮定鈞、丁盛、曾思玉等一批老將們人人服氣：鄧政委參加軍委領導，夠資歷，夠水平，沒說的，大家服從命令。

在這次中央軍委會議上，還頒布了軍委主席關於八個大軍區司令員崗位對調令：李德生任瀋陽軍區司令員，陳錫聯任北京軍區司令員；許世友任廣州軍區司令員，丁盛任南京軍區司令員；楊得志任武漢軍區司令員，曾思玉任濟南軍區司令員；韓先楚任蘭州軍區司令員，皮定鈞任福州軍區司令員。該命令還規定，上述同志立即到任，每人只准從原單位帶走三名工作人員：秘書、警衛員、廚師各一名。

第八十四章　總理治癌　主席審批

周恩來的病情日趨嚴重。中央替他設立醫療領導小組，毛澤東自封組長，成員則有王洪文、葉劍英、張春橋、李先念、紀登魁、汪東興、華國鋒諸人。周恩來深知其中利害，曾竭力婉謝毛當他的醫療組長：主席年紀比我大，身體也欠佳，怎好要主席掛這個名呢？讓葉帥負責吧，情況隨時向主席報告就是了。毛澤東卻執意要當這個組長：恩來，怎麼不好呢？那麼我也邀請你做我的醫療領導小組組長，成員則是同一班人馬，你我相互關照，彼此愛護，戰勝疾病，如何？就這麼定了。周恩來心裡叫聲苦也，卻不能不吞下這顆苦果。

毛澤東所以要當「周恩來同志醫療領導小組」組長，捅穿了說，是擔心周恩來可能活過他，在他死後接掌黨政軍權力，致使黨內軍內的反文革勢力全面復辟。他早就懷疑周恩來深藏反叛之心。黨的二把手無不急於從一把手手中奪取最高權力。所謂反修防修，最要反、最要防的就是二把手搶班奪權，重演楊廣弒父、李世民弒兄的奪位醜劇。當然，毛澤東也意識到，以周恩來的爲人，最大的可能是等着他毛澤東死後算總帳，鞭屍。就像昔日的老大哥領袖斯大林死後，被赫魯曉夫一伙鞭屍，全盤否定那樣……全盤否定他毛澤東，材料可要比斯大林豐富多少倍囉，單是抓住「一年大躍進、三年大飢荒，餓死人口幾千萬」一條，他毛澤東的罪孽就罄竹難書了。爲什麼要搞倒劉少奇？最早起殺機，在一九六二年春天，劉少奇跑到游泳池，對正在裸泳的毛澤東說：鄉下人相食，會上書的！妄圖逼毛澤東同意人民公社實行包產到戶，甚至分田單幹，以度過飢荒。

文化大革命，費盡移山之功，整掉劉少奇，出來個林彪。林彪也完蛋，剩下個周恩來。毛澤東認定，比起劉少奇、林彪，周恩來陰柔圓融，更具欺騙性、號召力。這次運動打倒了那麼多人，反倒成就了周恩來，黨內軍內一枝獨秀，成爲老幹部、老將軍們的大靠山，精神領袖……每想到自己死後可能像斯大林那樣被全盤否定，毛澤東就要不寒而慄。說是一九五六年斯大林的遺體從莫斯科紅場列寧陵墓的水晶棺中取出，送去火化之前，被赫魯曉夫開了三槍，象徵處死三次以洩憤。中國黨內，誰會對他毛澤東的遺體開三槍？周恩來無須親自動手。願意動手的大有人在。彭德懷餘黨，劉少奇餘黨，林彪餘黨，一切地富資產階級分子，恨不能用機槍掃射，把他毛澤東的遺體掃成蜂窩狀，一灘肉醬呢！你們不信？反正毛澤東信。如果連這種可能性都預測不到，毛澤東還算什麼政治家、軍事家、領袖、導師、統帥、舵手？

早在一九七二年十一月，醫療小組的專家們就將周總理的心臟病、便血、尿血等病狀及其檢查數據，報告給葉劍英、張春橋、汪東興，建議周總理做身體全面檢查，並做必要的手術治療。周總理的膀胱癌尚屬早期症狀，及早手術，可痊癒。葉、張、汪等人作不了主，報告毛澤東。拖有兩個月，毛澤東的指示才傳下：醫生的話，我從來只信一半。恩來的病，邊工作邊療養，要保密，不開刀。

一九七三年一月五日，周恩來大量便血，排尿困難。經醫生們採取臨時性措施，便血止住後，周繼續緊張工作，主持中央工作碰頭會，研究處理陝西、浙江等省市派性武鬥、恢復生產問題。進入二月份，周需戴氧氣罩才能入睡了。一天清晨，突然排出大量尿血，整個抽水馬桶都紅了。醫療小組的專家們再次提出替總理做膀胱腫瘤切除手術，不能再延誤了，錯過了治療時機，後果不堪設想。汪東興卻傳達毛澤東的指示：主席不同意開刀。主席考慮的是全局工作，不是一時一事。專家們莫名其妙，與汪東興發生爭執。汪東興竟蠻橫地說：聽你們的，還是聽主席的？我是執行主席指示！

三月二日，經醫療專家們的一再催促，周恩來約葉劍英、張春橋、汪東興三人談自己的病況，意在三人能如實向毛主席反映，批准做一次全身檢查。五日，葉劍英利用陪同外賓面見毛澤東的機會，報告了周總理的病情惡化，急需做一次全面檢查。毛澤東終於同意周恩來先做檢查，後做治療，專家小組的治療方案要經批准，才可進行。由於病情危急，當天晚上，專家小組就替周恩來做了透視檢查，發現膀胱內積有血塊，堵塞尿道，導致排尿困苦。專家們出於醫德，甘冒政治風險，不再請示批准，當即替周總理做了電灼，可在短時間內減輕排尿困難。

三月六日晚，趁着去毛澤東住處開會之機，周恩來提前十分鐘到達，把自己的病況及專家小組提出的治療方案，作了簡要匯報，當面請求主席批准。毛澤東不得不點頭，但仍堅持：先全面檢查，後談治療，不要開刀，治療方案要報領導小組審批。

三月九日，周恩來主持政治局會議，說明自己的病情，經主席批准，向政治局請假兩週，去西郊玉泉山做全面檢查，並接受適當治療。此時間內，政治局會議由葉劍英主持；組織和宣傳工作由江青、張春橋批辦或上報；軍委事務由葉劍英處理或上報；國務院事務由李先念、華國鋒處理或上報。

三月十日，周恩來在鄧穎超陪伴下入住西郊玉泉山中央領導人療養院。醫療小組的專家們經過對周恩來的全身檢查，會診，進一步證實周的膀胱內腫瘤已經擴散，再不做手術切除，就失去最後的治癒機會了。因此要求總理當機立斷，這次就做切除手術。手術後至少臥床休息兩個月。周恩來卻是個守紀律的模範，說：不行，主席不同意替我開刀，這次體檢都是好不容易才爭取到的。怎麼可能准許我休息兩個月？一定要先報主席批准。否則，我就是害了你們，各人家裡都有老有小的，懂不懂？

專家們都是共產黨員，當然懂得黨的紀律，懂得偉大領袖的旨意高於一切，大於一切，先於一切，重於一切。在偉大領袖面前，人的生命、健康，包括周總理的生命、健康都是次要的，應當排在第二位，甚至第三位。專家們只好精心地替周總理做了電療加化療。通過兩星期的醫治，周恩來的病況總算穩定下來，便血、尿血現象暫時消失。此期間，周恩來不忘委託鄧穎超代表他先後去看望了也在病中的李富春、蔡暢、劉伯承等人，告訴老戰友們自己的病不很嚴重，不要替他擔心，重要的是各人都要保重身體，為黨的事業健康長壽。

四月二日，根據專家小組的請求，獲毛澤東批准，周恩來再次入住玉泉山治療一星期。特約鄧小平來單獨見面。周恩來已預知鄧小平前途無量，經毛主席觀察一段，即會全面接手國務院甚至中央軍委工作。鄧小平畢竟是毛澤東自一九三一年江西蘇區起，一路提拔起來的帥字號人物啊。他要不是在大飢荒年代跟着劉少奇跑了一段，黨的接班人就會是他，而不是林彪了……至於周和鄧的關係，從來彼此相敬，保持距離，談不上什麼親密。爲什麼借到郊外治病之機，單獨相約來見？實在是出於對矮個子的愛護、關切，告訴他：要注意張春橋，此人和江青剽在一起，有大志向，大能量，早就盯上了國務院總理這個位置。我患上不治之症，張的心情更加急迫。但張的歷史不乾淨，有叛徒、托派問題。張的老婆是個查明了的托派分子。鄧小平問：主席知道張的這個歷史嗎？周恩來說：早知道，但不讓查，還給張配了保健醫生，當做接班人來培養。張確有理論水平、行政能力。這話，我只對你一個人講，你心裡有數，千萬不能傳出去。

四月九日晚，周恩來返回中南海西花廳。其時，毛澤東已選定王洪文爲新的接班人，參與中央領導工作。黨內、軍內出現反彈、非議：怎麼就沒有總理的份？輪都該輪到周總理了！總理接班，符合黨心民心，不然又有好戲看……毛澤東的耳目遍於各地。當耳目們把此一敏感動向密報到中南海游泳池，毛澤東懷疑是周恩來手下的人在背後策動。他不便公開指示制止擁周輿論，便對身邊的工作人員談周的問題，斷斷續續談了好幾個月，並示意王海容、唐聞生等人把他的一些話傳出去：

外交部是周總理的獨立王國，針插不進，水潑不進，等於文革前的那個北京市委；

要甩石頭，摻沙子，挖牆脚。過去是林彪的軍委辦事組，現在是周恩來的國務院；

周這個人怕蘇修，怕得要命。有朝一日，如果蘇聯紅軍眞的打進來，有的人可能當兒皇帝，共產黨內也會出石敬塘；

周是個崇美派，每次季辛吉來，都稱兄道弟，親密得很，幻想美國在他頭上安一把核保護傘哪；

老牌國際派，老右傾機會主義者，蒙蔽幾十年，至今沒有認淸他的眞面目。他若上台，就是大資產階級上台，紅旗落地，國家變色；

從陳獨秀路線，到瞿秋白路線，李立三路線，王明前左、後右兩次路線，到彭德懷路線，劉少奇路線，林彪路線，黨內十次錯誤路線，他至少八次是積極的，跑得歡。後幾次，他總是在快要分出勝負時，才肯站到我的這邊來……

毛澤東的這些「最高最新指示」，太厲害，太可怕了。就連他身邊的工作人員都不敢相信，不敢對外洩露。周總理爲黨和國家日夜操勞，已經累出一身重病，難道比劉少奇、林彪還壞？還反動？太不近情理，太不可思議了。而且偉大領袖的話說變就變，轉臉就不認帳。萬一你把他老人家的某些話洩露出去，不定哪天就會指你挑撥毛主席和周總理的關係，在中央核心內部製造分裂，那你就死定了。六月下旬，周恩來又大量便血，排尿困難，痛苦不堪。醫療小組的專家們提出緊急治療方案，上報汪東興，請求批准。汪東興無權批准，答應報告毛主席。拖到第二天，汪東興回話：馬上就開「十大」了，越忙越請假？是黨的「十大」重要？還是個人治病重要？你們看着辦吧。醫療專家們明白這不是汪東興的話。是誰的指示？他們想都不敢想了。

周恩來的老警衛秘書、中辦副主任兼警衛局第四大隊黨委書記楊德中，早就對總理患上絕症得不到及時治療憂心如焚，忍無可忍，這天端了一痰盂鮮紅的總理尿血，找到汪東興：汪主任，你看看，你看看嘛！總理天天尿這個，不給治，於心何忍？是膀胱癌啊！說著，楊德中這條平日三捶子砸不出一句話的剛強漢子哭了。汪東興也紅了眼睛：老楊，我有什麼辦法？你知道的，許多事情，我只是個傳達室，上邊不批准嘛！楊德中渾身都發抖：汪主任，不能見死不救，你把這個端進去給老人家看看看？汪東興瞪了眼睛：端這個進去？我的腦袋還要不要？這樣吧，你等着，我這就再去請示一次。楊德中端着一痰盂總理血尿，在游泳池門口等了好一刻，汪東興鐵青著臉出來：不行，要等開完「十大」，才可能安排總理去治療。告訴小組的專家們，不要再鬧了，再鬧，會被趕出中南海的。

一直拖到七月四日。清晨，周恩來起來小解，又大量出血，在洗手間裡昏厥過去。醫療小組一邊就地搶救，一邊報告上去。倒是很快恩准下來：給假一天，做適當治療。周恩來被救護車送至西郊玉泉山，做電灼治療。電灼療法只能臨時化解淤積在周恩來膀胱內的血塊，緩解排尿時的痛苦。

當天晚上，周恩來返回中南海西花廳家中。張春橋即神氣活現地找上門來，要求召開政治局會議，傳達毛主席的最新指示。原來毛澤東在下午約了王洪文、江青、張春橋、姚文元、汪東興等人談話，痛批了外交部最新一期的內部刊物《新情況》（第一五三期）：過去是彭眞的北京市委鬧獨立王國，現在是周總理的外交部，也是獨立王國。我說國際局勢是大動盪、大分化、大改組，外交部這個刊物卻別出心裁，獨具慧眼，忽然來了個什麼大欺騙，大勾結，大主宰，分明是和我打擂臺。你們年紀還不大，最好學點外交，免得上那些老爺的當，受他們的騙，以至於上他們的賊船。以後，凡是這類屁東西，我照例不看。總理的講話在內，也是屁東西，不看，不勝其看。結論是四句話：大事不討論，小事天天送，此調不改正，勢必出修正。將來搞修正主義，又有大批人倒台，莫怪我事先沒招呼，沒警告。

毛澤東還談了批林批孔問題，反對郭沫若在其史學著作中罵秦始皇。指林彪和國民黨一樣，都是尊儒反法的。林彪摔死了，可共產黨內搞尊儒反法的大有人在。以誰為首，我現在還不能說，你們等著看熱鬧。接著，毛澤東給在座的人唸了兩首自己的新作：

之一：讀《十批判書》①

郭老從柳退，

不及柳宗元，

名曰共產黨，

---

① 郭沫若論述先秦歷史之著作。

崇拜孔二先。

之二：讀《封建論》，呈郭老

勸君少罵秦始皇，
焚坑事業待商量。
祖龍雖死制猶在，
孔學名高實秕糠。
百代都行秦政法，
十批不是好文章。
熟讀唐人封建論，
莫從子厚返文王。

周恩來由此知道，偉大領袖再一次鎖定他爲批判目標，是怎麼都躲不過了。在第二天召開的政治局會議上，先由張春橋傳達毛主席關於外交工作的重要指示，江青唸了毛主席的兩首批孔新詩作。周恩來接着作「沉痛檢討」，向主席和中央認錯，以緩解領袖雷霆之怒。重病中的周恩來強吞下一粒苦果：下邊的老同志、老將軍們，你們還瞎鬧騰什麼？現在中央還向你們保密，周恩來早患上絕症，時日不多了，還能接誰的班？你們越在下邊替我鳴不平，我在主席面前越做不起人，越不是人。已經把我周恩來和劉少奇、林彪相提並論了，你們還蒙在鼓裡啊。

七月八日，周恩來再次獲准去玉泉山治療兩天。七月十三日，又獲准去治療一天。都是接受電灼，化解膀胱內的瘀血。大約是對他在政治局會議上關於外交工作沉痛檢討的一種獎勵吧。但也說了，「十大」會議期間，不可能再獲准去治病了。關於這段時間的病況，周的保健醫生後來回憶說：

由於腫瘤迅速長大、潰爛，出血量增多，流血速度加快，膀胱裡蓄積了大量的血液，凝結成血塊，堵住了尿道口，使排尿發生困難。

起初，小的血塊堵塞，解小便時稍用力還能排出去，但較大的血塊不容易從尿道排出，以後周恩來在排尿時十分痛苦。每當我見到他擺晃着身體，扭動腰部，不由自主地跳動，想藉此把堵在尿道口的血塊移開，我眞恨不得自己能替總理生病，替總理去承受這種痛苦。當一些小的血塊隨尿流一起比較痛快地排出來，這時，總理會長長地噓出口氣，他的額頭微微地沁出汗珠。這個時候，周恩來已受盡了病痛的折磨，筋疲力竭，自己再躺到沙發上去靜養一會兒，準備下一個「回合」，因爲小便還沒有排乾淨。

一九七三年十一月十日，美國國務卿季辛吉第六次訪華，給周恩來惹下大禍。由於剛挨了毛澤東的嚴厲批評，周恩來此次和季辛吉會談，原本慎之又慎了。連季辛吉都感覺到周恩來小心翼翼，聽得多，說得少，輕易不表明態度了。照例，季辛吉向中方通報了美方根據軍事偵查衛星獲知的蘇聯紅軍在遠東地區的最新動向；對外間盛傳的蘇軍準備對中國的核武基地實施外科手術式核打擊一事，季辛吉提出，可以考慮美中進行軍事合作，包括互通情報，向中方出售相關武器，建立雙方之間防止核戰的熱線通訊，必要時，美方甚至願意向中方提供核保護。作爲回報，亦希望中方能允許美方在內蒙、新疆的中蘇邊境地段上，設立針對蘇聯的軍事偵聽站。

季辛吉這次來華，已經不單是談外交領域的問題，而涉及至爲要害的軍事領域了。這太敏感了。周恩來怎敢表態?面對蘇軍強大的核武威脅，能夠得到美國的核保護，固然不是壞事；但中國的主權，民族尊嚴呢?不請示毛澤東，不由毛澤東親自拿主意，代表中方主談的周恩來和葉劍英，只能支唔其詞，言語閃爍。擔任中方口譯和記錄的，是毛澤東的兩員親信女小將王海容、唐聞生，身份很特殊。由於季辛吉熱中於談美中軍事合作，共同對付蘇聯，而催促中方表明態度；周恩來只得表示：事關重大，要請示報告中央，在季辛吉離開前給予答覆。可是到了晚上，周恩來數次給游泳池電話，想向毛澤東匯報情況，值班人員不是說主席正在找人談話，就是說主席已經睡下，休息了。第二天，周恩來在季辛吉登機前，與之舉行最後一次會談。季辛吉又問起美中軍事合作的可能性。周恩來含蓄地回答：關於此一議題，中方不表示拒絕，雙方可以派出專家繼續討論。季辛吉聽後高興地和周恩來熱烈握手，因爲看得出來中國總理對此一議題大有興趣。

豈知周恩來的這種對美國的「右傾機會主義，妄圖把中國綁在美帝國主義的戰車上」，立即被王海容、唐聞生二女將匯報給毛澤東。毛澤東似乎正在等着周恩來犯下「向美國屈膝投降」的政治錯誤。當天晚上，他就調閱了周恩來與季辛吉談話的全部記錄，並要王、唐二人去找周本人「核實」，簽字認可。等周恩來明白「談話記錄」即將成爲他的「罪狀」時，已經晚了。王、唐二人奉命四處吹風：總理被蘇修的核武威脅嚇破了膽，不經請示主席，擅自答應和美國搞軍事合作，接受美國的核保護，置國家主權、民族尊嚴於不顧。

根據江青提議，毛澤東批准，政治局成立一個「幫周小組」，由王洪文、江青、張春橋、姚文元、汪東興、華國鋒六人組成。「幫周小組」連續召開了兩星期的擴大會議。首先由王海容、唐聞生兩女將以見證人的身份在會上進行檢舉揭發。唐聞生的發言長達八小時，詳細介紹、傳達近半年來，毛主席的一系列批周談話。政治局委員們迫於毛澤東的壓力，一個個對周恩來的「賣國行爲」義正詞嚴，紛紛發言，斥責他「蒙騙主席，蒙騙中央」，「賣國主義」，「對美帝國主義卑躬屈膝」，「右得不能再右的投降行徑」。連與周恩來共事二十多年的國務院副總理李先念都說：上了周恩來的當！這次才認清了他的眞面目；連周恩來一手提拔起來的外交部副部長喬冠華都說：失望，眞的失望，總理革命幾十年，怎麼在美國人面前如此軟弱，只差沒有打白旗子了。

周恩來被批成「十惡不赦」，毫無臉面自尊了。加上已經三、四個月沒有獲准去做電灼治療，他的膀胱裡早又淤積起大量血塊，堵塞住尿道。接受政治局會議「批判教育」時，也不時要請假去洗手間小解，往往一去就是半個小時，仍是排不出尿。會議冷場，江青、張春橋等人極不耐煩，認爲周是借上洗手間消極對抗。江青多次斥責周恩來：爲什麼去這麼久？替你看着錶，一去三十五分鐘！周恩來一頭虛汗，痛苦不堪地說：對不起，我實在是尿不出，努力了三十五分鐘，還是尿不出……

政治局會議上，無人敢對周總理表示同情。無人提出周總理的膀胱癌應當准予治療。無人說，對周總理應當實行革命的人道主義。一天會上，江青以主席夫人的身份，更爆出驚人的內幕：去年一月，尼克森來訪前夕，主席不是大病一場，休克了嗎？主席被救醒之後，對總理說：恩來，我不行了，今後，黨、政、軍工作，就都交給你了。總理認爲，這是主席向他移交權力。他當即命在場的機要秘書小張把這話筆錄下來，請主席簽字。那情形，很有點逼主席交出權力的意味啊！聽了江青的這個檢舉揭發，政治局委員們一片嘩然，逼主席交權？野子狼心，天理不容，人神共憤！平日溫文爾雅，君子風範，關鍵時刻原形畢露。張春橋、姚文元更是跳將起來：周恩來！你比劉少奇、林彪還性急，急不可待！要搶班奪權啊？全黨不答應，全軍不答應，全國人民不答應！

在批周會議的最後階段，江青、姚文元作了總結性發言：這次和周恩來同志的鬥爭，是黨的第十一次路線鬥爭。周恩來是被擊垮了。參加革命六十年來，從沒有像今天這樣狼狽，形象醜惡。他只有沉痛認錯，痛哭流涕地向主席、黨中央檢討，乞求給予痛改前非的機會。在最絕望的時刻，他仍抱定一線生機：毛主席不會拋棄他、打倒他，還會讓他帶病帶罪工作，洗心革面，將功補過。

其時，毛澤東爲大局著想，無意像對付劉少奇、賀龍那樣，以「醫療服從專案」方式把周恩來整死，只是要批臭，在黨內軍內失去市場，清除其否定文化大革命、右傾翻案的潛在力量。為了考驗重返領導崗位的鄧小平，毛澤東命矮個子參加最後階段的批周會議，但並未明言他在會上必須發言。鄧小平是何等聰明之人，立即心領神會。他主動作了發言，表明自己不是周總理一路貨色：

恩來同志，恕我直言，劉少奇、林彪之後，你成了黨內第二把手。這個位置，意味着什麼？我不講，大家清楚，離主席只有一步之遙。別的同志，都是可望而不可即，你卻是可望而可即。劉少奇、林彪，都是在二把手的位置上，暴露出來搶權的野心，所以失敗了。用造反派的話來講，成為不齒於人類的狗屎堆。今天，我在這裡，要向恩來同志喝一聲：不要步劉少奇、林彪的後塵！那是萬丈深淵，萬劫不復。自江西蘇區時期起，我就認定：只有主席，才是我們的領袖、統帥，其他都是助手。我是長期遵從和決心保衛主席的一票否決權，也就是一票決定權。以上，就是我的態度。

鄧小平講話，從來言簡意深，分量很重。毛澤東看到矮個子這番話的《會議簡報》，欣慰地笑笑，考試過關了。本着批判從嚴，處理從寬的原則，毛澤東決定放周恩來一馬，指示說：幫周會議、開得好。分清是非，教育同志，很成功。不足之處，是有人講錯兩句話，一句叫做「急不可待」，另一句叫做「第十一次路線鬥爭」。對總理，都不適用。許多工作，還要靠總理去做，這是大局。

政治局「幫周會議」之後，周恩來遭受精神和肉體的雙重折磨，身體更加虛弱了。醫療小組的專家們個個急的跳腳：再不批准給總理做全休治療，無異於慢性謀殺！當然誰也不敢公開說這個話，只能一次一次寫報告，要求領導小組批准給總理治療，哪怕是恢復臨時性的電灼，也可以減緩總理尿血不出的痛苦。報告一次次送上去，卻得不到批覆。他們只好直接去找汪東興。汪東興說：我現在不管這個事了，你們去找張春橋吧。醫療小組找到張春橋。張眼鏡竟說：你們的報告，都送主席了。主席那樣忙，身體也欠佳，我能隨便去催？問春橋同志能否上去催一下？張眼鏡瞪起眼睛說：你們有你們的考慮，中央有中央的考慮，要服從全局，服從主席，這是紀律。

進入一九七四年，毛澤東號召發動全黨全軍全民「批林批孔」運動。毛澤東的兩名親信愛將，兼任清華大學黨委書記的謝靜宜和北京大學黨委書記遲群，揣摸毛、江旨意，佈置兩校的大批判寫作班子「梁效」，撰寫一系列大塊文章，在「批林批孔」的後面加了個「批周公」，隨後又加了個「批走後門」。林彪和孔夫子有什麼關係？一個現代武夫，一個古代哲人，怎麼扯得到一起？聽似荒謬，內藏玄機。不是從林彪的臥室裡搜查出一幅林禿子手書的中堂「悠悠萬事，唯此唯大，克己復禮」嗎？孔老二復的什麼禮？周公之禮。周公何許人？周公名姬旦，兩千六百年前周文王之子，輔助其兄武王滅紂，建立周朝。武王死，成王年幼繼位，周公輔政十七年，忠心耿耿，平息叛亂，安定四方，制訂禮樂，規範社會風俗、祭祀儀程、官吏等級，世稱「周禮」。周公死後，孔子著下一本編年史《春秋》，對「周禮」中所涵蓋的社會風俗、道德準則、祭祀儀程作了進一步的完善與規範。禮，實爲古代統治者安邦之道、馭民之術也；林彪復的什麼禮？毛澤東思想，馬克思列寧主義？否！他復的是尊儒反法的孔孟之道，爲他搶班奪權做輿論準備；周恩來復的什麼禮？復中庸之道、階級調和、路線調和之禮，一切回復到文化大革命之前，黨內軍內走資本主義道路當權派所推行的那一套。周恩來人稱

「周公」。謝靜宜色藝雙全，在毛的龍榻上雲翻雨覆，竟也修煉出些許功夫，把古代的「周公」和現代的「周公」做一鍋燴了。

江青、謝靜宜提出「批林批孔批周公」再加上個「批走後門」，則是針對黨內軍內的大批恢復了領導職務的老幹部、老將軍。皆因這大批被視爲周恩來反文革勢力在黨內軍內的中堅力量的高級幹部，在他們被打倒期間，子女受到株連，下放農村，飽嚐作爲反動子女所遭受的政治歧視和生活磨難。他們復職復權之後，爲了償還子女的損失，紛紛相互通過各種老上下級關係，把各自的子女從農村抽調上來，送去軍隊、工廠、機關、學校栽培，成爲當時相當惡劣的「走後門現象」。單是葉劍英一人就送了四名子女去部隊當兵、提幹。江青在一次批林批孔大會上，疾言厲色點了葉劍英的名，指他在運動中興不正之風，大搞資產階級特權。但法不責衆，毛澤東亦不願爲此事再去得罪黨內軍內的大批老幹部、老將軍們，而予以放任；裁定：從後門進來的有好人，從前門進來的也有壞人，批林批孔加了個批走後門，文不對題，分散了注意力。

二月十日晚，周恩來病情加劇，已不能堅持正常工作，毛澤東不得不批准他恢復電灼治療。三月初，周恩來每天便血達一百多毫升，馬桶盡紅。醫療小組請求中央批准對周的病情作深一步的檢查。毛澤東已確知周恩來來日無多，給予恩准。三月十一日至十五日，周恩來入住北海公園西側的三〇五醫院，亦即原爲毛澤東、林彪準備的一座特殊專用醫院，做了全面檢查。確診爲癌細胞已在膀胱內大面積擴散。三月底，毛澤東仍未批准周恩來全休，入院治療。周恩來每天靠輸血、電灼、化療等臨時性醫療措施減輕痛苦，仍堅持繁忙的國務活動。

此時，中央文革組長江青直接指揮下的「批林批孔」運動，在全國上下轟轟烈烈進行。河北、山西、陝西、浙江、江蘇、山東、遼寧、四川、湖南、雲南等省區，造反派又重新大為活躍，遊行示威，罷工罷課，阻斷交通，搶奪槍枝，大規模的派性武鬥死灰復燃。毛澤東認爲形勢大好，人民群衆又起來了，反右傾，反復辟，文化大革命就是好，就是好，好得很。各級黨、政、軍幹部則憂心如焚，消極抗拒。只要老頭子還活着，這個國家就不會消停，安分。

進入五月份，周恩來已無法堅持正常作息了。

六月一日，新中國的國際兒童節。毛澤東終於批准，周恩來告別居住了二十五年的中南海西花廳，入住中央軍委三〇五醫院。他將在這座環境優美的特殊醫院裡度過生命的最後日子。三〇五醫院毗連的北海公園，自一九六六年文化大革命高潮時就關閉了，名曰保護文物古跡，內部維修整理，實爲被毛澤東、江青佔用。變相私家大花園，供新中國第一夫婦散步、休息。此後，周恩來也常由醫護人員陪同，在北海岸邊賞景、散步。三〇五醫院本是爲毛統帥、林副統帥所設置的專門醫院，但毛、林活著之時無意入住，因爲一旦入住就象徵著將放棄手中牢牢掌控著的黨、政、軍最高權力。

第八十五章　總理權位　鹿死誰手

夏初，毛澤東回老家湖南長沙療養、遙控去了。

周恩來入住三〇五的當天晚上，專家們就替他做了第一次大手術，竭盡所能地把他膀胱內的腫瘤切除乾淨。手術後，周恩來的病情得到緩解，起居亦能自理，仍天天忙碌，或出席會議，或接見外賓，或找人談話，那情形就像是把辦公室從中南海西花廳搬到醫院來了。他知道自己的病已無痊癒的可能，唯一要達成的目的，就是決不能把權力交給江青、張春橋。鄧小平雖然算不上自己的親信，但爲人正派，工作務實，願意解放老幹部、老將軍，有能力抓好國民經濟。

這時悄悄地發生了一件出人意料的事：也患上癌症在家療養的康生同志，一天忽然把毛澤東的兩員女將王海容、唐聞生找去，請她倆帶話去長沙，報告毛主席：張春橋歷史上有過變節行爲，他和他老婆都參加過托派組織。三十年代初，他化名狄克，寫過謾罵黨、謾罵革命的文章，曾被魯迅痛斥爲帝國主義走狗。此事，我過去一直不便說，現在報告主席和中央，算了一樁心事。

王海容、唐聞生正好兩天後要陪外賓去長沙見毛主席，康老的這個揭發，要不要報告主席？張春橋可是江青同志的密友哪，主席也很信任、重用的，到時候江青同志甚至毛主席本人，都遷怒於她們，怎麼辦？上次遵照主席的指示，在「幫周會議」上揭發了周總理的問題，事後主席竟指着她倆對別人說：王、唐二小將好生了得，連周總理都敢整，老虎屁股都敢摸，厲害角色囉！那以後，她們就很後悔，主席做臉，她們卻做了屁股。這次康老揭發政治局常委張春橋同志，會不會到頭來又拿她倆來開涮？好似是她倆在播弄是非……她們拿不定主意，只好去請教周總理。看來比去，在中央領導人中，就數周總理有人情味，最是關照、愛護年輕晚輩。果然，周總理一聽就笑了：是個老話題了，原華東局的老同志，早寫過材料。到主席那裡，妳們只管講實話，康老是黨內最權威的審幹專家，對黨的事業負責任啦，但不要說曾在我這裡議論過。我也是為了保護妳們，明白這個意思嗎？

七月三十一日晚，周恩來抱病出席在人民大會堂宴會廳舉行的八一建軍節四十五周年慶祝酒會。數千名獲得解放、恢復工作的老同志、老將軍們見到病中的周總理，無不心存感念，熱淚盈眶。許多人輪番着向總理敬酒、致候，祝總理早日康復、長壽。周恩來此時只能以涼開水代酒了，向一批又一批老軍人說：大家要感謝主席，感謝中央。軍隊，還是要靠你們去帶，去管，黨不變顏色，國家不變顏色。當晚，出席宴會的王洪文、江青、張春橋、姚文元等文革派大將，目睹老將軍們對周恩來的感恩戴德，無不恨的牙癢癢，又無可奈何。三年前被打倒、恢復名譽不久的楊成武上將，曾經回憶當晚的情景：

一九七四年我被解放出來，七月三十一日參加建軍節，宴會之後總理把我留下。從宴會廳走向北京廳的路上，周總理很動感情地說：成武啊，我呀，對不起你了。我啊，在你被打倒的過程中，也說了錯誤的話，違心的話，向你道歉，向你檢討……

我怎麼能接受總理的檢討？我激動地說：總理，都是林彪他們搞的……您從根本上一直想保護我和我全家人。

周總理用手勢止住我，繼續說：我要向你檢討，把一切仇恨集中在林彪頭上，一切幸福來自毛主席……我還要告訴你個不幸的消息。本來不想和你說，考慮再三，我還是要和你說，你那在空軍工作的大女兒楊易，被他們整死了……這也是我的失職。楊易的事情我知道一些，多好的孩子啊！花朵一般美麗，有正義感。她當時正在寫林彪、吳法憲的材料，還沒完成，就遭毒手。這是階級鬥爭啊。我當時正在準備接待尼克森、季辛吉，沒有來得及過問，結果出了悲劇。我已經作出批示：一、不許火化，保留遺體；二、要化妝，孩子生前那樣美麗；三、用棺木埋葬，埋葬後要做出標誌，立碑，待你們出來後，由劍英和空軍黨委來處理這個事情。我活不到明年的「八·一」了，在我有生之年一定要查清這件事。今天我向你檢討，你不要告訴你愛人，緩一緩，革命總要付出代價……

楊成武的冤案，比起賀龍元帥的冤案來，則是不幸之中的大幸了。九月下旬，中央一拖再拖的關於爲賀龍恢復名譽的通知，終於獲得毛澤東的批准。《通知》把賀龍迫害致死的全部罪責，推給了林彪、葉群。其實，當時是毛澤東任命周恩來爲「賀龍專案審查小組」組長，具體負責辦案，而屈從於毛江、林葉統帥副統帥夫婦的淫威，以「醫療服從專案」的方式活活把賀龍整死了。如果說，對楊成武、傅崇碧、余立金三位將軍，周恩來犯有違心之過，對賀龍元帥，則是犯下參與殺人的罪責。

時節已是秋季，香山、玉泉山的樹葉紅了，北海、中南海一帶的樹葉也黃了，紅了。色彩燦爛，天高氣爽。黨中央核心內部，出了個身在南方的毛澤東未能察覺的情況，他的兩名親信女小將王海容、唐聞生，已不知不覺地從感情上站到了周恩來一邊。國慶節前夕，王海容、唐聞生陪外賓去南方拜見毛澤東返回北京，主動向周總理反映情況：主持政治局日常工作的王洪文同志，和江青、張春橋、姚文元三人聯手，借批林批孔運動，再次煽動總參、總政、總後造反群衆，又要打倒軍內一批老幹部。現在中央軍委的日常工作，也改由王洪文主持了。周恩來暗自吃驚：莫非他們趁自己住進醫院，病情反覆，主席又去了南方，而加速控制軍隊了？

周恩來不動聲色，若無其事地說：謝謝妳們告訴我這些情況。我和二位算忘年之交囉。我這個做總理的，自住進醫院，消息就不那麼靈通了。現在妳倆實際上擔任着主席和政治局之間的聯絡員。這次主席讓妳們帶回什麼指示？二位也要向我傳達傳達啊。王、唐告訴總理：主席說他國慶節不回北京了，他是南方人，還是比較適應南方潮潤的氣候。對北京的情況，老人家聽得多，說得少，要總理安心養病呢。還說如果總理的身體可以，十月一日的國慶招待會，仍請總理發表講話。

周恩來留下二女將共進晚餐，餐後堅持送至北海堤岸林蔭道口。當晚，周恩來通知葉劍英單獨來談，含蓄地批評說：主席去南方，我住醫院，中央工作分工，由你主持軍委事務，現在怎麼交到王洪文手裡了？主席還講了，小平同志也要管軍隊，兼總參謀長。劍公啊，軍隊必須掌握在老同志手裡。這個權，任何時候都不能放。葉劍英感謝總理的批評，但也有自己的苦衷：王洪文是主席選定的接班人，新的軍委副主席，名字排在我前面；江青是主席夫人，中央文革組長，見官大三級；張春橋是中央常委，總政治部主任，全軍師以上高級將領的檔案都歸他管。加上個姚文元掌管宣傳輿論，他們四個人搞在一起，經常用主席的名義壓人，權力越來越膨脹，早不把我葉劍英放在眼裡了。另說小平同志哪，主席雖然說過多次要他兼管軍委，但那個總參謀長的任命，快兩年了，還停留在口頭上。周恩來問：劍公，依你說，該怎麼辦？葉劍英說：總理病成這個樣子，我一直在猶豫，總理可不可以在四屆人大召開之前，去長沙見見主席，深談一次，力爭把小平任第一副總理兼軍隊總參謀長的事定下來。只要走出這步棋，局面就活了，底下的事就好辦得多。矮個子是帥才，全才，身體又好，精力充沛，王、江、張、姚加在一起，都不是他的對手。周恩來笑了：劍公，難怪主席稱你做智多星哪。對王、江、張、姚四同志，還是要團結，不要和他們鬧翻了。等過了國慶節，我再說服醫療組的專家們，陪我去一趟南方，見毛主席。

國慶節過後不幾天，中央高層就鬧起了所謂的「風慶輪事件」，實爲以鄧小平爲首的國務院務實派與以江青爲代表的文革務虛派的一次權力角逐。風慶輪原是一艘國產的萬噸級貨輪，首次遠航羅馬尼亞，國慶節前夕順利返航上海港。出航前，國務院交通部派出兩名技術官員坐鎮船上進行安全督查。沒想到輪船上的幾十名幹部、海員也分成兩大派組織，交通部的兩名官員受到批判鬥爭，指交通部仍奉行文化大革命前國務院當權派「造船不如買船」的「洋奴哲學」。兩名官員據理爭辯，拒絕承認交通部是「賣國主義部」、「洋人死人部」，並表示出對上海市委、市革委內某些人的不滿。於是上海市委下令把交通部這兩名官員扣押，要求國務院嚴肅處理。

事情發生在下面，根子卻在中央。江青、姚文元立即佈署所掌控的新華社、《人民日報社》等新聞機構，對風慶輪成功遠航作出大量報導，宣揚「文化大革命的偉大成果」，「毛主席革命路線的偉大勝利」，「長了中國人民的志氣、滅了西方資本主義的威風」；並針對文化大革命前周恩來、鄧小平爲發展中國的遠洋航運事業而提出「自力更生造船與向國外買船並舉」的方針進行不點名的批判。

主持國務院工作的鄧小平把一切看在眼裡，明知道江青、張春橋是上海市委的後台，且張春橋還掛着上海市委第一書記、市革委會主任的頭銜，仍下令上海市委放人，有話到中央說。「鄧小平冒頭了」，江青、張春橋適時抓住戰機，要求將「風慶輪事件」提交政治局會議討論、處理。開會之前，江青寫下一信，交在京的政治局成員們傳閱：

看了新華社《國內動態清樣》有關「風慶輪事件」的報導，引起我滿腔的無產階級義憤！試問，交通部是不是毛主席、黨中央領導下的中華人民共和國的一個部？國務院是無產階級專政的國家機關，但是交通部確有少數崇洋媚外、買辦資產階級思想的人專了我們的政……。這種洋奴思想，爬行哲學，不向它鬥爭可以嗎？政治局對這個問題應該有個表態，而且應該採取必要的措施。

王洪文、康生、張春橋、姚文元等人立即在江青的信上作出批示，表示完全贊同江青同志的意見，要求抓住「風慶輪事件」，作為深入批林批孔的重要內容，展開一場對修正主義路線死灰復燃的大批判，並對交通部進行徹底的清查、整頓。

鄧小平看了江青的信，苦笑一聲醉翁之意豈在酒，命機要員送去三〇五醫院，交總理批閱。周恩來閱後也只畫了個圈，表示知道了。鄧、周二人心裡明白，江青此舉在於打亂鄧小平接掌國務院的權力格局，以使張春橋在四屆人大會議上當上國務院總理。

果然在第二天的政治局會議上，江青就帶頭向鄧小平發難：你為什麼只在我的信上畫個圈？面對路線鬥爭的大是大非，你難道沒有個態度？只能有一種解釋，以沉默相抗。鄧小平卻無視江青的威風：主席說沒有調查就沒有發言權，這件事我還要做調查。江青咄咄逼人地盯住鄧小平：當初你和總理都是主張造船不如買船，買船不如租船！洋奴思想的帳算到了劉少奇頭上。你是不是要翻這個案？

鄧小平強壓住怒火回答：妳只是一面之詞，我要做調查都不行嗎？江青卻絕不放過：小平同志，你今天必須表態，決定你的屁股坐在哪一邊。鄧小平鐵青着臉，緊抿嘴唇，閉上眼睛，來了個不予理睬。鄧小平公然在政治局會議上蔑視主席夫人江青同志，太狂妄，太不像話了！於是張春橋、王洪文、姚文元、華國鋒等先後發言，指責鄧小平官僚主義惡習不改，修正主義尾巴不割，仍在堅持走資本主義道路。鄧小平終於忍受不住江青一伙的人身攻擊，臉都氣歪了，拍案而起：你、你們像話嗎？把政治局會議開成批鬥會嗎？我沒法子和你們共事！江青見狀，也拍案而起：好，鄧小平，你既然沒法子和我們這些政治局委員共事，就給主席寫報告，自動退出好了！鄧小平毫不畏懼，手指住江青問：政治局是妳藍蘋開的店嗎？如果是，我退出，不留戀！江青眼睛都瞪圓了，自文化大革命以來，除毛澤東外，包括林彪、周總理在內的所有領導人，誰不在她面前唯唯諾諾，言聽計從？誰敢當面頂抬？只有這個鄧矮子，已被打倒一回，仍然氣焰囂張！要不是隔着會議桌，眞想給他兩個嘴巴！還是副總理李先念見鬧的不成樣子，好歹勸住了小平同志。鄧小平昂首挺胸，拂袖而去。

當天下午，鄧小平即去了三〇五醫院看望周總理，匯報自己和江青發生爭吵的事，並說：以江青爲首，王、江、張、姚四個人精心策劃出一個「風慶輪事件」，目標對準總理，批所謂的「造船不如買船、買船不如租船」的「洋奴哲學、賣國主義」。他們圍攻我，是想從我身上打開缺口。周恩來聽後，嘆了嘆氣，擔憂地說：你堅持原則是好的，但爲什麼要吵架呢？我是不和人吵架的，尤其不和江青吵架。要是主席怪罪下來，豈不被動？過幾天，你不是也要陪外賓去長沙見毛主席嗎？可以相機當面解釋一下。首先要檢討你的態度，之後擺事實，講道理，相信主席會聽得進的。

鄧小平離開後，周恩來讓人通知王海容、唐聞生來聊天。現在，他和王、唐二小將眞成忘年之交了。二人到後，周恩來先邀她們共進晚餐。她們發覺總理心事重重，飯量很小，便主動問：我們明天去長沙，總理是不是要帶話給主席？周恩來說：我病得不能上班了，王洪文主持政治局會議，江青和鄧小平爲風慶輪事件吵架了。接下來，周恩來把「風慶輪事件」的來由解釋給二小將聽。要她們在主席心情較好的時候，告訴主席，現在國務院的工作全靠小平同志撐着，壓力很大。但小平同志任勞任怨，是幹實事的人。春橋、洪文、江青、文元四位呢，強於理論務虛，敢批敢鬥。四人搞在一起，引起些不利團結的議論。但這個話，用妳們二位自己的口氣反映，出自妳們本人的觀察嘛。不要講是從我這裡聽到的。總之，是爲了維護政治局的團結，有利工作，有利批林批孔運動。我已經不行了，活不了多少日子了，圖個什麼呢？希望黨好，事業不受挫折。王、唐二人深受感動，欣然領命。

當天晚上，張春橋、王洪文、姚文元相聚在江青住處，吃喝聊天，興高彩烈。張春橋說：還是江姐有辦法，一招激將，就引蛇出洞，暴露了。王洪文說：鄧矮子也太狂了，連江姐都敢頂撞，應當第二次被打倒。姚文元說：他想接總理的班，做夢去吧！春橋同志才是當之無愧的新總理人選。江青說：你們不要太過樂觀，誰接國務院的班，尙是個未知數。關鍵在老闆的態度。鄧小平的「永不翻案」是假的，已經急不可待地鬧翻案，所以才出了個「風慶輪事件」，搞資本主義復辟。張春橋說：深刻，江姐深刻。我們四個人之中，應有一人去長沙拜見主席，匯報北京的新動向。我看，洪文去最合適。洪文是接班人，去反映情況，主席聽得進。

三天後，王洪文悄悄來到長沙湖南省委「九所」向毛澤東匯報情況時，已經晚了一步。王海容、唐聞生二女將已經向毛主席報告過「風慶輪事件」了。且毛澤東就此事向北京的李先念、汪東興瞭解過，李、汪也站在鄧小平一邊，說四個對付一個，惡言相向，形同圍攻。小平同志並沒有拍案而起，拂袖而去……。王洪文並不知道這些，先問候了主席的健康，簡要地匯報了政治局的日常工作，之後轉入正題：近來，北京的某些氣氛不大正常，總理雖然住進醫院，仍很忙碌，幾乎天天晚上找人去談話，佈置事情。常去的有葉劍英、鄧小平、李先念、聶榮臻、徐向前、王震、蘇振華、康世恩這些人，基本上是一批和軍隊關係很深、對文革抱有成見的老同志。朱德、楊成武、耿飈、傅崇碧也去過。鄧小平同志更是情緒不大正常，遇事易發火，可能和中央遲遲沒有任命他爲總參謀長、軍委副主席有關。不像江青、春橋、文元這些同志，從不向中央伸手要權。江青和春橋都很擔心，現在北京的氣氛，很像廬山會議前夕，文武齊集，商議大事。據說，是要在四屆人大會議上得到更多的權力……

毛澤東卻越聽越不耐煩，終於舉起手，打斷了王洪文的告密：洪文哪，我瞭解到的情況，不是你所講的這樣。你們先是講總理急不可待，現在又講小平急不可待，有多少事實依據？我看過醫療小組的診斷報告，總理身上的癌細胞已經擴散，活不了幾個月了，沒有必要用什麼「風慶輪事件」去搞他了。小題大作，批周、鄧的什麼洋奴思想，賣國主義，只會引起黨內軍內的反感。你們越批，總理越香，越受到愛戴。這個，我看得比你們清楚。人家會認爲，你們連一個快死的人都不放過……你回去告訴春橋、文元，不要再跟在江青的屁股後面批東批西了。江青是江青，毛澤東是毛澤東，江青不代表毛澤東，只代表她自己。你們四個人不要總搞在一起。你們都是從上海到中央的，不要搞上海幫，加上江青就是四人幫。鄧小平來，我也批評他，敢抓工作、挑擔子是好的，但不要經驗主義，生硬作風，聽不得不同聲音。小平和江青，都是鋼鐵公司，強硬派。政治局內，不要硬碰硬，不講大局，不講團結。你嚒，已經把你擺在了接班人的位置上，讓你主持政治局工作，兼管軍委。黨內軍內很多人不服氣，講你是兒童團。你要替我爭氣囉。要設法讓多一些人接受你。有句老話，師傅帶進門，修行靠自身。你知道的，我原是安排鄧小平作爲過渡人物來輔佐你。他們可以和小平鬧僵，唯獨你不可以。回去後，要和小平同志恢復師徒關係。要尊重他，他才會認你這個徒弟，來輔佐你。

王洪文灰頭土臉地返回北京。讓鄧矮子來輔佐他接班，毛主席老人家是一廂情願了。無論從理智上還是感情上，他和鄧小平都是兩路人，他看不上鄧小平，鄧小平也看不上他王洪文。水火豈能相容？要麼水澆滅火，要麼火燒乾水……。江青、張春橋、姚文元聽了王洪文從長沙帶回的「最高最新指示」，並未洩氣。因爲毛主席的戰略目標，是要實現王洪文接班。王洪文接班，就是文革派接班，就是江青、張春橋掌權。這是綱，其餘都是目。江青從外交部的耳目處獲知，王海容、唐聞生過幾天又要陪外賓去長沙拜見老闆，於是約二女將談心，吃消夜，賜送挑花頭巾等小禮物，囑咐她們到長沙後，告訴主席，「風慶輪事件」不是小題大作，是堅持自力更生、獨立自主，還是崇洋媚外、投降主義的路線是非，是國務院系統今天走什麼路、執行誰的方針的問題。主席不在北京，中央的右傾勢力抬頭。最近鄧小平大鬧政治局，得到總理的支持，有葉劍英、李先念、汪東興、王震、蘇振華等人跟着跑，是「二月逆流」的翻版。

王海容、唐聞生赴長沙前夕，周恩來也把兩人找去醫院談話，交心，要她們再次如實報告主席，「風慶輪事件」並不像江青他們講的那樣媚外、賣國，而是借題生事，整鄧小平。小平已經忍耐很久了，感到很委屈，工作很難做，賣嘴皮的管着幹實事的。當然也要告訴主席，鄧小平也有缺點，性子急，作風有點生硬，有時不大注意團結。總之，兩方面的工作都要做，慢慢解決問題。當前，大家都要貫徹執行主席的指示：無產階級文化大革命，已經搞了八年，現在以安定團結爲好。

江青並不知道王海容、唐聞生二女將已經站到了周總理一邊。加上這次又是鄧小平本人陪同也門共和國總統阿里閣下去長沙見毛澤東，王、唐作爲英文翻譯隨行。會見之前，毛澤東先聽了二女將的匯報。會見之後，毛才約鄧單獨談話。鄧告訴毛，他是尊重江青同志的，每次政治局開會，江青同志總是要晚到三、五分鐘，等大家坐好之後才進場。她一進來，全體起立，鄧小平也恭恭敬敬地起立，就像尊敬主席那樣的尊敬她。可她還嫌不夠，還要指責你這也不對，那也錯了，動不動就用賣國、投降之類的大帽子壓人，使得政治局內生活不太正常。所以在「風慶輪事件」上，他只好堅持原則了。尊敬江青同志是一回事，堅持原則是另一回事。毛澤東聽了鄧小平的匯報，表示很不滿意江青的作風，贊同鄧小平堅持原則不妥協，鼓勵鄧小平繼續努力，放手工作。並說：江青哪，毛病多哪，好把自己的胡思亂想強加於人，我也不高興她這樣，政治局可以開會批評她。

過了兩天，毛澤東讓王海容、唐聞生帶話給政治局：四屆人大會議的籌備工作，由王洪文和總理一起抓，人事安排仍以王洪文爲主。總理要作《政府工作報告》。總理身體不好，報告只搞五千字左右，半小時就可以了。王、唐還帶回了幾句不敢傳達的話，只敢私下告訴周總理；主席講，江青有雄心，她是想叫王洪文做委員長，自己做黨主席。這怎麼行？委員長仍叫朱總司令掛名，副委員長安排王洪文、康生、董必武、宋慶齡。總理還是總理，副總理要安排鄧小平、張春橋、李先念、紀登魁、汪東興、華國鋒。江青應當檢查自己的缺點。

北京權力天平稍稍向右傾斜。江青最不甘心的是鄧小平的名字排在張春橋前面，當上第一副總理。鄧矮子接下來還會當上軍委副主席，解放軍總參謀長，甚至當上黨中央常委、副主席！那一來，文化大革命不是白搞了，劉、鄧路線又回來了？荒唐呀，荒唐！老闆是年紀大了，不清醒，昏庸了。第二號走資派重新掌權，局面將不堪設想。不可以這樣，絕對不可以。無論如何，張春橋的名字都應排在鄧小平的前面，等姓周的一翹辮子，才好接掌國務院。

十一月二十九日，彭德懷元帥因直腸癌得不到應有的醫治，連鎮痛藥都不給，死於三〇一醫院囚室。囚室的窗戶一直被舊報紙從外面糊死。彭德懷臨死前，請求打開窗戶，讓他看一眼天空，已經許多年沒有看到過藍天白雲了。看管人員層層請示上去，未獲批准。替共產黨打了一輩子江山的解放軍副總司令，排名朱德之後的共和國第二元帥，帶着最後一點未能滿足的奢望，身子被固定在床架上，痛苦抽縮著，口吐白沫，死去了。像對待劉少奇、陶鑄、賀龍那樣，彭德懷的遺體立即被送去火化。

骨灰盒上寫著：姓名，王川；職業，無業；籍貫，四川成都；年齡，七十六歲。篡改死者的姓氏、職業、籍貫，是爲了死者的親人永遠找不到死者的骨灰盒。彭德懷的死訊，中央專案組曾上報周恩來和王洪文。周、王報告了在長沙休息的毛澤東，說是毛澤東若無其事地對身邊的工作人員講：彭老總病死了。你們不知道誰是彭老總？就是彭德懷。人都有一死，總理、總司令和我，也都快了。

周恩來無暇顧及彭德懷死也不死了。汪東興都悄悄告訴他：江青準備去長沙看望主席，要力荐張春橋接任總理，至少也要當上第一副總理。爲此，葉劍英和鄧小平都很緊張，他們深知毛主席對江青是愛之深，恨之切，平日或許批評幾句，每到關鍵時刻，最信任的，還是江青。毛的兩任接班人劉少奇、林彪，都是垮在這位第一夫人手上。葉劍英不得不再次向周總理提出：無論如何，總理還是要去長沙，和主席深談一次。專機上要帶足醫療設備，專家小組隨行，確保總理安全返回。周恩來不顧專家小組的反對，接受了葉劍英的建議。爲避免江青、張春橋做手腳，周恩來邀約王洪文同行。

十二月二十三日，周恩來乘坐醫療專機抵長沙，入住省委蓉園四號院。王洪文以不影響總理途中醫護爲由，另乘專機前往。從二十三日到二十六日，毛澤東分幾次聽取周恩來、王洪文的匯報，並不時插話。毛澤東的談話，後被整理成五條指示，回政治局傳達：一，江青不要搞四人幫，不要搞宗派，要跌跤子的。江青有不有雄心？我看有一點。我會做江青的工作，要她作自我批評，王洪文也要作自我批評。我勸江青「三不要」，一不要亂批東西，二不要出風頭，三不要參加組織政府（由她組閣）。但是，對江青要一分爲二，看到她的優點，肯定她的貢獻和成績；二，鄧小平政治思想強，人才難得，要安排他做國務院第一副總理，軍委副主席兼總參謀長。總理和王洪文在長沙期間，由鄧小平主持中央日常工作；三，總理還是我們的總理。總理身體不好，四屆人大之後，安心養病，國務院工作讓小平同志去頂；四，開四屆人大會議之前先開黨的十屆二中全會，提議增補鄧小平爲中央副主席，政治局常委。王洪文爲人大第一副委員長。張春橋任軍委常委，總政治部主任；五，國際形勢大好，我已於兩年前恢復聯合國席位，包括有否決權的五個常任理事國之一。蘇共總書記勃列涅日大想來中國訪問？我們歡不歡迎？此事不要主動，讓他有求於我們。在美帝、蘇修面前，我們可以擺點架子，以示尊嚴。

十二月二十六日，是毛澤東八十一歲生日。毛不准湖南省委替他祝壽。周恩來提出，在蓉園辦兩桌壽麵，他和省委主要負責人加上醫療小組人員，一人一碗壽麵，不准加菜，以慶祝偉大領袖生日。當天晚上，毛澤東聽了工作人員匯報，大感欣慰，特邀周恩來去個別談心。周恩來向毛主席詳細報告了自己的病情，告上只能活幾個月了，癌細胞早已擴散，專家小組已無力回春了。平生所慰，後半輩子跟主席走，在主席領導下爲黨工作，總算跟到底了，可以保住晚節了。毛澤東聽後，頗爲感嘆：你對自己的病沒有信心？我們是共事到底，合作到老，難得呢。國務院的工作，你可以放心了，交給鄧小平，作爲過渡吧，以後再交給王洪文、華國鋒他們。原先也考慮過張春橋，但黨內軍內人緣差，壓不住陣腳。周恩來說：康生也到了癌病晚期，他托王海容、唐聞生帶話給主席和我，說張春橋三十年代初在上海被捕過，有變節案底，還加入過托派組織。我要求王、唐二人絕對不可以把話傳出去，只到主席和我這裡打止。毛澤東登時面露不悅：王、唐已經轉達過了。康生人之將死，其言也善？他個黨內審幹權威，和春橋、藍蘋的關係一直不錯嘛！爲什麼不早報告中央？現在他快死了，才對自己的好朋友殺回馬槍，叫我這個黨主席怎麼辦！周恩來怕毛澤東生氣，連忙勸解：我也覺得康生的思路不正常，發高燒燒糊塗了，所以嚴禁此事外洩，委屈了張春橋同志。不能因康生的胡話影響了對春橋的重用。當前，維護中央的權威和團結，是重中之重，大事中的大事。毛澤東點頭：恩來啊，記得你、少奇、德懷、康生，都是一八九八年的，四大金剛，能跟我到底的，只剩下你和康生兩個呢。

第八十六章　全面整頓與最後搫搏

世人至今難以理解，毛澤東整垮、整死了幾乎所有的同事、戰友，爲何獨獨善待一個鄧小平？鄧小平小毛澤東十一歲，自認在黨內小毛澤東一輩。

國內外史學界曾長時間誤認鄧小平爲周恩來的嫡系，親密戰友。他們同於一九二〇年赴法國勤工儉學，和李立三、趙世炎、蔡和森、陳毅、聶榮臻、李富春等人一起，在巴黎共同發起中共的早期組織——旅歐總支部，鄧小平那時的名氣遠比不上上述大哥們，在旅歐支部只做些刻印蠟紙之類的瑣碎事務。周恩來一九二四年回國，參加孫中山領導的國共第一次合作，加入國民黨，出任黃埔軍校政治部主任，國民革命軍第一軍副黨代表兼政治部主任。軍長是蔣介石。鄧小平則一直滯留法國，在雷諾汽車廠當車工，直到一九二六年赴蘇聯，入莫斯科東方大學及中山大學學習革命理論，戰略戰術。一九二七年回國，被派往馮玉祥部隊任政治處處長。同年六月到武漢，任中共中央秘書。同年底到上海，任地下黨中央秘書長。一九二九年夏，以中央代表身份赴廣西從事地下兵運。同年十二月與韋拔群、張雲逸一起發動百色起義，組建紅七軍，任政委兼前委書記。一九三〇年二月與李明瑞等人發動龍州起義，組建紅八軍，創建左、右江根據地。同年秋冬，率領紅七軍和紅八軍轉戰桂、黔、湘、粵邊區數千公里，向江西蘇區靠攏。一九三一年到達江西崇義後，他囑李明瑞率殘存部隊去找朱、毛會合，自己則潛赴香港，轉上海找黨中央「匯報工作」去了。此段經歷，後被人懷疑爲「革命逃兵」。不久，李明瑞被當作ＡＢ團分子慘遭殺害。同年八月，鄧小平奉命從上海返江西蘇區工作，任中心縣委書記，省委宣傳部部長，並結了婚。正是在江西地下省委工作期間，他認同毛澤東的游擊戰爭思想，擁護毛澤東的軍事指揮。因而爲博古、張聞天、周恩來的黨中央所不容，被打成「鄧、毛、謝、古反黨小集團」頭子，撤職查辦。具體辦理他案子的中央組織部長李維漢，竟橫刀奪愛，將他的妻子金維映佔爲己有，共了他的「產」。此爲鄧小平生平第一次遭到黨內整肅。

至此，毛澤東視鄧小平爲知己，小老弟，患難之交。一九三四年鄧小平以《紅星報》編輯身份隨紅軍長征。一九三五年一月，列席遵義會議做記錄。毛澤東獲恢復紅軍指揮權後，沒有忘記鄧小平小老弟，一路提拔他任中央紅軍紅一軍團政治部宣傳部長，副主任，主任。軍團司令員由林彪擔任。一九三七年中共紅軍接受南京政府改編，爲國民革命軍第十八集團軍（俗稱八路軍），下轄一一五、一二〇、一二九三個師。毛澤東破格提拔鄧小平爲八路軍總部政治部副主任，主任是任弼時。不久又提拔他爲一二九師政委，師長是劉伯承。至此，鄧小平正式成爲與劉伯承、賀龍、林彪同級別的中共軍隊的主要領導人了。毛澤東對他的提拔、知遇之恩，自是銘刻在心。

鄧小平也確有傑出才幹，一二九師獨當一面，發展壯大，戰功纍纍。一九四三年八路軍副總司令兼北方局書記彭德懷奉命回延安參加整風，毛澤東任命鄧小平為北方局代理書記，並主持八路軍總部工作。一九四六年秋，在解放戰爭的關鍵時刻，黨中央命令劉伯承、鄧小平率領晉冀魯豫野戰軍二十萬人馬，搶渡黃河，千里躍進大別山，進行戰略大反攻。一九四八年，在決定國共內戰勝負的淮海戰役前夕，毛澤東更任命鄧小平為總前委書記，統一指揮由二野、三野、四野組成的六十多萬參戰部隊，而讓劉伯承、陳毅、饒漱石、粟裕、李先念等人都成了他的副手。

新中國成立後，鄧小平任中共中央西南局第一書記。一九五二年調中央工作，毛澤東稱他為「我黨高級幹部中唯一指揮過兩支野戰軍作戰的人」，是「帥才」。一九五四年任中共中央秘書長、國務院副總理，成為毛澤東制衡周恩來的一張王牌。每逢周恩來出訪，則由鄧小平任代總理，主持國務院工作。一九五六年中共八次代表大會上，鄧小平當選為中央政治局常委、中央書記處總書記，兼有制衡劉少奇的重任了。一九五七年的反右鬥爭，一九五八年的大躍進，一九五九年的反右傾，鄧小平堅定地站在毛澤東一邊，配合默契。毛澤東多次在黨的會議上，稱鄧小平為「副帥」，是主持全面工作的；並規定周恩來的國務院系統的工作，要向中央書記處負責，實際上是要向總書記鄧小平匯報。

毛、鄧的親密關係在一九六〇年至一九六二年的三年大飢荒中出現了裂縫。面對數千萬鄉下農民被活活餓死，鄧小平協助劉少奇調整政策，全力救災，下令解散農村公共食堂，允許部分地區的農民包產到戶，減少對外援助等等，無疑都是逆了毛澤東的龍鱗。毛澤東曾經失望、痛惜地說：矮個子緊隨別人去了，幾年不向我匯報工作。每次開會，他聽力不好，卻總是坐得離我遠遠的，不想聽我講話呢。他的優點是襟懷坦白，不搞陰謀，為人算正派。

文化大革命初期，鄧小平作為黨內第二號走資派被打倒。他向毛澤東大哥作了沉痛檢討。毛澤東念及舊情，決定放他一馬。在毛澤東心裡，他的接班人一直是兩個，一個林彪，一個鄧小平。江青、張春橋及時察覺到留下鄧小平的危險性，認為打倒鄧小平比打倒劉少奇更重要。但毛澤東執意要保鄧小平，因為接班人林彪及自己的夫人江青的權力，也須留下人來制衡。黨的「九大」時，毛澤東一度提出保留鄧小平的中央委員名份，由於林彪、江青等人一致反對，只好作罷。隨後，劉少奇、陶鑄、賀龍被「醫療服從專案」整死，「永遠開除出黨」，鄧小平則只受到「撤銷黨內外一切職務、允予保留黨籍以觀後效」處分，被發配到江西南昌郊外監視居住，閉門思過，實為一種保護。鄧小平及夫人卓琳在接受批鬥時，從沒有吃過皮肉之苦。誰該接受文鬥，誰該接受武鬥，一切都在毛澤東本人的掌控捏拿之中。

一九七一年林彪集團覆滅後，毛澤東身心受到重創，病魔纏身，黨、政、軍大權旁落到周恩來、葉劍英手中。許世友等大軍區司令員也彷彿一個個腦後生出反骨。加上不久後周恩來被檢查出患上癌症，新提拔的接班人王洪文又不孚衆望，毛澤東才慶幸自己保下了愛將鄧小平，作為接替挾制周恩來，輔佐王洪文接班的帥字號人物，以穩定大局。對於偉大領袖的這一戰略佈局，江青、張春橋、王洪文、姚文元一再抵制、杯葛無效，反倒落下個「不要搞四人幫」的惡名。

一九七四年底的周恩來的長沙之行，促成毛澤東重用鄧小平的決心。翌年一月五日，中共中央發出一號文件，任命鄧小平爲中央軍委副主席兼解放軍總參謀長。在隨後召開的中共十屆二中全會上，又增選鄧小平爲政治局常委、副主席。

一九七五年一月十三日至十七日，因廬山會議、林彪事件一再延宕，拖了四年之久的第四屆全國人大會議，終於得以召開。遵照毛澤東的指示，會議替周恩來準備了一個只有五千來字的《政府工作報告》。歷次的《政府工作報告》都長達三、四萬字。這次是爲了適應周恩來的病體，文字最短，亦是他作的最後一次大會報告了。報告最引人之處，是他在運動就是一切、一切就是運動、毫不顧及國計民生的惡劣環境下，重新提出在本世紀內，全面實現工業、農業、國防和科學技術四個現代化建設的宏偉目標。

兩千多名人民代表已經知道周總理罹患絕症，瘦得只剩下一付衣架子，仍堅持以清晰的聲音唸完《政府工作報告》，無不熱淚盈眶，隨之報以經久不息的掌聲。關於國家領導人員，一切安排如儀，全都一致通過。代表們都是懷着感恩的心情出席大會，聽話還來不及呢，哪能像西方資本主義國家的議會，一開會就吵架，把個國家領導人弄得像龜孫子似的，成何體統。

鄧小平名正言順地主持中共中央、中央軍委、國務院的日常工作，權力超過了他文化大革命前的那個中央書記處總書記。矮個子不是尋常之輩，一朝權在手，便把令來行。面對因運動所造成的各行業的混亂現狀，他以毛澤東的「學習理論、安定團結、把國民經濟搞上去」的「三項指示爲綱」，大刀闊斧地進行治理整頓。他主持了「幫助江青」的政治局生活會，把中央文革一伙人的氣焰壓下去。再又成立了一個「國務院政策研究室」，把運動初期被掛起來的一批黨內大秀才如胡喬木、鄧力群、許立群、于光遠、胡績偉、吳冷西、胡繩、王元化、李愼之等，都網羅進來，替他起草文件，制訂計畫。全面整頓，鐵路開道。鄧小平任命萬里爲鐵道部長，在各省市自治區的配合下，調整各地鐵路局領導班子，平反冤假錯案，恢復規章制度，對那些動輒鬧臥軌罷工、癱瘓運輸的派性頭子，打砸搶抄分子，該逮捕的逮捕，該開除的開除。短短兩三個月，全國鐵路運輸連接東西，貫通南北，給各省市的工農業生產帶來空前的便利、活力，叫做鐵路一通，百業皆通，一盤死棋變活棋。

鄧小平在治理整頓工業交通的同時，還順應黨心民意大打八面拳，進行軍隊整頓，黨組織整頓，科技整頓，農業整頓，教育整頓，社會治安整頓，文化宣傳整頓……從二月到九月，以整頓黨組織爲核心的九個方面的整頓工作，全面舖開，使得全中國迅速中止了運動的混亂局面，恢復了起碼的社會秩序和生產生活秩序，系統地糾正了文化大革命在各行各業形成的極左思潮。鄧小平的智囊班子國務院政策研究室，還奉命起草了《論總綱》、《工業二十條》、《匯報提綱》三個綱領性文件，上報毛澤東主席，請求批准，以便在一九七六年進行更深入全面的整頓治理。

工作上軌道，事業新面貌，武鬥沒有了，造反沒有了，全國形勢一片好。鄧小平贏得黨心、軍心、民心。坊間紛紛傳言：鄧青天重新上台，中國有救了，我們得救了。這期間，鄧小平多次去醫院看周恩來。在癌病中經受煎熬仍注視着局勢發展的周恩來，總是握住鄧小平的手說：主席用你是用對了，比我有魄力，敢下猛藥，比我幹得好，四個現代化，國家的大目標，任何時候不能丟。鄧小平則報告總理：自己並不輕鬆，只有拚力一搏，活着幹，死了算，人家也沒有閑着啊。

面對鄧小平的全面整頓治理，江靑、張春橋、王洪文、姚文元等人確是過了幾個月狼狽、尷尬的日子，堂堂中央文革，被冷落一旁。但他們決不會坐視鄧矮子打着整頓的旗號，全盤否定文化大革命，大搞右傾復辟。所有的事實證明鄧矮子的「永不翻案」的保證是假的，全面整頓實爲全面翻案，相信偉大領袖毛主席不會允許他越過底線。宣傳輿論大權，新華社、人民日報、紅旗雜誌，廣播電台、電視台，仍控制在江靑、張春橋、姚文元手裡。王洪文則是個銀樣蠟槍頭，馬屎面上光，中看不中用。八月底，毛澤東的女侍讀盧荻小姐向姚文元透露了偉大領袖關於《水滸》的談話：《水滸》這本書，好就好在寫了投降派，宋江排擠掉晁蓋，奪了水泊梁山的權，接受朝廷招安。王、江、張、姚如獲至寶，請示毛澤東同意，立即在全國報刊上發起一場評《水滸》、批投降派運動，作爲繼續批林批孔運動的重要內容。沉寂了好幾個月的江靑又在全國農業學大寨會議上露面，代表毛主席看望大家，並在會上散佈：主席最近評《水滸》，要害是宋江架空晁蓋，接受朝廷招安，當投降派，再去鎭壓方臘。現在政治局內也有人架空我們毛主席，主張向修正主義屈膝投降。我在北京是受迫害的，要開始反攻，等等。一時間，黨中央高層又起風浪，紛紛猜測今天誰算投降派？誰要架空毛主席？是鄧小平還是周恩來？

十月份，江青、張春橋還幹成一件籌謀已久的事：把毛澤東的侄兒——瀋陽軍區政委、遼寧省革委會第一副主任毛遠新，調來充當毛主席與中央政治局之間的聯絡員。此時毛澤東也懷疑王海容、唐聞生已倒向周恩來、鄧小平一邊，對自己的這個從小親手撫養、視同己出的毛遠新，最是疼愛、信任，並寄以厚望了。毛遠新和伯母江青的關係也一直親密，不叫伯母，而叫媽媽。二十幾歲當上大軍區政委、黨委書記，毛家眞正的接班人，鐵杆造反派了。鄧小平名爲全面整頓，實爲全面復辟，毛遠新恨得牙癢癢，眼出血。自從來到病重的伯父身邊，便趁匯報黨內、軍內新動向的機會，一次次對伯父說：現在颳起一股風，比一九七二年周總理借批極左思潮否定文化大革命那次還要凶得多。我很注意鄧小平同志的一些講話、報告，感到他很少講文化大革命的成績，很少批判劉少奇的反革命修正主義路線。文化大革命怎麼看？批林批孔怎麼看？小平同志是肯定，還是否定？他講了一大堆負面問題，儘是陰暗面。他對教育革命、文藝革命也持基本否定態度。他搞了個「三項指示爲綱」，就是不提路線鬥爭、階級鬥爭。其實只剩下一個指示：把國民經濟搞上去。現在，從表面上看，生產是有了些起色，但付出的代價太大了。黨內、軍內，對鄧小平是一片叫好聲，喝彩聲，有人說是鄧小平救共產黨，救新中國。

侄兒毛遠新說的，正中伯父毛澤東近來的心懷。他冷眼觀察鄧小平幾個月，這個矮個子，永不翻案的保證不作數，一朝權在手，就重蹈舊轍，以生產壓革命，壓運動，壓中央文革，實質是搞右傾翻案。十月下旬，毛澤東決定對鄧小平示以顏色。其時，鄧小平轉呈上北京大學徐冰等人批評北大黨委書記遲群、淸華黨委書記謝靜宜的一封信，本是請示整頓高等院校教育事業的，毛澤東卻批示道：名爲反對遲群、小謝，實爲反對我。遲群、小謝是我的人。小平偏袒徐冰等人，要颳一股什麼風？政治局應開會討論，批評幫助小平。

好了，王洪文、江靑、張春橋、姚文元有了毛澤東的批示作尙方寶劍，立即佈置北大、淸華兩所大學的造反派師生發起「教育戰線反擊右傾翻案風」。在政治局召開批評鄧小平的會議之前，毛澤東爲緩和黨內軍內的反彈情緒，仍希望鄧小平回頭是岸，沉痛檢討，並提出由鄧小平主持作出一個「全面肯定文化大革命偉大成績」的中央決議。誰想鄧小平態度頑固，寧可第二次被打倒，也不願「肯定文化大革命」：謝謝毛主席。由我主持寫這個決議不合適，我是桃花源中人，不知有漢，何論魏晉。鄧小平還在政治局會議上，針對代表毛澤東出席會議的毛遠新提出反批評：過去三娘教子，現在子教三娘。你說今年年初以來中央又搞了修正主義，又走了資本主義道路，是不是事實？我是年初開始抓全面工作的，這以後全國的形勢是好了，還是壞了？大家心明眼亮，實踐可以證明。

鄧小平在黨內的地位再次岌岌可危。

另說周恩來的病況自夏天起，由於體內癌細胞大面積擴散，已經瘦得皮包骨，體重只剩下三十公斤。每天在痛苦中熬着，完全依靠藥物止痛。可欣慰的是毛主席已經放過他，他可以保住晚節，全身而退。六月九日，經拖延一年之後，毛澤東批准由中央軍委出面，在八寶山革命公墓替賀龍補辦一個骨灰安放儀式。距賀龍慘死已經六年整。政治局依照毛澤東的指示，決定此次活動對外「保密，不治喪，不致悼詞，不獻花圈，不見報」。賀龍的長女，不滿一歲即被人揹着參加了二萬五千里長征的賀捷生得知中央的安排後，十分氣憤，太無天道了，當即給毛澤東、周總理寫上一信，請求總理轉毛主席。信中說：這樣對待一位被林彪集團迫害致死的共和國元帥，當年八一南昌起義的總指揮，太不公平！強烈要求中央依據一九七四年爲賀龍恢復名譽的通知精神，替其補開追悼會，否則她和母親、幾個弟妹都拒絕出席。周恩來心中有愧，也給毛澤東附上一信：今年六月九日是賀龍同志去世六周年，現送上賀龍長女信。主席若另有指示，恩來當與政治局設法補辦。六月九日凌晨，毛澤東終於批示下一句話：照總理意見辦。當天上午，周恩來讓秘書通知賀捷生：下午補開追悼會，有悼詞，可以送花圈，事後發消息，你們全家一定要顧全大局，按時出席，我也想見到你們。

下午三時，賀龍追悼會終於得以舉行。八寶山革命公墓禮堂內，擺着軍委三總部、各軍種兵種機關、軍事院校的花圈，清一色地寫着「賀龍元帥永垂不朽」。還有各大軍區、賀龍家鄉湖南省委、省軍區、桑植縣革委會的那些早就送來了的花圈。追悼會由鄧小平主持，葉劍英致悼詞。周恩來拖着病弱的步伐，由一左一右兩名護士扶持着，提前幾分鐘進到靈堂，一進門就叫：薛明啊，薛明啊，我來了！我來遲了，我對不住賀鬍子啊……，我今天來哭賀龍，我對不住賀龍。薛明拉住總理的手，她和孩子們的淚水早就流光了，一肚子話，不知從何說起。總理已經害上重病，薛明還能說：總理，您說過秋天去接賀龍回城，他等啊，等啊，到死那天都沒有聽到您的信……賀鬍子被關押在西郊象鼻子溝，連水都沒有喝，餓得連寫檢查的紙都被他嚼了吞下肚，他給總理寫了那麼多信，求救的信，總理沒有回復一個字……後來才聽說，總理當了賀龍專案組的組長，同意給賀龍下那些傷天害理的罪名……總理！我們知道，你是身不由己，你自己也差點被打成叛黨分子……總理，薛明不怪你，孩子們不怪你……你來看賀鬍子，是來遲了，但終歸是來了啊……

周恩來拉住薛明的手，哽噎着，表示深深的歉疚：我是對不住賀龍，薛明，妳要諒解，我能熬到今天不容易……我的日子不多了，只有到了地下，去向賀鬍子陪罪了……主席說我是蕭何……一九二七年八一南昌起義，我介紹賀龍火線入黨，賀龍帶了一個軍的人馬參加共產黨……沒有賀龍，就沒有八一建軍，那是在共產黨最艱難的時刻……一九六七年，我兼任了賀龍專案組組長，眞的成也蕭何，敗也蕭何，這個歷史，我是怎麼都洗不清了……

面對賀龍元帥的遺像，周恩來推開扶持他的護士，一鞠躬，二鞠躬，三鞠躬，四鞠躬，五鞠躬，六鞠躬，七鞠躬……薛明終於嚎啕大哭，過來抱住周總理，不讓再鞠躬下去。

全場數百名軍人，元帥、大將、上將、中將、少將，加上賀龍生前的親朋戚友，一齊大放悲聲，嚎啕大哭。這天下午，北京地區雷電大作，風雨澎湃。據氣象部門記載，連續幾年，六月九日這天，北京地區都有大風大雨。老天爺都爲賀龍嗚冤洗冤啊。

周恩來在賀龍追悼會上和數百名軍隊將領哭成一團的事，被人匯報上去。不久一次政治局會議上，毛澤東當着王洪文、江青、張春橋、姚文元、陳錫聯、華國鋒、汪東興等人的面，手指住周恩來，大談他當年在江西蘇區挨整的那段經歷：

你們只恨經驗主義，不恨教條主義。二十八個半統治了四年之久，打着共產國際的旗號，嚇唬中國黨，凡不贊成的就要打，撤的撤職，關的關班房，把好好的一個根據地搞的烏煙瘴氣。具體到寧都會議，撤我的職，把我趕出紅軍，你周恩來是一個，朱德是一個，還有別的人，主要是林彪，彭德懷。我光講恩來、朱德不夠，沒有林彪、彭德懷沒有力量。林彪是紅一軍團總指揮，彭德懷是紅三軍團總指揮，那時都聽你周恩來這個中央代表的。林彪還寫了篇《論短促突擊》，稱讚華夫[①]文章，反對鄧、毛、謝、古。……

周恩來本是戴著氧氣罩出席政治局會議的。毛澤東翻舊帳，當衆指責，使他很悲哀，很寒心。自己已病得活不了多少日子了，毛澤東還要批，硬是不肯放過？當然，周恩來心裡也明白，毛也是要藉此以警告鄧小平，不要和周走的太近，更不要妄圖搞什麼周、鄧聯盟，綱領就是「四個現代化」。毛澤東寧要路線鬥爭和階級鬥爭，不要四個現代化和經濟繁榮。此次政治局會議後，周恩來憂心如焚。他最擔心的前景依然存在：毛即使在他活着的時刻放過他，也要在他死後批臭他，報那個寧都會議罷官撤職的宿仇。周恩來的病情進一步惡化了，注射止痛物，服下安眠片，戴著氧氣罩也不能入睡了。一天深夜，他不顧值班醫生、護士的勸阻，強撐著起來，顫抖著手，給毛澤東寫下一封求饒信；

① 蘇俄派駐江西紅軍中的軍事顧問李德的另一化名。

主席：

問候主席，您好！

我第三次開刀後，這八十天恢復好，消化正常，無潛血。

膀胱出血仍未斷，這八十天（從三月二十六日—六月十六日）只有二十一西西（克）不到，但較去年十一月十二日到今年二月四日，中間還去長沙主席處五天，一月開會共兩次，計八十多天只有十三西西，還略多；那八十多天只有增生細胞二次，可疑細胞三次，這八十天卻有壞細胞八次，而最後十天壞細胞三次，所以我與政治局常委四位同志面談，他們同意提前進行膀胱照全鏡電燒，免致不能電燒，流血多，非開刀不可，十五日夜已批准。我現在身體還禁得起，體重還有六十一市斤。一切正常可保無虞，務請主席放心。手術後情況，當由他們報告。

爲人民爲世界人的爲共產主義的的光明前途（原文如此——引者注），懇請主席在接見布特②同志之後，早治眼病，必能影響好聲音、走路、游泳、寫字、看文件等。這是我在今年三月看

② 布特，即東埔寨共產黨總書記波爾布特，毛澤東學生，紅色高棉殺人魔王。

資料研究後提出來的。只是麻醉手術，經過研究，不管它是有效無效，我不敢斷定對主席是否適宜。這段話，略表我的寸心和切望！

從遵義會議到今天整整四十年，得主席諄諄善誘，而仍不斷犯錯，甚至犯罪，眞愧悔無極。現在病中，反復回憶反省，不僅要保持晚節，還願寫出一個像樣的意見總結出來。

祝主席日益健康！

周恩來七五、六、十六，二十二時

爲讓毛澤東理解、寬諒自己的一番披心瀝膽之情，當晚周恩來再又以央求的口吻，給毛澤東的機要秘書兼通房助理張毓鳳附去一封短信：毓鳳同志，您好！現送上十六日夜報告主席一件，請您視情況，等主席精神好，吃得好，睡得好的時（候），唸給主席一聽，千萬不要在疲倦時唸，拜託拜託。周恩來。一九七五年六月十六日二十二時半。

連帶對偉大領袖的通房丫頭都低三下四、陪盡小心了。

當晚二十四時至次日凌晨，專家小組替周恩來做了緊急手術治療。

六月三十日，周恩來在醫院會見來訪的泰國總理克立·巴莫，並舉行中泰建交簽字儀式。客人及陪同人員離開後，因接待工作臨時從人民大會堂抽調來的一些女服務員，圍着周總理，要求和總理照相留念。她們都是些周恩來熟悉的女孩子，彷彿都有一種不祥預感。這是和總理照相的最後機會了。

當時，攝影師還沒有走，周恩來同意了。當女服務員們圍聚在周恩來四周，攝影師對好了鏡頭焦距，周恩來忽然說：和大家照張相，做個紀念可以，但妳們以後，不要在我臉上打叉叉啊！幸而攝影師已按下快門，不然女服務員一個個就都是哭相了。還是有幾個女孩子哭了起來。周總理是個最有涵養、最富人情味的中央首長，他老人家今天講這個話，是怕自己死後仍逃不脫批倒批臭。

七月，周恩來繼續抱病找人談話，出席政治局會議，接見外國來訪政要。還堅持到人民大會堂巡視、休息。二十三日下午，最後一次去到大會堂，在南門接見廳的巨幅國畫《迎客松》前坐下，沉思良久，彷彿告別這座他工作過十六年的宏偉大廈。隨後又回到中南海西花廳，也是告別。

八月七日，周恩來又一次接受手術治療。他身上已併發多種癌症，惡性腫瘤割了又長，長了又割。手術後，鄧小平、葉劍英、李先念、汪東興、華國鋒、陳錫聯等人一直在醫院守候。幾天後，毛澤東發出評《水滸》的重要談話，要求在黨內展開對「投降派」的揭露、批判。一時間《人民日報》、《紅旗》雜誌、《光明日報》等全國各大報刊群起響應。上海《文匯報》更以批秦檜來批宰相，影射周恩來這個「現代宰相」爲投降派。手術後十分虛弱的周恩來，明白這次批判投降派的風潮是衝着自己和鄧小平來的。鄧小平推行全面整理，近幾月來社會秩序、國民經濟剛上軌道，有了些好的起色，就又容不下了？一切爲了鬥爭，鬥爭就是一切？長此以往，黨和國家如何得了？周恩來是奄奄一息，無力補天了。鄧小平卻是可以效法女媧，補新中國的天呢。

八月二十四日清晨，周恩來不能入睡，讓醫護人員以輪椅推他去北海公園湖邊走走。他長時間凝望著湖水、白塔。忽然，他對陪護人員說：妳們知道今天是什麼日子嗎？今天是老舍先生的忌日！多好的一位作家，愛國愛黨，一九六六年的今天卻跳了什刹後海……武漢大學校長李達，黨的一大代表，跳的是武昌東湖……我的這個話，妳們不要傳出去啊。

九月七日，周恩來不顧病情惡化和專家小組的勸告，堅持最後一次履行政府總理職責，接見來訪的羅馬尼亞黨政代表團。在回答客人有關他病況的提問時，他坦言：馬克思的請柬，已經收到了。這沒有什麼，人都有一死，自然法則，不以任何人的意志為轉移……。突然，他話題一轉，一破幾十年嚴格遵守紀律的習慣，抬高了聲音說：我已經不能工作了。但我可以告訴你們，鄧小平同志已經全面接手我的職責，主持黨中央、國務院、中央軍委的工作。鄧小平同志很有才華，氣魄，你們可以相信，他會繼續執行我們黨和國家的內外方針。

周恩來此舉，石破天驚。他是要通過羅馬尼亞黨政代表團轉告全世界：鄧小平已經接掌新中國黨政軍全面工作。他明明知道鄧小平的地位已經動搖，毛對鄧已經失去耐心，但仍不惜最後一搏。此為周恩來生平唯一一次，也是最後一次挑戰毛澤東的領袖權威。

九月二十日下午，醫療專家組為周恩來施行大手術。鄧穎超、鄧小平、張春橋、李先念、汪東興、華國鋒、陳錫聯等人在醫院守候。進手術室之前，周恩來神志異常清醒，他或許擔心自己可能死在手術台上，而要求機要秘書去人民大會堂東廳他的辦公室保險櫃內，把他一九七二年六月二十三日在中央批林整風匯報會上所作的《關於國民黨造謠誣衊地登載所謂〈伍豪脫黨啓事〉問題報告》找來。這報告的錄音及文字整理，本是毛主席要求政治局作了決議，複製了二十九份，要分存到全國二十九個省市自治區黨委檔案館去備查的，被他周恩來一拖再拖，拖到了現在。周恩來顫着手在記錄稿上簽字，並注明環境和時間：於進入手術室（前），一九七五、九、二十。之後，他平躺在手術車上，問：小平同志來了沒有？鄧小平立即上前，俯身問候。周恩來用力地握住鄧小平的手，唯恐四周的人聽不清似地大聲說：你這一年幹得好！比我強得多！主席稱你是帥才，全才，沒有錯！鄧小平含着淚水說：謝謝總理。總理一路平安……。手術車緩緩朝手術室推去，非手術室人員止步。在手術室門口，周恩來忽又抬起身子，大聲喊：我是忠於黨、忠於人民的！我不是叛徒！不是投降派！共產黨萬歲！馬列主義萬歲！

那情形，有一種烈士被行刑之前的悲壯。

手術室內，周恩來的腹腔被打開。專家們發現，總理的癌細胞已經擴散到全身，根本無法割除了。一位腫瘤專家咬住牙根還是哭了：一九七二、七三年，我們整整要求了兩年半，趁總理的癌症還在早期，早動手術，有百分之七、八十的治癒機率，可上頭就是不批！就是不批！是誰耽誤了總理？是誰耽誤了總理！別的醫務人員趕忙捂住了他的嘴巴，他要是嚷嚷出一個名字來，不死也會被揭去一層皮。進入十月份，周恩來已臥床不起，進食困難。鄧穎超搬進病房陪護。全國已開始「反擊右傾翻案運動」，鄧小平已在政治局會議上受到批判。他不時一人前來看望周總理。王洪文、葉劍英、張春橋等人已不再和他同行。此時，毛澤東雖然也在病中，但還能下水泡泡，撲通幾下。自周恩來住院一年半以來，毛澤東一次也沒到醫院探望過。

進入十一月，周恩來時而清醒、時而昏迷。一次醒來，見葉劍英來了，周恩來讓鄧穎超和醫護人員都退出，之後拉住葉的手，以微弱的聲音說：注意方法，抓好部隊，不能落在他們手裡……。葉劍英警覺地看看四周，確定無人之後，俯身告訴總理：放心，他們在準備，我們也在準備。

十二月十六日，中共大奸康生去世。死前，康生爲了向黨表示最後的忠誠，再次把王海容、唐聞生找去談話，請她們轉告主席和中央：江青一九三三年在上海被捕過，關押期間，曾自願去南京替蔣介石唱堂會祝壽，是革命的叛徒……。這就是說，康生在臨死之前，總算向黨交代，他自己的兩名得意弟子、親密同事江青、張春橋，歷史上都當過叛徒，其中江青還是毛澤東夫人。

此時，周恩來已告病危，身上插滿了管子，靠鼻飼、輸液維持生命。他還沒有失聲。一天深夜，對陪護在側的夫人鄧穎超說：小超，我有一肚子話，還沒有說，也來不及說了。鄧穎超說：大鵬，我也有一肚子話，還沒有說。周恩來說：小超，我和妳，要相互保證，死後不保留骨灰，全部撒到江河大地上去，處理乾淨……馬克思的骨灰撒向大洋大海，我們比不上馬克思，只撒在自己的土地上。

北京飯店有位一直負責替周恩來理髮的師傅叫朱殿華，得知總理病重不起，幾次托國務院辦公廳、中央辦公廳捎信，要求來替總理理個髮。周恩來囑咐工作人員轉告：朱師傅給我理了二十幾年髮，如看到我現在身上插滿管子，他會難受的。我也很想念他。他還是不要來了。替我謝謝他。

自一九七四年六月一日入院，到一九七六年一月八日去世，可憐的周恩來接受大小手術二十三次，約二十天一次。其間，仍頑強堅持工作，除批閱、處理重要文件外，計：同中央負責人談話一百六十一次，與有關部門負責人談話五十五次，接見外賓六十三批，在醫院召開會議二十次，外出開會二十次，外出看望老同志、老朋友七次。眞正的鞠躬盡瘁，死而後已了。

跋：天塌地陷　七六改元

一九七六年大事簡略：

一月一日，中央兩報一刊發表元旦社論，針對鄧小平的「三項指示為綱」，毛澤東尖銳指出：階級鬥爭是綱，其餘都是目。怎樣看待無產階級文化大革命，是當前兩個階級、兩條道路、兩種路線鬥爭的集中表現。

由此，毛澤東以他殘存的生命之力，生平最後一次在全國發起一場針對鄧小平的「反擊右傾翻案風」運動。這場運動像他的批林批孔批周公運動一樣，注定也會雷聲大，雨點小，人們恥與為伍了。

一月八日，周恩來去世，享年七十七歲。舉國哀悼。

一月十一日，周恩來遺體送八寶山革命公墓火化。從城內北京醫院至西郊八寶山公墓，沿途二十幾公里的長街兩旁，一百多萬北京市民不請自來，冒着零下十幾度的嚴寒替總理送行。哭聲呼天搶地。藉哭周總理，哭國家的災難，民族的不幸。全中國在同一天哭泣。

一月十四日，天安門廣場上，北京市民自發悼念周總理，從四面八方朝人民英雄紀念碑送花圈，敬輓聯，達百萬人之衆。張春橋、姚文元指令新華社、人民日報等新聞單位不得報導，以免衝擊「反擊右傾翻案風」運動的大方向，干擾偉大領袖毛主席的最新戰略佈署。

一月十五日，周恩來追悼大會在人民大會堂舉行。連毛澤東身邊的工作人員都覺得毛應當出席，那怕是去露個面，都有利平息民怨、民憤。但毛澤東毫無悲傷的表示，照樣聽音樂，聽詩詞朗誦，和文工團的女相好們嘻笑無度，絕口不提追悼大會的事。事前，經張春橋提議，由鄧小平代表中央作悼詞。毛澤東同意。此一來，鄧小平一被打倒，替周恩來作的悼詞就等於廢掉了。當日，有幾十萬人聚集在天安門廣場上，替周總理舉辦民間的悼念儀式。追悼會後，黨中央機關刊物《紅旗》雜誌竟不刊出周恩來遺像，不刊出鄧小平代表中央所作的悼詞。此舉，立即引發黨內、軍內的極大憤慨，一座積蓄已久的民意火山，即將噴發。

一月三十一日，農曆春節初一。北京市民們仍沉浸在失去周總理的悲傷之中，很少有人放鞭炮。毛澤東卻領着女姘頭們在中南海游泳池院內大放鞭炮。說是驅除霉氣，整整放了兩個小時。北京衛戍區部隊一度緊急出動，誤以爲中南海內爆發激烈槍戰。第二天清早，清潔工人從中南海游泳池一帶運走了兩卡車的炮竹紙屑。

二月二日，中共中央發布新年第一號文件：

中共中央通知

（一九七六年二月二日）

經偉大領袖毛主席提議，中央政治局一致通過，由華國鋒同志任國務院代總理。

經偉大領袖毛主席提議，中央政治局一致通過，在葉劍英同志生病期間，由陳錫聯同志負責主持中央軍委的工作。

就這麼個毛澤東口授、由毛遠新交政治局「一致通過」的《中共中央通知》，剝奪了鄧小平主持國務院工作的權力，同時剝奪了葉劍英元帥主持中央軍委工作的權力。

右傾務實勢力受到重挫，文革左派也沒有撿到大的便宜。毛澤東玩弄一局脆弱的平衡遊戲。張春橋沒有當上國務院代總理，寫下一篇《一九七六年二月三日有感》：又是一個一號文件。去年也發了一個一號文件①。真是得志更猖狂。來得快，來得凶，垮得也快……。張春橋對華國鋒上台、鄧小平垮台都懷着仇恨。

---

① 宣布鄧小平任黨中央常委、副主席。

二月二十五日，中共中央召開各省市自治區和各大軍區負責人參加的「打招呼會議」。華國鋒在會上說：對鄧小平同志的問題，各地報紙可以點名批判。會議期間，江青以毛夫人兼中央文革組長身份，召集十七省市自治區負責人談話，大罵鄧小平，同時也通過訓斥湖南、山西兩省的主要負責人，對華國鋒示以顏色。

三月初，中共中央發出文件——《毛主席指示》，在黨內點名批判鄧小平。毛澤東指出：搞社會主義革命，不知道資產階級在哪裡，就在共產黨內，黨內走資本主義道路的當權派。走資派還在走。鄧小平就是煽動右傾翻案風的那個人。

三月八日下午三時，東北吉林省吉林地區天降隕石雨，散落面積達四百八十平方公里，爲世界有文字記載歷史以來最大一次隕石雨。三塊巨型隕石穿破一點七米深的凍土層，陷入地下六點五米處，形成三個大坑，分別重達一百五十公斤，五百六十公斤，一千七百七十公斤。毛澤東從報紙上看到天降罕有隕石的消息，對陪護在側的小孟夫子說：天人感應呢，今年有三個大人物去世呢。總理已經走了，剩下我和總司令了。三塊大隕石，自然現象，難以解釋呢。

三月二十五日，王洪文、張春橋、姚文元旗下的上海《文匯報》一篇文章，公然指周恩來爲「老走資派妄圖把黨內那個死不悔改的走資派鄧小平扶上台」，引發各地群眾的極大憤怒，南京市首先爆發抗議示威，數萬名學生、工人、市民、機關幹部走上街頭，焚燒上海《文匯報》和《解放日報》，高呼「反周必敗！反周必亡！」「打倒叛徒張春橋！」「打倒工賊王洪文！」

天津、哈爾濱、西安、成都、武漢、南昌、杭州等地均爆發了類似的群衆遊行抗議示威。

四月四日，清明節。從四月一日起，北京市民、工人、學生、幹部、軍人、郊區農民自發到天安門廣場人民英雄紀念碑前獻花圈、花籃、輓聯，祭奠「敬愛的周總理」。每天多達數十萬人。但群衆獻的花圈、花籃，都會於晚間被收走，焚毀。廣大市民怒不可遏。一些工廠（包括軍工廠在內）開始送來沉重的石材花圈，水泥花圈，不鏽鋼花圈，最重的達三噸。但這些沉重的花圈同樣於深夜時分被收走。有些工人、學生乾脆留在廣場上過夜，守衛花圈。於是有人發表演講，有人朗誦詩歌，追憶周總理功績，支持鄧小平全面整頓，痛斥江青、張春橋禍國殃民。黨內鬥爭公開化，社會化了。軍事機關、軍隊院校的大批軍人也投入進來。已被軟禁的鄧小平、葉劍英竟說服監護他們的警衛局人員，穿上便服於晚上赴天安門廣場看形勢。中共北京市委、市政府出動十幾部宣傳車，發佈禁令，禁止在天安門廣場上舉行群衆集會，嚴防階級敵人破壞搗亂。抗議群衆越加憤怒，痛恨，聲勢更加浩大，到處有人發表演說，朗誦詩歌，公開痛斥王洪文、江青、張春橋、姚文元等人，矛頭直指毛澤東：中南海那個現代秦始皇，他敢到廣場上來嗎？他敢來，就回不去了！打倒獨裁！打倒專制！人民萬歲！解放軍萬歲！

四月五日，天安門廣場上悼念周總理、支持鄧小平，反對四人幫的抗議活動達到高潮。白天的參與人數超過一百萬。憤怒的人群驅趕公安便衣、搗毀公安車輛，焚燒廣場東南角北京市工人民兵指揮部的兩層小樓……病中的毛澤東聽了侄兒毛遠新的匯報，下令接班人華國鋒實施鎮壓。傍晚六時，廣場上人群少了許多（多數人回家吃飯休息去了），高音喇叭廣播北京市委書記吳德講話，要求仍然聚集在廣場上的人群立即解散，不然要面對專政措施。但廣場上的群衆不信邪，堅持不肯離去。晚九時三十分，廣場上所有照明燈光突然熄滅，一片漆黑。早埋伏在人民大會堂、革命歷史博物館、中山公園等處的一萬名手持棍棒的首都民兵、三千名警察和五個營的衛戍區部隊，包圍、封鎖了廣場的所有出口，對群衆進行血腥鎮壓、逮捕。廣場上血肉橫飛。誰也沒有想到華國鋒、吳德會對和平紀念周總理的人群下毒手。此爲震驚全中國的「四·五天安門廣場事件」。

四月七日，中共中央發佈決議案稱：根據偉大領袖毛主席提議，中共中央政治局一致通過，華國鋒同志任中國共產黨中央委員會第一副主席，中華人民共和國國務院總理。

同日，還發布了《中共中央關於撤銷鄧小平黨內外一切職務的決議》：

中共中央政治局討論了發生在天安門廣場的反革命事件和鄧小平最近的表現，認爲鄧小平問題的性質已經變成對抗性的矛盾。根據偉大領袖毛主席提議，政治局一致通過，撤銷鄧小平黨內外一切職務，保留黨籍，以觀後效。

四月八日，《人民日報》發表長篇報導：《天安門廣場的反革命政治事件》爲一九五六年匈牙利事件在中國北京重演，稱鄧小平爲「鄧納吉」。爲防止軍隊嘩變，毛澤東、江青、不敢從肉體上消滅鄧小平，而允予保留黨籍。

這之後全國各地均有大批抗議人士被捕入獄。一座更大的政治活火山，蓄勢待發。

五月二十九日，雲南西部龍陵、潞西地區先後發生七點五級、七點六級強烈地震。預示着中國將要天翻地覆。

六月，黨中央反擊右傾翻案風運動壓倒一切。但省、地、縣人民公社各級，大都意興索然，開會唸唸文件，應付差事，走走過場。此期間，毛澤東病情加重，仍多次把華國鋒、江青、毛遠新、張春橋、王洪文、汪東興、姚文元、陳錫聯等招至病榻前，要求他們合唱《三大紀律八項注意》，《團結就是力量》，並照集體像。毛澤東還許諾說：今後，江青可以做黨主席，華國鋒做黨的第一副主席兼國務總理，王洪文做人大委員長，張春橋做黨的副主席，汪東興做黨的總書記。毛澤東特意囑咐江青和汪東興兩人手拉手照像，要求他們發誓搞好團結，同心同德，反對分裂。

毛澤東還下令解除了對葉劍英的軟禁，找葉談話，說自己一生只做了兩件事，一是打了二十二年仗把蔣介石趕到一個海島上去了，一是搞了十年文化大革命……諄諄囑咐葉，要學諸葛亮、郭子儀，不要學周勃、鰲拜，要在他死後保衛無產階級文化大革命。

七月一日，長期遭受毛澤東打擊、迫害的前中共中央總書記張聞天在軟禁地江蘇無錫去世。張聞天病重時一直要求回北京治病，未獲毛澤東批准。

七月六日，中共老好人、解放軍總司令、全國人大委員長朱德去世。

七月二十八日凌晨三時，河北省唐山地區發生七點八級強烈地震，波及天津、北京、石家莊廣大地區，大批建築物倒塌。震央唐山市被夷爲平地，七十多萬人口傷亡，這座一百多萬人口的工業城市從地面上消失。災害發生後，河北省、地、縣三級無人發起救災，通訊、鐵路、公路中斷。由唐山市兩名從瓦礫中爬出的普通幹部找到一輛還能起動的吉普車，在餘震中東奔西突十多個小時，直接找到北京中南海，向黨中央、國務院報告：唐山市完了，一百多萬人口完了！去救啊，去救啊……

當日，接班人華國鋒先安排毛澤東住進搭在游泳池旁的地震棚，保證偉大領袖的絕對安全。當晚主持政治局緊急會議，決定調動十萬解放軍赴唐山地區救災，全國援助唐山救災，其餘工作讓路。江青、張春橋竟說：唐山市才一百零七萬人口，全國有八億人口，九百六十萬平方公里，抹掉個唐山市算得了什麼！攻擊華國鋒為首的黨中央、國務院新工作班子「以抗震救災壓革命、壓批鄧」。

八月十六日，四川北部松潘、平武地區發生七點二級地震，成都市有強震感。

自八月初起，毛澤東病危。他沒想到老天爺竟以這麼多大地震、這麼多臣民死亡來替他送行，殉葬。他更沒有想到，他尚未斷氣，以華國鋒、葉劍英、汪東興為一方，以江青、張春橋、王洪文為另一方，雙方正秘密調兵遣將，暗佈殺手，只等他一斷氣便大打出手。

九月九日，統治新中國達二十八年之久的中共大獨裁者毛澤東死了。

十月六日，華國鋒、葉劍英、汪東興在獲知江青、張春橋、王洪文一派要在十月十日毛澤東去世滿一月時舉事，掃蕩黨中央走資派及右傾勢力，而由汪東興調動預先準備下的中南海警衛師敢死隊，率先動手，將毛夫人江青、黨中央副主席王洪文、常委張春橋、政治局委員姚文元、毛侄兒毛遠新、毛姘頭謝靜宜等黨政軍文革派頭目及骨幹分子，一網打盡，完成一次二十世紀新中國最為精彩、漂亮的「不流血政變」。那是另一部歷史傳奇大劇。

黑暗了許久的東方地平線，露出人們引頸以望的晨曦曙色。

（第四卷完）

京華風雲錄（卷四）：血色京畿（下）

2004年1月初版
2011年9月初版第四刷

定價：新臺幣420元

著者　京夫子
發行人　林載爵

出版者	聯經出版事業股份有限公司
地址	台北市基隆路一段180號4樓
台北忠孝門市	台北市忠孝東路四段561號1樓
電話	(02)27683708
台北新生門市	台北市新生南路三段94號
電話	(02)23620308
台中分公司	台中市健行路321號
暨門市電話	(04)22371234 ext.5
高雄辦事處	高雄市成功一路363號2樓
電話	(07)2211234 ext.5
郵政劃撥帳戶第	0100559-3號
郵撥電話	27683708
印刷者	世和印製企業有限公司
總經銷	聯合發行股份有限公司
發行所	台北縣新店市寶橋路235巷6弄6號2F
電話	(02)29178022

行政院新聞局出版事業登記證局版臺業字第0130號

本書如有缺頁，破損，倒裝請寄回聯經忠孝門市更換。　ISBN 978-957-08-2676-0 (平裝)
聯經網址 http://www.linkingbooks.com.tw
電子信箱 e-mail:linking@udngroup.com

國家圖書館出版品預行編目資料

京華風雲錄（卷四）：血色京畿（下）
/京夫子著．--初版．
--臺北市：聯經，2002-2004年
768面；14.8×21公分．
ISBN 978-957-08-2676-0(平裝)
〔2011年9月初版第四刷〕

1.中共政權-歷史-1949-

628.7 91013006

聯經出版事業公司

信用卡訂購單

信 用 卡 號：□VISA CARD □MASTER CARD □聯合信用卡

訂購人姓名：＿＿＿＿＿＿＿＿＿＿＿＿＿＿＿＿

訂 購 日 期:＿＿＿＿年＿＿＿月＿＿＿＿日 (卡片後三碼)

信 用 卡 號：＿＿＿＿ ＿＿＿＿ ＿＿＿＿ ＿＿＿＿ ＿＿＿

信用卡簽名：＿＿＿＿＿＿＿＿＿(與信用卡上簽名同)

信用卡有效期限：＿＿＿＿年＿＿＿＿月

聯 絡 電 話：日(O)：＿＿＿＿＿＿夜(H)：＿＿＿＿＿＿

聯 絡 地 址：□□□ ＿＿＿＿＿＿＿＿＿＿＿＿＿＿＿＿

＿＿＿＿＿＿＿＿＿＿＿＿＿＿＿＿＿＿＿＿

訂 購 金 額：新台幣 ＿＿＿＿＿＿＿＿＿＿＿＿元整

（訂購金額 500 元以下,請加付掛號郵資 50 元）

資 訊 來 源：□網路 □報紙 □電台 □DM □朋友介紹

□其他 ＿＿＿＿＿＿＿＿＿＿＿＿＿＿＿＿

發 票：□二聯式 □三聯式

發 票 抬 頭：＿＿＿＿＿＿＿＿＿＿＿＿＿＿＿＿

統 一 編 號：＿＿＿＿＿＿＿＿＿＿＿＿＿＿＿

※ 如收件人或收件地址不同時，請填：

收件人姓名：＿＿＿＿＿＿＿＿＿＿＿＿ □先生 □小姐

收件人地址：＿＿＿＿＿＿＿＿＿＿＿＿＿＿＿＿＿＿＿

收件人電話：日(O)＿＿＿＿＿＿＿＿ 夜(H) ＿＿＿＿＿＿＿＿

※茲訂購下列書種,帳款由本人信用卡帳戶支付

書名	數量	單價	合計
		總計	

訂購辦法填妥後

1. 直接傳真 FAX(02)27493734
2. 寄台北市忠孝東路四段 561 號 1 樓
3. 本人親筆簽名並附上卡片後三碼(95 年 8 月 1 日正式實施)

電 話：(02)27683708

聯絡人:王淑蕙小姐(約需 7 個工作天)